傅筑夫（1902 — 1985）

傅筑夫文集（第一辑）

中国封建社会经济史

隋唐五代卷

傅筑夫 ◎ 著

首都经济贸易大学出版社
Capital University of Economics and Business Press

·北京·

图书在版编目（CIP）数据

中国封建社会经济史. 隋唐五代卷／傅筑夫著. --北京：首都经济贸易大学出版社,2023.4

ISBN 978-7-5638-3415-0

Ⅰ.①中… Ⅱ.①傅… Ⅲ.①封建经济—经济史—中国—隋唐时代②封建经济—经济史—中国—五代十国时期 Ⅳ.①F129.3

中国版本图书馆 CIP 数据核字（2022）第 166724 号

中国封建社会经济史(隋唐五代卷)
ZHONGGUO FENGJIAN SHEHUI JINGJISHI（SUITANG WUDAI JUAN）
傅筑夫　著

责任编辑	彭　芳
封面设计	砚祥志远·激光照排　TEL：010-65976003
出版发行	首都经济贸易大学出版社
地　　址	北京市朝阳区红庙(邮编 100026)
电　　话	(010)65976483　65065761　65071505(传真)
网　　址	http://www.sjmcb.com
E－mail	publish@cueb.edu.cn
经　　销	全国新华书店
照　　排	北京砚祥志远激光照排技术有限公司
印　　刷	唐山玺诚印务有限公司
成品尺寸	170 毫米×240 毫米　1/16
字　　数	575 千字
印　　张	33
版　　次	2023 年 4 月第 1 版　2023 年 4 月第 1 次印刷
书　　号	ISBN 978-7-5638-3415-0
定　　价	148.00 元

序　言

2020年6月20日，笔者应首都经济贸易大学出版社之邀为"傅筑夫文集"申请国家出版基金所写的《推荐意见》略云：

傅筑夫先生是我国最负盛名的经济史学家之一，系中国经济史学科的重要奠基人与推动者，其论著深刻影响了四代学人，且今后还会深远影响国内外学术界尤其经济史学界。

傅筑夫先生的主要代表作包括五卷本《中国封建社会经济史》、三卷本《中国经济史论丛》(上、下、补编)、《中国古代经济史概论》等。此次整理出版，除上述著作外，还计划加入《傅筑夫论著补编》。主要内容有：傅筑夫自述；新中国成立前发表在《东方杂志》《中国经济》《文史杂志》《社会科学丛刊》《图书评论》等刊物上的文章，如《中国经济结构之历史的检讨》《由经济史考察中国封建制度生成与毁灭的时代问题》《中国经济衰落之历史的原因》《研究中国经济史的意义及方法》《由汉代的经济变动说明两汉的兴亡》；等等。另外还包括其未刊的笔记、书信等等。

傅筑夫先生全面探讨了从西周至宋代两千多年中国经济发展、经济制度演进变迁的历程，以及就中国经济史的分期、一些重大问题的性质和原因等提出了独具特色、自成体系的一系列见解。作者的核心观点包括：一是中国奴隶制发展与古代希腊、罗马相比，发展很不充分，但其在殷商末年崩溃之后，残存的时间却又很长，几乎与迄近代为止的全部历史相始终。二是长达两千余年的封建社会可分为前后两个不同阶段，即典型的封建制度和变态的封建制度。前者产生于西周初年，崩溃于东周前期，其基本特征是领主制经济；后者产生于东周前期，一直延续到鸦片战争前的清代，其核心内容以地主制经济为主。说其是变态的封建制，是因为其与原来纯粹的封建社会不同，当中夹杂着一些资本主义因素。三是中国在战国时期的社会经济结构中已经有了资本主义因素的萌芽，出现了产生资本主义的前提条件，并有了一定程度的发展。四是中国封建社会经济发展长期停滞，资本主义因素不能正常发展，小农经济是总的根源。五是不赞成以朝代标名中国经济史的分期，因为中国历史发展的一个非常明显的特点,就是社会经济的发展轨迹并不是一条直线,而是呈现为一种动荡不定的波浪状态,经济发展的周期有长有短,并不与朝代的兴衰完全同步。

上述观点自成体系,独树一帜。我们不得不折服于作者对汗牛充栋的史料的搜集、整理、甄别与解读之功力,对于中国历史发展演变的整体把握,对于中国世界地位的准确判断,对理论体系的严谨构建,等等。傅筑夫先生的著作,系通古今之变、成一家之言的学术精品。

傅筑夫先生的论著,有些出版时间较早,学者已无法购买;有些系零散见于新中国成立前的杂志,查阅非常不便;有些论著还没有整理出版,学界深以为憾。"傅筑夫文集"的编辑出版,系功德无量之举,经济学界、历史学界尤其经济史学界将翘首以盼!

傅筑夫,1902年9月27日生于今河北省邯郸市永年区,名作楫,以字显。1911—1915年在家乡念私塾,1918年8月至1922年7月在当时直隶第十三中学读书,后报考北京高等师范学校理化预科,1924年进入改名的北京师范大学理化系。当时学术空气浓厚,思想活跃,学派林立,校方允许学生跨系听课,也允许学生自由更换专业,充分尊重学生的兴趣。傅筑夫当时旁听了梁启超、鲁迅、黄侃、钱玄同、马裕藻、杨树达等名师的课,对其影响非常大,使其学习兴趣发生了变化,便于第二学期转入国文系。在国文系,傅筑夫系统学习了文字学、音韵学、训诂学等,选修了古典文学、文艺理论和外国文学名著等。在此期间,他逐渐对艺术和宗教问题产生了兴趣。后来,在鲁迅先生的建议与指导下,傅筑夫从事中国古代神话的研究与资料搜集工作。众所周知,当时鲁迅先生正在撰写《中国小说史略》。这样的训练,无疑为傅筑夫从浩瀚古籍中搜集、整理与甄别资料,为后来主要从事中国经济史研究和教学奠定了坚实基础。

20世纪初,正是中国社会转型的重要时期。作为一个才华横溢且有远大理想的青年才俊,傅筑夫关注社会变革,将学业攻读方向转向社会科学尤其是经济史。早在20世纪20年代,傅筑夫便开始用马克思主义的经济理论来分析和研究中国的社会经济问题,并写成约23万字的专著《中国社会问题之理论与实际》,于1931年4月由天津百花书局出版,这是其计划中的"农民问题与中国革命"研究的一部分。可见傅筑夫的研究顺应当时中国的社会变革之大势,他的学术研究自觉参与了中国命运的大论战,应该说是非常接地气,具有理论高度的。

1937年1月至1939年5月,傅筑夫自费赴英国伦敦大学政治经济学院留学,先后在罗宾斯(L. Robins)教授和陶尼(H. Taweny)教授的指导下研究经济理论和经济史。在伦敦大学期间,胡寄窗先生也在这里留学,他们时常在一起探讨经济史方面的学术问题,二位最后均成为享誉海内外的经济史、经济思想史的学术大师。傅筑夫先生在英国留学期间,省吃俭用购买了约800本专业书籍,这些书籍辗转运到重庆沙坪坝时却遭到日本飞机轰炸,最后只留下一张书单,这是傅筑夫先生心头永远的痛①。

归国后的1939年7月至1945年7月六年间,傅筑夫在重庆国立编译馆任编纂并兼任四川教育学院教授。在傅筑夫教授发起并亲自主持下,大后方开展了规模庞大的中国古代经济史资料的搜集与整理工作。编译馆当时给傅筑夫先生配备了4名辅助人员以及10余位抄写员。与此同时,傅筑夫先生还邀请了著名农史学专家、时为国立复旦大学经济史教授的王毓瑚先生参加整理工作②。傅筑夫先生等充分利用当时优越的学术研究环境,系统收集整理了大量经济史史料,这在当时可谓蔚为壮观,至今仍然让人叹为观止!傅筑夫先生认为,中国经济史本是一门重要的基础学科,但长期以来研究者非常少,资料不易搜集是造成这种状况的主要原因之一。另外,当时国立编译馆具有从事中国经济史资料搜集整理得天独厚的条件。由于有傅筑夫先生和王毓瑚诸先生的领衔主持并不断商讨定夺,工作进行得非常顺利,到抗战胜利前夕,第一轮搜集经济史资料的工作告一段落。课题组用纵条格厚纸做卡片,用毛笔抄写的资料多达数大箱,这些卡片分纲列目,分类条编,每章均有简明扼要的说明与分析。尽管傅筑夫先生主持的工作成果在当时还只是资料卡片,却已经构成了中国经济史研究的雏形或初步框架。

1947年1月至7月,傅筑夫离开四川去东北大学,任商学院院长兼学校教务长,讲授中国经济史和经济学。鉴于当时沈阳地区社会秩序混乱,教学和科研工作及生活均受到严重影响,傅筑夫便举家前往天津。1947年8月,傅筑夫任南开大学教授,同时讲授中国经济史、外国经济史两门课,另外还承担了经济研究所研究生的课程授课任务。除此之外,傅筑夫先生还兼任经济研究所研究生指导委员会主任委员。1947年8月至1948年10月,傅筑夫先生还兼任天津《民国日报》副总主笔,读书、教书、撰写社论是他在这一阶段的主要工作,可谓处于连轴转状态。新中国成立后,傅筑夫先生在南开大学开设了《资本论》研

---

① 瞿宁武:《傅筑夫传》,原载《晋阳学刊》,收入《中国当代社会科学家》(传记丛书)第4辑,北京:书目文献出版社1983年版。

② 杨直民:《王毓瑚传略》,收入王广阳等编《王毓瑚论文集·附录》,北京:中国农业出版社2005年版。

究的课程,同时为在校大学生开设中国经济史和外国经济史两门课。值得一提的是,傅筑夫先生与讲授政治经济学的谷书堂先生兴趣相同,他们时常共同探讨学术问题,讨论的成果便是 1957 年由天津人民出版社出版的合著《中国原始资本积累问题》。1957 年,傅筑夫被错划为右派,被迫离开了他心爱的讲台。在这种环境下,傅筑夫先生开始了第二轮的经济史资料的收集与整理工作,虽然这次的条件与第一次不可同日而语,但是在认真总结以前经验教训的基础上,这次经济史资料整理的搜集范围进一步扩展,使得内容更加完备与充实。令人痛心的是,"文革"中傅筑夫先生多年积累的关于明清时期中国经济史的资料被付之一炬,以至于先生计划撰写七卷本的《中国封建社会经济史》只完成了前五卷,因资料缺失而没有明、清两卷,这成为经济史学术界不可弥补的巨大损失。直到 20 世纪 80 年代末的 40 年左右的时间里,傅筑夫先生积累的经济史资料在数量上居全国之冠是没有疑义的,尽管"文革"中丢失了大量明清时期的资料。据张汉如教授 1987 年春天目睹傅筑夫先生尚存资料做出的保守估计,这些资料的总字数不会少于百万字。

1978 年夏天,傅筑夫先生的学术研究环境得到了很大的改善,当然这与我国进入改革开放时代密不可分,同时对其来说还有一个机缘是,傅筑夫先生被借调到北京工作。这样,他离开工作生活了 30 年的南开大学,来到北京经济学院即今天的首都经济贸易大学,主要承担国家科学发展规划重点项目"中国经济通史"的研究工作。学术界认为,傅筑夫先生领衔完成这一重大课题在当时是不二人选。

从南开大学调动到北京之后的 6 年多时间里,傅筑夫先生虽然年逾古稀且体弱多病,但他为研究和撰写中国经济史论著殚精竭虑,甚至到了废寝忘食的程度。在此期间,傅筑夫先生先后完成并出版了 312.8 万字的 9 本专著,平均以每年撰写超过 50 万字的速度在与时间赛跑。据专家不完全统计,这些论著引证的史料和当代考古资料约 10 319 条①,平均每万言引证史料约 33 条。这充分体现了傅筑夫先生学术根基之深,言必有据,文必有引,同时也足见先生养心治学的繁括功夫与老而弥坚的探索精神。在北京的岁月,傅筑夫先生几乎每天都要工作到午夜,工作时间超过 12 个小时。

傅筑夫先生著作等身,研究领域广泛,观点鲜明,见解深刻,文笔清新,其研

---

① 张汉如:《学贯中西 博通古今——傅筑夫的学术道路和思想研究》,天津:南开大学出版社 2009 年版。

究独树一帜,系蜚声海内外的著名经济史学家。傅筑夫先生构建了一个理解我国传统经济的系统性分析框架,其论著具有理论深度和历史厚重感,展现了一代学术大师成一家之言的宽广视野与学术创新能力。傅筑夫先生是研究中国经济史的大家,他兼蓄经济学眼界与历史胸襟。

傅筑夫先生一再强调,研究经济史不仅要系统地积累资料,而且要熟知经济理论、经济规律,才能辨别经济史料的真正价值,在甄别史料方面要有沙里淘金的功夫。从傅筑夫先生对经济史研究的理论和方法中我们可以清晰地体会到,研究经济史需要历史知识、经济知识,还需要有一定的自然科学知识,尤其要有坚实的古文修养。不仅如此,学习和研究经济史还需要学贯中西,要进行必要的中外比较。这是傅筑夫研究者通过对傅筑夫先生的学术成就和治学方法深入研究后得出的结论。

傅筑夫先生通过对英国历史的研究,提出问题:尽管中国早在战国时期就已经大量使用金银做货币,有大量商业资本,又有雇佣劳动,为什么资本主义萌芽没有发展为资本主义生产方式?他认为,中国自秦汉以来主要发展地主经济,商业资本没有转化为产业资本,而是用来兼并土地,这成为中国历代统治者面临的最大难题。阻碍中国经济发展的主要因素是封建统治者实行了抑商政策,用限制市场经济的办法限制商品经济的发展,连军队装备和供应宫廷需要的东西也要抛开市场,成立专门机构来供应。因此,他认为汉代桑弘羊的盐铁专卖政策扼杀了中国的商品经济,是使中国经济长期停滞的千古罪人。

傅筑夫先生的论著多有独到见解,如他认为,思想意识上的"谋生"与"谋利"是有根本区别的,"谋生"基本上属于自然经济的范畴,"谋利"则属于市场经济的范畴。傅筑夫先生的这些经济史结论,实为老一代学者学贵自得、成一家之言的心得记录。通读傅筑夫先生的论著,我们可以从中真切地体味到其尽管经历了难以想象的艰难曲折,但自始至终坚守严谨求实的学风,坚持追求真理的大无畏精神。面临中国传统社会浩如烟海的史料,他能够深入浅出,既坚持论从史出,又敢于提出质疑,不泥古,不拘陈说,不守藩篱,不望风阿世,通过自己艰辛的学术跋涉,刻志兢兢,形成独树一帜的学术思想。

傅筑夫先生作为著名教育家,对教学与研究者提出了独具特色的评价标准:熟悉本专业业务而无创见,充其量只能算个教书匠,要想成为大师,必须要有系统的创见,要想成为宗师,则必须形成学派,后继有人。傅筑夫先生无疑是学术宗师,而他对教学的高见无疑是在长期的教学第一线的实践与教学管理工作中得出的。1932年7月至1936年10月,傅筑夫在中央大学任校长秘书时兼任教授,教授中国经济史,由此开始了其全力研究经济史的学术生涯。傅筑夫是中国国内最早教授中国经济史的教授之一,同时也为教学相长提供了一个成功案例。傅筑夫在中国人民大学近代经济史研究生班的任教,为其教育生涯留下了浓墨重彩的一笔。1953 年,中国人民大学在全国招收了 16 名中国近代经济史研究生,他们均是各大学德才兼备的在职人员,学制是 3 年。1954 年 9 月,傅筑夫被聘为中国历史研究室国民经济史教授,系近代经济史研究生班的任课老师。傅筑夫到中国人民大学兼职伊始,就一边授课一边编写讲义,并指导研究生撰写论文。傅筑夫在中国人民大学研究生班的讲义最后形成 80 万字的《中国近代经济史》。当年中国人民大学的这 16 位研究生,后来均成为我国经济史研究与教学的领军人物。今天仍然活跃在学术界的经济史大师、新中国经济史奠基者之一赵德馨教授,就是其中一位。

在学习傅筑夫先生论著的过程中,我深深为先生治学精神的恢宏壮阔、学术造诣的博大精深、追求真理的顽强精神所折服,同时敬仰先生丰富多彩的社会阅历和贯通古今中外的学术视野以及传道授业解惑的名师风范。傅筑夫先生在近现代学术史尤其在经济史领域具有非常重要的地位。傅筑夫先生独树一帜的学术品格,彰显的追求真理的科学态度,在社会发生剧烈转型、不少地方学术风气浮躁的今天,更显得弥足珍贵!

以我学习经济史的肤浅经历,实在没有资格为经济史大师傅筑夫先生的文集作序,只是我就职的中国社会科学院经济所的老同事杨春学教授受出版社之托,一再邀我写序。春学教授清楚我是学习传统经济史的,也知道我读研究生时曾于 1983 年春天在北京访学时就购买了《中国封建社会经济史》《中国经济史论丛》等著作。我只好勉为其难,以上面的学习体会,表达对傅筑夫先生的敬意并聊以为序。

魏明孔

中国社会科学院"登峰战略"学科带头人

中国经济史学会会长

目　　录

第一章　隋唐五代时期的经济地理与人口

第一节　全国疆域和各地区经济概况

在中国漫长的变态封建制度的历史时期，隋唐五代是重要的发展阶段，特别是唐代是西汉以后又一次出现的一个疆域辽阔的大帝国。唐之版图较汉之版图又略有扩大。按西汉全盛时的疆域为郡国一百三，县邑一千三百一十四，总计：地东西九千三百二里，南北一万三千三百六十八里。唐代疆域东西大致相同，南北则远为超过，其情况如下：

> 太宗元年……因山川形便，分天下为十道：一曰关内，二曰河南，三曰河东，四曰河北，五曰山南，六曰陇右，七曰淮南，八曰江南，九曰剑南，十曰岭南。至十三年定簿，凡州府三百五十八，县一千五百五十一。明年平高昌，又增州二，县六。其后北殄突厥颉利，西平高昌，北逾[1] 阴山，西抵大漠。其地东极海，西至焉耆，南尽林州南境，北接薛延陀界。东西九千五百一十一里，南北一万六千九百一十八里。……举唐之盛时，开元天宝之际，东至安东，西至安西，南至日南，北至单于府，盖南北如汉之盛，东不及，而西过之。①

十道的区划，一方面系根据"山川形便"等自然条件，一方面也根据了各地区的物产分布和经济状况，故十道实际上是十个略有地域分工的经济区，即随着各道自然条件的不同，各有其不同的天然物产和特有的人工产品。下引文献，是对这种区划的一个概括综述：

---

① 《新唐书》卷三十七，《地理志一》。

《六典》云：一曰关内道，古雍州之境，今京兆、华、同、岐、邠、陇、泾、宁、坊、鄜、丹、延、庆、盐、原、会、灵、夏、丰、胜、绥、银，凡二十有二州焉。东距河，西抵陇坂，南据终南之山，北边沙漠。其名山有太白、九嵕、吴山、岐山、梁山，泰华之岳在焉。其大川有泾、渭、灞、浐。厥赋绢、绵、布、麻，厥贡岱赭、盐、山角弓、龙须席、苁蓉、野马皮、麝香。远夷则控北蕃突厥之朝贡焉。

二曰河南道，古豫、兖、青、徐四州之境，今河南府、陕、汝、郑、汴、蔡、许、豫、颍、陈、亳、宋、曹、滑、濮、郓、济、齐、淄、徐、兖、泗、沂、青、莱、登、密、海，凡二十有八州焉。东尽于海，西距函谷，南濒于淮，北薄于河。名山则有三崤、少室、砥柱、蒙山、峄山，嵩、岱二岳在焉。大川则有伊、洛、汝、颍、沂、泗之水，淮济之渎。厥赋绢、𫄸[2]、绵、布，厥贡绅、𫄸、文绫、丝葛、水葱蔗心席、瓷、石之器。远夷则控海东新罗、日本之贡献焉。

三曰河东道，古冀州之境，今太原、潞、泽、晋、绛、蒲、虢、汾、慈、隰、石、沁、仪、岚、忻[3]、代、朔、蔚、云，凡十有九州焉。东距常山，西据河，南抵首阳、太行，北边匈奴。其名山则有雷首、霍山、崞山。其大川有汾、晋及丹、沁之水。厥赋布、𬘓，厥贡𫄸、扇、龙须席、墨、蜡、石英、麝香、漆、人参。

四曰河北道，古幽、冀二州之境，今怀、卫、相、洺、邢、赵、恒[4]、定、易、幽、莫、瀛、深、冀、贝、魏、博、德、沧、棣、妫、檀、营、平、安东，凡二十有五州焉。东并于海，南迫于河，西距太行、常山，北通榆关、蓟门。其名山有林虑、白鹿、封龙、井陉、碣石之山，常岳在焉。其川有漳、淇、呼沲之水。厥赋绢、绵及丝，厥贡罗、绫、平绸、丝布、绵绸、凤翮苇席、墨。远夷则控契丹、奚、靺鞨、室韦之贡献焉。

五曰山南道，古荆、梁二州之境，今荆、襄、邓、商、复、郢、隋、唐、岐、归、均、房、金、夔、万、忠、梁、洋、集、通、开、壁、巴、蓬、渠、涪、渝、合、凤、兴、利、阆、果，凡三十有三州焉。东接荆、楚，西抵陇、蜀，南控大江，北据商、华之山。其名山有嶓冢、熊耳、巫峡、铜梁、荆山、岘山。大川则有巴、汉、沮、淯之水。厥赋绢、布、绵，厥贡金、漆、蜜、蜡、蜡烛、钢铁、芒消、麝香、布、交梭白縠、细绫、绫、葛、彩纶、兰千。

六曰陇右道，古雍、梁二州之境，今秦、渭、成、武、洮、岷、叠、宕、河、兰、鄯、廓、凉、甘、肃、瓜、沙、伊、西、北庭、安西，凡二十有一州焉。东接秦州，西逾流沙，南连蜀及吐蕃，北界朔漠。其名山则有秦岭、陇坻、西倾、朱圉、积石、合黎、崆峒、三危、乌鼠、同穴。其大川则有洮水、弱水、羌水、河渎及休屠之泽在焉。厥赋布、麻，厥贡麸金、砺石、棋[5]石、蜜、蜡、蜡烛、毛毼、麝香、白瑵及鸟兽之角、羽、毛、皮革。远夷则控西域胡戎之贡献焉。

七曰淮南道，古扬州之境，今扬、楚、和、滁、濠、寿、庐、舒、蕲、黄、沔、安、中、光，凡十有四州焉。东临海，西抵漠，南据江，北据淮。其名山有八公、灊、大别、霍山、罗山、涂山。其大川有滁、肥之水，巢湖在焉。厥赋絁、绢、绵、布，厥贡交梭纻布、孔雀熟丝布、青铜镜。

八曰江南道，古扬州之南境，今润、常、苏、湖、杭、歙、睦、衢、越、婺、台、温、明、括、福、建、泉、汀、宣、饶、抚、虔、洪、吉、郴、袁、江、鄂、岳、潭、衡、永、道、邵、澧、朗、辰、饰、锦、施、南、溪、思、黔、费、业、巫、夷、播、溱、珍，凡五十有一州焉。东临海，西抵蜀，南极岭，北带江。其名山有茅山、蒋山、天目、会稽、四阴、天台、括苍、缙云、金华、大庾、武夷、庐山，而衡岳在焉。其大川有浙江、湘、赣、沅、澧之水，洞庭、彭蠡、太湖之泽。厥赋麻、纻，厥贡纱、编绫、纶、蕉葛、练[6]、麸金、犀角、鲛鱼、藤纸、朱砂、水银、零陵香。远夷则控五溪之蛮。

九曰剑南道，古梁州之境，今益、蜀、彭、汉、绵、剑、梓、遂、普、资、简、陵、邛、眉、雅、嘉、荣、泸、戎、黎、茂、龙、扶、文、当、松、静、柘、翼、悉、维、巂、姚，凡三十有三州焉。东连牂柯，西界吐蕃，南接群蛮，北通剑阁。其名山有峨眉、青城、鹤鸣、岷山。其大川有涪、雒及西漠之水，江渎在焉。厥赋绢、绵、葛、纻，厥贡麸金、罗、绫、绵、绸、交梭弥牟布、丝葛、麝香、羚羊、牦[7]牛角尾。远夷则控西河群蛮之贡焉。

十曰岭南道，古扬州之南境，今广、循、潮、漳、韶、连、端、

康、冈、恩、高、春、封、辩、泷、新、潘、雷、罗、儋、崖、琼、
振、桂、昭、富、梧、贺、龚、象、柳、宜、融、古、严、容、藤、
义、窦、禺、白、廉、绣、党、牢、岩、郁林、平琴、邕、宾、贵、
横、钦、浔、瀼、笼、田、武、环、澄、安南、骥[8]、爱、陆[9]、
峰、汤、芚、福、禄、庞，凡七十州焉。东南际海，西极群蛮，北
据五岭。其名山有黄岭及郁水之灵洲焉。其大川有桂水、郁水。厥
赋蕉、纻、落麻，厥贡金、银、沉香、甲香、水马、翡翠、孔雀、
象牙、犀角、龟壳、龟鼊、彩藤、竹布。其远夷则控百越及林邑、
扶南之贡献焉。凡天下之州府三百一十有五，而羁縻之州盖八百焉。
原注：天宝二载，以州为郡，乾元元年复以郡为州。《地理志》：羁
縻府州八百五十六。①

实际上，经济比较发达的地区，都还是过去早已开发的经济区，许多重
要的商业城市，特别是著名的大都会，即散居在这些经济区之内，因为这些
区域大都是农业比较发达的精耕区，随着各该区农业经济的发展，商品经济
亦都比较发达，因而一些位于水陆交通孔道上的城市，遂都发展成为工商业
繁荣、人烟荟萃的大都会，并成为各该区的政治经济中心。这里可以把上述
十道大致划分为下列几个大区，来鸟瞰其经济情况：

（一）关陇西北区

这是一个辽阔的地区，由关中延伸到西北边陲，这一带为黄土高原，大
部分为丘陵、山地和沙漠，成为半农半牧区或纯粹游牧区，故辽阔的大西北，
大都保持了原来的落后状态，在有唐一代，政治疆域虽向北、向西大加延伸，
而经济疆域却并没有随着政治疆域的扩大而扩大。在古代，农业是国民经济
的基础，是一切社会现象的一个最后决定力量，在客观的自然条件限制下，
农业生产既没有发展的可能，则社会的落后状态自亦无法改变，故除了关中
的一个狭小区域外，其余广大地区都是非常荒凉的。

域内名城可得而数者只有京师长安，长安为过去几代王朝的故都，位于
关中精耕农业区，它长期以来，不仅是全国的政治中心，也是全国的经济中
心，尤其是随着唐代商品经济的发展，长安成为最大的一个商业都会，并且

① 王应麟：《通鉴地理通释》卷三。

正是适应着长安商品经济的特殊繁荣，使市场结构发生了变化，从而使市场开始由古代型向近代型转化，改变了自古以来日中为市、定时一聚的古老形式，而成为店铺邸肆林立的常设市场，开始具有近代商业都会的面貌，这在中国漫长的发展过程中是一个划时代的变化。有关长安市的种种情况，均详于本卷第七章《商业》中，可参见，这里从略。长安周围数州，因与京畿接壤，商旅辐凑，人口众多，亦均保持了一定繁荣，非边远州郡可比。有关这些地方的记载虽史缺有间，但由一些一鳞半爪的零星记载中，亦可略窥其梗概：

> 时太宗数召近臣，令指陈时政损益，季辅上封事五条，其略曰："……今畿内数州，实惟邦本，地狭人稠，耕植不博，菽粟虽贱，储蓄未多，特宜优矜，令得休息。"①
>
> 京兆王都所在，俗具五方，人物混淆，华戎杂错，去农从商，争朝夕之利，游手为事，竞刀锥之末。贵者崇侈靡，贱者薄仁义，豪强者纵横，贫窭者窘促，桴鼓屡惊，盗贼不禁，此乃古今之所同焉。自京师至于外郡，得冯翊、扶风，是汉之三辅，其风大抵与京师不异。安定、北地、上郡、陇西、天水、金城，于古为六郡之地，其人犹质直……勤于稼穑，多畜牧。……雕阴、延安、弘化，连接山胡，性多木强。……平凉、朔方、盐州、灵武、榆林、五原，地接边荒。河西诸郡，其风颇同，并有金方之气矣。②

所谓"六郡之地"，已都是农耕区的边缘，成为半农半牧区，其人"勤于稼穑，多畜牧"，说明这些地方畜牧在农业结构中已占有重要地位，其比重已多于稼穑，农耕不再是生活资料的唯一来源了。六郡之外的陕北、河西一带，或者"连接山湖"，或者"地接边荒"，大都地广人稀，已经在农耕区之外了，沙漠在全部水土资源中占了很大比重，为浩瀚不毛之区，但也有大片草原，自古就是一个天然大牧场，所谓"畜牧为天下饶"。凉州为这一地区的重镇，系西北牧区的经济中心：

> 世积……又得之凉州，其所亲谓世积曰："河西天下精兵处，可

---

① 《旧唐书》卷七十八，《高季辅传》。
② 《隋书》卷二十九，《地理志上》。

以图大事也。"世积曰："凉州土旷人稀，非用武之国。"①

当唐之盛时，河西、陇右三十三州，凉州最大，土沃物繁，而人富乐。其他宜马，唐置八监，牧马三十万匹。②

牧区之外，更为荒凉，沙漠无垠，人迹罕至，高昌王文泰来朝时曾路经其他，据其所述，有云：

〔贞观四年（公元六三〇年）高昌王文泰尝来朝，十二年（公元六三八年），太宗[10] 发兵讨之〕文泰谓所亲曰："吾往者朝觐，见秦陇[11] 之北，城邑萧条，非复有隋之比。设令伐我，发兵多则粮运不给，若发三万以下，吾能制之。加以碛路艰险，自然疲顿，吾以逸待劳，坐收其弊，何足为忧也。"③

（二）关东区

黄河中下游的广大平原，汉时泛称为关东，意谓函谷关之东，其经济中心为三河（河南、河内、河东）地带，过去一般人泛称之为中原，包括豫州、并州、冀州、兖州、青州和部分徐州地区。中原是开发最早的农业区，是产生中国古代文明的摇篮，这个地区是黄河冲积的广阔平原，具有发展初期农业的优良条件，为古代简陋的生产工具所易于开发，故这里的农业经济产生最早，为古代各族人民所争相聚集，把这个地方作为自己的生聚繁衍之所。随着人口的不断聚集和自然繁殖，远在秦汉以前这里已经是"土地小狭民人众"，人口的迅速增加日益超过了土地的负荷能力，以致地力过度消耗，使土地收益递减规律日益显著地在发挥作用，结果，整个经济区的农业生产出现了衰退老化现象。秦汉以后，社会经济开始了反复波动的历史，中原地区经受了几次巨大的经济波动，虽然每次动荡波及的范围都极为广泛，但破坏最惨重的则首推中原地区，多次被破坏到荡然无存，其具体情况在《中国封建社会经济史》前三卷中已多有论述。唐代是在魏晋南北朝长期大破坏之

---

① 《隋书》卷四十，《王世积传》。
② 《新五代史》卷七十四，《四夷附录·吐蕃传》。
③ 《旧唐书》卷一百九十八，《西戎·高昌传》。

后建立的[12]，随着国家的统一和战乱的中止，天灾饥馑亦有所缓和，由隋到唐代前期，是广大中原地区全面恢复时期，许多州郡表面上又都恢复了固有的繁荣。但由于破坏的时间太长和元气的斫丧过甚，特别是在"井堙木刊"（沟洫渠堰被夷灭，树木林莽被砍光）之后，自然生态平衡被大面积破坏，造成水土资源的严重退化，使农业生产失去发展的依据，所以在唐代前期，社会经济虽然有了一定程度的恢复和发展，但是基础是不厚的，发展前景也是有限的。总之，在农业生产上没有取得真正的发展。

关于本区各地方的经济状况，缺乏系统记载，但由下引的一些零星文献中亦可以看出一个大概轮廓：

> 洛阳得土之中，赋贡所均，故周公作洛，此焉攸在。其俗尚商贾，机巧成俗，故《汉志》云："周人之失，巧伪趋利，贱义贵财"，此亦自古然矣。荥阳古之郑地，梁郡梁孝王故都，邪僻傲荡，旧传其俗。今则好尚稼穑，重于礼文，其风皆变于古。谯郡、济阴、襄城、颍川、汝南、淮阳、汝阴，其风颇同。南阳古帝乡，搢绅所出，自三方鼎立，地处边疆，戎马所萃，失其旧俗。上洛、弘农，本与三辅同俗。自汉高发巴、蜀之人定三秦，迁巴之渠率七姓，居于商、洛之地，由是风俗不改其壤。其人自巴来者，风俗犹同巴郡。淅阳、淯阳，亦颇同其俗云。①

洛阳为唐之东都，城市建置规模虽略逊于长安，但城内市场却远较长安为大，如长安东西两市，各仅占两坊之地，东西南北各六百步，四面各开一门，定四面街，各广百步；洛阳大同市周四里，通远市周六里，其内郡国舟船，舳舻万计；丰都市周八里，通门十二，其内一百二十行，三千余肆，各店肆都是重楼延阁，珍奇山积。这一切都说明洛阳的繁华程度较长安殆有过之无不及，至少是不相上下。有关东西两京的商业繁荣情况，均详于第七章中，可以参见，兹从略。

洛阳之外最大的商业城市是汴州。汴州居水陆要冲，为南北漕运的中转枢纽，这时全国的经济重心早已移往江南，唐都关中，经济支柱则完全仰赖于江南，江淮财赋的源源接济，成为唐王朝赖以存在的基础，汴州位于汴水

---

① 《隋书》卷三十，《地理志中·豫州》。

之滨，而汴水系沟通江淮与河淮的孔道，水陆所凑，舟车所会，商旅如云，人庶浩繁，到唐末五代时又升为东京，置开封府，其盛况可由下引记载看出：

> 河南汴为雄郡，自江淮达于河洛，舟车辐凑，人庶浩繁。①
>
> 开元二十二年（公元七三四年）……改汴州刺史。……此州都会，水陆辐凑，实曰膏腴。②
>
> 〔天宝中〕时升平日久，且汴州水陆所凑，邑居庞杂，号为难理。③
>
> 〔天福三年（公元九三八年）十月〕丙辰，御札曰："为国之规，在于敏政，建都之法，务要利民。历考前经，朗然通论，顾惟凉德，获启丕基。当数朝战役之余，是兆庶伤残之后，车徒既广，帑廪咸虚，经年之挽粟飞刍，继日而劳民动众，带烦漕运，不给供需。今汴州水陆要冲，山河形胜，乃万庚千箱之地，是四通八达之郊，爰自按巡，益观宜便，俾升都邑，以利兵民，汴州宜升为东京，置开封府，仍升开封、浚仪两县为赤县，其余升为畿县，应置开封时所管属县，并可仍旧割属收管，亦升为畿县，其洛京改为西京，其雍京改为晋昌军，留守改为节度观察使，依旧为京兆府，列在七府之上，其曹州改为防御州。其余制置，并委中书门下商量施行。"④

汴州之外，其他交通便利的州县，亦都程度不等地成为商业发达的中等城市，各保持着一定程度的繁荣，成为各该地方的一个小的经济中心。例如：

> 宋、郑商旅之会，御河在中，舟舰相属。⑤
>
> 安禄山将犯河洛，以〔张〕介然为河南防御使，令守陈留。陈留水陆所凑，邑居万家。⑥

进入齐鲁之域，兖州、青州皆古之名城，到隋唐时期由于在经济上没有

---

① 《旧唐书》卷一百九十中，《文苑·齐澣传》。
② 《旧唐书》卷六十四，《高祖诸子·鲁王灵夔传附子道坚传》。
③ 《旧唐书》卷一百三十一，《李勉传》。
④ 《旧五代史》卷七十七，《晋高祖纪三》。
⑤ 《白孔六帖》卷十一。
⑥ 《旧唐书》卷一百八十七下，《忠义·张介然传》。

显著变化，故大都保持着旧城的古老风貌，即所谓"有周孔遗风"。惟齐郡自古以盛产高级丝织品著名，"织作冰纨绮绣纯丽之物"，为该地方的传统手工艺，历久不衰。"号为冠带衣履天下"，说明齐之丝织品完全是商品生产，国内有广大市场。据说这是太公之教，可知这种手工业是起源很早的。史称：

> 兖州于《禹贡》为济、河之地……东郡、东平、济北、武阳、平原等郡，得其地焉，兼得邹、鲁、齐、卫之交。旧传太公、唐叔之教，亦有周孔遗风。今此数郡……其人性质直怀义，有古之风烈矣。①
>
> 《周礼·职方氏》正东曰青州……在汉之时，俗弥侈泰，织作冰纨绮绣纯丽之物，号为冠带衣履天下。……齐郡旧曰济南……大抵数郡与古不殊，男子多务农桑，崇尚学业，其归于俭约，则颇变旧风。②

与齐鲁接壤的徐州已进入淮河流域，但社会经济结构以及人民的生产与生活，仍与齐鲁相同。史称：

> 《禹贡》海岱及淮惟徐州，彭城、鲁郡、琅邪、东海、下邳得其地焉。……大抵徐、兖同俗，故其余诸郡皆得齐鲁之所尚，莫不贱商贾，务稼穑……得洙泗之俗焉。③

虽僻居内地的小县，也有因地居冲重，交通便利，而发展成为一个重要的商业都会，其经济地位远远凌驾于周围各州县之上。例如徐州属内的任城县就是这样一个典型，其繁荣兴盛实超过州郡：

> 任城盖古之秦县也，在《禹贡》则南徐之分，当周成乃东鲁之邦。……鲁境七百里，郡有十一县，任城其冲要。……况其城池爽垲，邑屋丰润，香阁倚日，凌丹霄而欲飞；石桥横波，惊彩虹而不去，其雄丽块圠有如此焉（原注：块圠音央扎，天涯际也，又广大

---

① 《隋书》卷三十，《地理志中·兖州》。
② 《隋书》卷三十，《地理志中》。
③ 《隋书》卷三十一，《地理志下》。

貌）。故万商往来，四海绵历，实泉货之橐籥，为英髦之咽喉。[①]

（三）江南区

这是一个十分辽阔的地区，包括长江中下游的整个流域，其中主要有以太湖为中心的古扬州全境，以及浙、赣、荆、湘等中南地区。在唐代，这是全国经济的精华所在，是唐王朝财赋收入的主要来源，其盛衰荣枯，与唐王朝的命运直接攸关。

全国经济重心的南移，早在三国时即已开始，那时开发的范围虽然不广，而江东一隅的初露头角已经显示出江南经济区的巨大潜力，并支撑了当时的一个割据王朝。江南的全面开发，系在东晋南北朝时期，北方难民的大量南移，为江南的开发提供了充沛的劳动力来源，从而在短时期内就改变了江南广大地区长期以来的"渔猎山伐"与"饭稻羹鱼"的落后面貌，使过去为原始森林草莽所覆盖的山林原野逐步改造为适于种植的农田，并使江南地区从采集经济或自然经济的落后状态向农业阶段迈进。这一系列的变化，是中国古代经济发展的一个划分历史阶段的重大变化，其全部发展过程和一些具体情况，在《中国封建社会经济史》第三卷中已经做了详细阐述。这样的发展，到唐代仍在继续之中，不过在性质上却有显著区别：六朝时期，江南的开发还处在初期阶段，那时的江南还是一个土旷人稀的地方，由于劳动人手不足，故有广大地区长期得不到开发，当时虽因北方战乱连年、饥馑荐臻，有大量难民渡江南逃，但分散在江南广大地区之后，无异杯水车薪，远不能改变江南人口稀少的基本情况。并且这时江南的开发，主要是通过权贵豪门的"封略山湖""抢占田土"的形式来进行的，当时外来权贵和当地土豪的抢占之风进行得如火如荼，凿山浚湖，岁无虚日，通过这种方式，权贵们圈占了大量的山林原野和湖泊丘陵，但因人口稀少、劳力不足之故，使圈占的土地不能充分利用，不能彻底改变江南的原始状态。总之，六朝时的江南开发，是粗线条式的写意画，是向广度发展的一种粗放经营，只是将无主之田占为私有，进行一点力所能及的开发，仍有大片土地未能发挥其生产潜力。所以六朝的农业虽比过去有所发展，但未能彻底改变农业的粗耕性质。

---

① 李白：《任城县厅壁记》，《李太白文集》卷二十八。

　　进入唐代，虽然仍有不少荒土有待进一步开发利用，但是大片原野已被捷足先登者所圈占，开拓田土的运动已基本上告一段落，这时已不得不由向广度发展变为向深度发展，即提高土地的生产力，变粗放经营为精耕细作，变广种薄收为提高单位面积产量。江南为水稻产区，水稻本系高产作物，这使江南的优越自然条件又进一步得到充分发挥，随着农业经营方针的改变，江南作为全国经济重心的地位遂进一步得到巩固。

　　对于各地方的经济状况，史籍记载皆甚简略，不足据以描述全貌，但是江南经济状况的兴衰，关系着唐王朝统治地位的安危，因而史籍中直接或间接的记载和论述，自较他处为多，即使是片语只句，亦可以由之看出一个地方经济状况的大体轮廓：

　　　　江南之俗，火耕水耨，食鱼与稻，以渔猎为业，虽无蓄积之资，然而亦无饥馁。……丹阳旧京所在，人物本盛，小人率多商贩，君子资于官禄，市廛列肆，埒于二京，人杂五方，故俗颇相类。京口东通吴会，南极江湖，西连都邑，亦一都会也。……宣城、毗陵、吴郡、会稽、馀杭、东阳，其俗亦同。然数郡川泽沃衍，有海陆之饶，珍异所聚，故商贾并凑。……豫章之俗，颇同吴中，其君子善居室，小人勤耕稼。……一年蚕四五熟，勤于纺绩，亦有夜浣纱而旦成布者，俗呼为"鸡鸣布"。新安、永嘉、建安、遂安、鄱阳、九江、临川、庐陵、南康、宜春，其俗又颇同豫章，而庐陵人庞淳，率多寿考。[①]

　　　　贞元八年（公元七九二年）……德舆建言：江淮田一善熟，则旁资数道，故天下大计，仰于东南。[②]

　　　　岁在庚午，以礼部尚书至于是邦。禹贡淮海之域，职方东南之奥，产金三品，射利万室，控荆衡以沿泛，通夷越之货贿，四会五达，此为咽颐。[③]

　　扬州为东南名城，唐代文献中对扬州的富庶曾从多方面进行描述，唐代诗歌尤盛赞扬州的繁华，在唐代，扬州不仅为东南之重镇，而且是一个巨大

---

　　①　《隋书》卷三十一，《地理志下·扬州》。
　　②　《新唐书》卷一百六十五，《权德舆传》。
　　③　权德舆：《岐公淮南遗爱碑铭》，《唐文粹》卷五十四。

的国际商埠，是交、广之外有大批外商聚集寄居的互市地点，也是全国商品经济高度发展的一个橱窗，从这里可以看到唐代商品经济的发展程度。由于扬州长期维持着商业发达和特殊繁荣，商旅辐凑，人烟浩繁，纷华靡丽，珠翠填咽，人们遂趋之如鹜，垂涎向往，有人竟幻想人生的最大幸福是能"腰缠十万贯，骑鹤下扬州"，甚至认为如果死是不能逃脱的自然规律，最好能死在扬州，如张祜[13]诗"人生只合扬州死，禅智山光好墓田"；还认为扬州的泥土也是香的，如姚合诗"满郭是春光，街衢土亦香"。

描写唐代扬州繁华的文献和诗歌很多，这里仅酌引以下几条：

广陵实佳丽，隋季此为京。八方称辐凑，五达如砥平。大旆映空色，笳箫发连营。层台出重霄，金碧摩颢清。交驰流水毂，回接浮云軿。青楼旭日映，绿野春风晴。喷玉光照地，颦蛾价倾城。灯前频巧笑，陌上相逢迎。飘飖翠羽薄，掩映红襦明。兰麝远不散，管弦闲自清，曲士守文墨，达人随[14]性情。茫茫竟同尽，冉冉将何营。且申今日欢，莫务身后名。肯学诸儒辈，书窗误一生。①

扬州胜地也，每重城向夕，倡楼之上，常有绛纱灯万数，辉罗耀列空中，九里三十步街中，珠翠填咽，邈若仙境。②

夜市千灯明碧云，高楼红袖客纷纷。如今不似时平日，犹自笙歌彻晓闻。③

扬州地当冲要，多富商大贾珠翠珍怪之产。④

〔颙[15]〕内怨〔杨〕行密与〔钱〕镠，因移书曰："……东南扬为大，刀布金玉积如阜，愿公上天子常赋；颙请悉储峙单车以从。"⑤

先是诸道节度观察使，以广陵为南北之冲，百货所集，多以军储货贩，列置邸肆，为托军用，实私其利焉。⑥

扬州雄富冠天下，自〔毕〕师铎、〔杨〕行密、〔孙〕儒迭攻迭守，焚市落，剽民人，兵饥相仍，其地遂空。⑦

---

① 权德舆：《广陵诗》，《全唐诗》卷三二八。
② 《太平广记》卷二百七十三，《杜牧》引《唐阙史》。
③ 王建：《夜看扬州市》，《全唐诗》卷十一。
④ 《旧唐书》卷八十八，《苏瑰传》。
⑤ 《新唐书》卷一百八十九，《田颙传》。
⑥ 《册府元龟》卷一百六十。
⑦ 《新唐书》卷二百二十四，《叛臣·高骈传》。

　　唐世盐铁转运使在扬州，尽干利权，判官多至数十人，商贾如织，故谚称扬一益二，谓天下之盛，扬为一，而蜀次之也。杜牧之有"春风十里珠帘"之句，张祜诗云："十里长街市井连，月明桥上看神仙，人生只合扬州死，禅智山光好墓田。"王建诗云："夜市千灯照碧云，高楼红袖客纷纷。如今不似时平日，犹自笙歌彻晓闻。"徐凝诗云："天下三分明月夜，二分无赖是扬州。"其盛可知矣。自毕师铎、孙儒之乱，荡为丘墟，杨行密复葺之，稍成壮藩，又毁于显德。本朝承平百七十年，尚不能及唐之什一，今日真可酸鼻也。①

　　以上诸条都是从表面上描写扬州的繁华侈靡，其盛况实远非东西二京所能比，确是"商贾如织"，"百货所集"，"刀布金玉积如阜"。关于扬州的商业兴旺之状和相关的金融活动，详于后文"商业"章中，这里从略。

　　浙东是一个重要的粮食产区，商品经济亦有一定程度的发展，在江南经济区中占有十分重要的地位，其中杭州、湖州都是各该区的经济中心，为仅次于扬州的商业都会，大运河南起杭州，即在说明浙江经济地位的重要，其情况可由下引文献看出：

　　　　浙东地号奥区，古之越国，当舟车辐凑之会，是江湖冲要之津。②

　　　　杭州东南名郡，后汉分会稽为吴郡钱塘属。隋平陈，置此州，咽喉吴越，势雄江海，国家阜成兆人，户口日益增，领九县。……况郊海门，池浙江，三山动摇于掌端，灵涛歔[16]激于城下，水牵卉服，陆控山夷，骈樯二十里，开肆三万室。③

　　　　国家始以输边储塞，不足于用，遂以盐铁榷沽为助，使吏曹计其入，于郡县近利之地，得为院盐场之署，以差高下之等。顾杭州虽一场耳，然则南派巨流，走闽禺瓯越之实货，而盐鱼大贾，所来交会，每岁官入三十六万千，计近岁淮河之间，颇闻其费，自是汲利之官益重矣。④

---

① 《容斋随笔》卷九。
② 《镇东军墙隍庙记》，《金石萃编》卷一百十九。
③ 李华：《杭州刺史厅壁记》，《全唐文》卷三百十六。
④ 沈亚之：《杭州场壁记》，《全唐文》卷七百三十六。

湖州的经济地位与杭州相埒，是太湖区的一个经济中心，其地物产繁富，工商业发达。下引文献可概见湖州的富庶兴旺之状：

> 江表大郡，吴兴为一，夏属扬州，秦属会稽，汉属吴郡，吴为吴兴郡。其野星纪，其薮具区，其贡橘柚纤缟茶纻。其英灵所诞，山泽所过，舟车所会，物土所产，雄于楚越，虽临淄之富不若也。其冠簪之盛，汉晋已来敌天下三分之一。①

浙赣多山，经济地位实逊于浙东，但也是一个重要的粮食产地，盛产材竹铁石，丝织业亦相当发达，大城如吉州、饶州等虽不能与杭州、湖州相抗衡，也是商贾辐凑，百货云集的名城，其情况有如下述：

> 帝（宪宗）以浙西富饶，欲培擩遗利，以镡为观察使。②
> 迁宣、歙、池观察使，时乾符四年（公元八七七年）也。……会大星直寝庭坠，术家言，宜上疾不视事以默胜。凝曰："东南国用所出，而宣为大府，吾规脱祸可矣，顾一方何赖哉！"③
> 庐陵户余二万，有地三百余里，骈山贯江，扼岭之冲。材竹铁石之赡殖，苞篚韗缉之富聚，土沃多稼，散粒荆扬，故官人率以贪败。④
> 饶阳因富得州名，不独农桑别有营。日暖提筐依茗树，天阴把酒入银坑。江寒鱼动枪旗影，山晚云和鼓角声。太守能诗兼爱静，西楼见月几篇成。⑤

地方特殊物产，史籍亦多所记载，如豫章之燃石，即其一例：

> 又豫章有然石，以水灌之便热，用以烹煮，可使食成。热尽，下可以冷水灌之，更热，如此无穷。世人贵其异，不能识其名。雷

---

① 顾况：《湖州刺史厅壁记》，《唐文粹》卷七十三。
② 《新唐书》卷二百六，《外戚·李镡传》。
③ 《新唐书》卷一百四十三，《王翃传附凝传》。
④ 皇甫提：《吉州庐陵县令厅壁记》，《皇甫持正文集》卷五。
⑤ 章孝标：《送张使君赴饶州》，《全唐诗》卷十九。

焕元康中入洛，乃赍以示华，华云：此所谓然石。①

可知燃石早在唐以前即已为人所发现，这就是现在人常用的所谓电石，系一种化学物品，段成式在《酉阳杂俎》中亦记其事，略云：建成县出燃石，色黄理疏，以水灌之则热，安鼎其上，可以炊。

由荆襄以至长沙，包括中南的广大地区，为另一重要的粮食产地，谚云：两湖熟，天下足。可见荆湘一带在江南经济区中的重要性实不在扬州以下，说明江南经济发达的地方不限于江左一隅。

> 《尚书》：荆及衡阳惟荆州。……其风俗物产，颇同扬州。……南郡、夷陵、竟陵、沔阳、沅陵、清江、襄阳、舂陵、汉东、安陆、永安、义阳、九江、江夏诸郡，多杂蛮左，其与夏人杂居者，则与诸华不别，其僻处山谷者，则言语不通，嗜好居处全异，颇与巴渝同俗。……自晋氏南迁之后，南郡、襄阳皆为重镇，四方凑会……九江襟带所在，江夏、竟陵、安陆，各置名州，为藩镇重寄。②

> 长沙郡又杂有夷蜒……武陵、巴陵、零陵、桂阳、澧阳、衡山、熙平皆同焉。③

> 是月〔开平二年（公元九〇八年）六月〕壬戌，岳州为淮贼所据。帝以此郡五岭三湘水陆会合之地，委输商贾，靡不由斯，遂令荆、湘、湖南北举舟师同力致讨。王师既集，淮夷毁壁，焚郭郭而遁。④

（四）岭南区

五岭以南，原为古扬州之南境，是一个辽阔的地区，凡辖七十州，地处热带或亚热带，气候湿热多雨，草木繁茂，本具有发展农业的优越条件，然地多瘴疠，人多早夭，外人流寓者甚少，人口稀疏，有大片山林原野，因无人开发利用，故长期处于原始榛莽状态，一直是森林草莱密布，毒蛇猛兽出

---

① 《太平广记》卷一百九十七，《张华》引《异物志》。
② 《隋书》卷三十一，《地理志下》。
③ 《隋书》卷三十一，《地理志下》。
④ 《旧五代史》卷四，《梁太祖纪四》。

没，不适于人居。六朝时虽有大量北方人口南移，但大都散居在江南各郡，逾岭而南者很少。岭南的开发主要是从唐代开始的。过去漫长的扩展运动系由北而南，逐渐由中原、关中的两大古老经济区向南扩展，至汉代达到淮河流域，六朝时又逾淮过江而延及江南，六朝时期成为开发江南的主要时期，至唐代，除进一步充实江南的开发外，又延伸到五岭以南，把扩展耕地运动延伸到国境的最南端，东南际海，其范围包括南海之交趾，故常泛称为交、广之域。

岭南腹地虽开发甚迟，但滨海之番禺（广州）则开化甚早，在汉朝，番禺即已为中国南方的一个重要通商口岸，番舶辐凑、宝货山积，汉代史籍已正式记载其地有"犀、象、玳瑁、珠玑、银、铜、果布之凑，番禺其一都会也"。交、广之开发较早，是由于对外贸易发达，不是内地经济发展的自然结果，故尽管广州很早即已成为繁华的商业都会，而交通不便的内地，仍长期保持着原始状态，到唐代，由于造田运动的向南延伸，大片原野始逐渐改造为农田，使岭南地区进入农业阶段。所以岭南的开发，是在中国长期造田运动的收尾时期，这主要是在唐代完成的。

唐代是岭南开发的初期阶段，各地方的经济潜力还没有充分发挥出来，故不为一般人所重视，史籍亦很少记载。广州瑰宝山积，为财富渊薮，故中外瞩目，官其地者无不腰贯累累，大发其财，南朝时即为人艳称：广州刺史但经城门一过便得三千万。语虽夸张，亦非全无根据，唐代以中使为广州市舶使，用意所在，不问可知，因而有关广州的记载遂连篇累牍，由下引几条，可见一斑：

> 自岭巳南二十余郡，大率土地下湿，皆多瘴疠，人尤夭折。南海、交趾各一都会也，并所处近海，多犀、象、玳瑁、珠玑、奇异、珍玮，故商贾至者多取富焉。其人……巢居崖处，尽力农事，刻木以为符契，言誓则至死不改。[1]
>
> 〔天宝初〕时南海郡利兼水陆，瑰宝山积，刘巨鳞、彭杲相替为太守、五府节度，皆坐赃巨万而死。乃特授奂为南海太守。遐方之地，贪吏敛迹，人用安之，以为自开元巳来四十年，广府节度清白者有四，谓宋璟、裴仙先、李朝隐及奂。中使市舶，亦不干法。[2]

---

① 《隋书》卷三十一，《地理志下》。
② 《旧唐书》卷九十八，《庐怀慎传附子奂传》。

〔长庆元年[17]（公元八二一年）〕检校右仆射、广州刺史、岭南节度使。初，权出镇，有中人之助。南海多珍货，权颇积聚以遗之，大为朝士所嗤。①

〔宝历〕二年（公元八二六年），检校兵部尚书、广州刺史、充岭南节度使。……广州有海之利，货贝狎至，证善蓄积，务华侈，厚自奉养，童奴数百。于京城修行里起第，连亘间巷，岭表奇货，道途不绝，京师推为富家。②

〔宣宗朝〕拜岭南节度使。南方珍贿丛夥，不以入门。③

乾符六年（公元八七九年），黄巢势寖[18]盛，据安南，腾书求天平节度使。帝令群臣议，咸请假节以纾难，畋欲因授岭南节度使。……仆射于琮言，南海以宝产富天下，如与贼，国藏竭矣。④

唐末时以岭南境域辽阔，州郡相距遥远，控制不便，遂将岭南划分为东西两道，以广州为岭南东道，邕州为岭南西道，添置州县，以加强统治：

〔咸通三年（公元八六二年）〕五月，敕：岭南分为五管，诚已多年，居常之时，同资御捍，有事之际，要别改张。邕州西接南蛮，深据黄洞，控两江之犷俗，居数道之游民，比以委人太轻，军威不振，境连内地，不并海南，宜分岭南为东西道节度观察处置等使。以广州为岭南东道，邕州为岭南西道，别择良吏，付以节旄。其所管八州，俗无耕桑，地极边远；近罹盗扰，尤其凋残；将盛藩垣，宜添州县。宜割桂州管内龚州、象州，容州管内藤州、岩州，并隶岭南西道收管。⑤

唐代诗歌中有不少描写岭南山川形势和风土人情的诗篇，读之可概见岭南各地的一些具体情况，这里仅节录下引一首：

---

① 《旧唐书》卷一百六十二，《郑权传》。
② 《旧唐书》卷一百六十三，《胡证传》。
③ 《新唐书》卷一百一，《萧瑀传附仿传》。
④ 《新唐书》卷一百八十五，《郑畋传》。
⑤ 《旧唐书》卷十九上，《懿宗纪》。

天将南北分寒燠，北被羔裘南卉服。寒气凝为戎虏骄，炎蒸洁
作虫虺毒。周王止化惟荆蛮，汉武凿远通孱颜。南标铜柱限荒徼，
五岭从兹穷险艰。衡山截断炎方北，回雁峰南瘴烟黑。万壑奔伤溢
作泷，湍飞浪激如绳直。千崖傍耸猿啸悲，丹蛇玄虺潜蝾蛇。泷夫
拟楫[19]劈高浪，瞥忽浮沉如电随。岭头刺竹蒙笼密，火折红蕉焰
烧日。岭上泉分南北流，行人照水愁肠骨。阴森石路盘萦行，雨寒
日暖常斯须。瘴云暂卷火山外，苍茫海气穷番禺。鹧鸪猿鸟声相续，
椎髻哓呼同戚促。百处谿滩异雨晴，四时雷电迷昏旭。鱼肠雁足望
缄封，地远三江岭万重。鱼跃岂通清远峡，雁飞难渡漳江东。云蒸
地热无霜霰，桃李冬华匪时变。天际长垂饮涧虹，檐前不去衔泥燕
（原注：南中虹四时长见，见数则多飓风。燕不归蛰，燕泥多沙，人
惧其沾污于人，每逐其巢也）。幸逢雷雨荡妖昏，提挈悲欢出海门。
西日眼明看少长，北风身醒辨寒温。……①

唐时岭南对国民经济有一项重大贡献，并对后世产生了愈来愈大的深远
影响，即棉花的引进栽培和纺棉织棉的普遍发展。棉花和棉布（白氎）早在
唐以前即见于记载，《中国封建社会经济史》第三卷中亦曾述及。棉花——
古称吉贝，原产西域和南海诸岛国，国内不知种植，棉布系与香药宝货等珍
奇品一同输入中国内地。唐时棉花开始在岭南各地种植，成为新引进的一种
经济作物，纺棉织棉亦普遍进入农民的家庭，成为家家户户从事的一种农村
副业，从此使小农业与小手工业紧密结合的自然经济获得一个新的内容。王
建诗有云"白氎家家织，红蕉处处栽"②，成为唐时岭南广大农村的一个突出
景象。

岭南多有地方特殊手工艺，大都利用本地的土产为原料，远销于海内外
市场，例如：

> 《岭表录异》曰：南土多野鹿藤苗，有木如鸡子白者，细于筋，
> 采为山货，流布海内，儋、台、琼管百姓皆制藤线，编以为幕，其
> 妙者，亦挑纹为花药鱼鸟之状。业此纳官，以充赋税。③

---

① 李绅：《逾岭峤止荒陬抵高要》，《全唐诗》卷十八。
② 王建：《送郑权尚书南海》，《全唐诗》卷十一。
③ 《太平御览》卷九百九十五。

（五）巴蜀西南区

巴蜀是开发很早的一个独立发展的经济区，在整个国民经济中占有重要地位。由于自然条件优越，农业生产较早地进入精耕阶段，自李冰凿离堆，建立了都江堰水利工程后，成都平原便一直是一个旱涝保收的粮食生产基地，成为秦王朝完成统一大业的经济支柱。巴蜀地区不仅农业发达，手工业特别是丝织业更一直是久负盛名，驰誉欧亚，为重要的出口物资，中外商贾大量贩运的中国高贵丝织品，实以成都的绫锦缯帛为大宗，其盛况历久不衰。

巴山险阻，蜀道艰难，成为巴蜀经济区的一个自然屏障，常常造成天下大乱蜀不乱，所以当中原、关中几次陷于巨大的经济波动之中，战争饥馑使社会经济遭受惨重破坏时，蜀中因山川重阻，限制了战火的蔓延，仍能沿着自己的发展轨道，独保太平，使人民的生产与生活没有被中原关中的天灾人祸所搅乱，巴蜀地区俨然成为乱世的一个世外桃源，为各方难民的一个庇护所。虽然有时也有战乱但大都旋起旋灭，为害不烈，故巴蜀的繁荣到唐时基本上还都在继续之中，既没有什么巨大发展，也没有显著衰败或退化，史书所述，大都与过去无殊：

> 蜀郡、临邛、眉山、隆山、资阳、泸川、巴东、遂宁、巴西、新城、金山、普安、犍为、越巂、牂柯、黔安，得蜀之旧域，其地四塞，山川重阻，水陆所凑，货殖所萃，盖一都之会也。昔刘备资之，以成三分之业。……其风俗大抵与汉中不别。……人多工巧，绫锦雕镂之妙，殆侔于上国。……其边野富人多规固山泽，以财物雄役夷、獠，故轻为奸藏，权倾州县，此亦其旧俗乎？又有獽狿蛮賨，其居处风俗，衣服饮食，颇同于獠，而亦与蜀人相类。[①]

> 建中三年（公元七八二年），代贾耽为梁州刺史，兼御史大夫、山南西道节度观察等使。及朱泚窃据京城……德宗欲移幸山南，震既闻顺动，遣吏驰表往奉天迎驾。……〔兴元三年（公元七八六年）〕三月，德宗至梁州。山南地贫，粮食难给，宰臣议请幸成都府。震奏曰："山南地接京畿，李晟方图收复，借六军声援，如幸西川，则晟未见收复之期也。幸陛下徐思其宜。"议未决，李晟表至，

---

① 《隋书》卷二十九，《地理志上》。

请车驾驻跸梁洋，以图收复，群议乃止。梁汉之间，刀耕火耨，民以采稆为事，虽节察十五郡，而赋额不敌中原三数县。自安史之后，多为山贼剽掠，户口流散太半，洎六师驻跸，震设法劝课，鸠聚财赋，以给行在，民不至烦，供亿无阙。[①]

可见巴蜀区经济发达的地方主要是西川一带，其他地方则限于自然条件，山多地少，土质硗确，生产力很低，社会经济都相当落后，如梁汉之间，农业生产还是原始的"刀耕火耨"，即伐木烧山，以垦辟少量山间坡地，即所谓"畲耕"，其具体情况详于后文"农业"章中。由于土地瘠薄，产量不大，故"民以采稆为事，虽节察十五郡，而赋额不敌中原三数县"，安史乱后，更凋敝不堪，这与成都平原之富庶丰饶，实有天渊之别。下引几条记载，系由不同角度论述蜀郡之富：

> "臣窃观蜀为西南一都会，国家之宝库，天下珍货聚出其中。又人富粟多，顺江而下，可以兼济中国。"[②]
> 〔严武〕在蜀累年，肆志逞欲，恣行猛政。……蜀土颇饶珍产，武穷极奢靡，赏赐无度，或由一言，赏至百万。[③]
> 大历二年（公元七六七年），〔杜〕鸿渐归朝，遂受宁西川节度使。特地险人富，乃厚敛财货，结权贵。[④]
> 〔元和元年（公元八〇六年）平刘辟之乱〕王师入成都，介士屯于大逵，军令严肃，珍宝山积，市井不移，无秋毫之犯。[⑤]

不久，高崇文自请离任，"乞居塞上，以扞边戍"，旋授邠州刺史，邠、宁、庆三州节度观察等使，临行时竟原形毕露，"恃其功而侈心大作，帑藏之富，百工之巧，举而相随，蜀都一罄"。

〔大顺初，王建引兵攻敬瑄，进围成都〕建好谓军中曰："成都

① 《旧唐书》卷一百十七，《严震传》。
② 陈子昂：《谏雅州讨生羌书》，《陈伯玉文集》卷九；又见《旧唐书》卷一百九十中，《陈子昂传》。
③ 《旧唐书》卷一百十七，《严武传》。
④ 《旧唐书》卷一百十七，《崔宁传》。
⑤ 《旧唐书》卷一百五十一，《高崇文传》。

号花锦城，玉帛子女，诸儿可自取。"谓票将韩武等："城破，吾与公递为节度使一日。"下闻之，战愈力。①

　　梓州……州城宋元嘉中筑，左带涪水，右挟中江，居水陆之冲要。②

　　蜀郡西南的广大地区，属古姚州之地，唐时还都是落后地区，一切生产和生活方式都不同于内地。据张柬之说："臣窃按姚州者，古哀牢之旧国，绝域荒外，山高水深，自生人以来，泊于后汉，不与中国交通。前汉唐蒙开夜郎、滇、筰，而哀牢不附，至光武季年，始请内属，汉置永昌郡以统理之，乃收其盐布毯罽之税，以利中土。其国西逼大秦，南通交趾，奇珍异宝，进贡岁时不阙。刘备据有巴蜀，常以甲兵不充，及备死，诸葛亮五月渡泸，收其金银盐布，以益军储，使张伯岐选其劲卒搜兵，以增武备，故《蜀志》称：自亮南征之后，国以富饶，甲兵充足。"③可知西康地区虽在东汉初年即已列为郡县，至其完全内附则是到三国时期，诸葛亮的五月渡泸，深入不毛，对于这一变化实起了决定性的作用，但是在社会经济方面并未因此发生显著变化，生产和生活方式实无何变改。至于更南的南诏（今云南境内），在唐时犹不发达，兹酌引几条有关记载，借以概见唐时西南边疆一带的社会经济状况：

　　祁鲜山之西多瘴歊，地平，草冬不枯。自曲靖州至滇池，人水耕，食蚕以柘，蚕生阅二旬而茧，织锦缣精致。大和、祁鲜而西，人不蚕，剖波罗树实，状若絮，纽缕而幅之（宋《续博物志》卷七云：骠国诸蛮并不养蚕，收娑罗木子，破其壳，中如柳絮，细织为幅服之，谓之娑罗笼段。是波罗为娑罗之讹）。览睑井产盐最鲜白，惟王得食，取足则灭灶。昆明城诸井皆产盐，不征，群蛮食之。永昌之西，野桑生石上，其林上屈两向而下植，取以为弓，不筋漆而利，名曰瞑弓。长川诸山，往往有金，或披沙得之，丽水多金麸。越睒之西多荐草，产善马，世称越睒骏，始生若羔，岁中纽莎縻之，饮以米潘，七年可御，日驰数百里。④

---

① 《新唐书》卷二百二十四下，《叛臣·陈敬瑄传》。
② 李吉甫：《元和郡县图志》卷三十三，《剑南道》。
③ 《旧唐书》卷九十一，《张柬之传》。
④ 《新唐书》卷二百二十二上，《南蛮·南诏传上》。

从曲靖州巳南，滇池巳西，土俗唯业水田。种麻豆黍稷，不过町疃。水田每年一熟，从八月获稻，至十一月十二月之交，便于稻田种大麦，三月四月即熟。收大麦后还种粳稻。小麦即于冈陵种之，十二月下旬巳抽节如三月。小麦与大麦同时收刈。……每耕田，用三尺犁，格长丈余，两牛相去七八尺，一佃人前牵牛，一佃人持按犁辕，一佃秉耒。蛮治山田殊为精好，悉被城镇蛮将差蛮官遍令监守催促，如监蛮乞酒饭者，察之杖下捶死。每一佃人佃疆畛连，延或三十里。浇田皆用源泉，水旱无损。收刈巳毕，官蛮据佃人家口数目，支给禾稻，其余悉输官。①

蛮地无桑，悉养柘蚕绕树，村邑人家柘林多者数顷，耸干数丈。三月初，蚕巳生，三月中茧出，抽丝法稍异中土，精者为纺丝绫，亦织为锦及绢。其纺丝入朱紫以为上服，锦文颇有密致奇采，蛮及家口悉不许为衣服。其绢极粗，原细入色（原细二字未详），制如裘被，庶贱男女，许以披之，亦有刺绣。蛮王并清平官礼衣，悉服锦绣，皆上缀波罗皮（南蛮呼大虫为波罗）。俗不解织绫罗，自太和三年（公元八二九年），蛮贼寇西川，虏掠巧儿及女工非少，如今悉解织绫罗也。②

麝香出永昌及南诏诸山，土人皆以交易货币。③

第二节　土贡与物产分布

土贡制度起源很早，是古代封建统治者对人民的一种赤裸裸的掠夺，即统治阶级所需要的种类繁多的生活必需品、便利品特别是奢侈品，不通过购买程序从公开市场上获得，而直接无代价地向人民索取，全国各道州府郡县凡本地所产，不论是农产品、畜牧产品、渔猎产品、矿产品和工业制造品，只要对朝廷官府有一分可用——从宗庙祭祀、军国公用到服饰玩好、瓜果菜蔬、珍禽异兽、花鸟虫鱼等等，均须以其中最好的一份上贡。由于统治者个人的欲望和爱好是无止境的，所以贡的范围和数量也是无限制的，统治者是

①　樊绰：《蛮书》卷七。
②　樊绰：《蛮书》卷七。
③　樊绰：《蛮书》卷七。

喜欢什么就要什么，或者想到什么人民就须贡什么，所以这种剥削的残酷性和骚扰性，较之赋税徭役殆有过之无不及。但是土贡制度的意义和作用实远不止此，换言之，土贡的作用不仅仅是为了剥削，而是贯彻抑商政策的重要手段之一。关于中国古代封建统治阶级为什么要始终不渝地力求贯彻抑商政策，作者已另有专文讨论①，可以参见，这里不再申论。

土贡制度通过历代王朝的修订补充，至唐代而臻于完备，成为一种有法令明文规定的国家制度，故《新唐书·地理志》《通典》《元和郡县图志》《通鉴地理通释》等书都详细记载了各道州府郡县的应贡物品，由其种类之繁多，说明各地方的自然条件有显著不同，故有名目繁多的土特产，也反映出各地方多有传统的和保密的生产技术，能制造出具有地方特色的名牌产品。这里据《新唐书·地理志》所载各州土贡名称，详列于下，涉猎一过，无异参观一次唐代全国物资博览会，千奇百怪，粗细并陈，琳琅满目，美不胜收，故虽多占一点篇幅，实有一览全貌的必要：

关内道：

> 华州：土贡鹦、乌鹘、伏苓、伏神、细辛。同州：土贡靴[20]、鞹、皱纹吉莫、麝、芑、茨、龙莎、凝水石。商州：土贡麝香、弓材。凤翔府：土贡榛实、龙须席、蜡烛。邠州：土贡剪刀、火箸、荜豆、澡豆、白蜜、地胆。陇州：土贡榛实、龙须席。原州：土贡毡、覆毡、龙须席。宁州：土贡五色覆鞍毡、龙须席、芜青、亭长庵蔄、假苏。庆州：土贡胡女布、牛酥、麝、蜡。鄜州：土贡龙须席。坊州：土贡龙须席、枭弦、麻。丹州：土贡龙须席、麝、蜡烛。延州：土贡桦皮、麝、蜡。灵州：土贡红蓝、甘草、花苁蓉、代赭、白胶、青虫、雕[21]、鹘、白羽、麝、野马、鹿革、野猪、黄吉莫、靴、鞹、毡、库利、赤柽、马策、印盐、黄牛臆。会州：土贡驼毛褐、野马革、覆鞍毡、鹿舌、鹿尾。盐州：土贡盐、山木瓜、犉[22]牛。夏州：土贡毡、角弓、酥、拒霜荠。绥州：土贡胡女布、蜡烛。银州：土贡女稽布。宥州：土贡毡。麟州：土贡青他鹿角。胜州：土贡胡布、青他鹿角、芍药、徐长卿。丰州：土贡白麦、印盐、野马胯革、驼毛褐、毡。单于大都护府：土贡胡女布、野马胯革。安

---

① 参见拙著：《中国经济史论丛》下，第六四八至六五三页。

北大都护府：土贡野马胯革。

河南道：

　　河南府：土贡文绫、缯、縠、丝葛、埏埴盎缶、苟杞、黄精、美果华、酸枣仁。汝州：土贡絁。陕州：土贡莽麦、栝蒌、柏实。虢州：土贡絁、瓦砚、麝、地骨皮、梨。滑州：土贡方纹绫、纱、绢、蔗席、酸枣仁。郑州：土贡绢、龙莎。颍州：土贡絁、绵、槽白鱼。许州：土贡绢、蔗席、柿。陈州：土贡绢。蔡州：土贡珉玉、棋子、四窠、云花、龟甲、双距、溪鹨[23]等绫。汴州：土贡绢。宋州：土贡绢。亳州：土贡绢。徐州：土贡双丝绫、绢、绵、绸[24]、布、刀错、紫石。泗州：土贡锦、赀布。濠州：土贡絁、绵、丝布、云母。宿州：土贡绢。郓州：土贡绢、防风。齐州：土贡丝葛、绢、绵、防风、滑石、云母。曹州：土贡绢、绵、大蛇、粟、葶苈。濮州：土贡绢、犬。青州：土贡仙纹绫、丝、枣、红蓝、紫草。淄州：土贡防风、理石。登州：土贡赀布、水葱席、石器、文蛤、牛黄。莱州：土贡赀布、水葱席、石器、文蛤、牛黄。棣州：土贡绢。兖州：土贡镜花绫、双距绫、绢、云母、防风、紫石。海州：土贡绫、楚布、紫菜。沂州：土贡紫石、钟乳。密州：土贡赀布、海蛤、牛黄。

河东道：

　　河中府：土贡毡、麹扇[25]、龙骨、枣、凤栖梨。晋州：土贡蜡烛。绛州：土贡白縠、梁米、梨、墨、蜡烛、防风。慈州：土贡白蜜、蜡烛。隰州：土贡胡女布、蜜、蜡烛。太原府：土贡铜镜、铁钟、马鞍、梨、葡萄酒、煎玉粉屑、柏实仁、黄石矿、甘草、人参[26]、石砚石。汾州：土贡鞍面毡、龙须席、石膏、消石。沁州：土贡龙须席、弦、麻。辽州：土贡人参、蜡。岚州：土贡熊鞹、麝香。石州：土贡胡女布、龙须席、蜜、蜡烛、蒌蕤。忻州：土贡麝香、豹尾。代州：土贡蜜、青碌彩、麝香、豹尾、白雕羽。云州：土贡牦牛尾、雕羽。朔州：土贡白雕羽、豹尾、甘草。蔚州：土贡熊鞹、豹尾、松实。潞州：土贡赀布、人参、石蜜、墨。泽州：土贡人参、石英、野鸡。

河北道：

孟州：土贡黄鱼鲝[27]。怀州：土贡平纱、平绸、枳壳、茶、牛膝。魏州：土贡花绸、绵绸、平绸、絁、绢、紫草。博州：土贡绫、平绸。相州：土贡纱、绢、隔布、凤翮席、花口瓢、知母、胡粉。卫州：土贡绫、绢、绵、胡粉。贝州：土贡绢、毡、覆鞍毡。澶州：土贡角弓、凤翮席、胡粉。邢州：土贡丝布、磁器、刀、文石。洺州：土贡絁、绵、绸、油衣。惠州：土贡纱、磁石。镇州：土贡孔雀罗、瓜子罗、春罗、梨。冀州：土贡绢、绵。深州：土贡绢。赵州：土贡绢。沧州：土贡丝布、柳箱、苇簟、糖蟹、鳢鲊。京州：土贡苇簟。德州：土贡绢、绫。定州：土贡罗、绸、细绫、瑞绫、两窠绫、独窠绫、二包绫、熟线绫。易州：土贡绸、绵、墨。幽州：土贡绸、绵、绢、角弓、人参、粟。瀛州：土贡绢。莫州：土贡绢、绵。平州：土贡熊鞹、蔓荆实、人参。妫州：土贡桦皮、胡禄甲、榆髇矢、麝香。檀州：土贡人参、麝香。蓟州：土贡白胶。营州：土贡人参、麝香、豹尾。

山南道：

江陵府：土贡方纹绫、赀布、柑、橙、橘、椑、白鱼、糖蟹、栀子、贝母、覆盆、乌梅、石龙芮。峡州：土贡纻、葛、箭竹、柑、茶、蜡、芒硝、五加、杜若、鬼血。归州：土贡纻、葛、茶、蜜、蜡。夔州：土贡纻、锡、布、熊黑、山鸡、茶、柑、桔、蜜、蜡。澧州：土贡文绫、纻练、缚巾、犀角、竹簟、光粉、柑、桔、恒山蜀漆。朗州：土贡葛、纻、练、簟、柑、犀角。忠州：土贡生金、绵绸、苏薰席、文刀。涪州：土贡麸金、文刀、獠布、蜡。万州：土贡麸金、药子。襄州：土贡纶巾、漆器、库路真二品十乘、花文五乘、碎石、文柑、蔗、芋、姜。泌州：土贡绢、布。隋州：土贡合罗、绫、葛、覆盆。邓州：土贡丝布、茅菊。均州：土贡山鸡尾、麝香。房州：土贡蜡、苍矾、麝香、钟[28]乳、雷丸、石膏、竹鼬。复州：土贡白纻、白蜜。郢州：土贡纻布、葛、蕉、春酒曲[29]、枣、节米。金州：土贡麸金、茶、牙椒、乾漆实、白胶香、麝香、杜仲、雷丸、枳壳、枳实、黄蘗。兴元府：土贡穀、蜡、红蓝、燕脂、夏蒜、冬笋、槽瓜、柑、枇杷、茶。洋州：土贡白交绫、火麻布、野苎麻、蜡、白胶香、麝香。利州：土贡金、丝布、梁米、蜡烛、鲩[30]鱼、天门冬、芎藭[31]、麝香。凤州：土贡布、蜡烛、麝香。兴州：土贡蜡、漆、丹砂、蜜、笋。成州：土贡蜡烛、麝香、鹿茸、防葵、狼毒。文州：土贡麸金、绸、绵、麝香、白蜜、蜡烛、柑。扶州：土贡麝香、当归、芎藭。集州：土贡蜡烛、药子。壁州：土贡绸、绵、马策。巴州：土贡麸金、绵、绸、赀布、花油、橙、石蜜。蓬州：土贡绵、绸。通州：土贡绸、绵、蜜、蜡、麝香、枫香、白药石。开州：土贡白纻布、柑、茱萸实。阆州：土贡莲、绫、绵、绢、绸、穀。果州：土贡绢、丝布。渠州：土贡绸、绵、药实、买子、本实。

陇右道：

　　秦州：土贡龙须席、芎藭。河州：土贡麝香。滑州：土贡龙须席、麝香、秦艽。鄯州：土贡特犀角。兰州：土贡麸金、麝香、䶉鼢鼠。阶州：土贡麝香、蜜、蜡烛、山鸡尾、羚羊角。洮州：土贡甘草、麝香。岷州：土贡龙须席、甘草。廓州：土贡麸金、酥、大黄、戎盐、麝香。叠州：土贡麝香。宕州：土贡麸金、散金、麝香。凉州：土贡白绫、龙须席、毡、野马革、芎藭。沙州：土贡棋子、黄矾、石膏。瓜州：土贡野马革、紧鞓、草豉、黄矾、绛矾、胡桐律。甘州：土贡麝香、野马革、冬柰、苟杞实叶。肃州：土贡麸金、野马革、苁蓉、柏脉根。伊州：土贡香枣、阴牙角、胡桐律。西州：土贡丝毡布、毡、刺蜜、蒲萄、五物酒浆、煎皱乾。北庭大都护府：土贡阴牙角、速霍角、阿魏截根。

淮南道：

　　扬州：土贡金、银、铜器、青铜镜、绵、蕃客袍锦、被锦、半臂锦、独窠绫、殿额莞席、水兕甲、黄稑米、乌节米、鱼脐、鱼鯠、糖蟹、密姜、藕、铁精、空青、白芒、兔丝、蛇粟、括蒌粉。楚州：土贡赀布、绐布。滁州，土贡赀布、丝布、绐、练、麻。和州：土贡绐布。寿州：土贡丝布、絁、茶、生石斛。庐州：土贡花纱、交梭丝布、茶、蜡、酥、鹿脯、生石斛。舒州：土贡絁布、酒器、铁器、石斛、蜡。光州：土贡葛布、石斛。蕲州：土贡白絁、簟、鹿毛笔、茶、白花蛇、乌蛇脯。安州：土贡青絁布、糟笋瓜。黄州：土贡白絁布、赀布、连翘、松萝、虻虫。申州：土贡绯葛、絁布、赀布、茶、虻虫。

江南道：

润州：土贡衫罗、水纹、鱼口、绣叶、花纹等绫、火麻布、竹根、黄粟、伏牛山铜器、鲟鲊。升州：土贡笔、甘棠。常州：土贡绸、绢、布、绐、红紫绵巾、紧纱、兔褐、皂布、大小香粳、龙凤席、紫笋茶[32]、署预。苏州：土贡丝葛、丝绵、八蚕丝、绯绫布、白角簟、草席鞋[33]、大小香粳、柑、桔、藕、鲻皮、鮫鯔[34]鸭、胞肚鱼、鱼子白、石脂、蛇粟。湖州：土贡御服乌眼绫、折皂布、绵绸布、绐、糯米、黄糙、紫笋茶、木瓜、杭子[35]、乳柑、蜜、金沙泉。杭州：土贡白编绫、绯绫、藤纸、木瓜、橘、蜜姜、乾姜[36]、芑[37]、牛膝。睦州：土贡文绫、簟、白石英、银花细茶。越州：土贡宝花、花纹等罗，白编、交梭、十样、花纹等绫，轻容生縠，花纱，吴绢，丹砂，石蜜，橘，葛粉，瓷器，纸，笔。明州：土贡吴绫、交梭绫、海味、署预、附子。衢州：土贡绵、纸、竹扇。处州：土贡绵、蜡、黄连。婺州：土贡绵、葛、绐布、藤纸、漆、赤松、涧米、香粳、葛粉、黄连。温州：土贡布、根、橘、蔗、蛟革。台州：土贡金、漆、乳柑、乾姜、甲香、蛟革、飞生乌。福州：土贡蕉布、海蛤、文扇、茶、橄榄。建州：土贡蕉花练、竹练。泉州：土贡绵、丝、蕉葛。汀州：土贡蜡烛。漳州：土贡甲香、鲛革。宣州：土贡银、铜器、绮、白绐、丝头红毯、兔褐、簟、纸、笔、署预、黄连、碌青。歙州：土贡白绐、簟、纸、黄连。池州：土贡纸、铁。洪州：土贡葛丝布、梅煎乳柑。江州：土贡葛、纸、碌、生石斛。鄂州：土贡银、碌、贶布，岳州土贡纻布、鳖甲。饶州：土贡麸金、银、簟、茶。虔州：土贡丝布、纻布、竹练、石蜜、梅桂子、斑竹。吉州：土贡丝、葛、纻布、陟厘斑竹。袁州：土贡白纻。信州：土贡葛粉。抚州：土贡金、丝布、葛、竹箭、朱橘。潭州：土贡丝、葛、丝布、木瓜。衡州：土贡麸金、绵、纸。永州：土贡葛、笴、零陵香、石蜜、石燕。道州：土贡白纻、零陵香、犀角。郴州：土贡赤钱纻布、丝布。邵州：土贡银、犀角。黔州：土贡犀角、光明砂、蜡。辰州：土贡光明丹沙、犀角、黄连、黄牙。锦州：土贡光明丹沙、犀角。施州：土贡麸金、麸角、黄连、蜡、药实。叙州：土贡麸金、犀角。奖州：土贡麸金、犀角、蜡。夷州：土贡犀角、蜡烛。播州：土贡斑竹。思州：土贡蜡。南州：土贡斑布。溪州：土贡丹沙、犀角、茶牙。溱州：土贡文龟、斑布、丹沙。

剑南道：

成都府：土贡锦、单丝罗、高杼布、麻、蔗糖、梅煎、生春酒。彭州：土贡段罗、交梭。蜀州：土贡锦、单丝罗、花纱、红蓝、马策。汉州：土贡交梭、双纻、弥牟、纻布、衫段、红蓝、蜀马。嘉州：土贡麸金、紫葛、麝香。眉州：土贡麸金、柑、石蜜、葛粉。邛州：土贡葛丝布、酒杓。简州：土贡麸金、葛、绵绸、柑。资州：土贡麸金、柑。巂州：土贡蜀马、丝布、花布、麸金、麝香、刀靶。雅州：土贡麸金、茶、石菖蒲、落雁木。黎州：土贡升麻、椒、麝香、牛黄。茂州：土贡麸金、丹沙、麝香、狐尾、羌活、当归、干[38]酪。翼州：土贡牦牛尾、麝香、白蜜。维州：土贡麝香、牦牛尾、羌活、当归。戎州：土贡葛纤、荔枝煎。姚州：土贡麸金、麝香。松州：土贡蜡、朴硝、麝香、狐尾、当归、羌活。当州：土贡麸金、酥、麝香、当归、羌活。悉州：土贡麸金、麝香、牦牛尾、当归、柑。静州：土贡麝香、牦牛尾、当归、羌活。柘州：土贡麝香、当归、羌活。恭州：土贡麝香、当归、升麻、羌活。保州：土贡麸金、麝香、牦牛尾。真州：土贡麝香、大黄。梓州：土贡红绫、丝布、柑、蔗糖、橘皮。遂州：土贡樗蒲绫、丝布、天门冬。绵州：土贡镂金银器、麸金、轻容、双纻绫锦、白藕、蔗。剑州：土贡麸金、丝布、苏熏席、葛粉。合州：土贡麸金、葛、桃、竹箬、双陆子、书筒、橙、牡丹、药实。龙州：土贡麸金、酥、羚羊角、葛粉、厚朴、附子、天雄、侧子、乌头。普安州：土贡双纴、葛布、柑、天门冬煎。渝州：土贡葛、药实。陵州：土贡麸金、鹅溪绢、细葛、续髓、苦药。荣州：土黄绅、斑布、葛、利铁、柑。昌州：土贡麸金、麝香。泸州：土贡麸金、利铁、葛布、斑布。

岭南道：

广州：土贡银、藤簟、竹席、荔枝、鼍皮、鼊甲、蚺蛇胆、石斛、沉香、甲香、詹糖香。韶州：土贡竹布、钟乳、石斛。循州：土贡布、五色藤盘、镜匣、蚺蛇胆、甲煎、鲛革、荃台、绶草。潮州：土贡蕉鲛革、甲香、蚺蛇胆、龟、石井、银石、水马。康州：土贡金、银。泷州：土贡银、石斛。端州：土贡银、柑。封州：土贡银、鲛革、石斛。潘州：土贡银。春州：土贡银、钟乳、石斛。勤州：土贡金、银、石斛。罗州：土贡银、孔雀、鹦鹉。辩州：土贡银、竹鞋。高州：土贡银、蚺蛇胆。恩州：土贡金、银。雷州：土贡丝、电、斑竹、孔雀。崖州：土贡金、银、珠、玳瑁、高良姜。琼州：土贡金。振州：土贡金、五色藤盘、斑布食单。儋州：土贡金、糖[39]香。万安州：土贡金、银。邕州：土贡金、银。澄州：土贡金、银。宾州：土贡藤器。横州：土贡金、银。浔州：土贡金、银。峦州：土贡金、银。钦州：土贡金、银、翠羽、高良姜。贵州：土贡金、银、铅器、纻布。龚州：土贡银。象州：土贡银、藤器。藤州：土贡银。岩州：土贡金。桂州：土贡银、铜器、麖皮、靴簟。梧州：土贡银、白石英。贺州：土贡银。连州：土贡赤钱竹、纻、练、白纻细布、钟乳、水银、丹砂、白蜡。柳州：土贡银、蚺蛇胆。富州：土贡银、斑布。昭州：土贡银。蒙州：土贡麸金、银。严州：土贡银。融州：土贡金、桂心。思唐州：土贡银。容州：土贡银、丹砂、水银。牢州：土贡布、银。白州：土贡金、银、珠。顺州：土贡银。绣州：土贡金。郁州：土贡布。党州：土贡金、银。窦州：土贡银。禺州：土贡银。廉州：土贡银。义州：土贡银。安南都护府：土贡蕉、槟榔、鲛革、蚺蛇胆、翠羽。陆州：土贡银、玳瑁、鼍皮、翠羽、甲香。峰州：土贡银、藤器、白蜡、蚺蛇胆、豆蔻。爱州：土贡纱、絁、孔雀尾。驩州：土贡金、银、薄黄屑、象齿、犀角、沉香、斑竹。长州：土贡金。福禄州：土贡白蜡、紫矿。汤州：土贡金。演州：土贡金。武安州：土贡金、朝霞布。①

通过这个贡品清单，可以看出唐代全国各道州府郡县的种类繁多的土特产，虽然这还不可能包括全国各地的所有物产，但却充分反映出由于各地自然条件之不同和地方分工的差异，从而有了千差万别的物产，各代表了地方特色，同时也反映了各地经济状况的发展程度。大抵经济发达的地区，特别是农业的精耕区和商品经济比较发达的地区，其应贡物品，工业制造品占贡品中的较大份额，有些州郡所贡完全为工业制造品，并且是高质量的著名产品，其次则为高档农副产品。经济不发达的半农半牧区，特别是西北、西南多山地区和缘边落后地区，大多是各就其地方所产，择优上贡，故大都为畜牧产品、渔猎产品、矿产品以及罕见的珍禽异兽如雕、鹞、野马、野猪、孔雀、鹦鹉等等。各地因山川气候之不同，各有所谓地道药材，故贡品中药材占了一个很大的比重。工业制造品因各地使用的原料不同和传统的技术不同，故种类繁多，用途各异，各郡所贡都是地方上的名牌产品，历史悠久，驰名遐迩，如扬州铜镜，太原铁器，绵州镂金银器，越州瓷器、纸、笔，等等，这些物品都是全国市场上的畅销货。纺织品是上贡工业品中的大宗，各道州府大都以纺织品上贡，可知这是全国各地普遍从事的一种家庭副业，各根据本地特有的原料，就地取材，纺织成布。从其名称的不同，可知布匹的花色品种是极其繁多的，也说明各地的纺织技术是各有特色的，仅布的种类即有：赀布、隔布、楚布、胡布、胡女布、皂布、折皂布、斑布、女稽布、葛布、蕉布、纻、白纻布、青纻布、花布、火麻布、高杼布、朝霞布、绵细布等等。这些布匹大都产自农民的家庭，一般不是商品生产，除以一部分上贡外，即作为农民自身的衣着之需，有余始在地方市场上进行交换，故这类手工业基本上都是农民的家庭副业。

上贡纺织品中最多的是丝织品，以丝织品上贡的州府郡县甚多，可知丝织业的分布很广，一般的丝织品如绢、绵、绫、绸、缯、縠、絁、练、纱、锦等等大都与布匹一样，散在广大农村的各家农户中，成为一项重要的家庭

---

① 《新唐书》卷三十七至四十三上，《地理志》一至七。

手工业。但是贡品中有很多是高级丝织品，仅由其名称即可知其品质精美、色彩绚丽，见于各州贡品的有：文绫、方文绫、红绫、白绫、白编绫、白交绫、绯绫、瑞绫、二色绫、熟线绫、四窠绫、独窠绫、云花绫、绣叶绫、花文绫、镜花绫、仙文绫、龟甲绫、双距绫、溪鸒[40] 绫、乌眼绫、交梭绫、十样绫、樗蒲绫、吴绫、双纠绫锦、被锦、半臂锦、平纱、花纱、鹅溪绢、孔雀罗、瓜子罗、春罗、宝花罗、合罗、衫罗、单丝罗、段罗、衫段、蕉花䌷、轻容生縠等等。所有这些精美的高级丝织品，没有高超的专门技术是织造不出来的，可推知织造这些丝织品的，都是有家传技术和长期工作经验的专业工匠，不是一般的家庭妇女所能胜任。其次，所有这些高贵丝织品，皆价值高昂，不是普通衣料，显然不是农民为了自给目的来织造的，所以都是专供出卖的商品，很多还是为供应国外市场的出口货。若干盛产此类高级丝织品的州郡，大都有规模宏大的手工业工场，招募有技术的工人进行大量生产，例如定州何明远家有绫机五百张（详见第六章"手工业"部分），就是在进行含有资本主义性质的商品生产，说明唐代已经有了大型的织绫工场。定州是一个著名的丝织业中心，由上文定州的贡品来看，所贡全部是高贵丝织品，计有：罗、绸、细绫、瑞绫、两窠绫、独窠绫、二包绫、熟线绫。此外即别无他物。在这个盛产罗、绸、绫、锦的地方，有五百张绫机的大型手工业工场，是一点也不奇怪的。

第三节　人口的数量与分布

（一）天宝元年的全国人口统计

唐王朝对于户籍十分重视，建国后不久，于武德七年（公元六四二年）"颁新律令：百户为里，五里为乡，四家为邻，四邻为保。在城邑者为坊，在田野者为村"①，"里及村坊皆有正，以司督察。四家为邻，五家为保，保有长，以相禁约"②，要贯彻城乡的保甲制度，首先就必须查清户口，始能按人编制。贞观十三年（公元六三九年），正式公布了各道州府郡县的人口统计，其后于开元十四年（公元七二六年）、二十年（公元七三二年）、二十八年

---

① 《资治通鉴》卷一百九十，《唐纪下》。
② 《唐六典》卷三，《户部郎中员外郎》。

（公元七四〇年）、天宝元年（公元七四二年）、天宝十三载（公元七五四年），均有官方的统计数字公布。唐代史籍如《新唐书·地理志》《旧唐书·地理志》《元和郡县图志》《通典》等书，都详载了各道州府郡县的户数和口数，惟《新唐书》所载数字，曾对旧志做过订正，这里根据《新唐书》卷三十七至四十三上，《地理志》一至七上所载天宝元年的数字表列如下（第三格每户平均口数，系根据前两格数字计算出来的，如原文只有户数而无口数，则平均口数缺）。见表1-1。

表1-1 唐天宝元年各道州府户口数和每户平均口数

各道州府	户　　数	口　　数	每户平均口数
关内道			
京兆府	362 921	1 960 188	5.40
华州	33 187	233 613	6.74
同州	60 928	408 705	6.71
商州	8 926	53 080	5.95
凤翔府	58 486	380 463	6.51
邠州	22 977	125 250	5.45
陇州	24 652	100 148	4.06
泾州	31 365	186 849	5.96
原州	7 349	33 146	4.51
宁州	37 121	224 837	6.06
庆州	23 949	124 236	6.19
鄜州	23 484	153 714	6.55
坊州	22 458	120 208	5.35
丹州	15 105	87 625	5.80
延州	18 954	100 040	5.28
灵州	11 456	53 163	4.64
会州	4 594	26 660	5.80
盐州	2 929	16 665	5.69
夏州	9 213	53 014	5.75
绥州	10 867	89 112	8.20
银州	7 602	45 527	5.99
宥州	7 083	32 652	4.61

续表

各道州府	户　　数	口　　数	每户平均口数
麟州	2 428	10 903	4.50
胜州	4 187	20 952	5.00
丰州	2 813	9 641	3.43
单于大都护府	2 155	6 877	3.19
安北大都护府	2 006	7 498	3.74
河南道			
河南府	194 746	1 183 092	6.08
汝州	69 374	273 756	3.95
陕州	30 958	170 238	5.50
虢州	28 249	88 345	3.15
滑州	71 983	422 709	5.87
郑州	76 694	367 881	4.80
颍州	30 707	202 890	6.61
许州	73 347	487 864	6.65
陈州	66 442	402 486	6.06
蔡州	87 061	460 205	5.29
汴州	109 876	577 507	5.26
宋州	124 268	897 041	7.22
亳州	88 960	675 121	7.59
徐州	65 170	478 676	7.35
泗州	37 526	205 959	5.49
濠州	21 864	138 361	6.33
郓州	83 048	501 509	6.04
齐州	62 485	365 972	5.86
曹州	100 352	716 848	7.14
濮州	57 782	400 648	6.93
青州	73 148	402 704	5.51
淄州	42 737	233 821	5.47
登州	22 298	108 009	4.84
莱州	26 998	171 516	6.35
棣州	39 150	238 159	6.08

各道州府	户　数	口　数	每户平均口数
兖州	87 987	580 608	6.60
海州	28 549	184 009	6.45
沂州	33 510	195 737	5.84
密州	28 292	146 524	5.18
河东道			
河中府	70 800	469 213	6.63
晋州	64 836	429 221	6.62
绛州	82 204	517 331	6.29
慈州	11 616	62 486	5.38
隰州	19 455	124 420	6.40
太原府	128 905	778 278	6.04
汾州	59 450	320 230	5.39
沁州	6 308	34 963	5.54
辽州	9 882	54 580	5.52
岚州	16 748	84 006	5.02
石州	14 294	66 935	4.68
忻州	14 806	82 032	5.54
代州	21 280	100 350	4.72
云州	3 169	7 930	2.50
朔州	5 493	24 533	4.47
蔚州	5 052	20 958	4.15
潞州	68 391	388 661	5.68
泽州	27 822	157 090	5.65
河北道			
怀州	55 349	318 126	5.75
魏州	151 596	1 109 873	7.32
博州	52 631	408 252	7.76
相州	101 142	590 196	5.84
卫州	48 056	284 630	5.92
贝州	100 015	834 757	8.35
邢州	70 189	382 798	5.45

各道州府	户　数	口　数	每户平均口数
洺州	91 666	683 280	7.45
镇州	54 633	342 134	6.26
冀州	113 885	830 520	7.29
深州	18 825	346 472	18.40
赵州	63 454	395 238	6.23
沧州	124 024	825 705	6.66
德州	83 211	659 855	7.93
定州	78 090	496 676	6.36
易州	44 230	258 779	5.85
幽州	67 242	371 312	5.52
瀛州	98 018	663 171	6.77
莫州	53 493	339 972	6.36
平州	3 113	25 086	8.06
妫州	2 263	11 584	5.12
檀州	6 064	30 246	4.99
蓟州	5 317	18 521	3.48
营州	997	3 789	3.80
山南道			
江陵府	30 392	148 149	4.87
峡州	8 098	45 606	5.63
归州	4 645	23 417	5.04
夔州	15 620	75 000	4.80
澧州	19 620	93 349	4.76
朗州	9 306	43 760	4.70
忠州	6 722	43 026	6.40
涪州	9 400	44 722	4.76
万州	5 179	25 746	4.97
襄州	47 880	252 001	5.27
泌州	42 643	182 364	4.28
随州	23 917	105 722	4.42
邓州	43 055	165 257	3.84

各道州府	户　数	口　数	每户平均口数
均州	9 698	50 809	5.24
房州	14 422	71 708	4.97
复州	8 210	44 885	5.47
郢州	10 246	57 375	5.60
金州	14 091	57 929	4.11
兴元府	37 470	153 717	4.10
洋州	23 849	88 327	3.70
利州	13 910	44 600	3.21
凤州	5 918	27 877	4.71
兴州	2 224	11 046	4.97
成州	4 727	21 508	4.55
文州	1 908	9 205	4.82
扶州	2 418	14 285	5.91
集州	4 352	25 726	5.91
壁州	13 368	54 757	4.10
巴州	30 210	91 057	3.01
蓬州	15 576	53 353	3.43
通州	40 743	110 804	2.72
开州	5 660	30 421	5.37
阆州	29 588	132 192	4.47
果州	33 604	89 225	2.66
渠州	9 957	26 524	2.66
陇右道			
秦州	24 827	109 740	4.42
河州	5 782	36 086	6.24
渭州	6 425	24 520	3.82
鄯州	5 389	27 019	5.01
兰州	2 889	14 226	4.92
阶州	2 923	15 313	5.24
洮州	2 700	15 060	5.58
岷州	4 325	23 441	5.42

续表

各道州府	户　　数	口　　数	每户平均口数
廓州	4 261	24 400	5.73
叠州	1 275	7 674	6.02
宕州	1 190	7 199	6.05
凉州	22 462	110 281	4.91
沙州	4 265	16 250	3.81
瓜州	477	4 987	10.45
甘州	6 284	22 092	3.52
肃州	2 230	8 476	3.80
伊州	2 467	10 157	4.12
西州	19 016	49 476	2.60
北庭大都护府	2 226	9 964	4.48
淮南道			
扬州	77 105	467 857	6.07
楚州	26 062	153 000	5.87
滁州	26 486	152 374	5.75
和州	24 794	122 013	4.92
寿州	25 581	187 587	5.27
庐州	43 323	205 396	4.74
纾州	35 353	186 398	5.27
光州	31 473	198 580	6.31
蕲州	26 809	186 849	6.97
安州	22 221	171 202	7.70
黄州	15 512	96 368	6.21
申州	25 864	147 756	5.71
江南道			
润州	102 023	662 706	6.50
常州	102 633	690 673	6.73
苏州	76 421	632 650	8.28
湖州	73 306	477 698	6.52
杭州	86 258	585 963	6.79
睦州	54 961	382 563	6.96

各道州府	户　数	口　数	每户平均口数
越州	90 279	529 589	5. 87
明州	42 207	207 032	4. 91
衢州	68 472	440 411	6. 43
处州	42 936	258 248	6. 01
婺州	144 086	707 152	4. 91
温州	42 814	141 690	3. 31
台州	83 868	489 015	3. 83
福州	34 084	75 876	2. 23
建州	22 770	142 774	6. 27
泉州	23 806	160 295	6. 73
汀州	4 680	13 702	2. 93
漳州	5 846	17 940	3. 07
宣州	121 204	884 985	7. 30
歙州	28 320	249 109	6. 50
洪州	55 530	353 231	6. 36
江州	19 025	105 744	5. 56
鄂州	19 190	84 563	4. 41
岳州	11 740	50 295	4. 28
饶州	40 899	244 350	5. 97
虔州	37 647	275 410	7. 32
吉州	37 752	377 032	9. 98
袁州	27 093	144 096	5. 32
抚州	30 601	176 394	5. 76
潭州	32 272	192 657	5. 97
衡州	33 688	199 228	5. 91
永州	27 494	176 168	6. 4l
道州	22 551	139 063	6. 71
郴州	33 175	—	—
邵州	17 073	71 644	4. 20
黔州	4 270	24 204	5. 67
辰州	4 241	28 554	6. 73

各道州府	户　　数	口　　数	每户平均口数
绵州	2 872	14 374	5.00
施州	3 702	16 444	4.44
叙州	5 368	22 738	4.24
奖州	1 672	7 284	4.36
夷州	1 284	7 013	5.46
播州	490	2 168	4.42
思州	1 599	12 021	7.52
费州	429	2 609	6.08
南州	443	2 043	4.61
溪州	2 184	15 282	7.00
溱州	879	5 045	5.74
剑南道			
成都府	160 950	928 199	5.77
彭州	55 922	357 387	6.39
蜀州	56 577	390 694	6.91
汉州	59 005	308 203	4.47
嘉州	34 289	99 591	2.90
眉州	43 529	175 256	4.03
邛州	42 107	190 327	4.52
简州	23 066	143 109	6.20
资州	29 635	104 775	3.54
嶲州	40 721	175 280	4.30
雅州	10 892	54 019	4.96
黎州	1 731	7 670	4.43
茂州	2 510	15 242	6.07
翼州	711	3 618	5.09
维州	2 142	3 198	1.49
戎州	4 359	16 375	3.76
姚州	3 700	—	—
松州	1 076	5 742	5.34
当州	2 146	6 713	3.13

各道州府	户　数	口　数	每户平均口数
悉州	816	3 914	4.80
静州	1 577	6 669	4.23
柘州	495	2 220	4.48
恭州	1 189	6 223	5.23
保州	1 245	4 536	3.64
真州	676	3 147	4.66
霸州	571	1 861	3.26
梓州	61 824	246 652	3.99
遂州	35 632	107 716	3.02
绵州	65 066	263 352	4.05
剑州	23 510	100 450	4.27
合州	66 814	77 220	1.16
龙州	2 992	4 228	1.41
普安州	25 693	74 692	2.91
渝州	6 995	27 685	3.96
陵州	34 728	100 128	2.88
荣州	5 639	18 024	3.20
泸州	16 594	66 711	3.96
岭南道			
广州	42 235	221 500	5.24
韶州	31 000	168 948	5.45
循州	9 525	—	—
潮州	4 420	26 745	6.05
康州	10 510	17 219	1.64
泷州	3 627	9 439	2.60
端州	9 500	21 120	2.22
新州	9 500	—	—
封州	3 900	11 827	3.03
潘州	4 300	8 967	2.09
春州	11 218	—	—
勤州	682	1 933	2.83

各道州府	户　数	口　数	每户平均口数
罗州	5 460	8 041	1.47
辩州	4 858	16 209	3.34
高州	12 400	—	—
思州	9 000	—	—
雷州	4 320	20 572	4.76
崖州	819	—	—
琼州	649	—	—
振州	819	2 821	3.44
儋州	3 309	—	—
万安州	2 997	—	—
邕州	2 893	7 302	2.52
澄州	1 368	8 580	6.27
宾州	1 976	8 580	4.34
横州	1 987	8 342	4.22
浔州	2 500	6 836	2.73
峦州	770	3 803	4.94
钦州	2 700	10 146	3.76
贵州	3 026	9 300	3.07
龚州	9 000	21 000	2.33
象州	5 500	10 890	1.98
藤州	3 980	—	—
岩州	1 110	—	—
宜州	1 220	3 230	2.65
襄州	1 666	—	—
笼州	3 667	—	—
田州	4 168	—	—
桂州	17 500	71 018	4.06
梧州	1 209	—	—
贺州	4 552	20 570	4.52
连州	32 210	143 523	4.46
柳州	2 232	11 550	5.17

续表

各道州府	户 数	口 数	每户平均口数
富州	1 460	8 586	5.88
昭州	4 918	12 691	2.58
蒙州	1 059	5 933	5.60
严州	1 859	7 051	3.79
融州	1 232	—	—
思唐州	141	—	—
古州	285	—	—
容州	4 970	17 085	3.44
牢州	1 641	11 756	7.16
白州	2 574	9 498	3.69
顺州	509	—	—
绣州	9 773	—	—
郁林州	1 918	9 699	5.06
党州	1 149	7 404	6.44
窦州	1 019	7 339	7.20
禺州	3 180	—	—
廉州	3 032	13 029	4.30
义州	1 110	7 303	6.58
安南都护府	24 230	99 652	4.11
睦州	494	2 674	5.41
峰州	1 920	—	—
爱州	14 700	—	—
驩州	9 619	50 818	5.28
长州	648	—	—
福禄州	317	—	—
芝州	1 200	5 300	4.42
武峨州	1 850	5 320	2.88
演州	1 450	—	—
武安州	450	—	—

合计各道州府的户口总数，计有：七百三十七万四千一百九十三户，五千零九十七万四千九百四十三口。这是天宝元年户部注籍的数字。天宝时期是唐代的鼎盛时期，经济繁荣，生活安定，人民的赋役负担并不过重，户籍的隐漏逃亡不严重，官方数字虽不能说十分精确，恐与事实相去不致太远，故大体上可以反映出盛唐时期全国人口的基本情况。例如，从人口分布的大概情况来看，凡是经济发达的地区如京畿附近、河南、河北、江南诸道，人口即比较稠密，而经济落后地区特别是边陲偏僻地区，人口非常稀疏。已故梁方仲教授曾根据顾颉刚编订的《中国历史地图集古代史部分》，用方格求积法测算出唐各道的人口密度，兹列表如下（见表1-2），用以进一步证实上述之推论。

表 1-2　唐各道人口密度①

诸道	面积（平方公里）	人口	每平方公里平均人口数
诸道总计	3 694 340	50 957 543	13.80
京畿道	67 900	3 151 299	16.41
关内道	435 940	1 503 467	3.45
都畿道	24 320	1 456 848	58.70
河南道	257 150	9 821 847	38.20
河东道	160 400	3 723 217	23.21
河北道	180 250	10 230 972	56.76
山南东道	184 960	1 530 825	8.28
山南西道	95 750	984 624	10.28
陇右道	803 000	536 361	0.67
淮南道	112 000	2 275 380	20.31
江南东道	210 450	6 615 977	31.14
江南西道	324 550	3 723 972	11.35
黔中道	114 920	159 779	1.39
剑南道	292 990	4 099 826	13.99
岭南道	429 260	1 161 149	2.71

从上表可以看出，人口密度较大的地区，都是农业的精耕区和商品经济比较发达的地区。不过上述数字亦只能作为一种大概趋势，用以证实这一基

① 梁方仲编：《中国历代户口、田地、田赋统计》，上海人民出版社，第一一四页。

本情况，而不能视为精确数据，这主要还不是由于古人的调查统计之术不精，而主要是由于官府注籍户口的目的，并不是要确知人口的真实情况，而是为了征调赋役，户口登记簿，就是赋役花名册，人民为了逃避负担，匿报隐漏，在所难免，而主管官吏为了夸张政绩，点缀升平，也往往任意虚报。清代史学家王鸣盛曾指出此点说："开元十四年、二十年、天宝元年、十三载，皆有户口数，皆逐次递增，当时承平日久，户口屡增，理之所有，而元宗鲜终[41]，奢淫骄泰，奸人在位，或虚加其数而无实，亦未可知。"①

（二）人口的变动

人口的数量是天天在变动之中的，即一方面不停地增长，另一方面又不停地减耗，如果前者超过后者，则人口就有了净增长，反之，如果后者超过前者，则人口的数量即在递减之中，如两者相抵，人口即处于静止状态。

人口数量的增长不外两途：一是自然繁殖，即人口的出生率大于死亡率；二是缘边少数民族的内附。在天下太平、社会秩序安定、农业不断丰收，又无严重的灾荒饥馑的情况下，人口的自然繁殖是很快的，但史籍对此没有明确记载，政府虽有户籍，并注意到人口的年龄构成，"令以始生为黄，四岁为小，十六岁为中，二十一为丁，六十为老"②，却并无统计数字可凭，无法计算不同年龄和总人口增减的具体情况。缘边少数民族的内附，会使内地人口总数突然增加，但是这样的增加是不经常的，只能作为人口增长的一种偶然因素，而且所增加的绝对数也是不大的，例如：

> 大唐贞观户不满三百万。三年，户部奏：中国人因塞外来归及突厥前后降附，开四夷为州县，获男女一百二十余万口。十四年，侯君集破高昌，得三郡、五县、二十二城，户八千四十六，口万七千三十一，马千三百匹。③
>
> 永徽元年（公元六五〇年），户部尚书高履行奏：去年进户一十五万。高宗以天下进户既多，谓无忌曰：比来国家无事，户口稍多，三二十年足堪殷实。因向隋有几户，今有几户。履行奏：隋大

① 《十七史商榷》卷七十二，《新旧〈唐书〉户口数》。
② 《唐会要》卷八十五，又《册府元龟》卷四百八十六。
③ 《通典》卷七，《食货七·历代盛衰户口》。

业中，户八百九十万，今户三百八十万（原注：永徽去大业末三十六年）。显庆二年（公元六五七年）十月，上幸许、汝州，向中书令杜正伦曰：此间田地极宽，百姓太少，因又问隋有几户。正伦奏：大业所有八百余万户，末年离乱，至武德有二百余万户。总章元年（公元六六八年）十月，司空李勣破高丽国，虏其王，下城百七十，户六十九万七千二百，配江淮以南、山南、京西。①

"赎取陷没蕃内人口"，即边境居民因战争被少数民族掳去，陷没蕃地，不能回归家乡，遂由政府用财物赎回，虽次数不多，亦多少增加了现有人口，例如：

> 隋末丧乱，边疆多被抄掠，今铁勒并归朝化，如闻中国之人，先陷在蕃内者，流涕南望，企踵思归，朕闻之恻然，深用恻隐。宜遣使往燕然等州，知见在没落人数，与都督相计，将物往赎，远给程粮，送还桑梓。其室韦、乌罗护[42]、靺鞨等三部，被延陀抄失家口者，亦令为其赎取。②

人口之减耗除自然死亡外，造成现有人口大量减少的原因亦主要有二：一是在社会经济的大波动时期，随着天灾人祸的纷至沓来，战乱兵燹的杀戮，灾荒饥馑的吞没，每每造成人口的大量毁灭，成为白骨蔽野，烟火断绝。这样巨大的经济波动，在隋末唐初曾发生一次，安史之乱以后，又陷入时间更长、规模更大的混乱之中，生灵涂炭，死亡枕藉，成为全国人民特别是中原、关中人民的又一次浩劫。关于这个问题的全面论述，均见于后文第九章中，这里从略。人口减少的另一原因，是人民为了逃避沉重的赋役负担，而远走异乡，不著版籍。这种无籍户口的增多，即赋役来源的减少，对于政府实是一个非同小可的问题，故历届朝廷都频繁颁发诏书，劝诱逃民归籍，但却收效甚微，后来又明定赏罚，作为地方官考绩的标准。终唐之一代，前后颁发的此类诏令实连篇累牍，说明政府对于这个问题的严重关注，这里仅举以下几例：

---

① 《通典》卷七，《食货七·历代盛衰户口》。
② 太宗：《赎取陷没蕃内人口诏》，《全唐文》卷八。

〔开元九年（公元七二一年）〕二月乙酉诏曰："四海清晏，百年于兹，虽户口至多，而逃亡未息，良由牧宰之任，训道无方，不能绥抚，令其浮惰。且寰宇一统，天下为家，去此就彼，孰非州县？使其离乡者，则亦无改；成其逋薮者，何以居官。遂令邦赋不入，人伪斯甚，政术不理，岂过于兹。宜令所司商量，作一招携捉搦法，闻奏。"①

朕临御天下，二十四载……何奉天之德能远洽于戎夷，而安人之政独不行于诸夏，使黎甿失业，户口凋零，忍弃枌榆，转徙他土，佣假取给，浮窳求生，言念于兹，良深恻隐。岂惟朕德所未及，教有未宏欤？亦由牧守专城，莫能共理，令长为邑，多或非才，俾猾吏侵渔，权豪并夺，故贫窭日蹙，逋逃岁增，若不开恩，何从迁善。天下逃户，所在特听归首，至今年十二月三十日内首尽，其本贯有产业者，一切令还，若先元者，具户数闻奏，当别有处分。其有限外不首，潜匿亡归，靡怀亭育之恩，仍蓄逋亡之计，即当分命专使，在处搜求，散配诸军，以充兵镇，惩其犯命，替彼居人。仍各委采访使及刺史县令明加晓谕，使知朕意。②

朕以百姓为心，固非一人独理，委之牧宰，辑宁兆庶。若考论政绩，在户口存亡，不有甄明，何凭赏罚。自今以后，天下诸州户口或刺史县令自离任者，并宜分明交付，州县每至年终，各具存亡及增加实数同申，并委采访使重覆报省，所司明为课最，具条件奏闻，随事褒贬，以旌善恶。③

刺史交代之时，非因灾沴，大郡走失七百户已上，小郡走失百户已上者，三年不得禄使，兼不得更与理人官。增加一千户已上者，与超资迁改，仍令观察使审勘，诣实闻奏，如涉虚妄，本判官重加惩责。④

除了以皇帝名义频颁劝诱逃户归籍的诏敕外，臣僚亦纷纷上表，献计献策，以求能解决户口逃亡问题。这里以凤阁舍人李峤的《请令御史检校户口

---

① 《册府元龟》卷六十三。
② 元宗：《听逃户归首敕》，《全唐文》卷三十五。
③ 元宗：《令诸州年终申报户口实数敕》，《全唐文》卷三十五。
④ 宣宗：《刺史以户口增减定赏罚制》，《全唐文》卷七十九。

表》来代表这一类的奏章：

证圣元年，凤阁舍人李峤上表曰："……今天下之人，流散非
一，或违背军镇，或因缘逐粮，苟免岁时，偷避徭役。此等浮衣寓
食，积岁淹年，王役不供，簿籍不挂，或出入关防，或往来山泽，
非直课调虚蠲，阙于恒赋，亦自诱动愚俗，堪为患祸，不可不深虑
也。或逃亡之户，或有简察，即转入他境，还行自容，所司虽具条
科，颁其法禁，而相看为例，莫适遵承，纵欲纠设其憸违，加之刑
罚，则百州千郡，庸可尽科，前既依违，后仍积习，简获者无赏，
停止者获原，浮逃不悛，亦由于此。今纵更搜简，而委之州县，则
还袭旧踪，卒于无益。臣以为宜令御史督察简较，设禁令以防之，
垂恩德以抚之，施权衡以御之，为制限以一之，然后逃亡可还，浮
寓可绝。所谓禁令者，使闾阎可保，递相觉察，前后乘避，皆许自
新，仍有不出，辄听相告，每纠一人，随事加赏，明为科目，使知
劝沮。所谓恩德者，逃亡之徒，久离桑梓，粮储空阙，田地荒废，
即当赈于乏少，助其修营，虽有欠赋悬徭，背军离镇，亦皆舍而不
问，宽而勿征。其应还家，而贫乏不能致者，乃给程粮，使达本贯。
所谓权衡者，逃人有绝家去乡，离本失业，必乐所住，情不愿还，
听于所在隶名，即编为户。夫顾小利者失大计，存近务者丧远图，
今之议者，或不达于变通，以为军府之地，户不可移，关辅之人，
贯不可改，为越关继踵，背府相寻，是开其逃亡，而禁其割隶也。
就令逃亡者多不能总许割隶，犹当计其户口等量为节文，殷富者令
还，贫弱者令住。简责已定，计科已明，户无失编，人无废业，然
后按前躅，申旧章，严为防禁，与人更始。所谓限制者，逃亡之人
应自首者，以符到百日为限，限满不出，依法科罪，迁之边州。如
此，则户无所遗，人无所匿矣。"[①]

李峤在奏疏中除详陈问题的具体情况外，又提出四点具体建议："设禁令
以防之，垂恩德以抚之，施权衡以御之，为限制以一之"，恩威并用，软硬兼
施，考虑得十分周详，但是问题并没有得到解决，也不是官府的政令所能解

[①] 《册府元龟》卷四百八十六；《全唐文》卷二百四十六。

决，因为官府没有找到问题的产生根源，所致力的自然就不是矛盾的症结所在，下引两段奏疏，正说明这个问题：

> 景云二年（公元七一一年），监察御史韩琬上疏曰："往年，人乐其业，而安其土，顷年，人多失业，流离道路，若此者，臣粗言之，不可胜数。然流离之人，岂爱羁旅而忘桑梓？顾不得已也。然以军机屡兴，赋敛重数，上下逼促，因为游民，游惰既多，穷诈乃作，既穷而诈，犯禁相仍，又以严法束之，法严而犯者愈众。古人譬之乱绳，则已结矣，而不务解结，乃急牵引之，则结逾固矣。今刻薄之吏，是能为结者，强举之吏，是能牵引者，解结者未见其人。……"①

这个问题若得不到解决，则流民日多，啸聚山泽，很快就会发展成为社会上一股动乱力量，问题的严重性，可由陈子昂的《上蜀川安危事》一疏中看出：

> 诸州逃走户有三万余，在蓬、渠、果、合、遂等州山林之中，不属州县，土豪大族，阿隐相容，征敛驱役，皆入国用。其中游手惰业亡命之徒，结为光火大贼，依凭林险，巢穴其中，若以甲兵捕之，则鸟散山谷，如州县怠慢，则劫杀公行。……诚可特降严加敕令州县长吏与使人，设法大招此户，则劫贼徒党，自然除殄，其三万户租赋，即可富国。若纵而不括，以养贼徒，蜀州大弊，必是未息。……蜀中诸州百姓所以逃亡者，实缘官人贪暴，不奉国法，典吏游客，因此侵渔。剥夺既深，人不堪命，百姓失业，因即逃亡，凶险之徒，聚为劫贼。今国家若不清官人，虽杀获贼，终无益。天恩前使右丞宋爽按察蜀州者，乞早发遣，除屏贪残，则公私俱宁，国用可富。若官人未清，劫贼之徒，必是未息。以前剑南蠹弊如斯，即日圣恩停军息役，若官人清正，劫贼剪除，百姓安宁，实堪富国。②

---

① 《唐会要》卷八十五。
② 《陈伯玉文集》卷八。

陈子昂认为解决问题的关键是"清官人"，是"除屏贪残"，若"官人未清，劫贼之徒，必是未息"，一针见血地指出，造成人民流亡的根本原因，是官吏的贪残，是残酷的剥削和压迫使人民不堪忍受。

第二章 隋唐五代时期的交通

第一节 道 路

（一）官道

唐王朝是秦、汉以后又一个疆域辽阔的大帝国，其幅员与秦、汉不相上下，本卷第一章曾指出，唐之疆域总计东西九千三百二里，南北一万三千三百六十八里，与西汉全盛时的疆域相比，东西大致相同，南北则远为超过。要把这样一个拥有一千三百多县邑的庞大帝国完全由中央来进行有效的专制主义统治，一个必备的前提条件，就是能沟通全国各地的便利交通，即把全国诸道州府县邑都用畅通无阻的水陆交通网直接与中央政府连接起来，使中央的统治权力能直接贯彻到基层，即所有官吏之黜陟须由中央调遣，政令之推行须由中央发布，上下一体，息息相通。只有这样，专制主义的中央集权制度，才能成为一个富有生命力的国家机器。所以，便利的水陆交通线，实是唐王朝的生命线。特别是在全国的经济重心移往江南之后，而政治心脏仍在关中，关中加上中原，经济力量已远不足以支撑全局，即必须仰赖南方的经济来支持北方的政治，于是江淮财赋便成了唐王朝赖以生存的活命之源。所以，维持便利的交通，特别是保证江淮漕运的畅通，遂成为隋唐两代朝廷必须锐意讲求的首要政务。

中国早在隋唐以前即已有了贯通全国的官道，即由官家按一定规格统一修建的大道，而规模宏伟的秦、汉驰道，后世仍大部分保存，成为历代王朝沿用的官道，至隋又大加增修扩展。隋炀帝是秦皇、汉武之后，又一个不顾国力的负担和人民的疾苦而大修驰道的皇帝：

> 史臣曰：……炀帝蒙故业，践丕基，阻伊、洛而固崤函，跨两都而总万国，矜历数之在己，忽王业之艰难，不务以道临人，将以申威海外。……于是凿通渠，开驰道，树以柳杞，隐以金槌。西出玉门，东逾碣石，堑山堙谷，浮河达海。民力凋尽，徭戍无期，率土之心，鸟惊鱼溃。……①

炀帝大修驰道的结果，再加上其他劳民伤财的巨大工程如修凿运河，共同造成了"民力凋尽，徭戍无期"，使"率土之心，鸟惊鱼溃"，从而大大加速了隋王朝的倾覆，故隋王朝与过去的秦王朝十分相似，都是能量很大，而运祚[1]短促。

上引史臣综述的情况，还不是隋代驰道工程的全部，因炀帝不停地巡游海内，所到之处，即开渠筑路，堑山堙谷，大修驰道（即御道），例如：

> 〔大业初〕始建东都。开渠引谷、洛水自苑西入，而东注于洛，又自板渚引河达于淮海，谓之御河。河畔筑御道，树以柳。②
>
> 〔大业三年（公元六〇七年）夏四月〕车驾北巡狩。戊戌，敕百司不得践暴禾稼。其有须开为路者，有司计地所收，即以近仓酬赐，务从优厚。……五月戊午，发河北十余郡丁男凿太行山，达于并州，以通驰道。③
>
> 大业三年，帝幸榆林郡，还至太原，谓衡曰："朕欲过公宅，可为朕作主人！"衡于是驰至河内，与宗族具牛酒。帝上太行，开直道九十里，以抵其宅。④

炀帝到处修建的御道、直道等等，都是驰道规格的道路，如由河北凿通太行山以达并州和为了对私人进行一次访问，便在太行山区开直道九十里，所有这些道路的工程规模之大和耗费人力物力之多，都是不言而喻的。由于这样的大道是"西出玉门，东逾碣石"，浮河达海，纵横交错，如蛛网密布，遍达各地，故所有州府郡县城邑都可能位于这样的交通要道上，或位于距大

---

① 《隋书》卷七十，《李密传》。
② 《隋书》卷二十四，《食货志》。
③ 《隋书》卷三，《炀帝纪上》。
④ 《隋书》卷五十六，《张衡传》。

道不远的地方，这正是实施中央集权统治所需要的，炀帝又进一步命令所有距大路稍远的郡县城，均需徙建于要道上：

〔大业九年（公元六一三年）八月〕丁未，诏郡县城去道过五里已上者，徙就之。①

隋代大量修筑的御道、驰道等等纵横交错的国道，进入唐代，完全为新王朝所沿用，并在政治上、经济上、文化上都起了重要作用，这是前代遗留给后代的一笔宝贵资产，唐代所有贯通全国的重要道路，都是沿用旧路，没有再进行全国性的大规模修建。但是对于旧路的保养维修，却甚为留意，经常诏敕地方该管官吏，注意维修，防止破坏，以保持道路的固有规模和良好状态，并常因官道修治不力，而罪责地方官吏。例如：

〔开元五年（公元七一七年），璟〕为侍中，累封广平郡公。其秋，驾幸东都，次永宁之崤谷，驰道隘狭，车骑停拥。河南尹李朝隐、知顿使王怡，并失于部伍，上令黜其官爵。璟入奏曰："陛下富有春秋，方事巡狩，一以垫隘，致罪二臣，窃恐将来人受艰弊。"于是遽令舍之。②

广德元年（公元七六三年）八月敕：如闻诸军及诸府皆于道路开凿营种，衢路隘窄，行李有妨，苟徇所资，颇乖法理。宜令诸道诸使及州府长吏，即差官巡检，各依旧路，不得趣有耕种；并所在桥路，亦令随要修葺。③

大历八年（公元七七三年）七月敕：诸道官路，不得令有耕种及斫伐树木。其有官处，勾当填补。④

（二）地方道路的增修

唐代虽然没有进行全国性的大规模道路修建，但是各道州府对于本地区

① 《隋书》卷四，《炀帝纪下》。
② 《旧唐书》卷九十六，《宋璟传》。
③ 《唐会要》卷八十六。
④ 《唐会要》卷八十六。

道路的修整扩建则颇多建树，即除保持旧路畅通外，并根据本地区的交通需要，而不断地增辟新路，或改建旧路，如将旧路截弯取直，以缩短里程，或修建桥梁官舍，以便利行旅。这里分道述其要者：

关内道：

> 贞元元年（公元七八五年），拜陕虢观察使。泌始凿山开车道至三门，以便饷漕。[①]
>
> 关内道，商州：贞元七年（公元七九一年），刺史李西华自蓝田至内乡开新道七百余里，回山取涂，人不病涉，谓之偏路，行旅便之。[②]
>
> 贞元七年八月，商州刺史李西华请广商山道，又别开偏道，以避水潦。从商州西至蓝田，东抵内乡，七百余里皆山阻，行人苦之。西华役功十余万，修桥道，起官舍。旧时每至夏秋，水盛阻山涧，行旅不得济者，或数日粮绝，无所求籴。西华通山间道，谓之偏路，人不留滞，行者为便。[③]

按《翁注困学纪闻》称："商州上津县，扶风郡凤翔府（原注：自襄阳取上津路抵扶风，德宗治上津道，置馆），洋川郡洋州（原注：溯江汉而上至洋川，陆运至扶风）。汴水堙废，漕运自江汉抵梁洋（原注：梁州兴元府，洋州今陕西汉中府洋县，隋梁州，唐改为兴元府，今为汉中府）。"[④] 这一带道路交通的重要性，由下引陆贽的奏疏中所谈当时的危急形势，可以略见梗概：

> 先是，凤翔衙将李楚琳乘泾师之乱，杀节度使张镒，归欵朱泚。及奉天解围，楚琳遣使贡奉。时方艰阻，不获已，命为凤翔节度使。然德宗忿其弑逆，心不能容，才至汉中，欲令浑瑊代为节度。赞谏曰："楚琳之罪，固不容诛，但以乘舆未复，大憝犹存，勤王之师，悉在畿内，急宣速告，晷刻是争。商岭则道纡且遥，骆谷复为贼所

---

① 《新唐书》卷一百三十九，《李泌传》。
② 《新唐书》卷三十七，《地理志》。
③ 《唐会要》卷八十六。
④ 《翁注困学纪闻》卷十六。

53

扼，仅通王命，唯在褒斜，此路若又阻难，南北便成隔绝。以诸镇危疑之势，居二逆诱胁之中，恟恟群情，各怀向背：贼胜则往，我胜则来，其间事机，不容差跌。傥楚琳发憾，公肆猖狂，南塞要冲，东延巨滑，则我咽喉梗而心膂分矣，其势岂不病哉。"上释然开悟，乃善待楚琳，使优诏安慰其心。①

山南道：

山南道地连川陕，保持汉中至巴蜀道路的畅通，是唐王朝历届政府修建道路的重点，除原有官道外，又陆续增修了不少新路，见诸记载的计有：

山南道、洋州、兴道县：有骆谷路，南口曰傥谷，北口曰骆谷。黄金县：有子午谷路。②

山南道洋州真符县：本华阳……天宝三载省。八载，开清水谷路，复置。因凿山得玉册，更名。③

睿宗即位，出为华州刺史，俄又拜太子詹事。初，湜景龙中献策开南山新路，以通商州水陆之运，役徒数万，死者十三四，仍严锢旧道，禁行旅。所开新路以通，竟为夏潦冲突，崩压不通。至是，追论湜开山路功，加银青光禄大夫。④

斜谷路是山南地区的重要干线，在敬宗到宣宗时期，地方官吏锐意经营，不断开凿，并增建了官舍驿传，使交通建置，日臻完备。有关记载颇多，这里仅酌引数例如下：

〔宝历二年（公元八二六年）春正月〕辛巳，兴元节度使裴度，奏修斜谷路及馆驿，皆毕功。⑤

〔大中三年（公元八四九年）〕十一月，东川节度使郑涯，凤翔节度使李玭，奏修文川谷路，自灵泉至白云置十一驿，下诏褒美。

① 《旧唐书》卷一百三十九，《陆贽传》。
② 《新唐书》卷四十，《地理志》。
③ 《新唐书》卷四十，《地理志》。
④ 《旧唐书》卷七十四，《崔仁师传附湜传》。
⑤ 《旧唐书》卷十七上，《敬宗纪》。

经年为雨所坏，又令封敖修斜谷旧路。①

大中三年十一月，山南西道节度使郑涯、凤翔节度使李玭等奏：当道先准敕，新开文川谷路，从灵泉驿至白云驿，共十一所，并每驿侧近置私客馆一所，其应缘什物粮料递乘，并作大专知官，及桥道等开修。制置毕，其斜谷路创置驿五所：平州驿一所，连云驿一所，松岭驿一所，灵谿驿一所，凤泉驿一所，并已毕功讫。敕旨：蜀汉道古今敧危，自羊肠九曲之盘，八鸟道三巴之外，虽限戎隔夷，诚为要害，而劳人御马，常困险难。郑涯首创厥功，李玭继成巨绩，校两路之远近，减十驿之途程，人不告劳，功已大就。偃师开路，只为通津，桂阳列亭，止于添驿。此则通千里之险峻，便三川之往来，实为良能，克当寄任，宜依所奏，仍付史馆。②

〔大中〕四年（公元八五〇年）六月，中书门下奏：山西道新开路，访闻颇不便人。近有山水摧损桥阁，使命停拥，馆驿萧条，纵遣重修，必倍费力。臣等今日延英面奏，宣旨却令修斜谷旧路及馆驿者。臣等商量，望诏封敖及凤翔节度使观察使，令速点检，计料修置。或缘馆驿未毕，使命未可经过，其商旅及私行者，任取稳便往来，不得更有约敕。敕旨依奏。其年八月，山南节度使封敖奏："当道先准诏，令臣检讨修置斜谷路者。臣当时差军将所由官健人夫，并力修置道路桥阁等。去七月二十日毕功，通过商旅骡马担驮往来。七月二十二日，已具闻奏讫。其馆驿先多摧毁破坏，并功修树，今并已毕。臣已散牒缘路管界州县，及牒凤翔剑南东西南川观察使，并令取八月十五日以后，于斜谷路过使命。谨具如前。"敕旨宜依，仍付所司。③

斜谷路是由关中通巴蜀的主要通路，自古以艰险著称，所谓"自羊肠九曲之盘，八鸟道三巴之外"，确如李白所云，"蜀道之难，难于上青天"。自斜谷路经过彻底重修，缩短了途程，平整了路面，增添了馆驿，确是"通千里之险峻，便三川之往来"，这在唐代交通史上是一件了不起的成就，故唐诗

---

① 《旧唐书》卷十八下，《宣宗纪》。
② 《唐会要》卷八十六。
③ 《唐会要》卷八十六。

中歌咏其事者颇有其人，这里仅举卢论诗一首为例：

> 褒斜行客过，栈道响危空。路湿云初上，山明日正中。水程通海货，地利杂吴风。一别金门远，何人复荐雄。[①]

河南、河北、河东：

三道地处中原，境域辽阔，自古以来，曾长期是全国的经济重心，是古代开发最早的经济区，境内道路纵横，交通便利，所有过去历代修建的干道支道，唐时仍畅通无阻，不需增建，偶有需要增添改建者，大都为各州县的地方道路，途程不长，规模不大，且亦为数不多，例如：

> 河南道　河南府偃师县：天宝七载（公元七四八年），尹韦济以北坡道迁，自县东山下开新道，通孝义桥。[②]
>
> 天宝七年四月，河南尹韦济奏于偃师县东山下开驿路，通孝义桥，废北坡义堂路焉。[③]
>
> 河南道　虢州湖城县：县东故道滨河，不井汲，马多渴死。天宝八载（公元七四九年），馆驿使御史中丞宋浑开新路，自稠桑西由晋王斜。（按宋钱易《南部新书》戊："王斜者，隋炀帝在藩邸，扬州往来经此路，盖避沙路费马力也。"）[④]
>
> 〔建中中，以淮西叛〕初，希烈自襄阳还，留姚儋戍邓州，贼又得汝，则武关梗绝。帝使陕虢观察使姚明敭[2] 治上津道，置馆，通南方贡货。[⑤]
>
> 河北道：
>
> 太和二年（公元八二八年）二月，定州奏：当管白石岭南路，官驿险峻，请移于易州西紫荆岭路修置，从之。[⑥]
>
> 河东道：
>
> 开成元年（公元八三六年）四月，昭义节度使奏，请开夷仪山

---

① 卢纶：《送何召下第后归蜀》，《全唐诗》卷十。
② 《新唐书》卷三十八，《地理志》。
③ 《元和郡县图志》卷五。
④ 《新唐书》卷三十八，《地理志》。
⑤ 《新唐书》卷二百二十五中，《逆臣·李希烈传》。
⑥ 《唐会要》卷八十六。

路通太原、晋州，从之。①

〔元和二年（公元八〇七年）〕王承宗叛，诏河东、河中、振武、义武合军，为恒州北道招讨。茂昭治廪厩，列亭候，平易道路，以待西军。②

江南道：

江南道、潭州、益阳县：永泰元年（公元七六五年），都督翟灌自望浮驿开新道，经浮丘至湘乡。③

江南道、歙州、祈门县：西四十里有武陵岭。元和中，令路旻凿石为盘道。④

江南道、杭州、余杭县：〔宝历中，令归〕珧又筑南道，通西北大路，高广，径直百余里，行旅无山水之患。⑤

〔元和中〕徙苏州，堤松江为路。⑥

〔乾符五年（公元八七八年）三月〕黄巢之众，再攻江西，陷虔、吉、饶、信等州，自宣州渡江，由浙东欲趋福建，以无舟船，乃开山洞五百里，由陆趋建州，遂陷闽中诸州。⑦

〔乾符五年〕转寇浙东，执观察使崔璆。于是高骈遣将张潾、梁缵攻贼，破之。收众逾江西，破虔、吉、饶、信等州，因刊山开道七百里，直趋建州。⑧

岭南道：

岭南地区主要是到唐代才逐步开发的，境域辽阔，崇山峻岭，纵横境内，旧修道路无多，新建亦少，故大部分地区还没有改变自古以来的原始状态，偶有修建，亦系一二主要干道，对内地交通阻塞之状，改善不大。总之，终

---

① 《唐会要》卷八十六。
② 《新唐书》卷一百四十八，《张孝中传附茂昭传》。
③ 《新唐书》卷四十一，《地理志》。
④ 《新唐书》卷四十一，《地理志》。
⑤ 《新唐书》卷四十一，《地理志》。
⑥ 《新唐书》卷一百六十一，《王仲舒传》。
⑦ 《旧唐书》卷十九下，《僖宗纪》。
⑧ 《新唐书》卷二百五十下，《逆臣·黄巢传》。

有唐一代，岭南所建道路，实寥寥可数：

> 岭南道韶州始兴县，有大庾岭新路，开元十七年（公元七二九年），诏张九龄开。①
>
> 〔咸通中〕进骈检校刑部尚书，仍镇安南。……由安南至广州，江漕梗险，多巨石，骈募工劚[3] 治，由是舟济安行，储饷毕给。又使者岁至，乃凿道五所，置兵护送。其径青石者，或传马援所不能治，既攻之，有震碎其石，乃得通，因名道曰天威云。②

（三）通边区及外国道路

隋唐两代皆重视对外关系，其与缘边各少数民族以及西域、南海诸国的经济和文化交流，日益频繁，贡使商贾交织于途，因而便利中外交通，疏通往来道路，遂成为两代政府必须讲求的要政。天宝时，鸿胪卿曾上《西域图》，贞元时，宰相贾耽又详考方域道里之数，把"从边州入四夷之路"概括为七道，《新唐书·地理志》曾综述其事云：

> 唐置羁縻诸州，皆傍塞外，或寓名于夷落。而四夷之与中国通者甚众，若将臣之所征讨，敕使之所慰赐，宜有以记其所从出。天宝中，玄宗问诸蕃国远近，鸿胪卿王忠嗣以《西域图》对，才十数国。其后贞元宰相贾耽考方域道里之数最详，从边州入四夷，通译于鸿胪者，莫不毕纪。其入四夷之路，与关戍走集，最要者七：一曰营州入安东道；二曰登州海行入高丽渤海道；三曰夏州塞外通大同云中道；四曰中受降城入回鹘道；五曰安西入西域道；六曰安南通天竺道；七曰广州通海夷道。其山川、聚落、远近，皆概举其目。州县有名，而前所不录者，或夷狄所自名云。③

接上文之后，唐地志对于这七条路线，详细记述了所有沿途经过的城邑名称、行程里数、山川形势等等，以文太冗长，不便备录，兹从略，这里就

---

① 《新唐书》卷四十三，《地理志》。
② 《新唐书》卷二百二十四下，《叛臣·高骈传》。
③ 《新唐书》卷四十三，《地理志》。

几个与中国内地关系重要、交往也比较频繁的地区，分别概述如下：

1. 通突厥道

大业三年（公元六〇七年），炀帝幸榆林，欲出塞外，陈兵耀武，经突厥中，指于涿郡。仍恐染干惊惧，先遣晟往喻旨，称述帝意。染干听之，因召所部诸目奚、霫、室韦等种落，数十酋长咸萃。晟以牙中草秽，欲令染干亲自除之，示诸部落，以明威重。乃指帐前草曰："此根大香。"染干遽嗅之，曰："殊不香也。"晟曰："天子行幸所在，诸侯躬亲洒扫，耘除御路，以表至敬之心。今牙中芜秽，谓是留香草耳。"染干乃悟，曰："奴罪过。奴之骨肉，皆天子赐也。得效筋力，岂敢有辞？特以边人不知法耳，赖将军恩泽而教导之，将军之惠，奴之幸也。"遂拔所佩刀，亲自芟草，其贵人及诸部争放效之。乃发榆林北境至于其牙，又东达于蓟，长三千里，广百步，举国就役，而开御道。①

2. 通契丹道

河北道蓟州：东北九十里有洪水守捉，又东北三十里有盐城守捉，又东北渡滦河，有古卢龙镇，又有斗陉镇。自古卢龙北经九荆镇、受米城、张洪隘，度石岭，至奚王帐六百里。又东北行，傍吐护真河五百里，至奚契丹衙帐。又北百里，至室韦帐。②

河北道檀州燕乐县：东北百八十五里有东军、北口二守捉。北口，长城口也。又北八百里，有吐护真河，奚王衙帐也。③

3. 通高丽道

〔贞观〕十八年（公元六四四年），从征高丽。及师旅至辽泽，东西二百余里泥淖，人马不通。立德填道造桥，兵无留碍，太宗

① 《隋书》卷五十一，《长孙览传附晟传》。
② 《新唐书》卷三十九，《地理志》。
③ 《新唐书》卷三十九，《地理志》。

甚悦。①

〔贞观十九年（公元六四五年）春，帝亲征高丽，九月，班师。〕帝至渤错水，阻淖八十里，车骑不通。长孙无忌、杨师道等率万人斩樵筑道，联车为梁，帝负薪马上助役。十月，兵毕度，雪甚，诏属燎以待济。②

4. 通回纥道

〔德宗朝〕转殿中侍御史、兼丰州刺史、西受降城使。丰州北扼回纥，回纥使来中国，丰乃其通道。③

陇右道甘州删丹县：北渡张掖河，西北行，出合黎山峡口，傍河东壖屈曲东北行千里，有宁寇军，故同城守捉也，天宝二载（公元七四三年）为军。军东北有居延海，又北三百里有花门山堡，又东北千里，至回鹘衙帐。④

5. 通吐蕃道

〔大历中，李〕抱玉移镇凤翔，以汧阳被边，署奏〔燧〕陇州刺史、兼御史中丞。州西有通道，广二百余步，上连峻山，山与吐蕃相直，虏每入寇，皆出于此。燧乃按行险易，立石种树以塞之，下置二门，设篱櫓，八日而功毕。⑤

陇右道鄯州鄯城县：西六十里有临蕃城，又西六十里有白水军，军故石堡城，开元十七年（公元七二九年）置，初曰振武军，二十九年（公元七四一年）没吐蕃，天宝八载（公元七四九年）克之，更名。又西二十里至赤岭，其西吐蕃，有开元中分界碑。自振武经尉迟川、苦拔海、王孝杰米栅，九十里至莫离驿，又经公主佛堂、大非川，二百八十里至那录驿，吐浑界也。又经暖泉、烈谟海，四

---

① 《旧唐书》卷七十七，《阎立德传》。
② 《新唐书》卷二百二十，《东夷·高丽传》。
③ 《旧唐书》卷一百五十二，《李景略传》。
④ 《新唐书》卷四十，《地理志》。
⑤ 《旧唐书》卷一百三十四，《马燧传》。

百四十里渡黄河，又四百七里至众龙驿。又渡西月河，二百一十里至多弥国西界。又经牦^[4]牛河，度藤桥，百里至列驿。又经食堂、吐蕃村、截支桥，两石南北相当。又经截支川，四百四十里至婆驿，乃度大月河、罗桥，经潭池、鱼池，五百三十里至悉诺罗驿。又经乞量宁水桥，又经大连水桥，三百二十里至鹘莽驿，唐使入蕃，公主每使人迎劳于此。又经鹘莽峡，十余里两山相鋬，上有小桥，三瀑水注如泻缶，其下如烟雾。百里至野马驿，经吐蕃垦田，又经乐桥汤，四百里至阁川驿。又经恕谌海，百三十里至哈不烂驿，旁有三罗骨山，积雪不消。又六十里至突录济驿，唐使至，赞普^[5]每遣使慰劳于此。又经柳谷、莽布支庄，有温汤，涌高二丈，气如烟云，可以熟米。又经汤罗叶遗山及赞普祭神所，二百五十里至农歌驿，逻些在东南，距农歌二百里，唐使至吐蕃，宰相每遣使迎候于此。又经盐池、暖泉、江布灵河，百一十里渡姜济河，经吐蕃垦田，二百六十里至卒歌驿，乃渡缄河，经佛堂，百八十里至勃令驿鸿胪馆，至赞普牙帐。①

6. 通西康云南道

剑南道戎州开边县：自县南七十里至曲州，又四百八十里至石门镇，隋开皇五年（公元五八五年）率益、汉二州兵所开。又经邓枕山、马鞍渡，二百二十五里至阿傍部落。又经蒙夔山，百九十里至阿夔部落。又百八十里至谕官川，又经薄哶川，百五十里至界江山下。又经荆溪谷、潋^[6]溇池，三百二十里至汤麻顿，又二百五十里至柘东城。又经安宁井，三百九十里至曲水。又经石鼓，二百二十里渡石门，至伏龙驿，又六十里至云南城，又八十里至白崖城，又八十里至龙尾城，又四十里至羊苴哶城。贞元十年（公元七九四年），诏祠部郎中袁滋与内给事刘贞谅使南诏，由此。②

剑南道巂州：自清溪关南经大定城，百一十里至达仕城。西南经菁口，百二十里至永安城。城当滇笮要冲。又南经水口，西南度

---

① 《新唐书》卷四十，《地理志》。
② 《新唐书》卷四十二，《地理志》。

木瓜岭，二百二十里至台登城。又九十里至苏祁县，又南八十里至嶲州。又经沙野，二百六十里至羌浪驿。又经阳蓬岭，百余里至俄准添馆。阳蓬岭北嶲州境，其南，南诏境。又经菁口、会川，四百三十里至河子镇城，又三十里渡泸水，又五百四十里至姚州，又南九十里至外汾荡馆，又百里至佉龙驿，与戎州往羊苴咩城路合。贞元十四年（公元七九八年），内侍刘希昂使南诏由此。①

7. 通西域道

贞观六年（公元六三二年），突骑支遣使贡方物，复请开大碛路，以便行李，太宗许之。自隋末罹乱，碛路遂闭，西域朝贡者，皆由高昌，及是高昌大怒，遂与焉耆结怨，遣兵袭焉耆，大掠而去。②

从武威西北，有捷路，度沙碛千余里，四面茫然，无有蹊径。欲往者，寻有人畜骸骨而去，路中或闻歌哭之声，行人寻之，多致亡失……故商旅往来，多取伊吾路。③

茂州汶川县故桃关在县南八十二里，远通西域，公私经过，唯此一路。关北当风穴，其一二里中，昼夜起风，飞沙扬石。④

安西西出柘厥关渡白马河，百八十里西入俱毗罗碛，经苦井，百三十里至俱毗罗城。又六十里至阿悉言城，又六十里至拨换城，一曰威戎城，曰姑墨州，南临思浑河，乃西北渡拨换河、中河，距思浑河百二十里，至小石城。又二十里至于阗境之胡芦河，又六十里至大石城，一曰于祝，曰温肃州。又西北三十里至粟楼烽，又四十里度拔达岭，又五十里至顿多城，乌孙所治赤山城也。又三十里渡真珠河，又西北度乏驿岭，五十里渡雪海，又三十里至碎卜傍碎卜水，五十里至热海。又四十里至冻城，又百一十里至贺猎城，又三十里至叶支城。出谷至碎叶川口，八十里至裴罗将军城，又西二十里至碎叶城。城北有碎叶水，水北四十里有羯丹山，十姓可汗每

① 《新唐书》卷四十二，《地理志》。
② 《旧唐书》卷一百九十八，《西戎·焉耆传》。
③ 《隋书》卷八十三，《西域·高昌传》。
④ 《元和郡县图志》卷三十二。

立君长于此。自碎叶西十里至米国城，又三十里至新城，又六十里至顿建城，又五十里至阿史不来城，又七十里至俱兰城，又十里至税建城，又五十里至怛罗斯城。自拨换、碎叶西南渡浑河，百八十里有济浊馆，故和平铺也。又经故达干城，百二十里至谒者馆。又六十里至据史德城，龟兹境也，一曰郁头州，在赤河北岸孤石山。渡赤河，经岐山，三百四十里至葭芦馆。又经达漫城，百四十里至疏勒镇，南北西三面皆有山，城在水中，城东又有汉城，亦在滩上。……自疏勒西南入剑末谷、青山岭、青岭、不忍岭，六百里至葱岭守捉。故羯盘陀国，开元中置守捉。安西极边之戍，有宁弥故城，一曰达德力城，曰汗弥国，曰拘弥城。于阗东三百九十里有建德力河，东七百里有精绝国。于阗西南三百八十里有皮山城，北与姑墨接。……自焉耆西五十里过铁门关，又二十里至于术守捉城，又二百里至榆林守捉，又五十里至龙泉守捉，又六十里至东夷僻守捉，又七十里至西夷僻守捉，又六十里至赤岸守捉，又百二十里至安西都护府。又一路自沙州寿昌县西十里至阳关故城，又西至蒲昌海千里。自蒲昌海南岸西经七屯城，汉伊修城也。又西八十里至石城镇，汉楼兰国也，亦名鄯善，在蒲昌海南三百里，康艳典为镇使，以通西域者。又西二百里至新城，亦谓之弩支城，艳典所筑。又西经特勒井，渡且末河，五百里至播仙镇，故且末城也，高宗上元中更名。又西经悉利支井、祆井、勿遮水，五百里至于阗东兰城守捉。又西经移杜堡、彭怀堡、次城守捉，三百里至于阗。[1]

8. 通安南天竺道

安南经交趾太平，百余里至峰州。又经南田，百三十里至恩楼县，乃水行四十里，至忠城州，又二百里至多利州，又三百里至朱贵州，又四百里至丹棠州，皆生獠也。又四百五十里至古涌步，水路距安南凡千五百五十里。又百八十里，经浮动山、天井山，山上夹道皆天井，间不容跬者三十里。二日行至汤泉州，又

---

[1] 《新唐书》卷四十三下，《地理志》。

五十里至禄索州，又十五里至龙武州，皆爨蛮安南境也。又八十三里至傥迟顿，又经八平城，八十里至洞澡水，又经南亭，百六十里至曲江，剑南地也。又经通海镇，百六十里渡海河、利水，至绛县。又八十里至晋宁驿，戎州地也。又八十里至柘东城，又八十里至安宁故城，又四百八十里至灵南城，又八十里至白崖城，又七十里至蒙舍城，又八十里至龙尾城，又十里至大和城，又二十五里至羊苴咩城。自羊苴咩城西至永昌故郡三百里。又西渡怒江，至诸葛亮城二百里，又南至乐城二百里。又入骠国境，经万公等八部落，至悉利城七百里，又经突旻城至骠国千里。又自骠国西度黑山，至东天竺迦摩波国千六百里，又西北渡迦罗都河至奔那伐檀那国六百里，又西南至中天竺国东境恒河南岸羯朱嗢罗国四百里，又西至摩羯陀国六百里。

一路自诸葛亮城西去腾充城二百里，又西至弥城百里，又西过山二百里至丽水城，乃西渡丽水、龙泉水，二百里至安西城。乃西渡弥诺江水，千里至大秦婆罗门国。又西度大岭，三百里至东天竺北界个[7]没庐国，又西南千二百里至中天竺国东北境之奔那伐檀那国，与骠国往婆罗门路合。

一路自骠[8]州东，二日行至唐林州安远县，南行经古罗江，二日行至环王国之檀洞江，又四日至朱崖。又经单补镇，二日至环王国，城故汉日南郡地也。自骠州西南三日行，度雾温岭，又二日行至棠州日落县，又经罗伦江及古朗洞之石蜜山，三日行至棠州文阳县。又经蒺藜涧，四日行至文单国之算[9]台县。又三日行至文单外城，又一日行至内城，一曰陆真腊，其南水真腊。又南至小海，其南罗越国，又南至大海。①

上引记载只是择要选录。由其记载之详，表明隋唐两代政府对于通往边区和外国的道路皆极为重视，在各主要道路沿途的冲要地方皆设有守捉，即边防哨所，驻有官吏戍兵，以保证道路畅通和行旅安全。于此可见，隋唐政府的统治权力和内外交往，实无远弗届。

---

① 《新唐书》卷四十三下，《地理志》。

第二节　运　河

（一）大运河与相关的运河

大运河是隋代修建的，是一项具有伟大历史意义的巨大工程。

隋王朝虽是一个运祚短促的王朝，但却是一个颇具韬略的王朝，它清楚地知道它所处的历史时期，眼光敏锐地看出了国家的政治经济的结构形势，与过去相比已经发生了根本性的变化，即政治与经济中心已经分离，不再是有机地成为一个整体，当政治中心仍不能离开中国北部，换言之，当首都仍须设在故都洛阳或长安时，而经济中心却已移往江南，这时已需要用南方的经济力量来支撑北方的政治地位，这只有用便利的水运才能使已经分离了的政治和经济再度有机地结合起来。这一基本形势被隋朝统治者及时地观察出来，并做了深谋远虑的战略部署，在还没有过江灭陈、统一全国之前，就以古邗沟为基础，连接修整江淮间固有河道，"开山阳渎"，完成了大运河的第一期工程——大运河的江北段，为运河后来继续向北延伸打下了基础。炀帝继位，定都洛阳，南北政治经济的结合问题更突出地提上了日程，如何强化国家机器，如何使四方贡赋能畅通无阻地荟萃[10] 首都，是亟待[11] 解决的一个政治问题，这只有打通运河全线，才是解决这一问题的唯一答案。结果，炀帝毫不迟疑地于御极后不久，便开始了这一巨大工程：

> 〔炀〕帝有迁都之意，即日车驾往洛阳，改洛州为豫州，自豫州至京师八百余里，置一十四顿，顿别有宫，宫有正殿。发河南道诸州郡兵夫五十余万，开通津渠，自河起荥泽入淮千余里，又发淮南诸州郡兵夫十余万，开邗沟，自山阳淮至于扬子入江，三百余里。水面阔四十步，通龙舟，两岸为大道，种榆柳，自东都至江都二千余里，树荫相交，每两驿置一宫，为停顿之所，自京师至江都，离宫四十余所。①
>
> 〔大业初〕始建东都。……开渠引谷、洛水自苑西入，而东注

---

① 杜宝：《大业杂记》（据晁载之：《续谈助》卷四）。

于洛，又自板渚引河达于淮海，谓之御河，河畔筑御道，树以柳。①

大运河在短促的隋代，已经立竿见影地在政治上、经济上和文化上都产生了重大而深远的影响。继起的唐王朝全部接受了这一份宝贵的历史遗产，并且在广度方面和深度方面又进一步扩大了这些影响，换言之，唐王朝对于大运河的殷切依赖，又大大超过了隋代，成为唐王朝依以存在的一条生命线，通过这条大动脉，它获得自己所需要的一切营养。因为："唐都长安，而关中号称沃野，然其土地狭，所出不足以给京师，备水旱，故常转漕东南之粟。"② 把东南之粟转漕到京师，大运河担负着主要任务，大约在安史之乱以前，大运河是漕运的唯一航道。随着政府机构的日益庞大，消耗日益增多，因而转漕之数亦与年累增，遂使大运河的运输任务日益繁重，史称："高祖太宗之时，用物有节而易赡，水陆漕运，岁不过二十万石，故漕事简。自高宗以后，岁益增多，而功利繁兴，民亦罹其弊矣。"③ 而且唐代漕运的繁难程度又远远超过隋代，因隋都洛阳，地滨黄河，又开渠引谷、洛水直入都内，江淮漕船只需由运河转入黄河，即可直达京师。唐都长安，远在关中，运船须由黄河越三门之险，上溯渭水，或改由陆运，不仅耗费巨大，而且沈溺堪虞，成为运输全程的最艰难一段。如何保持这最后一段运道的畅通，是政府当局的一个头等重要的课题，曾设计了不少方案，动员了巨大人力，千方百计地试图加以修整治理。

要保持运河全线的畅通无阻，须经常加以修整疏浚，这成为沿线各道州府地方官吏的重要职责，即须对流经其境内的河道保持完好。从全线看，可以说有三个重点：一是运河与长江汇流处的瓜步扬州段；一是运河中段的汴河及其支流段；一是整治底柱三门段。这里就有关记载简述如下：

1. 瓜步扬州段

〔开元〕二十五年（公元七三七年），迁润州刺史，充江南东道采访处置使。润州北界隔吴江，至瓜步沙尾，行江六十里，船绕瓜步，多为风涛之所漂损。浣[12] 乃移其漕路于京口塘下，直渡江二

---

① 《隋书》卷二十四，《食货志》。
② 《新唐书》卷五十三，《食货志》。
③ 《新唐书》卷五十三，《食货志》。

十里，又开伊娄河二十五里，即达杨子县。自是免漂损之灾，岁减脚钱数十万。又立伊娄埭，官收其课，迄今利济焉。①

〔开元〕二十六年（公元七三八年）十一月五日，润州刺史齐浣奏，常州北界临吴江，至瓜步江为限，每船渡绕瓜步江沙尾，行回六十里，多为风涛所损，臣请于京口埭下，直截渡江，二十里开尹娄河，二十五里即达杨子县，无风水灾，又减租脚钱，岁收利百亿，又立伊娄埭，皆官收其课，迄今用之。②

兴元初，召拜刑部侍郎，出为扬州长史，淮南节度观察使。……扬州官河填淤，漕挽埂塞。又侨寄衣冠及土商等，多侵衢造宅，行旅拥弊，亚乃开拓疏[13]启，公私悦赖。③

时扬州城内，官河水浅，遇旱，即滞漕船，乃奏自城南闾门西七里港开河，向东屈曲，取禅智寺桥通旧官河，开凿稍深，舟航易济，所开长一十九里，其工役料度，不破省钱，当使方圆自备，而漕运不阻，后政赖之。④

〔宝历〕二年（公元八二六年）正月，盐铁转运使上言，扬州城内官河通江淮漕运，或时遇旱浅，即行李艰难，舳舻接连，拥积成弊，动经旬朔，不及程期，非唯供输是忧，兼亦商旅难济。今请从罗城南闾门古七里港开河渠，向东屈曲，取禅智寺桥东通旧官河，长一十九里，其所役工价，并于当使方圆羡余支遣，从之。⑤

2. 三门段

显庆元年（公元六五六年）十月，苑面西监褚朗，请开底柱三门，凿山架险，拟通陆运。于是发卒六千人凿之，一月而功毕。后水涨引舟，竟不能进。⑥

〔开元〕二十九年（公元七四一年），陕郡太守李齐物凿三门山以通运，辟三门岭，逾岩险之地，俾负索引舰，升于安流，自齐物

① 《旧唐书》卷一百九十中，《文苑·齐浣传》。
② 《唐会要》卷八十七。
③ 《旧唐书》卷一百四十六，《杜亚传》。
④ 《旧唐书》卷一百六十四，《王播传》。
⑤ 《册府元龟》卷四百九十五。
⑥ 《唐会要》卷八十七。

始也。①

〔开元〕二十九年，陕州刺史李齐物避三门河路浚急，于其北凿渠，通运船为慢流，河泥淤塞，不可漕而止。②

〔开元〕二十九年十一月，陕郡太守李齐物，凿三门上路通流，便于漕运。开渠得古铁铧三于石下，皆有文曰"平陆"，遂改河北县为平陆县，至天宝元年（公元七四二年）正月二十五日，渠成放流。其年陕郡太守韦坚奏，引浐浐二水，开广运潭于望春亭之东，自华阴永丰仓以通河、渭。广运潭渠即成，至二年三月二十六日敕：古之善政，贵于足食，欲求富国，必先利人。朕以关辅之间，尤资殷赡，比来转输，未免艰辛，故置此潭，以通漕运，万世之利，一朝而成，其潭宜以广运为名。③

天宝中，上以三门河道险束，漕运艰难，乃旁北山凿石为月河，以避湍急，名曰天宝河，岁省运夫五十万人，无覆溺淹滞之患，天下称之。其河东西径直长五里余，阔四五丈，深三四丈，皆凿坚石。匠人于石得古铁镮[14]，长三尺余，上有"平陆"二字，皆篆文也，上异之，藏于内库，遂改河北县为平陆县，旌其事也。④

三门之险是全部运程中的一个最大障碍，由黄河越三门而进入关中水系，完成漕运的最后一段，确是一个不易解决的难题，由下引一段记载可以看出，在当时的技术条件下打通这个难关是不可能的：

陕州硖石县，有砥柱山，俗名三门山，在县东北五十里，河水分流包山，山见水中，若柱然。又以禹治河水，山陵当水者破之，三穿既决，河出其间，有似于门，故亦谓三门，唐太宗勒铭。⑤

从上引记载可以看出，政府虽然耗费了巨大的人力物力，辟高山、凿坚石，以另开新渠，所谓"辟三门之岭，逾岩险之地，俾负索引舰，升于安

---

① 《旧唐书》卷四十九，《食货志下》。
② 《册府元龟》卷四百九十七。
③ 《唐会要》卷八十七。
④ 郑綮：《开天传信录》。
⑤ 《翁注困学纪闻》卷十六。

流"，三门水流湍急，落差甚大，使漕船负索引舰，升于安流，要用人力把漕船飞跃而上，是完全不可能的，而新开河道不久即为泥沙淤塞，结果是"河流旋填淤塞，不可漕而止"，说明全部工程设计是不切合实际的幻想。

3. 汴河段及其支流

汴河是大运河的中段，也是运河全程的最关键部分，它是南联淮河、北联黄河的主要河道。按《舆地广记》："汴河盖古莨荡渠也，首受黄河水，隋开浚以通江淮漕运，兼引汴水，亦曰通济渠。"可见汴河是沟通淮河、长江与黄河的一个中心环节，是全部运程的枢纽，所有江淮财赋都是通过这一条河道输送到隋、唐两代的东、西二京的，确如唐代诗人李敬方所咏："汴水通淮利最多，生人为害亦相和。东南四十三州地，取尽脂膏是此河。"① 其实它所吸取的脂膏，不只是东南四十三州之地，而是全国各地都在它吸取脂膏的范围之内："汴渠……自扬、益、湘南至于交、广、闽中各州，公家运漕，私行商旅，舳舻相继。隋氏作之虽劳，后世实受其利也。"② 可见汴河早已不再是原来的莨荡渠那样一条地区性河流，而是贯通全国的航运要道了，隋炀帝扩建莨荡渠，把它纳入大运河系统，实是一项具有深远历史意义的重大贡献。

汴河在漕运中的地位既如此重要，保证其畅通无阻，就成为从中央到地方各级政府的一件大事，这首先要求中央政府必须对运河统筹全局，于冲要地点添置州县，设官治理，以防止自然的或人为的破坏，以及进行其他必要的管制，例如：

宿州：本徐州苻离县也。元和四年（公元八〇九年），以其地南临汴河，有埇桥，为舳舻之会，运漕所历，防虞是资。……有诏：割苻离、蕲县及泗州之虹县，置宿州。③

徐州：按自隋氏凿汴以来，彭城南控埇桥，以扼汴路，故其镇尤重。④

其次是防止沿途农民为灌溉田畴，而偷掘河堤，盗开斗门：

① 李敬方：《汴河直进船》，《全唐诗》卷十九。
② 《元和郡县图志》卷六，《河南府》。
③ 《元和郡县图志》卷十，《宿州》。
④ 《元和郡县图志》卷十，《徐州》。

贞元二年（公元七八六年）五月敕：漕运通流，国之大计，其河水每至春夏之时，多被两岸田莱，盗开斗门，舟船停滞，职此之由。宜委汴、宋等州观察使，选清强官，专知分界勾当。其郑州、徐州、泗州界，各仰刺史准此处分，仍令知汴州支遣院官计会勾当。①

〔贞元十三年（公元七九七年）冬十月〕淮南吴少诚擅开淘刁河、汝河，诏使不能禁。②

淮南节度使吴少诚擅开决司、洧等水，漕挽溉田，遣中使止之，少诚不奉诏。令群使蔡州诘之，少诚曰："开大渠，大利于人。"群曰："为臣之道，不合自专，虽便于人，须俟君命。且人臣须以恭恪为事，若事君不尽恭恪，即责下吏恭恪，固亦难矣。"凡数百千言，谕以君臣之分，忠顺之义，少诚乃从命，即停工役。③

〔元和三年（公元八〇八年）六月〕乙丑，罢江淮私堰埭二十二，从转运使奏也。④

隋开汴河，原属草创，通航之后，有待改善修整之处甚多，而疏浚淤浅，修缮堤堰，更需经常进行，常常为了避开急流险滩，而改建河道，这实际上是在开凿一条新的运河，工程浩大，所费不赀。且常因设计不周，而半途停废，致造成巨大损失。总之，唐王朝对于汴河，倾注了不少心血。关于历届朝廷增修汴河的情况，由下引记载可以略见梗概：

开元初为河南尹。……先是河汴之间，有梁公堰，年久堰破，江淮漕运不通。杰奏调发汴郑丁夫以濬之，省功速就，公私深以为利，刊石水滨，以纪其绩。⑤

〔开元十二年（公元七二四年）〕出为汴州刺史。……浣以淮至徐城险急，凿渠十八里入青水，人便共漕（按浣曾两度为汴州刺史，一在开元十二年，一在开元末，系由润州徙官。引淮一事，《旧唐书》叙于润州之后，《新唐书》则以为系初次守汴时所为，其水

---

① 《唐会要》卷八十七。
② 《旧唐书》卷十三，《德宗纪下》。
③ 《旧唐书》卷一百四十，《卢群传》。
④ 《旧唐书》卷十四，《宪宗纪上》。
⑤ 《旧唐书》卷一百，《李杰传》。

名、里数及效果，两书亦不相同，兹并录之，以资比较）。①

　　〔开元二十三年（公元七三五年）迁润州刺史〕数年，复为汴州刺史。淮、汴水运路，自虹县至临淮一百五十里，水流迅急，旧用牛车竹索上下，流急难制。浣乃奏，自虹县下开河三十余里，入于清河，百余里出清水，又开河至淮阴县北岸入淮，免淮流湍险之害。久之，新河水复迅急，又多僵石，漕运难涩，行旅弊之。浣因高力士中助，连为两道采访使，遂兴开漕之利，以中人主意。复勾剥货财，赂遗中贵，物议薄之。②

　　〔开元二十七年（公元七三九年）九月〕汴州刺史齐浣请开汴河下流，自虹县隋清至淮阴北合于淮，逾时而功毕，因弃沙壅旧路，行者弊之。寻而新河之水势涂急，遂填塞矣。③

　　〔开元〕二十七年，河南采访使汴州刺史齐浣，以江淮漕运经淮水波涛，有沉损，遂开广济渠，下流自泗州虹县至楚州淮阴县北十八里，合于淮，而逾时毕功。既而以水浚急，行旅艰险，旋即停废，却由旧河。④

　　就上引记载比较观之，可知齐浣所开的新河是完全失败的，他事前不经调查，即草率从事——"逾时而功毕"，说明工程质量是很差的，既"弃沙壅旧路"，妨碍行旅，新河又"水势涂急"，行旅艰阻，遂不得不填塞停废。以后即不再另开新河，而致力于疏浚整修旧道。例如：

　　〔广德二年（公元七六四年）二月〕己未，第五琦开决汴河。⑤
　　〔元和八年（公元八一三年）十二月〕是月，盐铁使王播进供陈、许琵琶沟年三运图。先是中官李重秀奉命视之，还言可以通漕，至堰城下北颍口，水运千里而近。及帝览图，诏韩弘发卒以通汴河，于是船胜三百石者，皆得入颍。⑥

---

① 《新唐书》卷一百二十八，《齐浣传》。
② 《旧唐书》卷一百九十中，《文苑·齐浣传》。
③ 《旧唐书》卷九，《玄宗纪下》。
④ 《册府元龟》卷四百九十七。
⑤ 《旧唐书》卷十一，《代宗纪》。
⑥ 《册府元龟》卷四百九十七。

到了五代时期，各个割据王朝对于发挥汴河及其重要支流的漕运作用亦极为重视，扩建、疏浚、修整工作都不遗余力地在进行，既保持了运河主干的畅通，又开凿或扩建了一些新的河道，以作为汴河的辅助。修建这些河渠的目的，或者是缩短航程，或者是减轻汴河负担，使大运河得以更好地完成漕运任务。这时期陆续完成的工程，主要有以下几项：

〔显德〕四年（公元九五七年）四月，诏疏汴河，一派北入于五丈河，又东北达于济，至是，齐鲁之舟楫亦达于京师矣。①

〔显德〕五年（公元九五八年）三月，世宗在淮南，会浚[15]汴口，导其流而达于淮。汴河自唐室之季，为淮贼所决，自埇桥东南，悉汇为污泽。帝于二年冬将议南征，即诏徐州节度使武行德发其部内丁夫，因其古堤，疏而导之，东至于泗上。是时人皆窃议，以为无益，惟帝不然之，曰二三年[16]之后，当知其利矣，至是果符圣虑。由是江淮舟楫果达于京师，万世之利，其斯之谓乎。②

〔显德六年（公元九五九年）〕二月丙子朔，命枢密使王朴往河阴县按行河堤及修汴口水门。壬午，命侍卫都指挥使韩通宣往徽南院，使吴延祚发徐、宿、宋、单等州丁夫数万，以濬汴河。甲申，命马军都指挥使韩令坤自东京导汴水入于蔡河。又命步军都指挥使袁彦濬五丈河，分遣使臣发畿内及滑、亳等州丁夫数千，以供其役。③

〔显德六年〕二月庚辰，发徐、宿、宋、单等州丁夫数万濬汴河。甲申，发滑、亳二州丁夫，浚五丈河，东流于定陶，入于济，以通清、郓水运之路。又疏导蔡河，以通陈、颍水运之路。④

瀛州景城人，右领军卫上将军景之子也。景家富财，好交结，历事唐、汉、周，习水利。尝浚汴口，导郑州郭西水入于中牟渠，修滑州河堤，累迁至是官。⑤

〔显德中，镇颍州〕州境旧有通商渠，距淮三百里，岁久湮塞。

---

① 《册府元龟》卷四百九十七。
② 《册府元龟》卷四百九十七。
③ 《册府元龟》卷四百九十七。
④ 《旧五代史》卷一百十九，《周世宗纪六》。
⑤ 《宋史》卷二百六十八，《周莹传》。

祚疏导之，遂通舟楫，郡无水患。①

〔汉隐帝乾祐〕三年（公元九五〇年），遣前棣州刺史周景殷，河阴淘杓汴口，又令郑州疏引郭西水入中牟渠，以增蔡水漕运。②

〔乾祐三年〕李钦明为司勋员外郎，是年钦明言：臣伏以百姓转食馈运，舟车之利，苦乐相悬。臣窃见蔡水尝有漕运，多是括借舟船，破溺者弃在水边，不许修葺，又不给付。以臣愚见，乞容陈、许、蔡三州人户制造舟船，不用括取，以备差雇，水路可至合流镇及陈州蔡水，未及水匮十数里，水小岸狭，或时干[17]浅。臣伏请开决汴水，取定力禅院西一半并港穿大城向南至斗门，可费三五千工，自水匮蔡水路才五六里，水势便于开决，陈、蔡漕运必倍常年，私下往来，更丰财货，此之便利，实益转输。③

（二）地区性运河

除纵贯南北的大运河及其主要支流外，各道州府各根据本地区需要，修建长短不一、宽狭不等的运渠，有的系连接大运河，辗转与之相通，期能对大运河漕运分担一部分任务，有的系利用本地区的天然河道，加以修整改善，使之在本地区成为一条运输渠道。开凿此项河渠的，计有以下各地区：

郑州、兖州地区：这一带的运渠，大都是将本地的天然河道与淮河水系连接起来，一旦能接通淮、汴，则运渠的地位和作用即为之大增，例如：

〔开元〕十五年（公元七二七年）正月十二日，令将作大匠范安及检校郑州河口斗门。先是，洛阳人刘宗器上言，请塞汜水旧汴河口，于下流荥泽界开梁公堰，置斗门，以通淮汴，擢拜宗器左卫率府冑曹，至是，新渠填塞，行舟不通，贬宗器为循州安怀戍主，安及遂发河南府怀、郑、汴、滑、卫三万人，疏决开旧河口，旬日而毕。④

---

① 《宋史》卷二百四十九，《王溥传附父祚传》。
② 《册府元龟》卷四百九十七。
③ 《册府元龟》卷四百九十七。
④ 《旧唐书》卷四十九，《食货志下》；观《唐会要》卷八十七。

崔弘礼改天平节度使。李同捷叛，与李听合师讨之。时徐泗节度使王智兴檄兖、海、郓、曹、淄、青当徐道者，出车五千乘，转粟馈军。弘礼度道远，乃自兖开盲山故渠，自黄队抵青丘，师人大济。①

〔显德五年（公元九五八年）正月〕庚寅，发楚州管内丁壮，开鹳河，以通运路。②

海州南有沟水，上通淮、楚，公私漕运之路也。宝应中，堰破水涸，鱼商绝行，州差东海令李知远主役修复。堰将成辄坏，如此者数四，用费颇多，知远甚以为忧。或说梁代筑浮山堰，颇有阙坏，乃以铁数百万斤积其下，堰乃成，知远闻之，即依其言而塞穴[18]。③

后唐庄宗同光二年（公元九二四年）三月，敕郓州差兵二千，自黎阳开河，以通漕运。④

〔天福〕六年（公元九四一年）九月，前邺都皇城使张延美进表陈利便，请开淘相州界天平渠通济运，从之，仍委自往计度。⑤

关中地区：大运河到黄河而止，但漕运却不能止于黄河。隋代又溯河至洛阳，唐都关中，漕运还有最艰险的一段，越过底柱三门，还须与关中河道相接，才能辗转运抵京师。所以关中运河其本身虽不是大运河，但其作用却是大运河的延伸，以完成漕运全程的最后一段。关中运河系以渭水为主要干渠，其他渠道都是直接间接作渭水辅佐。由于这一段运河直达京师，在皇帝的辇毂之下，而漕运终点又修在皇宫之外，当各州郡运船载其地方土特产运抵宫墙之外时，皇帝尝亲临观览，以示对运渠开凿的重视，故唐代史籍中有关记载甚多，这里仅择要选录，借以略见运程最后一段的建置情况：

咸亨三年（公元六七二年），于岐州陈仓县东南开渠，引渭水入升[19]原渠，通船筏[20]京故城（京故城即故长安城，汉惠帝所筑）。⑥

① 《白孔六贴》卷六。
② 《旧五代史》卷一百十八，《周世宗纪》。
③ 唐封演：《封氏闻见记》卷八，《鱼龙畏铁》。
④ 《册府元龟》卷四百九十八。
⑤ 《册府元龟》卷四百九十七。
⑥ 《册府元龟》卷四百九十七。

〔天宝元年（公元七四二年）〕是岁，命陕郡太守韦坚引浐水，开广运潭于望春亭之东，以通河渭。京兆尹韩朝宗又分渭水入自金光门，置潭于西市之西街，以贮材木。①

〔天宝二年（公元七四三年）三月壬子〕韦坚开广运潭毕功，盛陈舟舰。丙寅，上幸广运楼以观之。②

天宝元年三月，擢为陕郡太守，水陆转运使。自西汉及隋，有运渠，自关门西抵长安，以通山东租赋。奏请于咸阳拥渭水作兴成堰，截灞、浐水，傍渭东注至关西永丰仓下，与渭合于长安城东九里长乐坡下。浐水之上架苑墙，东面有望春楼，楼下穿广运潭以通舟楫，二年而成。坚预于东京汴、宋取小斛底船三二百只，置于潭侧，其船皆署牌表之。若广陵郡船，即于栿背上堆积广陵所出锦、镜、铜器、海味；丹阳郡船，即京口绫、衫段；晋陵郡船，即折造官端绫绣；会稽郡船，即铜器、罗、吴绫、绛纱；南海郡船，即玳[21]瑁、真珠、象牙、沉香；豫章郡船，即名瓷、酒器、茶釜、茶铛、茶碗；宣城郡船，即空青石、纸、笔、黄连；始安郡船，即蕉葛、蚺蛇胆、翡翠。船中皆有米，吴郡即三破糯米、方文绫。凡数十郡，驾船人皆大笠子、宽袖衫、芒屦，如吴楚之制。先是人间戏唱歌词云：“得体纥那也，纥囊得体耶，潭里船车闹，扬州铜器多，三郎当殿坐，看唱得体歌。”……及此潭成，陕县尉崔成甫以坚为陕郡太守，凿成新潭，又致扬州铜器，翻出此词，广集两县官使妇人唱之，言：“得宝弘农野，弘农得宝耶，潭里车船闹，扬州铜器多，三郎当殿坐，看唱得宝歌。”成甫又作歌词十首，白衣缺胯绿衫，锦半臂，偏袒膊，红罗抹额，于第一船作号头唱之，和者妇人一百人，皆鲜服靓妆，齐声接影，鼓笛胡部以应之。余船洽进至楼下，连樯弥亘数里，观者山积。……坚跪上诸郡轻货，又上百牙盘食，府县进奏，教坊出乐迭奏。玄宗欢悦，下诏敕曰：“古之善政者，贵于足食；欲求富国者，必先利人。朕关辅之间，尤资殷赡。比来转输，未免艰辛，故置此潭，以通漕运，万代之利，一朝而成，将允叶于永图，岂苟求于纵观。其陕郡太守韦坚始终检校，夙夜勤

---

① 《旧唐书》卷九，《玄宗纪下》。
② 《旧唐书》卷九，《玄宗纪下》。

劳，赏以懋功，则惟常典，宜特与三品，仍改授一子三品京官，兼太守判官等，并即量与改转。……应役人夫等，虽各酬佣直，终使役日多，并放今年地税。且启凿功毕，舟楫已通，既涉远途，又能先至，永言观励，稍宜甄奖。其押运纲，各赐一中上考，准前录奏。船夫等宜共赐钱二千贯，以充宴乐。外郡进上物，赐贵戚朝官，赐名广运潭。"①

韦坚经过精心布置和巧妙安排，在漕运终点的广运潭上表演了一幕喜剧，以迎合上意。他使各郡漕船陈列其本郡著名或特殊物产，并列于望春楼下，成为一次全国物资博览会，又配合表演节目，一时载歌载舞、鼓乐齐鸣，妇人和者百人，皆鲜服靓妆，成为一次规模盛大的游艺会，结果，轰动京师，观者山积，皇帝亦亲临观赏，不胜欢悦，遂对有功人员大加升赏。这次广运潭的庆功大会，从其本质来看，实充分显示了大运河及其漕运在国民经济中无与伦比的重要作用，它所输送的远不止于有形的东南之粟，而是把全国各地交织在一个总体之中。首先，它把全国各道州府郡县的物产——不论是天然的还是人工的，都网罗在漕运范围之内，也就是把各道州府郡县的地方经济，都交织在国民经济体系之中，因为全国各地物资的贡品化，同时就是全国各地物资的商品化，是漕运使原来不是商品的生产物，由于有了便利的交通促使商人竞相贩运，从而成为行销于全国市场上的商品，这是商业发展了生产物的商品形态，而以大运河为中心的漕运是促成这一变化的起点。所以通过韦坚在广运潭的种种表演，可以看出大运河是怎样在扩大和加强整个国民经济体系的过程中所起的纽带作用。

这里再补充以下几条记载，以便进一步看出广运潭在关中漕运中的作用：

〔天宝〕三载（公元七四四年），韦坚开漕河，自苑西引渭水，因古渠至华阴入渭，引永丰仓及三门仓米以给京师，名曰广运潭。以坚为天下转运使（原注：灞、浐二水通会于漕渠）。②

韦坚为水陆运使，汉有运渠，起阌门，西抵长安，引山东租赋，迄隋常治之。坚为使，乃占咸阳壅渭为堰，绝灞、浐，而东注永丰

① 《旧唐书》卷一百五，《韦坚传》。
② 《册府元龟》卷四百九十七。

仓下，复与渭合。①

韦坚为水陆运使。初浐水御苑左有望春楼，坚于下凿为潭以通漕，二年而成，帝为升楼，诏群臣临观，而咸阳、灞浐、太原、永丰、渭南诸仓，节级转运，水通则舟行，水浅寓于仓以待，则舟无停留，而物不耗矣。②

除韦坚开凿广运潭外，后继各朝仍不断兴修新的渠道，大都规模不大，运程不长，主要为解决本地区的运输问题，主要有以下几条：

〔大历元年（公元七六六年）〕九月庚申，京兆尹黎干[22]以京城薪炭不给，奏开漕渠，自南山谷口入京城，至荐福寺东街，北抵景风、延喜门入苑，阔八尺，深一丈。渠成，是日上幸福门以观之。③

俄迁京兆尹，颇以治称。京师苦樵薪乏，干度开漕渠[23]，兴南山谷口，尾入于苑，以便运载。帝为御安福门观之。干密具舸船，作倡优水嬉以媚帝。久之，渠不就。④

〔贞元十三年（公元七九七年）六月〕辛巳，引龙首渠水自通化门入，至太清宫前。⑤

〔贞元十三年〕八月丁巳，诏京兆尹韩皋修昆明池石炭、贺兰两堰，兼湖渠。⑥

〔开成元年（公元八三六年），以户部尚书平章事领盐铁转运使〕石又奏，咸阳令韩辽请开兴成渠旧漕，在咸阳县西十八里，东达永丰仓，自秦汉以来疏凿，其后堙废。昨辽计度，用功不多。此漕若成，自咸阳抵潼关三百里内，无车挽之勤，则辕下牛尽得归耕，永利秦中矣。李固言曰："王涯已前，已曾陈奏，实秦中之利，但恐征役，今非其时。"上曰："莫有阴阳拘忌否？苟利于人，朕无所虑

① 《白孔六帖》卷六。
② 《白孔六帖》卷六。
③ 《旧唐书》卷十一，《代宗纪》。
④ 《新唐书》卷一百四十五，《王缙传附黎干传》。
⑤ 《旧唐书》卷十三，《德宗纪下》。
⑥ 《旧唐书》卷十三，《德宗纪下》。

也。”石辞领使务。八月，罢盐铁转运使。①

山南地区：汉江流经陕南，可转饷京师，系大运河之外，另一条重要的漕运航道，当中原发生战乱，大运河阻塞不通时，汉沔一线就成了沟通东南的唯一通道，故唐王朝在山南地区亦极力开凿渠道，便利漕运，例如中宗时“崔湜建言，山南可引丹水东漕至商州，自商铲山出石门，抵北蓝田，可通挽道。中宗以湜充使”②。这是在平时已把开发这一地区的渠道提上了日程。一旦中原乱起，汉沔运道就成了唐王朝的生命线，这由下述两事可以看出：

已[24] 而禄山反，颍士……闻封常清陈兵东京，往观之，不宿而还，因藏家书于箕、颍间，身走山南。节度使源洧辟掌书记。贼别校攻南阳，洧惧，欲退保江陵。颍士说曰：“官兵守潼关，财用急，必待江淮转饷乃足。饷道由汉沔，则襄阳乃今天下喉襟，一日不守，则大事去矣。且列郡数十，人百万，训兵攘寇，社稷之功也。贼方专崤、陕，公何遽轻土地，取笑天下乎？”洧乃按甲不出。③

〔天宝末〕属东都河南并陷贼，漕运路绝；度支使第五琦荐伦有理能，拜商州刺史，充荆襄等道租庸使。会襄州裨将康楚元、张嘉延聚众为叛，凶党万余人，自称东楚义王。襄州刺史王政弃城遁走，嘉延又南袭破江陵，汉沔馈运阻绝，朝廷旰食。伦乃调发兵甲，驻邓州界，凶党有来降者，必厚加接待。数日后，楚元众颇怠，伦进军击之，生擒楚元以献，余众悉走散，收租庸钱物仅二百万贯，并不失坠。④

河北地区：除关中外，河北是开凿运河最多的地区，其中有两条规模较大的运河，都是由中央政府兴建的，其一是：

〔大业三年（公元六〇七年）〕六月，敕开永济渠，引汾（一作沁）水入河，又自汾（一作沁）水东北开渠，合渠水至于涿郡，

---

① 《旧唐书》卷一百七十二，《李石传》。
② 《白孔六帖》卷六。
③ 《新唐书》卷二百二，《文艺·萧颖士传》。
④ 《旧唐书》卷一百三十八，《韦伦传》。

二千余里，通龙舟。①

其二是唐太宗用兵高丽，为漕运军需，遂在幽州开渠，以沟通辽水：

〔贞观〕十九年（公元六四五年），将有事于辽东，择人运粮，〔中书令马〕周又奏，挺才堪粗使，太宗从之。挺以父在隋为营州总管，有经略高丽遗文，因此奏之。太宗甚悦，谓挺曰：“幽州以北辽水，二千余里无州县，军行资粮无所取给。卿宜为此使，但得军用不乏，功不细矣。”以人部侍郎崔仁师为副使，任自择文武官四品十人为子使，以幽、易、平三州骁勇二百人，官马二百匹为从。诏河北诸州皆取挺节度，许便宜行事。太宗亲解貂裘及中厩马二匹赐之。挺至幽州，令燕州司马王安德巡渠通塞，先出幽州库物，市木造船，运米而进。自桑干河下至卢思台，去幽州八百里，逢安德还，曰：“自此之外，漕渠壅塞。”挺以北方寒雪，不可更进，遂下米于台侧，权贮之，待开岁发春，方事转运。度大兵至，军粮必足，仍驰以闻。太宗不悦，诏挺曰：“兵尚拙速，不贵工迟。朕欲十九年春大举，今言二十年运漕，甚无谓也。”乃遣繁畤令韦怀质德挺所，支度军粮，检覆渠水。怀质还，奏曰：“挺不先视漕渠，辄集工匠，造船运米，即下至卢思台方知渠闭，欲进不得，还复水涸，乃便贮之通达平夷之区。又挺在幽州，日致饮会，实乖至公。陛下明年出师，以臣度之，恐未符圣策。”太宗大怒，令将作少监李道裕代之，仍令治书侍御史唐临驰传械挺赴洛阳，依议除名，仍令白衣散从。②

太宗仍按照既定战略部署用兵高丽，可知在李道裕接替韦挺之后，漕渠还是加紧凿通了。

贞观中，累转鸿胪少卿、沧州刺史。州界有无棣河，隋末填废，大鼎奏开之，引鱼盐于海。百姓歌之曰：“新河得通舟楫利，直达沧海盐鱼至，昔日徒行今骋驷，美哉薛公德傍被。”大鼎又以州界卑

---

① 杜宝：《大业杂记》。
② 《旧唐书》卷七十七，《韦挺传》。

下，遂决长芦及漳、衡等三河，分泄夏潦，境内无复水害。①

神龙三年（公元七〇七年），沧州刺史姜师度，于蓟州之北涨水为沟，以备契丹、奚人入寇，又约旧渠，傍海穿漕，号为平虏渠，以避海南（《旧唐书》作难），运粮者至今赖焉。②

神龙初，试为易州刺史、河北道巡察兼支度营田使。好兴作，始厮沟[25]于蓟门，以限奚、契丹，循魏武故迹，并海凿平虏渠以通饷路，罢海运，省功多。迁司农卿，出为陕州刺史。太原仓水陆运所凑，转属诸河，师度使依高为庾，而注于舟，以故人不劳。……进为河中尹，安邑盐池涸废，师度大发卒漰引其流，置盐屯，公私收利不资。徙同州刺史，又派洛灌朝邑、河西二县，阏河以灌通灵陂，收弃地二千顷为上田，置十余屯。帝幸长春宫，嘉其功，下诏褒美，加金紫光禄大夫。……师度喜渠漕，所至徭役纷纭，不能皆便，然所就必为后世利。是时太史令傅孝忠以知星显。时为语曰"孝忠知仰天，师度知相地"，嘲所嗜也。③

其他如魏州刺史楚王灵龟和刺史卢晖先后在境内开永济渠和通济渠，百姓利之：

〔楚王〕灵龟，永徽中历魏州刺史，政尚清严，奸盗屏迹。又开永济渠，入于新市，以控引商旅，百姓利之。④

〔开元二十八年（公元七四〇年）〕九月，魏州刺史卢晖开通济渠，自石灰巢引流至州城而西，却涯魏桥。⑤

〔开元〕二十八年九月，魏州刺史卢晖开通济渠，自石灰窠引流至州城西，都注魏桥，夹州制楼百余间，以贮江淮之货。⑥

到五代时期，这种兴建运河的势头仍在继续，如幽州赵德钧就是其中最

① 《旧唐书》卷一百八十五上，《良吏·薛大鼎传》。
② 《唐会要》卷八十七。
③ 《新唐书》卷一百，《姜师度传》。
④ 《旧唐书》卷六十四，《楚王智云传》。
⑤ 《旧唐书》卷九，《玄宗纪下》。
⑥ 《唐会要》卷八十七。

著名的一个良吏：

〔长兴三年（公元九三二年）〕六月壬子朔，幽州赵德钧奏：
新开东南河，自王马口至淤口，长一百六十五里，阔六十五步，深
一丈二尺，以通漕运，舟胜千石，画图以献。①

〔同光三年（公元九二五年），移镇幽州。长兴中〕德钧奏发河
北数镇丁夫，开王马口至淤口，以通水运，凡二百里。又于阖沟筑
垒，以戍兵守之，因名良乡县，以备钞寇。又于幽州东筑三河城，
北接蓟州，颇为形胜之要，部民由是稍得樵牧。②

岭南安南地区：交广之域虽多自然河道，可资交通往来，但大都未经修
治，滩多水急，漕运艰难。高骈镇安南时曾募工整修，铲去江中巨石，使舟
楫安行，馈运畅通，交广地区水利之可述者仅此一事：

〔咸通〕五年（公元八六四年），移骈为安南都护。……收复交
州郡邑。又以广州馈运艰涩，骈视其水路，自交至广多有巨石梗途，
乃购募工徒，作法去之，由是舟楫无滞，安南储备不乏，至今
赖之。③

进骈检校刑部尚书，仍镇安南，以都护府为静海军，授骈节度，
兼诸道行营招讨使。始筑安南城。由安南至广州，江漕梗险，多巨
石，骈募工劚治，由是舟济安行，储饷毕给。④

安南高骈奏开本路海路。初交趾以北，距南海有水路，多覆巨
舟，骈往视之，乃有横石隐隐然在水中，因奏请开凿，以通南海之
利。其表略云：“人牵利楫，石限横津，才登一去之舟，便作九泉之
计。时有诏听之，乃召工者，啖以厚利，竟削其石，交广之利，民
至今赖之以济焉。”⑤

①　《旧五代史》卷四十三，《唐明宗纪九》。
②　《旧五代史》卷九十八，《赵德钧传》。
③　《旧唐书》卷一百八十二，《高骈传》。
④　《新唐书》卷二百二十四下，《叛臣·高骈传》。
⑤　孙光宪：《北梦琐言》卷二。

第三节　漕　运

（一）盛唐时期的漕运概况

由于唐王朝的经济支柱是在江淮，故必须"常转漕东南之粟"，才能使整个国家机器正常运转，这说明漕运对于唐王朝是一件有关生存的大事，自不能不大力讲求，以满足朝廷必不可少的财物供应，但是漕运却又是一个不易解决的难题。由于唐室建都关中，江淮漕运不能直达，大运河只能完成漕运全程的部分任务，后一段，即由黄河再转漕关中，就遇到了难于克服的巨大困难，虽曾经由朝廷多方设法，苦心焦虑地寻找方略，而仍难找到满意的解决办法，所有运道之艰难、浪费之巨大、效益之不高，都依然如故，不得已乃逐处设仓，遇船难通行时，即贮米于仓，通航时再搬载船中，节级转运。这样，不仅增加了脚价，而且延误了时间，因到处须守候水讯，水涨水落，皆不便行舟，而漕粮忽而由船入仓，忽而又由仓装船，辗转搬运，伤耗甚多，其他如吏胥之侵吞，夫役之偷盗，尚不在内，及至运抵京师，已所余无几。唐王朝仰赖漕运，而漕运又如此艰难，自然就成为举朝上下不得不多方设法、妥谋对策的一个中心论题。高宗以前，朝廷规模不大，用度不多，即史所谓："高祖太宗之时，用物有节而易赡，水陆漕运不过二十万石，故漕事简。"可知在唐代初期时这个矛盾并不突出，按当时的漕运能力，还可以充分供应。高宗以后，政府规模日益庞大，用度亦日益浩繁，因而转漕东南之粟亦愈来愈增多，加以玄宗穷奢极欲，挥霍惊人，征调既多，漕运负担遂大大加重，因而漕运的困难艰险遂格外突出。有时因粮运不继，廪食匮乏，皇帝不得不率百官人等就食洛阳，以减轻漕运负担。但是这样做，只能偶一为之，也无助于问题的解决，仍不得不妥筹良策，标本兼治。这首先需要设专官以董漕事，遂于开元二年（公元七一四年）"始以陕州刺史李杰充陕州水陆运使，漕运之有使，自此始也"[1]。不久，宣州刺史裴耀卿条上便宜，详细陈述了漕运的现状和解决困难的办法，为朝廷所采纳，玄宗即委以漕事，拜耀卿为黄门侍郎同中书门下平章事，兼江淮都转运使。耀卿亦多所建树，在解决漕运问题上起了重要作用。后来耀卿罢相，继董漕政的人仍踵行其政，新、旧

---

[1]　《册府元龟》卷四百八十三。

《唐书》对此都做了详细记载，这里引《新唐书·食货志》一段，借以看出盛唐时期漕运的具体情况：

初江淮漕租米至东都输含嘉仓，以车或驮陆运至陕，而水行来远，多风波覆溺之患，其失尝十七八，故其率一斛得八斗为成劳，而陆运至陕才三百里，率两斛计佣钱千。民送租者皆有水陆之直，而河有三门底柱之险。显庆元年（公元六五六年），苑西监褚朗，议凿三门山为梁，可通陆运，乃发卒六千凿之，功不成。其后将作大监杨务廉又凿为栈以挽漕舟，挽夫系二钣[26]于胸，而绳多绝，挽夫辄[27]坠死，则以逃亡报，因系其父母妻子，人以为苦。开元十八年（公元七三〇年），宣州刺史裴耀卿朝集京师，玄宗访以漕事，耀卿条上便宜曰："江南户口多而无征防之役，然送租庸调物，以岁二月至扬州，入斗门，四月已后，始渡淮入汴，常苦水浅，六七月乃至河口，而河水方涨，须八九月水落，始得上河入洛，而漕路多梗，船樯阻隘，江南之人不习河事，转雇河师水手，重为劳费。其得行日少，阻滞日多。今汉、隋漕路濒河仓廪，遗迹可寻，可于河口置武牢仓，巩县置洛口仓，使江南之舟不入黄河，黄河之舟不入洛口，而河阳、柏崖、太原、永丰、渭南诸仓，节级转运，水通则舟行，水浅则寓于仓以待，则舟无停留，而物不耗失，此甚利也。"玄宗初不省，二十一年（公元七三三年），耀卿为京兆尹，京师雨水，谷踊贵，玄宗将幸东都，复问耀卿漕事。耀卿因请罢陕陆运，而置仓河口，使江南漕舟至河口者，输粟于仓而去，县官雇舟，以分入河洛，置仓三门东西，漕舟输其东仓，而陆运以输西仓，复以舟漕，以避三门之水险。玄宗以为然，乃于河阴置河阴仓，河西置柏崖仓，三门东置集津仓，西置盐仓。凿山十八里以陆运。自江淮漕者，皆输河阴仓，自河阴西至太原仓，谓之北运，自太原仓浮渭，以实关中。玄宗大悦，拜耀卿为黄门侍郎、同中书门下平章事、兼江淮都转运使，以郑州刺史崔希逸、河南少尹萧炅为副使，益漕晋、绛、魏、濮、邢、贝、济、博之租，输诸仓，转而入渭，凡三岁，漕七百万石，省陆运佣钱三十万缗。是时民久不罹兵革，物力丰富，朝廷用度亦广，不计道里之费，而民之输送，所出水陆之直，增以函脚营窖之名，民间传言"用斗钱运斗米"，其糜耗如此。及耀卿罢相，北运颇艰，米岁至京师才百万石。二十五年（公元七三七年），遂罢北运，而崔希逸为河南陕运使，岁运百八十万石。其后以太仓积粟有余，岁减漕数十万石。二十九年（公元七四一年），陕郡太守李齐物凿底柱为门，以通漕，开其山巅为挽路，烧石沃醯而凿之，然弃石入河，激水益湍怒，舟不能入新门，候其水涨，以人挽舟而上，天子疑之；遣宦者按视，齐物厚赂使者，还言便。齐物入为鸿胪卿，以长安令韦坚代之，兼水陆运使，坚治汉隋运渠，起关门，抵长安，通山东租赋，乃绝灞、浐，并渭而东，至永丰仓与渭合，又于长乐坡濒苑墙凿潭于望春楼下，以聚漕舟。……是岁漕山东粟四百万石。自裴耀卿言漕事，进用者常兼转运之职，而韦坚为最。初耀卿兴漕路，请罢陆运而不果废，自景云中陆运北路分八递，雇民车牛以载。开元初，河南尹李杰为水陆运使，运米岁二百五十万石，而八递用车千八百乘。耀卿罢，久之，河南尹裴迥以八递伤牛，乃为交场两递，滨水处为宿场，分官总之，自龙门东山抵天津桥，为石堰以过水。其后大盗起而天下匮矣。①

就以上所述来综观这一段漕政改革，裴耀卿的建议收到了良好效果，他的建议是：分段设仓，分段转运。由于他对各段漕运的具体情况皆了如指掌，故言之皆确凿有据，在他的两篇奏疏中，阐述得更为明确，对后来的漕政实有一定的指导意义，两疏原文如下：

伏惟陛下仁圣至深，忧勤庶务，小有饥乏，降诏哀矜，躬亲支计，救其危急。今既大驾东巡，百司扈从，诸州及三辅先有所贮，且随见在发，重臣分道赈给，计可支一二年，从东都广漕运，以实关辅，待稍充实，车驾西还，即事无不济。臣以国家帝业，本在京师，万国朝宗，百代不易之所。但为秦中地狭，收粟不多，傥遇水旱，即便匮乏。往者贞观、永徽之际，禄廪数少，每年转运，不过一二十万石，所用便足，以此车驾久得安居。今升平日久，国用渐广，每年陕洛漕运，数倍于前，支犹不给，陛下幸东都以就贮积，

① 《新唐书》卷五十三，《食货志三》。

为国大计，不惮劬劳，皆为忧人而行，岂是故欲来往。若能更广陕运，支入京仓廪，当有三二年粮，即无忧水旱。今日天下输丁约有四百万人，每丁支出钱百文，充陕洛运脚，五十文充营窖等用，贮纳司农及河南府陕州，以充其费，租米则各道随远近，任自出脚，送纳东都，至陕河路艰险，既用陆脚，无由广致，若能开通河漕，变陆为水，则所支有余，动盈万计。且江南租船所在候水，始敢进发，吴人不便河漕，由是所在停留，日月既淹，遂生隐盗。臣请于河口置一仓，纳江东租米，便令江南船回，其从河口即分入河洛，官自雇船载运者，至三门之东置一仓，既属水险，即于河岸旁山车运十数里，至三门之西又置一仓，每运至仓，即般下贮纳，水通即运，水细便止，渐至太原仓，沂河入渭，更无停留，所省巨万。臣尝任济、定、冀等三州刺史，询访故事，前汉都关内，年月稍久，及隋亦在京师缘河皆有旧仓，所以国用常赡，若依此行用，利便实深。①

江南户口稍广，仓库所资，唯出租庸，更无征防，缘水陆遥远，转运艰辛，功力虽劳，仓储不益。窃见每州所送租庸调等，本州正月二月上道，至扬州入斗门，即逢[28]水浅，已有阻碍，须停留一月以上，三月四月以后，始渡淮入汴，多属汴河干浅，又船运停留，至六月七月以后始至河口，即逢黄河水涨，不得入河，又须停一两月，待河水小，始得上河入洛，即漕道干浅，船艘隘闹，船载停滞，备极艰辛。计从江南至东都，停滞日多，得行日少，粮食既皆不足，折欠因此而生。又江南百姓，不习河水，皆转雇河师水手，更为损费。伏见国家旧法，往代成规，择制便宜，以垂长久。河口元置武牢仓，江南船不入黄河，即于仓内便贮。巩县置洛口仓，船从黄河不入洛水，即于仓内安置，爰及河阳仓、柏崖仓、太原仓、永丰仓、渭南仓，节级取便，例皆如此，水通则随近转运，不通则且纳在仓，不滞远船，不忧久耗，比于旷年长运，利便一倍有余。今若且置武牢、洛口等仓，江南船至河口即却还本州，更得其船充运，并取所减脚钱，更运江淮，变造义仓，每年剩得一二百万石，即数年之外，仓廪转加。其江淮义仓，复为下湿，不堪久贮，若无般运，三两年

---

① 裴耀卿：《请缘河置仓纳运疏》，《全唐文》卷二百九十七。

色变，即给贷费散，公私无益。①

从上引两篇奏疏来看，可知裴耀卿对于漕政利弊的了解是十分透彻的，其建议的改革办法也是切实可行的，并确已取得了一定效果。但是，尽管经过这样的大力整顿，而漕运的艰难险阻和惊人耗费，并未完全克服。总之，要得到东南之粟，须付出极高代价，既劳民伤财，又大费周折，成为唐王朝不得不承受的一个沉重负担。故每遇关中诸州丰穰，粟米充盈，可以就近取给时，即尽量减少或暂停江淮漕运，借以节省开支，兼用以息事宁人，稍苏民困。例如，开元二十五（公元七三七年）二月敕："关辅庸调，所税非少，既寡蚕桑，皆资菽粟，常贱粜贵买，损费逾深。又江淮苦变造之劳，河路增转运之弊，每计其运脚，数倍加钱。今岁属和平，庶物穰贱，南亩有十千之获，京师同水火之饶，均其余以减运费，顺其便使农无伤。自今以后，关内诸州庸调资课，并宜准时价变粟取米，送至京，逐要支用。其路远处不可运送者，宜所在收贮，便充随近军粮。其河南北有不通水利，宜折租造绢，以代关中调课，所目仍明为条件，称朕意焉。"②

（二）中唐时期的漕运概况

安史之乱爆发后，中原为乱兵盘踞，淮、汴断绝，运道不通，唐王朝顿然失去这一经济支柱，立即陷入绝境，其统治命运实已不绝如缕，这时赖以活命的江淮财赋，不能再沿淮、汴、河、渭故道输送京师，须改溯汉水运抵商州，然后再陆运京师。由于运道艰涩，粮运困难，常常缓不济急，致京师米价翔贵，军民乏食，宫厨断粮，有岌岌不可终日之势。就在这个危急关头，任命了原通州刺史刘晏出掌漕政，遂在他的精心擘[29]划下扭转了当时的危急情况。不久，中原平定，淮、汴复通，这时对整个漕政须作全面安排，应大加整顿，于是他不辞辛劳，视察了运河全线，经过实地调查之后，掌握了第一手资料，能据以作通盘筹划，订出切实可行的整顿方案。他又知人善任，精选辅佐人员，皆一时之选，其有权门请托，不便拒绝的，则作闲冗人员，使之食禄而不任事，故在职人员无不兢兢业业，励精图治。其所设管理机构，散在运河沿线，相隔千里，而指挥灵活，有呼即应，如在目前，其效率之高，

---

① 裴耀卿：《请置武牢洛口等仓疏》，《全唐文》卷二百九十七。
② 《唐大诏令集》卷一百十一。

纪律之严，是古代封建社会中历届王朝所罕见的。所以中唐时期的漕政，可以说主要是在刘晏一人主持下进行的，就是在刘晏罢免被害后，他的影响仍长期存在。总之，这时期的漕运史与刘晏个人的成败史是分不开的。现在要概述这一段历史，首先要看一下刘晏是在怎样的情况下出掌漕政的：

> 肃宗初，第五琦始以钱谷得见，请于江淮分置租庸使，市轻货以救军食，遂拜监察御史为之使。乾元元年（公元七五八年），加度支郎中，寻兼中丞，为盐铁使。……明年，琦以户部侍郎同平章事，诏兵部侍郎吕谭代之。宝应元年（公元七六二年）五月，元载以中书侍郎代吕谭。是时淮河阻兵，飞挽[30]路绝，盐铁租赋，皆溯汉而上，以侍御史穆宁为河南道转运租庸盐铁使，寻加户部员外，迁鄂州刺史，以总东南贡赋。是时朝廷以寇盗未戢，关东漕运，宜有倚办，遂以通州刺史刘晏为户部侍郎、京兆尹、度支盐铁转运使，盐铁兼漕运，自晏始也。二年，拜吏部尚书同平章事，依前充使。晏始以盐铁为漕佣，自江淮至渭桥，率十万斛佣七千缗，补纲吏督之，不发丁男，不劳郡县，盖自古未之有也。自此岁运米数千万石。自淮北列置巡院，搜择能吏以主之，广牢盆以来商贾，凡所制置，皆自晏始。广德六年（公元七六八年）正月，复以第五琦专判度支铸钱盐铁事，而晏以检校户部尚书为河南及江淮以来转运使，及与河南副元帅计会，开决汴河。①
>
> 宝应二年（公元七六三年），迁吏部尚书平章事，领度支盐铁转运租庸使。……时新承兵戈之后，中外艰食，京师米价，斗至一千，宫厨无兼时之积，禁军乏食，畿甸百姓，乃接穗以供之。晏受命后，以转运为己任，凡所经历，必究利病之由。②

可见刘晏是在艰难困窘、十分危殆的情况下出掌漕政的，受命之后，即以转运为己任，很快就扭转了局势，使过去制度混乱、管理无能、百弊丛生的漕运迅即走上了轨道，这一成绩的取得，是刘晏踏遍运河全线，精心考察和深究利病的结果。刘晏自己曾把他亲身经历、"必究利病之由"的所得进

---

① 《旧唐书》卷四十九，《食货志下》。
② 《旧唐书》卷一百二十三，《刘晏传》。

行了总结，并遗书元载，向政府做了详细汇报：

浮于淮泗，达于汴，入于河，西循底柱、硖石、少华，楚帆越客，直抵建章、长乐，此安社稷之奇策也。晏宾于东朝，犹有官谤，相公终始故旧，不信流言，贾谊复召宣室，弘羊重兴功利，敢不悉力以答所知。驱逐陕郊，见三门渠津遗迹，到河阴巩洛，见宇文恺置刘公堰，分黄河水入通济渠，大夫李杰新堤故事，饰象河庙，凛然如生。涉荥浚泽，遥瞻淮甸，步步探讨，知昔人用心，则潭、衡、桂阳必多积谷，关辅汲汲，只缘兵粮，漕引潇湘，洞庭万里，几日沧波，挂席西指，长安三秦之人待此而饱，六军之众，待此而强，天子无侧席之忧，都人见泛舟之役，四方旅拒者可以破胆，三河流离者于兹请命。相公匡戴明主，为富人侯，此今之切务，不可失也。使仆湔洗瑕秽，率磬愚懦，当凭经义，请护河堤，宜勤在官，不辞水死。然运之利病，各四五焉。晏自尹京，入为计相，共五年矣，京师三辅百姓，唯苦税亩伤多；若使江湖米来，每年三二十万，即顿减徭赋，歌舞皇泽，其利一也。东都残毁，百无一存，若米运流通，则饥人皆附，村落邑廛，从此滋多，命之日引海陵之仓，以食巩洛，是计之得者，其利二也。诸将有在边者，诸戎有侵败王略者，或闻三江五湖，贡输红粒，云帆桂楫，输纳帝乡。军志曰：先声后实，可以震耀夷夏，其利三也。自古帝王之盛，皆云：书同文，车同轨，日月所照，莫不率俾；今舟车既通，商贾往来，百货杂集，航海梯山，神圣辉光，渐近贞观、永徽之盛，其利四也。所可疑者，函、陕凋残，东周尤甚，过宜阳、熊耳，至武牢、成皋，五百里中，编户千余而已。居无尺椽，人无烟爨，萧条凄惨，兽游鬼哭，牛必赢角，舆必说辐[31]，栈车挽漕，亦不易术。今于无人之境，兴此劳人之运，固难就矣，其病一也。河汴有初，不修则毁淀，故每年正月，发近县丁男，塞长茭，决沮淤；清明桃花巳后，远水自然安流，阳侯、宓妃，不复太息。项因寇难，总不掬拓，泽灭水岸石崩，役夫需于沙，津吏旋于汀，千里洄上，罔水舟行，其病二也。东垣、底柱、渑池二陵北河运处，五六百里，戍卒久绝，县吏空拳，夺攘奸宄，窟穴囊橐，夹河为薮，豺狼猰㺄，舟行所经，寇亦能往，其病三也。东自淮阴，西临蒲坂，亘三十里，屯戍相望，中军皆鼎司元侯，贱卒仪同青紫，每云食半菽，又云无挟纩，挽漕所至，船到便留，即非单车使、折简书所能制矣，其病四也。惟小子毕其虑奔走之，惟中书详其利病裁成之。晏累年以来，事缺名毁，圣慈含育，特赐生全，月余家居，遽即临遣，恩荣感切，思殒百身。见一水不通，愿荷锸而先往；见一粒不运，愿负米而先驱。焦心苦形，期报明主，丹诚未克，漕引多虞，屏营中流，掩泣献状。①

所谓"毕其虑而奔走之"，"见一水不通，愿荷锸而先往；见一粒不运，愿负米而先驱"；这在刘晏都不是哗众取宠的纸上空谈，而是说到已先做到的成绩总结，这种舍己为公的坦荡胸怀、锲而不舍的科学精神，在古往今来的封建官僚中是难能的和少见的。他确曾风尘仆仆地浮于淮泗，达于汴，入于河，右循底柱硤石，观三门遗迹，实地考察了所谓三门之险，再至河阴、巩洛，见宇文恺所为梁公堰，厮河为通济渠，又视李杰新堤，尽得其利病之由，他的改革计划就建立在这样的科学基础上，故能"自江淮至渭桥，率十万斛佣七千缗，补纲吏督之，不发丁男，不劳郡县，盖自古未之有也，至今为法"②。路程如此遥远，运道如此梗涩，而耗费竟能如此之少，效率却又如此之高，除了刘晏个人实事求是和认真负责的工作态度外，他建立了一套严密的科学管理制度，使上下呼应，如臂使指，"其商榷财用之术者，必一时之选，故晏没后二十余年，韩洄、元琇、裴腆、包佶、卢贞、李衡，相继分掌财赋，皆晏门下。晏部吏在千里外，奉教如目前，四方水旱，及军府纤芥，莫不先知焉"③。"初晏分置诸道租庸使，慎简台阁士专之。时经费不充，停天下摄官，独租庸得补置积数百人，皆新进锐敏，尽当时之选，趣督倚办，故能成功，虽权贵干请，欲假职仕者，晏厚以禀入奉之，然未尝使亲事，是以人人劝职。……检劾出纳，一委士人，吏唯奉行文书而已。所任虽数千里外，奉教会如目前，频伸谐戏不敢隐，惟晏能行之，它人不能也。"④

（三）晚唐时期的漕运概况

刘晏为漕政树立了一个成功的样板，后继运使皆萧规曹随，踵行其制，

①　刘晏：《遗元载书》，《全唐文》卷三百七十；《旧唐书》卷一百二十三，《刘晏传》。
②　《唐会要》卷八十七。
③　《唐会要》卷八十七。
④　《新唐书》卷五十三，《食货志三》。

没有进行多大的改革，处于一种守成状态，所谓一切"遵大历故事"。例如："〔贞元〕八年（公元七九二年）诏：东南两税财赋，自河南、江、淮、岭南、山南东道至渭桥，以户部侍郎张滂主之，河东、剑南、山南西道，以户部尚书度支使班宏主之。今户部所领三川盐铁转运，自此始也。其后滂宏互有短长，宰相赵憬、陆贽以其事上闻，由是遵大历故事，如刘晏、韩滉所分焉。"① 可知刘晏以后的漕政是改进不大的，时陆贽曾痛论其事云："旧制以关中王者所都，万方辐辏，人殷地狭，不足相资，加以六师糇粮，百官禄廪，邦畿之税，给用不充，所以控引东方，岁运租米，冒淮湖风浪之弊，溯河渭湍险之艰，所费至多，所济盖寡。习闻见而不达时宜者，则曰：国之大事，不计费损，故承前有用一斗钱运一斗米之言，虽知劳烦，不可废也。习近利而不防远患者，则曰：每至秋成之时，但令畿内和籴，既易集事，又足劝农，何必转输，徒耗财赋。臣以两家之论，互有短长，各申偏执之怀，俱昧变通之术。"② 各种"偏执之怀"，也非无因而起，都是鉴于江淮漕运，艰难险阻，烦费过大，却又不能因噎废食，仰赖于就地和籴，因关内关东诸州，皆"人殷地狭，不足相资"，一遇水旱，则六师糇粮，百官廪禄，即顿告匮乏。所以尽管漕运是"所费至多，所济盖寡"，即使是斗钱运斗米，也不能偏废，这就成为后继历任漕使所必须苦心焦虑以讲求对策的一个艰巨任务。德宗以后，继掌漕运的亦能吏辈出，这里只举李巽、裴休两人在漕政上的建树，余皆从略：

〔顺宗即位，入为兵部侍郎〕司徒杜佑判度支盐铁转运使，以巽干治，奏为副使。佑辞重位，巽遂专领度支盐铁使。榷筦之法，号为难重，唯大历中仆射刘晏雅得其术，赋入丰美。巽掌使一年，征课所入，类晏之多岁，明年过之，又一年，加一百八十万贯。旧制：每岁运江淮米五十万斛抵河阴，久不盈其数，唯巽三年登焉。③

旧制：每岁运江淮米五十万斛，至河阴留十万，四十万送渭仓。晏没，久不登其数，惟巽秉使三载，无升斗之阙焉。④

元和二年（公元八〇七年）三月，以李巽代之。先是，李琦判

① 《唐会要》卷八十七。
② 陆贽：《请减京东水运收脚价于缘边州镇储蓄军粮事宜状》，《全唐文》卷四百七十三。
③ 《旧唐书》卷一百二十三，《李巽传》。
④ 《旧唐书》卷四十九，《食货志下》。

使，天下榷酤漕运，由其操割，专事贡献，牢其宠渥，中朝秉事者，悉以利交，盐铁之利，积于私室，而国用日耗。巽既为盐铁使，大正其事，其堰埭先隶浙西观察使者，悉归之；因循权置者，尽罢之；增置河阴教仓。……四年（公元八〇九年）四月五日，巽卒。自榷筦之兴，唯刘晏得其术，而巽次之，然初年之利，类晏之季年，季年之利，则三倍于晏矣。①

可见李巽在漕政上所取得的成绩，较之刘晏实有过之无不及。后裴休继之，可与之媲美。裴休是宣宗时的盐铁转运使。长期以来，缘河奸吏大紊刘晏之法，致败溺百端，休领使后大加整顿，使漕政顿然改观，是李巽之后又一个卓有成绩的运使，其事迹有如下述：

大中五年（公元八五一年）二月，以户部侍郎裴休为盐铁转运使，明年八月，以本官平章事，依前判使。始者漕米岁四十万斛，其能至渭仓者十不三四，漕吏校蠹，败溺百端，官舟之沉，多者岁至七十余只，缘河奸吏，大紊晏法。休使僚属按之，委河次县令董之，自江津达渭，以四十万斛之佣，计缗二十八万，悉使归诸漕吏，巡院胥吏，无得侵牟，举之为法凡十事奏之。六年（公元八五二年）五月，又立税茶之法，凡十二条陈奏，上大悦，诏曰：裴休兴利除害，深见奉公，尽可其奏。由是三岁，漕米至渭滨，积一百二十万斛，无升合沉弃焉。②

唐王朝仰赖漕运，而漕运却又始终得不到妥善解决，直到唐之季世，仍然是一个聚讼纷纭的问题，主张停止江淮漕运以和籴关辅者实大有人在，这由白居易的一篇《对策》中可知其梗概：

臣闻议者欲罢漕运于江淮，请和籴于关辅，以省其费，以便于人。……臣虽至愚，知其不可。何者？夫都畿者四方所凑也，万人所会也，六军所聚也，虽利称近蜀之饶，犹未能足其用。故国家岁

① 《唐会要》卷八十七。
② 《旧唐书》卷四十九，《食货志下》。

漕东南之粟以给焉，时发中都之廪以赈焉，所以赡关中之人，均天下之食，而古今不易之制也。……夫贵敛籴之资，省漕运之费，非无利也，盖利小而害大矣，故久而不胜其害；挽江淮之租，赡关辅之食，非无害也，盖害小而利大矣，故久而不胜其利。……今若恤汛舟之役，忘移谷之用，是知小计而不知大会矣。[1]

第四节　交通制度

（一）关津

所有为交通服务的各项制度，如关津、桥梁、驿传、客舍等等，都是起源很早的古老制度，后世历代王朝不但都在沿用，而且还不断有所改进和发展，在《中国封建社会经济史》前三卷中对此均有论述。隋唐，特别是唐代，是秦汉以后又一个疆域辽阔的大帝国，为了有效地进行中央集权的统治，首先就必须有便利的交通，这包括两个内容：一是需要不断地修建和扩建贯通全国的道路系统，开凿或疏浚尽可能多的天然河流与人工渠道；二是设置为交通服务的各项制度，这方面已有成规可寻，过去历代王朝对各项古制还都因时制宜或因地制宜做了一些必要的修订或补充，隋唐两代沿用了这些古制，并在此基础上又有所发展，以期既能加强管制，又可以方便行旅。

关津是在道路河川的咽喉要地，设卡以稽查行旅，检验商货，并征收商税。隋唐皆设专官领之，成为官制中的一个重要部门：

镇，置将副，戍置主副，关置令丞，其制，官属各立三等之差。[2]

都水台，使者及丞各二人，参军三十人，河堤谒者六十人，录事二人，领掌船局都水尉二人，又领诸津。上津每尉一人，丞二人；中津每尉丞各一人，下津每典作一人，津长四人。[3]

---

① 白居易：《二十四议罢漕运可否》，《白氏长庆集》卷四十六。
② 《隋书》卷二十八，《百官志》。
③ 《隋书》卷二十八，《百官志》。

隋各郡县设有关官者，计有：京兆郡：长安、鳌屋、蓝田、华阴。冯翊郡：韩城、朝邑。扶风郡：陈仓、汧源、南由。灵武郡：鸣沙。天水郡：清水。金城郡：金城。抱罕郡：抱罕。敦煌郡：常乐。汉川郡：西褒城。义城郡：景谷。平武郡：江油。汶山郡：交川。河南郡：河南、偃师。荥阳郡：浚仪、酸枣、新郑。襄城郡：郏城、鲁。上洛郡：商洛。弘农郡：卢氏。东平郡：鄄城。济北郡：卢。渤海郡：滴河。平原郡：安乐、平原。汲郡：黎阳。河内郡：新乡。长平郡：高平。河东郡：芮城、河北。绛郡：太平。龙泉郡：永和。离石[32]郡：定胡。雁门郡：雁门。楼烦郡：静乐。涿郡：昌平。北平郡：卢龙。义阳郡：礼山。①

唐代关津官制与隋代大致相同，惟分职更细，制度更严：

〔刑部尚书属有〕司门郎中一员，员外郎一员，主事二人，令史六人，书令使十三人，掌固四人。郎中员外郎之职，掌天下诸门及关出入往来之籍赋，而审其政。凡关二十有六，为上、中、下之差。京城四面关有驿道者为上关，余关有驿道及四面无驿道者为中关，他皆为下关。关所以限中外，隔华夷，设险作固，闲邪正禁者也。凡关呵而不征，司货贿之出入，其犯禁者，举其货，罚其人。凡度关者，先经本部本司请过所，在京则省给之，在外则州给之。而虽非所部，有来文者，所在亦给。②

吏部属〔考功〕郎中、员外郎之职，掌内外文武官吏之考课。……凡考课之法，有四善……善状之外，有二十七最：……其二十四曰：讥察有方，行旅无壅，为关津之最。③

都水监使者二人……使者掌川泽津梁之政令。……诸津令一人，丞一人，津令各掌其津济渡舟梁之事。④

上关：令一人，丞二人，录事一人，津吏八人。中关：令一人，丞一人，录事一人，津吏六人。下关：令一人，津吏四人。关令掌禁末游，伺奸慝。凡行人车马出入往来，必据过所以勘之。⑤

---

① 《隋书》卷二十九至三十一，《地理志》。
② 《旧唐书》卷四十三，《职官志二》。
③ 《旧唐书》卷四十三，《职官志二》。
④ 《旧唐书》卷四十四，《职官志三》。
⑤ 《旧唐书》卷四十四，《职官志三》。

工部郎中、员外郎各一人，掌城池土木之工役程式，为尚书侍郎之二。……凡津梁道路，治以九月。①

从设官及其职掌来看，可知关津是政府设在道路河川衡要之处的管制行旅机构，是政府的行政部门，直接在政府的控制之下，故其设置或废除均由朝廷以敕令行之，例如：

武德九年（公元六二六年）八月十七日诏："关梁之设，襟要斯在，义止惩奸，无取苛暴。近世拘刻，禁御滋章，非所以绥安百姓，怀来万邦者也。其潼关以东，缘河诸关，悉宜停废。其金银绫绢等杂物，依格不得出关者，并不须禁。"②

设关的目的，本在于稽查过往行人是否携带有违禁物品，特别是武器，除朝廷命官外，一般行人如私携武器过关，即属犯罪行为，据宝应元年（公元七六二年）九月敕："骆谷、舍牛、子午等路往来行客所将随身器仗等，今日以后，除郎官、御史、诸州部统进奉事官，任将器仗随身，自余私客等，皆须过所上具所将器仗色目，然后放过。如过所上不具所将器仗色目数者，一切于守捉处勒流。"③ 正是为了加强这类稽查和管制，遂沿交通要道不断增设关卡，例如：

武后革命，〔知謇弟〕知泰奏置东都诸关十七所，讥敛出入。百姓惊骇，樵米踊贵。④

〔长安三年（公元七〇三年）〕十二月丙戌，天下置关三十。⑤

事实上，增设关卡是为了科敛赋税，不论商贾平民，过关即须纳税，上文所述张知泰增置东都诸关十七所，讥敛出入，造成百姓惊骇，樵米踊贵，即系明证，下引崔融奏议，更可以说明这个问题：

---

① 《新唐书》卷四十六，《百官志一》。
② 《唐会要》卷八十六。
③ 《唐会要》卷八十六。
④ 《新唐书》卷一百，《张知謇传》。
⑤ 《新唐书》卷四，《则天皇后纪》。

天授二年（公元六九一年）七月九日敕："其雍州已西，安置潼关，即宜废省洛州南北面各置关。"长安二年（公元七〇二年）正月，有司奏请税关市。凤阁舍人崔融上议曰："臣伏见有司税关市事条，不限工商，但是行旅尽税者。臣谨按：《周礼》九职，其七曰关市之赋。窃惟市纵繁杂，关通末游，欲令此徒止抑，所以咸增赋税。夫关市之税者，惟敛出入之商贾，不税往来之行人。今若不论商民，通取诸色，事不师古，法乃任情，悠悠末世，于何瞻仰？"①

诸关稽查缉私，法律皆有明文规定，如违令私度或赍禁物偷度，即依法治罪：

诸私度关者，徒一年，越度者，加一等。注云：不由门为越。疏议曰：水陆等关，两处各有门，禁行人来往，皆有公文，谓驿使验符券，传送据递牒，军防丁夫有总历，自余各请过所而度，若无公文，私从关门过，合徒一年，越度者，谓关不由门，津不由济而度者，徒一年半。

诸赍禁物私度关者，坐赃论，赋轻者从私造私有法。若私家之物，禁约不合度关而私度者，减三等。疏议曰：依关市令，锦、绫、罗、縠、绸[33]、绵、绢、丝布、牦牛尾、真珠、金、银、铁，并不得度西边北边诸关，及至缘边诸州兴易。从锦、绫以下，并是私家应有，若将度西边北边诸关，计赃减坐赃罪三等；其私家不应有，虽未度关，亦没官。私家应有之物，禁约不合度关，已下过所，关司捉获者，其物没官。若已度关，及越度被人纠[34]获，三分其物，二分赏捉人，一分入官。②

（二）桥梁

桥梁是道路的一个组成部分。路由官筑，大小桥梁自亦由官修建，成为政府公共工程中的重要项目之一。由于桥梁横跨河川，连络道路，是水陆交

---

① 《唐会要》卷八十六。
② 《唐律疏议》卷八，《卫禁下、私度关、赍禁物度关》。

通的一个联系纽带，故政府对于桥梁建设维修极为重视，特设专官以董其事。据主管部门统计："凡天下造舟之梁四（河则蒲津、大阳、河阳，洛则孝义也），石柱之梁四（洛则天津、永济、中桥，灞则灞桥），木柱之梁三（皆渭川：便桥、中渭桥、东渭桥也），巨梁十有一，皆国工修之，其余皆所管州县随时营葺。其大津无梁，皆给船人；量其大小难易，以定其差。"① 其修建各地桥梁的具体情况，可由下引两例看出：

> 显庆五年（公元六六〇年）五月一日，修洛水月堰。旧都城洛水天津之东，有中桥及利涉桥，以通行李。上元二年（公元六七五年），司农卿韦机始移中桥，自立德坊西南，置于安众坊之左，南当长夏门街，都人甚以为便。因废利涉桥，所省万计。然每年洛水泛溢，必漂损桥梁，倦于缮葺。内使李昭德始创意，令所司改用石脚，锐其前以分水势，自是无漂损之患。②

> 〔开元〕十九年（公元七三一年）六月敕，两京城内诸桥，及当城门街者，并将作修营，余州县料理。二十年（公元七三二年）四月二十一日，改造天津，毁皇津桥，合为一桥。天宝元年（公元七四二年）二月，广东都天津桥、中桥石脚两眼，以便水势。移斗门，自承福东南抵毓财坊南百步。八载（公元七四九年）二月，先是，东京商人李秀升于南市北架洛水造石桥，南北二百步，募人施财巨万计；自五年（公元七四六年）创其始，至是而毕。十载（公元七五一年）十一月，河南尹裴迥请税本州税钱，自龙门东山抵天津桥东造石桥，以御水势，从之。③

唐代在造桥技术上有值得提出的一点，即用竹索造桥，宣、常、洪三州有善造竹索桥的工匠，该三州除提供是项工役外，并须上贡一定数量的竹索，供造桥之用："河梁桥所须竹索，令宣、常、洪三州役工匠预支造，宣、洪二州各大索二十条，常州小索一千二百条。大阳、蒲津竹索，每年令司竹监给竹，令津家水手自造。"④ 川西人民更善用竹索造桥，桥跨大江之上，称笮

---

① 《旧唐书》卷四十三，《职官志二》。
② 《唐会要》卷八十六。
③ 《唐会要》卷八十六。
④ 《唐六典》卷七，《工部·水部郎中员外郎》。

桥，虽从风摇动，人行其上，吱吱作响，而牢固有余，行人牛马往来，以度越大江。这种竹索桥看起来虽十分原始，但却暗合于力学原理，长越江面，仍能承受一定重量，不致有断折之虞，这可以说是唐代劳动人民的一项发明：

> 茂州汶川县，绳桥在县西北三里，驾大江水，篾笮四条，一茝藤纬络，布板其上，虽从风摇动，而牢固有余，夷人驱牛马去来无惧。今按其桥以竹为索，阔六尺，长十步。[①]
>
> 翼州卫山县，笮桥在县北三十七里，以竹篾为索，架北江上。[②]
>
> 巂州昆明县，凡言笮者，夷人于大江水上置藤桥，谓之笮，其定笮、大笮，皆是近水置笮桥处。[③]

（三）驿、传、旅店

驿、传、旅店都是起源很早的古老制度，后世历代一直在沿用。驿、传的作用大致相同，在制度上两者略有区别，但区别不大，故常常混同。其在各代的具体情况，《中国封建社会经济史》前三卷中均有论述。隋唐时期，这些古制在数量上又有较大发展，在运用管理上较过去也有很大改进。简单说，这是由政府在水陆交通道上设立的招待所或转运站，由官家按路程远近划分，在必经之路的适宜地点建设馆舍，供行旅食宿休憩之用，并由官家备办马匹（陆路）或舟船（水路），凡属公职人员，按其官阶大小和爵位高低，供给不同数目的马匹或舟船，使其在两站之间乘用替换，如此逐站转递，直到目的地为止。唐代对驿、传制度规定得非常周详，管理亦相当严格，一切均有法律的明文规定，往来行人凡乘驿乘传者，均须遵纪守法，不得稍有违犯。其规定如下：

> 凡三十里一驿。天下凡一千六百三十有九所：二百六十所水驿，一千二百九十七所陆驿，八十六所水陆相兼，若地势险阻及须依水草，不必三十里。每驿皆置驿长一人，量驿之闲要，以定其马数：

---

① 《元和郡县图志》卷三十二。
② 《元和郡县图志》卷三十二。
③ 《元和郡县图志》卷三十二。

都亭七十五匹[35]，诸道之第一等，减都亭之十五，第二第三，皆以十五为差，第四减十二，第五减六，第六减四。其马官给，有山阪险峻之处，及江南岭南暑湿不宜大马处，并署蜀马。凡水驿亦量事闲要以置船，事繁者，每驿四只，闲者三只，更闲者二只。凡马三各给丁一人，船一给丁三人。凡驿皆给钱以资之，什物并皆为市。凡乘驿者，在京于门下给券，在外于留守及诸军州给券。若乘驿经留守及五军都督府过者，长官押署，若不应给者，随即停之。①

全国水陆驿虽已有一千六百余所，政府仍不时根据特殊需要，增添新的驿站，例如：

〔贞观四年（公元六三〇年）〕乃诏碛南鸊鹈泉之阳置过邮六十八所，具群马潼内待使客，岁纳貂皮为赋。②

〔贞观二十一年（公元六四七年）〕是岁……又于突厥之北至于回纥部落，置驿六十六所，以通北荒焉。③

〔开元十三年（公元七二五年）〕为济州刺史。济当是集，地广而户寡[36]，会天子东巡，耀卿置三梁十驿，科敛均省，为东州知顿最。④

〔元和元年（公元八〇六年）春正月〕壬辰，复置斜谷路馆驿。⑤

〔元和八年（公元八一三年）十月〕吉甫……因请自夏州至天德，复置馆驿一十一所，以通缓急；又请发夏州骑士五百人，营于经略故城，应援驿使，兼护党项。⑥

〔元和八年十一月〕自夏州至丰州，初置八驿。⑦

水陆驿传既由官家供给马匹舟船，对于使用人的资格就必须加以严格控

---

① 《唐六典》卷五，《兵部·驾部郎中员外郎》。
② 《新唐书》卷二百一十七上，《回鹘传上》。
③ 《旧唐书》卷三，《太宗纪》。
④ 《新唐书》卷一百二十七，《裴耀卿传》。
⑤ 《旧唐书》卷十四，《宪宗纪上》。
⑥ 《旧唐书》卷一百四十八，《李吉甫传》。
⑦ 《旧唐书》卷十五，《宪宗纪下》。

制，车马舟船的调拨管理，亦必须有规章可循，唐律对此都有明确规定，如临时有所增删修订，则以朝廷之敕令行之。其主要各点，有如下述：

凡三十里有驿，驿有长……阻险无水草镇戍者，视路要隙置官马。水驿有舟。凡传驿马驴，每岁上其死损肥瘠之数。①

依令：给驿者，给铜龙传符，无符传处为纸券，量事缓急，注驿数于符券上。②

依公式令：给驿，职事三品以上若王，回匹（按《唐律疏义》匹作四，下同），四品及国公以上三匹，五品及爵三品以上二匹，散官前官各递减职事官一匹，余官爵及无品人各一匹，皆数外别给驿子，此外须将典吏者，临时量给。③

大历十四年（公元七七九年）……其年九月十七日门下省奏：准公式令，诸给驿马、职事三品及爵三品已上若王四匹，四品已上及国公三匹，五品及爵三品已上二匹，余官爵各一匹。④

依公式令：在京诸司，有事须乘驿，及诸州有急速大事，皆合遣驿。⑤

行程，依令：马日七十里，驴及步人五十里，车三十里，其水程，江河余水，沿沂程各不同，但车马及步人同行，迟速不等者，并从迟者为限。⑥

公式令：诸行程，马日七十里，步及驴日五十里，车日三十里，重船溯流，河日三十里，江日三十里，余水四十五里，空船河日四十里，江日五十里，余水六十里，重船空船顺流，河日一百五十里，江日一百里，余水七十里，其三硖、砥定（砥定，宋本《唐六典》作砥柱）之类，不拘此限，若遇风水浅，不得行者，即于随处官司申牒验记，听折半功。⑦

杂令：私行人、职事五品以上、散官二品以上、爵国公以上，

① 《新唐书》卷四十六，《百官志一》。
② 《唐职制律》卷十，《驿使稽程疏议》。
③ 《唐职制律》卷十，《增乘驿马疏议》。
④ 《唐会要》卷六十一，《御史台馆驿》。
⑤ 《唐职制律》卷十，《文书应遣驿疏议》。
⑥ 《唐名例律》卷三，《流配人在道会赦疏议》。
⑦ 敦煌发现：《唐职官表》，转引自《唐令拾遗》第六〇四页。

欲投驿止宿者听之，边远及无村店之处，九品以上、勋官五品以上及爵，遇屯驿止宿亦听，并不得辄受供给。……准令：不合受供给而受，亦与不应入驿入同罪。①

〔元和十一年（公元八一六年）冬十月〕壬申，敕：诸道奏事官，非急切不得乘驿马。②

由上引诸律令可知政府对驿政是非常重视的，每驿皆设有驿长，为专知官，其上有各道州府刺史、观察使监临。但因过往旅客很多是高官显要或王公贵族，驿吏官阶[37]不高，接待管理，颇多困难，故常以御史兼馆驿使，宪宗时又以宦官充馆驿使，每倚势暴戾，凌辱过客，背谬了设立驿传的初旨，这由下引记载可略知梗概：

初宪宗宠任内官，有至专兵柄者，又以内官充馆驿使。有曹进玉者，恃恩暴戾，遇四方使多倨，有至捽辱者。宰相李吉甫奏罢之。十二年（指元和十二年，公元八一七年），淮西用兵，复以内官为使。潾上疏曰："馆驿之务，每驿皆有专知官，畿内有京兆尹，外道有观察使刺史，迭相监临，台中又有御史充馆驿使，专察过阙。伏知近有败事，上闻圣聪，但明示科条，督责官吏，据其所犯，重加贬黜，敢不惕惧，日夜厉精。若令宫闱之臣，出参馆驿之务，则内臣外事，职分各殊，切在塞侵官之源，绝出位之渐。事有不便，必诚以初，令或有妨，不必在大。扫静妖氛之日，开太平至理之风，澄本正名，实在今日。"言虽不用，帝意嘉之。③

〔元和十四年（公元八一九年）〕会泽潞节度使郗士美卒，渤充吊祭使，路次陕西。渤上疏……又言：道途不修，驿马多死。宪宗览疏惊异，即以飞龙马数百匹，付畿内诸驿。④

于此可见朝廷对驿传的重视，一发现驿马有缺，皇帝即感到惊异，立即出御马补充。宪宗以内臣充使，虽产生了一些不良后果，但也表示朝廷对驿

---

① 《唐杂律》卷二十六，《不应入驿而入疏议》。
② 《旧唐书》卷十五，《宪宗纪下》。
③ 《旧唐书》一百七十一，《裴潾传》。
④ 《旧唐书》卷一百七十一，《李渤传》。

政的重视。由于驿担负着沟通中外的重任，业务繁重，非由重臣充使，即难于胜任，柳宗元对此做了一个扼要说明：

凡万国之会，四夷之来，天下之道途，毕出于邦畿之内，奉贡输赋，修职于王都者，入于近关，则皆重足错毂以听有司之命，征令赐予，布政于下国者，出于甸服，而后按行成列，以就诸侯之馆，故馆驿之制于千里之内尤重。自万年至于渭南，其驿六，其蔽曰华州，其关曰潼关。自华而北，界于栎阳，其驿六，其蔽曰同州，其关曰蒲津。自灞而南，至于蓝田，其驿六，其蔽曰商州，其关曰武关。自长安至于盩厔，其驿有十一，其蔽曰洋州，其关曰华阳。自武功而西，至于好畤，其驿三，其蔽曰凤翔府，其关曰陇关。自渭而北，至于华原，其驿九，其蔽曰坊州。自咸阳而西，至于奉天，其驿六，其蔽曰邠州。由四海之内，总而合之，以至于关，由关之内，率而会之，以至于王都。华人夷人往复而授馆者，旁午而至。使吏奉符而阅其数，县吏执牍而书其物。告至告去之役不绝于道，寓望迎劳之礼无旷于日。而春秋朝陵之邑，皆有传馆，其饮饫饩馈，咸出于丰给，缮完筑复，必归于整顿。列其田租，布其货利，权其人而用其积，于是有出纳奇赢之数，句会考校之政。大历十四年（公元七七九年），始命御史为之使，俾考其成，以质于尚书。①

各地驿馆皆由官家修建，故都具有一定的规格，由于来往过客很多是朝廷命官，且有不少是王公贵胄，因而驿站馆舍一般都是堂庑华丽，高楼飞甍，饮馔丰饶，什具整洁，唐诗中对此颇多描绘。例如张籍诗："采玉峰连佛寺幽，高高斜对驿门楼；无端来去骑官马，寸步教身不得游。"② 元稹诗："嘉陵江岸驿楼中，江在楼前月在空。"③ 可知驿馆多是楼房。元稹又有诗描述驿馆的设备情况："谓言青云驿，绣户芙蓉闺。谓言青云骑，玉勒黄金蹄。谓言青云具，瑚琏杂象犀。谓言青云吏，的的颜如珪。"④ 语虽夸张，却说明了驿馆的食宿条件是良好的。但是，由于过客众多，良莠不齐，暮至朝去，对驿馆

---

① 柳宗元：《馆驿使壁记》，《柳河东集》卷二十六。
② 张籍：《使行望悟真寺》，《全唐诗》十四。
③ 元稹：《江楼月》，《全唐诗》卷四百一十二。
④ 元稹：《青云驿》，《全唐诗》卷三百九十七。

仅一宿之缘，对公物无爱惜之情，而王公权贵，又扈从如云，悍仆恶奴，仗势肆虐，暴横难制，每每任意毁坏公物，甚至毁篱折槛，破门断窗，把驿馆弄得芜秽凌乱。大中时孙樵对此曾有所论述：

> 褒城驿号天下第一，及得寓目，视其沼则浅混而污，视其舟则离败而胶，庭除甚芜，堂庑甚残，乌睹其所谓宏丽者。讯于驿吏，则曰："忠穆公尝牧梁州，以褒城控三节度治所，龙节虎旗，驰驿奔轺，以去以来，毂交蹄劘，由是崇侈其驿，以示雄大，盖当时视他驿为壮。且一岁宾至者不下数百辈，苟夕得其庇，饥得其饱，皆暮至朝去，宁有顾惜心耶？至如棹舟则必篙破舷碎，鹢而后止；鱼钓则必枯泉汩泥尽鱼而后止，至有饲马于轩，宿隼于堂，凡所以污败室庐，糜毁器用。官小者，其下虽气猛可制；官大者，其下益暴横难禁。由是日益破碎，不与曩类。其曹八九辈，虽以供馈之隙，一二力治之，其能补数十百人残暴乎。"①

隋唐时期的文献中关于传的记载也很多，其作用与驿没有多大区别，即于道路之上沿途设传舍，可以止宿，这实际上就是指驿而言，不会于驿馆之外另建传舍，不过从有关记载来看，大概凡是行旅自来投宿者称为驿，若是由政府发遣，逐站转递，则称为传，例如：

> 上（高祖）以岭南夷越数为反叛，征拜桂州总管……赐帛五百匹，发传送其家。②
> 汉王谅之作乱也……〔杨〕素进子雄授大将军，拜广州刺史。驰至幽州，止传舍，召募得千余人。③
> 玄纵弟万硕自帝所逃归，至高阳，止传舍，监事许华与郡兵执之，斩于涿郡。④
> 〔武德初〕自请安辑山东，乃授秘书丞，驰传至黎阳。⑤

---

① 孙樵：《书褒城驿壁》，《唐孙樵集》卷三。
② 《隋书》卷五十六，《令狐熙传》。
③ 《隋书》卷七十，《杨玄感传附李子雄传》。
④ 《隋书》卷七十，《杨玄感传》。
⑤ 《旧唐书》卷七十一，《魏徵[38]传》。

〔贞观十一年（公元六三七年）夏四月〕丙寅，诏河北、淮南举孝悌淳笃……为乡闾所推者，给传诣洛阳宫。①

〔开元〕十七年（公元七二九年），迁房州刺史。州带山谷……又通狭路，并造传馆，行旅甚以为便。②

妃嗜荔支，必欲生致之；乃置骑传，送走数千里，味未变，已至京师。③

不过驿馆传舍系官设机构，只限于接待公职人员，因公家要供应食宿与车马舟船，自不能不有严格限制，凡来投宿，必须出示官府发给的凭证，普通行人，则无此资格。为供应普通行旅之所需，私人经营的旅店遂应运而生，设在道路沿线的村镇之中，供过往行旅止宿之需。这是一种营利性质的服务性行业，由于开设过多，隋初曾有人建议取缔，使之归农，但旅店有其客观需要，驿馆既不容纳，而行旅又必须有依托之所，建议取消，实多不便，故为朝廷所拒绝，其经过如下：

〔开皇中〕邳公苏威以临道舍、店舍乃求利之徒，事业污杂，非敦本之义，遂奏高祖，约遣归农；有愿依旧者，所在州县录附市籍，仍撤毁旧店，并令远道限以时日。正值冬寒，莫敢陈诉。谔因别使，见其如此，以为四民有业，各附所安，逆旅之与旗亭，自古非同一概，即附市籍，于理不可。其行旅之所依托，岂容一朝而废，徒为劳扰，于事非宜。遂专决之，并令依旧。使还诣阙，然后奏闻。高祖善之，曰："体国之臣，当如此矣。"④

唐代文献中特别是笔记小说中，述及旅店者甚多，姑举数例，借[39] 以看出此项私营旅店实到处皆是：

开元中，彭城刘甲者，为河北一县，将之官，途经山店夜宿。⑤

① 《旧唐书》卷三，《太宗纪》。
② 《旧唐书》卷一百八十五上，《良吏·韦机传附景骏传》。
③ 《新唐书》卷七十六，《杨贵妃传》。
④ 《隋书》卷六十六，《李谔传》。
⑤ 《太平广记》卷四百四十八，《刘甲》引《广异记》。

唐卢叔敏居缑氏县……初发县，有一紫衣人擎小幞，与生同行。……生以僮仆小甚，利其作侣，扶接鞍乘，每到店，必分以茶酒。……①

行修缓辔出关，程次稠桑驿，已闻敕使数人先至，遂取稠桑店宿。②

马周西行长安，至新丰，宿于逆旅，主人惟供诸商贩，而不顾周。遂命酒悠然独酌，主人翁深异之。③

天宝中，有书生旅次宋州，时李勉少年贫苦，与一书生同店，而不旬日，书生疾作。④

熊执易赴举，行次潼关，秋霖月余，滞于逆旅，俄闻邻店有一士，吁嗟数次。……⑤

韦行规自言少时游京西，暮止店中，更欲前进，店前老人方工作，谓曰：客勿夜行，此中多盗。⑥

私营旅店虽所在多有，而尤以驿馆传舍附近一带为最多，因驿传皆设在道路的适中地点，而又为中外旅客所聚集，所谓"凡万国之会，四夷之来"，或"奉贡输赋，修职于王都"，或"征令赐予，布政于下国"，都是驰驿来去，真是"龙节虎旗，驰驿奔轺，以去以来，毂交蹄劘"。来往过客既多，各种小商小贩和各种服务性行业遂向驿传所在地集中，久之，这里就成了一个人烟要闹、工商业繁茂的小镇，所以为过客服务的旅店自然也会向这里集中，有些旅店即系由驿吏经营，例如：

唐定州何明远，大富，主官中三驿，每于驿边起店停商，专以袭胡为业，资财巨万，家有绫机五百张。⑦

何明远就是一个驿吏兼营旅店的典型，他不仅在驿边开店，而且在驿边

---

① 《太平广记》卷二百二十七，《庐叔敏》引《逸史》。
② 《太平广记》卷一百六十，《李行修》引《续定命录》。
③ 《太平广记》卷一百六十四，《马周》引《谈宾录》。
④ 《太平广记》卷一百六十六，《李勉》引《尚书谭录》。
⑤ 《太平广记》卷一百六十八，《熊执易》引《摭言》。
⑥ 《太平广记》卷二百四十三，《何明远》。
⑦ 《太平广记》卷二百四十三，《何明远》。

设立织绫工场，拥有五百张绫机，说明其工场规模之宏大，其所以把旅店和织绫工场都设在驿边是因为驿的所在，已成为一个小小的工商业中心。关于织绫工场的详细说明，参见第六章"手工业"。有时官家亦在驿旁建造旅店，以便行旅，例如：

〔易州〕大唐开元二十七年（公元七三九年），岁次己卯，五月壬辰，三日甲午建。开北山，通车道三所，置县三，每驿旁造店一百间。[①]

这一百间店房虽系由官家出资兴建，但都建于驿旁，说明驿的所在，来往行人甚多，对于旅店的需要是很大的。

---

① 《金石萃编》卷八十三，《易州铁像颂碑》。

105

第三章　劳　动

第一节　雇佣劳动

隋唐时代的劳动制度，是过去历代王朝久已通行的传统劳动制度的继续，仍然是三种主要形式：雇佣劳动、徭役劳动、奴隶劳动。这三种劳动制度，不论在组织形式上还是在剥削方式上与过去都是完全相同的，没有任何质的变化，在数量上也没有明显的增减，基本上都是由制度的延续，或者说是在重复过去的历史。这是由于社会经济结构的基本形态没有发生变化，即仍然是一种以地主制经济为基础的变态封建社会，在社会经济的结构中占支配地位的，仍然是以农业生产为主体的自然经济，商品经济——包括国内外商业和以商品生产为目的的手工业，在唐代虽比过去有了一定程度的发展，但在整个国民经济中所占的比重是很微小的，远不足以改变社会经济的结构形态，更不足以改变生产方式的性质，因而为这种经济结构服务的劳动制度，或者说这种社会的基本剥削方式和剥削关系就不可能有任何质的改变。

有关这三种劳动制度的产生根源、性质和作用，在《中国封建社会经济史》以前各卷——特别是第二卷的有关章节中做了详细的阐述，这里再就三种劳动制度的性质作一简单区分：

雇佣劳动：雇佣劳动是自由劳动，这里所谓自由，原有两个含义：其一，劳动者的人身是自由的，即劳动者对其自身的劳动力具有完全的所有权，可根据自己的意志把劳动力出卖于（受雇于）任何一个购买者（雇主）；其二，他丧失了生产资料，也就是从一切所有中游离出来——自由出来了，只有当他丧失掉生产资料和旧封建制度给予的一切生存保证之后，才会成为自身劳动力的出卖者。但它与其他两种形态明显区别的是第一种含义，这种自由的部分丧失和全部丧失，就分别成为另外两种形式。

徭役劳动：徭役劳动是变相的农奴劳动，农奴制度虽然早已消失，农奴对领主的人身依附关系也早已不存在，但是社会的性质并没有改变，变态封建制度仍然是封建制度，由于封建主义的国家制度是专制主义的，其对人民的统治权是绝对的，它可以把本来是自由的人民当作农奴看待，任意征调其劳动力而不付任何代价，被征调的人民只有服从的义务，没有拒绝的权利，尽管被征调的人平时是自由民，但在服役期间就完全丧失了自由。这时封建主义的国家成为一个封建主，来无代价地剥削人民的无偿劳役，以进行大规模的公共工程，如开运河、修道路、建城池以及宫室苑囿的营建修缮等等。这是一种赤裸裸的剥削和压迫，并常常使用超经济的暴力来进行残酷的压榨，政治愈黑暗，官吏愈横暴，这种压榨也愈残酷。

奴隶劳动：这是中国最古老的劳动制度，但是自东周以后，奴隶制度已经在实质上发生了变化，因为随着土地制度的变革和土地兼并的发展，使丧失掉土地、变成"贫无立锥之地"的人愈来愈多，社会上没有并行发展的工商业来为从土地上游离出来的失业者提供就业机会，没有购买劳动力的雇主，不能成为雇佣劳动者，最后为饥寒所迫，只有出卖人身——卖身为奴。这样一来，奴隶制度遂一代胜过一代地在发展，所以东周以后的奴隶已经不是古代奴隶制的残余，更不是早已消灭了的旧奴隶制在苟延残喘，而是在新的历史条件下，一种新的奴隶制度的开始：自东周起，所有官私奴隶的数量、奴隶在社会经济中的作用以及奴隶主对奴隶的待遇等等，都是后来居上，后代胜过前代，例如，秦、汉的奴隶制胜过战国，两晋南北朝又胜过秦汉，同样，隋唐又胜过南北朝。

隋唐时期的雇佣劳动与过去历代相同，由于不能在城市工商业中找到就业机会，劳动者寻觅到合适的雇主是不易的，因而他们的服务范围非常有限，其中多数是从事各种服务性工作，如"佣书"、"佣保"、家庭服务、脚夫等等，少数是作农牧业的一些辅助劳动，或临时性工作。个别有技术的工匠，则自有本行的业主来招募，但这样的情况是不多的，见诸记载的多是一般的雇佣，隋唐时期的文献中这一类的记载很多，这里分别酌引数条为例：

佣书：

> 及陈灭归国，为通直郎，直内史省。贫无产业，每佣书养亲。①

---

① 《隋书》卷六十七，《虞世基传》。

家甚贫窭，父兄并以佣书为事。①

佣保：

方翼父仁表，贞观中为岐州刺史。仁表卒，妻李氏为主（高祖妹同安大长公主也）所斥，居于凤泉别业。时方翼尚幼，乃与佣保齐力勤作，苦心计，功不虚弃，数年辟田数十顷，修饰馆宇，列植竹木，遂为富室。②

武后时，下邽人徐元庆父爽为县尉赵师所杀，元庆变姓名为驿家保。③

时年甫冠，见驸马都尉王同皎，同皎器之。会谋刺武三思，琚义其为，即与周璟、张仲之等共计，事泄亡命，自佣于扬州富商家，识非庸人，以女嫁之，厚给以资，琚亦赖以济。④

安禄山反，帝……以常清为范阳节度副大使，乘驿赴东京。常清募兵得六万人，然皆市井佣保，乃部分旗帜，断河阳桥以守。⑤

尔后小娥便为男子服，佣保于江湖间。岁余，至浔阳郡，见竹户上有纸榜子，云："召佣者。"小娥乃应召诣门，问其主，乃申兰也。兰引归，娥心愤貌顺，在兰左右，甚见亲爱，金帛出入之数，无不委娥。⑥

脚夫：

蔡思度良久，忽悟其所居之西百余步，有一力车佣载者，亦常往来，遂与黄衫俱诣其门，门即闭关矣，叩之，车者出曰：夜已久，安得来耶？蔡曰：有客要相顾，载钱至延平门外，车曰诺。即来装其钱讫，蔡将不行，黄衫又邀曰：请相送至城门，三人相引部领，

---

① 《隋书》卷六十四，《沈光传》。
② 《旧唐书》卷一百八十五上，《良吏·王方翼传》。
③ 《新唐书》卷一百九十五，《孝友·张琇传》。
④ 《新唐书》卷一百二十一，《王琚传》。
⑤ 《新唐书》卷一百三十五，《封常清传》。
⑥ 李公佐：《谢小娥传》。

历城西街，振长兴西南而行。①

唐贞元初，广陵人冯俊以佣工资生，多力而愚直，故易售。尝遇一道士于市买药，置一囊，重百余斤，募能独负者，当倍酬其值。俊乃请行，至六合，约酬一千文，至彼取资。俊乃归告其妻而后从之。②

倭国僧金刚三昧、蜀僧广升，峨眉县与邑人约游峨眉，同雇一夫，负笈荷糇药。③

元和末，盐城脚力张俨，递牒入京，至宋州，遇一人，因求为伴。④

云安井自大江溯别派，凡三十里，近井十五里澄清如镜，舟楫无虞，近江十五里皆滩石险恶，难于沿溯。天师翟乾祐念商旅之劳，于汉城山结坛……惟一滩仍旧，龙亦不至。乾祐复严敕神吏追之，又三日，有一女子至焉，因责其不伏应召之意。女子曰：某所以不来者，欲助天师广济物之功耳。且富商大贾，力皆有余，而佣力负运者力皆不足，云安之贫民，自江口负财货，至近井潭以给衣食者众矣，今若轻舟利涉，平江元虞，即邑之贫民无佣负之所，绝衣食之路，所困者多矣。余宁险滩波以赡佣负，不可利舟楫以安商贾，所以不至者理在此也。⑤

农牧业辅助劳动与家庭服务性劳动：

这一类性质的劳动在雇佣劳动中实占一较大比重，但明确的记载又寥寥无几，大约史文未明言工作性质，而只一般地泛称为"佣"或"佣赁"，当不外这一类的服务性工作，例如：

王希夷，徐州滕人，家贫，父母丧，为人牧羊，取佣以葬。⑥
华秋，汲郡临河人也。幼丧父，事母以孝闻。家贫，佣赁为养。⑦

---

① 《太平广记》卷三百八十五，《辛蔡》引《河东记》。
② 《太平广记》卷二十五，《冯俊》引《原仙记》。
③ 段成式：《酉阳杂俎续集》卷二，《支诺皋[1]》中。
④ 段成式：《酉阳杂俎前集》卷五，《怪术》。
⑤ 段成式：《酉阳杂俎前集》卷五，《怪术》。
⑥ 《新唐书》卷一百九十六，《隐逸·王希夷传》。
⑦ 《隋书》卷七十二，《孝义·华秋传》。

高宗时，绛州人赵师举父为人杀，师举幼，母改嫁仇家不疑。师举长，为人庸，夜读书。久之，手杀仇人，诣官自陈。[①]

诏：……贫下百姓，有佣力买卖与富儿及王公已下者，任依常式。[②]

梁崇义，长安人，以升斗给役于市。[③]

韦丹乃求假出任徐州，经数日问之，皆云无黑老。召一衙吏问之曰：此州城有黑老，家在何处？其吏曰：此城郭内并无，去此五里瓜园中有一人姓陈，黑瘦贫寒，为人佣作，赁半间茅屋而住，此州人见其黑瘦，众皆呼为黑老。[④]

元和初，洛阳村百姓王清，佣力得钱五锾，因买田畔一枯栗树，将为薪以求利，经宿为邻人盗斫。[⑤]

刘鄂本事贩鬻……鄂乃诈为回图军将于兖州置邸院，日雇佣夫数百，诣青州，潜遣健卒，伪白衣逐晨就役，夜即留寓于密室，如是，数月间得敢死之士千余人。[⑥]

雇佣劳动的服务范围既非常广泛，对于人民的生产和生活提供了很大方便，凡有需用人力之处，即可随时雇佣。为了便于找到佣工和佣力之人便于寻找雇佣机会和接洽雇佣条件，遂出现了一种劳动介绍所性质的组织，名为"佣作坊"：

茅山陈生者，体粮服气，所居草堂数间。偶至延陵，到佣作坊，求人负担药物，却归山居。以价钱多不肯，有一夫壮力，然神少，颇若痴者，疥疮满身，前拜曰："去得！"遂令掣囊而从行，其直多少，亦不问也。[⑦]

唐时雇佣劳动除系临时雇佣，仅服役一次外，一般多是按月计酬，类后

① 《新唐书》卷一百九十五，《孝友·张琇传》。
② 元宗：《缓逋赋诏》，《全唐文》卷三十。
③ 《旧唐书》卷一百二十一，《梁崇义传》。
④ 《太平广记》卷三十五，《韦丹》引《会昌解颐录》。
⑤ 段成式：《酉阳杂俎前集》卷十四，《诺皋记》上。
⑥ 南唐刘崇远：《金华子·杂编》卷下。
⑦ 《太平广记》卷七十四，《陈生》引《逸史》。

世的长工，唐时称为"月佣"。此类事例散见于笔记小说中的很多，例如：

宋衍，江淮人，应明经举。元和初，至河阴县，因疾病废业，为盐铁院书手，月钱两千，娶妻安居，不议他业。年余，有为米纲过三门者，因不识字，请衍同去，通管簿书，月给钱八千文。衍谓妻曰：今数月不得八千，苟一月而致，极为利也。妻杨氏甚贤，劝不令往，曰：三门舟路，颇为险恶，身或惊危，利亦何救。衍不纳，遂去。①

卢相国钧，初及第，颇窘于牵费。俄有一仆，愿为月佣，服饰鲜洁，谨干不与常等，睹钧之乏，往往有所资。②

麒麟客者，南阳张茂实客佣仆也。茂实家于华山下。唐大中初，偶游洛中，假仆于南市，得一人焉，其名曰王夐，年可四十余，佣作之直，月五百。勤干无私，出于深诚，苟有可为，不待指使。茂实器之，易其名曰大历。将倍其直，固辞，其家益怜之。居五年，计酬直尽，一旦辞茂实曰："夐本居山，家业不薄，适与厄会，须佣作以禳之，固非无资而卖力者。今厄尽矣，请从此辞。"茂实不测其言，不敢留，听之去。③

又遂买蜀青麻布百钱个匹，四尺而裁之，顾人作小袋子，又买内乡新麻鞋数百辆，不离庙中，长安诸坊小儿，及金吾家小儿等，日给饼三枚，钱十五文，付与袋子一口，至冬拾槐子，实其内纳焉，月余，槐子已积两车矣。又令小儿拾破麻鞋，每三辆，以新麻鞋一辆换之，远近知之，送破麻鞋者云集，数日获千余量，然后鬻榆材中车轮者，此时又得百余千。雇日佣人于崇贤西门水涧，从水洗其破麻鞋，曝干，贮庙院中，又坊门外，买诸堆弃碎瓦子，令功人于流水涧洗其泥滓，车载积于庙中，然后置石嘴碓五具，锉[2] 碓三具，西市买油靛数石，雇庖人执爨，广召日佣人，令锉其破麻鞋，粉其碎瓦，以疏布筛之，合槐子油靛，令役人日夜加工烂捣[3]，候相乳尺悉看堪为挺，从臼中熟出，命工人并手团握，例长三尺已下，圆径三寸，採之，得万余条，号为法烛。建中初，六月，京城大雨，

① 《太平广记》卷一〇六，《宋衍》引《报应记》。
② 《太平广记》卷八十，《卢钧》引《摭言》。
③ 李复言：《续幽怪录》卷一，《麒麟客》。

尺烬重桂，巷无车轮，义乃取此法烛鬻之，每条百文，将燃炊爨，
与薪功倍，又获无穷之利。①

从上引记载来看，窦义招募日佣人所进行的工作，是简单的手工业生产，
与以上所述各种服务性的雇佣劳动，在性质上实有所不同，尽管生产过程中
的各道工序所需要的劳动都主要是简单的体力劳动，不需要什么特殊技术，
但是生产的性质却是一种简单的商品生产，生产的目的是营利，而不是为了
自给。至于需要专门技术的手工业生产，都各有自己所属的行业，只有本行
的业主才会雇佣有专业技术的工匠，这与上述一般的雇佣，实具有完全不同
的性质，寻觅雇佣机会的工匠亦只有投本行才能受雇，例如在本书第六章
"手工业"中述及织锦行业时，曾引证一织锦人自白云："姓李，世织绫锦，
离乱前，属东都官锦坊，织宫锦巧儿，以薄技投本行，皆云如今花样，与前
不同。不谓伎俩儿以文彩求售者不重于世，且东归去。"② 可知由"佣作坊"
所介绍的各种劳动，是不包括这一类的雇佣的。

其次，在唐代雇佣劳动制度中，已经出现了带有资本主义性质的雇佣，
并实行了计件工资制。在本书第六章"手工业"中曾以一个造车手工工场为
例，分析了它的资本主义性质，其详可参见该章，这里仅着重指出这个工场
所实行的计件工资制度：

> 上都通化门长店，多是车工之所居也。广备其材，募人集车，
> 轮、辕、辐、毂，皆有定价。每治片辐，通凿三窍，悬钱百文，虽
> 敏手健力、器用利锐者，日止一二而已。有奚乐山者，携持斧凿，
> 诣门自售，视操度绳墨颇精，徐谓主人，幸分别辐材，某当并力。
> 主人讶其贪功，笑指一室曰：此有六百片，其任意施为。乐山曰：
> 或欲通宵，请具灯烛。主人谓其连夜，当倍常功，固不能多办矣，
> 所请皆依。乐山乃闭户屏人，丁丁不辍，及晓，启主人曰：并已毕
> 矣，愿受六十缗而去也。主人……即付其钱，乐山谢辞而去。③

所谓轮、辕、辐、毂，皆有定价，就是说不同的工种都是按件计酬，也

---

① 《太平广记》卷二百四十三，《窦义》引《乾臊子》。
② 《太平广记》卷二百五十七，《嘲诮类五》引《卢氏杂说》。
③ 《太平广记》卷八十四，《奚乐山》引《集异记》。

只能按件计酬，那种"日佣""月佣"的计时制度是不适用的。奚乐山有超越常人的能力，能完成若干倍的工作，当然要获得高出常人若干倍的工资，这是一种含有资本主义性质的雇佣制度，只有在实行商品生产的经济结构中才是可能的。

第二节　徭役劳动

（一）隋代的徭役

1. 隋代的役制

徭役劳动本是历代相沿的古制，对于应役人的年龄和服役时间历代皆有明文规定，隋代自亦因袭不变。所以从官方的功令来看，隋代的徭役劳动与过去相同，并没有什么特殊之处，其制大略如下：

〔高祖〕及受禅，又迁都，发山东丁，毁造宫室。仍依周制，役丁为十二番，匠则六番。……男女三岁已下为黄，十岁已下为小，十七已下为中，十八已上为丁。丁从课役，六十为老，乃免。[①]

开皇三年（公元五八三年）正月，帝入新宫。初令军人以二十一成丁，减十二番，每岁为二十日役。[②]

〔开皇十年（公元五九〇年）〕六月辛酉，制人年五十，免役收庸。[③]

2. 隋代徭役的繁重

隋王朝与过去的秦王朝，时间上虽相隔八百多年，但其相似之处有如一对孪生兄弟。例如，秦王朝是一个能量很大的王朝，有不少建树，但是统治期仅十四年。造成其短命的原因虽有种种，而徭役繁重，压榨残酷，则是许多原因中的一个主要原因，这一点，当时人已经看得很清楚，说秦"北有长城之役，南有五岭之戍，外内骚动，百姓罢敝，头会箕敛，以供军费，财匮

---

① 《隋书》卷二十四，《食货志》。
② 《隋书》卷二十四，《食货志》。
③ 《隋书》卷二，《高祖纪下》。

力尽，民不聊生"，以致"男子力耕，不足粮饷，女子纺绩，不足衣服[4]，竭天下之资财以奉其欲，犹不足以赡其欲也，海内愁怨，遂用溃叛"。同样，隋王朝也是一个富有韬略、能量极大的王朝，也是一个有不少历史功勋的王朝，但也是一个短命王朝，再传而亡，两世不过三十七年，这在历史的长河中仍只是短暂的一刹那。造成短命的原因虽亦有种种，但徭役繁重，而又虐使其民，遂造成"海内愁怨，遂用溃叛"的相同结果，从而很快就结束了隋王朝的运祚，同时也结束了隋炀帝的生命。

隋王朝在其短短的三十多年当中，前后举办的巨大工程和所征调的徭役人数以及对服役人民的残酷压榨，较之秦王朝均有过之无不及。其具体情况可由下引记载看出：

〔开皇元年（公元五八一年）四月〕是月，发稽胡修筑长城，二旬而罢。①

其时〔开皇二年（公元五八二年）〕营都邑。后起仁寿宫，颓山堙谷，丁匠死者大半。②

〔开皇初，高祖〕令发丁三万，于朔方、灵武筑长城，东至黄河，西拒绥州，南至勃出岭，绵亘七百里。明年，上复令仲方发丁十五万，于朔方已东缘边险要，筑数十城，以遏胡寇。③

〔开皇六年（公元五八六年）二月〕丁亥，发丁男十一万修筑长城，二旬而罢。④

〔开皇〕十三年（公元五九三年），帝命杨素出，于岐州北造仁寿宫。素遂夷山堙谷，营构观宇，崇台累榭，宛转相属。役使严急，丁夫多死，疲敝颠仆者，推填坑坎，覆以土石，因而筑为平地，死者以万数。宫成，帝行幸焉。时方暑月，而死人相次于道，素乃一切焚除之，帝颇知其事，甚不悦，及入新宫游观，乃喜，又谓素为忠。后帝以岁暮晚日，登仁寿殿，周望原隰，见宫外磷[5]火弥漫，又闻哭声，令左右观之，报曰鬼火。⑤

---

① 《隋书》卷一，《高祖纪》。
② 《隋书》卷二十三，《五行志下》。
③ 《隋书》卷六十，《崔仲方传》。
④ 《隋书》卷一，《高祖纪》上。
⑤ 《隋书》卷二十四，《食货志》。

〔仁寿〕四年（公元六〇四年）七月，高祖崩，上即皇帝位于仁寿宫。……十一月乙未，幸洛阳。丙申，发丁男数十万掘堑，自龙门东接长平、汲郡，抵临清关，渡河，至浚仪、襄城，达于上洛，以置关防。①

〔大业初〕始建东都，以尚书令杨素为营作大监，每月役丁二百万人。徙洛州郭内人及天下诸州富商大贾数万家以实之。新置兴洛及回洛仓。又于皂[6]涧营显仁宫，苑囿连接，北至新安，南及飞山，西至渑池，周围数百里。课天下诸州，各贡草木花果，奇禽异兽于其中。开渠引谷、洛水，自苑西入，而东注于洛。又自板渚引河达于淮海，谓之御河。河畔筑御道，树以柳。又命黄门侍郎王弘、上仪同于士澄，往江南诸州采大木，引至东都。所经州县，递送往返，首尾相属，不绝者千里。而东都役使促迫，僵仆而毙者十四五焉。每月载死丁，东至城皋，北至河阳，车相望于道。②

大业初，炀帝潜有取辽东之意，遣弘嗣往东莱海口监造船。诸州役丁，苦其捶楚，官人督役，昼夜立于水中，略不敢息，自腰以下，无不生蛆，死者十三四。③

明年〔大业三年（公元六〇七年）〕帝北巡狩。又兴众百万，北筑长城，西距榆林，东至紫河，绵亘千余里，死者太半。四年（公元六〇八年），发河北诸郡百余万众，引沁水，南达于河，北通涿郡。自是丁男不供，始以妇人从役。④

时〔大业四年〕发卒百余万筑长城，帝巡视塞表，百姓失业，道殣相望。⑤

〔大业七年（公元六一一年）十二月〕于时辽东战士及馈运者填咽于道，昼夜不绝，苦役者始为群盗。⑥

〔大业七年〕帝征辽东，命玄感于黎阳督运。于时百姓苦役，天下思乱。⑦

---

① 《隋书》卷三，《炀帝纪上》。
② 《隋书》卷二十四，《食货志》。
③ 《隋书》卷七十四，《酷吏·元弘嗣传》。
④ 《隋书》卷二十四，《食货志》。
⑤ 《隋书》卷二十二，《五行志上》。
⑥ 《隋书》卷三，《炀帝纪上》。
⑦ 《隋书》卷七十，《杨玄感传》。

〔大业九年（公元六一三年）〕又发诸州丁，分为四番，于辽西柳城营屯，往来艰苦，生业尽罄，盗贼四起，道路隔绝。①

〔大业九年三月〕丁丑，发丁男十万，城大兴。②

〔大业九年〕秋七月己卯，令所在发人城县府驿。③

〔大业〕十三年（公元六一七年），天下大旱，时郡县乡邑，悉遣筑城，发男女，无少长，皆就役。④

从上引各条记载可以看出，隋代徭役不但征调百端，非常繁重，而督役官吏对于服役人员的虐待，竟狂暴到灭绝人性，如杨素监修仁寿宫，不但因"役使严急，丁夫多死"，而且把众多"疲敝颠仆"而并未死去的活人，"推填坑坎，覆以土石，筑为平地"，故"死者以万数"，致宫苑之内，"磷火弥漫"；修凿运河，役丁僵仆而毙者十四五，千里之内，运载死丁车辆，相望于道。又如，酷吏元弘嗣往东莱海口监造船只，不仅对役丁任意捶楚，而且使役丁昼夜立水中，以致"腰以下无不生蛆，死者十三四"。凡此种种，都是骇人听闻、惨绝人寰的暴行，于是"盗贼四起""天下思乱"就成为必然，因而隋王朝的运祚不可能不是短促的。

（二）唐代的徭役

1. 唐代的役制

唐代的赋役之法，对于应役人的年龄、服役期限皆有明文规定，系在前朝法制的基础上做了一些必要的修订与补充。从制度上看，比过去有所改进，其有必须免役的一切特权阶级，亦做了详细规定：

赋役之法：凡丁，岁役二旬，若不役，则收其佣，每日三尺，有事而加役者，旬有五日免其调，三旬则租调俱免。通正役，并不过五十日。……凡水旱虫霜为灾，十分损四已上免租，损六已上免调，损七已上，课役俱免。⑤

---

① 《隋书》卷二十四，《食货志》。
② 《隋书》卷四，《炀帝纪下》。
③ 《隋书》卷四，《炀帝纪下》。
④ 《隋书》卷二十二，《五行志上》。
⑤ 《旧唐书》卷四十八，《食货志上》。

这是说正役每年为二十日，如有事而加，每加十五日则免其调，三十日则租、调俱免，外加以三十日为限，通正役不得超过五十日。规定了服役的最高限度，过度役使就是违法的。服役的年龄限制为自成丁至五十岁，隋以二十一为成丁，唐初因之，后放宽限度，以二十三为成丁，即把全部服役时间减少了两年。对于复除徭役的资格，亦扩大范围，除王公贵族等特权阶层外，亦包括一些平民，以示对贤孝之人的嘉奖和鼓励：

> 唐高祖武德二年（公元六一九年）十二月七日，敕百姓年五十者，皆免课役。①
>
> 用人之力，岁二十日，闰加二日，不役者日为绢三尺，谓之庸。有事而加役二十五日者免调，三十日者租调皆免。通正役不过五十日。……太皇太后、皇后缌麻以上亲内，命妇一品以上亲，郡王及五品以上祖父兄弟，职事勋官三品以上有封者若县男父子，国子、太学、四门学生、俊士、孝子、顺孙、义夫、节妇同籍者，皆免课役。……水、旱、蝗耗十四者免其租，田耗十之六者免租、调，耗七者，诸役皆免。凡新附之户，春以三月，免役；夏以六月，免课；秋以九月，课役皆免。②
>
> 明年〔开元二十六年（公元七三八年）〕又诏：民三岁以下为黄，十五以下为小，二十以下为中。又以民间户高丁多者，率与父母别籍异居，以避征戍。乃诏：十丁以上免二丁，五丁以上免一丁，侍丁孝者免徭役。天宝三载（公元七四四年），更民十八以上为中男，二十三以上成丁。五载（公元七四六年），诏：贫不能自济者，每乡免三十丁租庸。男子七十五以上，妇人七十以上，中男一人为侍，八十以上，以令式从事。③

朝廷把减免部分人的徭役视为莫大恩惠，故每于改元、祭天或其他喜庆节日实行大赦时，即以减免徭役为赦令的主要内容，以示对黎民存恤怜矜之意。例如，元宗改天宝三年为载制：

---

① 《册府元龟》卷四百八十六。
② 《新唐书》卷五十一，《食货志》。
③ 《新唐书》卷五十一，《食货志》。

　　其丁户口仍须按实，不得取虚挂之名，使亲邻代纳，受其奸弊。凡在黎献，实资存恤，一失生业，则流庸不归，每轸于怀，深可怜矜。诸色当番人应送资课者，宜当郡县具申尚书省勾覆，如身至上处，勿更抑令纳资，致使往来辛苦。从闰二月至六月已来，其当上人中有单贫老弱者，委郡县长官与所由计会，便放营农。①

　　自凶蘖乱常，王室多难，干戈不息，今已十年，军国务繁，关辅尤剧，念兹疲耗，久困征科，其京城诸司诸使应配弩骑官散官诸色丁匠、幕士、供膳、音声人、执祭斋郎、问事掌闲、渔师，并诸司门仆、京兆府骑丁、屯丁、诸色纳资人，每月总八万四千五十八人数内！宜每月共支二千九百四十四人，令河东、关内诸州府，不得偏出京兆府，余八万一千一百一十四人并停，所须卫役使，宜撙节定数，官给资钱，不得干扰百姓。②

　　郊圻之内，兵革以来，言念凋残，固宜矜悯，差徭人役，须罗挠人，在司局中之人，又宜集事。其京兆府每月合差赴飞龙、掌闲，虽是轮差诸县，不免长扰疲人，宜令府司于苗税钱内，每月据所差人数目，每人支钱付飞龙司，仰自和雇人夫充役。③

　　诸如此类的赦令，并不是照例颁发的官样文章，大都言出必行，继赦令之后，又具体规定了复除或变更征调徭役的办法，例如：

　　〔建中元年（公元七八〇年）制〕诸任官应免课役者，皆待蠲符至，然后注免符，虽未至验，告身灼然实者，亦免其杂任，被解应附者，皆依本司解时日月据征。诸春季附者，课役并征，夏季附者，免课从役，秋季附者俱免。其诈冒隐避，以免课役，不限时之早晚，皆征当发年课役，逃亡者附亦同之。④

　　为了提倡人民由人口稠密的狭乡迁往人口稀疏的宽乡，特给予减免徭役的优待，迁居的距离越远，免役的期限越长。其由原来无户籍的部曲、奴婢

① 元宗：《改年为载推恩制》，《全唐文》卷二十四。
② 代宗：《广德二年南郊赦》，《全唐文》卷四十九。
③ 昭宗：《改元天复赦》，《全唐文》卷九十二。
④ 《通典》卷六，《食货六·赋税下》。

等开始注入户籍，亦给予减役优待，例如：

> 建中元年制：诸人居狭乡乐迁就宽乡者，去本居千里外，复三年，五百里外，复二年，三百里外，复一年。一迁之后不复更移。诸没落外蕃得还者，一年以上，复三年，二年以上，复四年，三年以上，复五年。外蕃之人投化者，复十年。诸部曲奴婢放附户贯复三年。诸孝子顺孙义夫节妇志行闻于乡闾者，申尚书省奏闻，表其门闾，同籍悉免课役。①

2. 唐代的徭役概况

唐王朝从"天下溃叛"的大混乱之中取得了政权，汲取了前朝因赋役劳扰，招致覆亡的惨痛教训，不得不改弦易辙，与民更始，遂采取了"拯余烬于涂炭，救遗黎于倒悬"的息民政策，深以大兴土木为戒，虽不能不使用人力，但赋役之制所规定的都是一般性的所谓正役，而不是普征天下丁壮，动以数十百万人计的巨大工程。对于宫室苑囿如偶有兴建，亦必遭到功臣的反对。例如，太宗准备修复洛阳宫，张玄素、戴胄[7] 等人即纷纷陈谏，并都从国家安危存亡的高度，列举滥用民力之害。他们的上书都有很强的说服力，对于唐代历届朝廷没有乱征徭役实起了很大作用，这里摘引其中的主要论点：

> 贞观四年（公元六三〇年），诏发卒修洛阳宫乾阳殿，以备巡幸，玄素上书谏曰："……方今承百王之末，属凋弊之余，必欲节之以礼制，陛下宜以身为先。东都未有幸期，即何须补葺。诸王今并出藩，又须营构，兴发渐多，岂疲人之所望，其不可一也。陛下初平东都之始，层楼高殿，皆令撤毁，天下翕然，心同欣仰。岂有初则恶其侈靡，今乃袭其雕丽，其不可二也。每承音旨，未即巡幸，此则事不急之务，成虚费之劳，国无兼年之积，何用两都之好，劳役过度，怨讟[8] 将起，其不可三也。百姓承乱之后，财力凋尽，天恩含育，粗见存立，饥寒犹切，生计未安，三五年间，恐未平复，奈何营未幸之都，夺疲人之力，其不可四也。……伏惟陛下化凋弊之人，革浇漓之俗，为日尚浅，未甚淳和，斟酌事宜，讵可东幸，

---

① 《通典》卷六，《食货六·赋税下》。

其不可五也。臣又尝见隋室造殿，楹栋宏壮，大木非随近所有，多从豫章采来，二千人曳一柱，其下施毂，皆以生铁为之，若用木轮，即便火出。铁毂既生，行一二里即有破坏，仍数百人别赍铁毂以随之，终日不过进三二十里，略计一柱，已用数十万功，则余费又过于此。"……太宗曰：卿谓我不如炀帝，何如桀纣？对曰：若此殿卒兴，所谓同归于乱。……①

〔贞观〕五年（公元六三一年），太宗将修复洛阳宫，胄上表谏曰："……比见关中、河外，尽置军团，富室强丁，并从戎旅。重以九成作役，余丁向尽，去京二千里内，先配司农将作……乱离甫尔，户口单弱，一人就役，举家便废。入军者督其戎仗，从役者责其糇粮，尽室经营，多不能济。以臣愚虑，恐致怨嗟。……加以军国所须，皆实府库，布绢所出，岁过百万，丁既役尽，赋调不减，费用不止，帑藏其虚。且洛阳宫殿，足蔽风雨，数年功毕，亦谓非晚，若顿修营，恐伤劳扰。太宗甚嘉之。"②

〔贞观〕十一年（公元六三七年），周又上疏曰："……今百姓承丧乱之后，比于隋时才十分之一。而供官徭役，道路相继，兄去弟还，首尾不绝，远者往来五六千里，春秋冬夏，略无休时。陛下虽每有恩诏，令其减省，而有司作既不废，自然须人，徒行文书，役之如故。臣每访问，四五年来，百姓颇有嗟怨之言，以为陛下不存养之。"……③

武后时拟造白马坂大像，这个工程并不巨大，役人不会太多，但也同样遭到朝臣的反对：

伏闻造像，税非户口，钱出僧尼，不得州县祗承，必是不能济办，终须科率，岂免劳扰。天下编户，贫弱者众，亦有佣力客作，以济糇粮，亦有卖舍贴田，以供王役。造像钱见有一十七万余贯，若将散施，广济贫穷，人与一千，济得一十七万余户，拯饥寒之弊，

① 《旧唐书》卷七十五，《张玄素传》。
② 《旧唐书》卷七十，《戴胄传》。
③ 《旧唐书》卷七十四，《马周传》。

省劳役之勤……人神皆悦，功德无穷。①

　　今之伽蓝，制过宫阙，穷奢极壮，画缋[9]尽工，宝珠殚于缀饰，瑰材竭于轮奂。工不施鬼，必在役人，物不天来，终须地出，不损百姓，将何以求。生之有时，用之无度，编户所奉，恒苦不充，痛切肌肤，不辞捶楚。……里陌动有经坊，阛阓亦立精舍，化诱所急，切于官征，法事所须，严于制敕，膏腴美业，倍取其多，水碾庄园，数亦非少，逃丁避罪，并集法门，无名之僧，凡有几万，都下检括，已得数千。且一夫不耕，犹受其弊，浮食者众，又劫人财，臣每思维，实所悲痛。②

　　诸如此类的言论，为举朝上下异口同声的一致呼吁，这对于最高统治者无形中成为一种精神压力，使之在使用民力上不能不有所顾忌，稍有逾越，朝臣即纷纷进谏，或痛陈利害，或婉言相讽，务使当局能自我约束，薄赋敛，省徭役，以安定民生。下引一段记载，就是一例：

　　显庆初，兼太子宾客，进爵为侯。帝尝从容问驭下所宜，济曰："昔齐桓公出游，见老人，命之食，曰：'请遗天下食。'遗之衣，曰：'请遗天下衣。'公曰：'吾府库有限，安得而给。'老人曰：'春不夺农时，即有食；夏不夺蚕工，即有衣。'由是言之，省徭役，驭下之宜也。"于时山东役丁，岁别数万人，又议取庸以偿雇，纷然烦扰，故济对及之。③

　　如执政当局擅兴徭役，朝廷亦必慎重从事，多方征询意见，进行可行性研究，如现在进行中的劳役确有不便，一经朝臣指出，即行罢免。地方官未经奏闻，即擅有兴作，朝廷每遣使制止。总之，整个有唐一代，在原则上始终贯彻轻徭薄赋的方针，这与前朝相比，实判若霄壤。下引记载，可分别说明这种情况：

---

① 李峤：《谏造白马坂大像疏》，《全唐文》卷二百四十七。
② 狄仁杰[10]：《谏造大像疏》，《全唐文》卷一百六十九。
③ 《新唐书》卷一百五，《来济传》。

建中元年（公元七八〇年），宰相杨炎欲行元载旧志，筑原州城，开陵阳渠，诏中使上闻，仍问秀实可否之状。秀实以为方春不可兴土功，请俟农隙。①

明州岁贡海虫、淡菜、蛤蚶可食之属，自海抵京师，道路水陆递夫积功岁为四十三万六千人，奏疏罢之。②

〔永泰元年（公元七六五年）〕十二月己酉，敕："如闻诸州承本道节度、观察使牒，科役百姓，致户口凋弊，此后委转运使察访以闻。"③

第三节　奴隶劳动

（一）唐代的奴隶制度

奴隶制度在中国历史上是一个非常特殊的制度，作为一个历史发展阶段，对于这个制度不能用一种预定的模式来强行划分，即在大家公认为是古代奴隶制时期，奴隶制却并不发达，在典型的封建制度之后，奴隶制本早已消亡，但是事实上奴隶制反而非常发达，并且继续不断地在累进发展，即一代超过一代——后代胜过前代：不论是在奴隶的数量上、奴隶在生产中所起的作用上还是在对待奴隶的方式上[11]，都是后来居上，为前代所不及。其所以能如此，是因为这时的奴隶制，早已不是古代奴隶制的残余在苟延残喘，而是一种具有强大生命力的新奴隶制，这个变化主要是从东周时期开始的，所以东周的奴隶制远远超过西周，这时不但不是古代奴隶制的下限，而恰恰是一种新奴隶制的开始时期——一种新奴隶制的上限，以后就开始了累进发展，即秦、汉时代的奴隶制远远胜过春秋、战国时期，这样的发展趋势，汉以后一直延续下来，魏晋南北朝——特别是南北朝时期，是汉以后奴隶制的又一高潮，形形色色的奴隶、半奴隶成为开发江南、发展经济的主力，简直可称之为奴隶制经济时期，因为这时在江南各地出现了罗马时代大种植园

---

① 《旧唐书》卷一百二十八，《段秀实传》。
② 韩愈：《唐正议大夫尚书左丞孔公（戣）墓志铭》，《唐韩愈全集》卷三十三。
③ 《旧唐书》卷十一，《代宗纪》。

（landifundia）型经济结构，这是由于江南人口稀少，劳动力不足，权贵豪门所圈占的跨州越县的大地产，不能用普通的租佃办法分租给农民，以取得地租，只能利用当时十分充沛的移民投靠来进行大规模经营，从而使江南的土地兼并成为一种特殊形式，与以前各代和以后各代的土地兼并在意义上和作用上均大不相同。关于这个问题的详细阐述，俱见《中国封建社会经济史》第三卷有关章节中，这里从略。唐代是这一长期历史的继续，这就是说，唐代的奴隶制在各个方面又都胜过南北朝。

其实奴隶制的这样一种发展程序，丝毫没有什么奇怪之处，而完全为客观的社会经济规律所决定，是历史发展的自然结果，因为从东周开始，奴隶制有了一个新的来源，简单说，这是土地兼并的结果。土地兼并是随着土地私有制度的确立而伴生的，东周时期，正是以土地自由买卖为基础的土地私有制度的开始时期，同时也就是土地占有两极化——"富者田连阡陌，贫者无立锥之地"这一特殊历史的开始时期，丧失掉生产资料而变成贫无立锥之地的农民，其可能有的出路，据西汉董仲舒说只有两途：一是"或耕豪民之田，见税什五"；二是"亡逃山林，转为盗贼"。其实还有第三条路，即出卖自身。卖身也有两种方式：一是部分零星出卖，即只出卖劳动力，这就是雇佣劳动的起源，但是由于城市工商业不发达，社会上没有多少就业机会，找到雇主是不易的，劳动力供求状况的不适应，使多数的劳动贫民不能成为工资劳动者；第二种出卖方式是全部整个出卖，即出卖自己的人身，这是指当劳动贫民找不到雇主，而为饥寒所迫，不得已而卖身为奴。土地兼并是一代胜过一代地在发展，加入奴隶队伍中的人数也就越来越多。看来这好像是中国历史的一个非常特殊的现象，其实这是一个很自然的历史过程，一加分析，即不难看出，因为一种社会经济制度在崩溃消灭之后，遗留下来的一点残余，不可能永久延续，更不可能继续不断地在累进发展。

唐代的奴隶制之所以在广度方面和深度方面都有较大的发展，是由于唐代的土地兼并问题非常严重，关于这个问题将于下一章中详之。唐代前期，名义上还在实行均田制，尽管这是有名无实，不可能彻底贯彻，但对土地兼并还多少有一点约束作用，各种财富所有者在抢购土地时还有所收敛。天宝以后，形势全非，安史乱后，干戈扰攘，烽火遍地，破坏酷烈，一切典章制度均已荡然无存，形同具文的均田法令更无人过问。大乱之后，人口死徙，版籍混乱，所谓："丁口转死，非旧名矣；田亩移换，非旧额矣；贫富升降，非旧第矣。户部徒以空文，总其故书，盖非得当时之实。"① 安史乱后，又开始了藩镇割据的局面，各镇军阀，分疆割土，兵争不息，朝廷的实际统治区域大为缩小，号令往往不出都门，这时已经没有力量去推行什么土地政策。这样一来，对土地兼并仅有的一点名义上的限制也消失了，故中叶以后，土地兼并问题遂日趋严重，德宗时陆贽说："今制度弛紊，疆理隳坏，恣人相吞，无复畔限，富者兼地数万亩，贫者无容足之居，依托豪强，以为私属。"② 这就是造成奴隶制大发展的直接原因，所谓"依托豪强，以为私属"，就是于"无容足之居"后卖身为奴，成为豪强的个人所有物，例如宰相元载，"城南膏腴别墅，连疆接畛，凡数十所，婢仆曳罗绮一百余人"③。这是关于唐代奴隶制度为什么非常发达的一个最好说明。

（二）隋唐的官奴婢

1. 官奴婢的用途

隋唐两代王朝都拥有大量的官奴婢，两代朝廷不是把这些男女奴隶当作劳动力，使之从事生产活动，而是把人当作物品——当作财物的一种，与彩段、匹帛、田宅、马匹等视为一律，用于赏赐勋戚、功臣。前后两朝各有一段改朝换代的过渡时期，谋臣、勇士多有运筹帷幄、参赞戎机、攻城陷阵、克敌制胜之功，事成之后，多蒙褒赏。秦汉时，此类赏赐多为田宅、黄金，而以赐金为最多，以功勋之大小，而增减赐金的数量，一次赏赐之数，由数斤、数十斤、数百斤，乃至千斤、万斤，甚至数十万斤。汉以后，黄金退出流通，朝廷赏赐，多为实物，奴婢是其中一种。隋唐时期，此类赏赐，则主要为奴婢，一次赏赐之数，少则数口、数十口，多则在百口以上，其他财物是次要的。因此，隋唐两代的历史文献中，这一类的记载是连篇累牍，多不胜举，这里分别就不同时期而数目又在百口以上者，酌录若干条，用以反映隋唐两代王朝官家畜奴之多：

隋代：

〔高祖受禅，拜巴州刺史〕后上幸洛阳，召之，及引见，赐金

---

① 《唐会要》卷八十三。
② 陆贽：《陆宣公奏议全集》卷四，《均节赋税恤百姓》第六条。
③ 《旧唐书》卷一百十八，《元载传》。

钿酒钟[12] 一只，彩五百段，良马十五匹，奴婢三百口。①

〔开皇八年（公元五八八年）〕寻检益州总管长史。会越嶲人王奉举兵作乱，沙罗从段文振讨平之，赐奴婢百口。②

〔陈平〕高祖谓公卿曰："晋王以幼稚出藩，遂能克平吴越，绥静江湖，子相之力也。"于是进位柱国，赐奴婢三百口，绵绢五千段。③

开皇中，熙州李英林聚众反，署置百官。以衡为行军总管，率步骑五万人讨平之。拜开府，赐奴婢一百三十口，物五百段，金银杂畜称是。④

〔开皇中，从杨素平智慧之乱〕又击徐州宜丰二洞，悉平之，赐奴婢百余口。⑤

时诸羌犹未宾附，〔高祖〕诏令仲方击之，与贼三十余战……诸部悉平，赐奴婢一百三十口，黄金三十斤，杂物称是。⑥

〔开皇中〕以骠骑将军典蜀王军事。山獠作乱，蜀王命仁恭讨破之，赐奴婢三百口。⑦

〔开皇末〕越嶲蛮叛，文振击平之，赐奴婢二百口。⑧

仁寿初，西南夷、獠多叛，诏荣领八州诸军事行军总管，率兵讨之，岁余悉平。赐奴婢三百余口。⑨

仁寿初，代高颎为尚书左仆射，赐良马百匹，牝马二百匹，奴婢百口。⑩

仁寿中……嶲州乌蛮权，攻陷州城，诏令法尚便道击之。……获其渠帅数十人，虏男女万余口，赐奴婢百口，物三百段，蜀马二十匹。⑪

---

① 《隋书》卷六十，《周法尚传》。
② 《隋书》卷四十六，《苏孝慈传附兄子沙罗传》。
③ 《隋书》卷六十二，《王韶传》。
④ 《隋书》卷五十六，《张衡传》。
⑤ 《隋书》卷五十五，《杜彦传》。
⑥ 《隋书》卷六十，《崔仲方传》。
⑦ 《隋书》卷六十五，《王仁恭传》。
⑧ 《隋书》卷六十，《段文振传》。
⑨ 《隋书》卷五十，《郭荣传》。
⑩ 《隋书》卷四十八，《杨素传》。
⑪ 《隋书》卷六十五，《周法尚传》。

〔大业初〕从将军李景讨叛蛮向思多于黔安，以功进位银青光禄大夫，赐奴婢百口，绢五百匹。[①]

杨玄感反……频战，每挫其锐，赐奴婢百口。[②]

唐代：

唐代朝廷赐予功臣奴婢，情况与隋王朝相同，但数目则远比前代为少，多数为数人或十数人，百人以上者不多，这里也以举例方式，酌引如下：

〔河间元王孝恭讨辅公祏，禽之〕江南悉平，〔高祖〕玺书褒赏，赐甲第一区，女乐二部，奴婢七百人，金宝珠玩甚众。[③]

江南悉平，于是置东南道行台，拜靖行台兵部尚书，赐物千段，奴婢百口，马百匹。[④]

李大亮初破公祏，以功赐奴婢百口，谓曰：而曹皆衣冠子女，不幸破亡，吾何忍录而为隶乎，纵遣之。高祖闻咨美，更赐俾婢二十。后破吐谷浑，复赐奴婢百五十口，悉以遗亲戚。[⑤]

及大军讨高丽，令道宗与李靖为前锋，济辽水，克盖牟城。逢贼兵大至，乃与壮士数十骑直冲贼阵，左右出入，靖因合击，大破之。太宗至，深加赏劳，赐奴婢四十人。[⑥]

〔太宗〕特引见，赐马两匹，绢四十匹，擢授游击将军、云泉府果毅，仍令北门长上，并赐生口十人。[⑦]

〔贞观中〕进封金城郡公，赐物一百五十段，奴婢七十人。[⑧]

万岁通天元年（公元六九六年），召为合宫尉，擢拜洛阳令、司农少卿。则天赐其奴婢十人。[⑨]

睿宗践祚，拜左卫大将军。……时建储二，以成器嫡长，而玄宗有讨平韦氏之功，意久不定。成器辞曰："储副者，天下之公器，

① 《隋书》卷七十，《李密传附裴仁基传》。
② 《隋书》卷六十五，《周法尚传》。
③ 《旧唐书》卷六十，《宗室河间王孝恭传》。
④ 《旧唐书》卷六十七，《李靖传》。
⑤ 《白孔六帖》卷二十。
⑥ 《旧唐书》卷六十，《宗室江夏王道宗传》。
⑦ 《旧唐书》卷八十三，《薛仁贵传》。
⑧ 《新唐书》卷九十一，《姜謩传》。
⑨ 《旧唐书》卷一百八十六上，《酷吏·来俊臣传》。

时平则先嫡长，国难则归有功。若失其宜，海内失望，非社稷之福，臣今敢以死请。"……睿宗嘉成器之意，乃许之。玄宗又以成器嫡长，再抗表固让，睿宗不许。乃下制曰："……成器可雍州牧、扬州大都督、太子太师，加实封二千户，赐物五千段，细马二十匹，奴婢十房，甲第一区，良田三十顷。"①

睿宗即位，加银青光禄大夫，行尚书右丞，仍旧知政事，进封徐国公，加实封通前五百户，赐物千段，奴婢二十人，宅一区，地十顷，马四匹，加以金银杂器。②

默啜既老，部落渐多逃散。开元二年（公元七一四年），遣其子移涅可汗及同俄特勒妹婿火拔颉利发石阿失毕，率精骑围逼北庭。右骁卫将军郭虔瓘婴城固守，俄而出兵擒同俄特勒于城下，斩之，虏因退缩。火拔惧，不敢归，携其妻来奔，制授左卫大将军，封燕北郡王，封其妻为金山公主，赐宅一区，奴婢十人，马十匹，物千段。③

〔天宝十三载（公元七五四年）春正月〕乙巳，加安禄山尚书左仆射，赐实封千户，奴婢十房，庄宅各一区。④

〔主宪宗女，嫁杜悰〕然主事舅姑以礼闻，所赐奴婢偃蹇，皆上还，丐直自市。悰为澧州刺史，主与偕，从者不二十婢，乘驴，不肉食，州县供具，拒不受。⑤

2. 有关官奴婢的立法

关于官奴婢的各种管制办法，均有法律明文规定，其制如下：

凡反逆相坐，没其家配官曹，长役为官奴婢。一免者，一岁三番役，再免者为杂户，亦曰官户，二岁五番役，每番皆一月。三免为良人。六十以上及废疾者为官户，七十为良人。每岁孟春上其籍，自黄口以上印臂，仲冬送于都官，条其生息而按比之。乐工、兽医、

---

① 《旧唐书》卷九十五，《让皇帝宪传》。
② 《旧唐书》卷九十七，《刘幽求传》。
③ 《旧唐书》卷一百九十四上，《突厥传》。
④ 《旧唐书》卷九，《玄宗纪下》。
⑤ 《新唐书》卷八十三，《岐阳庄淑公主传》。

骟马、调马、群头、栽接之人，皆取焉。附贯州县者，按比如平民。不番上，岁督丁资，为钱一千五百，丁婢、中男，五输其一，侍丁、残疾半输。凡居作者，差以三等，四岁以上为小，十一以上为中，二十以上为丁。丁奴三当一役，中奴、丁婢二当一役，中婢三当一役。[①]

凡官户奴隶，男女成人，先以本色媲偶，若给赐，许其妻子相随。若犯籍没，以其所能，各配诸司，妇人巧者入掖庭。[②]

3. 官奴婢的来源

朝廷用于赏赐的大量官奴婢，其来源与过去历代的官奴婢大致相同，罪没是一个重要来源，即将犯罪人的家口没官为奴婢，法律亦做了明文规定，即上引《唐六典》所谓："凡反逆相坐，没其家为官曹，长役为官奴婢。"[13] 所以隋唐两代的官奴婢，其中绝大部分是犯人的子女。唐律规定，犯人的私有奴婢应连坐，亦没为官奴婢："谋反者男女奴婢没为官奴婢，隶司农，七十者免之。"[③] 神龙三年（公元七〇七年）八月七日又规定："反逆缘坐人应没官者，年至十六以上，并配岭南远恶州为城奴。"[④] 下引一些例证，可分别说明隋、唐两代的情况：

〔开皇〕十六年（公元五九六年），有司奏合川仓粟少七千石，命斛律孝卿鞫问其事，以为主典所窃。复命孝卿驰驿斩之，没其家为奴婢，鬻粟以填之。是后盗边粮者，一升已上皆死，家口没官。[⑤]

〔开皇中〕太子服玩之物，多毗所为。及太子废，毗坐杖一百，与妻子俱配为官奴。[⑥]

〔初事太子勇〕及太子废，坐法当诛，高祖惜其才而不害，配为官奴。[⑦]

大业三年（公元六〇七年），从驾北巡，至榆林。帝时为大帐，

---

① 《新唐书》卷四十六，《百官志·刑部·都官郎中》。
② 《唐六典》卷十九，《司农寺·司农卿》。
③ 《新唐书》卷五十六，《刑法志》。
④ 《唐会要》卷四十一。
⑤ 《隋书》卷二十五，《刑法志》。
⑥ 《隋书》卷六十八，《阎毗传》。
⑦ 《隋书》卷七十八，《艺术·庾季才传附卢太翼传》。

其下可坐数千人，召突厥启民可汗飨之。弼以为大侈，与高颎、宇文敬等私议得失，为人所奏，竟坐诛，时年六十四。妻子为官奴婢，群从徙边。①

杨玄感之反也，帝遣蕴推其党与，谓蕴曰："玄感一呼，而从者十万，益知天下人不欲多，多即相聚为盗耳，不尽加诛，则后无以劝。"蕴由是乃峻法治之，所戮者数万人，皆籍没其家。②

进入唐代后，官奴婢制度与隋代完全相同，罪没仍是官奴婢的主要来源。这里亦酌引数例如下：

〔武德中〕累封范阳郡公，后拜大理卿。时何稠、士澄有罪，家口籍没者仍以赐之。道源叹曰："人有否泰，盖亦是常，安可因己之泰，利人之否，取其子女以为仆妾，岂近仁者之心乎！"皆舍之，一无所取。③

王毛仲父坐事，没为官奴，生毛仲，故长事临淄王。王出潞州，有李守德者，为人奴，善骑射，王市得之，并侍左右。④

景龙中，为左台监察御史。时泾、岐二州有隋代蕃户子孙数千家，司农卿赵履温奏，悉没为官户奴婢，仍充赐口，以给贵幸。子余以为官户承恩，始为蕃户，又是子孙，不可抑之为贱，奏劾其事。时履温依附宗楚客等，与子余廷对曲直，子余词色不挠，履温等词屈，从子余奏为定。⑤

先时西原叛乱，前后经略使征讨反者，获其人皆没为官奴婢，配作坊重役。复乃令访其亲属，悉归还之。在容州三岁，南人安悦。⑥

官奴婢的第二个重要来源，是掳掠良民为奴。一般除在战争中以俘虏和掠敌国之民为奴外，权贵豪门往往凭借封建特权，使用暴力，任意掠良民子女为奴婢。唐代文献中此类记载甚多，可知掳掠良民之风很盛，尤以边远地

---

① 《隋书》卷五十二，《贺若弼传》。
② 《隋书》卷六十七，《裴蕴传》。
③ 《旧唐书》卷一百八十七上，《忠义·张道源传》。
④ 《白孔六帖》卷二十。
⑤ 《旧唐书》卷一百八十八，《孝友·裴守真传附子子余传》。
⑥ 《旧唐书》卷一百十二，《李暠传附族弟齐物子复传》。

方为甚。有时朝廷亦敕令禁止，但由禁令之屡颁，说明禁令之无效。例如：

〔武后朝〕授通泉尉。任侠使气，不以细务介意，前后掠卖所部千余人，以遗宾客，百姓苦之。①

时主与长宁、定安三家厮台掠民子女为奴婢，左台侍御史袁从一缚送狱，主入诉，席（中宗）为手诏喻免。从一曰："陛下纳主诉，纵奴骄掠平民，何以治天下？臣知放奴则免祸，劾奴则得罪于主，然不忍屈陛下法，自偷生也。"不纳。②

金吾将军裴儆谓谏议大夫柳载曰："以鄙夫所度，说得祸不久矣。且说与史思明父子定君臣之分，居剧官，掌兵柄，亡躯犯顺，前后百战，于贼庭掠名家子女以为婢仆者数十人……"③

李源家覆，俘为奴，转侧民间，及史朝义败，故吏识源于洛阳者赎出之，归其家属。④

拜岭南节度使。……南方鬻口为货，掠人为奴婢，戣峻为之禁。亲吏得婴儿于道，收育之，戣论以死。由是闾里相约不敢犯。⑤

有以女奴遗让者，让问其所因。曰："本某等家人，兄姐九人，皆为官所卖，其留者唯老母耳。"让惨然，焚其券书，以女奴归其母。⑥

朝廷虽频颁禁令，而掳掠不止，这里酌引三例如下：

元和四年（公元八〇九年）闰三月敕：岭南、黔中、福建等道百姓，虽处遐俗，莫非吾民，多罹掠夺之虞，岂无亲爱之恋，缘公私掠卖奴婢，宜令所在长吏，切加提搦，并审细勘责，委知非良人百姓，乃许交关，有违犯者，准法处分。⑦

董昌龄自至邕州，累平溪洞，兵威所向，首恶皆擒，每念苍生，

---

① 《旧唐书》卷九十七，《郭元振传》。
② 《新唐书》卷八十三，《安乐公主传》。
③ 《旧唐书》卷一百三十七，《邵说传》。
④ 《白孔六帖》卷二十。
⑤ 《新唐书》卷一百六十三，《孔巢父传附戣传》。
⑥ 《旧唐书》卷一百八十八，《孝友·罗让传》。
⑦ 《唐会要》卷八十六。

无非赤子，况在荒徼，尤当抚循。其溪洞如有未归附者，向后非因侵扰，更不用进讨，仍加存抚，各使怀安，其所获黄洞百姓，并分配侧近州县令自营生，不得没为奴婢，将充赏给，如元是奴婢者，即任充赏。①

大顺二年（公元八九一年）四月二十日敕：天下州府及在京诸军，或因收掳百姓男女，宜给内库银绢，委两军收赎，归还父母。其诸州府，委本道观察使取上供钱充赎，不得压良为贱。②

在被掳掠的奴婢中，以外族或缘边少数民族为最多，或因战争关系，侵入者常掳其人民而归，或为强盗、海贼掳掠，转卖内地为奴。缘边各族中以突厥、回鹘、吐蕃以及姚、嶲为最多。

苏定方之讨贺鲁也，于是仁贵上疏曰："臣闻兵出无名，事故不成，明其为贼，敌乃可伏。今泥熟仗素干不伏贺鲁，为贼所破，虏其妻子。汉兵有于贺鲁诸部落得泥熟等家口，将充贼者，宜括取送还，仍加赐赍。即是矜其枉破，使百姓知贺鲁是贼，知陛下德泽广及也。"高宗然其言，使括泥熟家口送还之，于是泥熟等请随军效其死节。③

睿宗即位……时监察御史李知古请兵以击姚州西二河蛮，既降附，又请筑城，重征税之。坚以蛮夷生梗，可以羁縻属之，未得同华复之制，劳师涉远，所损不补所获，独建议以为不便。睿宗不从，令知古发剑南兵往筑城，将以列置州县。知古因是欲诛其豪杰，没子女以为奴婢。蛮众恐惧，乃杀知古，相率反叛，役徒奔溃，姚嶲路由是历年不通。④

大中五年（公元八五一年）二月敕：边上诸州镇，送到投来吐蕃回鹘奴婢等。今后所司勘问了，宜并配岭外，不得隶内地。⑤

大足元年（公元七〇一年）五月三日敕：西北缘边州县，不得

---

① 《太和八年疾愈德音》，《全唐文》卷七十五。
② 《唐会要》卷八十六。
③ 《旧唐书》卷八十三，《薛仁贵传》。
④ 《旧唐书》卷一百二，《徐坚传》。
⑤ 《唐会要》卷八十六。

畜突厥奴婢。①

外族多为流求、新罗、高丽人，隋唐两代皆曾出海远征，于深入其地后，即俘其男女，少则数千，多则逾万，亦有海盗在这些国家掳掠人口，转卖为奴。例如：
流求：

> 大业三年（公元六〇七年），拜武贲郎将，后三岁，与朝请大夫张镇周发东南兵万余人，自义安汛海击流求国……虏男女数千而归。②
>
> 〔大业六年（公元六一〇年）〕二月乙巳，武贲郎将陈棱，朝请大夫张镇州击流求，破之，献俘万七千口，颁赐百官。③

新罗：

> 〔长庆元年（公元八二一年）正月丁巳〕敕：不得买新罗人为奴婢，已在中国者，即放归其国。④
>
> 〔长庆元年三月丁未〕平卢薛平奏：海贼掠卖新罗人口于缘海郡县，请严加禁绝，俾异俗怀恩，从之。⑤
>
> 〔开成〕五年（公元八四〇年），鸿胪寺籍质子及学生岁满者一百五人，皆还之。有张保皋、郑年者，皆善斗战，工用枪，年复能没海，履其地五十里不噎，角其勇健，保皋不及也。年以兄呼保皋，保皋以齿，年以艺，常不相上下。自其国皆来为武宁军小将。后保皋归新罗，谒其王曰："遍中国以新罗人为奴婢，愿得镇清海，使贼不得掠人西去。清海，海路之要也。"王与保皋万人守之。自太和后，海上无鬻新罗人者。⑥

---

① 《唐会要》卷八十六。
② 《隋书》卷六十四，《陈棱传》。
③ 《隋书》卷三，《炀帝纪上》。
④ 《旧唐书》卷十六，《穆宗纪》。
⑤ 《旧唐书》卷十六，《穆宗纪》。
⑥ 《新唐书》卷二百二十，《东夷·新罗传》。

长庆元年三月，平卢军节度使薛平奏：应有海贼诱[14]掠新罗良口，将到当管登莱州界及缘海诸道，卖为奴婢者。伏以新罗国虽是外夷，常禀正朔，朝贡不绝，与内地无殊，其百姓良口等，常被海贼掠卖，于理实难。先有例敕，继缘当管久陷贼中，承前不守法度。自收复已来，道路无阻，递相贩鬻，其弊尤深，伏乞特降明敕，起今已后，缘海诸道应有上件贼诱卖新罗国良人等，一切禁断，请所在观察使严加捉搦，如有违犯，便准法断。敕旨宜依。①

太和二年（公元八二八年）十月敕：岭南、福建、桂管、邕管、安南等道百姓，禁断掠买饷遗良口，前后制敕，处分重叠，非不明白，卫中行、李元志等，虽云买致，数实过多，宜各令本道施行，准元和四年闰三月五月及八年九月十八日敕文，切加约勒，仍逐管各差判官当司应管诸司，所有官户奴婢等，据要典及令文，有免贱从良条，近年虽赦敕，诸司皆不为论，致有终身不沾恩泽。今请诸司诸使，各勘官户奴婢，有废疾及年近七十者，请准各令处分，其新罗奴婢，伏准长庆元年三月十一日敕，应有海贼诱掠新罗良口，将到缘海诸道卖为奴婢，并禁断者，虽有明敕，尚未止绝。伏请申明前敕，更下诸道，切加禁止，敕旨宜依。②

高丽：

〔贞观十九年（公元六四五年），亲征辽东〕太宗以辽东仓储无几，士卒寒冻，乃诏班师。历其城，城中皆屏声偃旗，城主登城，拜手奉辞。太宗嘉其坚守，赐绢百匹，以励事君之节。初，攻陷辽东城，其中抗拒王师，应没为奴婢者一万四千人，并遣先集幽州，将分赏将士。太宗愍其父母妻子一朝分散，令有司准其值，以布帛赎之，赦为百姓。其众欢呼之声，三日不息。③

官奴婢中有不少是买来的，为了便于进行此项交易，政府在市买奴婢较多的州府，特设专官以董其事，并以明文详细规定了立券、验证等应办手续，

---

① 《唐会要》卷八十六。
② 《唐会要》卷八十六。
③ 《旧唐书》卷一百九十九上，《东夷·高丽传》。

例如：

> 会诏市河南、河北牛羊，荆、益奴婢，置监登莱，以广军资。
> 廷珪上书曰："……荆、益奴婢，多国家户口，奸豪掠卖，一入于
> 官，永无免期，南北异宜，至必生疾，此有损无益也。"①
>
> 长安四年（公元七〇四年）十一月，敕于登、莱州置监牧，和
> 市牛羊，右肃政台监察御史张廷珪谏曰："窃见国家于河北市牛羊及
> 荆、益等州市奴婢，拟于登莱等州置监牧。……臣愚以为龌龊小算，
> 有损无益。……今圣朝疆域四海，臣妾万方，天覆地载，莫非所有，
> 而必取于人，从牧于国，何示人之不广，而近树私也。"②
>
> 旧格买卖奴婢，皆须两市署出公券，仍经本县专吏引验正身，
> 谓之过贱，及问父母见在处分，明立文券，并关牒太府寺。兵戈以
> 来，条法废坏，良家血属，流落他门，既远家乡，或遭典卖，州府
> 曾不寻勘，豪猾得恣欺凌。自此准京兆府并依往例处分，两市立正
> 印，委所司追纳，毁弃改给朱记行用，其传典卖奴婢，如勘问本非
> 贱人，见有骨肉，证验不虚，其卖主并牙人等，节级科决，其被抑
> 压之人，便还于本家。委御史台切加察定，其天下州府如有此色，
> 亦仰本道观察防御史各行条制，务绝沉冤。③

臣下贡献，是官奴婢的另一来源。本来奴隶在主人眼中不过是一件物品，
是财物的一种，故不仅臣下以奴婢进献，外族也常常进献奴婢，个别地方如
邕州、道州等还正式列为土贡，年年须向朝廷贡奴，例如：

> 〔大历十四年（公元七七九年）五月〕癸亥即位于太极
> 殿。……〔闰月〕辛巳，罢邕府岁贡奴婢。④
>
> 邕府岁贡奴婢，使其离父母之乡，绝骨肉之恋，非仁也，
> 罢之。⑤

---

① 《新唐书》卷一百十八，《张廷珪传》。
② 《唐会要》卷六十二。
③ 《改元天复敕》，《全唐文》卷九十二。
④ 《旧唐书》卷十二，《德宗纪上》。
⑤ 德宗：《罢邕府岁贡奴婢诏》，《全唐文》卷五十。

〔德宗朝〕出为道州刺史。……道州土地产民多矮，每年常配乡户，贡其男，号为矮奴。城下车，禁以良为贱，又悯其编甿岁有离异之苦，乃抗疏论而免之，自是乃停其贡，民皆赖之，无不泣荷。①

道州民，多侏儒，长者不过三尺余。市作矮奴年进送，号为道州任土贡。任土贡，宁若斯，不闻使人生别离，老翁哭孙母哭儿。一自阳城来守郡，不进矮奴频诏问。城云臣按六典书，任土贡有不贡无。道州水土所生者，只有矮民无矮奴。吾君感悟玺书下，岁贡矮奴宜悉罢。道州民，老者幼者何欣欣。父兄子弟始相保，从此得作良人身。道州民，民到于今受其赐，欲说使君先下泪。仍恐儿孙忘使君，生男多以阳为字。②

〔长庆二年（公元八二二年）闰十月〕丙申，回纥可汗遣使献国信四床，女口六人，葛禄口四人。③

〔宝历元年（公元八二五年）六月〕乙酉，诏公主郡主，并不得进女口。④

（三）隋唐的私奴婢

1. 隋唐时私人畜奴的普遍和奴婢的众多

隋唐时代，私人畜奴之盛，较之过去历代，均有过之无不及，上自王公贵族、达官豪门，下至富商大贾和稍有资力的普通百姓，无不有数目不等的男女奴婢，多则至数千人，少则亦有数人至数十人。由这时期私人畜奴之普遍和私奴婢数目之众多来看，可以说是自东周以后奴隶制逐代累进发展的又一高峰时期。这时期私奴婢的数目虽然非常多，但是在性质上却与过去历代的畜奴情况基本相同，没有任何质的变化，还是延续着自东周以来一脉相承的发展趋势，不论是在奴隶的来源、奴隶劳动力的使用，以及对奴隶的待遇等等方面，都是旧制度的延续。总之，与过去相比，隋唐时的奴隶只有量的增加，而无质的改变。

---

① 《旧唐书》卷一百九十二，《隐逸·阳城传》。
② 白居易：《道州民》，《白氏长庆集》卷三。
③ 《旧唐书》卷十六，《穆宗纪》。
④ 《旧唐书》卷十七上，《敬宗纪》。

私人畜养众多的奴婢，使之从事各种生产活动，即把奴婢当作生产力来使用的固不乏其人，但多数则是供家庭役使，使之从事各种家务劳动和服务性的杂役，而王公贵族等权豪富贵之家所畜养的大批奴婢，并不使用于各种生产上，而是用之于炫耀富有、显示豪华，因出入升降、饮食起居，能呼奴唤婢，扈从如云，成为富贵人家一种不可少的排场。而奴婢则食肉衣锦，嬉戏终日，无所事事，其中且有不少恶奴，凭借主威，欺压平民，甚至呼啸斗殴，无恶不作，成为历代屡见不鲜的怪现象。唐代还屡有恶奴为霸占主产而捏词诬告，致屡兴大狱，陷害无辜，为过去历代所少见。

隋唐时期的文献中有关私奴婢的记载非常多，这里分别按性质各选录若干条，用以表明富人畜奴的众多和普遍于社会的各个阶层：

时素贵宠日隆，其弟约、从父文思、弟文纪，及族父异，并尚书列卿，诸子无汗马之劳，位至柱国、刺史，家僮数千，后庭妓妾曳绮罗者以千数。第宅华侈，制拟宫禁。①

贞观五年（公元六三一年），盎来朝。……自后，赏赐不可胜数。盎奴婢万余人，所居地方二千里，勤于簿领，诘摘奸状，甚得其情。②

累迁营州都督。家僮至数千，以财自雄，夷人畏之。③

〔则天革命〕贞之在蔡州，数奏免所部租赋，以结人心，家僮千人，马数千匹，外托以畋猎，内实习武备。④

安南都护邓祐，韶州人，家巨富，奴婢千人，恒课口腹自供，未曾设客。孙子将一鸭私用，祐以擅破家资，鞭二十。⑤

〔韦〕陟，早以文学识度著名于时。……然家法整肃，其子允课习经史，日加诲励。……陟虽家僮数千人，应门宾客，必遣允为之，寒暑未尝辍也，颇为当时称之。⑥

京兆万年人，世籍神策军，家胜业里，为天下高赀。父宗巧射

---

① 《隋书》卷四十八，《杨素传》。
② 《旧唐书》卷一百九，《冯盎传》。
③ 《新唐书》卷一百一十，《李谨行传》。
④ 《旧唐书》卷七十六，《越王贞传》。
⑤ 张鷟：《朝野佥载》卷之一。
⑥ 段成式：《酉阳杂俎续集》卷三，《支诺皋下》。

利，侈靡自奉，僮千人。①

　　除权贵豪门畜有大批奴婢外，各地佛寺也是一个大的奴隶主。唐代佛教盛行，各地寺院林立，不仅都拥有大量田产，而且畜有众多奴婢，由数十人、数百人至千人以上者实比比皆是。武宗会昌中曾敕令废除天下佛寺，强令僧尼还俗，从而释放了大批奴隶，由下引一段记载，可以看出寺院畜奴之多，而尤以江淮为甚：

　　　　会昌五年（公元八四五年）四月，中书门下奏：天下诸寺奴婢，江淮人数至多，其间有寺已破废，全无僧众，奴婢既无衣食，皆自营生。或闻洪、潭管内人数倍，一千人以下、五百人以上处，计必不少。臣等商量，且望各委本道观察使差清强官，与本州刺史县令同点检，具见在口数及老弱婴孩，并须一一分析闻奏。②

　　畜奴在千人以下，由数百人至数十人者，更多不胜举，这里亦择要举例如下：

　　　　胡证拜岭南节度使卒。广有舶具奇宝，证厚殖财自奉养，奴数百人，营第修行里，弥亘阡陌，车服器用珍侈，遂号京师高资。③
　　　　宣宗即位，改吏部尚书。会刘约自天平徙宣武，未至，暴死，家僮五百无所仰衣食，思乱，乃授钧宣武节度使，人情妥然。④
　　　　祖谞，仕隋通州刺史，为名臣。世富于财，家僮百人。⑤
　　　　公策马而归，即到京，即与张氏同往一小版门子，叩之，有应者拜曰：三郎令候李郎一娘子久矣。延入重门，门愈壮，婢四十人罗列庭前，奴二十人引公入东厅，厅之陈列，穷极珍异，巾箱妆奁冠镜首饰之盛，非人间之物，巾栉妆饰毕，请更衣，衣又珍异。既毕，传云：三郎来，乃虬髯纱帽褐裘而来，亦有龙虎之状。欢然相

　　① 《新唐书》卷一百八，《王处存传》。
　　② 《唐会要》卷八十六。
　　③ 《白孔六帖》卷二十一。
　　④ 《新唐书》卷一百八十二，《卢钧传》。
　　⑤ 《新唐书》卷一百九十一，《忠义·李育德传》。

见，催其妻出拜，盖亦天人耳。四人对馔讫……食毕行酒，家人自堂东舁出二十床，以锦绣帕覆之，既陈，尽去其帕，乃文簿钥匙耳。虬髯曰：吾之所有，悉以充赠。……因命家僮列拜，曰：李郎、一妹是汝主也。言讫，与其妻从一奴，乘马而去，数步遂不复见。①

永徽中，丧父，呕血数升，枕服苫庐，悲感行路。资财田宅及僮仆三十余人，并以让兄弟。②

刘洪基病，给诸子奴婢各十五人，谓所亲曰：使贤，固不借多财，即不贤，守此可以脱饥冻。③

〔开元中，历任显宦〕陟门地豪华，早践清列，侍儿阃阎，列侍左右者十数，衣书药食，咸有典掌，而舆马僮奴，势侔于王家之第。④

裴宽尚书罢郡西归汴中，日晚维舟，见一人坐树下，衣服故敝，召与语，大奇之，谓君才识自当富贵，何贫也？举船钱帛奴婢与之，客亦不让，语讫上船，奴婢偃蹇者鞭扑之，裴公益以为奇，其人乃张建封也。⑤

〔道士张〕谨尝独行，既有重赍，须得兼力。停数日，忽有二奴请谨，自称曰：德儿、归宝，尝事崔氏，崔出官，因见舍弃，今无归矣，愿侍左右。谨纳之，二奴皆谨愿黠利，尤可凭信。谨东行，凡书囊符法，行李衣服，皆付归儿负之。⑥

一般人畜养奴婢，多使之从事生产活动，如上引记载所述刘洪基临死时给诸子奴婢各十五人，令各自谋生，显然是要诸子使用所给予的奴隶劳动力去进行生产，"以脱饥冻"，则其所从事的显然是农业劳动，这也是奴隶所能参加的一个主要生产部门。其他类此的事例，亦屡见记载，例如：

〔开皇中，拜青州总管〕威在青州，颇治产业，遣家奴于民间

---

① 杜光庭：《虬髯客传》。
② 《旧唐书》卷一百八十八，《孝友·陈集原传》。
③ 《白孔六帖》卷二十。
④ 《旧唐书》卷九十二，《韦安石传附子陟传》。
⑤ 王谠：《唐语林》卷三。
⑥ 《太平广记》卷四百五十五，《张谨》引《稽神录》。

鬻芦菔根，其奴缘此侵扰百姓。上深加谴责，坐废于家。①

〔代宗朝为昭应令〕宰相元载有别墅，以奴主务，自称郎将，怙势纵暴，租赋未尝入官。子华因奴入谒，收付狱，劾发宿罪，杖杀之，一邑震服。②

王绩有田十六顷，在河渚[15]间，奴婢数人，种黍，春秋酿酒、养凫雁，莳药草自供。……欲见兄弟，辄渡河还家，游北山东皋，著书自号东皋子。③

〔文宗时〕梁州城固人，为儒不乐仕进，以耕稼为业。老而无子，乃以田宅家财分给奴婢，令各为生业。觏夫妻遂隐于城固南山，家事一不问约。奴婢递过其舍，至则供给酒食而已。④

唐代奴告主之风甚盛，其背后多有奸人指使，致使许多畜奴之家，常因家奴告奸而获致重罪，即使未被诬告，亦日在惶恐之中，奸人则乘机攘夺其资财田产，主人则危惧不敢诉。重臣如郭子仪对唐室虽有盖世功勋，其后人亦未能免遭此祸，直待皇帝下诏制止，诬构方止：

子仪薨后，杨炎、卢杞相次秉政，奸谄用事，尤忌勋族。子仪之婿太仆卿赵纵、少府少监李洞清、光禄卿王宰，皆以家人告奸细过，相次贬黜。曜家大恐，赖宰相张镒力为庇护。奸人幸其危惧，多论夺田宅奴婢，曜不敢诉。德宗微知之，诏曰："尚父子仪有大勋力，保乂皇家，当誓以山河，琢之金石，十世之宥，其可忘也？其家前时与人为市，以子仪身殁，或被诬构，欲论夺之，有司无得为理。"诏下方已。⑤

唐代私人奴婢中，还有不少是外国人，大都是南海诸国番舶来华贸易时，除输入香药宝货等奇珍异宝外，常沿途掳掠各地人口，贩入中国为奴，其人多是马来人、印度人或印度洋中各岛屿的土人，以其肌肤黝黑，称为昆仑奴。

① 《隋书》卷五十五，《张威传》。
② 《新唐书》卷一百六十二，《柳公绰传附子华传》。
③ 《白孔六帖》卷二十二。
④ 《旧唐书》卷一百九十二，《隐逸·崔觏传》。
⑤ 《旧唐书》卷一百二十，《郭子仪传》；并见《新唐书》卷一百三十七，《郭子仪传附曜传》。

唐代文献中颇多记载，唐诗中亦有很多描述，例如：

> 昆仑家在海中州，蛮客将来汉地游。言语解教秦吉了，波涛初过郁林洲。金环欲落曾穿耳，螺髻长卷不裹头。自爱肌肤黑如漆，行时半脱木绵裘。①

> 唐周邯自蜀沿流，尝市得一奴，名曰水精，善于探水，乃昆仑白水之属也。邯疑瞿塘之深，命水精探之，移时方出，云其下有关，不可越渡，但得金珠而已。每遇深水潭洞，皆命奴探之，多得宝物。②

> 苏瑰初未知颋，常处颋于马厩中，与佣保杂作。一日有客诣瑰，候听事，颋拥彗趋庭，遗堕文书，客取视之，乃咏昆仑奴诗也。其词云：指头十颋墨，耳朵两张匙。客心异之。③

在前代南北朝时期特别是南朝江南各地，奴婢的绝大部分是各种名称的"客"，其来源是各方难民投靠当地权贵豪门，以求庇护，即史所谓"多庇大户以为客"。客实际上也是奴隶，不过身份和待遇较之卖身的奴隶略胜一筹。唐代权贵豪门的奴婢中，亦有这种由投靠而来的客或奴客，作主人的扈从，有时随主人从军，成为主人的子弟兵，其情况可由下引文献看出：

> 〔武后朝〕流瀼州。岁余，逃归，为吏迹捕，流北庭。无复名检，专居贿，五年至数千万。娶降胡女为妻，妻有黄金、骏马、牛羊，以财自雄。养客数百人，自北廷属京师，多其客，诇候朝廷事，闻知十常七八。④

> 建中四年（公元七八三年），李希烈陷汝州，命志贞为京城召募使。时尚父子仪婿[16] 端王傅吴仲孺家财巨万，以国家召募有急，惧不自安，乃上表请以子弟率奴客从军，德宗嘉之，超授五品官。⑤

> 祖植。建中末朱泚之乱，德宗幸奉天。时仓卒变起，羽卫不集，

---

① 张籍：《昆仑儿》，《全唐诗》卷十四。
② 《太平广记》卷二百三十二，《周邯》引《原化记》。
③ 《太平广记》卷一百七十五，《苏颋》引《开天传信录》。
④ 《新唐书》卷一百一十七，《裴炎传附仙先传》。
⑤ 《旧唐书》卷一百三十五，《白志贞传》。

数日间贼来攻城，植以家人奴客奋力拒守，仍献家财，以助军赏，天子嘉之。①

〔德宗朝〕长安令于頔奴客与民盗马，吏系民而纵奴，播捕取，均其罚。②

时（太和中）豪民侵噬产业不移户，州县不敢徭役，而征税皆出下贫。至于依富室为奴客，役罚峻于州县，长吏岁辄遣吏巡覆田税，民苦其扰。③

光启三年（公元八八七年）九月，骈既死，左右奴客逾垣而遁。④

是月〔天祐三年（公元九〇六年）正月〕十六日，绍威率奴客数百与嗣勋同攻之，时宿于牙城者千余人，迟明，尽诛之，凡八千家，皆赤其族，州城为之一空。⑤

中国历代的奴隶，名义上虽有良、贱之分，有所谓名分纲纪，而实际上界限并不严格，其人虽隶奴籍，但如有特殊才能或立有战功，即可破格升赏，立致高爵，像殷代的传说那样，代代皆有其人，隋唐时期也不例外，此类事例，屡见记载，例如：

梁默者，士彦之苍头也，骁武绝人。士彦每从征伐，常与默陷阵。仕周，位开府。开皇末，以行军总管从杨素征突厥，进位大将军。又从平杨谅，授柱国。大业五年（公元六〇九年），从炀帝征吐谷浑，力战死之，赠光禄大夫。⑥

〔武〕后乃以右武卫大将军建安王武攸宜为清边道大总管，击契丹，募天下人奴有勇者，官畀[17] 主直，悉发以击虏。⑦

〔开元初〕迁凉州刺史、河西节度大使，进右威卫大将军。四年，奏家奴八人有战功，求为游击将军。宰相劾其恃功乱纲纪，不

① 《旧唐书》卷一百七十八，《赵隐传》。
② 《新唐书》卷一百六十七，《王播传》。
③ 《新唐书》卷五十二，《食货志》。
④ 《旧唐书》卷一百八十二，《高骈传》。
⑤ 《旧五代史》卷十四，《罗绍威传》。
⑥ 《隋书》卷四十，《梁士彦传》。
⑦ 《新唐书》卷二百一十九，《北狄·契丹传》。

可听，罢之。①

建中四年（公元七八三年），下诏募兵。……郭子仪之婿端王傅吴仲孺殖赀累巨万，以国家有急，不自安，请以子率奴马从军。德宗喜甚，为官其子五品。〔白〕志贞乃请节度、都团练、观察使与世尝任者家，皆出子弟马奴装铠助征，授官如仲孺子。②

则天皇后兄惟良子也。……后革命，封安平郡王，从封中岳，固辞官……市田颍阳，使家奴杂作，自混于民。③

2. 私奴婢的来源

隋唐时私人奴婢的来源，与过去历代大致相同，主要有以下几种：

第一，赏赐。王公权贵所拥有的大批奴婢，其中有一部分是得之于赏赐，朝廷用奴婢行赏，是官奴婢的重要用途之一，其情况已见上文，兹从略。

第二，卖身。私奴婢的绝大部分是由买卖而来的，这是形成历代庞大私奴婢队伍的主要来源，也是从东周以来，历代奴隶不但无丝毫衰退，而且一直在累进发展的主要原因。这一特殊的历史现象，《中国封建社会经济史》前两卷已多所论述。土地制度自东周以后没有任何变化，土地兼并自亦一如既往在不停地发展，那些丧失掉生产资料而成为"贫无立锥之地"的劳动贫民，社会上既没有多少谋生之道，特别是缺少雇佣机会，为饥寒所迫，不得已而卖身为奴，这成为穷人仅有的一条生活出路。有卖者，必须同时有买者，恰好中国变态的封建社会早就积累有现成的、大量的货币形态的财富，所有王公权贵、富商大贾、地主土豪等等各种货币财富所有者，他们的苦无出路的金钱，可以轻而易举地把人变成交换价值。卖者既多，买之亦易，上文所述那些拥有数十人、数百人乃至数千人奴婢的大奴隶主遂比比皆是，故唐代文献中有关的记载非常多，下引系择要举例：

〔大业七年（公元六一一年）〕秋，大水，山东、河南漂没三十余郡，民相卖为奴婢。④

---

① 《新唐书》卷一百三十三，《郭虔瓘传》。
② 《新唐书》卷五十，《兵志》。
③ 《新唐书》卷一百九十六，《隐逸·武攸绪传》。
④ 《隋书》卷三，《炀帝纪上》。

是岁〔贞观元年（公元六二七年）〕，关中饥，至有鬻男女者。①

〔贞观二年（公元六二八年）三月〕丁卯，遣御史大夫杜淹巡关内诸州。出御府金宝，赎男女自卖者，还其父母。②

玄宗为临淄王……又见李宜德趫[18] 捷善骑射，为人苍头，以钱五万买之。③

慎矜所善胡人史敬忠……劝慎矜居临汝，置田为后计。会婢春草有罪，将杀之，敬忠曰："勿杀，卖之可市十牛，岁耕田十顷。"慎矜从之。④

〔德宗朝〕改泗州刺史。魏州饥，父子相卖。万福曰："魏州吾乡里，安忍其困。"令兄子将米百车饷之，赎魏人自卖者，给资遣之。⑤

固生微贱，为叔父所卖，展转为浑瑊家奴，号曰黄苓。⑥

〔德宗朝〕为容州刺史，教民耕织，止惰游，兴学校，民贫自鬻者，赎归之，禁吏不得掠为隶。⑦

〔元和中〕特加检校工部尚书、泾原四镇节度使，仍赐名。泾土旧俗多卖子，忠亮以俸钱赎而还其亲者约二百人。⑧

〔文宗朝〕守蜀，蜀人多鬻女为人妾，德裕为著科约：凡十三而上，执三年劳；下者，五岁。及期则归之父母。⑨

〔元和〕十二年（公元八一七年），自国子祭酒拜御史大夫、岭南节度等使。……岭南以口为货，其荒阻处，父子相缚为奴，公一禁之。⑩

〔大中九年（公元八五五年）〕四月辛丑，禁岭外民鬻男女者。⑪

---

① 《旧唐书》卷二，《太宗纪上》。
② 《旧唐书》卷二，《太宗纪上》。
③ 《旧唐书》卷一百六，《王毛仲传》。
④ 《新唐书》卷一百三十四，《杨慎矜传》。
⑤ 《新唐书》卷一百七十，《张万福传》。
⑥ 《旧唐书》卷一百五十二，《高固传》。
⑦ 《新唐书》卷一百九十七，《循吏韦丹传》。
⑧ 《旧唐书》卷一百五十一，《朱忠亮传》。
⑨ 《新唐书》卷一百八十，《李德裕传》。
⑩ 韩愈：《唐正议大夫尚书左丞孔公（戣）墓志铭》，《韩愈全集》卷三十三。
⑪ 《新唐书》卷八，《宣宗纪》。

以上都是从卖的一方面来看的，卖与买是一个过程的两个侧面，从买方来看，更可以看出奴隶不过是一种普通商品，买卖奴婢，与买卖牛羊、资产等完全相同，买卖双方由牙侩说合，讨价还价，成交后则立券契，官府即从中征税，名"贯率钱"，成为官府财政收入的一个组成部分。这样一来，人口买卖等于是由政府特许的合法贸易。下引记载，可分别说明这种情况：

〔元和〕十二年，授广州刺史、兼御史大夫、岭南节度使。戣刚正清俭，在南海，请刺史俸料之外，绝其取索。先是帅南海者，京师权要多托买南人为奴婢，戣不受托。至郡，禁绝卖女口。①
〔宝历中〕复授检校尚书左仆射、淮南节度副大使、知节度事。扬州凡交易货产、奴婢有贯率钱，畜羊有口算，又贸曲[19]，牟其赢，以佐用度，从皆蠲除之。②
张又新尝买婢，迁约，为牙侩搜索凌突，御史劾举，逢吉庇之，事不穷治。③

朝廷对岭南诸州公然大批买卖人口，实与国家体统有碍，故一再敕令禁止，例如：

〔大中〕九年闰四月二十三日敕："岭南诸州，货卖男女，奸人乘之，倍射其利。今后无问公私土客，一切禁断。若潜出券[20]书，暗过州县，所在搜获，以强盗论。如以男女佣赁与人，责分口食，任于当年立年限为约，不得将出外界。④
如闻岭外诸州，居人与蛮獠同俗，火耕水耨，昼乏暮饥，迫于征税，则货卖男女，奸人乘之，倍射其利，以齿之幼壮，定估之高下，窘急求售，号哭逾时。为吏者谓南方之俗，夙习为常，适然不怪，因亦自利，遂使居人男女与犀象杂物俱为货财，故四方鳏寡高年，无以养活，岂理之所安，法之所许乎？纵有令式，废而不举，为吏者何以副吾志哉。自今以后，无问公私土客，一切禁断。敕诸

---

① 《旧唐书》卷一百五十四，《孔巢父传附从子戣传》。
② 《新唐书》卷一百一十四，《崔融传附从传》。
③ 《白孔六帖》卷二十。
④ 《唐会要》卷八十六。

州刺史各于境内设法铃制，不得容奸，依前贩市，如敢更有假托事由，以贩卖为业，或抢劫溪[21]洞，或典买平民，潜出券书，暗过州县，所在搜获，据赃状依强盗论，纵逢恩赦，不在原宥之限。仍仰所在，切加捉搦，如违节级科断。其方镇及监军使命并州府察吏等，自当谨守诏条，率身奉法，傥有逾[22]犯，当重科绳。其白身除准敕常数进送外，亦准此处分。……如有贫穷不能存济者，欲以男女佣雇与人，贵分口食，任于行止，当立年限为约，不得将出外界，还同交关，各委本道长吏专加纠察，仍先具条流闻奏（大中九年闰四月）。①

其实贩鬻男女奴婢，不限于岭南诸州，内地亦所在多有，而购买女奴者尤多，价则因人而异，以姿容之妍丑，定身价之高下，少则数万，多则十数万。下引各例，皆出于笔记小说，有详细描述，可以从中看出买卖人口的具体情况：

> 唐彭城刘弘敬，字元溥，世居淮沘间，资财数百万，常修德不耀，人莫知之。……〔长庆初〕有女将适，抵维扬求女奴，资行用钱八十万，得四人焉。内一人方兰荪者，有殊色，而风骨姿态，殊不类贱流。元溥诘其情，久而乃对曰："贱妾死罪，无敢复言，主君既深讶之，何敢潜隐。某代为名家，家本河洛，先父以卑官淮西，不幸遭吴寇跋扈，因缘姓与寇同，疑为近属，身委锋刃，家仍没官，以此湮沉，无处告诉，其诸骨肉，寇平之后，悉被官军收勒为俘，不可复知矣。贱妾一生，再易其主，今及此焉。"元溥太息……因问其亲戚，知其外氏刘也。遂焚其券，收为甥，以家财五十万，先其女而嫁之。②
>
> 张不疑……母卢氏素奉道……因持寺院以居，不疑旦问省。数月有牙侩言，有崔氏孀妇甚贫，有妓女四人皆鬻之，今有一婢曰金钉，有姿首，最其所惜者，今贫不得已，将欲货之。不疑喜，遂令召至，即酬其价十五万而获焉。③

---

① 《禁岭南货卖男女敕》，《全唐文》卷八十一。
② 《太平广记》卷一百十七，《刘弘敬》引《阴德传》。
③ 《太平广记》卷三百七十二，《张不疑》引《博异志》及《灵怪集》。

又：南阳张不疑，开成四年（公元八三九年），宏词登科，授秘书，游京假丐于诸侯，乃以家远无人，患其孤寂，寓官京国，欲市青衣，散耳目于闾里，闻旬月内亦累有呈告者，适憎貌未偶。月余，牙人来，云有新鬻仆者，请阅焉。不疑与期于翌日，及所约时至，抵其家，有披朱衣牙笏者……云某少曾在名场，几及成事，襄以当家使于南海，蒙携引数年，记于岭中偶获婢仆等三数十人，自浙右已历南荆，货鬻殆尽，今但有六七人，承牙人致君子至焉。语毕……命请青衣六七人，并列于庭，曰："唯所选耳。"不疑曰："某以乏于仆使，今唯有钱六万，愿贡其价，却望高明度六万之直者一人以示之。"朱衣人曰："某价翔庳，各有差等。"遂指一鸦[23]鬟重耳者曰："春条可以偿耳。"不疑睹之，则果是私目者矣，即日操契付金。①

第三，负债。高利贷是私奴婢的一个重要来源，其为数之多，较之由买卖而来者，殆有过之无不及，这是自古以来，长久相沿的传统，迄未有所变改。例如，西汉初晁错即曾明确指出，农民在水旱不时，急政暴敛的煎迫下，常常是"当具有者半价而卖，亡者取倍称之息"，结果造成"卖田宅、鬻子孙，以偿债者矣"。这种悲惨结果的出现又完全是必然的，这就是马克思所说，小生产者的贫困化，"使高利贷寄生虫得以乘虚而入。对小农民来说，只要死一头母牛，他就不能按原有的规模来重新开始他的再生产。这样，他就坠入高利贷者的摆布之中，而一旦落到这种地步，他就永远不能翻身"②。因穷人举债，除以子女作抵押外，实别无有价物可以作为借债的担保，而在重利盘剥之下，转瞬即本利相当或利过于本，逾约则将其子女没入债主之家。唐时江南和岭南诸州，此风颇盛，而尤以岭南诸州为甚，其情况可由下引文献看出：

苏州大水，饥歉之后，编户男女多为诸道富家并虚契质钱，父母得钱数百、米数斗而已。今江南虽丰稔，而凋残未复，委淮南浙江东西等道，如苏湖等州，百姓愿赎男女者，官为详理，不得计衣

① 《太平广记》卷三百七十二，《张不疑》引《博异志》。
② 《资本论》第三卷第六七八页。人民出版社，一九七五年版，下同。

食及虚契征索，如父母已殁，任亲收赎，如父母无资，而自安于富家，不厌为贱者亦听。①

〔元和末，授袁州刺史〕袁州之俗，男女隶于人者，逾约则没入出钱之家。愈至，设法赎其所没男女，归其父母，仍削其俗法，不许隶人。②

右准律不许典贴良人男女作奴婢驱使，臣往任袁州刺史日，检责州界内得七百三十一人，并是良人男女，准律计佣折直，一时放免。原其本末，或因水旱不熟，或因公私债负，遂使典贴，渐以成风，名目虽殊，奴婢不别，鞭笞役使，至死乃休，既乖律文，实亏政理。袁州至小，尚有七百余人，天下诸州，其数固当不少。今因大庆，伏乞令有司重举旧章，一皆放免，仍勒长吏，严加检责，如有隐漏，必重科惩，则四海苍生，孰不感荷盛德。以前件如前，谨具奏闻，伏听敕旨。③

元和十年（公元八一五年），例移为柳州刺史。……柳州土俗，以男女质钱，过期则没入钱主，宗元革其乡法，其已没者，仍出私钱赎之，归其父母。④

元和中，尝例召至京师，又偕出为刺史，而子厚得柳州，既至，叹曰：是岂不足为政耶？因其土俗，为设教禁，州人顺赖。其俗以男女质钱，约不时赎，子本相侔，则没为奴婢。子厚与设方计，悉令赎归，其尤贫力不能者，令书其佣，足相当，则使归其质。观察使下其法于他州，比一岁，免而归者且千人。⑤

罗池庙者，故刺史柳侯庙也。柳侯为州（元和十年三月，以永州司马柳宗元为柳州刺史）……先时民贫以男女相质，久不得赎，尽没为隶。我侯之至，按国之故，以佣除本，悉夺归之。⑥

第四，馈赠。奴隶对于主人只是一种普通财物，当然可以作为商品买卖，可用于债务抵押，也可以作为礼物用于馈赠或贿遗。此风以岭南、福建和黔

① 文宗：《令百姓收赎男女诏》，《全唐文》卷七十二。
② 《旧唐书》卷一百六十，《韩愈传》。
③ 韩愈：《应所在典贴良人男女等状》，《全唐文》卷五百四十九。
④ 《旧唐书》卷一百六十，《柳宗元传》。
⑤ 韩愈：《柳子厚墓志铭》，《韩愈全集》卷三十三。
⑥ 韩愈：《柳州罗池庙碑》，《韩愈全集》卷三十一。

中等道为甚，如：

> 罗让，或以婢遗让者，问所从，答曰：女兄九人，皆为官所卖，留者独老母耳。让惨然，为焚券，召母归之。①
>
> 〔元和中〕改桂管观察使。外邸以赂请有司飞驿送诏，既而宪宗自遣宦人持诏赐启，启畏使者邀重饷，即曰："先五日已得诏。"使者绐请视，因持归，以闻，贬太仆少卿。启自陈献使者南口十五，帝怒，杀宦人，贬启虔外长史，死，始诏五管、福建、黔中道不得以口馈遗博易，罢腊口等使。②
>
> 〔元和八年（公元八一三年）〕九月，诏曰：比闻岭南五管并福建、黔中等道，多以南口饷遗，及于诸处博易，骨肉离析，良贱难分，念兹远人，受抑无告，所以去岁处分诸道，不令进献。近因赂遗事觉，方验诏旨不行，虽量轻重，各正刑典，犹虑未降明敕，尚有因循。自今岭南诸道辄不得以口饷遗，及将诸处博易。又有求利之徒，以口博易，关镇人吏，容纵颇多，并勒所在长吏，严加捉搦，如更违犯，必重科惩。③

3. 奴隶的待遇

奴隶是主人所有物，正如商品所有者对于一件商品那样，具有完全的所有权，即具有自由处分这件商品的全权。奴隶也是如此，不论其具体来源是什么，都是主人在付出一定代价之后而获得的，所以奴隶不仅要供主人驱使，而且时常会受到主人的虐待，完全是一个受剥削、受压迫的不自由的人，但其所受虐待的程度，则因人而异，其中有个别奴隶主对于奴隶不但不给予虐待，而且还使之生活得十分优裕，食粱肉、衣锦绣，游闲终日，无所事事。例如："独孤及上疏曰：人之生产，空于杼柚，拥兵者第管亘街，奴厌酒肉，而贫人羸饿就役。"④ 但是这样的奴隶主实如凤毛麟角，只能视为偶然的例外，多数奴隶主是残酷的，其情况有如下述：

---

① 《白孔六帖》卷二十。
② 《新唐书》卷一百三十九，《房琯传附启传》。
③ 《册府元龟》卷一百六十。
④ 《白孔六帖》卷二十。

夏侯彪，夏月食饮生虫，在下未曾历口，尝送客出门，奴盗食窗肉，彪还觉之，大怒，乃捉蝇与食，令呕出之。①

广州录事参军柳庆，独居一室，器用食物，并置卧内，奴有敢私取盐一撮者，庆鞭之见血。②

张绚尝乘船行，有一部曲，役力小不如意，绚便躬捶之，杖下臂折，无复活状，绚遂推江中。③

自拳五色袠，迸入他人宅，却捉苍头奴，玉鞭打一百。④

里有富豪翁，厚自奉养，而严督臧获，力屈形削，然犹役之无艺极，一旦不堪命，亡者过半，追亡者亦不来复。⑤

殴打是最常见的虐待，小不如意，则捶楚随之，所谓"鞭之见血""杖下臂折"，都是司空见惯的事，甚于此者，则是任意杀戮，狂暴的奴隶主对于杀戮奴婢，无异屠宰猪羊，唐代文献中屡见此类记载，可知杀奴是颇有其人的，例如：

唐则天初，京兆人季全闻，家富于财，性好杀戮，猪羊驴犊，皆烹宰于前。常养鹰鹞数十联，春夏采鱼鳖，秋冬猎狐兔。常与诸子取鸟雀，以刀齐刈其头，即放飞，看其飞得近远，远者为胜，近者为负，以此戏乐。在家极严，婢妾及奴客，有少事，或悬开其心，或剜去其眼。⑥

〔张仲武子直方〕性暴……〔大中中〕迁晓卫将军，奴婢细过辄杀，积其罪，贬思州司户参军。⑦

窦轨戒家奴无出外，忽遣奴取浆公厨，既而悔焉，曰：要当借汝头以明法，命斩奴。⑧

晋王济侍者，常于闱中就婢，取济衣物，婢遂欲奸之，其人云不敢。婢言若不从我，我当大叫，此人卒不肯。婢遂呼云："某甲欲

---

① 《太平广记》卷一百六十五，《夏侯彪》引《朝野佥载》。
② 《太平广记》卷一百六十五，《柳庆》引《朝野佥载》。
③ 《太平广记》卷一百二十，《张绚》引《还冤记》。
④ 贯休：《少年行》，《禅月集》卷一。
⑤ 刘禹锡：《调瑟词并序》，《刘宾客文集》卷二十一。
⑥ 《太平广记》卷一百三十二，《季全闻》引《广古今五行志》。
⑦ 《新唐书》卷二百一十二，《藩镇·张仲武传附直方传》。
⑧ 《白孔六帖》卷二十。

奸我。"济即令杀之，此人具陈说，济不信，故牵将去。①

〔元和八年（公元八一三年）二月辛卯〕宰相于顿[24] 男太常丞敏，专杀梁正言奴，弃涧中。事发，顿与男〔殿中少监驸马都尉〕季友素服待罪。贬顿恩王傅，于敏长流雷州，锢身发遣。②

但是也有完全相反的情况，即奴隶主经常为奴婢告讦，主人常因此获罪，仕宦之家畜奴婢者，受其胁制，人人自危，因一旦被其诬构，每致家破人亡，虽功臣之后，亦难自保。此类事件既屡见记载，可知唐代奴告主之风是很盛的，这里择要举例如下：

郭子仪婿赵纵，为奴当千所告，贬循州司马，留当千于内侍省。张镒上疏，以为太宗之法，奴告主者皆不受，尽令斩决。顷者，长安令李济得罪，因奴告；万年令霍晏得罪，因婢告。愚贱之辈，悖慢成风，主反畏之，动遭诬构。准律：奴婢告主，非谋反以上者，同自首法。今赵纵所犯非叛逆，而奴实奸凶，奴在禁中，纵独下狱。且将帅之功，莫大于子仪，坟土未干，两婿先已当辜，赵纵今又下狱，陛下方诛群贼，大用武臣，虽见宠于当时，恐息望于它日矣。德宗深纳之，杖杀当千，镒乃召子仪家僮数百，以死奴示之。③

有燕人何福殷者，以商贩为业，尝以十四万市得玉枕，遣家僮及商人李进卖于淮南，易茗而回。家僮无行，隐福殷货财数十万，福殷责其偿[25]，不伏，遂杖之。未几，家僮诣弘肇上变，言契丹主之入汴也，赵延寿遣福殷赍玉枕阴遗淮南，以致诚意。弘肇即日遣捕福殷等系之。解晖希旨，榜掠备至，福殷自诬，连罪者数辈，并弃市，妻女为弘肇帐下分取之，其家财籍没。④

弘肇都辖禁军，警卫都邑，专行刑杀，略无顾避……故相李崧为部曲诬告，族戮于市，取其幼女为婢。自是仕宦之家畜仆隶者，皆以姑息为意，而旧勋故将失势之后，为厮养辈之所胁制者，往往有之。⑤

---

① 《太平广记》卷一百二十九，《王济婢》引《还冤记》。
② 《旧唐书》卷十五，《宪宗纪下》。
③ 孔平仲：《续世说》卷十。
④ 《旧五代史》卷一百七，《史弘肇传》。
⑤ 《旧五代史》卷一百七，《史弘肇传》。

第四章　土地制度与土地问题

第一节　官　田

（一）官田的来源

唐代的土地制度，是历代土地制度的继续，在性质上和结构上与过去长期以来历代相沿的土地制度没有任何本质的不同。土地制度既然没有变，其所产生的土地问题，当然也就不可能变。例如，长期以来历久相沿而不能解决的土地兼并问题和由此伴生的各种社会问题，皆依然如故。这是在论述这一段土地制度和土地问题的历史时，必须首先明确的一个总的情况。当然这不是说唐代的土地制度和土地问题仅仅是前一朝代或前一个历史时期的简单重复，而是说即使在这一方面有一些形式的变化或有一点量的增加，甚至还标有一些新的名称，但却都不足以引起任何质的变化，也不足以改变问题的性质，对整个社会经济的发展更不可能产生任何重大影响，社会的各个经济部门的所有生产过程和分配过程，都在沿着各自固有的轨道，遵循着各自传统的方式在循序进行。

唐代社会处于长期变态封建社会的中期阶段，是变态封建社会的鼎盛时期，但是它的社会经济基础却没有什么变化，因为变态封建社会也是以一定的土地制度为基础的，土地制度没有变，也就是说整个农业经济的结构形态和生产方式没有变，这样，不管在农业的生产技术上会有什么改进，或在经营方法上有什么进步，都不足以改变农业经济结构的性质，更不足以扭转整个社会经济的发展形势。换言之，没有改变、也不可能改变的土地制度，必然保持着以此为基础而形成的小农制经济，而这种小农制经济亦必然照旧发挥着它的固有作用，从而依然如故地成为社会经济发展的一个巨大障碍，即成为封建制度长期存在和社会经济长期停滞不发展的一个主要原因。

唐代的土地从占有形式来看，仍与过去历代相同，是官田（或公田）与私田两大部分。所有山林川泽、道路桥梁、原隰丘陵、硗埆斥卤、荒野不毛的无主之田，只能由代表国家的政府占有，以其所有权属于官家，故称官田或公田，意谓官家或公家所有。此外，前朝的皇室、勋戚、权贵、豪门等私有的土地，于国破家亡、改朝换代之后，被后起王朝所没收，这些土地也都变成了官田，其他因犯罪被籍没家产，或因战乱饥荒而逃亡他乡，其所遗田产均成为荒芜不耕的无主之田，亦被官家没收，而并入官田之内。以上种种，都是形成大量官田的主要来源。

由政府自行开辟的土地，亦是官田的一个组成部分。这主要系指屯田而言。凡军州边防驻守之地，多是土旷人稀，有大片荒地而无人耕种之区，军旅岁兴，转运艰难，军粮不给，遂大大削弱了国防力量。一个早已行之有效的解决办法，就是利用当地大量的无主荒田来实行屯垦，以益军储。最初完全由军士屯田，有事则战，无事则耕，这样，便把边区一带大量的无主荒田开辟为耕地。屯田由官家开辟，当然归官家所有，从而扩大了官田在全部耕地中的份额，政府亦特设专官以董其事，如唐代官制中即有屯田郎中员外郎，掌天下屯田之政令，后来因荒地过多，亦招募人民到边区垦荒，故军屯之外又有民屯。后又将这种办法推行于内地，对罪没、逃亡的无主荒田，招募民人耕垦，用以一方面赈济贫困，一方面减少土地的荒芜程度。

下引各例，其土地皆直接由政府控制，并根据官家的需要，用之于畜牧、养殖或种植大田作物，这些土地显然都是政府所有的官田：

> 贞观中，初税草以给诸闲，而驿马有牧田。①
> 〔开元十六年（公元七二八年）十一月〕甲辰，弛陂泽禁。②
> 〔宝历二年（公元八二六年）七月癸未〕以渼陂隶尚食，禁民渔。③
>
> 〔德宗朝〕迁韶州刺史。韶自兵兴四十年，刺史以县为治署，而令丞杂处民间。申按公田之废者，募人假牛犁垦发，以所收半畀

---

① 《新唐书》卷五十一，《食货志》。
② 《新唐书》卷五，《玄宗纪》。
③ 《新唐书》卷八，《敬宗纪》。

之。田久不治，故肥美，岁入凡三万斛，诸工计所庸，受粟有差。①

唐代称田产为庄，故官田亦称官庄，例如：

> 诸州府除京兆、河南府外，应有官庄宅、铺店、碾硙、茶菜园、盐畦、车坊等，宜割属所管官府。②
>
> 〔宝历二年（公元八二六年）九月壬申〕敕：户部所管同州长春官庄宅，宜令内庄宅使管系。③
>
> 〔光化元年（公元八九八年）四月庚子〕上幸陕岵寺，宴从官于韩建所献御庄。④

唐代官私地主所有的庄田，多于其中的适宜地点建有房舍，供农民居住及经营管理所需，富贵人家的庄田多于其中建造别墅、花园等，如上引昭宗宴从官于韩建所献之御庄，当属此类，可知官田中有小部分是由臣下进献的。

官田是政府自有的产业，是一项收入来源，自然要妥善管理，防止私人影射侵占，例如：

> 〔天祐二年（公元九〇五年）十月〕丁亥敕：洛城坊曲内，旧有朝臣诸司宅舍，经乱荒榛。张全义葺理已来，皆已耕垦，既供军赋，即系公田。或恐每有披论，认为世业，须烦按验，遂启幸门。其都内坊曲及畿内已耕植田土，诸色人并不得论认。如要业田，一任买置。凡论认者，不在给还之限。如有本主元自差人勾当，不在此限。如荒田无主，即许识认，付河南府。⑤
>
> 〔长兴二年（公元九三一年）六月〕诏止绝诸射系省店宅庄园。⑥

---

① 《新唐书》卷一百四十三，《徐申传》。
② 穆宗：《登极德音》，《全唐文》卷六十六。
③ 《旧唐书》卷十七上，《敬宗纪》。
④ 《旧唐书》卷二十上，《昭宗纪》。
⑤ 《旧唐书》卷二十下，《哀帝纪》。
⑥ 《旧五代史》卷四十二，《唐明宗纪八》。

张全义在洛阳经理官田，并将残破的洛阳从一片瓦砾中恢复起来，又成重镇，厥功甚伟，而正史记载皆语焉不详，宋人曾根据《搢绅旧闻记》详叙其事云："唐洛阳经黄巢之乱，城无居人，县邑荒圮，仅能筑三小城，又遭李罕之争夺，但遗余堵而已。张全义招怀理葺，复为壮藩。《五代史》于全文传书之甚略，《资治通鉴》虽稍详，亦不能尽，辄采张文定公所著《搢绅旧闻记》芟取其要，而载于此。……全义始至洛，于麾下百人中选可使者十八人，命之曰屯将，人给一旗一榜，于旧十八县中令招农户自耕种。流民渐归，又选可使者十八人，命之曰屯副，民之来者绥抚之，除杀人者死，余但加杖，无重刑，无租税。归者渐众，又选谙书计者十八人，命之曰屯判官，不一二年每屯户至数千，于农隙时选丁夫，教以弓矢枪剑，为坐作进退之法，行之一二年，得丁夫二万余人，有盗贼即时擒捕。关市之赋，迫于无籍，刑宽事简，远近趋之如市，五年之内，号为富庶。于是奏每县除令簿主之，喜民力耕织者，知某家蚕麦善，必至其家，悉召老幼，亲慰劳之，赐以酒食茶采，遗之布衫裙裤，喜动颜色。见稼田中无草者，必下马观之，召田主赐衣服，若禾下有草，耕地不熟，则集众决责之，或诉以阙牛，则召责其邻伍曰：此少人牛，何不众助。自是以耕桑为务，家家有蓄积，水旱无饥人，在洛四十余年，至今庙食。"[1]

官田中亦有少量土地由政府自行种植，在性质上成为一种官营农场，政府特设专官以经理其事，例如：

〔长兴〕三年（公元九三二年）二月，枢密使奏：城内稻田务，每年破钱二千七百贯，获地利才及一千六百贯，所得不如所亡，请改种杂田。三司亦请罢稻田，欲其水利并于诸碾，以资变造，从之。[2]

（二）官田的利用

1. 赏赐

朝廷用土地赏赐，是土地私有制度确立以来历代通行的一种制度，隋唐

① 《容斋随笔》卷十四，《张全义治洛》。
② 《册府元龟》卷四百九十五。

两代不过照例踵行而已，但次数却比过去多，数量也比过去大。由于土地是不动产，是财富的一种存在形态，对于土地的所有者，又是一种直接的生息手段，获得了土地，不仅获得了一定数量的物质财富，而且获得了财富的增长手段，是人们群相追求的对象。在战国秦汉年间，当货币经济发达，特别是当黄金作为主要货币时，代表财富的是黄金，黄金是有价物中价值最高的物品，故朝廷赏赐遂主要使用黄金，其种种情况，在《中国封建社会经济史》第二卷中已多所论述。东汉以后，货币经济大为衰落，黄金退出流通，不再作为货币使用，并且受货币流通规律的支配，出现劣币驱逐良币的现象，黄金退入窖藏，市面绝迹，作为主要货币使用的是布、帛、谷、粟等自然物，以这些普通消费品作货币，不仅其单位价值很低，而且又容易贬值和变质，不能发挥价值的贮藏作用，贮藏稍久，即成粪土。总之，货币是不值钱的，以之行赏，达不到赏赐所要达到的目的。因此，赏赐必须以其他有价的实物代之，土地遂首膺其选，因土地原是人人企求的，但在正常的情况下只有通过购买，于付出一定代价之后才能获得，赏赐对于受赏者之所以可贵，是因为不通过买卖程序而突然获得大量土地。隋唐时代，仍然是实物货币占统治地位的时代，土地是财富的主要形态，朝廷要对功臣贵戚行赏，自然非用土地不可，而这时又是在长期大混乱之后，人口锐减，土地过剩，大量无主荒田尽归政府所有，朝廷手中掌握有充分的官田，可用以任意颁赏，故两代王朝对臣下赏赐土地的数目都相当巨大，动辄数千亩，由其赏赐次数之多，可知两代官田数量之大。

隋唐两代史籍中，关于赏赐土地的记载非常多，这里择其数量较大者各举数例，其他数十亩、数百亩的小量赏赐皆从略：

〔开皇十年（公元五九〇年），素击斩高智慧等〕江南大定，上遣左领军将军独孤陀至浚仪迎劳。比到京师，问者日至。拜素子玄奖为仪同，赐黄金四十斤，加银瓶，实以金钱，缣三千段，马二百匹，羊二千口，公田百顷，宅一区。[①]

〔开皇末，和上表自陈〕上览之，大悦，进位开府，赐物五百段，米三百石，地十顷。[②]

---

① 《隋书》卷四十八，《杨素传》。
② 《隋书》卷七十八，《艺术·来和传》。

〔仁寿中，以功〕赐田三十顷。①

大业三年（公元六〇七年），帝幸榆林郡，还至太原，谓衡曰："朕欲过公宅，可为朕作主人。"……衡俯伏辞谢，奉觞上寿。帝益欢，赐其宅傍田三十顷。②

〔大业九年（公元六一三年），玄破杨玄感〕车驾至高阳，征诣行在所，帝劳之曰："社稷之臣也，使朕无西顾之忧。"乃下诏……赐以良田、甲第、资物巨万。③

唐王朝的政权由起义而得，随李氏父子起兵的谋臣猛将如云，对于诛灭炀帝、改建李唐王朝，多立有特殊功勋，事成之后，必论功行赏，赏赐土地数量之大，又远过前朝，其著者如：

〔寂从高祖起义〕及京师平，赐良田千顷，甲第一区，物四万段。④

时太宗为陕东道行台，诏于管内得专处分。淮安王神通有功，太宗乃给田数十顷。后婕妤张氏之父令婕妤私奏，以乞其地，高祖手诏赐焉。神通以教给在前，遂不肯与。婕妤矫奏曰："敕赐妾父地，秦王夺之，以与神通。"高祖大怒，攘袂责太宗曰："我诏敕不行，尔之教命，州县即受。"⑤

〔李密为王世充所破，拥众归朝。勣具录所据州县名数及军人户口，遣使启密，使密自献〕使者以勣意闻奏，高祖大喜，曰："徐世勣感德推功，实纯臣也。"诏授黎阳总管、上柱国、莱国公，寻加右武侯大将军，改封曹国公，赐姓李氏，赐良田五十顷，甲第一区。⑥

初，高祖以义兵起太原，已定天下，悉罢遣归，其愿留宿卫者三万人。高祖以渭北白渠旁民弃腴田分给之，号"元从禁军"。⑦

曾祖仁基，字惟固，从太宗征辽东，以功赐宜君田二十顷，辽

---

① 《隋书》卷四十八，《杨素传》。
② 《隋书》卷五十六，《张衡传》。
③ 《隋书》卷六十三，《卫玄传》。
④ 《旧唐书》卷五十七，《裴寂传》。
⑤ 《旧唐书》卷六十四，《隐太子建成传》。
⑥ 《旧唐书》卷六十七，《李勣传》。
⑦ 《新唐书》卷五十，《兵志》。

口并马，牝牡各五十。①

〔袭誉历事高祖、太宗〕尝谓子孙曰：“吾近京城有赐田十顷，耕之可以充食；河内有赐桑千树，蚕之可以充衣；江东所写之书，读之可以求官。吾没之后，尔曹但能勤此三事，亦何羡于人。”②

显庆元年（公元六五六年），迁太子太傅。尝与右仆射张行成、中书令高季辅俱蒙赐地，志宁奏曰：“臣居关右，代袭箕裘，周、魏以来，基址不坠。行成等新营庄宅，尚少田园，于臣有余，乞申私让。”帝嘉其意，乃分赐行成及季辅。③

睿宗即位，加银青光禄大夫，行尚书右丞，仍旧知政事，进封徐国公，加实封通前五百户，赐物千段，奴婢二十人，宅一区，地十顷，马四匹，加以金银杂器。④

〔成器（按宪本名成器）以太子让玄宗，睿宗〕乃下制曰：“……成器可雍州牧、扬州大都督、太子太师，别加实封二千户，赐物五千段，细马二十匹，奴婢十房，甲第一区，良田三十顷。”⑤

〔开元二十六年（公元七三八年）正月丁丑〕以京兆稻田给贫民。⑥

〔代宗朝〕诏拜特进，封义阳郡王。既闻父见害，号绝泣血。〔马〕燧表其冤，加检校左散骑常侍，赐晋阳第一区，祁田五十顷，赠令奇户部尚书。璘字元亮，李怀光反，诏燧讨之。璘介五千兵先济河，与西师合。从燧入朝，为辅国大将军，赐靖恭里第一区，蓝田田四十顷。⑦

建中初，河朔兵挐战，民困，赋无所出。佑以为救敝莫若省用，省用则省官。乃上议曰：“……如魏置柱国，当时宿德盛业者居之，贵宠第一，周、隋间授受已多，国家以为励级，才得地三十顷耳。……”⑧

---

① 《新唐书》卷一百四十三，《元结传》。
② 《旧唐书》卷五十九，《李袭志传附袭誉传》。
③ 《旧唐书》卷七十八，《于志宁传》。
④ 《旧唐书》卷九十七，《刘幽求传》。
⑤ 《旧唐书》卷九十五，《让皇帝宪传》。
⑥ 《新唐书》卷五，《玄宗纪》。
⑦ 《新唐书》卷一百九十三，《忠义·符令琦传》。
⑧ 《新唐书》卷一百六十六，《杜佑传》。

〔载〕凤翔岐山人。父升，本景氏。曹王明妃元氏赐田在扶风，升主其租入，有劳，请于妃，冒为元氏。①

〔兴元元年（公元七八四年），德宗还长安，以晟有平乱功〕赐永崇里第及泾阳上田、延平门之林园。②

宣宗即位，光兴民伍，拜诸卫将军，迁平卢军节度使，徙河中、凤翔，又赐鄠、云阳二县良田。大中四年（公元八五〇年），诏除其租赋。宰相言：国常赋，窭人下户不免，奈何以外戚废法？帝悟，追格前诏。③

〔僖宗朝〕进位左仆射，赐持危启运保乂功臣，食邑四千户，食实封二百户，赐铁券，免十死罪，赐天兴县庄，善和宅各一区，兼京畿营田使。④

珏以老病耳疾，不任中书事，四上章请，明宗惜之，久而方允。乃授开府仪同三司、行尚书左仆射致仕，仍赐郑州庄一区。⑤

周太祖践阼，诏赐铢妻陕州庄宅各一区。⑥

历代王朝虽不断用官田行赏，而一次赏赐之数，动辄数百亩至数千亩，但在政府所拥有的官田中，仍只占很小一部分，而全国各地州府仍到处有大量闲田，空长草莱，无人垦辟，政府遂思加以利用，认为"与其虚弃，曷若济人"，乃以种种优惠条件，招募贫民，课励耕种。这样，既可以安抚流亡，增加户籍，又可以减少荒芜，增加生产，故历代王朝都千方百计地在进行招募工作，并给予种种优待，如分以定量官田，减免赋役，借贷种粮等等。通过这样方式分赐给的贫民的官田，在性质上也是一种赏赐，但作用却与前者大不相同。把官田赐予功臣贵戚，是增加了地主阶级的私有财产，也就是增加了地主阶级向农民榨取地租的手段；把官田分赐给贫民，则是使没有生产资料的直接生产者获得了生产资料，从而也就提高了社会生产力，增加了粮食生产，也就是增加了社会福利。历朝采取的办法是多种多样的，大致不外以下各例：

---

① 《新唐书》卷一百四十五，《元载传》。
② 《旧唐书》卷一百三十三，《李晟传》。
③ 《新唐书》卷二百六，《外戚·郑光传》。
④ 《旧唐书》卷一百七十九，《孔纬传》。
⑤ 《旧五代史》卷五十八，《郑珏传》。
⑥ 《旧五代史》卷一百七，《刘铢传》。

〔永徽二年（公元六五一年）〕九月癸卯，以同州苦泉牧地赐贫民。①

〔开元〕十六年（公元七二八年）十月敕曰：诸州客户有情愿属边缘利者，至彼给良沃田安置，仍给永年优复。宜令所司即与所管客户州计会，召取情愿者，随其所乐，具数奏闻。②

招募贫民到边地垦荒，既救济了贫穷，又充实了边疆，故政府要求对这些"情愿属边缘利者，至彼给良沃田安置"，使能"随其所乐"。这个办法也在内地推行。例如，宇文融建议将招募来的贫民组织起来，定户计口，授以官田，每丁给五十亩为私田，另每户给五亩为庐舍，并为造一两口空屋，供储存粮食农具之用，然后为之开巷陌，立闾伍，种桑枣，筑园蔬，形成一个小小聚落，使缓急相助，亲邻不失，这样，便在全国各地形成许多新村：

天下所检责客户，除两州计会，归本贯以外，便令所在编附，年限向满，须准居人，更令所在优矜。……窃料天下诸州，不可一例处置，且请从宽乡有剩田州作法。窃计有剩田者减三四十，州取其剩田，通融支给，其剩地者三分请取其一分以下，其浮户请任其亲戚乡里相就，每十户以上共作一坊，每户给五亩充宅，并为造一两口空宇，开巷陌，立闾伍，种桑枣，筑园蔬，使缓急相助，亲邻不失，丁别量给五十亩以上为私田，任其自营种，率十丁于近坊更共给一顷以为公田，共令营种，每丁一月，役功三日，计十丁一年共得三百六十日，营公田一顷，不啻得之，计平收一年不减百石，便纳随近州县，除役功三十六日外，更无租税。既是营田户，且免征行，安堵有余，必不流散。官司每丁纳收十石，其粟更不别支用，每至不熟年，斗别二十价，然后支用，计一丁年还出两丁以上，亦与正课不殊，则官收其役，不为矜纵，人缓其税，又得安舒，仓廪日殷，久长为便。其狭乡无剩地客多者，虽此法未该，准式许移窄就宽，不必要须留住。若宽乡安置

---

① 《新唐书》卷三，《高宗纪》。
② 《册府元龟》卷七十。

得所，人皆悦慕，则三两年后皆可改图，弃地尽作公田，狭乡总移宽处，仓廪既益，水旱无忧矣。①

嗣后各届政府一直在奉行这个政策，以荒闲无主之田招抚流亡，对逃户复业者，由州县官取逃死户田宅，量丁口充给。各州县的具体办法虽不尽相同，各丁口被给予的土地数目亦多少不等，但对流亡户都做了"安存措置，务从乐业"。类似的诏令不断颁发，可知朝廷对此十分重视。这里择要选录数例如下：

> 逃亡失业，萍泛无依，特宜招抚，使安乡井。其逃户复业者，宜给复三年，如百姓先货卖田宅尽者，宜委州县取逃死户田宅量丁口充给，仍仰县令亲至乡村，安存措置，务从乐业，以赡资粮。②
>
> 应诸道管内百姓，或因水旱兵荒，流离死绝，见在产业如无近亲承佃，各委州县切加检实，据桑地数具本户姓名，申本道观察使于官健中取无庄园有人丁者，量气力可及，据多少给付，便与公验，任充永业，不得令有掌职人妄为请射，其官健仍借贷种粮，分番上下，各任营农，放三年租税。……亡官失爵，放还流人，有庄田先经没官，被人请射，本主及子孙到，并委州县却还。③
>
> 君以人为本，人以食为天，有国有家，舍此无急。如闻州府之内，皆有闲田，空长蒿莱，无人垦辟。与其虚弃，曷若虚人，宜令所在长吏设法招募贫人，课励耕种，所收苗子，以备水旱，及当处军粮。④
>
> 宣宗大中元年（公元八四七年）二月制：应天下逃户见在桑田屋宇等，多是暂时东西，便被邻人与所由等计会，虽云代纳税钱，悉将斫伐毁拆，反愿归复，多以荡尽，因致荒废，遂成闲田。从今后，如有此色，勒乡村耆老与所田并邻近等同田产人，且为佃莳，与纳税钱，如五年内不来复业者，任便收租佃者为主，逃户不在理论之限。其屋宇桑田树木等，权佃人逃户未归五年内不得辄有毁除

---

① 宇文融：《定户口疏》，《全唐文》卷三百三。
② 《唐大诏令集》卷四，《改元大历赦》。
③ 《南郊改元德音》，《全唐文》卷六十六。
④ 宣宗：《召募闲田制》，《全唐文》卷七十九。

斫伐，如有违犯，据根口量情科责，并科所田等不检校之罪。①

〔大中三年（公元八四九年）〕八月，凤翔节度使李㻂奏收复秦州。制曰："……其秦、威、原三州及七关侧近，访闻田土肥沃，水草丰美，如百姓能耕垦种蒔，五年内不加税赋。五年已后，重定户籍，便任为永业。"②

〔天福〕七年（公元九四二年）二月丙子，敕唐、随、郢诸州府管界，多有旷土，宜令逐处晓谕人户，一任开垦佃蒔，仍自开耕后与免五年差徭，兼仰指挥。其荒闲田土，本主如是无力耕佃，即不得虚自占吝，仍且与招携到人户，分析以闻。③

晋高祖天福三年（公元九三八年）六月乙丑，金部郎中张铸奏：窃见所在乡村浮居人户，方思垦辟，正切耕耘，种木未满于十年，树谷未臻于三顷，似成产业，微有生涯，便被县司系名，定作乡村色役，惧其重敛，畏以严刑，遂舍所居，却思他适。睹兹阻隔，何以舒苏，既乘抚恤之门，徒有招携之令。伏乞皇帝陛下明示州府，特降条流，所在无主空闲荒地，一任百姓开耕，候及五顷已上，三年外即许县司量户科徭，如未及五顷已上者，不在搔扰之限。则致荒榛渐少，赋税增多，非惟下益蒸黎，实亦上资邦国，从之。④

朕以沿边百姓，适因灾诊，遂至流亡，抛弃乡园，扶携老幼，未有安泊之地，深怀悯念之心，宜切抚绥，庶令存济。其边界流移人户，差使臣与所在官吏抚恤安泊。其沧、景、德管内，甚有河淤退滩之土，蒿莱无主之田，颇是膏腴，少人耕种，可令新来百姓，量力佃蒔，只不得虚占土田，有妨别户居止。如是愿在别管界内居住者，亦听取便。所在关津口岸，不得阻滞，如边界有亲戚可依，亦听从便，仍人给斗粟，委三司支给，候安泊定，取便耕种，放差税。⑤

2. 公廨田与职分田

公廨田与职分田是官田利用的一个重要项目，换言之，朝廷所拥有的大

① 《册府元龟》卷七十。
② 《旧唐书》卷十八下，《宣宗纪》。
③ 《册府元龟》卷七十。
④ 《册府元龟》卷四百九十五。
⑤ 周太祖：《抚恤沿边流民敕》，《全唐文》卷一百二十三。

量官田，绝大部分系作公廨田和职分田之用，即作为各级政府的公费和各级官吏的俸禄，分配给从中央到地方的各级官署和中外大小官吏个人。两者的用途本截然不同。简单说，各级政府的公廨田，系以其收入作行政费，官吏个人不能占用；职分田是给予官吏个人的，以其收入作为官吏应得的俸禄，完全归官吏个人所有。职分田有时只占官吏俸禄的一部分，即大小官吏除各按其官阶品级给以一定数目的货币和实物（禄米）外，另给若干亩职分田，以其收入补充俸禄的不足；有时职分田即系俸禄的全部，即只给职分田，不再另发俸禄。隋唐两代史籍，对于这个制度记载甚详，其情况如下：

〔开皇十四年（公元五九四年）〕六月丁卯，诏省[1] 府州县皆给公廨田，不得治生，与人争利。①

先是，以百寮供费不足，台、省、府、寺，咸置廨钱，收息取给。孝慈以为官民争利，非兴化之道，上表请罢之，请公卿以下给职田各有差，上并嘉纳焉。②

京官又给职分田。一品者给田五顷，每品以五十亩为差，至五品则为田三顷，六品二顷五十亩，其下每品以五十亩为差，至九品为一顷。外官亦各有职分田。又给公廨田，以供公用。③

唐王朝代兴后，公廨田和职分田制度依旧，但做了必要的修订与补充，两者的授田数目均较隋代增多，从中央到地方的文武官员直到丞、掾、佐、贰都做了具体规定，其制如下：

〔武德元年（公元六一八年）定制〕一品有职分田十二顷，二品十顷，三品九顷，四品七顷，五品六顷，六品四顷，七品三顷五十亩，八品二顷五十亩，九品二顷，皆给百里内之地。诸州都督、都护、亲王府官，二品十二顷，三品十顷，四品八顷，五品七顷，六品五顷，七品四顷，八品三顷，九品二顷五十亩。镇戍关津岳渎官，五品五顷，六品三顷五十亩，七品三顷，八品二顷，九品一顷五十亩。三卫中郎将、上府折[2] 冲都尉，六顷，中府五顷五十亩，

① 《隋书》卷二，《高祖纪下》。
② 《隋书》卷四十六，《苏孝慈传》。
③ 《隋书》卷二十四，《食货志》。

下府及郎将五顷。上府果毅都尉四顷，中府三顷五十亩，下府三顷。上府长史别将三顷，中府、下府二顷五十亩。亲王府典军五顷五十亩，副典军四顷，千牛备身、左右太子千牛备身三顷。折冲上府兵曹二顷，中府、下府一顷五十亩。外军校尉一顷二十亩，旅帅一顷，队正副八十亩。亲王以下又有永业田百顷，职事官一品六十顷，郡王职事官从一品五十顷，国公职事官从二品三十五顷，县公职事官三品二十五顷，职事官从三品二十顷，侯职事官四品十二顷，子职事官五品八顷，男职事官从五品五顷，六品、七品二顷五十亩，八品、九品二顷。上柱国三十顷，柱国二十五顷；上护军二十顷，护军十五顷；上轻车都尉十顷，轻车都尉七顷；上骑都尉六顷，骑都尉四顷。骁骑飞骑尉八十亩，云骑武骑尉六十亩。散官五品以上给同职事官。五品以上，受田宽乡，六品以下，受于本乡。解免者追田，除名者受口分之田，袭爵者不别给。流内九品以上，口分终其身，六十以上，停私乃收。凡给田而无地者，亩给粟二斗。京司及州县皆有公廨田，供公私之费。……〔贞观〕十一年（公元六三七年），以职田侵渔百姓，诏给逃还贫户，视职田多少，每亩给粟二升，谓之地子。是岁，以水旱，复罢之。……十八年（公元六四四年），以京兆府岐、同、华、邠、坊州隙地陂泽可垦者，复给京官职田。……〔开元〕二十九年（公元七四一年），以京畿地狭，计丁给田犹不足，于是分诸司官在都者，给职田于都畿，以京师地给贫民。是时河南北职田兼税桑，有诏，公廨职田有桑者，毋督丝课。……永泰末，取州县官及折冲府官职田苗子三之一市轻货，以赈京官。……大历二年（公元七六七年），复给京兆府及畿县官职田，以三之一供军饷。……先是，州县职田、公廨田，每岁六月，以白簿上尚书省核实，至十月输送，则有黄籍，岁一易之；后不复簿上，唯授租清望要官，而职卑者，稽留不付，黄籍亦不复更矣。德宗即位，诏黄籍与白簿皆上有司。[①]

职田是中外大小官吏的生活来源，朝廷对此，极为重视，在执行过程中不断有所修改，虽有时废止，改给俸钱，但开支浩大，每为政府财力所不支，

---

① 《新唐书》卷五十五，《食货志五》。

故不旋踵即又恢复。上引《食货志》所载，系唐王朝历届政府实行此制的梗概，各书所载，皆大同小异，各级官吏的实得亩数或少有差异，亦出入不大。这里再举敦煌发现的唐代资料为例：

> 田令：二品职田十五顷，三品职田十二顷，四品职田九顷，五品职田七顷，六品职田五顷，七品职田四顷，八品职田三顷，九品职田两顷五十亩。①

政府对于职田管理办法时有变更，其情况已略见上文，关于职田租收遇前后任官吏交替时应如分领，政府亦做了明确规定：

> 大唐开元二十五年（公元七三七年）令：……职分陆田，限三月三十日，稻田限四月三十日，以前上者并入后人，以后上者入前人。其麦田以九月三十日为限，若前人自耕未种，后人酬其功值，已自耕者，准租分法，其价六斗以下者，依旧定，以上者，不得过六斗，并取情愿，不得抑配。②
>
> 乾元……三年（公元七六〇年）四月，工部尚书李遵奏：中外官职田者，苗子准令依租分法，并入新人，水陆田十一月一日已后上者，子并入官，草准式，当司官分其数迁改人，乃有一年之中数处合得者。按令云：职分陆田，限三月三十日已前，水田限四月三十日，夏田限九月三十日，已后上者入前人，已前上者入后人，即是各以耕种时在职者为主。③

关于取田租入的征收办法，政府亦以敕令做了明文规定：

> 〔天宝〕十二载（公元七五三年）十月敕：两京百官职田，承前佃民自送，道路或远，劳费颇多，自今已后，其职田去城五十里内者，依旧令佃民自送入城，自余限十月内便于所管州县并脚价贮纳，其脚价五十里外，每斗各征二文，一百里外不过三文，并令百

---

① 敦煌发现：《唐职官表》，见前引。
② 《山堂群书考索前集》卷六十五，《地理门·田制类》。
③ 《册府元龟》卷三百六。

官差本司请受。①

　　京官职田，准式并合佃人输送至京，中间杨国忠奏，去城五十里外贮纳县仓，本官自差人请受，缘定暂时寄贮，所由触途干[3]没，中闲司尤被抑屈，公私不便，因循累年。自今已后，京兆河南府诸县，并令依旧送京输纳，本官如邀诘停留，并辄受加耗，请准所费及剩数计赃以枉法论，至死者加役流。②

　　公廨田是政府按等级分配给各级官署的土地，以其租入作为各该政府的行政经费。分配的标准是根据各该官府在官制中的地位和作用，与作为官吏个人俸禄之用的职分田完全不同。在京诸司与在外诸司的公廨田，各有明确规定：

　　大唐凡京诸司各有公廨田：司农寺二十六顷，殿中省二十五顷，少府监二十二顷，太常寺二十顷，京兆府、河南府各十七顷，太府寺十六顷，吏部、户部各十五顷，兵部、内侍省各十四顷，中书省、将作监各十三顷，刑部、大理寺各十二顷，尚书都省、门下省、太子左春坊各十一顷，工部十顷，光禄寺、太仆寺、秘书监各九顷，礼部、鸿胪寺、都水监、太子詹事府各八顷，御史台、国子监、京县各七顷，左右卫、太子家令寺各六顷，卫尉寺、左右骁卫、左右武卫、左右威卫、左右领军卫、左右金吾卫、左右监门卫、太子左右春坊各五顷，太子左右卫率府、太史局各四顷，宗正寺、左右千牛卫、太子仆寺、左右司御率府、左右清道率府、左右监门率府各三顷，内坊、左右内率府、率更府各二顷。③

　　大唐……在外诸司公廨田，亦各有差。大都督府四十顷，中都督府三十五顷，下都督、都护府、上州各三十顷，中州二十顷，宫总监、下州各十五顷，上县十顷，中县八顷，下县六顷，上牧监、上镇各五顷，下县及中下牧司、竹监、中镇、诸军折冲府各四顷，诸冶监、诸仓监、下镇、上关各三顷，互市监、诸屯监、上戍、中

①　《唐会要》卷九十二。
②　肃宗：《职田准旧式输送至京敕》，《全唐文》卷四十四。
③　《通典》卷三十五，《职官》十七，《职田公廨田》。

关及津各二顷，其津隶都水则不别给，下关一顷五十亩，中戍、下戍、狱渎各一顷。①

隋唐两代都实行过公廨钱，即对各级官府不分给土地，而发给若干现款，称为公廨本钱，以之向民间放高利贷或经营贸易，以所得利息供公用。如上引《隋书·苏孝慈传》所称"以百寮供费不足，台、省、府、寺咸置廨钱，收息取给"。唐初，诸司置公廨本钱，以番官贸易取息，计员多少为月料。……〔贞观〕十二年（公元六三八年），罢诸司公廨本钱，以天下上户七千人为胥士，视防阁制而收其课，计官多少而给之。十五年（公元六四一年），复置公廨本钱，以诸司令史主之，号捉钱令史，每司九人，补于吏部。所主才五万钱以下，市肆贩易，月纳息钱四千，岁满受官。谏议大夫褚遂良上疏：京七十余司，更一二岁，捉钱令史六百余人受职。大学高第、诸州进士，拔十取五，犹有犯禁罹法者，况廛肆之人，苟得无耻，不可使其居职。太宗乃罢捉钱令史，复诏给百官俸。②

3. 屯田与营田

屯田和营田是由官府直接对荒闲无主之田加以耕垦利用，也是官田利用中的一个最大项目。因为上述的职分田和公廨田占用公田的数目虽很庞大，但却有其本身的限制，因官吏人数和机关数目是固定的。屯田或营田以开辟荒田为主，只要某处有荒田，官家就可以开辟利用，也就是有多少荒田，就可开辟多少屯田，开辟的屯田或营田的数量愈多，说明荒地的利用率越高。总之，以屯田或营田的方式利用荒田，是没有数额限制的。

屯田制度起源很早，历代无不奉行，最初都是遵行赵充国遗制，在边区屯田，因镇守边防的戍军，常因转输困难，军粮不继，乃令戍边士卒利用当地荒闲无主之田，就地耕垦种植，以益军储，从而缓和了由内地运粮的矛盾，同时也加强了国防力量。这个政策的成功，在政治上、经济上和军事上都有很大的贡献。后来这个办法也推行于内地，因内地各州府县到处多有无主荒田，政府自可加以利用，不使其空长蒿莱。实行屯田是一种最方便的利用方式，在内地既可以利用当地驻军垦植，也可以招募贫民耕垦，这样，既开辟了荒田，又救济了贫穷，并招抚了流亡。由贫民屯垦的荒田，一般称为营田，

---

① 《文献通考》卷六十五，《职官考十九·职田》。
② 《新唐书》卷五十五，《食货志五》。

但也混称屯田，对军屯、民屯，常不加区别。

政府对于屯田的经营管理相当重视，在官制中特设有屯田官员，以董其事，其制如下：

> 屯田郎中员外郎，掌天下屯田之政令，凡军州边防镇守，转运不给，则设屯田以益军储，其水陆腴瘠播植地宜，功庸烦省收率等级，咸取决焉。诸屯分田役力，各有程数：凡营稻一顷，将单功九百四十八日，禾二百八十三日，大豆一百九十二日，小豆一百九十二日……禾黍一百八十日，麦一百七十七日。……凡天下诸军州管屯总九百九十有二，大者五十顷，小者二十顷。凡当屯之中，地有良薄，岁有丰俭，各定为三等。凡屯皆有屯官、屯副。①
>
> 唐开元[4]二十五年（公元七三七年）令：诸屯隶司农寺者，每三十顷以下、二十顷以上为一屯，隶州镇诸军者，每五十顷为一屯。应置者皆从尚书省处分，其旧屯重置者，一依承前封疆为定，新置者并取荒闲无籍广占之地，其屯虽料五十顷，易田之处，各依乡原，量事加数，其屯官取勋官五品以上、及武散官弁前资边州县府镇戍八品以上文武官内，简堪者充，据所收斛斗等级为功优。诸屯田应用牛之处，山原川泽，土有硬软，至于耕垦，用力不同，土软处每一顷五十亩配牛一头，强硬处一顷二十亩配牛一头，即当屯之内有硬有软，亦准此法。其稻田每八十亩配牛一头。诸营田若五十顷外更有地剩配丁牛者，所收斛斗皆准顷亩折除，其大麦、小麦、干萝卜等，准粟计折斛斗，以定等级。天宝八年（公元七四九年），天下屯收者百九十一万三千九百六十石，关内五十六万三千八百一十石，河北四十万三千二百八十石，河东二十四万五千八百八十石，河西二十六万八十八石，陇右四十四万九百二石。后上元中，于楚州古谢阳湖置洪泽屯，寿州置芍陂屯，厥田沃壤，大获其利。②

从下引记载可以看出，唐朝政府对于屯田，制订了一套完整的管理制度，从尚书省、司农寺、州镇、巡行御史直到屯官、屯副，各有明确的职掌，上

---

① 《唐六典》卷七，《屯田郎中员外郎》。
② 《通典》卷二，《食货二·屯田》。

下制约，井井有条，讲求效率，赏罚严明，可知早在古代的封建统治时期，对于各种事业的管理制度也是非常讲求的：

> 唐开军府以扞要冲，因隙地置营田，天下屯总九百九十二，司农寺每屯三顷，州镇诸军每屯五十顷，水陆腴瘠播殖地宜，与其功庸烦省，收率之多少，皆决于尚书省。苑内屯以善农者为屯官屯副，御史巡行莅输，上地五十亩、瘠地二十亩、稻田八十亩则给牛一，诸屯以地良薄与岁之丰凶为三等，其民田岁获多少，取中熟为率，有警则以兵若干千人助收。隶司农者，卿、少卿循行治不法者。凡屯田收多者褒进之。岁以仲春，籍来岁顷亩州府军镇之远近，上兵部度便宜遣之。①
>
> 屯官叙功，以岁丰凶为上下，镇戍地可耕者，人给十亩以供粮。方春，令屯官巡行，谪作不时者。②

屯田本来是为了解决边防驻军的粮饷不足而兴起的一种救急办法，即由边防驻守兵士自己就地垦植，以补充粮运的不足。唐代的屯田亦主要在边区或边外驻防之地进行。史籍中有关记载甚多，这里仅择要举例如下：

> 太宗贞观初，张俭为朔州刺史，广营屯田，岁致数十万斛，边粮益饶，及遭丧俭，劝百姓相赡，遂免饥馁，州境独安。③
>
> 高宗显庆中，刘仁轨为带万州刺史，镇守百济，于是渐营屯田，积粮抚士，以经略高丽。④
>
> 则天天授初，娄师德为简较丰州都督，知营田事。则天书劳之曰：卿受委北垂，总司军任，往还灵夏，简较屯田，收粟既多，京坻遽积，不烦和籴之贵，无复输运之艰，两军及其镇兵，数年咸得支给，勤劳之诚，久而弥著，览以嘉尚，忻悦良深。长寿元年（公元六九二年），召拜夏官侍郎，判尚书事。明年，拜凤阁鸾台平章事，则天谓师德曰：王师外镇，必借边境营田，卿须不惮劬劳，更

---

① 《新唐书》卷五十三，《食货志三》。
② 元宗：《定屯官叙功诏》，《全唐文》卷三十一。
③ 《册府元龟》卷五百三。
④ 《册府元龟》卷五百三。

充使简较，又为河源、积石、怀远等军及河、兰、鄯、廓等州简较营田大使。①

郭元振为凉州都督。先是凉州南北不过四百余里，吐蕃、突厥二寇频至城下，百姓苦之。元振于南界硖石置和戎城，北界碛中置白停军，控其路要，遂拓州境一千五百里。自是虏不复纵。又会甘州刺史李汉通置屯田，尽水陆之利。往年粟麦斛至数千，及元振为都督，一缣易数十斛，军粮积数十年，牛羊被野，路不拾遗，为凉州五年，夷夏畏慕。②

中宗时王晙为桂州都督，桂州旧有屯兵，常运衡、永等州粮以馈之，晙始改筑罗郭，奏罢屯兵，又堰江水，开屯田数千顷，百姓赖之。③

李元谅贞元中为陇右节度，于泾州及良原收军田粟数万石。初将刈获，泾原节度刘昌遣兵数千屯于潘原，以御蕃寇，自是边军颇有积储。④

明宗天成二年（公元九二七年）八月，户部员外郎知诏诰于峤上言：请边上兵士起置营田，敩赵充国、诸葛亮之术，庶令且战且耕，望致轻徭。⑤

五代张希崇迁灵武节度使，灵州地接戎狄，戍兵饷道常苦抄掠，希崇乃开屯田，劝士耕种，军以足食，而省转馈，明宗下诏褒美。⑥

边区地广人稀，大片荒地无人耕垦，政府虽实行军屯，开辟出不少良田，但为数仍属有限，大片原野仍然是遍地蒿莱，荒芜满目。政府为了尽量多垦辟一些荒田，除利用边防兵士一部分人力外，后又实行囚犯屯田，即择天下囚徒合处死刑，而其人尚非巨蠹，特许生全，免其一死，将其家口流放边区，由军镇收管，其他应流役囚徒，亦配边关，由驻军收管，一律编入劳改队伍，使之垦荒，耕田植谷。例如：

武宗会昌六年（公元八四六年）五月赦节文：灵武天德三城封

---

① 《册府元龟》卷五百三。
② 刘肃：《大唐新语》卷四。
③ 《册府元龟》卷五百三。
④ 《册府元龟》卷五百三。
⑤ 《册府元龟》卷五百三。
⑥ 《白孔六帖》卷五十七。

部之内，皆有良田，缘无居人，久绝耕种，自今已后，天下囚徒合处死刑，愤非巨蠹者，特许生全，并家口配流三道，仍令本军镇各收管安存，兼接借农具，务使耕植。①

宣宗大中三年（公元八四九年）八月敕曰：原州、威州、秦州、武州、并六关，访闻土地肥饶，水草丰美，如有百姓要垦辟耕种，五年内不加税赋，五年后重定户籍，便为永业。其京城有犯事合流役囚徒，从今后一切配十处收管者。十处者，谓：原州、秦州、威州、武州、驿藏关、石门关、水峡关、六盘关、制胜关、石峡关。②

在边区，除实行军屯并利用少数囚犯以增辟耕地外，并招募贫民前往边区屯田，即除了实行军屯外又实行民屯以加速边区荒地的开发，这样做，在一定程度上增加了全国的水土资源，对于农业的发展是有利的。这里仅选录以下数例，略示梗概：

李承，大历末为淮南、淮西黜陟使，奏于楚州置常堰以御海潮，屯田塈卤，岁收十倍。至德宗初，严郢为京兆尹，宰相杨炎不习边事，请于丰州屯田，发关辅人开陵阳渠，人颇苦之。郢尝从事朔方，晓其利害，乃具五城旧屯，及募兵仓储等，数奏曰：按旧屯沃饶之地，今十不耕一，若力可垦辟，不俟浚渠，其诸屯水利，可耕之田甚广，盖功力不及，因致荒废。今若发两京关辅之人，于丰州浚渠营田，徒扰兆庶，必无其利。臣不敢远引他事，请以内园稻明之。且秦地膏腴，田称第一，其内园丁皆京兆人，于当处营田，月一易替，其易可见，然每人月给钱八千，粮食在外，内园使犹僦募不占，奏令府司集事，计一丁岁当钱九十六千，米七斛二斗，计所僦丁三百，每岁合给钱二万八千八百贯，米二千一百六十斛，不知岁终收获几何，臣计所得不补所费。况二千余里，发人出塞屯田，一岁方替，其粮谷从太原转饷，运直至多。又每人须给钱六十三千，米七斛二斗，私出资费，数又倍之，据所收必不登本，而关辅之人，不

① 《册府元龟》卷五百三。
② 《册府元龟》卷五百三。

免流散，是虚縻甸而无益军储，与天宝已前屯田事殊，臣虽至愚，不敢不熟计，惟当省察，疏奏不报。郢又上奏曰：伏以五城旧屯，其数至广，臣前已挟名闻奏讫，其五城军士，若以今日所运开渠之粮贷诸城官田，至冬输之，又以所送开渠功直布帛先给田者，至冬令据时估输谷，如此即关辅免于征发，五城丰厚，力农辟田，比之浚渠，十倍之利也。时炎方用事，郢议不省，卒开陵阳渠而竟弃之。①

严郢拜京兆尹，宰相杨炎请[5]屯田丰州，发关辅民凿陵阳渠。郢习朔边利病，即奏旧屯肥饶地今十不垦一，水田甚广，力不及而废，若发二京关辅民浚丰渠营田，扰而无利。②

严郢不是反对用民力屯田，而是反对用雇工办法来经营屯田，更反对杨炎为了要在丰州屯田，而劳民伤财凿陵阳渠以通灌溉，因丰州屯田并不缺水，而是缺乏劳动力，以致"旧屯肥饶地今十不垦一，水田甚广，力不足而废"，解决了劳力不足问题，即可照旧屯田，应将所运开渠功值布帛粮食贷诸官田，先给田者，使屯民生活有着，他们自然力农辟田，比之浚渠，其利十倍。

陆贽曰：臣愚谓宜罢四方之防秋者，以其数折而三之，其一，以所输资粮给应募者，以安其业，诏度支市牛召工，就诸屯缮完器具，至者家给牛一，耕耨水火之器毕具，一岁给二口粮，赐种子，劝之播莳，须一年，则使自给，有余粟者，县官倍价以售，既息调发之烦，又无幸免之弊，出则人自为战，处则家自为耕，与夫暂屯遽罢，岂同日论哉。③

天下屯田收谷百九十余万斛。初度岁市粮于北都，以赡振武、天德、灵武、盐夏之军，费钱五六十万缗，沂河舟溺甚众。建中初，宰相杨炎请置屯田于丰州，发关辅民凿陵阳渠以增溉。京兆尹严郢尝从事朔方，知其利害，以为不便，疏奏不报。郢又奏五城旧屯，其数甚广，以开渠之粮贷诸城，约以冬输，又以开渠功直布帛先给田者，据估转谷，如此则关辅免调发，五城田辟，比之浚渠利十倍

①　《册府元龟》卷五百三。
②　《白孔六帖》卷五十七。
③　《白孔六帖》卷五十七。

也。时杨炎方用事，郜议不用，而陵阳渠亦不成。然振武、天德良田广袤千里，元和中，振武军饥，宰相李绛请开营田，可省度支漕运，及绝和籴欺隐。宪宗称善，乃以韩重华为振武京西营田和籴水运使，起代北垦田三百顷，出赃罪吏九百余人，给以耒耜耕牛，假种粮，使偿所负粟。二岁大熟，因募人为十五屯，每屯百三十人，人耕百亩。就高为堡，东起振武，西逾云州，极于中受降城，凡六百余里，列栅二十，垦田三千八百余里，岁收粟二十万石，省度支钱二千余万缗。重华入朝，奏请益开田五千顷，法用人七千，可以尽给五城。会李绛已罢，后宰相持其议而止。[①]

边区或边外屯田取得成功后，内地各道州县凡有大片荒地可资垦辟利用，政府亦广开屯田，并于王朝初建时即开始实行，例如：

唐高祖武德初，窦静为并州大总管府长史。时突厥为边患，师旅岁兴，军粮不属，静上表请于太原多置屯田，以省馈运。议者以人物凋零，不宜动众，书奏不省。静复上书，辞甚切，于是征静入朝，与裴寂、萧瑀、封德彝等争，不能屈，竟从静议，岁收数十万斛，高祖善之。六年（公元六二三年），秦王又奏请益置屯田于并州界，高祖从之。窦轨为益州道行台左仆射，击临兆羌，破其部众，轨度羌胡终为后患，于松州置屯田，以备后举。[②]

开元二十五年（公元七三七年）夏四月庚戌诏曰：陈、许、豫、寿等四州，本开稻田，将利百姓，度其收获，甚役功庸，何如分地均耕，令人自种。先所置屯田，宜并定基地，量给逃还及贫下百姓。[③]

臣再任河北，备知川泽。窃见漳水可以灌巨野，洪水可以溉汤阴，若开屯田，不减万顷，化萑[6]苇为粳稻，变斥卤为膏腴，用力非多，为利甚溥。谚云：岁在申酉，乞浆得酒，来岁甫迩，春事方兴。愿陛下不失天时，急趋地利，上可以丰国，下可以廪边，河漕通流，易于转运，此百代之利也。……今昧死上愚见，乞与大臣等

---

① 《新唐书》卷五十三，《食货志三》。
② 《册府元龟》卷五百三。
③ 《册府元龟》卷五百三。

谋，速下河北支度及沟渠使，检料施功，不后农节。①

自羯戎乱常，天步多艰，近连不解，十有四年，困之以饥馑，重之以天札，死者曝露，亡者惰游，编版之户，三耗其二，归耕之人，百无其一。将多于官吏，卒众于农人。古者八家为邻，一家从军，七家从之，犹曰兴师十万，内外骚动，不得操农桑者七十万家。今乃以一夫家食一伍，一余子衣一卒，师将不立，人将不堪，此圣上所旰食宵兴，求古今令典，可以济斯难者莫出于屯田。广德初，乃命相国元公昌其谟，分命诸道节度观察都团练使统其事，择封内闲田荒壤人所不耕者为其屯，求天下良才善政以食为首者掌其务，屯有都知，群士为之，都知有治，即邑为之官府，官府既建，吏胥备设，田有官，官有徒，野有夫，夫有任，上下相维如郡县，吉凶相恤如乡党，有诛赏之政驭其众，有教令之法颁于时，此其所以为屯也。虽天子命之，股肱赞之，至于宣上命，齐下力，经地域，制地事，辨土宜，均土法，简稼器，修稼政，陈三壤之种而敬其始，考九农之要而成其终，则都知之职，专达其事焉，讵可以非其人哉……浙西有三屯，嘉禾为之大，乃以大理评事朱自勉主之。且扬州在九州之地最广，全吴在扬州之域最大，嘉禾在全吴之壤最腴，故嘉禾一穰，江淮为之康，嘉禾一歉，江淮为之俭。公首选于众，独当其任，有宽简惠和之德，知艰难勤俭之事，政达乎本，智通乎时，仁爱足以结下，机权足以成务。嘉禾大田二十七屯，广轮曲折，千有余里，公画为封疆属于海，濬其畎浍达于川，求遂氏治野之法，修稻人稼泽之政，芟以殄草，剔以除木，风以布种，土以附根，颁其法也。冬耕春种，夏耘秋获，朝巡夕课，日考旬会，趋其时也。勤者劳之，惰者勖之，合耦助之，移田救之，宣其力也。下稽功事达之于上，上制禄食复之于下，叙其劳也。……元年冬，收入若干斛，数与浙西六州租税埒……。②

这是在内地实行屯田的一个全面规划。首先指出了唐王朝在安史之乱以后的全国经济形势，在农业极度凋敝和军需民食严重缺乏的情况下，唐王朝

---

① 张说：《请置屯田表》，《张燕公集》卷九。
② 李翰：《苏州、嘉兴屯田纪绩碑颂》，《唐文粹》卷二十一。

的命运已不绝如缕，乃"求古今令典，可以济斯难者莫出于屯田"，亦即屯田成了挽救危亡的一个有效途径，于是政府遂全力以赴，特设了各级主管官吏，使能上下相维，如臂使指，一切"宣上命、齐下力、经地域、辨土宜、均土法、简耡器、修稼政、陈三[7]壤之种而敬其始，考九农之要而成其终"，可知经营管理的效率很高，结果，浙西三屯的收获竟与浙西六州埒。

其他各地州县凡有荒原旷土可资利用者，亦纷纷开置屯田，都取得了一定效果。此数记载甚多，这里仅酌引数例，以见一斑：

宪宗末，天下营田者皆雇民或借庸以耕，又以瘠地易上地，民间苦之。穆宗即位，诏还所易地，而耕以官兵，耕官地者给三之一以终身。灵、武、邠、宁土广肥而民不知耕，太和末，王起奏立营田，后党项大扰河西，邠宁节度使毕诚亦募士开营田，岁收三十万斛，省度支钱数百万缗。①

高承简、裴度征蔡，奏署牙将，蔡平，诏折上蔡、郾城、遂平、西平四县为溵州，拜承简刺史，治郾城，始开屯田，列防庸，濒漷绵地二百里，无复水败，皆为腴田。②

宝历元年（公元八二五年），杨元卿为沧景节度使，诏以所置屯田，有裨国用，命兼充当道营田使。是冬，元卿上言，营田收廪粟二十万斛，请付度支充军粮。③

崔弘礼为河阳节度使，上言于秦渠下辟荒田三百顷，岁收粟二万斛，从宝历二年（公元八二六年）减去度支所给数。④

文宗太和中，殷侑为沧、齐、德等州观察使，上言：当管河北两州百姓耕牛，见管户一万三千六百九十四，除老弱单独外，其间大半力堪营种，去年缘无耕牛，百姓掘草根充粮，一年虚过，饥饿相继，转死道路。臣去年躬亲劝责，酌量人力，于一万三千户内，每户请牛一具，支绢绫五匹，计三万匹，余二千户不得牛营田，不敢不奏。诏曰：沧州营田已有次第，耕牛欠数，频有奏论，方及春

---

① 《新唐书》卷五十三，《食货志三》。
② 《白孔六帖》卷五十七。
③ 《册府元龟》卷五百三。
④ 《册府元龟》卷五百三。

农，实资济恤，宜更赐绫绢一万匹，其来年将士粮米，便勒本道自供。①

〔太和〕六年（公元八三二年）二月，户部尚书判度支王起奏：灵、武、邠、宁田土宽广，又复肥浓，悉堪种莳，承前但逐年旋支钱收籴，悉无贮积，与本道计会立营田，从之。②

〔天成二年（公元九二七年）〕十二月，左司郎中卢损上言，以今岁南征，运粮糜费，唐、邓、复、郢地利膏腴，请以下军官建兴置营田，庶减民役，以备军行。③

但是也有人反对在内地经营屯田，认为百官废弃职田散在各处，不可聚集一处改为屯田，百姓私田皆自耕种，不能夺私为公，改置屯田。而且于内地置屯田，必征用民力，役烦则妨民业，免庸则国赋有阙，故经营屯田的结果常得不偿失。下引一段记载，可代表这类反对意见：

李元纮，是时废京师职田，议者欲置屯田，元纮曰：军国不同，中外异制，若人闲无役，地弃不垦，以闲手耕弃地，省馈运，实军粮，于是有屯田，其为益尚矣。今百官所废职田不一贬，弗可聚也，百姓私田皆力自耕，不可取也，若置屯田，即当公私相易，调发丁夫。调役则业废于家，免庸则赋阙于国，内地为屯，古未有也，恐不得补失，徒为烦费，遂止。④

第二节　私有土地

（一）私人庄田

在全国所有的已耕土地之中，私有土地占绝大比重，官田只占其中的很

---

① 《册府元龟》卷五百三。
② 《册府元龟》卷五百三。
③ 《册府元龟》卷五百三。
④ 《白孔六帖》卷五十七。

小一部分，而且大都还是私人因罪没、逃亡、户绝而遗弃的荒闲土地，而私人占有的土地，除少数功勋、贵戚，由赏赐而获得外，其他都是通过买卖的正当程序而获得的，换言之，土地买卖是私人获得土地的主要形式。这种情况，实与过去历代完全相同，因为在土地私有制度确立之后，这样的发展趋势是不可更改的，所以历代的土地制度都是大同小异，不但制度的形式完全相同，而围绕着这样一种土地制度而必然伴生的一些土地问题也是基本相同，至多只有一点量的区别，而无任何本质的差异。因此，在论述不同时代的土地制度和土地问题时，很难避免在制度形式上或问题性质上与前代重复。唐代正处在长期变态封建社会发展的中期，任何社会经济问题都不是在唐代产生的，而是长期以来同一制度或同一问题的继续。但也要密切注意观察它可能发生的一些量的增加和一些形式上的变化，以及对整个社会经济必然要产生的过去历代都产生过的影响。这里用下引一些具体记载来分别说明这种情况：

〔高祖朝〕太常卿苏威立议，以为户口滋多，民田不赡，欲减功臣之地以给民。谊奏曰："百官者，历世勋贤，方蒙爵土，一旦削之，未见其可。如臣所虑，正恐朝臣功德不建，何患人田有不足？"上然之，竟寝威议。[①]

时天下亦乱，因劾，遂解去。叹曰："网罗在天，吾且安之！"乃还乡里，有田十六顷，在河渚间。……绩有奴婢数人，种黍，春秋酿酒，养凫雁，莳药草自供。[②]

〔母寡居〕非自手作及庄园禄赐所得，亲族礼遗，悉不许入门。[③]

祖裕，武德初隋州刺史，裕妻即高祖妹同安大长公主也。……方翼父仁表，贞观中为岐州刺史。仁表卒，妻李氏为主所斥，居于凤泉别业。时方翼尚幼，乃与庸保齐力勤作，苦心计，功不虚弃，数年，辟田数十顷，修饰馆宇，列植竹木，遂为富室。[④]

咸亨中，上书自陈："臣家赀不满千钱，有田三十亩，粟五十石。闻陛下封神岳，举豪英，故鬻钱走京师。朝廷九品，无葭莩亲，

① 《隋书》卷四十，《王谊传》。
② 《新唐书》卷一百九十六，《隐逸·王绩传》。
③ 《隋书》卷八十，《列女·郑善果传》。
④ 《旧唐书》卷一百八十五上，《良吏·王方翼传》。

行年三十，怀志洁操，未蒙一官，不能陈力，归报天子。陛下何惜玉阶方寸地，不使臣披露肝胆乎。"①

场伯父志操，颇刚简，未遇时，著《闲居赋》自托。常曰："得田十顷，僮婢十人，下有兄弟布粟之资，上可供先公伏腊，足矣。"②

〔开元十一年（公元七二三年）罢相〕嘉贞虽久历清要，然不立田园，及在定州，所亲有劝植田业者，嘉贞曰："吾忝历官荣，曾任国相，未死之际，岂忧饥馁？若负谴责，虽富田庄，亦无用也。比见朝士广占良田，及身没后，皆为无赖子弟作酒色之资，甚无谓也。"闻者皆叹伏。③

〔郢〕生平不治产，有劝营之者，答曰："禄禀虽薄，在我则有余，田庄何所取乎。"④

〔文宗时〕梁州城固人，以儒自业，身耕樵取给，老无子，乃以田宅财赀分给奴婢各为业，而身与妻隐南山，约奴婢过其舍，则给酒食，夫妇啸咏，相视为娱。⑤

〔懿宗时，居松江〕有田数百亩，屋三十楹。田苦下，雨潦，则与江通，故常苦饥。身畚锺[8]莍剌无休时。⑥

〔唐末，从曝[9]〕先人汧、陇之间，有田千顷，竹千亩，恐夺民利，不令理之，致岐阳父老再陈借寇之言，良有以也。⑦

大德欲要一居处，畿甸间旧无田园，鄜州虽有三两处庄子，缘百姓租佃多年，累有令公大王书请却[10]给还人户，盖不欲侵夺疲民，兼虑无知之辈，妄有影庇包役。⑧

从上引记载可以看出私有土地的性质，上自达官贵人，下至自耕农民，都是把或多或少的土地，作为自己的生活依据，如郑善果母，非自己庄园所

---

① 《新唐书》卷一百一十二，《员半千传》。
② 《新唐书》卷一百三十，《杨场传》。
③ 《旧唐书》卷九十九，《张嘉贞传》。
④ 《新唐书》卷一百六十五，《高郢传》。
⑤ 《新唐书》卷一百九十六，《隐逸·崔觐传》。
⑥ 《新唐书》卷一百九十六，《隐逸·陆龟蒙传》。
⑦ 《旧五代史》卷一百三十二，《李茂贞传附李从曝传》。
⑧ 豆卢革：《田园拮》，《全唐文》卷八百四十四。

得，亲族礼遗，悉不许入门，王方翼苦力勤作，又于原有庄田之外辟田数十顷，成为富室。诸如此类的情况，都与过去历代情况基本相同。

唐代的大小地主，一般多在自己的地产中建有房舍，多数亦即万居其中[11]，故唐人常把这种私有地产称为庄、庄田、庄园、庄子等等，因田间房舍本含有村庄之意，有时田间没有房舍也叫作庄，所以庄就是一块地产——一块私人地产，其正当来源，不外赏赐或买卖两途，当被赐予或买卖一块地产时，常称赐某处庄或买卖某处庄，例如：

> 宣宗舅郑光，敕赐云阳、鄠县两庄，皆令免税，宰臣奏恐非宜，……寻罢。葆光子同寮尝买一庄，喜其无税，乃谓曰：天下庄产，未有不征……①
>
> 唐李当尚书镇南梁日，境内多有朝士庄产，子孙侨寓其间，而不肖者相效为非。前政以其各有阶缘，弗克禁止，闾巷苦之。②

可见庄或庄产，就是普通地产，没有其他含义，更不是一种新的社会经济制度，有人误把唐代的庄园与欧洲中世纪的庄园制度（Manor System）混同起来，日本的学者作这样错误论断的人更多，这是十分谬误的。欧洲中世纪的庄园制度是领主制经济，是典型封建制度依以建立的基础，是封建领主依以进行农奴制剥削的一种土地制度，其结构形态与运用方式，与中国西周时的井田制度大致相同，这在《中国封建社会经济史》的第一卷中已经进行了详细阐述。唐代的庄或庄园，只是一种私人地产，是在土地私有制确立以后可以自由买卖的一块普通耕地，不管它的名称叫作什么，甚至是建有房舍、园圃、花木、台榭，也仍然是私人所有的一块地产，既可以用钱买进，亦可以随意卖出，与欧洲中世纪的庄园制度实风马牛不相及，只顾名，不思义，而无端把两者混同起来是极端错误的。

唐代的笔记小说中关于庄、庄田、庄园、庄子等等的记载很多，这里各举一些例证如下，可以更清楚地看出庄或庄园的性质和作用：

> 余温泉别业有田客，咸通中因耕于庄前冠盖山之阴，获古铜斗，

---

① 孙光宪：《北梦琐言》卷一。
② 孙光宪：《北梦琐言》卷三。

长二尺余……既治之，四周皆隐起麟凤龟龙之状，标有异字十，访于明篆籀者亦不能详。余思之古史云：秦皇所幸，令望气者望有佳气处辄瘗奇物以压当之，此其是乎？而庄后横冈，发自紫逻，联鸣皋，而东洎庄之左，已延袤数十里矣，庄西二里许，旧掘沟三道，以断厥势，亦类此也，故书。①

官庄大小共七所，都管地总五十七顷五十六亩三角，荒熟并柴浪等八顷三十八亩半，坡侧荒四十五顷一十八亩。……瓦屋一十二间，草舍二十间，果园一所。东市善和坊店舍共六间半，并瓦风伯庄荒熟一十一顷五十亩。②

陆贽知举，放崔群，后群知举，陆氏子简理被黜。群妻李夫人曰：子弟成长，盖置庄园？公曰：今年已置三十所矣，谓知举所放三十人也。夫人曰：君非陆相门生乎？若以君为良田，则陆氏一庄荒矣。③

贞元中，庶子沈聿，致仕永崇里。其子聿，尉三原，素有别业，在邑之西，聿因官遂修葺焉，于庄之北平原十余里，垣古埏以建牛坊，秩满，因归农焉。④

唐贞元四年（公元七八八年）春，常州录事参军李哲，家于丹阳县东郭，去五里有庄，多茅舍。⑤

开成中，有卢涵学究，家于洛下，有庄于万安山之阴。夏麦既登，时果又熟，遂独跨小马，造其庄。……及庄门，已三更，扃户阒然，唯有数乘空车在门外，群羊方咀草次，更无人物，……⑥

刘晏判官李邈，庄在高陵，庄客欠租课，积五六年，邈因罢归庄，方将责之，见仓库盈美，输尚未毕。⑦

李汾秀才者，越州上虞人也，性好幽寂，常居四明山，山下有张老庄，其家富，多养豕。⑧

① 皇甫枚：《三水小牍》卷上。
② 《金石萃编》卷一百十三，《重修大佛寺记》。
③ 《古今图书集成·考工典》卷一百三十一，引《唐语林》。
④ 《太平广记》卷三百七，《沈聿》引《集异记》。
⑤ 《太平广记》卷三百六十三，《李哲》引《通幽记》。
⑥ 《太平广记》卷三百七十二，《卢涵》引《传奇》。
⑦ 《太平广记》卷三百九十，《李邈》引《酉阳杂俎》。
⑧ 《太平广记》卷四百三十九，《李汾》引《集异记》。

太和中，有处士姚坤，不求荣达，常以钓鱼自适，居于东洛万安山南，以琴尊自怡。……坤旧有庄，质于嵩岭菩提寺，坤持其价而赎之。……①

唐有士人，客游十余年，归庄，庄在登封县……②

孙氏因崔财，致产极厚，养子年十八九，学艺已成，遂遣入京赴举。此子西上，途过郑州，去州约五十里，遇夜迷路。常有一火前引，而不见人。随火而行，二十余里，至庄门，扣开以寄宿，主人容之，舍于厅中，乃崔庄也。③

蜀人毋乾昭，有庄在射洪县，因往收刈。④

宜昌郡东安仁镇，有齐觉寺……其寺常住庄田，孳畜甚多。⑤

敏求数年间，曾被伊慎诸子求为妹婿。……伊氏有五女，其四皆已适人，敏求妻其小者。其兄宰方货城南一庄，得钱一千贯，悉将分给五妹为资装。敏求既成婚，即时领二百千，其姊四人曰：某娘最小，李郎又贫，盍各率十千以助焉，由是敏求获钱二百四十贯无差矣。⑥

天宝中，相州王叟者，家邺城，富有财，惟夫与妻，更无儿女，积粟近至万斛……庄宅尤广，客二百余户。⑦

上引各条记载，从各个方面说明了庄的性质，庄只是一块私人地产，某人有几处庄，即有几块地产，庄在某处，就是说某人地产位于某处。庄中常建有房舍，或为瓦屋，或为草舍，如《重修大佛寺记》详述了庄有几所，共有地若干顷亩，庄中有瓦屋一十二间，草舍二十间，系供庄客住宿和囤积粮食，作为全庄的仓库，如李邈有庄在高陵，方将赴庄责庄客五六年欠祖，至则"见仓库盈美，输尚未毕"。可知庄之所产即储于庄之仓库之中。庄既系人地产，主人自有权处分，可以之典质，如姚坤将庄质于嵩岭菩提寺，至期则持价赎之。除用以典质外，亦可任意卖出，如伊慎诸子为嫁妹而将城南一

① 《太平广记》卷四百五十四，《姚坤》引《传记》。
② 《太平广记》卷四百七十七，《登封士人》引《酉阳杂俎》。
③ 《太平广记》卷一百二十一，《崔尉子》引《原化记》。
④ 《太平广记》卷一百三十三，《毋乾昭》引《儆戒录》。
⑤ 《太平广记》卷一百三十四，《上公》引《玉堂闲话》。
⑥ 《太平广记》卷一百五十七，《李敏求》引《河东记》。
⑦ 《太平广记》卷一百六十五，《王叟》引《原化记》。

庄卖出，得地价一千贯。一般庄中都住有庄客，系耕种该庄田的佃户，如相州王叟庄田甚多，有庄客二百余户。总之，庄、庄田、庄园、庄子就是私人的一块地产，它的各种名称不表示任何特点，不容对之作任何另解或附会。

但也有富贵人家的庄田，对庄中房舍盛加修饰，甚至修建亭台楼阁，布置花木竹石，富丽堂皇，有如卿相别业。这里亦择要举数例如下：

中和中，有士人苏昌远，居苏州属邑，有小庄，去官道十里。吴中水乡，多有荷芰，忽一日见一女郎，素衣红脸，容质艳丽，阅其色，恍若神仙中人，自是与之相狎，以庄为幽会之所。苏生惑之既甚，尝以玉环赠之。①

元和癸巳（元和八年，公元八一三年）岁，中秋望夕，携觞，晚出建春门，期望月于韶别墅。行二三里，遇韶亦携觞自东来，驻马道周，未决所适。有二书生乘骢，复出建春门，揖璆、韶曰："二君子挈榼，得非求今夕望月地乎？某敝庄水竹台榭，名闻洛下，东南去此三二里，倘能迁辔，冀展倾盖之分耳。"璆、韶甚惬所望，乃往。②

仲殷乃拜乞射法，老人曰：观子似可教也，明日复期于此，不用令他人知也。仲殷乃明日复至其所，老人还至，遂引仲殷西行四五里，入一谷口，路渐低下，如入洞中，草树有异人间，仲殷弥敬之。约行三十余里，至一大庄，如卿相之别业焉。③

南阳临湍县北界，秘书郎袁测、襄阳掾王汧，皆止别业。大和六年（公元八三二年），客有李佐文者，旅食二庄，佐文琴棋[12]之流，颇为袁、王之所爱。佐文一日向暮，将止袁庄，仆夫抱衾前去，不一二里，阴风骤起，寒埃昏晦，俄而夜黑，岁乘独行，迷误甚远……④

有王知古者，东诸侯之贡士也。……〔咸通〕壬辰岁（咸通十三年，公元八七二年）冬十一月，知古尝晨兴，俛舍无烟，愁云塞望，悄然弗怡，乃徒步造〔张〕直方第，至则直方急趋，将出畋[13]

① 《太平广记》卷四百十七，《苏昌远》引《北梦琐言》。
② 《太平广记》卷五十，《嵩岳嫁女》引《纂异记》。
③ 《太平广记》卷三百七，《张仲殷》引《原化记》。
④ 《太平广记》卷三百四十七，《李佐文》引《集异记》。

也。谓知古曰：能相从乎？……遂联辔而去，出长夏门，则微霰初零，由阙塞而密雪如注，乃渡伊水而东，南践万安山之阴麓，而鞴弋之获甚伙，倾羽觞，烧兔肩，殊不觉有寒冬意。及散开雪霁，日将夕焉，忽有封狐突起于知古马首，乘酒驰之，数里不能及，又与猎徒相失。须臾，崔嵘烟暝，莫知所如，隐隐闻洛城暮钟，但彷徨于樵径古陌之上……长望间，有炬火甚明，乃依雪光而赴之，复若十余里，至则乔林交柯，而朱门中开，皓壁横亘，真北阙之甲第也。……阍曰：此乃南海副使崔中丞之庄也。①

博陵崔护，资质甚美，而孤洁寡合。举进士第。清明日，独游都城南，得居人庄，一亩之宫，花木丛萃，寂若无人。扣门久之，有女子自门隙窥之，问曰："谁耶？"护以姓字对，曰："寻春独行，酒渴求饮。"女入以杯水至，开门设床命坐，独倚小桃斜柯伫立，而意属殊厚……②

刘可大以天宝中举进士入京，出东都，途遇少年，状如贵公子，服色华侈，持弹弓而行，宾[14]从甚伟。初与可大相狎，数日同行，至华阴，云有庄在县东，相邀往，随至庄所，室宇宏壮，下客于厅……③

可见有些庄或庄田是富贵人家的豪华别墅，朱门粉壁，楼阁辉映，碧柳垂荫，花枝横路，有时虽一亩之宫，亦花木丛萃。但是庄或庄田的性质，并不因庄中有富丽房舍而改变其性质，它依然是一块私人地产，是可以随时买进、也可以随时卖出的地产。

（二）土地买卖与土地兼并

土地私有制度，是以土地自由买卖为主要内容的，因为私有的土地，是个人的私有财产，主人对于所占有的土地不仅有完全所有权，可以根据所有者的意志加以尽量使用，而且有自由处分权，可以根据所有者的意志买进或卖出，不受任何非所有者的阻挠或干涉，这正是土地所有者对土地所拥有的

① 《太平广记》卷四百五十五，《张直方》引《三水小牍》。
② 《太平广记》卷二百七十四，《崔护》引《本事诗》。
③ 《太平广记》卷三百三，《刘可大》引《广异记》。

完全所有权的一个集中表现，法律也保护这一行为的合法性，并不断以朝令敕令明白晓示，例如："〔元和八年（公元八一三年）十二月〕辛巳敕：应赐王公、公主、百官等庄宅、碾硙[15]、店铺、车坊、园林等，一任贴典货卖，其所缘税役，便令府县收管。"① 这说明在唐代土地买卖是完全自由的，从下引记载来看，在土地买卖上不存在任何限制：

〔攸绪〕则天皇后兄惟良子也。……后革命，封安平郡王，从封中岳，固辞官，愿隐居。……市田颍阳，使家奴杂作，自混于民。②

狄仁杰疏：比缘军兴，调发烦重，伤破家产，剔屋卖田。③

〔屈突仲任〕父亦典郡，庄在温，唯有仲任一子，怜念其少，恣其所为，性不好书，唯以樗蒲弋猎为事。父卒时，家僮数十人，资数百万，庄、第甚众，而仲任纵赏好色，荒饮博戏，卖易且尽。数年后，唯温县庄存焉，即货易田畴，析卖屋宇，又已尽矣。唯庄内一堂岿然，仆妾皆尽，家贫无计。④

这一记载是土地买卖的典型。达官权贵或富商大贾等财富所有者，通过土地买卖或其他途径集中起来的田连阡陌甚至跨州越县的大地产，大都是通过像屈突仲任这一类的败家子将祖产分期分批地货卖出去，供作荒饮博戏之资，结果便通过这个方式使大地产都化整为零，造成土地所有权的不停分散，不管原来的地产有多大，为了便于出卖，不得不分割成零星小块。这是从地主方面造成了小块土地所有制，成为构成小农制经济的条件之一，而地主阶级也发生某种分化，一些败家子于货卖田园、荡尽祖产之后，必然都是"家贫无计"，从地主阶级队伍中永远脱离了出来。

〔天宝中，所善胡人史敬忠〕又言天下且乱，劝慎矜居临汝，置田为后计。会婢春草有罪，将杀之，敬忠曰："勿杀，卖之可市十

① 《旧唐书》卷十五，《宪宗纪下》。
② 《新唐书》卷一百九十六，《隐逸·武攸绪传》。
③ 《白孔六帖》卷八十。
④ 《太平广记》卷一百，《屈突仲任》引《纪闻》。

牛，岁耕田十顷。"慎矜从之。①

李峤，臣计天下编户，贫弱者众，有卖舍帖田以供王役者。②

贞元十六年（公元八〇〇年）四月，节度姚南仲归朝，拜群义成军节度、郑滑观察等使。先寓居郑州，典质良田数顷，及为节度使，至镇，各与本地契书，分付所管令长，令召还本主，时论称美。③

初师道多买田于伊阙、陆浑之间，凡十所处，欲以舍山棚而衣食之。……期以嘉珍窃发时举火于山中，集二县山棚人作乱。④

晋高祖即位，即拜景岩〔延州〕节度使。景岩从事熊皦为人多智，阴察[16]景岩跋扈难制，惧其有异心，欲以利愚之，因语景岩，以为边地不可久安，为陈保名享利之策，言邠、泾多善田，其利百语，宜多市田射利以自厚，景岩信之，岁余其获甚多。⑤

常山属邑曰九门，有人鬻地与异居兄，议价不定，乃移于他人，他人须兄立券，兄固抑之，因诉于令。令以兄弟俱不义，送府。帝监之曰："人之不义，由牧长新至，教化所未能及，吾甚愧焉。若以至理言之，兄利良田，弟求善价，顺之则是，沮之则非，其兄不义之甚也，宜重笞焉。市田以高价者取之。"上下服其明。⑥

从上引诸例可以看出，土地买卖都是买者求良田，卖者求善价，双方之间是一种正常的交易行为，除价值规律在起作用外，其间不存在有任何超经济的力量。当然例外也并不是很少，因为在变态封建社会中，封建特权势力还经常在社会的各个方面到处出现。土地在封建社会中是财富的主要来源，多一分土地，即可以多获得一分财富，所以土地私有制度的开始，同时就是土地兼并的开始，这就是董仲舒早在西汉初叶即已指出的，当"坏井田，开阡陌，民得卖买"时，接着就出现了"富者田连阡陌，贫者无立锥之地"的两极分化现象。阡陌相连的大片地产，主要都由购买而来，这是土地兼并的

---

① 《新唐书》卷一百三十四，《杨慎矜传》。
② 《白孔六帖》卷八十。
③ 《旧唐书》卷一百四十，《卢群传》。
④ 《旧唐书》卷一百二十四，《李正己传附师道传》。
⑤ 《新五代史》卷四十七，《杂传·刘景岩传》。
⑥ 《旧五代史》卷七十五，《晋高祖纪一》。

主流，但也有少数封建特权阶级利用其特权地位和权势，用强买、霸占等手段，也获得了不少土地。当然这是非法的，遇到一个不畏权势的强项令就会被绳之以法，使之鸡飞蛋打，得不偿失，但是幸逃法网的也大有人在，仍不失为土地兼并的一个方面军，尽管其所侵占土地的绝对数是有限的。其种种情况，可由下引诸例看出：

> 建成、元吉……复与诸公主及六宫亲戚骄恣纵横，并兼田宅，侵夺犬马。同恶相济，掩蔽聪明，苟行己志，惟以甘言谀辞，承候颜色。①
>
> 先是，长吏多受百姓馈饷，顺德纠[17]摘，一无所容，称为良牧。前刺史张长贵、赵士达，并占境内膏腴之田数十顷，顺德并劾而追夺，分给贫户。②
>
> 太平公主田园遍近甸，皆上腴。③
>
> 〔开元中〕御史中丞宇文融承恩用事，以括获田户之功，本司校考为上下，从愿抑不与之。融颇以为恨，密奏从愿广占良田，至有百余顷。其后，上尝择堪为宰相者，或荐从愿，上曰："从愿广占田园，是不廉也"。遂止不用。④
>
> 贾敦颐徙瀛州刺史，永徽中迁洛[18]州，洛多豪右，占田类逾制，敦颐举没者三千余顷，以赋贫民。⑤
>
> 大唐开元十八年（公元七三〇年）金仙长公主……又奏：范阳县东南五十里上垅[19]村赵襄子淀中麦田庄、并果园一所及环山林麓，东接房南岭，南逼他山，西止白带山口，北限大山分水界，并永充供给。……⑥
>
> 李林甫为右仆射，京城邸第田园水硙，利尽上腴。城东有薛王别墅，林亭幽邃，甲于都邑，玄宗特以赐之。⑦
>
> 〔玄宗宠用宦官〕于是甲舍、名园、上腴之田为中人所名者，

---

① 《旧唐书》卷六十四，《隐太子于建成传》。
② 《旧唐书》卷五十八，《长孙顺德传》。
③ 《白孔六帖》卷八十。
④ 《旧唐书》卷一百，《卢从愿传》。
⑤ 《白孔六帖》卷八十。
⑥ 《金石萃编》卷八十三，《记石浮屠后》。
⑦ 《旧唐书》卷一百六，《李林甫传》；观《册府元龟》卷三百三十八。

半京畿矣。①

高力士传：中人若黎敬仁等，京师甲第池园，良田美产，占者什六。②

〔大历中，载作相〕城南膏腴别墅，连疆接畛，凡数十所。③

相国韦公宙，善治生，江陵府东有别业，良田美产，最号膏腴，而积稻如坻，皆为滞穗。咸通初，除广州节度使，懿宗以番禺珠翠之地，垂贪泉之戒。京兆从容奏对曰：江陵庄积谷尚有七千堆，固无所贪。懿皇曰：此可谓之足谷翁也。④

李澄颇殖产，伊川占膏腴，自都至阙口，畴野弥望，时谓地癖。⑤

许州长葛令严郜，衣冠族也。……咸通中罢任，乃于县西北境上陉山阳置别业，良田万顷，桑柘成阴，奇花芳草，与松竹交错，引泉成沼，即阜为台，尽登临之志矣。⑥

宪宗时，为左金吾卫大将军，长上万国俊夺兴平民田，吏畏不敢治，至是诉于惟简，即日废国俊，以地与民。⑦

〔长庆中〕拜河南尹。洛苑使姚文寿纵部曲夺民田，匿于军，吏不敢捕。府大集，部曲辄与文寿偕来，宿掩取，榜杀之。⑧

庐州营田吏施汴，尝恃势夺民田数十顷，其主退为其耕夫，不能自理，数年汴卒。⑨

历金州刺史，郡人有田产为中人所夺，仲方三疏奏闻，竟理其冤。⑩

〔高宗朝〕中书令褚遂良市地不如直，思谦劾之，罢为同州刺史。⑪

---

① 《新唐书》卷二百七，《宦者传叙》。
② 《白孔六帖》卷八十。
③ 《旧唐书》卷一百十八，《元载传》。
④ 孙光宪：《北梦琐言》卷三。
⑤ 《白孔六帖》卷八十。
⑥ 皇甫枚：《三水小牍》卷下。
⑦ 《新唐书》卷二百一十一，《藩镇·李宝臣传附惟简传》。
⑧ 《新唐书》卷一百七十七，《冯宿传》。
⑨ 《太平广记》卷一百三十四，《施汴》引《稽神录》。
⑩ 《旧唐书》卷九十九，《张九龄传附仲方传》。
⑪ 《新唐书》卷一百一十六，《韦思谦传》。

成安公主夺民园不酬直，朝隐取主奴杖之，由是权豪敛伏。①

李翱为庐州刺史，时州旱，遂疫，遗捐系路，亡籍口四万，权豪市田屋牟厚利，而窭户仍输赋。翱下教，使以田占租，无得隐，收豪室税万二千缗，贫弱以安。②

从上引各例可以看出，许多权贵豪门之广占膏腴美田，动辄千顷、万顷，其中有若干土地是通过不正当途径，由侵夺、霸占或以不等价方式强制购买的，但是这种非法行为每每要受到法律制裁。例如，褚遂良以一代名臣，也以"买地不如值"，被劾贬官，成安公主夺民园不酬直，李朝隐取主奴杖之，由是权豪敛伏，故一般财富所有者如稍知自爱，往往不出此下策，因他们本不乏买地之资，以身试法是不合算的，因此，由不正当途径以获得土地，在私有土地中所占的比重是很微小的。实际上一个普通农民也能勤俭致富，当土地归直接生产者自己所有，不再把土地收获物的一部或大部分以地租形式缴纳给地主，而完全归自己所有，农民分化的可能性就开始出现了，这就是马克思所说：

生产者已经有了较大的活动余地，去获得时间来从事剩余劳动，这种劳动的产品，同满足他的最必不可少的需要的劳动产品一样，归他自己所有。这个形式也会使各个直接生产者的经济状况出现更大的差别。至少，这种可能性已经存在，并且，这些直接生产者再去直接剥削别人劳动的手段的可能性也已经存在。③

下引二例，正突出地表现了这种情况：

卫庆者，汝坟编户也，其居在温泉，家世游惰，至庆乃服田，尝戴月耕于村南古项城之下。……自是家产日滋，饭牛四百蹄，垦田二千亩，其丝枲他物称足，十年间郁为富家翁。④
性好货殖，能图什一之利，良田甲第，相望于郡国。将终，以

---

① 《新唐书》卷一百二十九，《李朝隐传》。
② 《白孔六帖》卷七十九。
③ 《资本论》第三卷，第八九六页。
④ 皇甫枚：《三水小牍》卷上。

伊、洛之间田庄十数区上进，并籍于官焉。[①]

总之，全国耕地的绝大部分，被上述各色地主所占有，形成跨州越县的大地产，而广大贫穷农民都无立锥之地，或有很少一点土地，这说明唐代的土地兼并较之过去历代，殆有过之无不及，陆贽曾概论此形势云：

古先哲王，疆理天下，百亩之地，号曰一夫。盖一夫授田，不得过于百亩也，欲使人无废业，田无旷耕，人力田畴，二者适足，是以贫弱不至竭涸，富厚不至奢淫，法立事均，斯谓制度。今制度弛紊，疆理隳坏，恣人相吞，无复畔限，富者兼地数万亩，贫者无容足之居，依托豪强，以为私属，贷其种食，赁其田庐，终身服劳，无日休息，磬输所输，常患不充。有田之家，坐食租税，贫富悬绝，乃至于斯，厚敛促征，皆甚公赋。今京畿之内，每田一亩，官税五升，而私家收租，殆有亩至一石者，是二十倍于官税也；降及中等，租犹半之，是十倍于官税也。夫以土地王者之所有，耕稼农夫之所为，而兼并之徒，居然受利，官取其一，私取其十，稽人安得足食，公廪安得广储，风俗安得不贪，财货安得不壅。[②]

地主之所以要千方百计地收购土地，正是为了要通过地租形式对农民进行敲骨吸髓的剥削，不仅剥削去农民的全部剩余劳动，而且还剥削去一大部分必要劳动，故官税五升，私租一石，即私租二十倍于官税。可知陆贽所述地主对农民剥削的残酷性，唐代也是一个典型。

第三节　均田制度

实行均田制度，是北魏王朝的一个创举，受到当时和后世的普遍称赞，但是实际上它并不是要彻底改变土地占有的不均，更不是要彻底改变土地私有制度，因为土地私有制度是造成土地占有不均的根本原因。试看北魏王朝所颁布的均田令，根本就不触及土地私有制度，也没有否定土地买卖，对于

[①] 《旧五代史》卷一百二十三，《宋彦筠传》。
[②] 陆贽：《均节赋税恤百姓：其六论兼并之家私敛重于公税》，《全唐文》卷四百六十五。

原来土地所有者已经占有的土地，规定"有盈者无受无还"，就是明白表示对各人原有的私有土地不加过问。所以均田制度即使能彻底实行，切实收到了均田法令纸面上所要达到的目的，也不过是一种改良主义的治标办法，不能解决历史上长期存在并不断严重化的土地兼并问题。其实这一点古人早已明确指出：

> 观其立法，所受者露田，诸桑田不在还受之限，意桑田必是人户世业，是以栽种桑榆其上，而露田不栽树，则似所种者皆荒闲无主之田，必诸远流配谪无子孙及户绝者，墟宅桑榆，尽为公田，以供授受，则固非尽夺富人之田以予贫人也。又令：有盈者无受无还，不足者受种如法，盈者得卖其盈，不足者得买所不足。不得卖其分，亦不得买过所足。是令其从便买卖，以合均给之数，则又非强夺之以为公田，而授无田之人，与王莽所行异矣。[1]

这个制度既不能真正解决土地问题，而北魏王朝仍然要大张旗鼓地颁行均田法令，实另有其经济的和政治的目的。在经济方面，实行这个办法，将荒闲无主和无人利用的公田分配给无地农民，第一，减少了土地的荒芜程度，从而使农业获得发展，并在一定程虔上缓和了阶级矛盾，使"望绝一廛"的贫苦农民多少获得了一点生产资料，以免"地有遗利，民无余财"；第二，解决互争地权的纠纷，各人土地都重新分配，前此互争不让的产权问题都一笔勾销，从此以后，不致再因互"争亩畔而亡身"，使农村社会秩序得以安定；第三，通过计口授田，可以检括出隐漏户口，从而增加了政府的财政收入。

并且实行均田，不但不是要消灭私有土地制度，正相反，而是加强了土地私有制度，因为均田主要是利用无主荒田，是将公田的一部分变为私田，故私有土地所占的份额不是缩小，而是扩大了，因为受田的人除了四十亩露田外，还有二十亩世业田，身没不还，可以传诸子孙。这是使原来没有土地的人各有私田二十亩。

从政治方面看，北魏王朝大力推行均田制度，是怀有明显的政治目的的。因为拓跋族系以一个文化落后的少数民族在具有高度文明的汉族地区建立了

---

① 《文献通考》卷二，《田赋考》引郑夹漈言。

政权，他们为了便于统治，遂极力汉化，重用汉人，以适应汉族地区的固有传统。当时正是儒家学说盛行即所谓"经学昌盛"时期，朝廷上下极力师古，政府因应形势，颁布一些冠冕堂皇的诏令，借以迎合一般汉族士大夫的复古思潮。这些人囿于儒家的传统观念，加以对古代井田制度的向往，遂极力夸张藻饰，大事渲染，后世又转相因袭，遂异口同声地誉为一代宏规。但是一加考察，就可以发现北魏王朝对于它大事宣扬的均田制度并没有以全力推行，至少是没有在全国范围内推广，结果，当时和后世赞不绝口的均田制度，实际上不过是一种纸上谈兵的官样文章，在当时就没有对于日益严重的土地兼并问题起过什么显著作用，更不用说彻底解决土地问题了。关于这个问题，作者已另有专文讨论①，这里只是对唐代均田制度简叙其渊源所自而已。

这种有名无实的均田制度，北魏以后仍长期存在，历北周、北齐、隋直到唐代前期，每经一次改朝换代，这个功令必重新颁发一次，不管该届朝廷的运祚[20] 多么短促，也不管当时局势多么阽危和兵荒马乱，也要照例推行这个制度。例如，隋本是一个短命王朝，国势动荡，再传而亡，也屡次颁发均田法令：

〔开皇初定制〕自诸王以下，至于都督，皆给永业田，各有差。多者至一百顷，少者至四十亩。其丁男、中男永业、露田，皆遵后齐之制。并课树以桑榆及枣。其园宅，率三口给一亩，奴婢则五口给一亩。……②

〔开皇十年（公元五九〇年）〕五月乙未，诏曰："魏末丧乱，寓县瓜分，役车岁动，未遑休息。兵士军人，权置坊府，南征北伐，居处无定。家无完堵，地罕包桑，恒[21] 为流寓之人，竟无乡里之号。朕甚愍之。凡是军人，可悉属州县，垦田籍帐，一与民同。军府统领，宜依旧式。"③

时〔开皇十二年（公元五九二年）〕天下户口岁增，京辅及三河，地少而人众，衣食不给，议者咸欲徙就宽乡。其年冬，帝命诸

① 参见拙著《中国封建社会经济史》第三卷有关章节，又见拙著：《中国经济史论丛》上，《中国土地私有制度的发展与地主制经济》。
② 《隋书》卷二十四，《食货志》。
③ 《隋书》卷二，《高祖纪下》。

州考使议之，又令以其事策问四方贡士，竟无长算。帝乃发使四出，均天下之田，其狭乡每丁才至二十亩，老少又少焉。①

〔大业五年（公元六〇九年）春正月〕癸未，诏天下均田。

北魏以后历朝虽然颁前朝均田法令，但经一次颁发，对前朝法令都要做一些必要的修订与补充和一些增删或修改。唐代前期（到玄宗时为止）的田制，是均田制度的尾声，条文规定亦比较详密，其要点如下：

凡天下之田，五尺为步，二百有四步为亩，百亩为顷。②

大唐开元二十五年（公元七三七年）令：田广一步，长二百四十步为亩，百亩为顷。③

凡民始生为黄，四岁为小，十六为中，二十一为丁，六十为老。④

武德七年（公元六二四年），始定律令。以度田之制：丁男、中男给一顷，笃疾、废疾给四十亩，寡妻妾三十亩。若为户者，加二十亩。所授之田，十分之二为世业，八为口分。世业之田，身死则承户口便授之，口分则收入官，更以给人。⑤

武德七年夏四月庚子朔，赦天下，是日颁新律令，比开皇归制增新格五十三条，初定均田租庸调法。丁中之民，给田一顷，笃疾减十之六，寡妻妾减七，皆以什之二为世业，八为口分。⑥

武德七年，始定均田赋税：凡天下丁男十八以上者，给田一顷，笃疾废疾给田四十亩，寡妻妾三十亩，若为户者加二十亩，皆以二十亩为永业，其余为口分。……狭乡授口减乡之半，其他有薄厚，岁一易者，倍授之，宽乡三易者，不倍授。凡田乡有余，以给比乡，县有余，以给比县，州有余，以给比州。⑦

凡天下之田，五尺为步，二百有四十步为亩，百亩为顷。度其

---

① 《隋书》卷二十四，《食货志》。
② 《唐六典》卷三，《户部郎中员外郎》。
③ 《通典》卷二，《食货二·田制下》。
④ 《新唐书》卷五十一，《食货志一》。
⑤ 《旧唐书》卷四十八，《食货志》上。
⑥ 《资治通鉴》卷一百九十，《唐纪六》。
⑦ 《文献通考》卷二，《田赋考二·历代田赋之制》。

肥瘠宽狭，以居其人。凡给田之制有差，丁男中男以一顷，中男年十八已上者，亦依丁男给。老男笃疾废疾以四十亩，寡妻妾以三十亩，若为户者则减丁之半。凡田分为二等，一曰永业，一曰口分，丁之田二为永业，八为口分。凡道士给田三十亩，女冠二十亩，僧尼亦如之。凡官户受田，减百姓口分之半。凡天下百姓，给园宅地者，良口三人已上给一亩，三口加一亩，贱口五人给一亩，五口加一亩，其口分永业不与焉。若京城及州县郭下园宅不在此限。

　　凡给口分田，皆从便近居城之人，本县无田者，则隔县给受，凡应收授之田，皆起十月，毕十二月。凡授田，先课后不课，先贫后富，先无（旧唐志，无作多）后少。凡州县界内所部受田悉足者为宽乡，不足者为狭乡。凡官人〔及勋〕受永业田，亲王一百顷，职事官正一品六十顷，郡王及职事官从一品五十顷，国公若职事官二品四十顷，郡公若职事官从二品，三十五顷，县公若职事官三品二十五顷，职事官从三品二十顷，侯若职事官正四品十四顷，伯若职事官从四品十一顷，子若职事官正五品八顷，男若职事[22]官从五品五顷。上柱国三十顷，柱国二十五顷，上护军二十顷，护军十五顷，上轻车都尉一十顷，轻车都尉七顷，上骑都尉六顷，骑都尉四顷，骁骑尉、飞骑尉各八十亩，云骑尉、武骑尉各六十亩，其散官五品以上同职事给。其他并于宽乡请授，亦任隔越请射。荫帅皆许传之子孙，不在此授之限。若未请受而身亡者，子孙不合追请。若袭爵者祖父未请地，其子孙减初受者之半。

　　自王公以下皆有永业田。太皇太后、皇太后、皇后缌麻以上亲、内命妇一品以上亲、郡王及五品以上祖父兄弟，职事勋官三品以上有封者，若县男父子、国子太学四门学生、俊士、孝子、顺孙、义夫、节妇，同籍者，皆免课役。

　　工商者宽乡减半，狭乡不给。

　　若当家口分之外，先有地非狭乡者，并即回受。有胜追收，不足者更给。诸永业田皆传子孙，不在收授之限，即子孙犯除名者，所承之地亦不追。

　　每亩种桑五十根以上，榆枣各十根以上，三年种毕，乡土不宜者，任以所宜树充。

　　所给五品以上永业田，皆不得狭乡受，任于宽乡隔越射无主荒地充（即买荫赐田充者，虽狭乡亦听），其六品以下永业，即听本乡取还公田充，愿于宽乡取者亦听。应赐人田非指的处所者，不得狭乡给。其应给永业人，若官爵之内有解免者，从所解者追，其除名者，依口分例给，自外及有赐田者并追。当家之内有官爵及少口分应受者，并听回给，有胜追收。其因官爵应得永业，未请及未足而身亡者，子孙不合追请也。诸袭爵者唯得承父祖永业，不合别请。若父祖未请及未足而身亡者，减始受封者之半给。

诸驿封田皆随近给，每马一匹给地四十亩，若驿侧有牧马之处，匹各减五亩，其传送马每匹给田二十亩。①

从以上各点来看，作为一代法制，唐代的均田制度比北魏的均田制度完备多了，它把北魏的均田制和晋代的占田制糅合在一起，由亲王百官到庶民、奴婢乃至驿马都做了规定，所有还受办法、地权转移等等，都有法令明文，纲举目张，井然有序，成为一部完整的法典。但是从立法的精神实质来看，唐代的均田制度比北魏的均田制度对解决土地问题而言，是大大地退步了，因为北魏的均田制度虽然还允许买卖，但是限于应得份额之内，即不得"卖其分，亦不得买过所足"。唐代的均田法令则无此限制，不仅永业田可以买卖，口分田也可以买卖，这在唐初武德年间初颁均田令时，就做了明白规定：

武德七年（公元六二四年），始定均田赋税：凡庶人徙乡及贫无以葬者，得卖世业田，自狭乡而徙宽乡者，得并卖口分田。②

诸庶人有身死家贫无以供葬者，听卖永业田，即流移者亦如之，乐迁就宽乡者，并听卖口分（卖充住宅、邸店、碾硙者，虽非乐迁，亦听私卖）。诸买地者不得过本制，虽居狭乡，亦听依宽制。其卖者不得更请。凡卖买皆须经所部官司申牒，年终彼此除附，若无文牒辄卖买，财没不追，地还本主。……其官人永业田及赐田欲卖及贴赁者，皆不在禁限。③

后到高宗永徽中，因任意买卖，豪富乘机兼并，贫富两极化严重，致法

---

① 以上均见《通典》卷二，《食货二·田制下》。
② 《文献通考》卷二，《田赋考二·历代田赋之制》。
③ 《通典》卷二，《食货·田制下》。

令已名存实亡，于是朝廷乃不得不下令禁买卖世业口分田：

> 初，永徽中，禁买卖世业口分田。其后豪富兼并，贫者失业，于是〔开元二十二年（公元七三四年）〕诏买者还地而罚之。①
>
> 〔开元〕二十三年（公元七三五年）九月诏曰：天下百姓口分永业田，频有处分，不许买卖典贴，如闻尚未能断，贫人失业，豪富兼并，宜更申明处分，切令禁止，若有违犯，科违敕罪。②

除以敕令明白禁止外，又以法律条文规定：

> 诸卖口分田者，一亩笞十，二十亩加一等，罪止杖一百，地还本主，财没不追。即应合卖者，不用此律。③

条文似甚严厉，但却留一漏洞："即应合卖者，不用此律。"《疏议》释此条文云："即应合卖者，谓永业田家贫卖供葬，及口分田卖充宅及碾硙、邸店之类，狭乡乐迁就宽者，准令并许卖之。其赐田欲卖者，亦不在禁限。其五品以上若勋官，永业田亦并听卖，故云不用此律。"这实际上是在立法时即故意网开一面，为土地自由买卖大开绿灯，这显然不是由于立法人思虑不周，留有漏洞。这样一来，不仅由国家授予的口分田和永业田，可以用各种借口自由买卖，而且连赐田和勋官永业田亦可以自由买卖，这实际上是将土地买卖的一切限制都撤销了。所以唐代的均田法令在字面上是冠冕堂皇、纲举目张，不失为一代的重要历史文件，而实际上它的真实价值与纸面价值完全不符，它不是在阻止土地买卖，而是在促进土地买卖，因为通过这样的均田制度，将原来不能进行买卖的大量公田，现在以口分、永业的形式，在私人之间辗转买卖。这说明唐代的均田法令根本就是一纸空文，它自己就把自己否定了。

从唐代的经济情况来看，特别是中唐以前全盛时期，根本就不可能实行均田制度，因为在人口早已增多，而土地相对不足的情况下，实行均田制度的条件是不存在的。

---

① 《新唐书》卷五十一，《食货志一》。
② 《册府元龟》卷四百九十五。
③ 《唐律疏议》卷十二，《户婚上·卖口分田》。

不管北魏王朝实行均田制度的目的是什么，也不管它是否曾认真推行，它在当时实具有推行这一制度的客观条件，因为实行计口授田的先决条件，是土地相对过剩，而北魏王朝正是建立在长期丧乱和人口大量死亡之后，政府掌握了大量的无主荒田。唐代前期是远在这种丧乱之后，并且已经经过了长期的恢复，而进入国民经济的高涨和繁荣时期，沿袭古制、继续实行均田制度的客观条件已经不存在了。这时政府既没有掌握足够的荒闲无主之田来计口分配，而在土地可以自由买卖、豪富兼并又非常盛行的情况下，田各有主，政府不能夺此予彼，所以人给一顷的规定是不现实的。加以人口不断增殖，土地亦日益变为相对狭小，换言之，宽乡在日益减少，狭乡在日益增多，土地遂日益不敷分配，并且每一次还受，各人又留下二十亩永业，这样，交还给政府的是愈来愈少，政府应授予的是愈来愈多。因此，这个制度越是要普遍实行，就越是行不通。这一点，宋人刘恕早已评论过：

> 魏、齐、周、隋，兵革不息，农民少而旷土多，故均田之制存；至唐，承平日久，丁口滋众，官无闲田，不复给受，故田制为空文。①

唐代土地兼并问题非常严重，便是均田制度未能实行或行之无效的一个有力反证。上文已指出，高宗永徽中曾禁止买卖口分和世业田，禁令无效，开元时再加严禁令，仍无效，而豪富兼并却进行得如火如荼，均田令已早成具文，天宝中再申禁令，另订章程：

> 〔天宝十一载（公元七五二年）十一月乙丑诏曰〕：如闻王公百官及富豪之家，比置庄田，咨行吞并，莫惧章程。借荒者皆有熟田，因之侵夺；置牧者惟指山谷，不限多少。爰及口分永业，违法买卖，或改籍书，或云典贴，致令百姓无处安置，乃别停客户，使其佃食，既夺居人之业，实生浮惰之端，远近皆然，因循亦久，不有厘革，为弊虑深。其王公百官勋荫等家，应置庄田，不得逾于式令，仍更从宽典，务使宏通。其有同籍周期[23]以上亲具有勋荫者，每人占地顷亩，任其累计，某荫外有余，如旧是无勋荫地合卖者，先用钱

① 王应麟：《困学纪闻》卷十六，《历代田制考》。

买得，不可官收，限敕到百日内，容其转卖。其先不合荫，又荫外请射，兼借荒及无马置牧地之内，并从合荫者并不在占限，官还主，其口分永业地先合买卖，若有主来理者，其地虽经除附，不限载月近远，宜并却还，至于价值，准格并不合酬备，既缘先已用钱，审勘责其有契验可凭，特宜官为出钱，还其买人，其地若无主，论理不须收夺，庶使人皆撴实，地悉无遗，百姓知复于田畴，荫家不失其价值，此而或隐，罪必无容。又两京去城五百里内不合置牧地，地内熟田仍不得过五顷以上，十顷以下，其有余者，仰官收。应缘括简，共给授田地等，并委郡县长官及本判官录事，相知勾当，并特给复业，并无籍贯浮逃人，仍据丁口量地好恶，均平给授，便与编附，仍放当载租庸。如给未尽，明立簿帐，且官收租佃，不得辄给官人亲识。土商富豪兼并之家，如有妄请受者，先决一顿，然后准法科罪，不在官当荫赎，有能纠告者，地入纠人。各令采访使按覆见状闻奏，使司不纠察，与郡县官同罪。自今已后，更不得违法买卖口分永业田，及诸射兼借公私荒废地，无马妄请牧田，并潜停客户，有官者私营农。如辄有违犯，无官者决杖四十，有官者录奏取处分。又郡县官人，多有任所寄庄，言念贫弱，虑有侵损，先已定者，不可改移，自今已后，一切禁断。今所括地、授田，务从优矜，百姓不得妨夺，致有劳损，客户人无使惊扰。缘酬地价值出官钱，支科之间，必资总统，仍令两京出纳使杨国忠充使，都勾当条件处置，凡在士庶，宜悉朕心。[1]

这是唐代均田法令于形同具文、毫无实效之后的最后一次修订。从禁令中可以看出兼并是十分严重的，借荒置牧——"无马妄请牧田"，是侵占公田，"违法买卖口分永业田"是兼并私田，公私并进，"恣行吞并，莫惧章程"，"借荒者皆有熟田，因之侵夺；置牧惟指山谷，不限多少。爰及口分永业，违法买卖"。可知均田法令已完全成为具文了。

---

① 元宗：《禁官夺百姓口分永业田诏》，《全唐文》卷三十三。

第五章　农　业

第一节　水土资源的开发

（一）唐代是长期造田运动的继续和进一步发展

人类自从知道以粮食为食物以后，种植粮食作物就成为农业生产的主要内容，也就是把粮食作为人类食物构成的主要内容，动物性食品所占的比重实微不足道，于是畜牧业在农业中便逐渐退居次要地位，以家庭饲养形式成为农民的一种家庭副业。所以中国农业一开始就本着一条腿走路的方针，把农业生产的重点，主要放在谷物种植上。要种植，首先就得有耕地，耕地不是天然存在的，而是人工开辟出来的，所以造田（把荒野变为耕地）的开始，就是农业的开始，耕地面积的不断增辟和不断扩大，标志着农业的不断发展。

中国古人经常不断地在筚路蓝缕，以启山林，力图尽可能地扩大自己所占有的耕地面积，这是由自然条件和经济条件两种力量决定的。

自然条件中，包括地理因素和人口因素。

在远古时代，当人类的开化初露曙光，生产工具还是天然石块（由旧石器到新石器）和天然木棍和树枝（原始的耒耜）时，只能适应着自然地理条件，在地势平坦、低洼、没有高山峻岭的障碍而土质又比较疏松的地方，去把天然的土地改变为适于耕种的耕地。黄河中下游平原正是这样一个适宜的地点，因黄河自出三门峡之后，不远便脱离了太行山和秦岭的夹峙，在广阔无垠的土地上纵横奔流，把从黄土高原带来的泥沙沉淀下来，填平了无数的湖泊、沼泽和洼地，形成了一个极为巨大的三角形冲积扇，我国古代各族人民选择这个地方作为生聚繁衍的所在，就是由于这地方最容易开辟出耕地。

中国古代文化之所以发祥于黄河流域，自然条件实起着决定性作用。

天然土地都长满了森林、荆棘和草莽。开发草地是比较容易的，用原始的木石工具也能把地中的荆棘杂草除掉。《诗经》中还保留了除草造田的痕迹：

> 作之屏之，其菑其翳，修之平之，其灌其栵，启之辟之，其柽其椐，攘之剔之，其檿其柘。注：作，拔起也。屏，去之也。菑、翳，小木蒙密蔽翳者也。启、辟，芟除也。柽，河柳也，似扬赤色，生河边也。椐，樻也。檿，山桑也，与柘皆美材，可为弓干[1]，又可蚕也。①

杂草榛莽可以这样铲除，但是用木石工具是不可能把大片森林除掉的，唯一的办法是纵火焚烧，这是古人开辟耕地的主要方法，也是最容易实行的方法，大概土地开辟的开始，就是放火焚林的开始，在《孟子》中还可以找到古人这样开辟耕地的痕迹：

> 当尧之时，天下犹未平，洪水横流，泛滥于中国，草木畅茂，禽兽繁殖，五谷不登，禽兽逼人，兽蹄鸟迹之道交于中国，尧独忧之，举舜而敷治焉。舜使益掌火，益烈山泽而焚之，禽兽逃匿。……后稷教民稼穑，树艺五谷。②

这里可以不管孟子所说的时代和人物是否可信，他所说的古代经济状况和开辟耕地以经营农业的程序，却是社会进化的必经阶段，因为在林莽遍地、野兽出没而工具又非常简陋的情况下，除了纵火焚烧，把林莽烧平，把野兽赶走外，实无别的有效办法可以把荒原变成耕地。这种焚林造田的办法，后来一直延续下来，成为古人通用的一种耕作方法，所以开辟耕地，就是毁林、毁草，而毁草更多于毁林。

原始草原是一个天然牧场，以之发展畜牧业本是很自然的，但是由于人不能单靠动物性食品生活，需要种植粮食，要种植粮食，就不能不在草原上

---

① 《诗·大雅·皇矣》。
② 《孟子·滕文公上》。

开辟出一些可供种植的耕地来。最初是逐渐的，种植与畜牧共同成为农业生产的两大内容。不久，两者的比例关系就发生变化：种植的比例逐渐加大，畜牧的比例逐渐缩小，随着时间的推移，平原草地尽被开发，畜牧业也就逐渐从平原退往高原、山地，不知从何时起，种植业在农业生产中占据了主导地位，畜牧业被排挤掉了。从此，畜牧业仅仅是农民的家庭副业，在农民的经济生活中不占什么重要地位。随着人口的不断增多，粮食的需要越来越大，对平原草地的开发也就越来越广，迫使森林、草地逐渐向高原、山地一带后退。这样的发展变化，即以粮食生产为主的农业结构，到了战国时期就完全固定了下来。以三河（河南、河内、河东）地带为中心的黄河中下游平原，仍是这种农业结构的主要经济区，亦即全国的经济中心。

在平原开辟出耕地，进行粮食种植，仍然是一个与草斗争的过程，即经常不断地要把田中滋生的杂草烧掉，才能继续种植。《尔雅》说："田一岁曰菑，二岁曰新田，三岁曰畬。"[1] 《诗》："薄言采芑，于彼新田，于此菑亩。"[2] 这是说开辟耕地首先要除草，开辟成已熟之田，仍须不断除草，烧掉田中重生的草木曰菑。这样的轮耕方法，实际上是与草争地的交替过程。

人口的迅速增长，促使人们于已有耕地之外力求向外扩展。

古代人民的造田运动，首先是开辟黄河中下游的冲积平原，但是平原的面积是有限的，而古代各族人民又都向这个地区集中，经过数百千岁的生息繁殖，人口的自然增殖是很快的，逐渐改变着土地对人口负荷的能力。司马迁曾敏锐地观察到这个变化，指出："昔唐人都河东，殷人都河内，周人都河南。夫三河在天下之中，若鼎足，王者所更居也，建国各数百千岁，土地小狭，民人众，都国诸侯所聚会。"[3] 所谓"土地小狭，民人众"，是说黄河中下游平原地区已开发净尽，耕地不足的矛盾已日益尖锐，不得不设法另寻耕地。

当人们开始另寻耕地时，自然首先是在平原之内就近寻找可能利用的水土资源，这当然都是过去不准备利用的次等土地，如山地、坡地或沼泽沮洳等低洼积水之地。于是造田运动就显示出两个倾向：一是向山要田，即把山中的零星平地和不太陡的山坡开辟为耕地；二是向水要地，即把低洼下湿沮洳之地和湖边河滩淤积之地开辟为耕地。

---

① 《尔雅·释地》。
② 《诗·小雅·采芑》。
③ 《史记》卷一百二十九，《货殖列传》。

　　华北虽然是大平原，但外围地区却有不少山地和坡地可以开发利用，事实上向山索田，早在西周后期就已经开始了，《诗经》中还保留有这样的诗歌：

　　　　瞻彼阪田，有菀其特。注：阪田，崎岖饶埆之田。菀，茂盛之貌。特，特生之苗也。①

　　阪田就是山田或坡田，这是将过去不利用的土地利用起来，从而使耕地有所增加，并逐渐在农民的耕地中占重要地位，与平地农田起着相同的作用，故战国时的著作《周礼》即明确以三农并列：

　　　　大宰之职……以九职任万民，一曰三农。注：郑司农云：三农，平地、山、泽也。疏：一曰三农生九谷者，言三农谓农民于原、隰及平地三处营种，故云三农生九谷也。②

　　关于原、隰、平地三种不同的农田，《周礼》又进一步做了明确的解释：

　　　　大司徒之职，掌邦国土地之图……辨其山、林、川、泽、丘、陵、坟、衍、原、隰之名物。注：积石曰山，竹木曰林，注渎曰川，水钟曰泽，土高曰丘，大阜曰陵，水崖曰坟，下平曰衍，高平曰原，下湿曰隰。名物者，十等之名与所生之物。③

　　可见所谓三农（即平地农、山农、泽农）就是在"原、隰及平地三处营种"的农民。"高平曰原"，原就是把山里的平地和山坡开辟为田；"下湿曰隰"，隰就是把沼泽沮洳等下湿近水之地开辟为田；"下平曰衍"，就是原来已耕的广大平地。平地农是固有的，山农与泽农，则是后来随着土地的增辟而相继出现的。大概战国时期是发生这个变化的主要时期。大体上可以这样说，在春秋战国以前，农民的耕地只有一种，即平地，到了战国时期，在人口的压力下不得不降格去寻找耕地，从而出现了山农与泽农，也就是有了三

---

① 《诗·小雅·正月》。
② 《周礼·大宰》。
③ 《周礼·大司徒》。

种不同类型的耕地。这三种类型，到了汉代仍是营种的主要方式，上引《周礼》的注和疏，就都是出于汉儒之手，他们正是根据当时的实际情况来作经文注疏的。

　　原来山泽之地都是不适宜于耕种的，利用山间崎岖不平之土和近水盐碱不毛之地，乃在耕地不足的压力下不得已而为之。但是这样的扩展前景是不大的，因为水边斥卤之地和山间崎岖之壤是有限的，不能赖以解决耕地不足的矛盾。向境外平地扩展是造田运动的主流，从汉代起，这种扩展耕地的活动即越出黄河流域的平原范围而向外延伸。自然条件决定了农业区不能向北、向西多山多沙的高寒地带扩展，那里只能经营畜牧业，以种植为主的农业，要扩展耕地只能向南、向低平地带发展，这样，就只能向淮河流域延伸。淮河流域基本上是平地，境内河道纵横，沼泽遍地，便于修建渠道堤堰，以灌田畴，具有发展农业的优良条件，但在西汉初年时，还是一片沼泽沮洳之地，人烟稀少，见于史籍记载的都是大泽。但开发沼泽地比开发山地容易得多，而沼泽沮洳之地的土壤中含有大量腐殖质，改造为农田后，产量特别高，故淮河流域很快就变成人烟稠密的繁荣兴旺之地，继中原经济区之后成为一个新兴的经济区。整个汉代是开发淮河流域的主要时期，这是向低平地带发展，在性质上是在与水争田。

　　江南地区本具有发展农业的更为优越的条件，所有长江以南各地，都是土壤肥沃，气候温暖，雨量充沛，草木繁茂，适宜于农作物生长。而且又是水道纵横，湖泊沼泽遍地，无处不是水田，无处不种粳稻，而稻又是高产作物，粮食产量之大，不仅山农不能比，中原的平地农也不能与之相比。但是江南的开发却非常晚，终汉之一代，一直保持着原始状态，人们过着渔猎采集生活，部分地区虽已有了农业，但都处于十分落后的原始状态。这样一个适于发展农业的地区，其所以长期得不到开发，是因为人口稀少，缺乏劳动力。到了东汉末年至三国时期，情况才开始发生变化。由于中原大乱，人口大量南逃，使江南人口为之陡增，而南逃人口又大部分是逾淮渡江，散居在江东一带，故江东地区首先得到初步开发，这给孙吴在江东一隅建立割据政权提供了物质基础。这还仅仅是在开发的初期阶段，究因人力有限，还没有把江东的经济潜力都发挥出来，至于更进一步的全面开发，特别是要同时向开发的深度和广度发展，还有待于下一历史时期：由东晋南北朝至唐。

　　永嘉之乱，是中国历史上一次空前惨重的大破坏，仅十六国各游牧部族的互相砍杀，即达一百三十余年之久，整个北半部中国被破坏成"井堙木刊

（树木被砍光），阡陌夷灭"，"千里无烟爨之气，华夏无冠带之人"，广大人民被置于骨岳血海之中。只要没有被兵燹所屠戮，没有被饥馑所吞没的孑遗之民，无不仓惶出走，四散奔逃，各寻找自认为可以苟全性命的避难之所，其中以逃往江南者为最多，这给急待开发而苦于人力不足的江南，突然提供了充沛的劳动力来源，过去那种面对大片荒原而无法利用的局面，现在突然为热火朝天的造田运动所代替。一时外来的权贵和土著的豪门，各凭借封建特权，纷纷抢占土地，把原来无主的山林、沼泽、湖泊、平地，兼收并包，一齐抢占，所谓"固吝山泽""封略山湖""占山封水""名山大川、往往占固"等等记载，实充南朝各代的史乘，其由此形成的大庄园，常常都是跨州越县，幅员动辄数十里乃至数百里。

在江南，原、隰、平地都是处女地，向来无人利用，改造为耕地后，都是肥沃良田，单位面积产量很高，故造田运动的发展方向是三者兼包，齐头并进，豪强权贵们除了把平地迅速抢占为己有外，并大举向山索田——改造山地、坡地；向水索田——改造湖泊、沼泽等低洼积水之地。向三个方面进军的造田运动，都进行得如火如荼，其迅猛之势，曾引当时南朝历届政府的严重关切，因为被抢占的"山湖川泽"都是应属政府所有的公有土地，私人抢占后不仅"妨民害治"，妨害人民生活，而且与朝廷的利益直接冲突，私人多占一分公田，政府即损失一分利益，因此，政府才不得不谕令禁止。朝廷虽三令五申，而"封略山湖"如故，说明禁令是完全无效的。其实朝廷禁令之必然成为具文原在意料之中，因为能够"封略山湖"、任意抢占公田的，都是封建统治阶级中的特权人物，不仅南来的权贵都有或大或小的政治势力，朝廷对于他们不敢得罪，就是地方上的土豪，也都是势力浩大的地头蛇，朝廷偏安江南，基础不固，对于他们的既得利益也不敢轻于触动。结果，江南的山林川泽等无主之田遂尽被豪强圈占，他们化公为私，把应属政府所有的公田或官田尽数抢去。通过这种方式，一些官僚大地主拥有了跨州越县的大地产，由于江南的特殊情况——主要是人口稀少、劳动力不足，不能把大片地产分割成小块，用普通租佃办法分租给佃农，只有使用各种名称的奴隶劳动力——南来投靠的北方难民，来进行大种植园式的大规模经营。总之，通过这样迅速扩展的造地运动，使原来不用于种植的山林川泽，都变成了能生产粮食的肥沃良田，这对于江南农业生产的发展，实起了重大的促进作用，从而使全国的经济中心由中原移往江南，使南向扩展的造田运动结出了丰硕果实。

　　但是江南地区的土地开发，在东晋和南北朝时期，仍主要是向广度发展，没有、也来不及向深度发展，具体说，就是当时的权贵豪门都倾其全力争先恐后地去抢占山林川泽，唯恐走迟一步，使大片原野被别的捷足先登者抢去。但是他们把大片山林川泽抢到手之后，却又没有能力把这一丰硕果实消化掉，因这时期江南虽然涌进了不少北方难民，其绝对数量亦相当可观，但分散在江南各地后，每一个地方都为数有限，远不能胜任开发江南全境的任务，所以整个说来，六朝时期江南的开发，还处于一种草创的初期阶段。唐代继六朝之后，正接受了前人留下的这一份历史遗产，以此为基础，进一步继续向前发展，这个发展包括两个方向：一是继续向广度发展；二是进一步向深度发展。所谓向广度发展，就是沿着历来造田运动的扩展方向，继续向外延伸，首先是把江南境内尚未被前朝的权贵豪门抢占的山林川泽和一些不属于私人所有而又可以开发利用的荒原，以及虽被前人圈占，但因缺乏人力，仍陷于荒芜状态的土地，加以开发利用，使之由荒野变为良田。唐代正是这样一个时代，随着江南人口的迅速增长，把过去未能开发利用的土地，这时都加以开发利用。其次是使造田运动继续向外延伸——向更南的地方扩展，即除了继续开发江南全境外，又向岭南地区扩展，唐代是开发岭南的主要时期。总之，到了唐代，全国从北到南——直到国境的南端，所有平地都被开发利用了。

　　所有这些先后开发的耕地，除了大部分私有土地由私人耕垦种植外，所有以政府名义所占有的公田或官田，即原为山林川泽等无主之田和罪没逃亡遗弃之田而被政府所籍没的，政府亦做了合理使用，其使用方式就是第四章所论述的公廨田、职分田和屯田。如第四章所指出，公廨田是政府把所掌握的公田，按中外各级官府的等级分别给予数目不等的土地，以其收入作为各级政府的行政费用，田是给予官衙的，故称公廨田。职分田是给予官吏个人的。唐代中外各级政府的大小官吏，或者没有俸禄，或者只有不多的俸禄，政府对所有这些大小官吏，各按其官阶品级给予多少不等的土地，以其收入，作为官吏俸禄的全部或一部。公廨田和职分田都需要由人民代耕，实际上是将这些土地都按当地的租佃办法出租给农民的，故所有公廨田和职分田都散在各地民田之间，是由内地的各种不同来源的荒田构成的。屯田是由驻防边疆的戍守兵士在边地自行开辟的，这是将造田运动扩展到缘边或边外。唐时除了在缘边或边外实行屯田外，还在内地实行营田，即把由政府名义占有的内地荒田加以开发利用，从而减少了内地官田的荒芜程度。这一切，对于唐代农业的发展都起了很大的作用。

（二）向水要田与向山要田

上文已指出，古人的造田运动除了向平地扩展外，很早就出现了山农与泽农。山农即到高山之上或丘陵地带去开辟耕地，这主要是指山间可资利用的少量土地和丘陵斜坡以及山坡不太陡的地方；泽农即利用江河湖泊淤积沙滩和低洼沮洳之地，甚至把湖水排干，以湖底为田。这一类的造田运动虽起源很早，但却不是造田运动的主流，因为只要有平地可资开发，谁也不肯去与荒山野岭争尺寸之地，也不肯费巨大人力财力去排掉湖泊积水，待湖干涸后再改造为农田，故历代的造田运动，一直是沿着由北而南的方向去向平地扩展。但是到魏晋南北朝时期，全国的经济格局发生了重大变化，自古以来中原和关中（包括淮河流域），遭受到长时间的惨重破坏，斫丧了社会经济自我调整的机能，使凋敝不堪的社会经济难于恢复，江南地区由于有优越的自然条件，很自然地会代替原来的古老经济区而上升为全国的经济中心从而加速了江南的全面开发。但是江南是一个多山多水的地区，开发江南的造田运动，不能只顾平地，而遗弃山泽。故六朝时期一般权贵豪门兼并土地时，都是连山带水一齐抢占，史籍记载称之为"封略山湖""固吝山泽""占山封水""名山大川，往往占固"等等，可见都是把平地、山丘、湖泊等三者兼收并包。关于这些情况的详细阐述，已见于《中国封建社会经济史》第三卷中，就其著者而言，如："司徒竟陵王于宣城、临成、定陵三县立屯，封山泽数百里"；孔灵符"产业甚广，又于永兴立墅，周回三十五里，含带二山"；谢灵运更是"凿山浚湖，功役无已"，他开辟山田时，"尝自始宁南山伐木开径[2]，直至临海，从者数百人"。向水要田，大都是"垦起湖田"，就是把湖水完全排掉，俟湖底干涸后改造为农田，所以这些权贵们经常在消灭自然湖泊。例如"会稽东郭有回踵湖，〔谢〕灵运求决以为田"，由于会稽郡守孟𫖮不畏权势，坚持不与，"又求始宁岯崲湖为田"。可知被他消灭掉的自然湖泊川泽不知还有多少。

本来"决湖以为田"最简单、最彻底的办法是将湖水排干，但如湖水太深，不能排干，就在湖滨浅水之处纡回曲折地筑起围堤，使堤的两端与陆地相连，堤则伸入湖内，这样便把湖的一部分圈围起来，然后把堤内之水排掉，俟这部分湖底干涸后就得到一部分农田。这是围湖造田的典型，虽然没有把湖消灭，却把湖大大地缩小了，唐代的围田或圩田就是沿着这个方向继续发展的。

封水和占山，在南朝时期已进行得差不多了，各地的山林川泽早已被当时的权贵豪门所抢占，变成了有主之田，到了唐代，已不能到处去封，随意去占了，只能在前人打下的基础上再深入一步，所以唐时所谓封水，主要是在河滩、湖滨浅水之处筑堤，用堤圈围出土地。这样被圈围起来的田叫作"围田"，有的地方叫作"圩田"。字书：圩，音于，岸也。筑堤而圩水，曰圩。圩田的起源在唐以前，至唐圩田的名称已经很普遍，并常用圩田的形状来形容他物，例如注疏家司马贞（唐初人）就是用圩田的形状来解释孔子的"圩顶"的：

> 孔子生而首上圩顶，故名曰丘。《索隐》司马贞曰："圩顶，言顶窊也，故孔子顶如反宇，反宇者，若屋宇之反，中低而四方高也。"[1]

可知圩田在唐初已是很普遍的一种田法，"中低而四方高"，即水高于田，是因为用堤把水挡在堤外，堤内之水排出后，原来的湖底都变成了肥沃良田。王桢《农书》对于围田或圩田做了一个很扼要的解释：

> 围田，筑土作围，以绕田也。盖江淮之间，地多薮泽，或濒水，不时淹没，妨于耕种。其有力之家，度视地形，筑土作堤，环而不断，内容顷亩千百，皆为稼地。后值诸将屯戍，因令兵众分工起土，亦效此制，故官民异属。复有圩田，谓叠为圩岸，扞护外水，与此相类。虽有水旱，皆可救御。[2]

围田或圩田虽肇始于南朝，但那时还在刚产生不久的初期阶段，没有固定名称，唐代是这种造田运动的主要时期，也是唐代开发水土资源的一个重要项目，但史籍中具体记载却又不多。这种田法到宋代又有了进一步发展，故宋代文献中对此有颇多记载。唐宋两代的圩田法基本相同，可根据宋人记

---

①　《史记》卷四十七，《孔子世家》。
②　王桢：《农书》，《农器图谱集之一》。

载来看一看圩田的具体情况：

> 圩田者，江、浙、淮南有之，盖以水高于田，故为之圩岸。宣州化民、惠成二圩，相连长八十里，芜湖县、万春陶、新政和三官圩，共长一百四十五里，当涂县广济圩，长九十三里，私圩长五十里。建炎末，为军马所坏。绍兴初，命守臣茸治之。建康永丰圩，有田千顷，初以赐韩世忠，后归秦丞相，今隶行宫。淮西和州无为军，亦有圩田。绍兴三十年（公元一一六〇年），张少卿初为漕，徙民于近江，增茸圩岸，官给牛种，始使之就耕。凡圩岸皆如长堤，种榆树成行，望之如画云。①

可见围堤或圩岸，都是又高又厚，堤长少则数十里，多则百余里。这样巨大的堤岸纵横交错，屹立水中，自高处视之，蔚为大观。但是，堤岸尽管都是高大宽厚，堤外又杂生芦苇、水草，起着一定的护堤作用，却仍经不起水流冲刷，不时崩塌，须经常修补，故堤岸的建造和维修皆所费不赀，非"有力之家"不能修建圩岸。所以，围田或圩田大都是有钱有力的地主阶级修建的，也只有他们才能付出造田的基建费用和维修费用，一般小农庄是修不起圩岸的，其近水土地就只好所任涨潦淹没，就是勉强修建，也难于维持。

围田或圩田都是化湖为田，比决湖为田又进了一步，因决湖为田，必须把湖水排干，以湖底为田，而建造围堤或圩岸，是在湖水不能排干的情况下，把堤岸伸入水中，从水中造田。这样造出的围田或圩田原来都不是田，现在是凭空增加了水土资源，这对促进唐代农业的发展，实起了不小的作用。尤其是由水中造成的田，必然都是水田，只能种植高产的水稻，这样就更巩固了江南的经济地位，江南财赋之所以能成为唐王朝统治地位的支柱，发达的农业是一个主要原因。

但是这样的发展趋势超过一定限度，就会变成事物的反面，即利变成害，并且是贻害无穷。变湖为田、围湖造田，都是在被坏自然生态平衡，其迟早要受到大自然的严厉惩罚[3]。湖泊本是天然水库，对江河水流起着重大的调节作用，营造了围田或圩田，或决湖以为田，就是缩小了湖面或消灭了整个湖泊，使湖泊的调节作用完全丧失。这样的情况在唐代非常严重，江南的许

---

① 李心传：《建炎以来朝野杂记》甲集卷十六，《圩田》。

多湖泊被当地的权贵豪门消灭了。有时在人民群众的坚决斗争下，并遇到有不畏权势的地方官，竟毅然将土豪劣绅业已圈占干涸了的湖泊再恢复起来。当然这样的事是不多的，如润州练湖于被毁九十余年之后又恢复起来，实是绝无仅有的一例：

> 李华练塘颂序：润州练湖幅员四十里，其旁大姓强家泄流为田，专利上腴，亩收倍钟[4]，富剧淫衍，旱则悬耜，水则具舟，人罹其害。九十余祀，凡经上司，纷纭与夺，八十一断，曲能掩直，强者以待之。韦公素知截湖，申戒县史，率徒辟之，所润者远，原隰皆春，耕者饱，忧者泰。①

> 大江具区惟润州，其薮曰练湖，幅员四十里，菰蒲菱芡之多，龟鱼鳖蜃之生，厌饫江淮，膏润数州。其旁大姓强家，泄流为田，专利上腴，亩收倍钟，富剧淫衍，自丹阳、延陵、金坛环地三百里，数合五万室，旱则悬耜，水则具舟，人罹其害，九十余祀，凡经上司，纷纭与夺，八十一断。呜呼，曲能掩直，强者以得之，老幼怨痛，沉声无告。永泰元年（公元七六五年），王师大剪西戎，西戎既駣矣，生人舒息，诏公卿选贤良，先除二千石。以江南经用所资，首任能者。是岁十一月二十三日，拜前常州刺史京兆韦公损为润州。声如飘驰，先诏而至，吏人畏伏，男女相贺，即日上无贪刻，下无冤愤。公素知截湖润壤，灾甚螟螣，临事风生，指期以复。……公乃申戒县吏，卒徒辟之，人不俟召，呼拚从役，畚锸盖野，俊皋成蹊，增理故塘，统而合之，广湖为八十里，像月之规，俦金之固，水复其所，如鲸噎射，汹汹隐地，雷闻泉中。先程三日，若海之弥望，灏灏如吞吐日月，沈沈如韫蓄风雨。所润者远，原隰皆春，耕者饱，忧者泰。于是疏为斗门，既杀其溢，又支其泽，沃塉均品，河渠通流，商悦莫价，人勇输赋，遐迩受利，岂惟此州。②

但是这样的情况是不多的，事实上江南多数湖泊被其旁大姓强家泄流为田，或于湖中营造围堤或圩岸，结果，或者是把整个湖泊消灭，或者把湖面

---

① 《白孔六帖》卷八十一。
② 李华：《润州丹阳县复练唐颂》，《唐文粹》卷二十一。

缩小。自然平衡被破坏之后，灭害必接踵而至。水旱失调自然是小农民首遭其殃，接着大姓强家亦同受其祸。因水中筑堤之后，水中泥沙向堤外淤积，湖底淤高，于是圩堤又可向湖心延伸，这样，湖遂逐渐缩小，以至于消失，一旦河水暴涨，湖已不能容纳，势必将大小堤岸冲垮，造成水灾。其实就是没有把湖水排干，湖中堤岸交错，也严重妨碍了水流畅通，同样可以泛滥成灾，使大小圩堤同归于尽，而小农民则受害最大。总之，这种不合理的造田运动，不但没有解决了水土资源的不足问题，反而给社会经济带来了无穷祸害。

唐代造田运动的另一个进攻方向是向山地发展，这实际上是一个毁林、毁草运动。

中国有广大的丘陵地带和山区，丘陵——特别是缓坡可以辟为耕地，山中也有一些零星小块土地可耕。中国的农业又主要是种植粮食，粮食作物中除水稻外，都是在旱田种植的，有些品种对土壤的水分条件要求不高，山田、坡田等贫瘠土地亦能获得收成。但人口的压力日增，平地又早已开发净尽，加以土地兼并的结果使更多的人丧失了土地，于是上山开垦就成为一个争相奔赴的目标，所以很早就有了山农。山田大都是斜坡，平地是不多的，而且都是零星小块，大片土地也是不多的。前引《诗》所谓"赡彼阪田"，就是指这种崎岖硗埆的坡田而言。开辟这种崎岖硗埆的山地，并不是一件轻而易举的事，如果平地上还有可资开辟利用的荒地，哪怕是硗埆斥卤，谁也不肯舍易求难，去到深山野岭去寻找一点可耕之土，只有在人口压力不断增长和粮食需求十分迫切的情况下才被逼上山。

上文曾指出，在唐以前的漫长历史时期中，人们一直在争先恐后地抢占平地，沿着由北而南的方向，逐步向外延伸：由中原而两淮，由两淮而江南，由江南而岭南，至唐已扩展到南海之滨。所以早在唐以前，造田运动已经是向水要田和向山要田齐头并进了，唐代又向深度做了进一步发展。关于向水要田的情况已详见上文，向山要田进行得更为迅猛，从事人数之多和普及之快都远超过前代。因六朝时"占山封水"的主要是权贵豪门，他们于圈占了大量山林川泽之后，如果招募不到足够的奴客、部曲等奴隶劳动力，被圈占的土地只好继续荒芜。唐代则不然，耕垦山地的都是近山的贫苦农民，他们都是在平地得不到农田才不得不上山的。特别是在土地兼并不断发展的情况下，山间的小块土地正适合贫穷农民的需要。下引记载，可以说明这种情况：

虢居陕、华二州之间，而税重数倍。……衍又上陈人困，曰：

"臣所治多是山田，且为邮传冲要，属岁不登，颇甚流离。"①

老农家贫在山住，耕种山田三四亩。②

开元天宝之中，耕者益力，四海之内，高山绝壑，耒耜亦满。③

　　这充分说明唐代贫苦农民向山要田的迫切情况，故虽高山绝壑，亦有人在辛勤耕垦。

　　山中并没有现成的耕地，必须用人力去开辟。不论是深山之中还是山坡之上，都是林莽密布，杂草丛生，在生产工具简陋的时代，要把这些荒野开辟为耕地，除了放火烧山外，没有其他简便有效的办法。草木被烧去之后，稍加平整，即可播种。这种田法，古人叫作"畬（畬，读如奢）田"或"畬种"，唐人多称之为"烧畬"或"火田""火耕田"。这种田法起源亦很早，最初见于文献记载的是三国时期：

其山居川泽，有火耕畬种。④

　　唐诗中咏歌畬田或畬种的诗非常多，说明这种田法在唐代农业中占有重要地位，故引起诗人的重视，这里酌引数例如下：

煮井为盐速，烧畬度地偏。注：楚人烧榛种田曰畬。先以刀芟治林木，曰斫畬，其刀以木为柄，刀向曲，谓之畬刀。按集有诗曰：畬田费火耕。又曰：斫畬应费日，是也。⑤

斫畬应费日，解缆不知年。注：烧榛种田也。荆楚多畬田，先纵火燎[5] 炉，候经雨下种。历三岁，土脉竭，不可复树艺，但生草木，复燎旁山。燎，音气，热火烧草也。炉，音卢，火烧山界也。⑥

　　从上引两诗的注文，可以概见唐代畬耕的田法：首先是用一种特别的刀——畬刀，将选定地方的榛莽林木砍倒，然后"纵火燎炉"，就在草木灰中

---

① 《旧唐书》卷一百八十八，《孝友·崔衍传》。
② 张籍：《野老歌》，《全唐诗》卷十四。
③ 元结：《问进士第三》，《元次山文集》卷七。
④ 《太平御览》卷五十六，引《魏名臣奏》。
⑤ 杜甫：《秋日夔府咏怀》，《分门集注杜工部诗集》卷十八。
⑥ 杜甫：《自瀼西荆扉且移居东屯茅屋·其三》，同上，卷七。

候雨下种，三年之后，地力衰竭，不能再种，遂另选一合适地方，再以同一方法砍烧畬种。下引诸诗，又都做了生动的描绘：

何处好畬田，团团缦山腹。钻龟得雨卦，上山烧卧木。惊麏走且顾，群雉声呷喔。红焰远成霞，轻煤飞入郭。风引上高岑，猎猎度青林。青林望靡靡，赤光低复起。照潭出老蛟，爆竹惊山鬼。夜色不见山，孤明星汉间。如星复如月，俱逐晓风灭。本欲敲石光，遂致烘天热。下种暖灰中，乘阳坼芽蘖。苍仓一雨后，苕颖如云发。巴人拱手吟，耕耨不关心。由来得地势，径寸有余阴。①

起来望南山，山火烧山田。微红久如灭，短焰复相连。差差向岩石，冉冉凌青壁。低随回风尽，远照檐茅赤。邻翁能楚言，倚锸欲潸然。自言楚越俗，烧畬为旱田。豆苗虫促促，篱上花当屋。废栈豕归栏，广场鸡啄粟。新年春雨晴，处处赛神声。持钱就人卜，敲瓦隔林鸣。卜得山上卦，归来桑枣下。吹火向白茅，腰镰映赤蔗。风驱槲叶烟，槲树连平山。逆星拂霞外，飞烬落阶前。仰面呻复嚏，鸦娘咒丰岁。谁知苍翠容，尽作官家税。②

山上层层桃李花，云间烟火是人家。银钏金钗来负水，长刀短笠去烧畬。③

忆昨深山里，终朝看火耕。④

江南仲冬天，紫蔗节如鞭。海将盐作雪，山用火耕田。⑤

烧畬晓映远山色，伐树暝传深谷声。⑥

由上引诗句可以看出，深山野谷之中到处是在烧畬，而且经常不断地在烧，这是由两个原因造成的：一是无地农民到山中去烧畬造田的人很多，此熄彼起，故可以"终朝看火耕"；二是由于山田和坡田都是硗埆贫瘠之土，生产力不大，只能种些杂粮，贫穷农民聊以糊口，不灌溉，不施肥，完全靠天吃饭，故耕过两三年之后，地力即竭，须另觅地烧畬，即前引杜工部诗注所

① 刘禹锡：《畬田行》，《刘宾客文集》卷二十七。
② 温庭筠：《烧歌》，《温庭筠诗集》卷三。
③ 刘禹锡：《竹枝词》，《全唐诗》卷三百六十五。
④ 刘禹锡：《历阳书事七十韵》，《全唐诗》卷三百六十三。
⑤ 吕渭：《状江南·仲冬》，《全唐诗》卷三百七。
⑥ 李商隐：《赠田叟》，《李义山诗集》卷五。

云："历三岁，土脉竭，不可复树艺，但生草木，复燎旁山。"宋人范成大曾扼要解释说："畲田峡中，刀耕火种之地也，春初斫山，众木尽蹶，至当耕时，伺有雨候，则前一夕火之，藉其灰以粪。明日雨作，乘热土下种，即苗盛倍收，无雨反是。山多硗确，则一再斫烧，始可艺。"[1]

山中树木经常被一再斫烧，不久即成童山，天然植被被大量破坏，以致水土流失严重，结果，辛苦开辟出来的山田、坡田，转瞬即化为乌有，留下来的是怪石嶙崎。并且人们在开山田时，总是先从低处开起，然后步步登高；坡田则先从缓坡开始，然后逐渐陡峭，这些土地被雨水冲刷之后，只有再向高处进展，于是山则愈开愈高，坡则愈开愈陡，而雨水的冲刷也就愈来愈速，一块土地能够耕种的寿命遂愈来愈短。这种情况不限于南方山区和丘陵地带，北方黄土高原地区亦有同样情形。黄土高原土层既厚，质又疏松，易于开垦，缺地少地的农民很自然地会向山上发展。但是土质疏松，也更易冲刷，因而水土流失又远比南方为严重。并且森林被滥伐，植被遭破坏，又造成土壤的沙化，经常风沙弥[6]漫，沙漠南移，更直接威胁人民的生活。可见开发山田，不论在南方或北方，虽然都暂时获得了一点土地，缓和了一些农民缺地少地的矛盾，并取得了一点收益，但却给当时和后世造成无穷祸害。因山田最易冲刷，雨水冲刷了山上坡田，同时就淤塞了山下民田，山上山下之田同归于尽，所得远不能偿所失。至于由此造成的水旱灾害，其损失就更无法估计了。这是对唐代水土资源开发中的消极一面，不能不充分地估计到。

第二节　灌　溉

水是农作物的命脉，一个朝代是否注意兴修水利，是一个朝代农业能否发达的关键。由于中国社会经济的基本结构是小农制经济占支配地位，一家一户的小农民都是个体方式的经营，相互之间不能产生自愿的联合，以形成一种社会的集体力量，来兴建大规模的水利工程，如开凿人工渠道，以共同灌溉农田，用以提高土地的生产能力。他们只能消极地听任自然摆布，所谓靠天吃饭。于是政府（唯一的一种集体力量）就在这方面起着决定性作用，有一个注意兴修水利、扩大灌溉面积的政府，就会成为一个人给家足、经济繁荣的升平时代。反之，如果是沟渠堙灭、水利不修，必然来临的，便是灾

---

① 范成大：《劳畬耕并序》，《石湖居士诗集》卷十六。

荒连年、饥馑荐臻，甚至是人相食啖，白骨蔽野。所以一个王朝对于水利是否给以足够的关心和重视，是判断一个王朝兴衰隆替的准绳。马克思曾注意到了这个问题，并做了以下论述：

> 在亚洲……由于文明程度太低，幅员太大，不能产生自愿的联合，所以就迫切需要中央集权的政府来干预。因此亚洲的一切政府都不能不执行一种经济职能，即举办公共工程的职能。这种用人工方法提高土地肥沃程度的设施靠中央政府办理，中央政府如果忽略灌溉或排水，这种设施立刻就荒废下去，这就可以说明一件否则无法解释的事实，即大片先前耕种得很好的地区现在都荒芜不毛。①
>
> 我们在亚洲各国经常可以看到，农业在某一个政府统治下衰落下去，而在另一个政府统治下又复兴起来，收成的好坏在那里决定于政府的好坏，正像在欧洲决定于天气的好坏一样。②

唐代不是兴修水利的高潮时代，故唐代的农业发展并不突出，但也不是完全不注意人工灌溉。首先，唐王朝对于漕运仰赖殷切，故对于开凿和修整运河渠道极为重视，其情况已见"隋唐五代时期的交通"章中。开凿运河渠道是为了发展水路交通，但运河所经，沿途亦可灌溉，对农业亦同样有利，不过究与溉渠有别，为保证漕运畅通，对灌溉用水不能不有所限制。所以运河虽多，而灌溉之利并不太大。其次，唐朝政府设有专官，管理水利事宜，如开凿渠道，修补堤堰等等，是既管水利也管水害的官署，其职掌有如下述：

> 河渠署：掌修补堤堰渔钓之事。典事三人，掌固四人，长上渔师十人，短番渔师一百二十人，明资渔师一百二十人。③
>
> 都水使者，掌川泽津梁之政令，总舟楫河渠二署之官属。……凡京畿之内，渠堰陂池之坏决，则下于所由，而后修之。每渠及斗门，置长各一人。至溉田时，乃令节其水之多少，切其灌溉焉。每

---

① 马克思：《不列颠在印度的统治》，《马克思恩格斯选集》第二卷，第六十四页。人民出版社，一九七二年版，下同。
② 马克思：《不列颠在印度的统治》，《马克思恩格斯选集》第二卷，第六十五页。
③ 《旧唐书》卷四十四，《职官志三》。

岁府县差官一人以督察之，岁终录其功以为考课。①

各道州府的地方循良之吏，对于本地区的灌溉渠道多能注意疏浚修补，有些地方还保留着古代的著名溉渠，到唐时仍在继续发挥其固有效能，成为该地区农业生产的重要保证，也有原来的水渠被权贵豪门任意截流，以修建碾硙，致灌溉之益大减，有时经过地方强干官吏的不懈斗争，终于拆毁碾硙，以恢复溉渠旧观。以下酌选几个重要州府的新旧渠道修补疏浚事例，来看一看各道州府的农田水利情况：

关内道　京兆府　云阳县

泾水在县西南二十五里。初郑国分泾水置郑渠，后倪宽又穿六辅渠，今此渠与三原界六道小渠犹有存者。谨按秦始皇（公元前二四六年）元年，韩闻秦好兴事，欲疲之，乃使水工郑国间说令凿泾水，自仲山西邸瓠口为渠，东注洛三百余里，欲以溉田，中作而觉，秦欲杀国，国曰：始臣为间，然渠成亦秦之利。秦以为然，卒使就渠，既成，溉舄卤之地四万余顷，收皆亩一钟，关中无凶年，命为郑国渠。后至汉武帝元鼎六年（公元前一一一年），一百三十六岁，倪宽为左内史，又奏请穿六辅渠，以益溉郑渠旁高印之田。后十六岁[7]，赵中大夫白公又奏穿泾水注渭中，溉田四千余顷，人得其饶而歌之。大唐永徽六年（公元六五五年），雍州长史长孙祥奏言：往日郑白渠溉田四万余顷，今为富僧大贾，竞造碾硙，止溉一万许顷，于是高宗令分检渠上碾硙皆毁撤之，未几所毁皆复。广德二年（公元七六四年）臣吉甫先臣文献公为工部侍郎，复陈其弊，代宗亦命先臣拆去，私碾硙七十余所。岁余，先臣出牧常州，私制如初，至大历中，利所及才六千二百余顷。②

永徽六年，雍州长史长孙祥奏言：往日郑白渠溉田四万余顷，今为富商大贾竞造碾硙，堰遏费水，渠流梗涩，止溉一万许顷，请修营此渠，以便百姓，至于咸卤，亦堪为水田。高宗曰：疏导渠流，使通溉灌，济汲炎旱，应大利益。太尉无忌对曰：白渠水带泥淤，

---

① 《唐六典》卷二十三，《都水监》。
② 李吉甫：《元和郡县图志》卷一。

灌田益其肥美。又渠水发源本高，向下枝分极众，若使流至同州，则水饶足，比为碾硙用水，泄渠水随入滑，加以壅遏耗竭，所以得利遂少。于是遣祥等分检渠上碾硙皆毁之。至大历中，水田才得六千二百余顷。①

关内道　华州　朝邑县

通灵陂在县北四里二百三十步，开元初，姜师度为刺史，引洛水及堰黄河以灌之，种稻田二千余顷。②

昔史起溉漳之策，郑白凿泾之利，自兹厥后，声尘缺然。同州刺史姜师度识洞于微，智形未兆，匪躬之节，所怀必罄，奉公之道，知无不为。顷职大农，首开沟洫，岁功犹昧，物议纷如，缘其中歉，足嘉委任，仍旧暂停九列之重，假以六条之察，旧藏过半，绩用斯多。食乃人天，农为政本，朕故兹巡省，不惮祁寒，将申劝恤之怀，特冒风霜之弊。今原田弥望，畎浍速属，由来榛棘之所，遍为粳稻之川，仓庾有京坻之饶，关辅致珠玉之润，本营此地，欲利平人。缘百姓未闲，恐三农虚弃，所以官为开发，冀令递相教诱。功既成矣，思与共之。……师度以功特加金紫光禄大夫，赐帛三百四。③

元宗特诏嘉奖姜师度，说明他修建的水利工程取得了显著效果，使"由来榛棘之所，遍为粳稻之川"，以致"仓庾有京坻之饶，关辅致珠玉之润"，皇帝为申劝恤之怀，"不惮祁寒，特冒风霜"，亲往巡省，也充分表示朝廷对于兴修农田水利事业的高度重视。

关内道　灵州　灵武县

汉渠在县南五十里，从汉渠北流四十余里，始为千金大陂，其左右又有胡渠，御史百家等八渠，溉田五百余顷。④

大历二年（公元七六七年）二月，以诏应令刘仁师充修渠堰副

---

① 《通典》卷二，《食货二·水利田》。
② 《元和郡县图志》卷二。
③ 元宗：《褒姜师度诏》，《全唐文》卷二十八。
④ 《元和郡县图志》卷四。

使。初仁师为高陵令，上言三白渠可利者远，而泾阳独有之，条理上闻，其弊遂革，关中大赖焉。①

〔大历〕十二年（公元七七七年），京兆尹黎干开决郑白二水支渠，及稻田碨碾，复秦汉水道，以溉陆田。②

大历十二年，京兆尹黎干奏曰：臣得畿内百姓连状，陈泾水为碾碨拥隔，不得溉田，请决开郑白支渠，复秦、汉水道，以溉陆田，收数倍之利。乃诏发使简覆，不许碾碨妨农。干又奏请修六门堰，许之。③

贞元四年（公元七八八年）六月二十六日，泾阳县三白渠限口，京兆尹郑叔则奏：六县分水之处，实为要害，请准诸堰例，置监乃丁夫守当。敕旨依。④

贞元七年（公元七九一年）八月，夏州开延化渠，引乌水入库狄泽，溉田二百余顷。十二年（公元七九六年），引龙首渠水，自通化门入，至太清宫前。⑤

李景略贞元中拜丰州刺史、天德军西受降城都防御使，凿感应、水清二渠，溉田数百顷，公私利焉。⑥

泾水东行注白渠，洒而为三，以沃关中，故秦人常得善岁。按水部式，决泄有时，畎绘有度，居上游者不得拥泉而专其腴，每岁少尹一人行视之，以诛不式。兵兴已还，寖失根本，泾阳人果拥而专之。公取全流，浸原为畦，私开四渎，泽不及下，泾田独肥，他色为枯。地力既移，地征如初，人或赴诉，泣迎尹马，而独占泾之腴，皆权幸家，荣势是以破理，诉者覆得罪，由是咋舌不敢言，吞冤衔忍，家视孙子。长庆三年（公元八二三年），高陵令刘君，励精吏治，视人之瘼，如瘭疽在身，不忘决去，乃循故事，考式文，及前后诏条，又以新意，请更水道，入于我里，请杜私窦，使无弃流，请遵田令，使无越制，别白纤悉，列上便宜。……事下丞相御史，御史属元谷实司察视，持诏书诣白渠上，尽得利病……上乃俾

---

① 《唐会要》卷八十九。
② 《唐会要》卷八十九。
③ 《册府元龟》卷四百九十七。
④ 《唐会要》卷八十九。
⑤ 《册府元龟》卷四百九十七。
⑥ 《册府元龟》卷四百九十七。

太常撰日，京兆下其符，司录姚康士、曹掾李绍实成之，县主簿谈
孺直实董之。冬十月，百众云奔，愤与喜并，口谣手运，不屑鼙
鼓。……仲冬新渠成，涉季冬二日新堰成。駃[8] 流浑浑，如脉宣
气，蒿荒沤冒，迎耟释怨，开塞分寸，皆如诏条，有秋之期，投锸
前定。孺直告己事君，率其寮躬劳徕之，烝徒欢呼，夺襁被而舞。
咸曰：吞恨六十年，明府雪之，擿奸犯豪，卒就施为。呜呼！成功
之难也如是，请名渠曰刘公，堰曰彭城。按股引而东千七百步，其
广四寻，而深半之，两涯夹植杞柳万本，下垂根以作固，上生材以
备用，仍岁旱沴，而渠下田独有秋。渠成之明年，泾阳、三原二邑
中又拥其冲为七堰，以析水势，使下流不厚，君诣京兆索言之，府
命从事苏特至水滨，尽撤不当拥者，由是邑人享其长利，生子以刘
名之。①

文宗太和元年（公元八二七年）六月，命中使付京兆府，宜会
修高陵界白渠斗门，任百姓取水溉田。②

僖宗光启元年（公元八八五年）三月诏曰：食乃人天，农为国
本，兵荒益久，漕挽不通，而关中郑白两渠，古今同利，四万顷沃
饶之业，亿兆人衣食之源。比者权豪竞相占夺，堰高碥下，足明弃
水之由，稻浸稏浇，乃见侵田之害。今因流散，尚可经营，宜委京
兆尹选强干僚属，巡行乡里，逐便相度，兼利公私，或署职特置使
名，假之权宠，或力田递外科级，许免征徭，因务勤公，冀能兼蓄，
亦宜速具闻奏。③

是年〔长兴四年（公元九三三年）〕四月，灵武奏开渠白河，
引黄河水入大城溉田。④

〔显德五年（公元九五八年）〕十二月戊寅，以工部郎中何幼冲
为司勋郎中，充关西渠堰使，仍命于雍耀之间疏泾水，以溉稻田。⑤

关中为国都所在，四方观瞻[9] 所系，是兴修水利最多的地方，古代的著

① 刘禹锡：《高陵令刘君遗爱碑》，《刘宾客文集》卷二。
② 《册府元龟》卷四百九十七。
③ 《册府元龟》卷四百九十七。
④ 《册府元龟》卷四百九十七。
⑤ 《册府元龟》卷四百九十七。

名渠道（如郑白渠）也都位于这个区域。但从以上记载看来，唐朝政府并没有在固有的基础上再大力推进，没有进行任何大规模的水利工程建设，只是修旧利废，对原有河渠进行一点修补或改善，甚至连权贵豪门乱置硙碾，弃泄水流，妨碍灌溉，亦不能做有效制止，旋拆旋建，诏令形成具文，这说明唐王朝连固有的水利设施也未能妥善保持。州县地方官虽能利用本地自然河流修建一些地方性小渠，以灌溉少量田畴，大都规模狭小，收益不大。总之，终唐之一代，对于兴修水利是热忱不大的，把全部的经济来源都寄托在江淮漕运上，史称关中所出，不足以给京师，备水旱，实不能完全归咎于自然，人谋之不臧亦不能辞其责。唐王朝的统治者不能意识到唐代的关中，已非秦汉时代的关中，自然生态平衡的退化、植被的大量减少、水土流失的日益严重以及土壤日益沙化，共同造成了关中地力的衰竭，使土地报酬递减规律日益显示其作用。结果，北方两大古老经济区的地位遂日益在衰退之中。

仅次于关内道的是河南道，各州府亦多能疏导本地自然河流以为溉渠，虽规模不大，亦能灌溉田畴，少则数千顷，多至万顷以上，百姓赖其利，其著者如：

河南道 河南府 济源县：

百丈沟在县东北六里，引济水溉灌，仁寿三年（公元六〇三年）置。初分功，人穿十丈，故名百丈沟。①

河南道 陕州 陕县：

北利人渠，开皇六年（公元五八六年），文帝遣邳国公苏威引橐水西北入城，百姓赖其利，故以为名。南利人渠，东南自硖石界流入，与北渠同时疏导。②

河南道 汝州 梁县：

黄陂[10] 在县东二十五里，南北七里，东西十里，隋朝修筑，

---

① 《元和郡县图志》卷五。
② 《元和郡县图志》卷六。

有溉灌之利，隋末废坏。乾封初，有诏增修，百姓赖其利焉。①

河南道　蔡州　新息县：

王梁渠在县西北五十里，隋仁寿中修筑，开元中，县令薛务，更加疏导，两岸通官陂一十六所，和田三千余顷。②

河南道　密州　诸城县：

潍水故堰在县东北四十六里，蓄以为塘，方二十余里，溉水田万顷。③

河南道　密州　辅唐县：

浯水堰，《三齐记》曰：昔者堰浯水南入荆水，灌田数万顷，今尚有余堰，而稻田畦畛存焉。④

河南道　沂州　承县：

县界有陂十三所，并贞观元年（公元六二七年）已来修立，以溉田焉。⑤

〔武德〕七年（公元六二四年）四月九日，同州治中云得臣开渠，自龙门引黄河，溉田六千余顷。⑥

〔长庆五年（公元八二五年）〕九月，制改授河阳怀节度观察等使。造以河内膏腴，民户凋瘵，奏开浚怀州古秦渠枋口堰，役工四万，溉济源、河内、温武、涉四县田五千余顷。⑦

---

① 《元和郡县图志》卷六。
② 《元和郡县图志》卷九。
③ 《元和郡县图志》卷十一。
④ 《元和郡县图志》卷十一。
⑤ 《元和郡县图志》卷十一。
⑥ 《唐会要》卷八十九。
⑦ 《旧唐书》卷一百六十五，《温造传》。

〔太和〕五年（公元八三一年）六月己卯，陈许节度使高瑀奏，修筑许州绕城水堤，及开渠沟，周回一百八十里毕工。①

王起太和中镇襄阳，修淇堰以灌田，一境利之。②

敬宗宝历元年（公元八二五年）十二月，河阳节度使崔弘礼上言，于秦渠下辟荒田二百顷，岁收粟二万斛，从宝历二年减去度支所给数。③

可见河南、河内各州县，虽也修建或疏浚了一些溉渠，但都是修旧利废，而且都是小型的地方性溉渠，其效益都只是"一境利之"，能溉田四五千顷，就是大型水利了。

河东道　太原府　晋阳县：

晋泽在县西南六里，隋开皇六年（公元五八六年）引晋水溉稻田，周回四十一里。④

绛州刺史韦武凿汾水，灌田万三千余顷。⑤

河北道　怀州：

丹水北去县七里，分沟灌溉，百姓资其利焉。⑥

裴行方永徽中为检校幽州都督，引庐沟水，广开稻田数千顷，百姓赖以丰给。⑦

淮南道：

杜亚拜淮南节度使，至则治漕渠，筑防墉，入之渠中，以通大

---

① 《册府元龟》卷四百九十七。
② 《册府元龟》卷四百九十七。
③ 《册府元龟》卷四百九十七。
④ 《元和郡县图志》卷十三。
⑤ 《白孔六帖》卷八十一。
⑥ 《元和郡县图志》卷十六。
⑦ 《册府元龟》卷四百九十七。

舟，夹堤高邛田因得溉灌，疏启道衢，彻壅通埋，人皆悦赖。①

权德舆：《岐公淮南遗爱碑》潴雷陂以溉稸地，酾引新渠，一汇于河流，皆省功费，而弘利泽。②

李吉甫为淮南节度使，筑富人固本二渠，溉田且万顷。③

江南水乡，沟渠纵横，但也有不少高印之田，有待引水灌溉，故利用本地湖泊陂塘以扩大灌溉面积，也是江南地方官的一项重要职责，其所兴水利，较之北方州县，殆有过之无不及，例如：

江南道　润州　丹阳县：

新丰湖在县东北三十里，晋元帝大兴四年（公元三二一年）晋陵内史张闿所立。旧晋陵地广人稀，且少陂渠，田多恶秽，闿创湖，成溉灌之利，初以劳役免官，后追纪其功，超为大司农。④

江南道　湖州　乌程县：

吴兴塘，太守沈攸之所建，溉田二千余顷。⑤

江南道　越州　会稽县：

镜湖，后汉永和五年（公元一四〇年）太守马臻创立，在会稽山阴两县界，筑塘蓄水，水高丈余，田又高海丈余。若水少，则泄湖灌田，如水多，则闭湖泄田中水入海，所以无凶年。堤塘周回三百一十里，溉田九千顷。⑥

大唐贞观十八年（公元六四四年），李袭誉为扬州大都府长史，乃引雷陂水，又筑句城塘，以溉田八百余顷，百姓获其利，征拜太

---

① 《白孔六帖》卷六。
② 《白孔六帖》卷八十一。
③ 《白孔六帖》卷八十一。
④ 《元和郡县图志》卷二十五。
⑤ 《元和郡县图志》卷二十五。
⑥ 《元和郡县图志》卷二十六。

府卿，人至今赖之。①

〔贞元〕十三年（公元七九七年），湖州刺史于頔[11]，复长城县方山之西湖。西湖南朝疏凿，溉田三千顷，岁久堙废，至是复之，粳稻蒲鱼之利赖以济。②

元和八年（公元八一三年），孟简为常州刺史，开漕古孟渎，长四十里，得沃壤四千余顷，观察使举其课，遂就赐金紫焉。③

韦丹徙为江南西道观察使，凡为陂塘五百九十八所，灌田万千顷。④

白居易迁为杭州刺史，治筑堤，捍钱塘湖，钟泄其水，溉田千顷。⑤

钱塘湖一名上湖，周回三十里，北有石函，南有笕。凡放水溉田，每减一寸，可溉十五余顷，每一复时，可溉五十余顷。先须别选公勤军吏二人，一人立于田次，一人立于湖次，与本所由佃户，据顷亩，定日时，量尺寸，节限而放之。若岁旱，百姓请水，须令往州陈状，刺史自便押帖所由，即日与水。若待状入，司符下县，县帖乡，乡差所由，动经旬日，虽得水，而旱田苗无所及也。大抵此州春多雨，夏秋多旱，若堤防如法，蓄泄及时，即濒湖千余顷田无凶年矣。自钱唐至盐官界，应溉夹官河田，须放湖入河，从河入田。准盐铁使旧法，又须先量河水浅深，待溉田毕，却还本水尺寸，往往旱甚，即湖水不充，今年修筑湖堤，高加数尺，水亦随加，即不虞足矣。脱或不足，即更决临平湖，添注官河，又有余矣。……湖中有无税田约十数顷，湖浅则田出，湖深则田没，田户多与所由计会，盗泄湖水，以利私田。其石函南笕并诸小笕阔非绕田时，并须封闭筑塞，数令巡检，小有漏泄，罪责所由，即无盗泄之弊矣。又若霖雨三日已上，即往往堤决，须所由巡守，预为之防。其笕之南旧有缺岸，若水暴涨，即于缺岸泄之，又不减，兼于石函南笕泄之，防堤溃也。予在郡三年，仍岁逢旱，湖之利害，尽究其由，恐

---

① 《唐会要》卷八十九。
② 《唐会要》卷八十九。
③ 《唐会要》卷八十九。
④ 《白孔六帖》卷七。
⑤ 《白孔六帖》卷六。

来者要知，故书于石，欲读者易晓，故不文其言。长庆四年三月十日，杭州刺史白居易记。①

其他如剑南、岭南以及陇右各州府，亦有若干地方性的小型水利，以灌溉农田，人以富饶，连岁无凶年，其著者如：

> 高士廉进益州长史，秦时李冰导汶江水灌田，濒水者顷千金，民相侵冒。士廉附故渠，厨引旁出，以广溉道，人以富饶。②
>
> 王起为山南东道节度使，滨汉塘堰联属，吏弗完洽，起至部，先修复，与民约，为水令，遂无凶年。③
>
> 〔长庆初〕出造为朗州刺史。在任开后乡渠九十七里，溉田二千顷，郡人获利，乃名为右史渠。④
>
> 〔长庆〕四年（公元八二四年）七月，诏疏灵州特进渠，置营田六百顷。⑤
>
> 高瑀领忠武节度使，州比水旱无年，瑀相地道，筑堤庸百八十里，时其钟泄，民赖不饥。⑥
>
> 李听以功兼御史大夫夏绥银宥节度使，又徙灵盐，部有光禄渠，久廞[12]废，听始复屯田，以省转饷，即引渠溉塞下地千余顷，后赖其饶。⑦
>
> 唐书张守珪为都督瓜州也，地多沙碛，不宜稼穑，每年少雨，以雪水溉田，至是渠堰尽为贼所毁。既地少林木，难为修葺。……经宿而山水暴至，大漂材木，塞涧而流，直至城下。守珪使取充堰，于是水道复旧。⑧

综上所述，不论是淮南、江南、山南、岭南以及陇右各地，虽然都有不

---

① 白居易：《钱塘湖石记》，《白氏长庆集》卷五十九。
② 《白孔六帖》卷六。
③ 《白孔六帖》卷六。
④ 《旧唐书》卷一百六十五，《温造传》。
⑤ 《唐会要》卷八十九。
⑥ 《白孔六帖》卷六。
⑦ 《白孔六帖》卷六。
⑧ 《太平御览》卷六十三。

多的几项水利工程见诸记载，都在为地方人民兴利，并获得了一定效果，使该地方连岁无凶年，人以富饶，但是所有这些水利工程都是小修小补，是对本地的自然湖泊陂塘或前人遗留下的旧渠加以疏浚修整，或对原有的湖泊堤堰进行适当管理，以保证合理用水，却少有另开新渠，进行有计划的水利建设，对于如何推进农业发展，更没有任何远景规划。特别是唐王朝一切所需，皆仰赖江淮，而对于江淮则又无任何发展计划，只知榨取，不知开发，以为江南得天独厚，可以取之不尽，殊不知竭泽而渔，亦转瞬而穷。对于其他各地，也都是听其自然，不发挥主动作用。总之，唐王朝对于推进经济发展的动力和能量都是不大的，不仅不能与秦、汉比，也不能与短命的隋王朝相比。仅就水利而言，对水利开发不力，则农业的发展就不可能很大，农业是国民经济的基础，农业不发达，则其他部门的发展都是有限的。综观有唐一代，在经济上没有什么重大建树，没有什么影响深远的成就，基本上是一个守成时代，不是一个跃进、创新时代。

第三节　农产品商品化与农业中资本主义因素的增长

所谓农产品商品化，是说农业生产已经不是生产者为了自己消费的目的来进行生产，而是专门生产可以在市场上出卖的商品，换言之，农业生产已经不是在生产单纯的使用价值，而是在生产交换价值，生产者不是要通过生产来获得供自己消费的生活资料，而是要通过生产来获得可供出卖的商品借以积累价值。所以尽管所生产的是农产品，而这种农产品却是由一个专门的农业生产部门和专门的农业区域生产的，其产品是供应广大的国内市场和国外市场。茶就是在唐代兴起的这样一个农业生产部门，由于茶是畅销国内外市场的大宗销售的商品，从而在茶这一个农业生产部门中出现了资本主义的经济因素。

中国的资本主义萌芽本产生很早，早在东周时期就已经随着商品经济的发展而稀疏地出现了资本主义的最初萌芽，并具有足够的力量，摧毁了典型的封建制度，破坏了农奴制度和井田制度，使中国古代的社会经济在战国年间发生了天翻地覆的大变化，从而使典型的封建社会变为变态的封建社会。关于这个问题的详细论述，参见《中国封建社会经济史》第一卷和拙著《中国古代经济史概论》第一、第二章。但是早年出现的资本主义萌芽，主要是发生在工商业中，在农业方面由于小农制经济成为农业结构的主要形态，它严重地妨碍了商品经济的发展和国内市场的扩大，从而使资本主义萌芽失去产生和滋长的土壤，所以长期以来，农业生产一直建立在自然经济的基础上，商品生产是不发达的，甚至是不存在的，农产品一直是以使用价值的形态出现，即使其中有交换行为，也主要是剩余生产物的直接交换，而不是以交换价值形态出现的商品流通。在农业中没有商品流通，不是生产品以其自身的运动形成商业，就不存在农产品的商品化，农业中就不可能出现资本主义因素的最初萌芽，因而也就不存在农业的资本主义化，这些都是不言而喻的。

茶是在唐代迅速发展起来的一种商品化的农产品，从而使茶的生产、焙制、运销成为一种资本主义性质的经营，于是茶的生产遂成为唐代唯一的一种资本主义性质的农业生产。

以下从几个方面，来说明茶在唐代的发展：

（一）饮茶习惯的普及

中国古人以茶为饮料，起源很早，西汉王褒在所著《童约》一文中，有"武阳买茶"之语，可知早在西汉时已有人以茶为饮料。茶之见于正史，系在三国时期，《吴志·韦曜传》称："孙皓每飨宴坐席，无不率以七升为限，虽不尽入口，皆浇灌取尽，曜饮酒不过二升，皓初礼异，密赐茶荈以代酒。"其后饮茶之风渐盛，如东晋时，"桓温为扬州牧，性俭，每燕饮，唯下七奠，拌茶果而已"。又如，《晋中兴书》载："陆纳为吴兴太守，时卫将军谢安欲诣纳，纳兄子俶怪纳无所备，不敢问之，乃私蓄十数人馔，安既至，所设惟茶果而已。"这说明茶在东晋时已在代酒而成为燕飨宾客的重要饮料。不过当时虽已知饮茶，还只限于少数达官贵人，一般人并不饮茶。郭璞注《尔雅》云："树似栀子，冬生叶，可煮作美饮。"据云饮之令人少睡，张华得之以为异闻，遂载《博物志》，当时不但饮茶者少，识茶者亦少。

茶产江南，六朝时亦只有江南人以之作饮料，北方人特别是来自游牧部族的北朝统治者，还根本不知茶为何物，当时投降北朝的江南人士仍保持着饮茶习惯，北人颇以为怪，可知南北朝时中国北半部还不是茶的销售市场。下引一段北朝人记载，可充分说明这种情况：

> 劝学里有延贤里，里内有正觉寺，尚书令王肃所立也。……肃初入国，不食羊肉及酪浆等物，常饭鲫鱼羹，渴饮茗汁。京师士子

道：肃一饮一斗，号为"漏卮"。经数年已后，肃与高祖殿会，食羊肉酪粥甚多。高祖怪之，谓肃曰："卿中国之味也，羊肉何如鱼羹？茗饮何如酪浆？"肃对曰："羊者是陆产之最，鱼者乃水族之长，所好不同，并各称珍，以味言之，是有优劣。羊比齐鲁大邦，鱼比邾莒小国。唯茗不中，与酪作奴。"高祖大笑。……彭城王谓肃曰："卿不重齐鲁大邦，而爱邾莒小国。"肃对曰："乡曲所美，不得不好。"彭城王重谓曰："卿明日顾我，为卿设邾莒之食，亦有酪奴。"因此复号茗饮为酪奴。时给事中刘缟慕肃之风，专习茗饮……自是朝贵燕会，虽设茗饮，皆耻不复食，唯江表残民远来降者好之。①

可见在南北朝时，饮茶习惯只流行于江南，茶的产销亦完全限于江南。但是饮茶习惯的普及传布很快，到了唐时特别是到了开元天宝年间，饮茶之风已遍及全国，陆羽著《茶经》三篇，对于茶之产销、焙制、煮茶方法、饮茶器具等等，都做了详细介绍，并品评了各地名茶的优劣品级，是中国最早的一部茶叶专书，对于饮茶的推广，起了很大作用。唐代佛教大兴，禅宗参禅，不能入睡，饮茶可使人不寐，对于茶的普及，亦起了一定作用。下引唐人封演一段记载，说明茶在唐风行一时的情况：

茶早采者为茶，晚采者为茗。本草云止渴，令人不眠，南人好饮之，北人初不多饮。开元中，泰山灵岩寺有降魔师大兴禅教，学禅务于不寐，又不夕食，皆许其饮茶，人自怀挟，到处煮饮，从此转相仿效，遂成风俗，自邹、齐、沧、棣，渐至京邑，城市多开店铺，煎茶卖之，不问道俗，投钱取饮。其茶自江淮而来，舟车相继，所在山积，色额甚多。楚人陆鸿渐为茶论，说茶之功效并煎茶炙茶之法，造茶具二十四事，以都统笼贮之，远近倾慕，好事者家藏一副。有常伯熊者又因鸿渐之论广润色之，于是茶道大行，王公朝士，无不饮者。御史大夫李季卿宣慰江南，至临淮县馆，或言伯熊善茶者，李公请为之。伯熊著黄被衫，乌纱帽，手执茶器，口通茶名，区分指点左右，刮目茶熟，李公为歠两杯而止。既到江外，又言鸿

---

① 杨衔之：《洛阳伽蓝记》卷三，《报德寺》。

渐能茶者，李公复请为之，鸿渐身衣野服，随器具而入，既坐，教
摊如伯熊故事。李公心鄙之，茶毕，命奴子取钱三十文，酬煎茶博
士。鸿渐游江介，通狎胜流，及此羞愧，便著毁茶论。伯熊饮茶过
度，遂患风，晚节亦不劝人多饮也。吴主皓每宴群臣，皆令尽醉，
韦昭饮酒不多，皓密使茶茗以自代。晋时谢安诣陆纳，纳无所供办，
设茶果而已。按此古人亦饮茶耳，但不如今人溺之甚，穷日尽夜，
殆成风俗，始自中地，流于塞外，往年回鹘入朝，大驱名马市茶而
归，亦足怪焉。①

茶，古不闻食之，近晋宋以降，吴人采其叶煮，是为茗粥，至
开元、天宝之间，稍稍有茶，至德、大历遂多，建中已后盛矣。名
系盐铁，管榷存焉，今江夏已东，淮海之南皆有之。②

饮茶之风在短时间内传布如此之广，溺人如此之深，都是前所罕见的，
不仅到处茶馆林立，可随时投钱取饮，而且是穷日尽夜，饮之不辍，所谓人
生开门七件事，茶的地位与米盐相等，它已不再是可有可无的奢侈品或便利
品，而成为不可一日少缺的生活必需品，不仅名都大邑的城市居民在饮茶，
就是穷乡僻壤的田间之间亦在普遍饮茶。李珏在《论税茶疏》中曾着重指出
了这一点：

长庆元年（公元八二一年）盐铁使王播增茶税，初税一百，增
之五十。李珏上疏论之曰："……税茶之事，尤出近年，在贞元元年
（公元七八五年）中不得不尔，今四海镜清，八方砥平，厚敛于人，
殊伤国体，其不可一也。茶为食物，无异米盐，于人所资，远近同
俗，既祛竭乏，难舍斯须，田间之间，嗜好尤切。今增税既重，时
估必增，流弊于民，先及贫弱，其不可二也。"③

这是了解唐代茶之产销状况的一条重要文献，从李珏的奏疏中，我们知
道茶在唐代已经是一种重要的生活必需品，对于人们的生活，其作用与米盐
相等，可知茶的市场是极为广大的，不仅有广大的城市市场，而且有更为广

① 封演：《封氏闻见记》卷六。
② 杨华：《膳夫经手钞》（晁载之：《续谈助》卷五）。
③ 《旧唐书》卷一百七十三，《李珏传》。

大的农村市场和国外市场，完全有进行大规模的资本主义生产和经营的可能。

（二）茶的产地

唐代饮茶不仅风靡全国，男女老幼难舍[13] 斯须，而且对各地所产之茶皆能一一品评其等级次第，各标以特殊名称。各地名茶的品级不同，售价亦相差悬殊，可知各种茶在市场上的竞争是很剧烈的。各地茶商各奔赴不同的名茶产区，贩运其所选定的品级，以推销于最易销售的市场。从下引记载，可以看出各地名茶的产销情况：

> 风俗贵茶，茶之名品益众。剑南有蒙顶、石花，或小方，或散牙，号为第一。湖州有顾渚之紫笋，东川有神泉小团、昌明兽目，峡州有碧涧、明月、芳蕊、茱萸、簝，福州有方山之露牙，夔州有香山，江陵有南木，湖南有衡山，岳州有邕湖之含膏，常州有义兴之紫笋，婺州有东白，睦州有鸠坑，洪州有西山之白露，寿州有霍山之黄芽，蕲门有蕲门团黄，而浮梁之商货不在焉。①
>
> 山南以峡州上，襄州、荆州次，衡州下，金州、梁州又下。淮南以光州上，义阳郡舒州次，寿州下，蕲州、黄州又下。浙西以湖州上，常州次，宣州、杭州、睦州、歙州下，润州、苏州又下。剑南以彭州上，绵州、蜀州次，邛州次，雅州、泸州下，眉州、汉州又下。浙东以越州上，明州、婺州次，台州下。黔中生恩州、播州、费州、夷州，江南生鄂州、袁州、吉州，岭南生福州、建州、韶州、泉州，其恩、播、费、夷、鄂、袁、吉、福建、泉、韶、象十一州未详，往往得之，其味极佳。②
>
> 茶：今江夏已东，淮海之南皆有之，今略举其尤处，别为二品总焉。
>
> 新安茶，蜀茶也，与蒙顶不远，但多而不精，地亦不下，故折而言之，犹可以首冠诸茶。春时所在吃之皆好，及将至他处，水土不同，或滋味殊于出处，惟蜀茶南走百越，北临五湖，皆自固其芳香，滋味不变，由此尤可重之。自谷雨已后，岁取数百万斤，散落

---

① 李肇：《国史补》卷下。
② 陆羽：《茶经》卷下。

东下，其为功德也如此。

饶州浮梁，今关西、山东间闾村落皆吃之，累日不食犹得，不得一日无茶也。其于济人，百倍于蜀茶，然味不长于蜀茶。

蕲州茶　鄂州茶　至德茶　已上三处出处者，并方片、厚片，自陈、蔡巳北，幽、并巳南，人皆尚之，其济生收藏榷税，又倍于浮梁矣。

衡州衡山团饼而巨串，岁收十万，自潇湘达于五岭皆仰给焉，其有先春好者，在湘东甘味好，及至湖北，滋味悉变，然虽远自交趾之人，亦常食之，功亦不细。

潭州阳团茶（粗恶）、渠江薄片茶（有油，苦硬）、江陵南木茶（凡下）、施州方茶（苦硬），已上四处，悉皆味短而韵卑，惟江陵、襄阳皆数十里食之，其他不足计也。

建州大团，状类紫笋，又若今之大胶片，每一轴十斤余，将取之，必以刀刮，然后能破，味极苦，惟广陵、山阳两地人好尚之，不知其所以然也，或云疗头痛，未详（已上以多为贵）。

蒙顶（自此已降，言少而精者）：始蜀茶得名蒙顶也，元和以前，束帛不能易一斤先春蒙顶，是以蒙顶前后之人，竞栽茶以规厚利，不数十年间，遂斯安草市岁出千万斤，虽非蒙顶，亦希颜之徒，今真蒙顶有鹰觜牙白茶供堂亦未尝得其上者，其难得也如此。又尝见书品论展陆笔工，以为无等，可居第一，蒙顶之列茶间，展陆之论又不定论也。

湖　顾渚　湖南紫笋茶，自蒙顶之外，无出其右者。峡州茱萸簝得名，近自长庆，稍稍重之，亦顾渚之流也，自是碧涧茶、明月茶、峡中香山茶，皆出其下，夷陵又近有小江源茶，虽所出至少，又胜于茱萸簝矣。

舒州天柱茶，虽不峻拔遒劲，亦甚甘香芳美，良可重也。岳州灙湖所出亦少，其好者可企于茱萸簝，此种茶性有异，唯宜江水煎，得井水即赤色而无味。

蕲州蕲水团、黄团薄饼，每斤至百余片，率不甚粗弱，其有露消者，片尤小，而味甚美。

寿州霍山小团，其绝好者上于汉美，所阙者馨花颖脱。

睦州鸠坑茶，味薄，研膏绝胜霍山者。

福州正黄茶，不知在彼味峭。

上下及至岭北，与香山明月为上下也。

崇州宜兴茶，多而不精，与鄂州团黄为列。

宣州鸭山茶，亦天柱之亚也。

东川昌明茶，与新安含膏争其上下。

歙州、婺州、祁门：婺源方茶，制置精好，不杂木叶，自梁、宋、幽、并间人皆尚之，赋税所入，商贾所赍，数千里不绝于道路，其先春含膏，亦在顾渚茶品之亚列，祁门所出方茶，川源制度略同，差小耳。①

另一文献[14]，对唐代各地名茶进行了全面比较，并一一品评了各茶的优劣等级及不同于其他茶的特点，系《茶经》之外论述茶的另一专书，对于饮茶之风的进一步普及，对于茶的销售市场的扩大，都起了促进作用。唐人讲求品茶，精益求精，此风很快就传布到各少数民族地区，他们不仅以马易茶，而且讲求品尝名茶。例如：

唐有人授舒州牧，李德裕谓之曰：到彼郡日，天柱峰茶可惠三数角。其人献之数十斤，李不受，退还。明年罢郡，用意精求，获数角投之，德裕阅之而受曰：此茶可以消酒食毒。乃命烹一瓯沃于肉食内，以银合闭之，诘旦开视，其肉已化为水矣，众伏其广识也。②

唐史曰：初常鲁使西蕃，烹茶帐中，蕃人问曰：何为者？鲁曰：涤烦疗浊所谓茶也。蕃人曰：我此亦有，命取以出，指曰：此寿州者，此顾渚者，此蕲门者。③

由于茶有广大的国内外市场，茶的销路甚广，故各地茶场主都是在进行专业化的商品生产，并且都是大规模经营，如祁门就是这样一个大的产茶区，茶园面积广，产量大，每到茶熟季节，各地茶商云集，摩肩接迹而至，初为陆运，车载肩荷，使销路大受限制，后凿通河道，贾客巨艘可直达茶场，销

① 杨华：《膳夫经手钞》。
② 《太平广记》卷四百十二，《消食茶》引《中朝故事》。
③ 《太平御览》卷八百六十七。

售量遂为之陡增，其情况可由下引张途一文看出：

县西南一十三里，溪名阊门，有山对耸而近，因以名焉。……编籍凡五千四百余户，其疆境亦不为小，山多而田少，水清而地沃，山且植茗，高下无遗[15]土，千里之内，业于茶者七八矣，由是给衣食，供赋税，悉恃此。祁之茗，色黄而香，贾客咸议，愈于诸方，每岁二三月，赍银缯缯素求市将货他郡者，摩肩接迹而至。虽然，其欲广市多载，不果遂也。或乘负、或肩荷、或小辙，而陆也如此，纵有多市，将泛大川，必先以轻舟寡载，就其巨艑，盖是阊门之险。……今则颍川陈甘节为祁门，一年而政成，孜孜求闾里之患，果得阊门溪焉，乃速诣目击险状，吁可畏也。必期改险阻为安流，回激湍为澄碧，乃录其始制之实，闻于太守清和崔公，自请以俸钱及茶美利充市木石之用，因召土客、商人、船户接助。……自咸通元年（公元八六〇年）夏六月修，至三年春二月毕。……不独贾客巨艘，居民业舟，往复无阻，自春徂秋，亦足以劝六乡之人业于茗者专勤是谋，衣食之源，不虑不忧。咸通三年（公元八六二年）秋七月十八日，歙州司马张途述。①

名茶场都是大规模生产，茶的产量很大，贞元后开始征收茶税，后又实行禁榷制度，把茶的产销收归官营，于是茶税收入遂成为政府财政的一个重要组成部分。此外还有贡茶，即各地名茶产区，每岁须以产量的一部分，择其最优品级，以贡品形式无代价地进奉朝廷。下引记载，可分别说明这个问题：

浮梁县……每岁出茶七百万驮，税十五余万贯。②

唐制，湖州造茶最多，谓之顾渚贡焙，岁造一万八千四百八斤，大历五年（公元七七〇年）已后，始有进奉，至建中二年（公元七八一年）袁高为郡，造三千六百串，并诗一章，刻互具贡。③

蒙山在县南一十里，今每岁贡茶，为蜀之最。④

① 张途：《祁门县新修阊门溪记》，《全唐文》卷八百二。
② 《元和郡县图志》卷二十八。
③ 《白孔六帖》卷十五。
④ 《元和郡县图志》卷三十二。

商贾为逃避茶税，多以走私方式进行，有时结成团伙，实行武装走私，不惜骚扰间阎，杀害无辜，例如：

> 伏以江淮赋税，国用根本，今有大患，是劫江贼耳。某到任才九月，日寻穷询访，实知端倪。夫劫贼徒上至三船两船，百人五十人，下不减三二十人，始肯行劫，劫杀商旅，婴孩不留。所劫商人，皆得异色财物，尽将南渡，入山博茶。盖以异色财物不敢货于城市，唯有茶山可以销售。盖以茶熟之际，四远商人皆将锦绣缯缬，金钗银钏，入山交易，妇人稚子，尽衣华服，吏见不问，人见不惊，是以贼徒得异色财物，亦来其间，便有店肆为其囊橐，得茶之后，出为平人，三二十人挟持兵仗，凡是镇戍，例皆单弱，止可供亿浆茗，呼召指使而已。……故贼云：以茶压身，始能行得。凡千万辈，尽贩私茶。亦有已聚徒党，水劫不便，逢[16]遇草市，泊舟津口，便行陆劫，白昼入市，杀人取财，多亦纵火，唱棹徐去。……凡江淮草市，尽近水际，富室大户，多居其间，自十五年来，江南江北凡名草市，劫杀皆遍。……濠、亳、徐、泗、汴、宋州贼，多劫江南、淮南、宣、润等道；许、蔡、申、光州贼多劫荆、襄、鄂、岳等道，劫得财物，皆是博茶，北归本州货卖，循环往来，终而复始，更有江南土人，相为表里，校其多少，十居其半。①

于此可见这个武装走私集团的规模之大，他们于打家劫舍、烧杀抢劫之后，即以其劫获财物，作为贩茶资本，入山博茶，北归本州货卖。他们有旅舍店肆为之囊橐，有镇戍兵丁与之勾结，有江南土人相为表里，故他们所贩运的私茶自可以通行无阻。这是唐代茶叶贩运中的一种怪现象，却也是唐代茶之产销特别兴旺的象征之一。

（三）茶的焙制和资本主义性质的大规模经营

茶的产销数量既大，其采摘制亦必相应以大规模方式进行，尤其是茶之采摘，受季节时令限制，不能及时采摘，即影响茶之质量，故一到采茶季节，必须雇佣大批采茶工人，抓紧进行，而采来之茶，亦必须迅速加工焙制，贻

---

① 杜牧：《上李太尉论江贼书》，《全唐文》卷七百五十一；又见《樊川文集》卷十一。

误时日，茶即霉烂变质，故不论官私茶场，生产的性质决定了制茶必须雇佣大批工资劳动者来进行商品生产，例如：

> 顾山在县（长城县）西北四十二里，贞元以后，每岁以进奉顾山紫笋茶，役工三万人，累月方毕。①
>
> 初，九陇人张守珪仙君山有茶园，每岁召采茶人力百余人，男女佣工者杂处圈中。有一少年自言无亲族，赁为摘茶，甚勤愿了慧，守珪怜之，以为义儿。又有一女子年二十，亦云无亲族，愿为义儿之妻，孝义端恪，守珪甚善之。②

所有这些采茶、焙茶的雇佣工人，特别是有焙茶技术的工人，不一定都是本地人在附近就业，很多是外地或远地有技术的工人，跋涉远道，前来就业，其应得工资除照规定支付外，有时亦用产品茶支付，他们除以工资形式获得一部分茶外，还顺便多贩运一些茶，到各处去货卖，这由下引记载可以看出：

> 唐天宝中，有刘清真者，与其徒二十人于寿州作茶，人致一驮为货，至陈留遇贼，或有人导之令去魏郡，清真等复往。③

使用雇佣工人进行大规模的商品生产，显然是一种资本主义性质的商品生产，这是唐代农业中唯一的一种商品化的农业生产部门。

（四）茶的产销中资本主义因素被扼杀

在唐代，茶的产销中虽然稀疏地出现了资本主义萌芽，但是这一点幼芽是非常脆弱的，进一步发展的基础是不雄厚的，因为它受着自然条件的限制，作为一个农业生产部门，不是滋长资本主义的肥沃土壤。但是它毕竟是一种含有资本主义性质的商品生产，有自己极为广阔的国内外市场，如果没有外力的干扰和阻碍，而能自由地发展下去，不仅使茶的产销本身日益扩大其规

---

① 《元和郡县图志》卷二十五。
② 《太平广记》卷二十七，《阳平谪仙》引《神仙拾遗》。
③ 《太平广记》卷二十四，《刘清真》引《广异记》。

模，在经营上日益增加其资本主义的性质，而且也可以逐渐扩大其影响范围，带动一般商品经济的发展，逐渐扩大在国民经济各部门中资本主义经济因素。但是事实上却大谬不然，茶也和其他有利的生产部门一样，没有获得自由发展的机会，在它的前进道路上设置了无法克服的障碍，并在这种外来的强大压力之下，转瞬之间，就把这一点刚刚萌生出来的资本主义蘖芽连根拔掉了[17]。

这是唐王朝在社会经济的发展方面，所起的又一重大消极作用。

这个强大的扼杀力量，就是唐王朝的税茶与榷茶政策，尤其是对茶实行禁榷制度，更是一个直接的扼杀力量，它彻底断送了茶的产销经营中的一点微弱的资本主义因素。

作者在另文中（参见《中国经济史论丛》下关于抑商政策的论述）曾经指出，禁榷制度是贯彻抑商政策的一个重要支柱，其目的就在于扼杀商品经济的发展，从根本上堵塞向资本主义发展的道路，从而使早已出现的资本主义萌芽永远停滞在萌芽阶段上，而不能向资本主义生产方式迈进。因为所谓禁榷制度，简单说就是把一切最有利、最有大量发展可能的工商企业，一律收归官营，由国家垄断，私人不许染指，这样一来，私人发财致富以积累资本的可能性就完全消失了。例如，在长期的封建社会中，自然经济一直占支配地位，人们过着自给自足的生活，一切生活必需品都是自己生产，只有盐铁，是人人必需，却又不能自己生产，"虽贵数倍，不得不买"，故盐铁是最早出现的大规模商品生产，并从这里最早出现了资本主义萌芽。为了从根本上消灭这一发展的可能性，首先对盐铁实行禁榷，改盐铁为官营。在早期的封建社会中，其他能大规模经营的有利企业是不多的，盐铁实行禁榷，向资本主义发展的道路就完全断绝了。以后禁榷范围一直在不断扩大，禁榷的种类在不断增多，也就是政府不放过任何一种有利的工商业经营。到了唐代，制茶业是最有利、最可能进行大规模生产和销售的一个新的生产部门[18]，朝廷当然不会把它放过，初则科以重税，其情况可由下引记载看出：

〔贞元九年（公元七九三年）春正月〕癸卯，初税茶，岁得钱四十万贯，从盐铁使滂所奏，茶之有税，自此始也。①

〔贞元〕九年，张滂奏立税茶法，郡国有茶山及商贾以茶为利

---

① 《旧唐书》卷十三，《德宗纪下》。

者，委院司分置诸场，茶之有税，自滂始也。①

伏以去秋水灾，诏令减税，今之国用，须有供备。伏请出茶州县及茶山外商人要路，委所由定三等时估，每十税一，价钱充所放两税，其明年已后所得，税外收贮，若诸州遇水旱，赋税不办，以此代之。②

其后茶税一再增加，"初税一百，增之五十"③。而经手官吏又多横暴，任意掠夺茶商，例如：

武宗即位，盐铁转运使崔珙又增江淮茶税。是时茶商所过州县有重税，或掠夺舟车，露积雨中。诸道置邸以收税，谓之搨地钱，故私贩益起。④

可知不仅朝廷在征茶税，所过州县关卡亦都在横征经过商人，而征收方法又极端狂暴野蛮，竟至掠夺舟车，露积雨中，这对茶叶的正常贩运实是一个严重苛扰。大中时裴休奏请改革税制，禁止暴敛：

〔大中〕六年（公元八五二年）正月，盐铁转运使兵部侍郎裴休奏：诸道节度使、观察使置店停止茶商，每斤收蹋地钱，并税经过商人，颇乖法理。今请厘革横税，以通舟船，商旅既安，课利自厚。⑤

今又正税茶商，多被私贩茶人侵夺其利。今请强干官吏，先于出茶山口及庐、寿、淮南界内布置把握，晓谕招收，量加半税，给陈首帖子，令其所在公行，从此通流，更无苛夺。所冀招恤穷困，下绝奸欺，使私贩者免犯法之忧，正税者无失所之叹。欲究根本，须举纲条。⑥

---

① 《册府元龟》卷四百八十三。
② 张滂：《请税茶奏》，《全唐文》卷六百十二。
③ 《旧唐书》卷一百七十三，《李珏传》。
④ 《新唐书》卷五十四，《食货志四》。
⑤ 《册府元龟》卷五百四。
⑥ 裴休：《请革横税私贩奏》，《全唐文》卷七百四十三。

茶商贩茶，沿途官吏四伸魔掌，此关甫过，又一关横前，种种苛扰，不一而足，商人为逃避征敛，遂纷纷转入地下，以走私方式进行，政府亦加严法禁，以缉私贩。此事屡见记载，说明这是一个长期斗争，这里只引一例如下：

> 武宗以开成五年（公元八四〇年）正月四日即位，十月，诏复茶税。盐铁司奏曰：伏以江南百姓营生，多以种茶为业，官司量事设法，惟税卖茶商人，但于店铺交关，自得公私通济。今则事须私卖，苟务隐欺，皆是主人互郎中里诱引，又被贩茶奸党，分外勾牵所由，因此为奸利，皆追收搅扰，一人犯罪，数户破残，必在屏除，使安法理。其园户私买茶，犯十斤至一百斤，征钱一百文，决脊杖二十，至三百斤，决脊杖二十，钱亦如上，累犯累科，三犯已后，委本州上历收管，重加徭役，以戒乡闾，此则法不虚设，人安本业，既惧当辜之苦，自无犯法之心，条令既行，公私皆泰。若州县不加把捉，纵令私卖茶园，其有被人告论，则又砍园失业，当司察访，别具奏闻，请准放私盐例处分。又云：伏以兴贩私茶，群党颇众，场铺人吏皆与通连，旧法虽严，终难行使，须别置法，以革奸徒，轻重既有等差，节级易为遵守。今既特许陈首，所在招收，敕令已行，皇恩普给，宜从变法，使各自新，若又抵违，须重科断。自今后应轻行贩私茶，无得杖伴侣者，从十斤至百斤，决脊杖十五，其茶并随身物并没，纳给纠告及捕捉所由，其囚牒送本州县置历收管，使别营生。再犯不问多少，准法处分，三百斤已上即是恣行凶狡，不惧败亡，诱扇愚人，悉皆屏绝，并准法处分，其所没纳，亦如上例，从之。①

在这样的严刑峻法下，茶的正常贩运实际上是中断了。

但是对茶科以重税，虽然是对茶户和茶商的一种沉重打击，而茶的产销仍可以苟延残喘，禁榷制度的实行，则是对这一新的生产部门的致命一击。因为对茶实行禁榷，就是对茶实行官营，所有茶的种植、采摘、焙制、运销等等，完全由国家垄断，一律不许私人经营，由官家自设茶园，私人茶树亦

---

① 《册府元龟》卷四百九十四。

必须移植官园之中，所有采摘、焙制等等，由官家自行加工。首献此计的是王涯：

> 〔太和九年（公元八三五年）十月乙亥〕王涯献榷茶之利，乃以涯为榷茶使，茶之有榷税，自涯始也。①
>
> 文宗嗣位，召拜太常卿，以吏部尚书代王播复总盐铁，政益刻急。……变茶法，益其税以济用度，下益困，而郑注亦议榷茶，天子命涯为使，心知不可，不敢争。李训败，乃及祸。初民怨茶禁苛急，涯就诛，皆群诟詈，抵以瓦砾。②
>
> 〔太和中，注及李训用事〕训、注天资狂妄，偷合苟容，至于经略谋猷无可称者。初浴堂召对，上访以富人之术，乃以榷茶为对，其法欲以江湖百姓茶园，官自造作，量给直，分命使者主之。帝惑其言，乃命王涯兼榷茶使。③
>
> 帝问富人术，以榷茶对，其法欲置茶官，籍民圃而给其直，工自撷暴，则利悉之官，帝始诏王涯为榷茶使。④
>
> 〔太和九年〕李训事败……仇士良鞫涯反状……乃腰斩于子城西南隅独柳树下。涯以榷茶事百姓怨恨，诟骂之，投瓦砾以击之。⑤
>
> 文宗即位……王涯复判二使，奏请使茶山之人移树官场，旧有贮积，皆使焚弃，天下怨之，九年以事诛。⑥

这是唐代榷茶制度的一个简单轮廓，其办法就是设茶官，立官场，籍没民间茶园，移茶树植于官场，有余皆使焚弃，官自雇工采摘焙制。狂暴无理，不近人情，故遭到业茶者的普遍反对，及王涯因事被诛，人皆詈骂，投以瓦砾，说明民间对榷茶制度的痛恨。诸道盐铁转运榷茶使令狐楚曾痛论其非，建议停止：

> 〔太和九年〕十二月壬申朔，诸道盐铁转运榷茶使令狐楚奏，

---

① 《旧唐书》卷十七下，《文宗纪下》。
② 《新唐书》卷一百七十九，《王涯传》。
③ 《旧唐书》卷一百六十九，《郑注传》。
④ 《新唐书》卷一百七十九，《郑注传》。
⑤ 《旧唐书》卷一百六十九，《王涯传》。
⑥ 《唐会要》卷八十七。

榷茶不便于民，请停，从之。①

伏以江淮间数年已来，水旱疾疫，凋伤颇甚，愁叹未平；今夏及秋，稍较丰稔，方须惠恤，各使安存。昨者忽奏榷茶，实为蠹政，盖是王涯破灭将至，怨怒合归。岂有令百姓移茶树就官场中栽植，摘茶叶于官场中造作，有同儿戏，不近人情。方在恩权，孰敢沮议，朝班相顾而失色，道路仄目而吞声。今宗社降灵，奸凶尽戮，圣明吞祐，黎庶合安。微臣伏蒙天恩，兼领使务，官衔之内，犹带此名，俯仰若惊，夙宵知愧。伏乞特回圣听，下鉴愚诚，速委宰臣，除此使额。缘军国之用或阙，山泽之利有遗，许臣条疏，续具闻奏，采造将及，妨废为虞。前月二十一日内殿奏对之次，郑覃与臣同陈论讫，伏望圣慈，早赐处分，一依旧法，不用新条。唯纳榷之时，须节级加价，商人转卖，必较稍贵，即是钱出万国，利归有司，既无害茶商，又不扰茶户，上以彰陛下爱人之德，下以竭微臣忧国之心，远近传闻，必当感悦。②

茶的禁榷时间虽不长——首尾不到十年，但是它的破坏力量却很大，刚刚从农业生产部门中萌生出来的一点雏形的资本主义因素，以其薄弱的基础敌不过这个强大的摧残力量，结果便被这个形同儿戏、不近人情的官营政策，一下子就扼杀了。

第四节　由唐王朝之忽视农田水利 与发展农业评唐王朝的历史地位

在中国漫长的封建社会中，唐代被认为是长期封建社会的一个高度发展时期，是历代封建王朝的盛世，其文治武功可与前汉媲美，故并称汉唐。从形式上看，唐确是汉以后又一个疆域辽阔的大一统帝国，只有前汉可与之相比：汉地东西九千三百二里，南北万三千三百六十八里；唐之疆域比汉殆又过之："其地东极海，西至焉耆，南尽林邑全境，北接薛延陀界，东西九千五百一十一里，南北一万六千九百一十八里。到唐之盛时，开元天宝之际，东

---

① 《旧唐书》卷十七下，《文宗纪下》。
② 令狐楚：《请罢榷茶使奏》，《全唐文》卷五百四十一。

至安东，西至安西，南至日南，北至单于府，盖南北如汉之盛，东不及，而西过之。"① 这说明唐代疆域的总面积超过了前汉。唐代在中国封建文化上，也是一个高度发展时期，特别是在文学艺术上和工艺技术上，都表现了高度的成就。从这些方面来看，汉唐并称，可以说是当之无愧的。

但是从另一个角度来看，从建邦立国的根本大计来看、从富国利民的社会经济发展计划来看、从巩固国家政权基础以强化国家机器来看、从为民兴利除弊以图长治久安来看，凡此种种，在唐王朝的历届统治者中，除了一二开国之君稍富韬略，可视作例外外，其余大都无所作为，也不求有所作为，一切听任自然摆布，听任命运摆布，他们对于国家的治乱，对于自己统治地位的安危，没有任何统筹全局的长远规划，没有深谋远虑的战略部署，也没有应付急需的治标安排，甚至遇到与王朝生存攸关的巨大困难，也都是付之悠之，徒唤奈何，而不采取任何积极措施，在困难面前不做任何主动行动，来扭转所面临的不利形势。可以说，大多数唐代帝王[19] 都是些平庸无能之辈。其中玄宗原来还比较英明，开元之时亦颇思有所作为，但不久即沉溺酒色，骄奢淫逸，醉生梦死，天昏地暗，唐王朝的统治基础被他斫丧殆尽。其余更都是逆来顺受，忍辱偷生，委曲求全，以苟延残喘，更谈不到施展韬略、有所作为了。这种情况，在前后各封建王朝中是不多见的。所以唐不仅不能与汉比，也不能与被它推翻的隋王朝比，隋虽是一个短命的王朝，前后两代不过三十七年，但却为后世建立了不朽的功勋，留下一份为利无穷的宝贵历史遗产，至今犹在放射着固有的光芒，这就是大运河，它在全国政治上、经济上、文化上所产生的影响之大是无可估量的。而号称盛世的唐朝，却举不出有任何巨大历史意义的成就。总之，从形式上看，唐王朝的疆域比前汉大，是一个威震遐迩的大一统帝国，立国长达二百八十九年，比前汉王朝还多七十五年。但是它的内容却是空虚的，终有唐一代，没有做出有任何历史意义的重大贡献，历届帝王除一二开国之君外，都是些没有多大作为的庸碌之辈，既不能为民兴利，也不能为民除害，即使问题摆在眼前，也同样是不闻不问。像这样的无所作为，在前后历代王朝中实是少见的。

对一向被誉为盛世的唐王朝作如此贬抑，在理论上和实际上都是有充分根据的。

在长期的封建社会中，农业是主要的、实际上是唯一的一个生产部门，

---

① 《新唐书》卷三十七，《地理志一》。

所谓经济是一切社会关系包括政治关系和意识形态的基础，实际上就是农业在这一切关系中起决定作用。例如"三河"地带之所以成为中国古代灿烂文化的发祥地，数千百年以来一直是一个统治中心，即所谓"都国诸侯所聚会""七十九代之君俱王天下"，就是因为这个地区一直是以农业为基础的经济中心，农业是一个决定一切的直接力量。因为农业不仅直接关系着人民大众的生存，而且也直接关系着"都国诸侯"的存亡，所以一个国家的农业兴衰，就直接表现为人民的贫富和国家的安危。关于农业的这种决定一切的作用，古人早就认识得非常清楚，阐述得也非常明确，尤其是战国时期的各派思想家，都纷纷从不同角度来反复申论有关这一问题的理论与经验教训。这里仅引《管子》两段为例：

> 地之守在城，城之守在兵，兵之守在人，人之守在粟。故地不辟，则城不固。……轻地利而求田野之辟，仓廪之实，不可得也。①
> 善为国者，必先富民，然后治之。昔者七十九代之君，法制不一，号令不同，然俱王天下者何也？必国富而粟多也。夫富国多粟，生于农，故先王贵之。……民事农则田垦，田垦则粟多，粟多则国富；国富者兵强，兵强者战胜，战胜者地广。是以先王知众民、强兵、广地、富国之必生于粟也，故禁末作、止奇巧而利农事。……上不利农则粟少，粟少则人贫，人贫则轻家……则战必不胜，守必不固矣。……此由不利农少粟之害也。②

"田野之辟，仓廪之实"，是发展农业的两大目标，也是充实经济力量和巩固国家基础的根本大计。《管子》的后一段文字阐述得更为明确，既然粟直接关系着国家人民的命运，自然就不能不把"田野之辟，仓廪之实"作为治国的根本大计。因为"田垦则粟多，粟多则国富，国富者兵强，兵强者战胜，战胜者地广"，彼此间的相互关系是如此直接，如此明显，不容有丝毫疑义。所谓"田野之辟"，就是充分利用水土资源，扩大灌溉面积，以提高农业生产力，增加土地的单位面积产量。水是农作物的命脉，一个朝代是否注意兴修水利，是一个朝代农业能否发达的关键。由于中国封建社会的基本经

---

① 《管子·权修》。
② 《管子·治国》。

济结构是小农制经济占支配地位，一家一户的小农民都是个体方式的经营，相互之间不能产生自愿的联合，以形成一种社会的集体力量，来兴建大规模的水利工程，如开凿人工渠道，以共同灌溉农田，用以提高土地的生产能力。他们只能消极地听任自然摆布，所谓靠天吃饭。于是政府（社会上唯一的一种集体力量）就在这方面起着决定性作用，有一个注意兴修水利的政府，就会出现一个人给家足、经济繁荣的时代，反之，如果听任沟渠堙灭，水利不修，必然来临的，便是灾荒连年，饥馑荐臻，甚至是人相食啖，白骨蔽野。所以一个王朝对于水利是否给以足够的关心和重视，是判断一个王朝兴衰隆替的准绳，一个能主动大兴水利的王朝，必然是一个田垦、粟多、国富、兵强、战胜、地广的王朝。马克思曾注意到了这个问题，并做了论述，指出举办灌溉或排水的公共工程是中央政府的主要职责，本章第二节已引证其原文，请参见。

这里以周、秦、汉三个自关中兴起的大一统王朝为例，来看一看它们是怎样依靠农田水利即发达的农业来强大起来的。

周是兴自西北的一个小邦，生聚繁衍在泾、渭中下游平原一带，原来在经济上和文化上都比殷人为落后。关中土地肥沃，有泾、渭、漆、沮诸水流灌其间，浸灌着广大农田。《禹贡》称："泾属渭汭，漆沮既从，沣水攸同……厥土惟黄壤，厥田惟上上。"在这样一个新开辟的土质肥沃的处女地上，有丰沛的水源流灌其间，使用着新建立起来的有生产积极性的农奴劳动，农业之突飞猛进是必然的，所以尽管关中地区是一个后起的农业区，面积不足一州（雍州）之地，但若与中原旧经济区相比较，却有后来居上之势。正如司马迁所说："关中自汧、雍以东至河、华，膏壤沃野千里，自虞夏之贡以为上田。"[1] 又说："关中之地，于天下三分之一，而人众不过什三，然量其富，什居其六。"[2] 这是长期以来讲求农田水利和农业发达的必然结果。这些情况正是殷周之际发生重大历史变革的真正决定力量，是周人征服殷人的经济基础，周人正是由于掌握了远比殷人为雄厚的经济力量，具有粟多、国富、兵强、战胜的确实把握，才敢以一个文化落后的新兴小邦，去征服一个貌似强大的东方古国，有如摧枯拉朽，一举而将其倾覆。这一胜利充分显示了地辟、粟多、国富、兵强、战胜、地广的一系列连锁作用。

---

① 《史记》卷一百二十九，《货殖列传》。
② 《史记》卷一百二十九，《货殖列传》。

秦是自关中兴起的另一个强国。秦原来也是远比山东列国为落后的一个小国，后来它成功地利用了关中地区的各种优越条件，又主动地改善和发挥了这些条件，遂很快强盛起来，终于超过山东六国的联合力量，把这些劲敌一一加以消灭，最后统一了全国，并建立了中国历史上第一个疆域辽阔的大帝国。这个力量的源泉主要是经济，而农业又是根本的决定因素。

秦国发达的农业不是靠天吃饭，而是改造自然，大兴水利的结果。秦在战国年间，先后兴建了两项巨大的水利灌溉工程，一是关中的郑国渠，一是蜀守李冰凿离堆而修筑的都江堰。郑国渠修成后，使四千多万亩盐碱不毛之地变成了亩产一钟的肥沃良田："渠就，用注填阏之水，溉泽卤之地四万余顷，收皆亩产一钟。于是关中为沃野，无凶年，秦以富强，卒并诸侯。"[①] 至于蜀守李冰凿离堆，穿二江成都之中，从此，成都平原就成了秦永远取之不尽的粮仓。这是秦国富强的真正原因，使它具有了战胜一切敌人的物质基础，六国之先后被各个击破，并终于被秦统一，绝不是一个单纯的军事问题，如果看不到在其中起决定性作用的经济因素——实际上是水利因素，就不可能找到这一段历史变化的真正原因。

汉王朝是在秦王朝大兴农田水利的基础上而自关中兴起的又一个更为强大的大帝国，它又进一步发挥了作为一个中央政府应该执行的主要职责，掀起一个全国性的兴修水利的高潮，成为中国古代历史上大兴水利的狂热时代，自中央到地方，都争先恐后地在兴建溉渠，并且是在政权建立不久之后，就开始了这个运动。例如：文帝时"以文翁为蜀郡太守，穿煎溲口，溉灌繁田千七百顷，人获其饶"[②]；武帝时"郑当时为大农……引渭穿渠起长安，并南山下，至河三百余里，径，易漕，而渠下民田万余顷，又可以溉田，而益肥关中之地，得谷。天子以为然，悉发卒数万人穿漕渠，三岁而通，大便利，而渠下之民颇得以溉田矣"[③]；"番系欲省底柱之漕，穿汾、河渠以为溉田，作者数万人"[④]；"临晋民愿穿洛以溉重泉以东万余顷故卤地，诚得水，可令亩十石，于是为发卒万余人穿渠，自征引洛水至商颜山下"[⑤]；"自是之后，用事者争言水利，朔方、西河、河西、酒泉皆引河及川谷以溉田；而关中辅

① 《史记》卷二十九，《河渠书》。
② 《通典》卷二，《食货·水利田》。
③ 《史记》卷二十九，《河渠书》。
④ 《史记》卷三十，《平准书》。
⑤ 《史记》卷二十九，《河渠书》。

渠、灵轵引堵水；汝南、九江引淮；东海引巨定；泰山引汶水：皆穿渠为溉田，各万余顷，它小渠披山通道者，不可胜言"①。在武帝时期开凿的许多溉渠中，以六辅渠和白渠两渠的灌溉利益为最大，六辅渠建于郑国渠的上游，溉郑国渠不能溉到的田畴，为郑国渠的一个辅助渠；白渠引泾水，灌溉的面积广袤达二百里。武帝明言："农，天下之本也。泉流灌浸[20]，所以育五谷也。左、右内史地，名山川原甚众，细民不知其利，故为通沟渎，畜陂泽，所以备旱也。"② 这把一个中央政府应尽的职责说得那么明确。政府大力"通沟渎，畜陂泽"的结果，整个关中地区形成一个渠道纵横的灌溉网，真是沃野千里，五谷丰登，"民则人给家足，都鄙廪庾皆满，而府库余货财，京师之钱累巨万，贯朽而不可较。太仓之粟陈陈相因，充溢露积于外，至腐败不可食"③。由此可以看出汉王朝的经济基础是何等雄厚。这一结果的取得不是靠大自然的恩赐，而是靠人力改造自然、大兴水利的结果。下引两段文献，是对关中灌溉网的一个简单描述：

> 其阳则崇山隐天，幽林穹谷，陆海珍藏，蓝田美玉。商洛缘其隈，鄂杜滨其足，源泉灌注，陂池交属，竹林果园，芳草甘木，交野之富，号为近蜀。……下有郑白之沃，衣食之源。提封五万，疆埸绮分，沟塍刻镂，原隰龙鳞。决渠降雨，荷插成云，五谷垂颖，桑麻铺棻。④

> 昔在西京，有鄂杜膏腴之饶，池阳谷口之利，泾渭二川之水，郑国白渠之溉，每年成熟，雨灌并亩，至今号为陆海。⑤

唐王朝是汉以后在关中定都的又一个大一统王朝，虽然它开拓了辽阔的疆域，与前汉帝国的声威不相上下，但却是一个基础薄弱，内容空虚，名不符实的强国。它不重视农田水利，不为人民"通沟渎，畜陂池"，以达到五谷丰登，人给家足。汉武帝所说的"农，天下之本，泉流灌浸，所以育五谷"的道理，似乎根本不为唐王朝的统治者所理解，丝毫没有奠立国家根本、

---

① 《汉书》卷二十九，《沟洫志》。
② 《汉书》卷二十九，《沟洫志》。
③ 《史记》卷三十，《平准书》。
④ 班固：《西都赋》。
⑤ 《太平御览》卷八百二十一，引王朗《上求赈贷表》。

强化政权基础的打算。终唐之一代，没有兴建过大规模的灌溉工程。不修新渠，也不注意保持旧渠，如秦汉时代的郑白渠，到唐时还能发挥其固有作用，朝廷不加爱惜，王公权贵遂恣意破坏：

> 大唐永徽六年（公元六五五年），雍州长史长孙祥奏言：往日郑白渠溉田四万余顷，今为富僧大贾，竞造碾硙，止溉一万许顷，于是高宗令分检渠上碾硙皆毁撤之，未几所毁皆复。广德二年（公元七六四年），臣吉甫先臣文献公为工部侍郎，复陈其弊，代宗亦命先臣拆去私碾硙七十余所。岁余，先臣出牧常州，私制如初，至大历中，利所及才六千二百余顷。①

可见秦汉时代的郑白渠到唐代时还没有埋废，仍可以溉田四万顷，即仍在发挥着固有灌溉的效益，但是却遭到了权贵豪门们的恣意破坏，他们在周围堤堰上乱置碾硙，截断水流，使渠中之水不能用于灌溉农田，而做了碾硙的动力，四散奔流，化为乌有了。高宗时在人民的反对和臣下的请求下，"命令分检渠上碾硙皆拆毁之"，未几，"所毁皆复"，朝廷即不再过问；眼巴巴看着贵如油的春水尽付东流。高宗时没有解决这个问题，到了代宗时又命拆私碾硙七十余所，同样，"岁余，私制如初"。这样一点小事，以皇帝之威，竟久久得不到解决，这反映出两个问题：一是说明朝廷对灌溉农田水利根本不重视，对破坏渠道的私人碾硙，形式上颁布过禁令，就算是善尽了政府职责，可以掩尽天下耳目，至于禁令是否有效，就不再过问。对权贵们把拆毁了的碾硙又原封修复起来，虽看在眼里，也装聋作哑，听之任之，所以原来可以溉田四万余顷的郑白渠，到大历时，水田才得六千二百余顷。二是说明唐王朝的政治非常黑暗，因为在渠上设置碾硙的，都是皇亲、公主、权奸、宦官等特权人物，皇帝事实上是这些人手中的傀儡，听其摆布，无所作为，也不可有所作为，碾硙是他们私利所在，当然要使禁令成为具文。总之，唐王朝既不开凿新渠，也不维护旧渠，对开发水利，发展农业，好像与自己完全无关。

中央政府虽没有进行过有计划的水利开发，但各道州府的地方官吏利用本地区的自然河流、川泽、陂塘修建一些地方性的小渠，或把废弃埋灭了的

---

① 李吉甫：《元和郡县图志》卷一。

古渠故道加以疏浚修整，使之能灌溉附近田畴，这在各道州府中皆不乏其人，如此修建的小渠亦屡见记载，但是地方小渠都是修旧利废，小修小补，而不是有计划的水利建设，大都规模狭小，灌溉面积不大，其利不溥，地方上虽能获得一点收益，但对整个农业实无足轻重。

唐继秦、汉之后，亦定都关中，但是唐时的关中已不是秦汉时的关中，因为全国的经济中心已经南移，关中的自然条件和经济力量，已不足以支撑作为大一统帝国的政治中心。首先是关中已经遭受过几次惨重的破坏，特别是东晋十六国时期的长期破坏，破坏到"关中无复行人"，在"井堙木刊，阡陌夷灭"之后，生态平衡被彻底破坏，水土长期流失，干旱的黄土已经沙化，在土地报酬递减现象日益严重的情况下，不断增加的人口使土地更失去负荷的能力，故当唐在关中建都时，已明显观察到关中土地狭，所出不足以给京师，备水旱。这是唐在关中建都时首先遇到的一个明显的不利条件。但是这个不利条件并不是不可改变的，因为关中是黄土高原，土层厚，土质肥沃，如果干旱缺水，则风沙弥漫，颗粒无收，一旦有水灌溉，仍可亩收一钟。这样的事实，都历历在目，不仅秦、汉的历史经验可资效法，眼前的事例尤足借鉴。例如同州刺史姜师度任大农后，"首开沟洫"，取得了立竿见影的效果，使"由来榛棘之所[21]，遍为粳稻之川，仓庾有京坻之饶，关辅致珠玉之润"。玄宗特下诏褒美，但却不把这个成功经验加以推广。可知唐王朝并不是真正重视这一成功经验，更不准备走自己发展经济的道路，而是把自己政权的立足基础——实际上也是自己的生存依据，孤注一掷地完全放在"岁漕东南之粟"一着上，竟然没有注意到江淮漕运是不可靠的，以此为国策，实是一个致命的错误。因为唐都关中，江淮漕运不能直达，漕运全程，明显地分为三段，只有一段——大运河段是畅通的，后两段、特别是最后一段是极端困难的，而且是不可逾越的。唐王朝把自己的立国基础和生存依据放在这样一个不可靠的漕运上，这就注定[22]了唐王朝必然是一个基础脆弱，随时可以倾覆的政权。一个王朝没有自己的富国、利民、长治、久安之策，不依靠自己的力量去就地发展经济，以奠立一个地辟、粟多、国富、兵强、战胜、地广的巩固基础，特别是当漕运已经遇到不可克服的困难，朝廷的存亡已经遇到严重威胁时，而仍然不肯改弦易辙，速谋自救之道，仍然死抱着错误政策不放，这是使人费解的。例如，大运河虽然可以畅通，但运输却旷日持久，史称："江南漕船以岁二月至扬州，入斗门，四月已后，始渡淮入汴，常苦水浅，六七月乃至河口，而河水方涨，须八九月水落，始得上河入洛，而漕路多梗，船樯阻隘，江南之人，不习河事，转雇河师水手，重为劳费，其得行日少，阻滞日多。"① 这说明黄河能够航行的时间是很短的，沉溺损耗是很大的。黄河运程到三门而止，三门之险是全部运程的一个最大障碍，在当时的技术条件下，由黄河越三门而进入关中水系是根本不可能的。政府曾进行过不实际的改进计划，耗费了巨大的人力物力，辟高山，凿坚石，以另辟新渠，所谓"辟三门之岭，逾岩险之地，俾负索引舰，升于安流"，结果是徒劳无功，岩险之地不能逾越，不能用人力负索把漕船升于安流。不得已在三门置仓，将漕粮搬入仓中，改由陆运，用大车运至渭滨，再转槽京师。道路之梗阻，运脚之高昂，沿途之损耗，吏胥之盗窃，损耗惊人，当时有"用斗钱运斗米"之说，以如此高昂之代价，旷日持久，运到京仓时已所余无几，远不足以满足需要，朝廷不得已每年须以大部分时间移驻东京，即将整个政府搬往洛阳以就食。洛阳地滨黄河，漕运虽然艰难，但漕船毕竟可以直达，比西京略胜一筹。裴耀卿在评论漕政时曾指出：

> 臣以国家帝业，本在京师，万国朝宗，百代不易之所。但为秦中地狭，收粟不多，倘遇水旱，即便匮乏。往者贞观、永徽之际，禄廪数少，每年转运，不过一二十万石，所用便足，以此车驾久得安居。今升平日久，国用渐广，每年陕洛漕运，数倍于前，支犹不给，陛下幸东都以就贮积，为国大计，不惮劬劳，皆为忧人而行，岂是故欲来往。②

仅此一事，已充分说明，完全仰赖漕运是危险的。

唐王朝以高昂代价维持江淮漕运，而江淮漕运并不能保证永久畅通，因大运河的较长一段位于河南，而且是运河的关键部分，是运河转入黄河的枢纽。中原是兵争之区，一旦中原有事，运河即被切断，如安史之乱时，中原为主要战场，兵荒马乱，淮、汴梗阻，运道断绝，唐王朝立即陷入绝境，因失去了江淮财赋，就失去了活命之源，朝廷地位，岌岌可危，在万分危急之中，不得已而改变航道，漕船改由长江溯汉水北上，运抵汉中，然后再改由陆路运往京师。这完全是一种饥不择食的救急之策，不得已而为之，因陆路

① 《新唐书》卷五十三，《食货志三》。
② 裴耀卿：《请缘河置仓纳运疏》，《全唐文》卷二百九十七。

车载，途程遥远，道路崎岖，脚价更为高昂，沿途损耗更为浩大，而且旷日持久，缓不济急，以致京师米价翔贵，军民乏食，太仓空虚，宫厨断粮，连皇帝后妃也将成为饿殍。为了活命，遂迫使畿甸人民捩穗以供。情势竟如此危急，这时唐王朝的命运实已不绝如缕[23]。

但是像这样的危急情势，在唐朝并不是偶然一见，而是屡见不鲜。因为在安史之乱以后，唐王朝已经是名存实亡，只在名义上保留着一个中央政府的称号。其后藩镇割据，不断称兵，漕运常被切断，朝廷对此，束手无策，皇帝闷坐宫中，望眼欲穿地在坐等漕粮的到来，此外即无所作为，谁也没有想过，一个王朝应立足于自力更生，应当自己动手，开发农田水利，生产一部分或大部分衣食之源，而不能依靠从外地征调而来。何况运输这些征调之物又非常不可靠，至多以之作为补充，而不能作为全部生存依据。唐王朝恰恰做了这样一个错误决策，而且是一成不变，尽管事实已经一再证明江淮漕运不可靠，因航道不能改变，三门之险不能逾越，以刘晏之能，他虽然做了最大努力，但所能改变的只限于管理漕政的行政效率，罢黜了贪污无能的经手官吏，使浪费损耗为之大减，但对于运道的艰难险阻仍一筹莫展，事实上谁也不能改变根本不能改变的自然条件。唐王朝的历任统治者对此皆无动于衷，仍然要坐待东南之粟，不谋自救之道，宁作饿殍，也不肯改弦易辙。结果，王朝虚弱衰败到不堪一击，四方一有风吹草动，皇帝就仓皇出逃。把这样一个虚有其表、而积弱不振的王朝，与汉并称为盛世，它是当之有愧的。

第六章　手工业

第一节　官手工业

（一）工官官制及其所掌管的官手工业种类

如《中国封建社会经济史》前两卷所阐述，中国封建统治中的官手工业制度是起源很早的，其对社会经济特别是商品经济所产生的影响也是十分深远的。唐代是变态封建社会遭受过长期破坏之后，又得到恢复和有所发展的时期，官手工业即随着封建统治的巩固和加强，在封建统治阶级的消费欲和奢侈欲不断增长的前提下，遂在广度方面——官手工业的种类和深度方面——生产品的质量都有了很大的发展和提高，在各个方面都远非前一时期——两晋南北朝时期，所能望其项背。

从官手工业的制度上来看，仍然是历久相沿的传统制度，没有脱离《周礼》的设官分职的规范，但是官制则更完整，职掌更分明，门类更繁多。从官手工业的大类来分，主要有三：各种日用手工业品制造属少府监；军用品制造属军器监；土木营建工程和建筑材料的加工属将作监。这本是由来已久的制度，唐代一仍旧贯，其中以少府监的规模为最大，隶属的机构为最多，其所掌管的手工业种类从宗庙祭器到服饰玩好等各种必需品、便利品和奢侈品等实无所不包。这里先来看少府监的组织系统和营运情况：

〔少府〕监之职，掌供百工伎巧之事，总中尚、左尚、右尚、织染、掌治五署之官属，庀其工徒，谨其缮作，少监为之贰。凡天子之服御，百官之仪制，展采备物，皆率其属以供之。

中尚令，掌供郊祀之圭璧、器玩之物。中宫服饰，雕文错采之制，皆供之。丞为之贰。其所用金玉齿革毛羽之属，任土以时而供之。

左尚令掌供天子之五辂、五副、七辇、三舆、十有二车、大小方圆华盖一百五十有六，诸翟尾扇及小伞翰，辨其名数，而颁其制度。

右尚署令供天子十有二闲马之鞍辔及五品三部之帐，备其材革，而修其制度，丞为之贰。凡刀剑、斧钺、甲胄、纸笔、茵席、履舄之物，靡不毕供。具用绫绢、金玉、毛革等，所出方土，以时支送。

织染令掌供天子太子群臣之冠冕，辨其制度，而供其职，丞为之贰。

掌冶令掌熔铸铜铁器物，丞为之贰。凡天下出铜铁州府，听人私采，官收其税。若白镴，则官市之，其西北诸州，禁人无置铁冶及采铁。若器用所须，具名移于所由官供之。①

上引文献仅涉及少府监的组织系统和主要职掌，未述及各种官手工业的具体生产和管理情况。《新唐书·百官志》和《唐六典》的记载较详，对于各种官手工业的生产和管理、工匠人数、原料来源以及学徒制度等等，均有所论述，可借以窥见官手工业的营运情况：

〔少府监〕掌百工技巧之政，总中尚、左尚、右尚、织染、掌冶五署及诸冶、铸钱、互市等监。供天子器御、后妃服饰及郊庙圭玉、百官仪物。凡武库袍襦，皆识其轻重乃藏之，冬至、元日以给卫士，诸州市牛皮角以供用，牧畜角筋脑革悉输焉。钿镂之工，教以四年；车路乐器之工，三年；平漫刀稍之工，二年；矢镞竹漆屈柳之工，半焉；冠冕弁帻之工，九月。教作者传家技，四季以令丞试之，岁终以监试之，皆物勒工名。

丞六人，从六品下，掌判监事。给五署所须金石、齿革、羽毛、竹木，所入之物，各以名数州土为籍。工役众寡难易有等差，而均其劳逸。……

① 《旧唐书》卷四十四，《职官志》。

武德初，废监，以诸署隶太府寺。贞观元年（公元六二七年）复置。龙朔二年（公元六六二年）改曰内府监，武后垂拱元年（公元六八五年）曰尚方监。有府二十七人，史十七人，计史三人，亭长八人，掌固六人，短蕃匠五千二十九人，绫锦坊巧儿三百六十五人，内作使绫匠八十三人，掖庭绫匠百五十人，内作巧儿四十二人，配京都诸司诸使杂匠百二十五人。

中尚署……掌供郊祀圭璧及天子器玩、后妃服饰雕文错彩之制。凡金木齿革羽毛，任土以时供。赦日，树金鸡于仗南，竿长七丈，有鸡高四尺，黄金饰首。……岁二月，献牙尺，寒献毯。五月，献绶带。夏至，献雷车。七月，献细针。腊日，献口脂。唯笔、琴瑟弦，月献。金银暨纸，非旨不献。制鱼袋以给百官，蕃客赐宝钿带，鱼袋则授鸿胪寺丞、主簿。……有金银作坊院。

左尚署……掌供翟扇、盖伞、五路、五副、七辇、十二车，及皇太后、皇太子、公主、王妃、内外命妇、王公之车路。凡画素刻镂与宫中蜡炬杂作，皆领之。

右尚署……掌供十二闲马之辔。每岁取于京兆、河南府，加饰乃进。凡五品三部之帐，刀剑、斧钺、甲胄、纸笔、茵席、履舄，皆拟其用，皮毛之工亦领焉。[1]

上引文献已详述了少府系统各官署的建置沿革、各署之间的分工以及供应范围和产品种类。《唐六典》所载除以上各点外，又详述了官手工业的管理制度，可以说是封建时代官办手工业的一种企业管理。当然，这里所谓企业，不是近代意义之企业，而所谓管理，也主要以官府命令行之，与近代西方国家一般人所说的管理不可能具有相同的含义，但是由于官手工业的门类很多，人数众多的工匠来源不一，身份不同，各人的技术水平也相当悬殊，制造出来的物品又供应多门，把这些复杂的生产条件——人的条件和物的条件都安置在适当的生产岗位上，去运行多样化的生产过程，没有一个严密的管理制度，整个的生产和营运实无法进行。从《唐六典》的记载来看，知各主管官署对于物的管理和对于人的管理是井井有条的，管理的目的同样是减少人力和物力不必要的消耗与浪费，使各个生产要素都能很好地发挥出各自

---

[1] 《新唐书》卷四十八，《百官志》。

的功能：

> 少府监，监一人，从三品。
>
> 少府者，天子之私府，所以供奉之职皆在焉。……龙朔二年（公元六六二年）改为内府监，咸亨元年（公元六七〇年）复为少府监，光宅元年（公元六八四年）改为尚方监，神龙元年（公元七〇五年）复旧，开元初，分甲铠弓弩，别置军器监，十二年省军器监，其作并归少府，寻又于北部置军器监。
>
> 少府监之职，掌百工伎巧之政令，总中尚、左尚、右尚、织染、掌冶五署之官属，庀其工徒，谨其缮作，少监为之贰。凡天子之服御，百官之仪制，展采备物，率其属以供焉。……凡五署所修之物，须金、石、齿、革、羽、毛、竹、木而成者，则上尚书省，尚书省下所由司以供给焉。凡五署之所入于库物，各以名数并其州土所产以籍之，季冬则上于所由，其副留于监，有出给者，则随注所供而印署之。凡教诸杂作，计其功之众寡与其难易而均平之，功多而难者，限四年、三年成，其次二年，最少四十日，作为等差而均其劳逸焉。
>
> 凡教诸杂作工业，金银铜铁铸、熔、凿、镂、错、镟所谓工夫者，限四年成，以外限三年成，平慢者限二年成。诸杂作有一年半者，有一年者，有九月者，有三月者，有四十日者。主簿掌勾检稽失，凡财务之出纳，工人之缮造，簿帐之除附，各有程期，不如期者，举而按之。[①]

对于少府监所属五署，除详细叙述了各署的主管业务和供应范围外，并详述了各种手工业制造所需的原料种类及其产地。所有原料，包括价值昂贵的珠翠珍宝，除少数特殊物品须从国外进口外，皆系从全国各地征调而来，多数系以贡的形式获得，即所谓"任所出州土，以时供送"，少数系以低廉官价由民间"和买"而来。总之，在官手工业的制造品中，原材料价格在生产成本中所占的比重是很少的，这说明官手工业的存在，是对人民的一种掠夺，因为除了原料大都不需代价外，劳动力也都是由民间强制征调来的，其

---

① 《唐六典》卷二十二，《少府监》。

中多数都是在服无偿劳役，其情况当于后文详之。

中尚署令，掌供郊祀之圭璧，乃岁时乘舆器玩中宫服饰雕文错彩珍丽之制皆供焉。

每年二月二日进镂牙尺及木画紫檀尺，寒食进毬兼杂彩鸡子，五月五日进百索绶带，夏至进雷车，七月七日进七孔金细针，十月五日进盂兰盆，腊日进口脂、衣香囊，每月进笔及捣衣杵，琴瑟弦，金银纸须则进之，不恒其数也。

其所用金、木、齿、革、羽、毛之属，任所出州土以时而供送焉。

其紫檀、桐木、檀香、象牙、翡翠毛、黄婴毛、青虫、真珠、紫矿、水银出广州及安南，赤麖皮、琴瑟、赤珪、琥珀、白玉、碧玉、金刚钻、盆灌、鍮[1]石、胡桐律、大鹏砂出波斯及凉州，麝香出兰州，铜、钵铜出代州，赤生铜出铜源监也。①

左尚署，令一人，正七品下。……掌造车辇、伞扇、稍耗、弓箭、弩戟、器杖、刀镞、胶漆、竹木、骨角、画素、刻镂、蜡烛等，皇朝置一人，左尚书令，掌供天子之五辂、五副、七辇、三舆、十有二车，大小方圆华盖一百五十有六，诸翟尾扇及大小扇翰，辨其名数，而颁其制度，丞为之贰。凡皇太后、皇后、内命妇之重翟、厌翟、翟车、安车、四望、金根等车，皇太子之金辂、轺车、四望车，王公以下象辂、革辂、木辂、轺车，公主、王妃、外命妇一品厌翟车，二品三品犊车，其制各有差。其用金帛胶漆材竹之属，所出方土，以时支送。漆出金州，竹出司竹监，松出岚胜州，文柏出陇州，梓楸出京兆府，紫檀出广州，黄杨出荆州。②

右尚署，令一人，正七品下。……掌造甲胄具装刀斧钺及皮毛杂作、胶、墨、纸、笔、荐、席等事。右尚署令掌供天子十有二闲马之鞍辔。

每岁京兆、河南制革理材铄金以为之，送之于署，令工人增饰而进焉。及五品三部之帐，备其材革，而修其制度，丞为之贰。凡

① 《唐六典》卷二十二，《少府监·中尚署》。
② 《唐六典》卷二十二，《少府监·左尚署》。

刀剑、斧钺、甲胄、纸、笔、茵席、履舄之物，靡不毕供，其用绫、绢、金、银、毛、革等，所出方土，以时支送。

　　白马尾、白牦[2] 牛尾出陇右诸州，翟尾、孔雀尾、白鹭鲜出安南江东，貂皮出诸军州。①

　　少府监所属的另外两署——掌冶署和织染署，《新唐书》和《唐六典》皆有记载，而以后者为详，仍据以说明两署的职掌如下：

　　　掌冶署……掌范熔金银铜铁及涂饰琉璃玉作。②
　　　掌冶署令，掌熔铸铜铁器物之事，丞为之贰。凡天下诸州出铜铁之所，听人私采，官收其税，若白镴，则官为市之。其西边北边诸州，禁人无置铁冶及采矿，若器用所须，则上其名数移于所由官供之，私者私市之。凡诸所造器物，皆上于少府监，然后给之。其兴农冶监所造者，唯供陇右诸牧监及诸牧使。③

　　根据上引《六典》所载，可以看出掌冶署的官署虽设于京师，而其所隶属的熔炼金银铜铁等作坊，大都设于"天下诸州出铜铁之所"，即设于矿产所在地，这样，可以利用当地原料就地熔炼铸造，将造成之器解交少府监，即"凡诸所造器物，皆上于少府监"，各地所需器用也上其名数于少府监，少府监再根据各地所上名数"移于所由官供之"。这样一种经营管理制度是非常合理的，因为这种集中管理、分散经营的办法，非常适合于重工业产品的生产和分配，如将天下诸州所出金银铜铁集中于京师，统一熔炼铸造，然后再将制成之物"移于所由官"统一分配于天下诸州需要器用之处，那就非常不合理了。

　　掌冶署下还设有诸冶监，《唐书》称："掌铸兵农之器，给军士、屯田居民，唯兴农冶专供陇右监牧。"④《六典》称："诸冶监掌熔铜铁之事，以供少府监。"⑤ 既有掌冶署，又再设诸冶监，两者必有一定的分工，虽史无明文，

---

① 《唐六典》卷二十二，《少府监·右尚署》。
② 《新唐书》卷四十八，《百官志》。
③ 《唐六典》卷二十二，《少府监·掌冶署》。
④ 《新唐书》卷四十八，《百官志》。
⑤ 《唐六典》卷二十二，《诸冶监》。

但由上引记载可以看出，诸冶监所铸造的都是常用的兵农之器，以及专供陇右监牧使用的农具，不言而喻，当然都是笨重的和粗糙的，而掌冶署所制造的，则是"范熔金、银、铜、铁及涂饰琉璃、玉作"等精巧器皿，其供应对象又主要是皇室，而不是一般工农大众。

种类繁多的高贵丝织品之所以绚丽多彩，染色是一个关键性的工序，故染色成为官手工业中一个占重要地位的手工业部门，织的种类更多，织物又是供应皇室的主要项目，是官手工业制造的大宗产品，少府监所属的织染署，就是这一手工业的主管部门。由于"冠冕、组绶及织纴"之事包罗万象，故这一官手工业的规模亦非常庞大，其组织和经营情况有如下述：

> 织染署……掌供冠冕、组绶及织纴、色染。锦、罗、纱、縠、绫、绸[3]、絁[4]、绢、布，皆广尺有八寸，四丈为匹。布五尺为端，锦六两为屯，丝五两为絇[5]，麻三斤为綟[6]。凡绫绵文织，禁示于外。高品一人专莅之，岁奏用度及所织。每披庭经锦，则给羊酒。七月七日，祭杼。①

> 织染署，令一人，正八品上。

> 汉少府属官有东织、西织，成帝河平元年（公元前二十八年）省东织，更名西织曰织室。后汉有织室丞一人，此后无闻。北齐中尚方领泾州、雍州丝局丞，定州绸绫局丞；后周有司织下大夫一人，掌凡机材之工；隋炀帝置司织署令丞，后与司染署并为织染署。……隋初有司染署，隶太府寺，炀帝分属少府，大业五年（公元六○九年）合司织、司染为织染署，令二人，皇朝置一人。

> 织染署令，掌供天子、皇太子及群臣之冠冕，辨其制度而供其职务，丞为之贰。天子之冠二：一曰通天冠，二曰翼善冠。冕六：一曰大裘冕，二曰衮冕，三曰鷩[7]冕，四曰毳冕，五曰绨冕，六曰玄冕。弁二：一曰武弁，二曰皮弁。帻二：一曰黑介帻，二曰平巾帻。帽一：曰白纱帽。太子之冠三：一曰三梁冠，二曰远游冠，三曰进德冠。冕二：一曰衮冕，二曰玄冕。弁一：曰皮弁。帻一：曰平巾帻。臣下之冠五：一曰远游冠，二曰进贤冠，三曰獬豸冠，四曰高山冠，五曰却非冠，冕五：一曰衮冕，二曰鷩冕，三曰毳冕，

---

① 《新唐书》卷四十八，《百官志》。

四曰絺冕，五曰玄冕。弁二：一曰爵弁，二曰武弁。帻三：一曰介帻，二曰平巾帻，三曰平巾缘帻。

凡织纴之作有十，一曰布，二曰绢，三曰絁，四曰纱，五曰绫，六曰罗，七曰锦，八曰绮，九曰绸，十曰褐。

组绶之作有五：一曰组，二曰绶，三曰绦，四曰绳，五曰缨。

绸线之作有四：一曰绌，二曰线，三曰弦，四曰网。

练染之作有六：一曰青，二曰绛，三曰黄，四曰白，五曰皂，六曰紫。

凡染，大抵以草木而成，有以花叶，有以茎实，有以根皮，出有方土，采以时月，皆率其属而修其职焉。[1]

从上引记载可以看出，织染署管辖的各种工业，不但门类很多、规模很大，而且内部技术分工很细，所有冠冕、组绶、织纴等，不是一个生产过程的不同程序，而是各自独立的专业化生产，这些专业化生产又有其内部分工，如织纴之作有十，组绶之作有五，细线之作有四，练染之作有六。每一种这样的生产，又按照不同的生产程序——这些不同的程序原来都是独立的生产部门——使各个程序成为既互相独立、又互相补充的局部操作。分配在各程序上的工匠各从事一种专门化的局部操作，不兼作、不二事，这样每个工人都成为整个生产过程中的一个局部劳动者。这说明各种规模庞大的官手工业（包括少府监主管的各种手工业），虽然都是政府的官设机构，但却都具备了工场手工业的产生条件，并具备了工场手工业的基本性能，因为：

> 一方面，它以不同种的独立手工业的结合为出发点，这些手工业非独立化和片面化到了这种程度，以致它们在同一商品的生产过程中成为只是互相补充的局部操作。另一方面，工场手工业以同种手工业者的协作为出发点，它把这种个人手工业分成各种不同的特殊操作，使之孤立，并且独立化到这种程度，以致每一种操作成为特殊工人的专门职能。因此，一方面工场手工业在生产过程中引进了分工，或者进一步发展了分工，另一方面它又把过去分开的手工

---

[1] 《唐六典》卷二十二，《少府监·织染署》。

业结合在一起。①

不言而喻，这样的分工制度只能在官手工业的大规模工场中实现，民间的小手工业作坊是不可能实行分工的。

铸钱业是官手工业中的一个重要部门，唐以前多隶属于少府监，唐初仍之，置十炉铸钱，诸州铸钱监亦隶属少府。因铸钱业以设于产铜诸州为便，故诸州所设铸炉远超过京师，后遂罢少府铸钱，诸州铸钱监由所在州府督率，由各州刺史判之，于是铸钱业遂成为一种地方手工业。关于铸钱监的建置沿革和铸造情况，有如下述：

> 诸铸钱监，监各一人。自汉至隋，虽时或轻重，皆用五铢。皇朝武德中，悉除五铢，更铸开通元宝钱，乾封初，又铸乾封泉宝，寻废。开元中，以钱滥恶，江淮间尤甚，有敕禁断，令御史往江淮间收敛，纳官熔之，其求稍广，州县恐其钱数不充，随以好钱继之，自是百姓财币耗损，御史坐是左迁。旧法每一千重六斤四两，近所铸者多七斤，钱文本欧阳询所书。钱官汉氏初属少府，后属水衡，后汉属司农，魏晋已下或属少府，或属司农。皇朝少府置十炉，诸州亦皆属焉，及少府罢铸钱，诸州遂别。今绛州三十炉，扬、宣、鄂、蔚各十炉，益、邓、彬各五炉，洋州三炉，定州一炉。诸铸钱监以所在州府都督，刺史判之。②

另一项重要的官手工业是军器工业，其主管机关是军器监。军器监的直属机构并不多，只有弩坊署和甲坊署。但由于军需用品，种类繁多，数量庞大，故每一门类的制造都必须是大规模。少府监所属各手工业部门都是为了供应帝王后妃的私生活之需，基本上是奢侈品生产，尽管统治阶级对是类物品的需要十分殷切，但其重要性却又微不足道，这类官手工业如过度发达，就直接反映了统治阶级的腐朽，对国计民生都是有害的。军需手工业是国防工业，关系着兵之强弱与国之安危，是与统治阶级生死存亡攸关的，故历代王朝无不特设专官，大力制造，唐王朝对此亦极为重视，除由中央政府统一

---

① 《资本论》第一卷，第三七五页。
② 《唐六典》卷二十二，《诸铸钱监》。

制造供应外，因唐实行府兵制度，诸州皆有大量驻军，故又于诸州府设立作院，就地制造，以供应当地驻军。由下引记载可以看出军器业的组织和生产情况：

> 军器监……掌缮甲弩，以时输武库。总署二：一曰弩坊，二曰甲坊。……
>
> 弩坊署……掌出纳矛矟[8]、弓矢、排弩、刀镞、杂作及工匠。……
>
> 甲坊署……掌出纳甲胄、绶[9]绳、筋角、杂作及工匠。……①
>
> 大唐武德初，置军器监，贞观元年（公元六二七年），罢军器大监，置少监，后省之，以其地隶少府监，为甲弩坊。开元初，复以其地置军器使，至三年（公元七一五年），以使为监，更置少监一员，丞二员，主簿一员，录事一员，及弩坊等署。十一年（公元七二三年），悉罢之，复隶少府，为甲弩坊，十六年（公元七二八年）移其名，于北都置军器监。天宝六载（公元七四七年），复于旧所置军器监，监一人，领甲坊、弩坊两署。②
>
> 军器监掌缮造甲弩之属，辨其名物，审其制度，以时纳于武库。丞掌判监事，凡材革出纳之数，工徒众寡之役，皆督课焉。③

甲坊令、弩坊令，各掌其所修之物，督其缮造，辨其粗良，丞为之贰。凡财物之出纳，库藏之储备，必谨而守之。④

上引记载只说明了军器监的官制和主要职掌，没有述及各署制造出来的军器都是什么。但知各署制造出来的军器，都要"以时纳于武库"，而武库则详记了入库的军器种类和细目。因政府为了妥善储备军器，特设有专官"卫尉卿"一职，"掌邦国器械文物之政令，总武库、武器、守官三署之官属。凡天下兵器入京师者，皆籍其名数而藏之。……其应供宿卫者，每岁二时阅之，其有损弊者，则移于少府监及金吾修之"⑤。由入库的军器名称来

---

① 《新唐书》卷四十八，《百官志》。
② 《通典》卷二十七，《职官九·军器监》。
③ 《唐六典》卷二十二，《军器监》。
④ 《唐六典》卷二十二，《军器监·甲坊署弩坊署》。
⑤ 《唐六典》卷十六，《卫尉寺》。

看，制造的种类极为繁多，其内部的技术分工必然是非常细致的：

> 武库令掌藏天下之兵杖器械，辨其名数，以备国用，丞为之贰。
> 凡军鼓之制有三：一曰铜鼓，二曰战鼓，三曰铙鼓。金之制有四：
> 一曰錞[10]，二曰镯，三曰铙，四曰铎。弓之制有四：一曰长弓，二
> 曰角弓，三曰稍弓，四曰格弓。弩之制有七：一曰擘张弩，二曰角
> 弓弩，三曰木单弩，四曰大水单弩，五曰竹竿弩，六曰大竹竿弩，
> 七曰伏远弩。箭之制有四：一曰竹箭，二曰木箭，三曰兵箭，四曰
> 弩箭。刀之制有四：一曰仪刀，二曰鄣刀，三曰横刀，四曰陌刀。
> 枪之制有四：一曰漆枪，二曰木枪，三曰白干枪，四曰扑头枪。甲
> 之制十有三：一曰明光甲，二曰光要甲，三曰细鳞甲，四曰山文甲，
> 五曰乌锤甲，六曰白布甲，七曰皂绢甲，八曰布背甲，九曰步兵甲，
> 十曰皮甲，十有一曰木甲，十有二曰钻子甲，十有三曰马甲。彭排
> 之制有六：一曰滕排，二曰团排，三曰漆排，四曰木排，五曰联木
> 徘，六曰皮排。旗之制三十有二：一曰青龙旗，二曰白兽旗，三曰
> 朱雀旗，四曰玄武旗，五曰青龙负图旗，六曰应龙旗，七曰龙马旗，
> 八曰玉马旗，九曰凤凰旗，十曰鸾旗，十一曰鹓鶵[11]旗，十二曰太
> 平旗，十三曰麒[12]麟旗，十四曰飞麟旗，十五曰飞黄旗，十六曰
> 駃[13]骚旗，十七曰白泽旗，十八曰五牛旗，十九曰犀牛旗，二十
> 曰金牛旗，二十一曰咒旗，二十二曰三角兽旗，二十三曰角端旗，
> 二十四曰吉利旗，二十五曰驺骦[14]旗，二十六曰驺牙旗，二十七
> 曰黄鹿旗，二十八曰白狼旗，二十九曰赤熊旗，三十曰辟邪旗，三十
> 一曰苣文旗，三十二曰刃旗。袍之制有五：一曰青袍，二曰绯袍，三曰
> 黄袍，四曰白袍，五曰皂袍。器用之制有八：一曰大角，二曰蠡，三曰
> 钺斧，四曰铁蒺莉，五曰棒，六曰钩，七曰铁盂，八曰水斗。①

军器业的一个最大特点，是制造品的种类极为繁多，而每一种制造品的
数量又非常庞大，它不像少府所属各部门系"供天子器御、后妃服饰及郊庙
圭玉、百官仪物"，即所造物品都是精致的和小量的，而军器监所属各部门制
造的，不论是弓弩刀枪，是箭镞甲胄，是金鼓旗袍，每一种的需要量都是巨

---

① 《唐六典》卷十六，《卫尉寺·武库令》。

大的，故每一种生产都必须是大规模，小型作坊式的批量生产是不能适应军事要求的。生产规模大，首先表现在工人数目多，军器监所属各工场究有多少工人，无明文记载，武后时，军器与其他各种官手工业均隶尚方监，知那时仅短蕃匠即有五千二十九人，其他如绫锦坊巧儿、内作使绫匠、掖庭绫匠、内作巧儿、配京都诸司诸使杂匠等等尚不在内。短蕃匠系官工匠中的一种（详后文），此外还有长上匠、奴隶、囚徒以及和雇工匠等等，数目都是非常巨大的。这一切都说明，军器业都是大规模生产。

尽管官手工业并不是商品生产，特别是各种军用品更不是可以出卖的商品，但是众多的工人聚集在一个工作场所，在同一的命令下（不管这个命令是来自人——主管官员还是来自资本）同时生产同种产品，仅此一点，就必然要产生协作的效果，为进一步实行技术分工创造了条件。在私营企业中，这一现象的出现，已经是资本主义的起点，因为只要有较多的工人在同一时间、同一空间（或者说同一劳动场所），在同一的管理和指挥下生产同种产品，则这种生产就含有一定的资本主义性质。非商品生产的官办手工业特别是军器业，当然不可能向资本主义发展，但是这样一种大规模的生产结构和生产方式，同样会出现这种性能。

除了少府监和军器监所属各种手工业品制造外，另一个大规模的营造部门是将作监所属各机构。将作监所主管的是土木营建工程，原可以不列入工业范围，但是建筑需要多种工业相配合，只有泥瓦匠是不能完成一个建筑物的，如果是一个壮丽辉煌的建筑物，就需要有更多的工业品来装饰，诸如木工、石工、陶工、漆工、装潢工、彩绘工等等不一而足。不过这些手工业的制造品大都是建筑物的配件，不是一般的消费品，不能单独使用，故将作监在官手工业中自成一独立系统。

> 将作监……掌土木工匠之政，总左校、右校、中校、甄官等署，百工等监。大明、兴庆、上阳宫，中书、门下、六军仗舍、闲厩，谓之内作；郊庙、城门、省、寺、台、监、十六卫、东宫、王府诸廨，谓之外作。自十月距二月，休冶工；自冬至距九月，休土功。凡治宫庙，太常择日以闻。①
>
> 将作大匠之职，掌供邦国修建土木工匠之政令，总四署三监百

---

① 《新唐书》卷四十八，《百官志》。

工之官属，以供其职事，少监贰焉。凡西京之大内、大明、兴庆宫，东都之大内、上阳宫，其内外郭台殿楼阁并仗舍等，苑内宫亭，中书门下、左右羽林军、左右万骑仗、十二闲厩屋宇等，谓之内作。凡山陵及京都之太庙、郊社诸坛庙、京都诸城门、尚书殿中秘书内侍省、御史台、九寺、三监、十六卫、诸街使、弩坊、温泉、东宫诸司、王府官舍屋宇、诸街桥道等，并谓之外作。凡有建造营葺，分功度用，皆以委焉。凡修理宫庙，太常先择日以闻，然后兴作。①

将作所属各署直接进行加工制造的，有左校署与甄官署，其营造种类有如下述：

左校署令，掌供营造梓匠之事，致其杂材，差其曲直，制其器用，程其功巧，丞为之贰。凡宫室之制，自天子至于士庶，各有等差。凡乐县簨虡、兵仗器械及丧葬仪制，诸司什物皆供焉。

簨虡谓镈钟[15]、编钟、编磬之属；器械谓仗床、戟架、枢械之属，丧仪谓棺椁、明器之属；什物谓机案、柜槛、敕函、行槽、剉碓之属。②

甄官署……掌琢石、陶土之事，供石磬、人、兽、碑、柱、碾、砠、瓶、缶之器，敕葬则供明器。③

甄官令，掌供琢石陶土之事，丞为之贰。凡石作之类，有石磬、石人、石兽、石柱、碑碣、碾砠，出有方土，用有物宜。凡砖瓦之作，瓶缶之器，大小高下，各有程准，凡丧葬则供其明器之属。④

官手工业制度本来是封建统治阶级为了贯彻抑商政策，而巧妙设计出来的一种釜底抽薪的办法，借以达到双重目的：既满足了消费欲望特别是奢侈品的消费欲望，同时又越过市场，凡所需要的一切物品都自行制造，不通过购买程序而直接获得，这样，便可以把商业依以发展的条件，都不动声色地消灭于无形之中。因为在封建社会中，广大人民都过着自给自足的生活，不

---

① 《唐六典》卷二十三，《将作监》。
② 《唐六典》卷二十三，《将作监·左校署》。
③ 《新唐书》卷四十八，《百官志》。
④ 《唐六典》卷二十三，《将作监·甄官署》。

需要仰赖于市场，只有统治阶级是一个最大的消费者，又是最富有的购买者，他们所需要的又恰恰是商业和商品生产的主要经营对象，如果统治阶级所需要的名目繁多的便利品和奢侈品都按照经济的正常秩序由市场购买，那将是促成商业和商品生产发展的一个强大刺激，这正是与统治阶级力图实现的抑商政策背道而驰的。古代的封建统治者很早就找到了这样一种一举两得的解决办法，故早在周代官手工业制度就已经确立，汉代就已经很完备了。唐代又有了进一步发展：制度之完善，门类之众多，规模之宏大，又都远超过以前各代。官手工业本来就是为了妨碍民营手工业而设置的，所以官手工业愈发达，则对民营手工业的障碍作用便愈强大，使早已萌芽了的资本主义愈萎缩不振。

这种情况在军器业方面表现得尤为明显。因为少府各部门主要是供应皇帝后妃的服饰玩好，所生产的大都是价值昂贵的奢侈品，这些物品本身就限制着市场的扩大，并且不与日用工业品争夺市场。军用品虽都是特殊物品，但却是普通日用物品，并有其自身的广大市场，如果这些物品都通过正常的商业程序由购买获得，这就给众多的商品生产开辟了广大的国内市场，是对资本主义发展的一个强有力的刺激，西方学者早就有人指出，军需工业的生产是产生资本主义的条件之一。欧洲的几次十字军东征和镇压农民起义的大规模战争以及其他大小不等的战争，刺激了各地的军火生产，尤其是威尼斯规模巨大的军火工业，更直接成为十四、十五世纪发生在地中海沿岸城市资本主义萌芽的一个重要内容。中国正走着一条相反的路，军用工业一直由政府垄断，民间私造兵器历朝均悬为厉禁，违制私藏，则罪同反叛。这样一来，商品生产便失去一个广大领域，也失去一个广大市场。唐代的商品经济本有进一步发展的可能，早已萌芽了的资本主义也可以前进一步，但由于官手工业这一强大阻力不可能逾越，结果仍局促在原来的停滞状态中。

（二）其他杂官手工业

尽管少府系统各部门都已是种类繁多，规模宏大，所用的各种工匠，又都是选自全国各地的高手匠人，但是仍然不能完全满足宫廷[16]的需要，所以在少府等监的官制编制之外，又另外设立若干作坊或工场，直接由内廷管理，并向全国各地选调能工巧匠，分别安置在宫内的御用作坊之内，在皇室的命令下，专门为皇帝后妃制造更高级的服饰玩好等奢侈品。例如：

> 杨妃宠爱特甚，宫中主贵妃刺绣者七百人，扬、益及诸戚里，每岁进衣服，布之于庭，光夺人目。①
> 玄宗贵妃杨氏诸姨，凡充锦绣官及治琢金玉者，大抵千人。②
> 宫中供贵妃院织锦刺绣之工，凡七百人，其雕刻熔造，又数百人。扬、益、岭表刺史，必求良工造作奇器异服，以奉贵妃献贺，因致擢居显位。③

供贵妃院仅织锦刺绣之工即有七百人之多，其他雕刻熔造之工又数百人，其豪华侈靡之状实足惊人。但这并不是个别情况，其他类此者仍大有人在。例如：

> 时节愍太子举事不法，珽前后上书进谏。今载四事，其一曰：……伏以内置作坊，工巧得入宫闱之内，禁卫之所。或言语内出，或事状外通，小人无知，不识轻重，因为诈伪，有玷徽猷。臣望并付所司，以停宫内造作；如或要须役造，犹望宫外安置，庶得工匠不于宫禁出入。④

文中未明言造作的项目，不知制造何物，但既系太子的"内置作坊"，其所造作必与供贵妃院大同小异。

在这些特设的官手工业中，织锦是一个重要部门，这种官设的织锦作坊称为官锦坊，是直属于宫廷的官手工业机构，不在少府管辖之下，东西两京皆设有官锦坊，织造品直接供应内廷。唐代文献中屡见记载，下引几条可以窥见其梗概：

> 卢氏子失第，徒步出都城，逆旅寒甚，有一人续至附火，吟云：

---

① 《太平御览》卷六百八十九，引《唐书》。
② 《白孔六帖》卷八十三。
③ 《旧唐书》卷五十一，《玄宗杨贵妃传》。
④ 姚珽：《谏节愍太子书》，《全唐文》卷一百六十九；《旧唐书》卷八十九，《姚璹[17] 传附弟珽传》。

"学织缭绫工未多，乱投机杼错抛梭，莫教官锦行家见，把此文章笑杀他。"卢愕然，以为白乐天诗，问姓名，曰："姓李，世织绫锦，前属东都官织锦坊，近以薄技投本行，皆云以今花样与前不同，不谓伎俩见以文彩求售者，不重于世，如此且东归去。"①

有锦衣隶官锦坊，禄山乱后，人寻其旧坊，不收，曰：如今花样与前不同，遣之。②

〔开元二年（公元七一四年）〕上以风俗奢靡，秋七月乙未……罢两京织锦坊。③

〔开元二年七月〕戊戌，禁采珠玉及为刻镂器玩、珠绳帖绦服者，废织锦坊。④

与织锦坊密切联系的是染坊，特设染坊使以董其事，此染坊设于宫内，不属少府监管辖。敬宗长庆中，染坊工匠——"染坊役夫"曾发生暴动，知这类工匠系在宫内工作：

〔长庆四年（公元八二四年）正月即位，夏四月〕丙申，贼张韶等百余人至右银台门，杀阍者，挥兵大呼，进至清思殿，登御榻而食。弓箭库、右神策军兵马使康艺全率兵入宫讨平之。……辛丑，染坊使田晟、段政直流天德，以张韶染坊役夫故也。⑤

有些记载仅泛称作坊或造坊，而未明言其性质，但既为供应皇帝服御等物而设，当亦为织锦坊一类的作坊，此制历久相沿，唐末五代时依然如故：

〔乾元二年（公元七五九年）四月〕壬寅，诏以寇孽未平，务怀扰抱，自今以后，朕常膳及服御等物，并从节减，诸作坊造坊并停。⑥

〔天福八年（公元九四三年）三月〕甲午，有鸟栖作坊桐树，

① 《古今图书集成·考工典》卷十，《织工》引《卢氏杂说》。
② 《白孔六帖》卷八。
③ 《资治通鉴》卷二百一十一，《唐纪》二十七。
④ 《新唐书》卷五，《玄宗纪》。
⑤ 《旧唐书》卷十七上，《敬宗纪》。
⑥ 《旧唐书》卷十，《肃宗纪》。

作坊使周务掠捕而进之。①

其他各种杂官手工业还有很多种，各设有专官管理，见于记载的计有：

> 合口脂匠二人。皇朝初置。②
> 武后垂拱元年（公元六八五年），改肴藏署曰珍羞署，神龙元年（公元七〇五年）复旧，开元元年（公元七一三年）又改。有府三人，史六人，典书八人，锡[18]匠五人，掌固四人。③
> 摩揭它，一曰摩伽陀，本中天竺属国。……贞观二十一年（公元六四七年）……太宗遣使取熬糖法，即诏扬州上诸蔗，搾沈[19]，如其剂，色味愈西域远甚。④
> 良酝署：有府三人，史六人，监事二人，掌酝二十人，酒匠十三人，奉觯[20]百二十人，掌固四人。⑤
> 掌醢署：有府二人，史二人，主醢十人，酱匠二十三人，酢匠十二人，豉匠十二人，菹醢匠八人，掌固四人。⑥

上引几例都是食品加工业，说明官手工业经营的范围是无所不包的，连饮食所需的调味佐料，亦要求完全自给，所以酒、醋、酱、豉等等亦皆设有专官管理，自设作坊制造，尽可能不向市场购买。这是说被官手工业阻塞了的商品经济发展的渠道，不限于有发展前途的重要手工业部门，连普通日用的酱醋也不放过，可知官手工业的经营门类是巨细无遗的。以下各例，更都是一些小手工业和服务性工作：

> 司竹监掌植养团竹之事……凡宫掖及百司所须帘笼筐篚之属，命工人择其材干以供之，其笋则以时供尚食。⑦
> ［校书郎］楷书手八十人，亭长六人，掌固八人，熟纸匠、装

---

① 《旧五代史》卷八十一，《晋书·少帝纪一》。
② 《唐六典》卷十一，《尚药局》。
③ 《新唐书》卷四十八，《百官志·珍羞署》注文。
④ 《新唐书》卷二百二十一上，《西域列传·摩揭它》。
⑤ 《新唐书》卷四十八，《百官志·良酝署》。
⑥ 《新唐书》卷四十八，《百官志·掌醢署》。
⑦ 《唐六典》卷十九，《司农寺·司竹监》。

潢匠各十人，笔匠六人。①

掲书手三人，贞观二十三（公元六四九年）年置，龙朔三年（公元六六三年），馆内法书九百四十九卷并装进，其掲书停，神龙元年又置。笔匠三人，贞观二十三年置。熟纸装潢匠九人，贞观二十三年置。②

凡诸司置直，皆有定制。诸司诸色有品直……门下省……能书二人，装潢一人。"……宏文馆学直四人，造供奏笔二人，造写御书笔二人，装书一人，掲书一人。修史馆装书一人。中书省明法一人，能书四人，装制敕一人，翻书译语十人，乘译[21]二十人。集贤院能书六人，装书十四人，造笔四人。……鸿胪寺译语并记二十人，金银作一人，漆作一人。……秘书省图画一人，丹青五人，造笔一人。"③

〔崇文馆〕有馆生十五人，书直一人，令史二人，书令史二人，典书二人，掲书手二人，楷书手十人，熟纸匠一人，装潢匠二人，笔匠一人。④

在上述各项官手工业中，丝织业是其中的重点项目，宫廷之所以于政府工官系统之外，特于内廷另设作坊，就是由于官设的织染署所织造的供奉织品，质量还不够高，花样还不够新，色彩还不够艳，因而不能满足皇帝后妃的奢侈需要。杨贵妃之所以有单独的供贵妃院，即因这样的特设机构，可以任意精选技艺高超的能工巧匠，能按照贵妃不断提高的欲望和不断改变的爱好，织造出符合贵妃意旨的新奇织品。事实上这类作坊织造出来的精美绝伦的织品，确非一般官手工业的制造品所能与之比拟。例如："中宗女安乐公主，有尚方织成毛裙，合百鸟毛，正看为一色，旁看为一色，日中为一色，影中为一色，百鸟之状，并见裙中。凡造两腰，一献韦氏，计价百万。又令尚方取百兽毛为鞯面，视之如见本兽形。韦氏又集鸟毛为鞯面。安乐初降武延秀，蜀中献单丝碧罗笼裙，缕金为花鸟，细如丝发，鸟子大如黍米，眼鼻嘴甲俱成，明目者方见之。自安乐公主作毛裙，百官之家多效之，江岭奇禽

① 《唐六典》卷十，《秘书省·校书郎》。
② 《唐六典》卷八，《弘文馆》。
③ 《唐六典》卷二，《吏部》。
④ 《新唐书》卷四十九上，《百官志·崇文馆》注文。

异兽毛羽，采之殆尽。"① 如此精巧的技艺，织造如此精美的织品，确非一般官手工业作坊所能胜任，可知宫内作坊的技术水平和产品质量，都远超过一般官手工业。一般官手工业的技术水平原来都高出于民间私营手工业，而现在已不能满足统治阶级的奢侈欲望，说明社会上的侈靡之风正日益向高峰发展，到玄宗天宝年间而登峰造极。史称"自安乐公主作毛裙，百官之家多效之"，说明唐代统治阶级生活之腐朽正日益严重。原来在"开元初，姚、宋执政，屡以奢靡为谏，玄宗悉命宫中出奇服，焚之于殿庭，不许士庶服锦绣珠翠之服"②。其实宫中的奇服早已山积，玄宗在舆论的压力下，当众焚毁几件过时的服装，不过是做做姿态而已，所谓"风教日淳"是不可能由此获致的，事实上是奢风更炽，供贵妃院就是在玄宗朝设立的。

上文已指出，官手工业的管理制度是很严密的，在全部生产过程的各个环节上，都有一定的规章制度可循，对于原材料的储备也十分重视，特别是对于金玉珠宝等贵重原料和产自外地或外国的稀有物品，更要格外加以妥善保管，故作为生产后勤的仓库制度亦颇为完善，详细规定有储藏和出纳办法。太府寺属下的左藏、右藏两署就是为此特设的仓库专官，其职掌如下：

> 左藏令，掌邦国库藏之事，丞为之贰。凡天下赋调，先于输场简其合尺度斤两者，卿及御史监阅，然后纳于库藏，皆题以州县年月，所以别粗良，辨新旧也。凡出给先勘木契，然后入其名数，及请人姓名，署印送监，乃听出，若外给者，以墨印印之。③
>
> 右藏署令，掌邦国宝货之事。
>
> 杂物州土，安西、于阗之玉，饶、道、宣、永、安南、邕等州之锡，扬、广等州之苏木、象牙，永州之零陵香，广府之沉香、藿香、熏陆、鸡舌等香，京兆之艾纳香、紫草，宣、简、润、郴、鄂、衡等州之空青、石碌，长溪州之朱砂，相州之白粉，岩州之雌雄黄，绛、易等州之墨，金州之栀子、黄檗，西州之高昌矾石，益州之大小黄白麻纸、弓弩弦麻，杭、婺、衢、越等州之上细黄白状纸，均州之大小模纸，宣、衢等州之案纸、次纸，蒲州之百日油细薄白纸，

---

① 《旧唐书》卷三十七，《五行志》。
② 《旧唐书》卷三十七，《五行志》。
③ 《唐六典》卷二十，《太府寺·左藏令》。

河南府许、卫、怀、汝、泽、潞等州之兔皮，鄜、宁、同、华、虢、晋、蒲、绛、汾等州之狸皮，越州之竹管，泾、宁、邠、龙、蓬等州之蜡，蒲、绛、郑、贝等州之毡，河南府同、邓、许等州之胶，蒲、同、虢等州之席，泾、丹、鄜、坊等州之麻，阜、兆、岐、华等州之木烛。凡四方所献金玉珠贝玩好之物皆藏之，出纳禁令，如左藏之职。①

库中所藏，都是由全国各地征调——"四方所献"——而来的原材料，是为各种手工业生产作原料储备的。这种特设的官库，对种类繁多、性质各异的大量物资要妥善地储存保管，不使腐败霉烂，没有一定的专业知识是不能胜任的，经常有大量的物资收进调出，没有明确的"出纳禁令"也是不能正常运行的。从上引文献来看，入库之物要经过严格检查，对于物资的粗良新旧都严加区别。物资出库，先勘木契，然后登记名称、数量和领取人姓名，署印送监，批准后发给凭证，始发物放行。仓库制度如此，其他各部门亦大都类此，这说明唐代官手工业的组织和管理都是非常严密的。

（三）地方官手工业

唐代的地方政府，因拥有兵权和财权，就是在藩镇没有割据以前，也都有很大的权力，事实上成为半独立的小王国，处处在与中央分庭抗礼。中叶以后，权力更大，朝廷号令已不出都门，其中桀骜跋扈者更是为所欲为。他们为了增强自己的实力，无不大造兵器，故中央政府设有种类繁多、规模宏大的官设作坊，地方上也都援例设立大规模作院，其所生产的物品，以一小部分上贡，或者接受朝廷的命令，生产本州府擅长的某种上贡物品，其余大部分则留归本地自用——包括公用和私用。因此，各州府的地方作院无不是规模宏大，制造种类繁多，其中最主要的有三大类：一是军器制造，这是地方作院的中心任务；二是织造具有地方色彩的特种丝织品，各种惊人技巧的奇文异彩遂因之层出不穷，因为这些高贵的丝织品大都是由地方作院或由地方政府直接控制的民间织户所织造；三是在地域分工的前提下，具有地方特色或有特殊技艺的杂手工业。此外，政府设立作院的目的，除上述借以满足对手工业品的需求外，又是借以剥削人民的一种方法，他们以上贡为名，在

① 《唐六典》卷二十，《太府寺·右藏署》。

征调人力物力时，上下其手，征敛百端，对于在役或被控制的匠户敲剥得更为残酷，种种情况，可由下引文献看出：

> 淮南数州，秋夏无雨，扬、洪、宣等三州作坊，往以军兴，足资戎器。既属时岁大歉，虑乎人不宁居，征夫征役，损费尤甚，务从省约，以息疲人，亦宜并停。①

> 诸处本置作坊，只合制造干戈、兵甲及进献贡需。昨徐方用军，诸道多无兵器，内库般送，填塞道途。如闻作坊惟使杂伎，弓甲之匠，十无一人，打筑即惟务精新，器甲则动忘修整。自节察至刺史，皆为信臣，不能委曲条疏，各宜自知改革。②

> 先是诸道州府各有作院，每日课定造军器，逐季般送京师进纳，其逐州每年占留系省资金不少，谓之甲科，仍更于本部内广配土产物，又征敛数倍，部民苦之。除上供军器外，节度使[22]刺史又私造器甲，以进贡为名，功费又倍，悉取之于民。帝以诸州上供器甲，造作不精，兼占留属省物用过多，乃令罢诸州作院，诏藩侯郡牧罢供器甲，仍选择诸处作工赴京作坊，以备役使。③

可见诸道州府设立的作院，主要是生产军器，以其中的一部分进献朝廷，大部分则占留自用，供应本州府所有的军队，此外，主管的节度使刺史又私造兵甲，这一切都是取之于民，成为各道州府人民的一种沉重负担。军需品生产的数量都是巨大的，故各州作院无不是大规模。多数作院都是以上贡兵甲为名，借端敲诈百姓，征敛数倍，以饱私囊，而生产则是粗制滥造，虚糜国帑，有些连质量低劣的兵甲也不打造，"作坊惟使杂伎，弓甲之匠，十无一人"。但也有一些作院是励精图治，锐意经营，并从外地招聘高手工匠，所造兵器，驰名遐迩。李德裕所主持的西蜀作院，就是名列前茅的一个著名作院：

> 李德裕为郑滑节度使，徙剑南西川，请弓人河中，请弩人浙西，由是蜀之器械皆犀锐。④

---

① 代宗：《停扬、洪、宣三州作坊诏》，《全唐文》卷四十七。
② 《唐大诏令集》卷七十二，《乾符二年南郊赦》。
③ 《册府元龟》卷一百六十。
④ 《白孔六帖》卷五十八。

李德裕节度西川，请甲人于安定，弓人河东，弩人浙西，蜀兵器皆犀锐。①

〔张云《咸通解围录》〕西蜀弩名尤多，大者莫逾连弩，十矢谓之群鸦，一矢谓之飞梭，通呼为揵山弩，即孔明所谓元戎也。又有八牛咸边定戎静塞弩。②

崔安潜乞洪州弩手教蜀人用弩，选千人，号神机宫。③

高崇文讨蜀未下，李吉甫言：宣、洪、蕲、鄂强弩，号天下精兵。④

地方作院除了大量制造兵器外，便是只应皇差，即制造上供物品，以供应皇帝后妃的特殊需要。这里所谓上贡，包括两种含义：一是在朝廷的命令下被迫供应朝廷指定的物品，这类物品大都是该地方的特殊物产或是该地方擅长制造的某种著名产品；二是地方官为了邀宠固位，主动制造一些珍奇宝货和服饰玩好等等以投皇帝后妃的喜好。因此，地方作院经营的门类亦非常广泛：从锦绣绫罗等织造，到珠宝金玉等雕镂，实无所不包。常贡之外又加进献，当然是地方财政的一项大宗支出，而这些支出又必然都转嫁到人民身上，益使"凋瘵之人，不胜其弊"，这种情况可由李德裕的奏疏中看出：

昭愍皇帝童年缵历，颇事奢靡，即位之年七月，诏浙西造银盝[23]子妆具二十事进内。德裕奏曰："……臣伏准今年三月三日敕文，常贡之外，不令进献，此则陛下至圣至明，细微洞照，一恐聚敛之吏缘以成奸，一恐凋瘵之人不胜其弊。……况进献之事，臣子常心，虽有敕文不许，亦合竭力上贡。惟臣当道，素号富饶，近年已来，比旧即异。贞元中李锜任观察使日……访闻当时进奉，亦兼用盐铁羡余，贡献繁多，自后莫及。……又准元和十五年（公元八二〇年）五月七日敕文，诸州羡余不令送使，唯有留使钱五十万贯，每年支用，犹欠十三万贯不足常须，是事节俭，百计补填，经费之中，未免悬欠。至于绫纱等物，犹是本州所出，易于方圆，金银不

---

① 《玉海》卷一百五十一。
② 《玉海》卷一百五十。
③ 《玉海》卷一百五十。
④ 《玉海》卷一百五十。

出当州，皆须外处回市。去年二月中奉宣令进盝子，计用银九千四百余两，其时贮备，都无二三百两，乃诸头收市，方获制造上供。昨又奉宣旨，令进妆具二十件，计用银一万三千两，金一百三十两，寻令并合四节进奉金银，造成两具进纳讫，今差人于淮南收买，旋到旋造，星夜不辍，虽力营求，深忧不迫。"……时准赦不许进献，逾月之后，征贡之使，道路相继，故德裕因诉而讽之，事奏不报。又诏进可幅盘绦缭绫一千匹，德裕又论曰："昨缘宣索，已具军资岁计及近年物力闻奏，伏料圣慈，必垂省览。又奉诏旨，令织定罗纱袍缎，及可幅盘绦缭绫一千匹。伏读诏书，倍增惶灼。……况玄鹅、天马、橘豹盘绦，文彩珍奇，只合圣躬自服，今所织千匹，费用至多，在臣愚诚，亦所未谕。"……优诏报之，其缭绫罢进。①

这是被迫上贡的一个典型事例，其实所谓上贡、进献等大都是在朝廷宣索之下被迫进献的，这一类的事例很多，例如：

〔长庆四年（公元八二四年）九月〕己巳，浙西、淮南各进宣索银妆奁三具。②

中宗令扬州造方丈镜，铸铜为桂树，金花银叶，帝每常骑马自照，人马并在镜中。③

但也有谄佞之臣为讨皇帝的欢心，揣摩迎合，于常贡之外，自动进献一些与众不同的贡品，例如：

贞元以来，禁中银瓶不过高五尺，齐映在江西，因降诞日献高八尺者，士君子非之。④

临江滨海各州府有造船业，为该州府作院的一个重要项目。造船不能是小规模经营，而官家所造之船，非供军用，即供漕运，都必须是大船，故造

---

① 《旧唐书》卷一百七十四，《李德裕传》。
② 《旧唐书》卷十七上，《敬宗纪》。
③ 《太平广记》卷二百三十一，《唐中宗》引《朝野佥载》。
④ 钱希南：《南部新书》丙。

船业不论是官营或私营都是大规模经营。"湘州七郡，大艑之所出，皆受万斛"①，这是由来已久的情况，唐代的水路交通和漕运都远比前代为发达，公私造船业亦必远远超过于前代，漕运船只已见另章，这里仅举建造战舰数例：

> 阎让字立德，以字行……贞观初，历将作少匠、大安县男。……未几，复为大匠，即洪州造浮海大航五百艘，遂从征辽。②
> 〔阎立德〕太宗时为匠，即洪州造浮船大航。③
> 〔韩滉〕为镇海节度使，造楼船三千柂，以舟师由海门大阅，至申浦乃还。④

在地方上贡的物品中——不论是被迫的还是自动的，虽千奇百怪、无所不有（如太宗命凉[24]州李大亮献名鹰，玄宗命中使于江南采鸐鹬[25]诸鸟，又命皇甫恂[26]于益州织半臂背子、琵琶扞拨、镂牙合子等），主要却以奇文异彩等高级丝织品为大宗，这也是地方官手工业的一个重要经营项目。各道州府除了以常贡形式向朝廷进献地方特产的名贵织物外，更多的还是朝廷以诏敕指名向地方宣索，如上引李德裕抗疏论奏的缭绫一事，就是这一类的事例之一：

> 〔长庆四年（公元八二四年）九月戊午〕诏浙西织造可幅盘绦缭绫一千匹，观察使李德裕上表论谏，不奉诏，乃罢之。⑤

唐代文献中此类记载很多，可知朝廷是经常向地方指名索要某些特殊花样或彩色的异样丝织品，其中当然也有不少是地方官自出心裁主动向朝廷进献的，例如：

> 〔开元〕八年（公元七二〇年），除礼部尚书，罢政事。俄知益州大都督府长史事。前司马皇甫恂，破库物，织新样锦以进，颋[27]

---

① 《古今图书集成·考工典》卷一百八十二，《舟楫》引《荆州记》。
② 《新唐书》卷一百，《阎立德传》。
③ 《玉海》卷一百四十七。
④ 《玉海》卷一百四十七。
⑤ 《旧唐书》卷十七上，《敬宗纪》。

一切罢之。①

〔宝历中，为翰林承旨学士〕会圣旨，常奉急命，于宣州征鹰鸷，及扬、益、两浙索奇文绫锦，皆抗疏不奉命。②

〔贞元中〕会荆南节度樊泽移镇襄阳，宰相方议其人；上命胄代泽，仍兼御史大夫。胄简俭恒一，时诸道节度观察使竞剥下厚敛，制奇锦异绫，以进奉为名。又贵人宣命，必竭公藏，以买其欢。胄待之有节，皆不盈数金，常赋之外无横敛。③

《清异录》：庄宗灭梁平蜀，志颇自逸，命蜀匠织十幅无缝锦为被材。被成，赐名六合被。④

虽然偶有骨鲠[28] 之臣抗疏不奉命，但却如凤毛麟角，寥寥可数，多数是对"贵人宣命，必竭公藏，以买其欢"。这样就造成"征贡之使，道路相继"，地方作院遂应接不暇。过多的宣索和进献，直接加重了人民的负担，成为一种虐民之政。当国家动乱频仍，朝廷的统治地位已岌岌可危时，统治者怵于民心之可畏，乃不得不稍加收敛，自动下诏关停作坊，减少进献，以缓和社会矛盾。在此类诏书中，由其列举的停罢织品名称，知原来宣索进献的各种丝织品，都是非常高级的：

〔大历〕六年（公元七七一年）四月诏曰："……今师旅未戢，黎元不康，岂使淫巧之工，更亏常制。在外所织造大张锦、硬软瑞锦、透背及大䌷[29] 锦、竭凿六破已上锦、独窠文纱四尺幅及独窠吴绫、独窠司马绫等，并宜禁断。其尝行高丽白锦、杂色锦及尝行小文字绫锦等，任依旧例造。锦绫锦文花所织蟠龙、对凤、麒麟、狮子、天马、辟邪、孔雀、仙鹤、芝草、万字、双胜及诸织造差样文字等，亦宜禁断。两都委御史台、诸州府委大道节度观察使切加觉察，如违犯，具状奏闻。"⑤

应缘乘舆服御，宗庙（全唐文作宫禁）供须，一事以上，当从

---

① 《旧唐书》卷八十八，《苏瑰传附子颋传》。
② 《旧唐书》卷一百五十九，《韦庆厚传》。
③ 《旧唐书》卷一百二十二，《裴胄传》。
④ 《旧五代史》卷三十三，《唐书·庄宗纪七》注。
⑤ 《册府元龟》卷六十四。

俭约，自今已后，四方并不得辄以新样难得非常之物为献，其机杼织作纤丽尤甚，若花丝布、缭绫之类，及幅尺广狭不中常度者，并宜禁断。仍仰天下州府敕到后一月日内，所有此色机杼，一切焚弃讫，闻奏，并委观察判官严加检察，犯者以故违敕论。①

〔太和四年（公元八三〇年）五月〕戊子，敕度支每岁于西川织造绫罗锦八千一百六十七匹，令数内减二千五百十匹。②

地方政府向皇家进献的各种奇花异样的丝织品，究竟绮丽华贵到何种程度，仅从文告中所列举的名称上是得不到完整的印象的，这里借用白居易的两首诗来对这些丝织品做一番具体而生动的描述：

缀绫缭绫何所似，不似罗绡与纨绮，应似天台山上月明前，四十五尺瀑布泉。中有文章应奇绝，地铺白烟花簇雪。织者何人衣者谁，越溪寒女汉宫姬。去年中使宣口敕，天上取样人间织，织为云外秋雁行，染作江南春草色。广裁衫袖长制裙，金斗熨波刀剪纹。异彩奇文相隐映，转侧看花花不定。昭阳舞人恩正深，春衣一对直千金。汗沾粉污不再著，曳土踏泥无惜心。缭绫织成费功绩，莫比寻常缯与帛。丝细缫多女手疼，扎扎千声不盈尺。昭阳殿里歌舞人，若见织时应也惜。③

红线毯，择茧缫丝清水煮，拣丝练线江蓝染，染为红线红于蓝，织作披香殿上毯。披香殿广十丈余，红线织成可殿铺。彩丝茸茸香拂拂，线软花虚不胜物。美人踏上歌舞来，罗袜绣鞋随步没。太原毯涩[30]毳缕硬，蜀都褥薄锦花冷。不如此毯温且柔，年年十月来宣州。宣城太守加样织，自谓为臣能竭力。百夫同担进宫中，线厚丝多卷不得。宣城太守知不知，一丈毯，千两丝，地不知寒人要暖，少夺人衣作地衣。④

地方官进献的高贵丝织品有两个来源：一是由地方官自设以作院、造院、

---

① 《唐大诏令集》卷七十一，《太和三年南郊赦》；《全唐文》卷七十五，《南郊赦文》。
② 《旧唐书》卷十七下，《文宗纪下》。
③ 白居易：《白氏长庆集》卷四，《缭绫》。
④ 《白氏长庆集》卷四，《红线毯》。

官锦坊、织锦坊等命名的机构，成为地方作院的一个组成部分，精选民间有特殊技能的织工到坊中织造，直接由官府委派官吏管理监督，织品的花样颜色等等，或由朝廷派中使宣敕，奉命织造；二是由地方官揣摩宫廷喜好，自出花样，令工人织造。其具体活动不见记载，仅由历次罢停诏书中，知地方上设有此种织锦坊：

〔开元二年（公元七一四年）七月〕戊戌，禁采珠玉及为刻镂器玩，珠绳帖绦服者。废织锦坊。①

〔开元二年七月敕〕两京及诸州旧有官织锦坊，悉停。②

由官设织锦坊生产的丝织品，在贡品中所占的比重并不大，多数织品都来自民间织户，这是将民间有织丝工艺技巧的工匠，皆注籍为匠户，称为织造户或织锦户，由官家发给原料，根据官家所定花样，织造官家规定的织品，工作有程限，延误要受罚，在官差没有完成以前，不得自行织造卖品或供自用的织物，而在接受订货和送缴成品时，经手官吏又必多方刁难，任意敲剥，所以一注籍官家织造，就要备受官府的欺凌和压迫。下引王建的一首诗，描述了这种情况：

大女身为织锦户，名在县家供进簿。长头起样呈作官，闻道官家中苦难。回花侧叶与人别，唯恐秋天丝线干[31]。红缕葳蕤紫茸软，蝶飞参差花宛转。一梭声尽重一梭，玉腕不停罗袖卷。窗中夜久睡髻偏，横钗欲堕垂著肩。合衣卧时参没后，停灯起在鸡鸣前。一匹千金亦不卖，限日未成官里怪。锦江水涸贡转多，宫中尽著单丝罗。莫言山积无尽日，百尺高楼一曲歌。③

"长头"是管理织户、联系官府的一种"作头"或"行老"之类，花样由他呈官审核，这时必多所挑剔，核准后即照样织造。因工作有"限日"，故织妇皆昼夜加工，不胜辛苦。因织造的是贡品，虽给价千金，亦不敢私卖。

---

① 《新唐书》卷五，《玄宗纪》。
② 《禁用珠玉锦绣诏》，《全唐文》卷二十六。
③ 《全唐诗》卷二百九十八，《织锦曲》。

第二节　官工匠

门类繁多、规模宏大的官手工业，适应工作需要，每一个部门都拥有一个庞大的工匠队伍。在唐初，因官作的种类还不很多，各种官工匠的数目自亦相应少，如武后垂拱初的尚方监，"有短蕃匠五千二十九人，绫锦坊巧儿三百六十五人，内作使绫匠八十三人，掖庭绫匠百五十人，内作巧儿四十二人，配京都诸司诸使杂匠百二十五人"①。但不久官手工业的种类即不断增多，规模亦不断扩大，并且于官制正式编制之外，又在内廷设置了许多作坊，亦都拥有众多的工匠。如上文所指出，仅供贵妃院中即有专供贵妃杨氏诸姨锦绣及治琢金玉之工在千人以上，其他内廷诸作，无不类此。即仅就正式编制之内的各官工，其工匠数目亦都是庞大惊人，例如少府监系统有匠一万九千八百余人，将作监有一万五千人，其他诸作，也都是多则数百人，少则数十人。总之，官工匠的数目是十分庞大的。

当官手工业中服役的工匠，就其来源看，主要有三：一是奴隶，即选择官奴婢中有技能者分配到各有关作坊中，从事生产劳动，奴隶工匠在官工匠中只占一小部分，不是官工匠的主力；二是征调的民间工匠，使在官手工业中服无偿劳役，其中有长期服役的，有轮番[32]服役的，这是官工匠的主要部分，换言之，官工匠中的绝大部分都是被征调服役的民间工匠；三是和雇工匠，即在前两种工匠不敷应用或有特殊营造、需要于前两种工匠之外有所补充时，遂以雇佣方式和雇一些工匠。简单说，第一种是奴隶劳动，第二种是徭役劳动，第三种是工资劳动。

（一）奴隶劳动

关于唐代的官奴隶制度，在"劳动"章中已有所论述，官手工业中的奴婢，是整个官奴隶制度的一个重要内容，即官府在配没官奴婢时，首先挑选有手工业生产技能的奴婢，优先分配在各官工作坊中，使之从事各种制造，由"都官郎中员外郎掌配没隶簿浮囚，以给衣粮药疗"②等事，对于奴婢的配设、释免、服役、分番、课程、生活待遇等等都有详细规定，特别是《唐

---

① 《新唐书》卷四十八，《百官志·少府》。
② 《唐六典》卷六，《刑部·都官郎中员外郎》。

六典》更详细记载了官奴隶的管理条例，有关官手工业中官奴婢的各种情况无不备载：

> 官户奴婢有技能者，配诸司，妇人入掖庭，以类相偶。行宫、监牧及赐王公、公主皆取之。①
>
> 凡反逆相坐，没其家为奴婢。
>
> 反逆家男女及奴婢没官，皆谓之官奴婢。男女十四已下者配司农，十五已上者，以其年长，命远京邑，配岭南为成奴。
>
> 一免为番户，再免为杂户，三免为良人，皆因赦宥所及则免之。……
>
> 年六十及废疾，虽赦令不该，并免为番户，七十则免为良人，任所居乐处而编附之。凡初配没有伎艺者，从其能而配诸司，妇人工巧者入于掖庭，其余无能，咸隶司农。……诸官奴婢赐给人者，夫妻男女不得分张，三岁已下听随母不充数，若应简进者，无夫无男女也。
>
> 其余杂伎，则择诸司之户教充。
>
> 官户皆在本司分番，每年十月都官按比，男年十三已上，在外州者十五已上，容貌端正送太乐，十六已上送鼓吹及少府教习，有工能官奴婢亦准此。业成准官例分番，其父兄先有伎艺堪传习者，不在简例。
>
> 凡配官曹，长输其作，番户杂户则分为番。番户一年三番，杂户二年五番，番皆一月。十六已上当番，请纳资者亦听之，其官奴婢长役无番也。
>
> ……四岁已上为小，十一已下为中，二十已上为丁。春衣每岁一给，冬衣二岁一给，其粮则季一给。丁奴春头巾一，布衫裤各一，牛皮靴一量并毡。十岁已下，男春给布衫一，鞋一量，女给布衫一，布裙一，鞋一量。冬男女各给布襦一，鞋袜一量，官户长上者准此。其粮丁口日给二升，中口一升五合，小口六合，诸户留长上者，丁口日给三升五[33]合，中男给三升（一本作二升）。
>
> 凡居作各有课程。丁奴三当二役，中奴若丁婢，二当一役，中

① 《新唐书》卷四十八，《百官志·司农寺》。

婢三当一役。

凡元冬寒食丧婚乳免，咸与其假焉。官户奴婢元日冬至寒食放三日假，产后及父母丧婚放一月，闻亲丧，放七日。

有疾，太常给其医药。其分番及供公廨户，不在给限。

男女既成，各从其类而配偶之。并不得养良人之子，及以子继人。

每岁孟春，本司以类相从，而疏其籍以申。每岁仲冬之月，条其生息，阅其老幼，而正簿焉。每岁十月，所司自黄口以上，并印臂送都官阅貌。①

上引文献所述及的，不限于官手工业的奴隶，但工奴是其中的主要部分，因规模宏大的官手工业，是容纳奴隶劳动力的一个重要场所，凡稍有技能和年富力强可以习艺的，无不尽量配少府将作诸部门，故工奴在官奴婢中占一较大的比重。

官手工业中除了有一部分工匠是官奴婢外，犯罪没官的囚徒也是其中的一部分，这些人尽管名义上没有编入奴籍，但其待遇也大致与奴隶相同：

居作者，著钳若校，京师隶将作，女子隶少府缝作，旬给假一日，腊、寒食二日，毋出役院。病者释钳校，给假，疾差，陪役。②

其应徒皆配居作：在京送将作监，妇人送少府监缝作，外州者供当处官役及修理城隍仓库及公廨杂使。犯流应住（当作仕）居作者亦准此。妇人亦留当州缝作及配春。诸流徒罪居作者，皆著钳，若无钳者着盘枷，病及有保者听脱，不得着中。每旬给假一日，腊、寒食各给二日，不得出所役之院，患假者倍日役之。③

掖庭局，掌宫人簿帐、女工，凡宫人名籍司其除附，公桑养蚕，会其课业，供奉物皆取焉。妇人以罪配没，工缝巧者隶之，无技能者隶司农。诸司营作须女功者，取于户婢。④

---

① 《唐六典》卷六，《刑部·都官郎中员外郎》。
② 《新唐书》卷五十六，《刑法志》。
③ 《唐六典》卷六，《刑部》。
④ 《新唐书》卷四十七，《百官志·掖庭局》。

使用奴婢从事各项手工业造作，只有在官手工业中才是可能的，特别是各种重劳动，大都使囚徒担任，这含有罚作苦役的意思，不论中央或地方，都是如此，例如：

> 陵井，纵广三十丈，深八十余丈。益部盐井甚多，此井最大，以大牛皮囊盛水引出之，役作甚苦，以刑徒充役。[1]

（二）徭役劳动

官工匠中的绝大部分，是征调民间工匠到官手工业中服徭役，这是官手工业的主要依靠力量，因为被征调来的工匠都是有技能的人，其中有不少还是各行业中的能工巧匠。所有这些工匠，原来都是注籍的匠户，他们都必须只应官差，每年按官府规定的时间，轮番到少府、将作所属各部门中服无偿劳役，谁也不能隐巧补拙、避重就轻，以逃避徭役。但如官中一时工作不多，用不了过多工匠时，应役人可以纳资代役。但有特殊技术的能工巧匠应供奉内廷的，则不能纳资代役。这一类工匠都是世代相传，如有阙，即以其子弟递补。一注入工匠户籍后，即永不许改业：

> 凡兴建修筑，材木工匠，则下少府将作，以供其事。
>
> 少府监匠一万九千八百五十人，将作监匠一万五千人，散出诸州，皆取材力强壮，技能工巧者，不得隐巧补拙，避重就轻，其驱役不尽，及别有和顾者，征资市轻货，纳于少府、将作监，其巧手供内者不得纳资。有阙，则先补业作之子弟。一入工匠后，不得别入诸色。其和顾铸匠，有名解铸者，则补正工。[2]
>
> 诸丁匠岁役二十日，有闰之年，加二日，须留役者，满十五日免调，三十日租调俱免（从日少者，见役日折免），通正役，并不过五十日（正役谓二十日庸也）。[3]

---

① 《元和郡县图志》卷三十三，《剑南道下·陵州仁寿县》。
② 《唐六典》卷七，《工部》。
③ 《通典》卷六，《食货六·赋役下》。

工匠不赴役者则纳资，开元二十五年（公元七三七年）定令："诸丁匠不役者收庸，无绢之乡絁布三尺（曰别絁、绢各三尺，布则三尺七寸五分）。"① 絁或绢三尺，是普通工匠的一日工资，和雇工匠时也是这样的价格：

> 雇者日为绢三尺，内中尚巧匠，无作则纳资。②
> 平功庸者，计一人一日，为绢三尺，牛马驼[34] 骡驴车亦同。
> 疏议曰：计功作庸，应得罪者，计一人一日为绢三尺，牛马驼骡驴车计庸，皆准此三尺，故云亦同。③

功有长短，役有轻重，一年四季，气候不同，对工作有直接影响，不同工种，要求不同的自然条件，在工作安排上遂不能不有所区别，因按四季不同的月份，分为长功、中功、短功，而土木营建与一般手工业品制造，长短功的区分又有所不同：

> 凡计功者，夏三月与秋七月为长功，冬三月与春正月为短工，春之二月、三月，秋之八月、九月为中功，其役功则依户部式。④
> 凡功有长短，役有轻重：凡计功程者，四月、五月、六月、七月为长功，二月、三月、八月、九月为中功，十月、十一月、十二月、正月为短功。⑤

应役工匠来自全国各地，即上引文中所谓"散出诸州"，轮番赴役须跋涉长途，地方官亦须派员解送，为了管理方便，遂把工匠组织起来，以州县为团，复以五人为伍组成小组，称为火，五火置长一人，负率领和管理之责："凡工匠以州县为团，五人为火，五火置长一人。"⑥ 应役工匠须按规定日期到所隶官府报到，稽留延误者要依法处罚：

> 诸被差充丁夫、杂匠而稽留不赴者，一日笞三十，三日加一

① 《通典》卷六，《食货六·赋役下》。
② 《新唐书》卷四十六，《百官志·工部》。
③ 《唐律疏议》卷四，《名例四·平赃者》。
④ 《唐六典》卷七，《工部》。
⑤ 《唐六典》卷二十三，《将作监》。
⑥ 《新唐书》卷四十六，《百官志·工部》。

等，罪止杖一百，将领主司加一等。防人稽留者，各加三等。即由将领者，将领独坐。将领稽留者准此。疏议曰：丁夫杂匠被官差遣，不依程限，而稽留不赴者，一日笞三十，三日加一等，罪止杖一百，将领主司加一等。主司，谓亲领见当者，一日笞四十，三日加一等，罪止徒一年。其防人稽留者各加三等，一日杖六十，三日加一等，罪止徒二年。其将领主司亦加一等。若由将领主司稽留，丁夫、杂匠、防人不合得罪，唯罪将领之人，故云将领者独坐。①

工匠中有一部分因有特殊技能，要经常供奉内廷，故须长期服役，称为长上匠，即上引文中所谓"其巧手供内者不得纳资"，意谓这类工匠须经常服役，不能纳资代役。长上匠因系终年服役，故有一定的工资待遇，但又与临时和雇的工匠不同，诸州在选送这种长上匠时，就系出资招雇：

> 长上匠，州率资钱以酬雇。②
> 凡诸州匠人，长上者，则州率其资纳之，随以酬顾。③

长上匠在官手工业中是常年工作的工匠，不同于轮番征调来的短期服役的工匠，都是来去匆匆，经常更换，故长上匠实是官手工业中的骨干力量，也是官手工业中的固定工人，不能任意改业，即所谓"一入工匠后，不得别入诸色"，就是由于这些工匠都有专门技术，不能更换代替，所以都是世代相传的职业，一旦工匠物故出阙，则"先捕工巧业作之子弟"，可知他们所掌握的技能，都是父子相传的家有秘密，外人不能窥知其底蕴，故有阙，必以工巧业作之子弟补之。长上匠除有工资和各种补贴外，还给以口粮和其他优待：

> 凡在京诸司官人及诸色人应给仓食者，皆给贮米。…… 流外长上者，外别给两口粮，诸牧尉给五口粮，牧长四口粮。④

---

① 《唐律疏议》卷十六，《擅兴·丁夫杂匠稽留》。
② 《新唐书》卷四十八，《百官志·将作监》。
③ 《唐六典》卷二十三，《将作监》。
④ 《唐六典》卷三，《户部·仓部郎中》。

长安、万年两县百姓，及今月当上弧骑卫士、杂匠、掌闲幕士、驾士、工人、乐人、供膳、官马主角手，并免其家今年税。三卫细引、飞骑、监门、长上及礼生有职长者，各减一年劳。①

一般被征调的工匠，都是轮番服役的，这类短期服役的工匠称为短番匠，上文曾指出武后垂拱初，有短番匠五千二十九人，就是这类工匠。其轮番办法有具体规定：

官户皆在本司分番，每年十月，都官按比，男年十三已上、在外州者十五已上……有工能官奴婢亦准此。业成准官户例分番，其父兄先有伎艺堪传习者，不在简例。

凡配官曹长输其作，番户、杂户则分为番：番户一年三番，杂户二年五番，番皆一月，十六已上当番，请纳资者亦听之，其官奴婢长役无番也。②

上引文中所谓"其父兄先有伎艺堪传者，不在简例"，有父兄家传伎艺的工匠是备选长上的，故不分番。

（三）工资劳动

官家按当时社会上一般工资水平雇佣工匠，称为和雇，意谓雇者与受雇者两厢情愿，公平交易。唐代政府对和雇十分重视，凡有营建或制作，当现有官工匠不敷应用时，便出资和雇人力。为了防止经手官吏贪污作弊，少付或不付工资，朝廷曾三令五申，严防其弊，特别是遇有郊祀大典或大赦天下时，必重申此项诏令，臣下亦每每以此进谏，应尽量少雇或不雇，以免劳费。因此，唐代文献中此类记载遂连篇累牍，这里仅酌引数例如下：

贞观十三年（公元六三九年），魏徵[35] 恐太宗不能克终俭约，近岁颇好奢纵，上书谏曰："……顷年以来，疲于徭役，关中之人，

---

① 《唐大诏令集》卷三十一，《皇太子纳妃敕》。
② 《唐六典》卷六，《刑部·都京郎中员外郎》。

劳弊尤甚，杂匠之徒，下日悉留和雇，正兵之辈，上番多别驱使，和市之物，不绝于乡间，递送之夫，相继于道路，既有所弊，易为惊扰。"①

顷者户口逃亡，良由差科繁剧，非军国切要者，并量事停减，若要和市和雇，先依时价付钱……②

〔天宝十一载（公元七五二年）〕内作判官韦伦，请厚价募工，由是役用减，而鼓铸多。③

天下百姓除正租庸外，一切不得别有使役……其长安、万年两县各借一万贯，每月收利，以充和雇。④

方当春候，务切农桑……应缘军务所须，并不得干扰百姓，如要车牛夫役工匠之类，并宜和雇，优给价钱。⑤

朝廷诏敕虽连篇累牍，而贪污官吏仍上下其手，不惜以身试法，对和雇工匠不按时估给值，甚至根本不给工资。此类记载亦甚多，这里亦仅引数例：

〔元和十五年（公元八二〇年）秋七月〕丁卯，以门下侍郎平章事令狐楚为宣州刺史兼御史大夫，充宣歙池观察使。楚为山陵使，纵吏于辇[36]刻下，不给工徒价钱，积留钱十五万贯为美余以献，故及于贬。⑥

〔元和〕十五年正月，宪宗崩，诏楚为山陵使。……楚充奉山陵时，亲吏韦正牧、奉天令于辇、翰林阴阳宫等，同隐官钱，不给工徒价钱，移为美余十五万贯上献，怨诉盈路，正牧等下狱伏罪皆诛，楚再贬衡州刺史。⑦

宝历二年（公元八二六年）四月，京兆府以元略前任尹日为桥道使，造东渭桥时，被本典郑位、判官郑复，虚长物价，抬估给用，

---

① 《贞观政要》卷十。
② 中宗：《即位赦文》，《全唐文》卷十七。
③ 《新唐书》卷五十四，《食货志》。
④ 《唐大诏令集》卷六十九，《乾元元年南郊赦》。
⑤ 《讨王承宗制》，《全唐文》卷五十八。
⑥ 《旧唐书》卷十六，《穆宗纪》。
⑦ 《旧唐书》卷一百七十二，《令狐楚传》。

不还人工价直，率敛工匠破用，计赃二万一千七百九贯。敕云：元略不能检下，有涉慢官，罚一月俸料。[1]

可见唐代政府对于贪污官吏破坏和雇制度，是要处理的，因和雇不同于徭役，徭役是国家的赋役制度，所谓有身则有庸，服役人人有责，和雇系临时雇用民力，论日计价，系公平交易，"不还人工价直"，就无异暴力掠夺，"怨诉盈路"，自属必然。政府对经手官吏之处理，不仅是为了平民怨、正官风，而且还为了维持朝廷的信用，民无信不立，起码是再和雇时就无人受雇了。

少府将作各部门所属工匠，皆有固定名额，一般不需要和雇工匠，只有在朝廷进行额外营造或修缮时，始临时和雇工匠，故和雇匠所从事的大都是土木建筑工程，例如：

〔永徽五年（公元六五四年）〕冬十一月癸酉，筑京师罗郭，和雇京兆百姓四万一千人，板筑三十日而罢。[2]

〔天宝〕十二载（公元七五三年）十月，城兴庆宫，役京师及三辅人凡一万三千人，并以时估酬钱。[3]

丞相夏侯公为宣宗山陵使，有司妙选陵寝，虽山形外正，而蕴石中顽，丞相衔命，以丰价募丁匠，开凿皇堂，弥月不就。京府两邑隶纳锻具，联车以载，辙迹相望，至则镬醋以沃之，且煎且凿，役百万丁力，孜孜矻矻，竟日所攻，不及函丈。暨石工告毕，百步夷然。[4]

地方作院有时亦和雇工匠，如上文所述李德裕作西川节度使时，请甲人于安定，弓人于河东，弩人于浙西，当然都是以高价招聘而来，对于这些有特殊技能的高手匠人，只有优给高价，才能为我所用。

在长上匠与和雇匠之间的另一种工匠是明资匠。明资意谓有明确固定的工匠，系和雇性质，但又不同于一般临时性的和雇工匠，于工程结束后即行

① 《旧唐书》卷一百六十三，《崔元略传》。
② 《旧唐书》卷四，《高宗纪》。
③ 《册府元龟》卷十四。
④ 高彦休：《唐阙史》卷五，《真陵开山》。

解散，明资匠系长期雇用，颇与长上匠相似，但长上系征调服役，虽也有固定工资，但非雇佣性质。明资匠在工匠总数中所占的比重是不大的，据天宝时的统计，明资匠仅二百余人：

> 天宝十一载（公元七五二年），改大匠曰大监，少匠曰少监，有……短番匠一万二千七百四十四人，明资匠二百六十人。①

明资匠属于将作系统，可知是从事土木营建工作的，其他部门有明资匠的，仅见于河渠署，《唐六典》称河渠署属下有长上渔师十人，明资渔师一百二十人，可知明资匠大都是仅有劳动力而无特殊技能的粗工，在手工业制造各部门中是不适用的。

官手工业各部门既然都规模宏大，制造的物品千差万别，工匠人数众多，又来自全国各地，巧拙不同，良莠不齐，这不仅需要有完善的管理制度，以保证工作的顺利进行，并须有严格的赏罚制度，以保证生产秩序和生产水平，以防止粗制滥造，浪费官物。唐律对此有明文规定：

> 诸工作有不如法者，笞四十，不任用及应更作者，并计所不任赃庸，坐赃，减一等，其供奉作者加二等，工匠各以所由为罪，监当官司者减一等。疏议曰：工作，谓在官司造作，辄违样式，有不如法者，笞四十。不任用，谓造作不任时用。及应更作者，并计所不任赃庸累倍坐赃论，减一等，十四杖一百，十四加一等，罪止徒二年半。其供奉作加二等者，供奉之义，已于职别解讫。若不如法，杖六十，不任用及应更作，坐赃论，加一等，罪止流二千里。其并倍讫不重费官物者，并直计官物料之，其赃不倍，工匠各以所由为罪。监当官司各减三等者，谓亲监当造作，若有不如法，减工匠三等，笞十。不任用及应更作，减坐赃四等，罪止徒一年，供奉作，罪止徒二年之类。②

---

① 《新唐书》卷四十八，《百官志·将作监》注。
② 《唐律疏议》卷十六，《擅兴·工作不如法》。

第三节 民营手工业

（一）唐代的手工业生产与商品经济发展的趋势

民营手工业——包括家庭手工业和作坊手工业，主要都是以盈利为目的的商品生产。

在自然经济结构中，手工业生产也是自给性生产，即农民在自己的家庭中进行一些简单加工，生成后供自己消费之用。这一种性质的家庭手工业，虽然和过去长期的传统情况一样，在唐代仍普遍存在，但在整个手工业结构中已不占重要地位，绝大部分的手工业生产——不论是个体经营还是雇有佣工的较大规模的生产，都是商品生产，生产出来的成品不论是大量的还是小量的，都是要行销于全国广大市场甚至海外市场的商品，其中有一些是自产自销的小商品生产，即《唐六典》所谓"工作贸易者"，就是作坊兼店铺的小商品生产者或小手工业者。不论生产的单位是大是小，生产的目的都是出卖，是把产品当作交换价值来生产，不是以使用价值形态出现的。这样，手工业制造品的普遍商品化，就是商品经济普遍发展的主要标志，因为只要是加工品并具有一定的使用价值，便是准备出卖的商品："凡货贿之物侈于用者，不可胜纪，丝布为衣，麻布为囊，毡帽为盖，革皮为带，内丘白瓷瓯，端溪柴石现，天下无贵贱通用之。"[1] 这是说不管是产自山南海北的任何物品，只要有用，就是全国市场上的畅销品，正如司马迁所说，"皆中国人民所喜好，谣俗被服饮食奉生送死之具也"。

商品经济的发展原是以商业的发展为先行的，因为最初总是商业把生产物转变为商品，而不是生产物以其自身的运动形成商业，但是单纯的商业发展——特别是纯粹贩运性商业的发展，不但不是商品经济发展的前提，正相反，而是商品经济发展的障碍，只有当手工业生产普遍发展，而商业已成为手工业的附庸时，即随着手工业生产的发展促进了商业的繁荣时，才进入真正的商品经济阶段，这时商品经济必有同等发展程度的货币经济与之相辅而行，商品经济发展的高度，同时就是货币经济发展的高度。

唐代正是这样一个时期，这是在从战国到西汉年间商品经济（包括货币

---

① 李肇：《唐国史补》卷下。

经济）一度发展之后，经过长时间的中断或间歇之后，又一个高潮时期。不过这一次高潮与第一次高潮形式上虽颇类似，但性质上实有所不同：第一次高潮的出现，是整个社会经济逐步发展的结果，而发展的深度和广度都是划时代的，在同时代的世界历史上更是独一无二的；出现在唐代的第二次高潮，是在魏晋南北朝长期破坏和凋敝之后的一个恢复时期。但是由于社会经济的内在机能和自我调整作用被斫丧得过于惨重，要在不太长的时期内完全恢复——恢复到第一次高潮时的旧观，是不可能的，因为经过长期丧乱之后，在天灾人祸的多方打击下，商品经济的生机已丧失殆尽，不绝如缕，而货币经济则完全倒退到自然经济阶段，贵金属货币早已退出流通，铜钱事实上已很少使用，布帛谷粟等实物成了主要货币。以布帛谷粟等实物为货币，本身就是商品经济已经不存在的标志，因为以实物为货币，实质上是倒退到物物交换时代了，即使形式上仍然有交换贸易行为，已与原来性质的商业不同了。

进入唐代后，这一切都已改观，商业和商品生产都在逐步恢复，但是遍体伤疤却不是短时间所能平复，所以在第二次高潮已经达到高度的繁荣阶段，而前一历史时期所留下的烙印仍触处皆是。例如唐代的商品经济始终没有战国秦汉时期那种高度发达的货币经济与之相辅而行，金属货币虽已恢复，亦仅部分地流通秦汉时代的"下币"，没有取代自然物货币所占的统治地位，成为铜钱与布帛杂用时代。当自然物仍然是货币并且是主要货币时，这件事本身就是商品经济发展的限制，或者说是商品不能充分发展的一个不小的障碍，这是唐代的商品经济比之战国秦汉时期大有逊色的一个重要方面。所以从整个的经济发展形势来看，虽然在唐代作为商品生产的手工业有了普遍发展，在若干部门中也都有一定的量的增加，特别在生产技术上都有程度不等的进步，但是总的来看，发展的高度并没有超过，甚至没有达到第一次高潮曾经达到过的水平。所以唐代的商品经济就其本身来看是发达的，比起前一历史时期是发展很大的，但是就商品经济的全部历史来看，这一时期的发展是有限的，尽管在一些方面都有了明显的量的增加，但却没有任何质的改变。

汉以后，曾经长期中断了的资本主义萌芽，到了唐代又有所复苏，有了为数不多的大型作坊，雇佣着较多的工人，进行着以盈利为目的的商品生产，并在一定程度上显示了欣欣向荣的景象。作为早期的资本主义经济因素来看，比过去显着有更为丰富的内容，因为除了在手工业中出现了含有资本主义因素的大型工矿企业外，在农产品的商品化方面，唐代亦超过汉代，特别是从唐代兴起的饮茶之风（有关问题在"农业"章中已论述，请参见），使茶叶的生产和销售成为大规模经营，茶叶不仅有广大的国内市场，而且有更为广大的国外市场，使茶叶的种植、制造、销售等等都成为大规模企业。各产茶区都有规模宏大的茶场，都雇佣着为数众多的工人，在统一的资本支配下，进行种植、采摘、焙制等等生产活动。唐代茶的生产和销售愈来愈发达，成为唐代资本主义萌芽的一个重要内容，配合着手工业的发展，使唐代国民经济结构中的资本主义经济因素为之增长。

但是从另一方面看，这种发展又有很大的局限性。

上文已指出，唐代的官手工业不仅规模宏大，而且种类繁多，包括军器在内的各种手工业制造品几乎无所不包，把许多有广大销路和有丰厚利润的手工业生产，都由政府垄断起来，不许人民染指，这样一来，民间能够经营的手工业部门已极为有限，而官家不经营或不屑于经营的生产部门，又没有广大市场。加以唐代的禁榷制度不仅恢复了西汉之旧，而且扩大了禁榷范围，所有可以大宗经营和有广大市场的商业都收归官营，于是商业活动的范围就大大缩小了。在这样一些不利的条件下，即使社会经济结构中有了资本主义因素，使中断多年的资本主义萌芽又枯木逢春，再生蘖芽，但在重重的障碍和压力下，同样是孱弱无力，故始终不能摆脱萌芽状态，有所发展、有所前进、有所提高。总之，唐代的手工业生产和以此为基础的商品经济，并不具备使那点资本主义萌芽向更高阶段发展的条件。

（二）家庭手工业

家庭手工业是最古老的手工业组织形式，也是手工业最基本的一种生产方式，特别是在自然经济长期支配之下，人们生活所必需的加工品只能由自己制造，其不能自己制造的则通过交换获得。由于生产的目的是自给的，而自然经济的指导原则又恰恰是自给自足，所以长期以来，手工业生产一直附属于农民家庭之中，成为家庭副业，但是这种副业却又不是可有可无的，而是农民经济的一个重要支柱，于是以"男耕女织"的名称形成以小农业与小手工业紧密结合的基本核心，这种结构形式贯串了中国以地主制经济为基础的全部历史。

唐代的家庭手工业绝大部分还是这种传统形式，广大农民仍然生产自己消费的大部分手工业品，所用原料也都是自己的种植之物，力求使自己的日用所需不通过市场由购买获得。北齐颜之推所强调的"生民之本，要当稼穑而食，桑麻以衣。蔬果之蓄，园场之所产，鸡豚之善埘，圈之所生，爰及栋宇、器械、樵苏、脂烛，莫非种植之物也。至能守其业者，闭门而为生之具以足，但家无盐井耳"①。除食盐外要求"闭门而为生之具以足"，仍然是一般人经济生活的指导原则。但是唐代是商品经济大量发展的时代，许多种手工业生产，在形式上虽然仍是家庭手工业，但是生产的性质已经改变，即生产的目的不是自给，而是出卖，制成的东西已经不再是生产者自己的消费品，而是供出卖的商品，于是便在众多的家庭手工业中出现了商品生产的家庭手工业，即组织形式没有变，而生产的性质却改变了。从唐代的全部手工业生产来看，除了一些规模大小不等的作坊工业外，绝大部分的手工业制造品来自家庭手工业，所以除了那些传统的家庭副业不计外，家庭手工业在唐代商品生产中占了一个很大的比重。

家庭手工业——更确切地说应称之为家族手工业，这种手工业组织形式是以生产者的一个家族为单位，他们的家既是工作场所——家庭作坊，又是成品出售地点——作坊店铺，它自备生产资料和不多的一点流动资本，它有时接受顾客的原料，进行来料加工，但多数是自备原料，制成后出卖成品，以赚取利润。生产的指导者就是一家的家长，他既管理营业，又指导技术，因为家庭手工业的生产技术都是世代相传的，这是自古以来历久不变的传统，仍然是《国语》所说的"其父兄之教，不肃而成，其子弟之学，不劳而能，夫是，故工之子恒为工"②，亦即《考工记》所谓"巧者述之守之，世谓之工[37]。注云：父子世以相教也"。手工业生产技术之所以必须由父子相传，是为了严守技术的秘密，防止为外人所得，因为保守了技术秘密，即堵绝了外人竞争。这一现象的产生，是有其极为深远的社会根源和历史根源的，关于这个问题的详细论述，请参见拙著《中国经济史论丛》上《中国古代城市在国民经济中的地位和作用》一文，这里仅简单指出：因为中国古代的城市具有不同于欧洲城市的许多特点，故中国封建时代的城市始终不能产生欧洲中世纪那种基尔特（guild）型的行会制度，行会制度的基本作用，是同行从业者自己组织起来，以全行的组织力量来保障行员的共同利益，防止来自行会内部和来自外部的竞争。保守在生产上独得的技术诀窍，是一行的共同利益所在，所以由行会来保持技术秘密，而不是由一家一户来保持，因为技术

---

① 颜之推：《颜氏家训·治家篇》。
② 《国语·齐语》。

秘密是本行共有的。马克思曾分析过这个问题，指出：

> 劳动工具……一旦从经验中取得适合的形式，工具就固定不变了；工具往往世代相传达千年之久的事实，就证明了这一点。很能说明问题的是，各种特殊的手艺直到十八世纪还称为 mysteries（秘诀），只有经验丰富的内行才能洞悉其中的奥妙。这层帷幕在人们面前掩盖起他们自己的社会生产过程，使各种自然形成的分门别类的生产部门彼此成为哑谜，甚至对每个部门的内行都成为哑谜。①

马克思在这段论述的注文中，特别引用了埃蒂耶纳·布瓦洛的有名著作《手工业手册》中的一段话："帮工升师傅时，要做如下宣誓：要兄弟般地热爱同行弟兄，扶持同行弟兄，每个人在自己的职业中决不随意泄漏本行秘诀，甚至为了整体利益，决不为推销自己的商品而向买主介绍他人制品的缺点。"② 总之，在欧洲中世纪的行会制度中，严守技术秘诀，是同行会员的共同义务。

中国没有欧洲型的行会制度，也就是没有一种组织力量来保障生产者的利益，特别是不能用组织力量以防止来自内外的竞争，生产者为了保持自己得之不易并保证自己在市场上垄断地位的技术诀窍，遂不得不由自己一家严守秘密，不使外泄。这样，技术的传授和训练，只能在家庭之内，通过父兄之教与子弟之学的方式来进行，一代一代地如此传授，也一代一代地如此保密。这本是自古以来历久相沿的传统制度，并非唐代所独有，但到了唐代又有了更大的重要性，因为唐代的家庭手工业，多数都是商品生产，都是靠产品在市场上是名牌货，有不同于别家同类产品的优点或特点来多产多销的，独得的技术诀窍在这里起着决定的作用。所以垄断技术秘密，不仅是一家生存的稳妥保障，而且是发财致富的一个重要途径，一旦泄漏了技术秘密，就丧失掉在市场上的垄断地位，自己给自己制造出许多竞争者，这在市场狭小的时代，对于一个小生产者来说是致命的。《唐六典》给工商业下定义时，曾特别指出这一点："工商皆为家专其业以求科者。"③ "家专其业"，是唐代工商业经营的基本原则，所有商品生产的家庭手工业都是在这个基础上经营

① 《资本论》第一卷，第五三三页。
② 《资本论》第一卷，第五三三页。
③ 《唐六典》卷三，《户部郎中员外郎》。

的。这种情况连官手工业也不例外。如上文所指出，少府监所属各部门罗致的高手工匠，都具有家传技术诀窍，能在制品上表现出惊人的技巧，一般工匠是不能制造出精美绝伦的服饰玩好等供奉品的。

在唐代文献中，特别是在一些笔记小说中，有关这一类家传秘方绝技从而能独步市场甚至驰名遐迩的记载，颇不少见，他们生产出来的商品，从高贵的丝织品到零星什物如特殊食品、笔、纸、针、镜等等不一而足。这里各举一二例以见一斑：

> 〔阎立德〕雍州万年人，隋殿内少监毗之子也。其先自马邑徙关中。毗初以工艺知名，立德与弟立本早传家业。①

文中未明言阎毗擅长的是何种工艺，但既系"以工艺知名"又以之世代相传，其子立德、立本皆"早传家业"，则其所掌握的工艺必非一般，没有独得之秘，是不可能遐迩驰名，也不值得世代相传的。下引一例，说明了职业性质：

> 李清，北海人也，代传染业。……家富于财，素为青州之豪甿，子孙及内外姻[38]族，近数百家，皆能游手射利于益都。每清之生日，则争先馈遗，凡积百余万。②

李清是一个染匠，但其染色技术是世代相传的，即掌握了高出侪辈之上的染色技术，其技术必有独得之秘，别的染家不能竞争，染不出李清所染的颜色。由于李清是独步染业市场，故能大发其财。正是这种技术秘诀，成为李清"家富于财"的牢固基础。在丝织业中这种现象表现得最为突出，因为丝织业对于织工的技术要求很高、很严，种类繁多的绫、罗、绸、缎、锦、绮、纱、縠、绢、絁、缣、帛等等（详见下文）和千变万化的色彩花样等等，无不各有其特殊的织造技术，而这种技术又都是各织造户的家传绝技，不传别家，更不传外地，因而这些产品都带有明显的地方色彩，成为某地区的著名特产，各道州府的土贡物品，便是这种地域分工的集中表现。各地贡

---

① 《旧唐书》卷七十七，《阎立德传》。
② 佚名：《李清传》。

品中以丝织品为最多，由其品种的千差万别，花样彩色的争奇斗艳，就充分反映了各地织户各有其家传绝技，即每一种织物都有其特殊的织造技术。这里再引两例，来说明这种情况：

> 时越溪进耀光绫，绫纹突起，时有光彩。越人乘樵风舟泛于石帆山下，收野茧缲之。……丝织为裳，必有奇文……故进之。帝独赐司花女泊绛仙，他姬莫预。[1]
>
> 邺中老母村人织绫，必三交五结，号八梭绫，匹值米六筐。[2]

家传技术只能在父子兄弟之间传授，为了严防外泄，连女儿也不许窥见其底蕴，因女儿一旦出嫁，家技就会为外姓所得，如果女儿学到了家传绝技，就只好终身不嫁。这几乎成了各种工匠户一致遵守的一种不成文法，唐代也是如此，例如：

> 缲丝织帛犹努力，变缉撩绫苦难织。东家头白双女儿，为解挑纹嫁不得。原注：予掾荆时，目击贡绫户有终老不嫁之女。[3]

其他各种手工业制造，即使是饮食之微或零星什物，也都各有其家传的秘方绝技，别人不能仿造，因而也没有同行竞争。这里各举一例：

> 苏乳煎之轻饧，咸云十年来始有，出河东，余实知其由，此武臣李环家之法也。余弱冠前，步月洛之绥福里，方见夜作，问之云乳饧，时新开是肆，每斤六十文，明日市得而归，不三数月满洛城盛传矣。开成初，余从叔听之镇河中，自洛招致饧者居于蒲，蒲土因有是饧。其法宁闻传得，唯博涌军人窃得法之十八九，故今奉天亦出轻饧，然而劣于蒲者，不尽其妙焉。[4]
>
> 宣州诸葛氏能作笔，柳公权求之，先与三管，语其子曰：柳学士如能书，当留此笔，不尔退还，即以常笔与之。未几，柳以不入

---

[1] 颜师古：《隋遗录》卷上。
[2] 冯贽：《云仙散录》。
[3] 元稹：《织妇词》，《元氏长庆集》卷二十三。
[4] 李济翁：《资暇集》下。

用，别求笔，遂以常笔与之。先与者三管，非右军不能诸葛笔也。①

开元中，笔匠名铁头，能莹管如玉，莫传其法。②

〔栖岩〕复从太乙君归太白洞中，居半月，思家求还。……出洞时二玉女托买虢县田婆针，乃市之，杖系马鞍上，解鞍放之。③

上引最后一例虽系神话故事，但其中却反映了一个事实，即田婆针是远近驰名的。

有时即使同类产品已经达到较高水平，成为畅销国内市场的名牌货，但其中也有技艺特别高超的能手，掌握有特殊技术，为同行其他工匠所望尘莫及。例如唐代的扬州是盛产铜镜的地方，扬州铜镜早已为全国消费者所普遍欢迎，但在扬州制镜业中也有一二高手，能造出同行工匠不能造出的精美绝伦的产品，例如：

唐天宝三载（公元七四四年）五月十五日，扬州进水心镜一面，纵模九寸，青莹耀日，背有盘龙，长三尺四寸五分，势如生动。玄宗览而异之。进镜官扬州参军李守泰曰：铸镜时有一老人，自称姓龙名护，须发皓白，眉如丝，垂下至肩，衣白衫。有小童相随，年十岁，衣黑衣，龙护呼为玄冥。以五月朔忽来，神采有异，人莫之识。谓镜匠吕晖曰：老人家住近，闻少年铸镜，暂来寓目，老人解造真龙，欲为少年制之，颇将惬于帝意。遂令玄冥入炉所，扃闭户牖，不令人到，经三日三夜……镜就，长三尺四寸五分，法三才，象四气，禀五行也。纵模九寸，类九州分野，镜鼻如明月珠焉。④

开元中尝旱，玄宗令祈雨，一行言当得一器，上有龙状者方可致用。上令于内库中遍视之，皆言不类，数日后指一古镜，鼻盘龙，喜曰：此有真龙矣。……或云是扬州所进，初范模时，有异人至，请闭户入室，数日开户模成，其人已失，有图并传于世，此镜五月五日于扬子江心铸之。⑤

---

① 《白孔六帖》卷十四。
② 段成式：《酉阳杂俎前集》卷六，《艺绝》。
③ 《太平广记》卷四十七，《许栖岩》引《传奇》。
④ 《太平广记》卷二百三十一，《李守泰》引《异闻录》。
⑤ 段成式：《酉阳杂俎前集》卷三。

这两则记载如剥去神话成分，则所谓"玄冥""异人"，不过是掌握绝技的高手工匠而已，他们在制作时所以要"扃闭户牖，不令人到"，是怕同行窥见其秘密，这是家传技艺、秘不外传的典型。

（三）作坊手工业

与家庭手工业并行的是作坊手工业。作坊手工业是手工业结构形态中的重要内容之一，是进行商品生产的一支重要的甚至是主要的力量。因为家庭手工业不完全都是商品生产，如上文所指出，其中有很大一部分仍是传统形式的家庭副业，照旧在进行着自给性生产。但是唐代的家庭手工业中已有很大的一部分在进行商品生产，生产的性质已经发生了质的变化，其情况已见上文。作坊手工业则完全是商品生产，即所有作坊，其所生产的手工业制造品都是供出卖的商品，在生产的性质上已经完全摆脱了自给性，所以作坊手工业在商品经济的结构中实占主要的地位。

作坊的规模有大有小，而以小作坊占最大多数。所谓小作坊，是说它的组织形式是简单的，由一个主匠——师傅，雇用一两个徒弟或帮工，并备有简陋的作坊、简单的生产工具和为数不多的流动资本，形成一个小小的生产兼销售（即自产自销）的单位。其组织形式颇与欧洲中世纪的行会手工业相似，但在实质上却又大不相同——两者在性质上和作用上以及对整个社会经济所产生的影响上，都毫无共同之处。因为行会手工业各有自己的行会组织，各受本行规章制度的严格管制，从各个会员的生产到销售、从经济行为到各种社会生活，一切一切都必须按照行会的规则办理，不得稍有逾越，违犯行规是要受严厉制裁的。这样，生产者遂完全失去经营的自由。例如，在同行会员之间绝对不许竞争，不许减价招揽顾客以多销自己的产品，不许以不同的生产工具或不同的生产方法来生产，不许扩大自己的生产规模（如多收徒弟或多雇帮工，以制造更多的产品出售等等），特别要严厉防止任何会员有向资本主义发展的倾向，如借用商人资本、接受商人订货等等，以防止商业资本向工业侵入。行会手工业者都是自由城市的特权市民，不受封建制度的羁绊。他们本来是自由的，但却用自己的组织力量——行会制度把自己的自由完全限制了，把自己的营业（包括生活）的自由置于硬性行规的束缚之下。所以一个行会手工业者要想扩大自己的作坊规模，增加固定资本以更新设备，提高生产能力以增加产量，以更有效的方法推销产品等等，这一切都是触犯行规的，是绝对不能允许的，一句话，行会师傅要想进行扩大再生产，是完全不可能的。

中国的作坊手工业——包括唐代的作坊手工业，由于没有欧洲型的行会制度（关于这个问题的详细论述，请参见拙著：《中国经济史论丛》下《中国工商业者的"行"及其特点》一文），同行之间不存在任何组织力量的约束，没有严格的行规来管制作坊主的生产和销售，因而每一个作坊主在营业上是完全自由的。这不是说中国古代的工商业者都不受任何拘束和管制，正相反，封建制度的礼法、政教对工商业和工商业者的管制是很严格的，传统和习惯的束缚力量也是很大的。但是封建礼法的自上而下的管制，与行会制度的自我管制，管制的目的和方法是大不相同的，目的不同，当然作用也不同。简单说，封建制度所要防范的是被统治者的"作乱犯上"，而不是私人的经济行为，只要工商业者是守法的，则他们以怎样的方式去生产和以怎样的方式去销售，封建制度是不过问的。这是说中国的工商业者本来是不自由的，受着封建礼法政教的多方约束，但在经济行为上则是完全自由的，手工业者可以把自己的作坊设在城市，也可以任意搬到乡村，他可以根据自己的资力和能力来安排自己的经营规模，只要自己有资力、有经营能力，就随时可以把自己的作坊规模扩大，进行含有资本主义性质的扩大再生产，不会受到同行的干涉和阻挠，这是中国资本主义萌芽能够随时并且很早即已出现的原因之一。

中国的资本主义萌芽发生很早，于一度中衰之后，到唐又开始复苏，在作坊手工业中又在孕育着资本主义因素，这在欧洲的行会手工业占统治地位的时代是完全不可能的。在中国，不但在唐代是可能的，早在唐代以前也是可能的，因为作坊手工业在营业上没有任何限制，只要其他条件（如资本、市场等）允许，作坊的生产规模就可以随时扩大，换言之，只要作坊能雇佣较多的工人，能生产较多的商品，例如有了像战国到秦汉时期那种"一家聚众，或至千余人"的大型工矿企业，则这个作坊就已经是含有资本主义性质的工场手工业了。这并不是什么巨大的变化，更不是什么惊人的成就，只要作坊雇佣的工人数目一增多，就改变了手工业结构的性质，就已经是资本主义的起点。马克思对于这一点阐述得非常明确：

> 资本主义生产实际上是在同一资本同时雇用较多的工人，因而劳动过程扩大了自己的规模并提供了较大量的产品的时候才开始的。

较多的工人在同一时间、同一空间（或者说同一劳动场所），为了生产同种商品，在同一资本家的指挥下工作，这在历史上和逻辑上都是资本主义生产的起点。①

可见中国的资本主义萌芽很早即已发生，并没有什么可以惊异之处，是很平常的一种经济现象，根据上引马克思所说，只要作坊的规模一扩大，有较多的工人在同一时间、同一空间、同一资本家指挥下生产同种产品，这就是资本主义的起点，在唐代的作坊手工业中显然已经有了这个起点。但是从唐代手工业生产的全部形势来看，这个起点亦仅仅是个起点，发展的深度和广度都不大，甚至还没有达到过去曾经达到过的水平。因为唐代的大型手工业，就文献中可以考见的记载来看，数目既不多，规模也不够大，像西汉那种千人以上的大型企业很少见。所以中国的资本主义萌芽虽然出现很早，但其发展既不快，也不大。唐代是商品经济比较发达的时代，尽管已经有了资本主义萌芽，却并没有多大发展，这是在论述唐代作坊手工业时必须着重指出的一点。

在唐代的作坊手工业中，小型作坊占最大多数，就可考见的记载来看，多数只是简略地提到作坊的名称，而很少述及作坊的性质和规模，更不会述及它的经营方法。但顾名思义，可知都是小作坊，进行一些简单加工，资本设备和雇工人数都是很少的，颇似后世的木匠铺、铁匠铺、银匠铺、铜器铺、锡器铺、靴鞋铺等等那样的小作坊，这由下引诸例可以看出它们的大概情况：

> 凤翔知客郭璩，其父曾主作坊，将解一木，其间疑有铁石，锯不可入，遂以新锯，兼焚香祝之，其锯乃行。②

这个作坊显然是木匠铺，自行解木，以备原料。下引两例是铁匠铺，规模不大，但有少数雇工：

> 书生访求不见，至铁冶处，有锻铁尉迟敬德者，方袒露蓬首，锻铁之次，书生伺其歇，乃前拜之。尉迟公问曰：何故？曰：某贫困，足下富贵，欲乞钱五百贯得否？尉迟公怒曰：某打铁人，安有

---

① 《资本论》第一卷，第三五八页。
② 《太平广记》卷四百六，《马文木》引《闻奇录》。

富贵，乃侮我耳。生曰：若能哀悯，但赐一帖，他日自知。尉迟不得已，令书生执笔曰：钱付某乙五百贯，具日月署名于后，书生拜谢去，尉迟公与其徒拊掌大笑，以为妄也。①

杨元英，则天时为太常卿，开元中亡已二十载。其子因至冶成坊削家，识其父圹中剑，心异之，问削师何得此剑？云有贵人……将令修理，期明日午时来取。②

下引两例，是唐代作坊手工业中两个重要的大型作坊，都雇有众多的工人，进行着大量的商品生产，所以都是具有资本主义性质的工场手工业：

唐定州何明远，大富，主官中三驿，每于驿边，起店停商，专以袭胡为业，资财巨万，家有绫机五百张。③

这一记载虽然非常简略，但是一加分析，就可以看出以下几点：

（1）何明远是一个资本所有者，即拥有五百张绫机的大作坊所有者，也就是说何明远是一个资本家，是作坊主，而不是织绫工人。他虽然兼任一个驿站小吏，并开设旅店，但是他的"资财巨万"的家产，不可能由驿吏的微薄官俸形成，也不可能由旅店的收费形成，而只能由大规模织绫企业的丰厚利润形成。所以这个有五百张绫机的织绫作坊，是在一个富有的资本家指挥下经营的。

（2）有五百张绫机的大作坊，除织绫工人外，还必须有其他工序相配合，才能完成绫的全部织造过程，每一工序亦需要有同等数目的工人，则这个作坊所雇用的全部工人，必在千人以上。

（3）唐代的定州，是一个重要的丝织业中心，以盛产各种高级丝织品驰名全国，试看唐代各道州府的土贡，定州所贡的丝织品数量、品种皆为全国之冠。据《新唐书·地理志》和《元和郡县图志》的记载，定州所贡完全为丝织品，计有：

定州土贡：罗、绅、细绫、瑞绫、两窠绫、二包绫、熟线绫。④

---

① 《太平广记》卷一百四十六，《尉迟敬德》引《逸史》。
② 《太平广记》卷三百三十，《杨元英》引《广异记》。
③ 《太平广记》卷二百四十三，《何明远》引《朝野佥载》。
④ 《元和郡县图志》卷七。

博陵郡（今定州）：贡细绫千二百七十四匹，两窠细绫十五匹，瑞绫二百五十五匹，大独窠绫二十五匹，独窠绫十四。①

土贡物品都是各该州的特产，定州土贡无他物，可知该州的织绫业是非常发达的，其产品不仅有广大的国内市场，而且还远销外国，故内外商贩到定州来贩运绫罗的人络绎不绝，何明远在驿边开设旅店——"起店停商"，就是为了接待贩绫的客商。由于客商中有不少是外国商人，更是何明远的主要接待对象，故称"专以袭胡为业"，说明何明远不仅进行大量生产，而且向内外商人进行大量批发，这正是大量商品生产的典型。

（4）由于定州的丝织品需要有大量生产来适应国内外市场的需要，一个大作坊中有五百张绫机并不稀奇，有大量销售而没有大的生产单位来生产，倒是不正常的，是不符合经济规律的，但是有人认为何明远不像以纺织为业者，绫机可能是出卖给丝织者的。这种猜测是毫无根据的，一个作坊或工场的所有者，并不同时又是直接生产的工人，而是一个企业的所有者和经营者。是不是只有纺织工人才算是以纺织为业者？其次，拥有五百张绫机的何明远如果不经营织绫，而只出卖绫机，则何明远便是一个生产工具的生产者，这样，社会的两大部类生产都成了专业化生产，都是大规模，则唐代的资本主义就发展得更高了，这显然是与客观的经济情况及其相应的经济规律，都完全背谬的。

另一个有记载可考的大型作坊，其经营方式也含有一定的资本主义因素，是一个制车作坊：

上都通化门长店，多是车工之所居也，广备其财（同材），募人集车，轮、辕、辐、毂，皆有定价。每治片辋，通凿三窍，悬钱百文，虽敏手健力，器用利锐者，日止一二而已。有奚乐山者，携持斧凿诣门自售，视操度绳墨颇精。徐谓主人，幸分别辋材，某当并力。主人讶其贪巧，笑指一室曰：此有六百片，可任意施为。乐山曰：或欲通宵，请具灯烛。主人谓其连夜，当倍常工，固不能多办矣，所请皆依。乐山乃闭户屏人，丁丁不辍。及晓，启主人曰：并已毕矣，愿受六十缗而去也。主人洎邻里大奇之，则视所为精妙，

---

① 《新唐书》卷二十七，《地理志一》。

锱铢无失，众共惊骇，即付其钱，乐山谢辞而去。①

从这一段故事中，可以清楚地看出以下几点：

（1）这是一个制造车的大型作坊，实际上已经是一个手工工场，这个工场的"主人"，是一个富有资本的资本家——生产资料的所有者，能"广备其材"，全部生产过程是在同一资本的指挥下，雇有较多的工人，在同一时间和同一空间生产同种商品。这样的组织形式，尽管还是雏形的，但却是名副其实的工场手工业。

（2）这个作坊之所以是一种工场手工业，因为工场内部已经实行了技术分工，系将车的全部制造过程分为轮、辕、辐、毂等几个既互相联系、又互相分开的不同工序，生产者各进行一种特殊的部分劳动。其实这种分工方法并非新创，仍是"古之为车者，数官而后成"的遗制，但不同的是这是在一个工场内部实行的有协作的分工。

（3）工场所用工人都是雇佣工人，并实行计件工资制，这种工资制度已具有近代意义，各个受雇的劳动者，谁具有超越别人的技术，谁能生产出更多的产品，谁就可以获得超越别人的工资，甚至可以高出若干倍。

（4）这时的雇佣制度还处在过渡阶段，在车坊内工作的劳动者，都还是原来的独立生产者，他们不但有生产技术，而且有自己的生产工具，只是没有资本，自己不能备办原料，故只能在"主人"的原料上加工。这种用自己的生产工具在别人原料上加工的散匠，与欧洲十五、十六世纪商人雇主控制下的家庭工业颇为近似。

在唐代的作坊手工业中，还有个别使用奴隶劳动力来经营的，这当然只有封建特权阶级才是可能的。下引一例在唐代文献中仅一见，但既然唐代的奴隶制仍普遍存在，奴隶劳动力可使用于任何方面，用于手工业生产并不奇怪：

崖州东南四十里至琼山郡，太守统兵五百人，兼儋、崖、振、万、安五郡招讨使，凡五郡租赋一供于招讨使。……琼守虽海渚，岁得金钱，南边经略使不能及。郡守韦公幹[39]者，贪而且酷，掠良家子为臧获，如驱犬豕，有女奴四百人，执业者太半：有织花缣

① 《太平广记》卷八十四，《奚乐山》引《集异记》。

文纱者，有伸角为器者，有熔锻金银者，有攻珍木为什具者，其家如市，日考月课，唯恐不程。①

这个事例是特殊的，也是正常的，因为唐代既有自古延续下来并且是一代胜过一代的奴隶制，又有正在发展的作坊手工业，进行着有利的商品生产，两者由封建特权阶级联系起来，是完全可能的。韦公幹"贪而且酷"，又拥兵在遥远的琼崖，正是做这种联系的人物。

（四）民间工匠

民间工匠，基本上都是独立手工业者，就其组织形式来看，主要有三种人：一是工匠在其家内接受顾客的订货，或接受顾客的原料，制造顾客指定的产品，制成后交还顾客，然后收受一定的报酬——工资，这实际上是实行计件制的工资劳动者；二是工匠自备简单的生产工具和原料，亦即工匠有少量的固定资本和流动资本，以自己的家庭为工作场所，自行制造产品，并自行出售产品，成为一种自产自销的独立手工业者，这是家庭手工业的另一种形式；三是工匠有较多的资本，能开设作坊，并能雇用不多的徒弟或帮工，师傅自己直接参加生产劳动，他既是技术的指导者，又是企业的所有者和经营者。但也有具有一定技术的工匠，他们不开设作坊，不备办原料，不自行制造产品，而成为一种"流佣"性质，即《周礼》所说的"间民"，哪里有顾客雇用，就到哪里工作，这也是一种工资劳动者。这种人大都是暂时不役、或已轮番完毕的官工匠，利用暂不只应官差的间歇时间来自行营业或受雇。但是也有一些是没有注籍的匠户，没有只应官差的负担，就在上述几种形式中选择适合于自己资力和能力的方式来进行经营。至于专做帮工的雇佣劳动者，其情况在"劳动"章论述，兹从略。

第一种形式的家庭工匠，其中有被官家注籍为官匠户的，只能接受官家的任务，如上文述及的织造户、织锦户等等都是这一类工匠；另有一部分未被官家注籍的，则自行营业，专为顾客做订活，例如王建的《当窗织》一诗所描写的，就是这样一个织工：

叹息复叹息，园中有枣行人食，贫家女为富家织，翁母隔墙不

---

① 《太平广记》卷二百六十九，《韦公幹》引《投荒杂录》。

得力。水寒手湿丝脆断，续来续去心肠烂。草虫促促机下啼，两日催成一匹半。输官上顶有零落，姑未得衣身不著。当窗却羡青楼倡，十指不动衣盈箱。①

这与于濆《织素谣》一诗[40]"贫女苦筋力，缫丝夜夜织。万梭为一素，世重韩娥色"，所描写的都是同一类的家庭工匠。虽然同为家庭妇女，但与作为家庭副业的男耕女织性质不同，因为这是商品生产，即使是"贫家女为富家织"，也是一种订货性质的商品生产，织工是靠此谋生的，显然与下引事例完全不同：

> 玄佐贵，母尚在，贤妇人也。常月织绢一端，示不忘本。②

第二种形式的家庭工匠，是用自己的生产工具和原料自行把商品制造出来，然后自行出售其产品。这是家庭工匠最普遍的一种营业形式，这个形式的特点是：不是订货生产，也不是接受顾客原料，而是由生产者根据市场情况和预测消费者的消费倾向，而自行安排生产和销售，例如：

> 佛道形像，事极尊严，伎巧之家，多有造铸，供养之人，竞来买购，品藻工拙，揣量轻重。买者不计因果，止求贱得；卖者本希利润，唯在价高。……自今已后，工匠皆不得预造佛道形像卖鬻，其见成之像，亦不得销除，各令分送寺观，令寺观徒众酬其价直，仍仰所在州县官司检校，敕到后十日内使尽。③

伎巧之家自行造铸佛道形像出售，是因为唐代的佛教和道教都很盛，各有自己众多的善男信女和皈依供养之人，也就是说佛道形像的市场是广大的，造铸是有利的，伎巧之家大量生产和销售是很自然的。皇帝的禁敕，是从宗教信仰的角度出发，认为把尊严的佛道形像当作普通商品出卖，在市场上讨价还价，是"罪累特深，福报俱尽"，故不得不严令禁止。不管禁令是否生效，但却反映出当时这种买卖是很盛的。

---

① 《古今图书集成》卷十，《织女部》。
② 《新唐书》卷二百十四，《藩镇·刘玄佐传》。
③ 太宗：《断卖佛像敕》，《全唐文》卷九。

这类工匠中亦有自备资本来经营的，从下引事例来看，工匠的资本还是很雄厚的：

> 玭常述家训以戒子孙，曰：永宁王相国涯居位，窦氏女归，请曰：玉工贷钗，直七十万钱。王曰：七十万钱，岂于女惜？但钗直若此，乃妖物也，祸必随之。女不复敢言。后钗为冯球员外郎妻首饰，涯曰：为郎吏妻，首饰有七十万钱，其可久乎？①

玉工不需要有多大作坊，也不需要有很多设备和众多工人，但是原料是昂贵的，一块美玉常常是价值连城。上述玉工是用自己的原料加工，雕镂成玉钗后是自行出售成品，可知不是来料加工。一钗值七十万钱，固然玉工的高超技艺是造成玉钗价值昂贵的条件之一，但是更重要的还是由于玉的本身精美，造成了玉钗的成本高昂。玉工要自制这样的商品出售，没有雄厚的资本是办不到的。像这一类的工匠不止玉工一种，其他类此者还大有人在，他们所经营的作坊规模并不大，甚至只有工匠一人在自己家里单干，但由于加工对象的原材料价值昂贵，制成品必然都以高价出售，尽管生产和销售的数量并不大，但利润却很高，从事这一行业的工匠，无不腰贯累累，大发其财。如打造金银首饰器皿的金银匠，雕镂翡翠珠宝的镶嵌匠，都有这种情形，例如：

> 薛昭纬经巢"贼"之乱，流离道途，往来绝粮，遇一旧识银工，邀昭纬，饮食甚丰。作诗谢之曰："一楪毡羹（羊也）数十根，破盘中更有红鳞。早知文事多辛苦，悔不当初学冶银。"②

一个银工动辄设盛馔邀客，可知是非常富有的。其他各种工匠，亦多有相似情形，例如：

> 长安市里风俗，每岁元日已后，递作饮食相邀，号为传坐。东市笔工赵士次当设之，有客先到。……③

---

① 《新唐书》卷一百六十三，《柳公绰传附玭传》。
② 尉迟枢：《南楚新闻》。
③ 唐临：《冥报记》卷下。

第三种形式的工匠包括两种人：一是有资本的，能开设大型作坊，雇佣较多工人，进行大量的商品生产，工匠或师傅既是一个生产工作者，又是企业的所有者和经营者。如上文所述奚乐山工作过的制车作坊，就属于这一类。另一种工匠是没有资本的，只有技术，不开设作坊，不生产商品出售，只以技术受雇于人。这一种工匠极似古代的流佣或"间民"，其所从事的行业很多，这里仅酌举数例：

> 大历中修含元殿，有一人投状请瓦，且言瓦工惟我所能，祖父已尝瓦此殿矣。众工不服，因曰：若有能瓦毕不生瓦松乎，众方服焉。
> 又有李阿黑者，亦能治屋布瓦如齿，间不通綎，亦无瓦松。①
> 光明寺中鬼子母及文惠太子塑像，举止态度如生，工名李岫。②
> 戊子岁大旱，濠州酒肆前有大井，堙塞积久，至是酒家召井工陶老。有工人父子应募者，乃子先入，倚锸而死，其父继下亦卒，观者如堵，无敢复入，引绳出尸，竟不复凿。③
> 广陵有木工，因病手足，背举缩，不能复执斤斧，扶踊行乞，至后土庙前，遇一道士……道士曰：吾授尔方，可救人疾苦，无为木匠耳，遂再拜受之。④
> 越州有寺名宝林，中有魔母神堂，越中士女求男女者必报验焉。……陆氏于寺门外筑钱百万募画工，自汴、滑、徐、泗、扬、润、潭、洪及天下画者，日有至焉，但以其偿过多，皆不敢措手。⑤
> 云花寺有圣画殿，长安中谓之七圣画。初殿宇既制，寺僧求画工，将命施彩饰绘，责其直，不合寺僧所酬，亦竟去。后数日有二少年诣寺来谒曰：某善画者也，今闻此寺将命画工，某不敢利其直，愿输工可乎？⑥

上引几例，都是有技术的工匠，实际上都是工资劳动者，他们形式上是

① 段成式：《酉阳杂俎前集》卷十九，《草篇》。
② 段成式：《酉阳杂俎续集》卷五，《寺塔记》上。
③ 徐铉：《稽神录》卷一，《濠州井》。
④ 《太平广记》卷二百二十，《广陵木工》引《稽神录》。
⑤ 《太平广记》卷四十一，《黑叟》引《会昌解颐》。
⑥ 张读：《宣室志》卷一。

出卖技术，实际上则是出卖劳动力，颇似现代工厂中的熟练工人，只是不固定于一个工作场所，而是流动各地，到处求雇。其中具有特殊技艺的工匠，其赚取工资的方法亦多与近代不同，如有高超的技术，就可以获得高于一般工匠数倍的工资。也有工资数目不固定，而视自己生活费用之高低而上下其价。这里各引一例：

> 裴封叔之第在光德里，有梓人款其门，愿佣隙宇而处焉。所职寻引规矩绳墨，家不居砻斫[41]之器。问其能，曰：吾善度材，视栋宇之制，高深圆方短长之宜，吾指使，而群工役焉，舍我，众莫能就一宇，故食于官府，吾受禄三倍，作于私家，吾收其直大半焉。……其后京兆尹将饰官署，余往过焉。委群材，会众工，或执斧斤，或执刀锯，皆环立向之。梓人左持引，右执杖，而中处焉。量栋宇之任，视木之能举，挥其杖曰：斧！彼执斧者奔而左。顾而指曰：锯！彼执锯者趋而右。俄而斧者斫，刀者削，皆视其色，俟其言，莫敢自断者。其不胜任者怒而退之，亦莫敢愠焉。画宫于堵，盈尺而曲尽其制，计其毫厘而构大厦无进退焉。既成，书于上栋，曰：某年某月某日某建，则其姓字也，凡执用之工不在列。①

> 圬之为技贱且劳者也，有业之其色若自得者，听其言，约而尽，问之，王其姓，承福其名。……手镘衣食余三十年，舍于市之主人，而归其屋食之当焉，视时屋食之贵贱而上下其圬之佣以偿之，有余，则以与道路之废疾饿者焉。②

（五）民营手工业的种类

1. 纺织业

纺织业是人类的衣着材料来源，是家家户户广泛从事的一种手工业，故成为民营手工业中的最主要部门。唐代的纺织业仍与自古以来的传统种类相同，主要有丝织业、麻织业、棉织业、毛织业等四种，其中最主要的是丝、麻两种。棉布在唐代已开始普及，产地则在新疆高昌一带和岭南少数民族地

---

① 柳宗元：《梓人传》，《柳河东集》卷十七。
② 韩愈：《圬者王承福传》，《昌黎先生集》卷十二。

区，另有少量从南海诸国输入。毛织品主要为毡、氍、氎毹之属，非主要衣着材料，兹从略。

纺织业是家家从事的职业，全国各道州府的地理条件不同，技术传统不同，所产纺织品，一方面表现了明显的地域分工，使产品各带有地方色彩，有的成为该地方的名产或特产；另一方面，各地产品互相比较起来，产品的花色品种自然显示出精粗不一、高下不等的区别，《唐六典》曾把全国各地出产的丝、麻织品分为八至九等：

> 凡绢布出有方土，类有精粗，绢分为八等，布分为九等，所以迁有元，和利用也。宋、亳之绢，复州之纻，宣、润、沔之火麻，黄州之贳，并第一等；郑、汴、曹、怀之绢，常州之纻，舒、蕲、黄、岳、荆之火麻，庐、和、晋、泗之贳，并第二等；滑、卫、陈、魏、相、冀、德、海、泗、濮、徐、兖、贝、博之绢，扬、湘、沔之纻，徐、楚、庐、寿之火麻，绛、楚、滁之贳，并第三等；沧、瀛、齐、许、豫、仙、棣、郓、深、莫、洺、邢、恒、定、赵之绢，苏、越、杭、蕲、庐之纻，澧、朗、潭之火麻，泽、潞、沁之贳，并第四等；颍、淄、青、沂、密、寿、幽、易、申、光、安、唐、随、黄之绢，衢、饶、洪、婺之纻，京兆、太原、汾之贳，并第五等；益、彭、蜀、梓、汉、剑、遂、简、绵、襄、褒、邓之绢，郢、江之纻，襄、洋、同、岐之贳，并第六等；资、眉、邛、雅、嘉、陵、阆、普、壁、集、龙、果、洋、渠之绢，台、括、抚、睦、歙、虔、吉、温之纻，唐、慈、坊、宁之贳，并第七等；通、巴、蓬、金、均、开、合、兴、利、泉、建、闽之绢，泉、建、闽、袁之纻，登、莱、邓之贳，并第八等；金、均、合之贳，并第九等。①

以上系就各地所出绢、纻、贳三种基本衣料的质量加以评比的。绢是最常用的丝织品，故以之作为丝织品的代表，也是丝织品的总称；纻是麻织品中的高档产品；贳亦麻布之一种，称为贳布或麻贳布，常见于土贡项目中，如泗州贡贳布十匹[42]，楚州贡贳布十匹，沔州贡麻贳布十匹等皆是其例。

---

① 《唐六典》卷二十，《太府寺·太府卿》。

历史悠久的丝织业，在其发展的长河中代代皆有所进步，到唐代，又有了更大的发展：在品种上是种类繁多，在花样上是争奇斗艳。这由土贡物产名称中可以看出一个大概轮廓，因丝织品是进献的一个重要项目，全国各道州府凡本地有丝织品的出产，皆须择其精者上贡，故上贡物品都是该地方的著名特产。就各地所贡丝织品的大类来分，主要有绢、纱、絁、绸、绫、绵、锦、缯、练、縠、罗、丝葛、丝布等，每一类又有许多不同品种，其中以绫的品种为最多，计有：文绫、方文绫、白方文绫、细绫、两窠细绫、瀿鶒[43]绫、瑞绫、独窠绫、大独窠绫、水纹绫、白编绫、双紃樗蒲绫、溪鶩[44]绫、双丝绫、仙文绫、双花绫、双距绫、两窠绫、二包绫、熟线绫。绸有平绸、棉绸；锦有半臂锦、蕃客袍锦；罗有春罗、单丝罗、孔雀罗、瓜子罗；纱有平纱等。这当然只是丝织品中的一部分，其他没有列入贡品的还有许多种高级丝织品，其名称屡见于唐代历次抑奢诏书中，例如：

〔大历六年（公元七七一年）四月[45]敕〕……在外所织造大张锦、硬软瑞锦、透背文[46]及大绸[47]锦、竭凿六破以上锦、独窠文纱、四尺幅及独窠吴绫、独窠司马绫等，并宜禁断。其常行高丽白锦、杂色锦，及常行小文字绫锦等，任依旧例造。其绫锦花文，所织盘龙、对凤、麒麟、狮子、天马、辟邪、孔雀、仙鹤、芝草、万字、双胜及诸织造差样文字，亦宜禁断。①

从所禁的各种名目繁多的品种和花样来看，可知唐代的织丝技术是造诣很高的，染色的技术也是造诣很高的，没有这两种能工巧匠的密切配合，如此精美的绫、罗、锦、绣是织造不出来的。

布的种类亦非常繁多，从土贡中可考见的，除上述贲布外，还有麻布、白布、白苎布、紫苎布、苎练布、细青苎布、胡女布、胡布、楚布、蕉布、竹布、弥布、斑布、獠布、女稽布、隔布等，这大都是由于产地不同，或所用原料中搀有别种纤维，而成为某地特产的布匹。

葛是一种野生纤维植物，早在《诗经》中即已屡见咏采葛和葛制品的诗，可知这是一种很古老的工艺，《中国封建社会经济史》第一卷中曾论及此事。唐代的织葛技术又前进了很大的一步，葛制品非常精美。下引一诗，

---

① 《唐大诏令集》卷一百九，《禁大花绫锦等敕》。

是关于采葛制葛的一个全面的描写：

> 春溪几回葛花黄，黄麟引子山山香。蛮女不惜手足损，钩刀一
> 一牵柔长。葛丝茸茸春雪体，深涧择泉清处洗。殷勤十指蚕吐丝，
> 当窗袅袅[48]声高机。织成一尺无一两，供进天子五月衣。水精夏
> 殿开凉户，冰山绕座犹难御。衣亲玉体又何如，皆然独对秋风曙。
> 镜湖女儿嫁鲛人，鲛绡逼肖也不分。吴中角簟泛清水，摇曳胜被三
> 素云。①

葛与鲛绡逼肖竟难以区分，则葛之轻薄细致，已在绫纱之上了，这说明
"蛮女"织葛手艺之高。

棉布早在唐以前即已由南海诸国输入，另有少量来自新疆，并知系一种
名为吉贝（棉花）的植物纤维所织成。唐代时棉花产地未变，但棉布已在国
内广为流行，以其保温性能优于麻布，故大为一般消费者所欢迎，唐诗中屡
见的"白氎"和"桂布"就是棉布。例如：

> 细软青丝履，光明白氎巾。深藏供老宿，取用及吾身。②
> 名借同逃客，衣装类古贤。裘轻被白氎，靴暖蹋乌毡。③
> 腹空先进松花酒，膝冷重装桂布裘。④
> 桂布白似雪，吴绵软于云。布重绵且厚，为裘有余温。⑤
> 因命染人与针女，先制两裘赠二君。吴绵细软桂布密，柔如狐
> 腋白似云。⑥
> 夏侯孜为左拾遗，尝着绿桂管布衫朝谒。开成中，文宗……问
> 孜衫何太粗涩，具以桂布为对，此布厚，可以欺寒。他日，上……
> 亦效著桂管布，满朝皆仿效之，此布为之贵也。⑦

---

①　鲍溶：《采葛行》，《全唐诗》卷十八。
②　杜甫：《大云寺赞公房四首（其四）》，《杜工部草堂诗笺》卷九。
③　白居易：《喜老自嘲》，《白居易诗后集》卷十七。
④　白居易：《枕上作》，《白居易诗后集》卷十六。
⑤　白居易：《新制布裘》，《白氏长庆集》卷一。
⑥　白居易：《醉后狂言酬赠萧殷二协律》，《白氏长庆集》卷十二。
⑦　《太平广记》卷一百六十五，《夏侯孜》引《芝田录》。

到唐末五代时，棉布益为流行，为朝野重视，故在割据王朝之间常作为礼品互赠。例如：

〔晋天福三年（公元九三八年）十二月乙酉〕湖南马希范……又进土绢、土紬、吉贝布共三千匹。①
〔天福六年（公元九四一年）十一月〕丁酉，湖南遣使献吉贝等三千匹。②

棉花产地仍主要是南海诸国与新疆之高昌，后来棉花就是从这两条路传入的，一由海道传入岭南，一自高昌传入内地。史称：

有古贝草，缉其花以作布，粗者名古贝，细者名白氎。③
王衣白氎，古贝斜络臂。……妻服朝霞，古贝短裙，冠缕如王。古贝草也，缉其花为布，粗曰贝，精曰氎。④
厥土良沃，穀麦岁再熟……有草名白叠，国人采其花，织以为布。⑤

据上述，可知棉花从唐代起即已开始登上中国纺织业的历史舞台，尽管这时还只是序幕，而这个序幕却是至关重要的，因为它对后来的国民经济产生了极为深刻的影响。

2. 矿冶业

采矿冶金业是唐代比较发达的一个手工业部门，也是汉以后矿冶业有大量发展的一个时期，已发现并已开采的各种金属矿和非金属矿比过去多，产量比过去大。关于矿产的分布和各种主要金属的年产量，《新唐书·食货志》有详细记载：

凡银、铜、铁、锡之冶一百六十八：陕、宣、润、饶、衢、信

---

① 《册府元龟》卷一百六十七。
② 《册府元龟》卷一百六十九。
③ 《旧唐书》卷一百九十七，《南蛮传·婆利》。
④ 《新唐书》卷二百二十二下，《南蛮列传·环王》。
⑤ 《旧唐书》卷一百九十八，《西戎传·高昌》。

五州，银冶五十八，铜冶九十六，铁山五，铅山四，汾州矾山七。
麟德二年（公元六六五年），废陕州铜冶四十八。开元十五年（公
元七二七年），初税伊阳五重山银、锡。德宗时，户部侍郎韩洄建
议，山泽之利，宜归王者，自是皆隶盐铁使。元和初，天下银冶废
者四十，岁采银万二千两，铜二十六万六千斤，铁二百七万斤，锡
五万斤，铅无常数。开成二年（公元八三七年），复以山泽之利归
州县，刺史选吏主之。其后诸州牟利以自殖，举天下不过七万余缗，
不能当一县之茶税。及宣宗增河湟戍兵，衣绢五十二万余匹，盐铁
转运使裴休请归盐铁使，以供国用，增银冶二，铁山七十一，废铜
冶二十七，铅山一。天下岁率银二万五千两，铜六十五万五千斤，
铅十一万四千斤，锡万七千斤，铁五十三万二千斤。①

　　元和天下岁采铜二十六万六千斤，及宣宗，岁率铜六十五万六
千斤。②

　　唐代政府对于矿冶业，最初采取放任政策，听百姓自由开采，只有铜、
铅、锡三种完全由政府收购，供铸钱之用，其他各种金属则不加限制，听百
姓私采私销。至开元十五年，初税伊阳五重山银、锡，是其他矿产连税也不
收。唐政府对矿冶业所采取的这种开放政策，《唐六典》说得很清楚：

　　凡州界内有出铜铁处，官未（一本未作不）采者，听百姓私
采，煮铸得铜及白镴，官为市取，如欲折充课役亦听之。其四边无
问公私，不得置铁冶及采铜。自余山川薮泽之利，公私共之。③

　　在唐代前期，政府对于矿冶不但不主动收归官营，而且反对官营，如有
人建议应官采某矿，以收利权，往往被皇帝斥为言利之臣，甚至遭到贬谪，
如唐初权万纪即因建议开宣、饶银冶，被太宗贬斥：

　　〔贞观中，为持书御史〕即奏言：宣、饶部中可凿山冶银，岁
取数百万。帝让曰："天子所乏，嘉谋善政有益于下者。公不推贤进

---

① 《新唐书》卷五十四，《食货志》四。
② 《白孔六帖》卷八。
③ 《唐六典》卷三十，《州官·士曹司士参军》注。

善，乃以利规我，欲方我汉桓、灵邪？"斥使还第。①

这个不成文的政策，为其后历届政府奉行不替，就是在安史之乱以后，财政支绌，国步艰难之际，亦不肯轻易改弦更张，背离祖训，例如：

德宗以大历十四年（公元七七九年）五月即位，七月庚午，诏：邕州所奏金坑，诚为润国，语人于利，非朕素怀。方以不贪为宝，惟德系物，岂尚兹难得之货，生其可欲之心耶。其金坑任人开采，官不得占。②

敕：朕闻致理之君，克勤于德，不贵远物，所宝惟贤。……邕州所奏金坑，诚为润国，语人以利，非朕素怀，方以不贪为宝，惟德其物，岂尚兹难得之货，生其可欲之心耶。其金坑宜委康泽差择清强官专勾当，任贫下百姓采劚，不得令酋豪及官吏影占侵扰，闻奏，当重科贬，俾夫俗臻富寿，人识廉隅，副朕意焉。③

〔贞元九年（公元七九三年）正月〕甲辰，禁卖剑、铜器。天下有铜山，任人采取，其铜官买，除铸镜外，不得铸造。④

从上引记载可以看出，政府不但听任贫下百姓私采，而且还要严防官吏或地方上酋豪影占侵扰，以保护私采矿藏的贫下百姓。由唐代的一些零星记载看来，采矿确是非常自由的：

五岭内富州、宾州、澄州江溪间皆产金，侧近居人以木箕淘金为业，自旦至暮，有不获一星星者，就中澄州者最为良金。⑤

饶州银山，采户逾万，并是草屋。延和中，火发，万室尽，唯一家居中，火独不及。⑥

银生楚山曲，金生鄱谿[49]滨。南人弃农业，求之多苦辛。披

---

① 《新唐书》卷一百，《权万纪传》。
② 《册府元龟》卷一百六。
③ 《唐大诏令集》卷一百一十二，《放邕州金坑敕》。
④ 《旧唐书》卷十三，《德宗纪下》。
⑤ 《太平御览》卷八百一十一，引《岭表异录》。
⑥ 《太平广记》卷一百四，《银山老人》引《报应记》。

沙复凿石，砭砭无冬春。手足尽皲胝，爱利不爱身。畬田既慵斫，
稻田亦懒耘。相携作游手，皆道求金银。①

〔显德四年（公元九五七年）六月〕辛酉，西京奏，伊阳山谷
中有金屑，民淘取之。诏勿禁。②

到了德宗朝时，在韩洄的建议下放弃民营矿冶的传统政策，是有其客观
原因的。德宗时代是在长时间的沸天战火——安史之乱——刚刚平息之后，
社会凋敝，疮痍满目，不仅大大斫丧了国家元气，而且动摇了唐王朝依以存
在的基础。早在前一历史时期，全国的经济重心业已南移，至唐，这一格局
已完全确定，北方的经济力量已不足以支撑仍必须建都关中的政治中心，即
"所出已不足以给京师，备水旱，故常转东南之粟"。安史之乱波及的范围很
广，大乱甫平，又继之以藩镇割据，并不断称兵倡乱，益使道路梗阻，漕运
艰难，这时唐王朝风雨飘摇，危在旦夕。朝廷为应付变乱，军需紧急，而民
穷财尽，罗掘俱穷，在此困窘危急的情况下，韩洄建议"山泽之利，宜归王
者"，遂不得不接受，把天下矿冶一律收归官营——"自是皆隶盐铁使"。可
知政策的转变，完全是出于不得已。

实行矿冶官营后，在推行中并不顺利，因矿山散在全国各地，大乱之后，
唐王朝的统治力量削弱，政令往往不出都门，矿冶为山泽自然之利，地方州
府往往私占，朝廷的一纸敕令，很难把"本道私自占采坑冶"的局面改变过
来，这些情况，可由王涯的奏疏中看出：

〔太和〕五年（公元八三一年）六月，盐铁使王涯奏：当使应
管诸州府坑冶，伏准建中元年（公元七八〇年）九月七日敕，山泽
之利，令归于官，坑冶所出，并委盐使勾当者。今兖郓、淄青、曹
濮等三道，并齐州界已收管开冶，及访闻本道私自占采坑冶等。臣
伏以山川产物，泉货济时，苟有利宜，不忘经度。兖海等道，铜铁
甚多，或开采未成，州府私占，物无自效，须俟变兴，国有常征，
宜归董属。前件坑冶，昨使简量，审见滋饶，已令开发，其三道观
察使相承收采，将备军须，久以为利，法贵均劳。坑冶州府，人难

---

① 白居易：《赠友五首（二）》，《全唐诗》卷十五。
② 《旧五代史》卷一百十七，《周世宗纪四》。

并役，其应采人户，伏请准元敕免杂差遣，冀其便安。伏乞天恩，允臣所请，臣即于当使差清强官与兖海等道勘会，已开者使之交领，未开者别具条疏。从之。①

陈子昂的建议，只主张官营铜矿，并以所得之铜直接用以铸钱，使"松番诸军所须用度，皆取以资给用"：

臣闻古者富国强兵，未尝不用山泽之利。臣伏见西戎未灭，兵镇用广，内少资储，外勒转饷，山泽之利，伏而未通。臣……伏见剑南诸山，多有铜矿，采之铸钱，可以富国。今诸山皆闭，官无采铜，军国资用，惟敛下人，乃使公府虚竭，私室贫弊，而天地珍藏委废。……请依旧式，尽令剑南诸州准前采铜，于益[50]府铸钱，其松潘诸军所须用度，皆取以资给用，有余者然后使缘江诸州递运，散纳荆、衡、沔、鄂诸州，每岁便以和籴，令漕运委神都大仓。此皆顺流承便，无所劳扰，外得以事西山诸军，内得以实中都仓廪，蜀之百姓，免于赋敛，军国大利，公私所切要者，非神皇大圣，谁能用之。②

可见将矿冶收归官营，实际上收回的主要是铜矿，目的是铸钱，其他各矿，名为官有，而采炼仍系民营，政府不过据以征税或统购统销成品而已。

3. 金属品制造业

在铁器中销路最广的是农器，在矿冶民营时期，农器自亦系由民间制造，自德宗时起矿冶改归官营后，农器即由各州监冶统一铸造发卖，直到五代时始行弛禁：

〔天福六年（公元九四一年）八月〕壬寅，制："……天下农器，并许百姓自铸造。……"③

为国之规，利物为本，农器俾从于改革，耕民必致于便宜。诸

---

① 《册府元龟》卷四百九十四。
② 陈子昂：《上益国事一条》，《陈伯玉文集》卷八。
③ 《旧五代史》卷八十，《晋高祖纪六》。

道铁冶三司，先条疏百姓农具破者，须于官场中卖，铸时却于官场中买铁。今后并许百姓取便铸造买卖，所在场院，不得辄有禁止搅扰。①

富民之道，莫尚于务农，力田之资，必先于利器，器苟不利，民何以安。近闻诸道监冶所卖农器，或大小异同，或形状轻怯，才当垦辟，旋致损伤。近百姓秋稼难登，时物颇贱，既艰难于买置，遂抵犯于条章，苟利锥刀，擅兴炉冶，稍闻彰露，须议诛夷，缓之则赡国不充，急之则残民转盛。加以巡检节级，骚扰乡间，但益烦苛，殊非通济。欲使上不夺山川之利，下皆遂畎亩之宜，务在从长，庶能经久。自今后不计农器、烧器、动使诸物，并许百姓逐便自铸，诸道监冶除依常年定数铸办供军熟铁并器物外，只管出生铁，比已前价各随逐处见定高低，每斤一例减十文货卖，杂使熟铁亦任百姓自炼，巡检节级勾当，卖铁场官并铺户等一切并废，乡村百姓只于系省秋夏田亩上，每亩纳农器钱一钱五分足陌，随秋夏税二时送纳去。②

从各道州府的土贡名称中知邵州贡剪刀、火筯，两者当系邵州的著名特产，此外，上饶的铁器亦颇著名，其他则不见记载：

上饶葛溪铁精而工细，余中表以剪刀二柄遗赠，皆交般屈环，遇物如风，经年不营。一上有凿宇，曰二仪刀。③

银在唐代是贵重金属，故各种贵重装饰品、陈设品多为银制，富贵人家亦竞相以银器相炫耀，如银屏、银瓶、银壶、银匙等等在唐人诗歌中多不胜举，其他如臣下贡献，亲友馈赠，银器也是一个重要项目，如前述齐映献八尽银瓶即其例。此外朝廷亦经常向地方宣索银器，如长庆四年（公元九三三年）九月，"浙西、淮南各进宣索银妆奁三具"④，有时因宣索过多，成为地方上的一个沉重负担，前述李德裕抗疏不奉诏，就是为了宣索银器一事。唐

① 晋高祖：《幸邺都赦文》，《全唐文》卷一百十七。
② 后唐明宗：《许百姓自铸农器诏》，《全唐文》卷一百七。
③ 《古今图集成·考工典》卷二百三十八，《剪部》引《清异录》。
④ 《旧唐书》卷十七上，《敬宗纪》。

代文献中有关银器的记载很多，不能备引，这里仅酌举数例：

> 天后任酷吏罗织，位稍隆者日别妻子。博陵王崔玄晖，位望俱极，其母忧之，曰：汝可一迎万回，此僧宝志之流，可以观其举止祸福也。及至，母垂泣作礼，兼施银匙箸一双。万回忽下阶，掷其匙箸于堂屋上，掉臂而去，一家谓为不祥。[1]

> 圣善寺银佛，天宝乱为贼截去一耳，后少傅白公奉佛，用银三铤添补，然不及旧者。会昌拆寺，命中贵人毁像收银，送内库中。人以白公所添铸，比旧耳少银数十两，遂诣白公索余银，恐涉隐没故也。[2]

> 会昌毁寺时，分遣御史检天下所废寺，及收录金银佛像。有苏监察者，巡覆两街诸寺，见银佛一尺以下者，多袖之归，人谓之苏杠佛。[3]

扬州铜镜是驰名全国的名牌产品，也是年年进献的重要贡品，全国向朝廷贡镜的只有太原与扬州，可知除扬州外，太原也是一个盛产铜镜的地方，但质量次于扬州，因而在唐人著述中，围绕着扬州铜镜有许多神话传说，上文在论述家传技术时曾略及一二。此外，又传说扬州铜镜之所以能磨莹如水，是因为镜是于五月五日午时在扬子江心铸造的，这显然也是一种没有科学根据的迷信：

> 扬州旧贡江心镜，五月五日扬子江中所铸也。或言无有百炼者，或至六七十炼，则已易破难成，往往有自鸣者。[4]

> 扬州进水心镜，参军李守泰曰：五月五日午时于扬子江中铸之。[5]

> 〔大历十四年（公元七七九年）六月〕己未，扬州每年贡端午日江心所铸镜，幽州贡麝香，皆罢之。[6]

---

① 段成式：《酉阳杂俎前集》卷三。
② 李绰：《尚书故实》。
③ 李绰：《尚书故实》。
④ 李肇：《唐国史补》卷下。
⑤ 《白孔六帖》卷四。
⑥ 《旧唐书》卷十二，《德宗纪》。

百炼镜，熔范非常规。日辰处所灵且祗，江心波上舟中铸。五月五日日午时，琼粉金膏磨莹已，化为一片秋潭水。镜成将献蓬莱宫，扬州长史手自封。人间臣妾不合照，背有九五飞天龙。人人呼为天子镜，我有一言闻太宗。太宗常以人为镜，鉴古鉴今不鉴容。……乃知天子别有镜，不是扬州百炼铜。[①]

勾容县也是一个盛产精美铜器的地方，据《洞天清录集》云，"勾容器，非古物，盖自唐天宝间至南唐后主时，于升州勾容县置官场以铸之，故其上多有监官花押。甚轻薄，漆黑款细……世所见天宝时大凤环瓶，此极品也"。朝廷之所以在其地设官场制造，是由于勾容是扬州以外另一个制造铜器的中心，有传统的高超技术。但是"勾容器"仍不如扬州铜器著名，其实除此两地外，各地均有制造铜器的小作坊，其原料大都来自销熔铜钱，据《新唐书·食货志》称，"销千钱为铜六斤，铸器，则斤得钱六百，故销铸者多"，其具体情况当于第八章中详之。

制造其他金属品的小作坊，亦到处皆是，如上文所述之尉迟敬德工作过的铁匠铺、虢县田婆神针、削家、钉行等等屡见于笔记小说中，惜皆语焉不详，大都是于记述他事或叙述故事时偶尔涉及，又皆隐约于字里行间，而涉及的又仅仅是一名称，对于它们的生产和经营情况，无只字记载。但是这也正说明唐代的民营金属品制造业，都是个体主义的小作坊，没有战国秦汉时期那种动辄千人以上的大型企业，因此没有大书特书的必要。这一切都说明，唐代的金属品制造业是发展不大的，这也是唐代商品经济发展不够充分的一个方面。

4. 造船业

唐代的公私造船业都非常发达。官家造船，主要是为了漕运，其次则用以建立舟师。造船单位，一是中央政府，二是地方作院。朝廷在滨江、滨海州府设船场，督造大批船只，以转漕东南之粟与各州贡献物品，同时，适于造船的地方作院亦有承造义务，各在本州府就近造船，除自用外，则供应朝廷运输之需或提供舟师舰只。这些官营船场的工匠，除少数系以谪戍之人充当外，主要是由民间招募而来，尤其是技术工人，所以这些官办船场实际上是官营民造的。

---

① 白居易：《百炼镜》，《白氏长庆集》卷四。

扬州是江南最大的一个造船业中心，据《唐语林》载称："〔刘〕晏初议造船，每一船用钱百万……乃置十场于扬子县，专知官十人，竟自营办。"除扬州外，其他造船之处还有三十六州："……前令三十六州造船，以备东行者，即宜并停讫。"① 其中洪州、湘州七郡造船业都很发达，上文曾述及阎立德太宗时为将作大匠，即洪州造浮船大航，又韩滉为镇海节度使，造楼船三千枪，以舟师由海门大阅，至申浦乃还。舟师楼船或浮船大航，当然都是大船，只能由政府自造。

随着官船制造的发展，民营造船业亦非常发达，因船为江南的主要交通工具，需要量很大。除常用的一般船只外，民用船只亦多为大船：

> 《荆州记》 湘州七郡，大舯之所出，皆受万斛。
>
> 《酉阳杂俎》 豫章船……载一千人。
>
> 《唐国史补》 凡东南郡邑，无不通水，故天下货利，舟楫居多。转运使岁运米二百万石输关中，皆自通济渠入河而至也。江淮篙工不能入黄河，蜀之三峡，河之三门，南越之恶溪，南康之赣石，皆险绝之所，自有本处人为篙工。大抵峡路峻急，故曰朝发白帝，暮彻江陵，四月五月为尤险时。……扬子、钱塘二江者，则乘两潮发棹[51]。舟船之盛，尽于江西，编蒲为帆，大者或数十幅。……江湖语云，水不载万，言大船不过八九千石，然则大历贞元间，有俞大娘航船最大，居者养生送死嫁娶，悉在其间，间巷为圃，操驾之工数百，南至江西，北至淮南，岁一往来，其利甚博，此则不啻载万也。洪、鄂之水居颇多，与屋邑殆相半。凡大船必为富商所有，奏高声乐，从婢仆，以据柂楼之下，其间大隐，亦可矣。②

唐代在造船技术上亦表现了很高造诣，能造出使用推进器的战舰，成为最早使用机械力的雏形轮船：

> 唐王皋为洪州观察使，多巧思，尝为战舰，挟以二轮，令蹈之。
> 翘风破浪，其疾如挂帆席（按《旧唐书》卷一百三十一和《新唐

---

① 《唐大诏令集》卷一百十一，《罢三十六州造船安抚百姓》。
② 《古今图书集成·考工典》卷一百八十二，《舟楫部》。

书》卷八十《李皋传》皆载此事，皋为太宗子曹王明之玄孙，《册府元龟》误曹王皋为王皋）。①

5. 瓷器业

唐代的瓷器业，在过去长期发展的基础上又迈进到一个新的阶段。据后来的《江西通志》载称："唐武德初，陶工献假玉器，由是置务。"可知在唐初，景德镇的瓷器已有假玉器之称。唐代产瓷的地方很多，在烧造技术上、器物造型上、釉彩光泽上，都各具有独特风格，成为高贵的工艺美术品。如四川原非名瓷产地，但亦能烧造出精美的高档产品，杜甫曾有诗赞美：

> 大邑（自注：大邑在临邛）烧瓷轻且坚，扣如哀玉锦城传。
> 君家白碗胜霜雪，急送茅斋也可怜。②

下引柳文所献瓷器，不知产自何地，既系向皇帝进献，必都是精美艺术品：

> 瓷器若干事。右件瓷器等，并艺精埏埴，制合规模，禀至德之陶蒸，自无苦窳；合太和以融结，克保坚贞。且无瓦釜之鸣，是称土铏之德。③

前文引《国史补》称"内丘白瓷瓯……天下无贵贱通用之"，可知内丘白瓷瓯系普通日用瓷，唐代最名贵的瓷器是越州瓷。陆羽曾把全国瓷器于详加评比之后，排列了一个等级次序，并指出其各自特点：

> 碗越州上，鼎州次，婺州次，岳州次，寿州、洪州次。或者以邢州处越州上，殊为不然。若邢瓷类银，则越瓷类玉，邢不如越一也；若邢瓷类雪，则越瓷类冰，邢不如越二也；邢瓷白而茶色丹，越瓷青而茶色绿，邢不如越三也。晋杜毓《荈赋》所谓器择陶拣，出自东瓯。瓯，越也，瓯越州上口唇不卷，底卷而浅，受半升已下。

---

① 《册府元龟》卷九百八。
② 杜甫：《又于韦处乞大邑瓷碗》，《杜工部集》卷七。
③ 柳宗元：《代人进瓷器状》，《柳宗元全集》卷三十九。

越州瓷、岳瓷皆青，青则益茶，茶作白红之色。邢州瓷白，茶色红；寿州瓷黄，茶色紫；洪州瓷褐，茶色黑，悉不宜茶。[①]

唐人对于越瓷，视如瑰宝，称为秘色越器，陆龟蒙曾有诗赞美云：

> 九秋风露越窑开，夺得千峰翠色来。好向中宵盛沆瀣，共嵇中散斗遗杯。[②]

由于越瓷非常名贵，故成为割据王朝之间互相馈赠的贵重礼品：

> 右件鞍马及腰带、甲胄、枪剑、麝脐、琥珀、玳瑁、金棱碗、越瓷器并诸色药物等，皆大梁皇帝降使赐贶。雕鞍撼玉，坚甲燃金，十围希世之珍，六辔绝尘之用，枪森蛇干，剑耀龙锋，金棱含宝碗之光，秘色抱青瓷之响。……[③]

6. 漆器业

漆器一名库路真，是很古老的一种工艺美术品，早在战国年间，就已经有了技术精湛、色彩绚丽的漆器，这样的优美漆器，近年来出土颇多。至汉，漆器工艺又有了更高度的发展，其具体情况，《中国封建社会经济史》第一、二两卷中均有论述。唐代在这个传统的基础上，又向前迈进了一大步。唐代漆器以襄阳所产者为最著名，襄阳郡的土贡亦主要为漆器，每年贡进五盛碎古文库路真二具，花库路真二具。襄阳漆器独步国内市场，各地漆器制作皆取法襄样，襄样一词已成为民间谐语：

> 初，襄阳有髹器，天下以为法。至頔骄蹇，故方帅不法者，号襄样节度。[④]
>
> 襄州人善为漆器，天下取法，谓之襄样。及于司空頔为帅，多

① 陆羽：《茶经》卷中，《四之器》。
② 陆龟蒙：《秘色越器》，《甫里先生文集》卷十二。
③ 前蜀主王建：《答梁主书》，《全唐文》卷一百二十九。
④ 《新唐书》卷一百七十二，《于頔传》。

酷暴，郑元镇河中亦虐，远近呼为襄样节度。①

缘边少数民族，亦酷爱内地漆器，内地亦大量赠与，以表示友好情谊，皮日休认为所费太多，作诗讥之：

> 襄阳作髹器，安有库露真。持以遗北虏，结云生有神。每岁是其使，所费如雪屯。吾闻古圣王，修德来远人。未闻作巧诈，用欺禽兽君。吾道尚如此，戎心安足云。如何汉宣帝，却得呼韩臣。②

7. 造纸业

从唐代纸张用途之广和品种之多来看，可知唐代的造纸业是很发达的；从纸张的质量之高、之精来看，可知唐代的造纸技术比过去又有了很大进步，否则造出种类如此众多的高级纸张是不可能的。全国各地能造纸的地方很多，又有明显的地域分工，各地都有名纸。李肇曾列举了一些最著名的纸：

> 纸则有越之剡藤、苔笺，蜀之麻面、屑末、滑石、金花、长麻、鱼子十色笺，扬之六合笺，韶之竹笺，蒲之白薄、重抄，临川之滑薄。又宋、亳间有织成界道绢素，谓之乌丝栏、朱丝栏，又有茧纸。③

纸的品种繁多，用途亦多种多样，例如朝廷颁发不同性质的诏敕，即使用不同种类的纸张：

> 贞观中，太宗诏用麻纸写敕诏，高宗以白纸多虫蛀，尚书省颁下州县，并用黄纸。④
> 元和初，置书诏印，学士院主之。凡赦书、德音、立后、建储、大诛讨、免三公宰相、命将，曰制，并用白麻纸，不用印。……凡赐予、征召、宣索、处分，曰诏，用白藤纸。凡慰军旅，用黄麻

---

① 李肇：《唐国史补》卷中。
② 皮日休：《诮虚器》，《皮日休文集》卷十。
③ 李肇：《唐国史补》卷下。
④ 冯贽：《云仙散录》。

纸。……凡大清宫、道观荐告词文，用青藤纸，朱字，谓之青词。凡诸陵荐告、上表、内道观叹道文，并用白麻纸。凡将相告身，用金花五色绫纸，所司印。凡吐蕃赞普书及别录，用金花五色绫纸。……诸蕃军长、吐蕃宰相、回纥内外宰相、摩尼已下书及别录，并用五色麻纸。①

在上述各种常用纸和各地所产名纸中，最著名的有剡藤纸、桃花纸、松花纸等，其他见于记载的还有香皮纸、回锋纸等。剡藤纸致密白厚，可用以贮茶，不泄香味，是书写的上等纸，由其消耗原料之多，可知其销路之广和产量之大：

> 纸囊以剡藤纸白厚者夹缝之，以贮所炙茶，使不泄其香也。②
>
> 剡溪上绵四五百里，多古藤，株柎逼土，虽春入土脉，他植发活，独古藤气候不觉，绝尽生意。予以为本乎地者，春到必动，此藤亦本乎地，方春且有死色，遂问溪上人。有道者言，溪中多纸工，刀斧斩伐无时，攀剥皮肌以给其业。……异日过数十百郡泊东雒西雍，历见言文书者，皆以剡纸相夸，乃窥囊见剡藤之死，职正由此。纸工嗜利，晓夜斩藤以鬻之，虽举天下为剡溪，犹不足以给，况一剡溪耶，以此恐后之日不复有藤生于剡矣。③

桃花纸系西蜀名纸，质量精致细腻，一般文人骚客喜用为诗笺，或富贵人家用于装潢：

> 杨炎在中书，后阁糊窗用桃花纸，涂以水油，取其明甚。④
>
> 年少因何有旅愁，欲为东下更西游。一条雪浪吼巫峡，千里火云烧益州。卜肆至今多寂寞，酒垆从古擅风流。浣花笺纸桃花色，好好题诗咏玉钩。⑤

---

① 李肇：《翰林志》。
② 陆羽：《茶经》卷中，《四之器》。
③ 舒元舆：《悲剡溪古藤文》，《全唐文》卷七百二十七。
④ 冯贽：《云仙散录》引《风池编》。
⑤ 李商隐：《送崔珏往西川》，《李义山诗集》卷五。

松花纸与桃花纸相似，亦产于西蜀，因名妓薛涛喜用松花纸为诗笺而驰名，称为薛涛笺：

> 松花笺代以为薛涛笺，误也。松花笺其来旧矣。元和初，薛涛尚斯色，而好制小诗，惜其幅大，不欲长，乃命工人狭小之，蜀中才子既以为便，后减诸笺亦如是，特名曰薛涛笺。今蜀纸有小样，皆是也，非独松花一色。①
>
> 元和中，元稹使蜀，营妓薛涛造十色彩笺以寄，元稹于松花纸上寄诗赠涛。蜀中松花纸、杂色流沙纸、彩霞金粉龙凤纸，近年皆废，唯余十色绫纹纸尚存。②

罗州出香皮纸，系捣栈香树皮制成，土人号为香皮纸，纸作灰白色，文如鱼子笺，当系一种中等品级，只在产地左近行销，流行不广，是一种地方特产：

> 罗州多栈香树，身如柜柳，其华繁白，其叶似橘，皮堪捣为纸，土人号为香皮纸，作灰白色，文如鱼子笺，今罗、辨州皆用之。小不及桑根竹膜纸、松皮纸、侧理纸也。又尝读谢康乐《山居赋》云：剥芨岩椒，言芨皮可为纸，未详其木也。③

回锋纸不知其详，只知玄奘曾用此纸印普贤像，则此纸必有某种特点，适于印刷图像：

> 玄奘以回锋纸印普贤像，施于四众，每岁五驮无余。④

造普通用纸并不需要高超技术，一般人多能自为之，不言而喻，这类纸张都是粗糙低劣的，如"洪儿纸"即是其例：

---

① 李济翁：《资暇集》下。
② 李石：《续博物志》卷十。
③ 段公路：《北户录》卷三，《香皮纸》。
④ 冯贽：《云仙散录》引《僧园逸录》。

> 姜澄十岁时，父苦无纸，澄乃烧糠协竹为之，以供父。澄小字
> 洪儿，乡人号洪儿纸。①

纸的需要量既大，而制作又不难，各种植物纤维皆可造纸，原料触处皆是，因而纸坊亦到处皆有，普通日用纸张主要就是由这类作坊供应的。下引一例，正说明虽偏僻小县亦有纸坊：

> 唐文德戊申岁（公元八八八年），巨鹿郡南和县街北有纸坊，长垣
> 悉晒纸。忽有旋风自西来，卷壁纸略尽，直上穿云，望之如飞雪焉。②

8. 印刷业

印刷业是在晚唐时期兴起的一个新手工业部门，成为中国的四大发明之一，也是中国人民对世界文化做出的一个巨大贡献。印刷业兴起的具体时间不易确定，前引文中曾述及玄奘用回锋纸印普贤像，这是有记载可考的最早的印件，但不能确知印刷的方法如何，是否版印，亦无从推断。最早的版印，当系出现在八世纪末年到九世纪初年，因为在文宗太和九年（公元八三五年）曾以敕令禁止民间版印鬻卖不准确的历书：

> 〔太和〕九年（公元八三五年）十二月丁丑，东川节度使冯宿
> 奏：准敕禁断印历日版。剑南、两川及淮南道，皆以版印历日鬻于
> 市，每岁司天台未奏颁下新历，其印历已满天下，有乖敬授之道，
> 故命禁之。③

在文宗时期印历已满天下，其开始印卖必早在文宗朝以前，上推到八世纪后期，为时并不长，所以把印刷业的兴起年代定在八世纪与九世纪之交，是符合实际情况的。由于历书需要量很大，遂都在太史历本未颁下之前争相编印，自不免粗制滥造。据《唐语林》载称：

> 僖宗入蜀，太史历本不及东，而市有印货者，每差互朔晦，货

---

① 冯贽：《云仙散录》引《童子通神录》。
② 皇甫枚：《三水小牍》卷上，《风卷晒纸如雪》。
③ 《册府元龟》卷一百六十。

者各征节候，因争执，里人拘而送公。执政曰：尔非争月之大小尽
乎，同行经纪，一日半日，殊是小事，遂叱去，而不知阴阳之历，
吉凶是择，所误于众多矣。①

正式印书是在唐朝末年，也是由四川开始的。据宋人记载："雕印文字，
唐以前无之，唐末益州始有墨版。后唐方镂九经。"② 后唐明宗时由政府出
资，雇人依照石经文字抄写，并召雇雕字工匠，刻九经印版，版成后广颁天
下。其经过如下：

〔长兴三年（公元九三二年）二月〕辛未，中书奏：请依石经
文字刻九经印板，从之。③

〔长兴〕三年二月，中书奏：请依石经文字刻九经印板。敕旨：
教导之本，经籍为宗，兵革已来，庠序各废，纵能传授，罕克精研。
由是豕亥有差，鲁鱼为弊，苟一言致误，则大义全乖，傥不讨详，
渐当纰缪。宜令国学集博士儒徒，将西京石经本各以所业本经句度，
抄写注出，子细勘读，然后召雇能雕字匠人，各随部帙刻印板，广
颁天下。如诸色人要写经书，并须依所印敕本，不得更使杂本交错。
所贵经书广布，儒教大行。④

〔长兴中〕时以诸经舛缪，同列李愚委学官田敏等取西京郑覃
所刊石经，雕为印板，流布天下，后进赖之。⑤

经过这样的布置安排，在专官主持下，进行了抄写、雕版与印刷工作，
终于将九经印成，中国的印刷术从此便正式登上中国的历史舞台，田敏的
《进印板书奏》，是揭开中国印刷业帷幕的一篇官方文告：

臣等自长兴三年较勘雕印九经书籍，经注繁多，年代殊邈，传
写纰缪，渐失根源。臣守官胶庠，职司较定，旁求援据，上备雕镌，

---

① 王谠：《唐语林》卷七。
② 朱翌：《猗觉寮杂记》卷下，《雕版》。
③ 《旧五代史》卷四十三，《唐明宗纪九》。
④ 《册府元龟》卷五十。
⑤ 《旧五代史》卷一百二十六，《马道传》。

幸遇圣朝，克终盛事，播文德于有截，传世教以无穷。谨具陈进。①

9. 各种杂手工业

唐代的杂手工业种类甚多，有许多是地方的特殊物产，生产规模不大，产量不多，但却各有特点，因而驰名遐迩。酒是其中的一个重要项目，各地各有不同的名酒，这一方面是由于各有独得的或家传的技术秘密，为外地或他人所不能仿造；另一方面则是由于各地方水土不同特别是水质的不同，使某种名酒只能产于某地。当时各地名酒计有：

> 酒则有郢州之富水，乌程之若下，荥阳之土窟春，富平之石冻春，剑南之烧春，河东之乾和葡萄，岭南之灵溪、博罗，宜城之九酝，浔阳之湓水，京城之西市腔、虾蟆陵、郎官清、阿婆清，又有三勒浆类酒法，出波斯。三勒者，谓庵摩勒、毗梨勒、诃梨勒。②
>
> 江南道五彬州：《吴录》云，程乡出酒。③
>
> 凡造物由水，水由土，故江东宜绫纱，宜纸、镜，水之故也。……郑人以荥水酿酒，近邑与远郊美数倍。④

此外，其他杂手工业见于记载的，尚有：

> 宣州以兔毛为褐，亚于锦绮，复有染紫丝织者尤妙，故时人以为兔褐真不假也。⑤
>
> 江南道四宣州溧水县：中山在县东南一十五里，出兔毫，为笔精妙。⑥
>
> 广州陶家皆作土锅镬，烧熟以土油之，其洁净则愈于铁器，尤宜煮药，一斗者才直十钱，爱护者或得数日，若迫以巨焰，涧之则立见破，斯亦济贫之物。⑦

---

① 田敏：《进印板书奏》，《全唐文》卷八百六十五。
② 李肇：《唐国史补》卷下。
③ 《元和郡县图志》卷二十九。
④ 王谠：《唐语林》卷八，《补遗》。
⑤ 李肇：《唐国史补》卷下。
⑥ 《元和郡县图志》卷二十八。
⑦ 《太平御览》卷八百三十三，引《岭表异录》。

琼州出五色藤合子书囊之类，花多织走兽飞禽，细于锦绮，亦藤工之妙手也。次卢亭纫白藤为茶器，新州作五色藤筌台，皆一时之精绝。……今海丰岁贡五色藤镜厘一，筌台一，是也。①

政府对于私营手工业并不是完全放任的，工商业者本来就受着封建制度的礼法政教的多方管制，政府为了保障消费者的利益，特别要严禁手工业品的粗制滥造，情节严重者则予以法律制裁：

其造弓矢长刀，官为立样，仍题工人姓名，然后听鬻之，诸器物亦如之。②

诸造器用之物及绢布之属，有行滥短狭而卖者，各杖六十。注：不牢谓之行，不真谓之滥，即造横刀及箭镞用柔铁者，亦为滥。疏议曰：凡造器用之物，谓供公私用及绢布绫绮之属，行滥谓器用之物不牢不真，短狭谓绢匹不充四十尺，布端不满五十尺，幅阔不充一尺八寸之属而卖，各杖六十。故礼云物勒工名，以考其诚，功有不当，必行其罪，其行滥之物没官，短狭之物还主。③

10. 工艺技巧

中华民族是一个聪明智慧的民族，故自古以来，能工巧匠，史不绝书，其所表现的惊人技巧，更是层出不穷。本来手工业的基础，就是建立在手工业者个人的手艺技巧上，手艺的高低工拙，直接决定着产品的质量乃至手工业本身的盛衰，因粗糙拙劣的产品是没有销路的，该生产者也是不能幸存的。所以作为一个手工业者，首先必须接受手艺技术的严格训练，并须于长期磨炼中能摸索出独得的技术诀窍。这给手艺技巧之向高精尖发展提供了社会基础，其中一些有特殊禀赋、心灵手巧的人，又使技艺达到惊人高度，其构思之巧，制造之精，即在今日，也是了不起的成就。唐代史籍中有关这一类的记载很多，又无一不使人叹为观止，这里不能备举，仅酌引数例如下：

则天如意中，海州进一匠，造十二辰车，回辕正南，则午门开，

---

① 段公路：《北户录》卷三，《五色藤筌蹄》。
② 《唐六典》卷二十，《太府寺·京都诸市令》。
③ 《唐律疏议》卷二十六，《杂律上》。

马头人出四方回转，不爽毫厘。又作木火通铁盏，盛火辗转不翻。①

洛州昭成佛寺，有安乐公主造百宝香炉，高三尺，开四门，绛桥、勾栏、花草、飞禽、走兽、诸天妓乐、麒麟、鸾凤、白鹤、飞仙，丝来线去，鬼出神入，隐居钑[52]镂，窈窕便娟，真珠、玛瑙[53]、琉[54]璃、琥珀、玻璃、珊瑚、珲瑹[55]、琬琰，一切宝贝，用钱三万，府库之物，尽如是矣。②

将作大匠杨务廉，甚有巧思[56]，常于沁州市内，刻木为僧，手执一碗[57]，自能行乞，碗中钱满，关键忽发，自然作声云布施。市人竞观，欲其作声，施者日盈数千矣。③

洛州殷文亮，曾为县令，性巧好酒，刻木为人，衣以缯彩，酌酒行觞，皆有次第。又作妓女，唱歌吹笙，皆能应节。饮不尽，即木小儿不肯把，饮未竟，则木妓女歌管连催，此亦莫测其神妙也。④

开元初，修法驾，东海马待封，能穷伎巧，于是指南车、记里鼓、相风鸟等，待封皆改修，其巧逾于古。待封又为皇后造妆具，中立镜台，台下两层，皆有门户。后将栉沐，启镜奁后，台下开门，有木妇人手执巾栉至，后取已，木人即还，至于面脂妆粉，眉黛髻花，应所用物，皆木人执继至，取毕即还，门户复闭，如是供给皆木人。后既妆罢，诸门皆阖，乃持去。其妆台金银彩画，木妇人衣服装饰，穷极精妙焉。……又奏请造欹器、酒山扑满等物，许之，皆以白银造作，其酒山扑满中，机关运动，或四面开定，以纳风气，风气转动，有阴阳向背，则使其外泉流吐纳，以把杯罩，酒使出入，皆若自然，巧逾造化矣。……开元末，待封……造酒山扑满欹器等，酒山立于盘中，其盘径四尺五寸，下有大龟承盘，机运皆在龟腹内，盘中立山，山高三尺，峰峦殊妙（自注：盘以木为之，布漆其外，龟及山皆漆布脱空，彩画其外，山中虚，受酒三斗）。绕山皆列酒池，池外复有山围之，池外尽生荷花及叶，皆锻铁为之，花开叶舒以代盘。叶设脯醢珍果佐酒之物于花叶中，山南半腹，有龙藏半身于山，开口吐酒，龙下大荷叶中有杯承之，杯受四合，龙吐酒

---

① 《太平广记》二百二十六，《辰车》引《朝野佥载》。
② 张鹭：《朝野佥载》卷三。
③ 《太平广记》卷二百二十六，《杨务廉》引《朝野佥载》。
④ 《太平广记》卷二百二十六，《殷文亮》引《朝野佥载》。

八分而止。当饮者即取之，饮酒若迟，山顶有重阁，阁门即开，有催酒人，具衣冠执板而出，于是归盖于叶，龙复注之，酒使乃还，阁门即闭，如复迟者，使出如初，直至终宴，终无差失。山四面，东西皆有龙吐酒，虽覆酒于池，池内有穴，潜引池中酒，纳于山中，比席阑终饮，池中酒亦无遗矣。①

上引各例，都可说是巧夺天工，特别是马待封所作的妆具、欹器、酒山扑满等更使人莫测其神妙。有人问：中国古代的能工巧匠既能制造如此神妙莫测的精巧玩具，为什么不能制造结构并不复杂的机器，使中国早已萌芽了的资本主义经济因素得以前进一步，从而能较早地使工业革命产生在中国？

作为工业革命起点的最初机器，都是原来手工工具数目的增多，如 1733 年约翰·凯伊（John Kay）发明的飞梭和后来连续发明纺纱机，如 1765 年哈尔格利夫（Hargreaves）发明的珍妮机、1768 年阿克莱特（Arkwright）发明的水力机，直到 1779 年克朗姆吞（Crompton）发明的走锭机等，结构都很简单，都远不能与上述那些巧夺天工的器物相比。可知中国之没有产生工业革命，绝不是由于中国人没有发明机器的才能，而是由于中国的社会经济结构的性质不同，没有使用机器的必要。机器原来都称为"节省劳力的机器"，也就是当一国的劳动力特别缺乏，因而工资高昂并且不易雇到生产中必需的劳动力时，才有必要发明和使用机器；反之，如果没有这样的迫切需要，即劳动力供给非常充沛，工资水平又非常低廉时，不但不会去发明机器，就是有了机器，也不会使用。

我们知道，发生在十八世纪英国的工业革命，是从棉纺织业开始的。当时英国的全国人口不超过九百万，而各种工业都在蓬勃发展，劳动力本来不足，棉纺织业又是一个新兴工业，而英国的传统工业是毛纺织业，工人们没有织棉技术，不愿改业。当时棉织品正风行一时，销路极广，供不应求，却因缺乏工人，生产不能扩充，这成为棉纺织业面临的一个尖锐矛盾。解决之道只能从工具方面突破，即用机器代替劳工，来满足这个迫切需要。早期的机器发明，都不是科学研究的自然结果，而是为了解决紧迫需要，故有"需要为发明之母"的说法。中国一直是人口过剩，商品经济又没有充分发展，

---

① 《太平广记》卷二百二十六，《马待封》引《纪闻》。

社会上没有提供多少就业机会，大量的过剩人口一齐投向劳动力市场后，必然造成供给过多，需要太少，以致劳动力价格非常低廉，而长期以来一直不断的土地兼并，又把大量劳动力从土地上游离出来，使庞大的劳动预备军更加扩大，仅此一端，就足以把走向工业革命的道路完全堵死。李嘉图（Ricardo）早就指出过，工资的每一次上涨，都会产生一种趋势，即以大于先前的比例，来决定把资本投放于机器的使用上，否则是不会使用机器的。所以中国之不能走向工业革命，早已萌芽了的资本主义不能向前发展，人口是最根本的一个决定因素。

第七章　商　业

第一节　唐代商业发展概况

在唐代商品经济的恢复和发展过程中，商业一马当先，为商品生产开辟了广阔的道路，从而起了明显的促进作用，并以此为基础，使商业开始迈向一个新的历史阶段，在一定程度上有划分历史时代的意义——是迈向一个新的历史时期的开端，这是唐代商业不同于前一历史时期的一个显著特点。

在唐代以前一个漫长的历史时期内，如《中国封建社会经济史》前卷所指出，在整个东晋南北朝时期，社会经济遭受到惨重破坏，而商品经济更是首当其冲，正常的商业活动实际上已经中断——在南朝是不绝如缕，若有若无，在人们的经济生活中不起多大作用；在北朝，则是完全消灭，钱货无所周流。唐代的商业就是在这个基础上，开始从一片废墟中发展起来的，所以唐代的商业并不是继往开来、以原来的成就为基础继续前进，而是在空地上一切都从头做起，前人没有留下多少遗产可资利用。正由于唐代商业是在一张白纸上重新设计自己的蓝图，可任意描绘自己的形象，不受过去任何传统的束缚，故唐代商业一开始就显示出自己的特征，并开始沿着自辟的蹊径迈向一个新的方向。

最显著的一个特征，是唐代商业正开始进入到一个由古代型商业向近代型商业转变的过渡阶段，也可以说是古代型商业开始走向没落和近代型商业已初露端倪。所谓古代型商业，是说商业基本上是一种纯粹贩运性商业，即只贩运已经生产出来的物品，不是支配生产，亦即不是为生产服务，因而它在整个国民经济中不占重要地位，特别是对工农业生产不起支配作用，这是因为生产还没有从属于资本，两者是彼此无关的，生产是在一个和资本格格不入的、不以它为转移的社会生产形式的基础上进行的，简单说就是，商业自商业，生产自生产，彼此之间没有必然的有机联系，商业不是生产过程的一个组成部分或必经阶段，换言之，生产过程与流通过程彼此都是独立的，生产物只是被动地偶然被商人贩运从而变成了商品，不是生产物以其自身的运动形成商业。从战国到秦汉年间，商业曾一度发展，并发展到一定的高度，其具体情况已见于《中国封建社会经济史》第一、二两卷中，从那时的商业性质来看，主要都是贩运性贸易，所谓"富商大贾，周流天下"和"贾郡国，无所不至"，就是在进行这种买贱鬻贵的贩运活动，贩运对象是全国各地已经生产出来的特殊物产，如司马迁在《史记·货殖列传》中所列举的那些著名的土特产，尽管已经是"皆中国人民所喜好，谣俗被服饮食奉生送死之具"，却仍然都是各地方的自然物产，就是没有商人来贩运，它们还是要年年照旧生产的，并不因商业之有无来改变它们的生产结构。现在有了商业，是商人资本把它们作为商品来贩运，并不是这些生产物以其自身的运动形成了商业。在这里，商业是主动的，是商业发展了这些生产物的商品形态，而不是相反。

这样一种性质的商业，即独立于生产过程之外的贩运性商业，它的全部活动始终是在流通领域里，这种商业不仅对整个社会经济会产生消极作用，如马克思所指出，"商人资本的独立发展，是与社会的一般经济发展成反比例的"①，而且会产生更大的危害作用。因为从流通中积累起来的大量商业资本既不与生产结合，社会上又别无有利的投资出路，结果只有向土地进攻，从而造成如火如荼的土地兼并，成为历次社会大动乱和大破坏的根源。汉代是商业发达和商业资本有大量积累的时代，同时也是土地兼并特别严重的时代。

古代商业之所以长期停滞在贩运性商业的阶段上，即只贩运已经生产出来的现成之物——天然物产，而不与生产相结合，是由于自然经济的自给性生产，一直是经济的指导原则，人们大都过着自给自足的生活，对市场的依赖性不大，而土地兼并及随之伴生的小农制经济，又造成了广大人民的普遍贫穷，从而又大大缩小了国内市场，人们尽可能不通过商业程序去购买自己的消费品，而且也没有充足的购买力使自己的需要成为市场上的有效需要，这样一来，商业便失去了对象，结果商业经营便只有为少数富有购买力的统治阶级，到山南海北去贩运远地异域的特殊物产，这就使商业不能不成为贩运性，也就是说商业即贩运，或者反过来说贩运即商业。商业所贩运的既然都是远地异域的特殊物产，显然都是价值昂贵的奢侈品，

---

① 《资本论》第三卷，第三六六页。

而非普通日用品，购买这些物品的人为数有限，不需要通过民间的普通市场，而自有其供应交易的渠道，所以这种商业的发展，不但不会促进国内市场的扩大，反而使供应日常生活之需的普通商业失去存在的基础，造成国内市场的萎缩。其次，人们由于穷，无力购买，不得不把自己生活所需的各种物品，包括手工业制造品，都进行自给性生产，努力做到"闭门而为生之具已足"，而这种生活的自给性，又进一步使市场停滞在原始的阶段上，而长期保持着古代型。

当绝大部分的生活日用品不进入流通过程，不成为商业贩运的对象时，则商业经营的范围是很小的，如有时需要把不同的剩余生产品进行交换，有一个日中为市的交易所在，供人们偶然一聚，已经足够，既无必要，也无可能去设置固定的店铺。所以虽然很早就在大小不等的城内设有供交易的地点——市，并成为城内的一个特殊区域，但是这个市仅仅是一个聚会地点，而且聚会有一定的时间限制，不到交易时间，市内空空如也，交易时间一到，买者卖者便从四面八方蜂拥而来[1]，交易时间一过，遂即停止交易，关闭市门（市有围墙，四面各开一门），不再有任何营业活动。这仍然是古代日中为市，交易而退，各得其所的继续，而这种情况的长期延续，本身就是商业不发达的标志，因为交易有定时，过时即停止，这实际上表示商业没有摆脱偶然交换的性质。在这种情况下，商业是不可能充分发展的。

到隋唐时期，随着商业的恢复和发展，城市市场制度开始发生了变化，市已不再仅仅是一个定时一聚的交易地点，变成略具近代型的常设市场，仿佛近代城内的商业区，市尽管仍限制在城内的固定地点，但市内已不是空无所有，而是肆店行铺林立，并设有邸店、柜坊等商业辅助机构。这里先来看一下两京市场的内部情况：

〔隋东京洛阳〕河南县在政化里，去宫城八里，在天津街西；洛阳县在德茂里宣仁门道北，西去宫城六里。大同市周四里，在河南县西一里。出上春门傍罗城南行四百步，至漕渠，傍渠西行三里至通远桥，桥跨漕渠，桥南即入通远市，二十门分路入市，市东合漕渠，市周六里，其内郡国舟船，舳舻万计。市南临洛水，跨水有临寰桥，桥南二里有丰都市，周八里，通门十二，其内一百二十行，三千余肆。荑宇齐平，四望一如榆柳交阴，通渠相注。四壁有四百余店，重楼延阁，牙相临暎，招致商旅，珍奇山积。①

东京丰都市，东西南北居二坊之地，四面各开三门，邸凡三百一十二区，资货一百行。②

大业六年（公元六一〇年），诸夷来朝，请入市交易，炀帝许之。于是修饰诸行，葺理邸店，皆使甍宇齐正，卑高如一，瑰货充积，人物华盛。时诸行铺竞崇侈丽，至卖菜者亦以龙须席藉之。夷人有就店饮啖，皆令不取直，胡夷惊视，浸[2] 以为常。③

唐都长安，有东西两市，市内货肆行铺林立，商贾辐凑，繁华程度远过于隋之东京：

南东市：南北居二坊之地，东西南北各六百步，四门各开一门，定四面街，各广百步，北街当皇城南之大街，东出春明门，广狭不易于旧，东面及南面三街向内开，壮广于旧。街市内货财二百二十行，四面立邸，四方珍奇，皆所积集。万年县户口减于长安……由是商贾所凑，多归西市。④

南西市：南北尽两坊之地，市内有西市局，隶太府寺，市内店肆如东市之制。长安县所领四万余户，比万年为多，浮寄流寓，不可胜计。⑤

京师东市曰都会，西市曰利人；东都东市曰丰都，南市曰大同，北市曰通远，皇朝因之，京置东西南三市。按东都西市，则隋南市也，南市则随东市也。都南市，旧两坊之地，武德中减为坊半焉。垂拱中省京南市，开元十年（公元七二二年）又省都西市。⑥

隋之东京市内有一百二十行，三千余肆，四百余店，可知市内的行、肆、店都是常设的，而且寄居于市内的"浮寄流寓，不可胜计"，可知市内人烟稠密，商旅众多，这与过去那种临时一聚、事毕即散的情况已经完全不同了。

———————————

① 杜宝：《大业杂记》。
② 《太平御览》卷一百九十一，引《西京记》。
③ 《太平御览》卷一百九十一，引《西京记》。
④ 宋敏求：《长安志》卷八。
⑤ 宋敏求：《长安志》卷十。
⑥ 《唐六典》卷二十，《太府寺·两京诸市署》。

市内的商店有行、肆、店等等不同的名称，名称不同，其性质亦必有所不同。行，有时亦称行铺，是专营一种商货的店铺，不同的行就是贩卖不同种类的商货，可知这是行业之行，不是行会之行，绝不能与欧洲中世纪那种基尔特型的行会混为一谈。东京市内有一百二十行，是说市内商店货鬻的商品有一百二十种，或者说出卖不同商品的商店有一百二十家，由于每一商店都专营一种商货，故称一百二十行。长安的东西市又有了更大的发展，"街市内货财二百二十行，四面立邸，四方珍奇，皆所积集"，即长安市内的营业种类又增加了约一倍。肆与店都是商店，但肆多数是货摊，故肆常言"陈肆"，意谓将货物陈列，供人选购。马缟曾给肆和店下定又称：

> 肆者，所以陈货鬻之物也；店者，所以置货鬻之物也。①

肆曰"陈"，店曰"置"，可知肆略似后世之零售商店，店则略似后世之批发商店，事实上两者的区分并不严格，店除作大宗交易外，亦兼营零售业务，故常常混称为"店肆"或"肆店"。从下引的一些例证来看，肆与店是没有什么明显的区别的：

> 帛肆：行简云：长安西市帛肆，有贩鬻求利而为之平者，姓张，不得名，家富于财，居光德里。②
>
> 鞋肆：薛侍郎昭纬……未登第前，就肆买鞋，肆主曰：秀才脚第几？对曰：昭纬作脚来，未曾与立行第也。③
>
> 书肆：娃命车出游，生骑而从。至旗亭南偏门鬻坟[3]典之肆，令生拣而市之，计费百金，尽载以归。④
>
> 衣肆：任氏又以衣服故弊，乞衣于〔韦〕崟。崟将买金采与之，任氏不欲，曰："愿得成制者。"崟召市人张大为买之，使见任氏，问所欲。……竟买衣之成者，而不自纫缝也，不晓其意。……经十许日，郑子游，入西市衣肆，瞥然见之，囊女奴从。郑子遽呼

---

① 马缟：《中华古今注》卷上。
② 白行简：《纪梦》，《全唐文》卷六百九十二。
③ 孙光宪：《北梦琐言》卷十。
④ 白行简：《李娃传》。

之，任氏侧身周旋于稠人中以避焉。①

酒肆：五陵少年金市东，银鞍白马度春风。落花踏尽游何处，笑入胡姬酒肆中。②

胶东属郡有隐士，莫详其姓氏乡里，布袍单衣行乞于酒市，日希一大醉而已。既醺酣，即以手握衫袖，霞举掉臂而行。③

茶肆：〔太和九年（公元八三五年）〕十一月二十一日，李训事败，文宗入内，涯与同列归中书会食，未下箸，吏报有兵自阁门出，逢人即杀。涯等苍惶步出，至永昌里茶肆，为禁兵所擒，并其家属奴婢皆系于狱。④

肆店中有不专属于任何一种行业，而兼营各种杂货，举凡日用杂物，无所不有，其性质极似近世的土产杂品商店，名星货铺。此外，还有一种商店不根据市场需要自组货源，专门收购或寄卖旧物，从珠宝珍玩到服御动使无所不有，极似近世都市中的拍卖行或委托店，称为"寄附铺"：

肆有以筐以筥、或倚或垂，鬻其物以鬻者，曰星货铺，言其列货丛杂，如星之繁，今俗呼为星火铺，误也。⑤

〔霍〕小玉自生逾期，救访音信。……赂遗亲知，使通消息。寻求既切，资用屡空，往往私令侍婢潜卖箧中服玩之物，多托于西市寄附铺侯景先家货卖。曾令侍婢浣沙将紫玉钗一只，诣景先家货之。⑥

像星货铺和寄附铺这一类形式的商业组织，是唐以前那种定时一聚的市所不可能有的。

上文曾指出，行是专营一种商货买卖的店铺，唐东西二京市内的行是一百二十行到二百二十行，但是史文简略，只概括地举出了行的总数，没有再

---

① 沈既济：《任氏传》。
② 李白：《少年行》，《李太白诗集》卷六。
③ 刘崇远：《金华子杂录》卷下。
④ 《旧唐书》卷一百六十九，《王涯传》。
⑤ 李济翁：《资暇集》中。
⑥ 蒋防：《霍小玉传》。

进一步细述这些行都是些什么行，但是如与后来的宋代比较一下，看一看北宋汴梁和南宋杭州诸行的情况，就可以推知唐代两京市内诸行的组织和活动亦必大同小异，因为宋代工商业诸行是在唐代行的基础上继续发展的。一比较就可以看出，有些行是纯粹商业性的行，即只是贩卖已成之物，自己并不进行任何加工，以完成待售商品的最后程序；另有一些行，则是亦工亦商或半工半商的作坊店铺，即《唐六典》所说的"工作贸易者"，店肆中出售的商品是店主人自己加工制造的，店主是手工业者，又是商人，这类行铺大都前面是店铺，后面是作坊，产品在作坊中加工完毕后，就在自己的店铺里出售。这两种行在一百二十行到二百二十行中各有多少，不得而知，有文献可考的实寥寥无几，又大都是在叙述故事时偶尔涉及，没有关于行的具体记载。但是从所涉及的行的名称上来看，也可以大概推出该行是纯商业行还是工商兼营的行。由于同类的记载颇多，以下各举一例：

马行：虬髯曰：李郎宜与一妹复入京，某日午时，访我于马行东酒楼下，下有此驴及一瘦骡，即我与道兄俱在其所也。①

鞦辔行：江陵副使李君，尝自洛赴进士举，至华阴，见一白衣人在店……乃命纸笔，于月下凡书三封，次第缄题之，甚急则开之，乃去。……又三数年不第，尘土困悴，欲罢去。思曰：乃一生之事，仙兄第二缄可以发也。又沐浴，清旦启之。曰：某年月日以将罢举，可开第二封，可西市鞦辔行头坐。见讫复往，至即登楼饮酒。②

金银行：吴泰伯庙在东阊门之西，每春秋季，市肆皆率其党，合牢醴，祈福于三让王，多图善马采舆女子以献之，非其月亦无虚日。乙丑春，有金银行首纠[4]合其徒，以绡画美人捧胡琴以从，其貌出于旧绘者，名美人为胜儿，盖户牖墙壁会前后所献者，无以匹也。③

绢行：德宗三年前，杨府功曹王熯，自冬入选，至四月寂无音书，其妻扶风窦氏忧甚，召女巫包九娘卜之。九娘……曰：阿郎且归，甚平安，今日在西市绢行举钱，共四人长行。④

---

① 《太平广记》卷一百九十三，《虬髯客》引《虬髯传》。
② 《太平广记》卷一百五十七，《李君》引《逸史》。
③ 《太平广记》卷二百八十，《刘景复》引《纂异记》。
④ 《太平广记》卷三百六十三，《王熯》引《乾馔子》。

铁行：唐东市铁行，有范生卜举人连中成败，每卦一缣。①

肉行：唐相国珫为度支使，雅知于鲔，一夕留饮家酿，酒酣稍欢，云有小妓善歌，得于亲友，因令左右召之，良久不至。……家仆遽报中恶，救之不及矣。相国悲惋不已。鲔密言有一事或可救之，然须得白牛头及酒一斛，因召左右试令求觅。有度支所由干事者，径诣东市肉行，以善价取之，将牛头而至。②

鱼行：成式三从房叔父某者，贞元末自信安至洛，暮达瓜州，宿于舟中，夜久弹琴，觉舟外有嗟叹声，止息即无，如此数回，乃缓轸还寝。梦一女子，年二十余……前拜曰：……夜至逆旅，市吏子王惟举乘醉将逼辱，妾知不免，因以领巾绞项自杀，市吏子乃潜埋妾于鱼行西渠中。③

麸行：……驴甚壮，报价只及五千，诣麸行，乃还五千四百，因卖之，两宿而死。④

秤行：先是西市秤行之南，有十余亩坳下潜污之地，目曰小海池，为旗亭之内，众秽所聚。⑤

此外还有丝行、钉行、茶行以及许多不以行名而性质则完全相同的店铺，如酒坊、醋坊、药铺、金银作等等皆是，其中如马行、鱼行、肉行、丝行、绢行等，显然都是商业行，即只贩卖现成物品，不进行加工。其他如金银行、铁行、钉行、鞦辔行、麸行、秤行、酒坊、醋坊等等，便都是作坊店铺，都是自己加工，自己出售，成为典型的"工作贸易者"。

从上引记载看来，不论行是"屠沽兴贩者"的纯商业性质的行，还是"工作贸易者"的兼营工商业的行，实际上都是在市内出售商品的店铺，所不同的只是前者所出卖的商品，系由各地贩运而来，后者所出卖的商品是自己制造的，但作为店铺而言，则是相同的。所以行，就是某种商品兴贩货鬻的商店，至于这些商店是不是有什么组织以及这些组织是什么性质和起什么作用，则完全是两回事。但是既然每一种行业从业的人数很多，如上述东京

---

① 《太平广记》卷二百六十一，《郑群玉》引《乾馔子》。
② 康骈：《剧谈录》卷上。
③ 段成式：《酉阳杂俎续集》卷三，《支诺皋》下。
④ 段成式：《酉阳杂俎前集》卷十五，《诺皋记》下。
⑤ 《太平广记》卷二百四十三，《爽义》引《乾馔子》。

市内的三千余肆和四百余店，其中必有很多肆或店所经营的是同种商品。各行业的从业人数既相当多，则与全行业有关的共同问题和本行中全体从业者必须负担的共同义务或必须参加的共同活动，皆势所难免，因而不得不有某种形式的联合或组织，最初可能是一种临时集合，商量一些与本行业有关的事，从而进行一些自愿参加的团体活动，久之，便会逐渐发展成一定形式的组织，不管这种组织是临时的还是常设的。如此逐渐形成的团体因系由同行业人员所组成，故只能以行名之，于是行业之行与行会之行就慢慢混同起来。这说明中国古代工商业者的行其产生完全是自发的，与欧洲中世纪城市中行会制度的产生过程实完全不同。在欧洲，城市是独立于封建体系控制之外的一种自由的和自治的城市，为了保障城市得之不易的自由和有效地进行自治，必须把所有市民组织起来，而组织又只有按行业进行，即每一个市民都必须按照自己所从事的行业组织起来，使每一个人都具有城市市民与行会行员的双重资格，不参加行会，就不能取得市民资格，就不能在市内营业和居住，所以欧洲行会制度的产生是强制的和被动的。中国古代工商业者的行与此不同，由于产生的根源不同，完全没有欧洲行会那样的强制作用，参加与否是自由的，同行相互之间不存在有任何约束，因而组织本身就必然是松散的，不可能产生欧洲行会制度中的那种非常繁琐的硬性行规和非常严格的监督制度。

同行业者既必须组织起来，就必须有人出面号召，并进行一些必要的组织和领导工作。原来古代的市皆列肆货鬻，肆有肆长，管理与本肆有关的一切事务。肆长不是官吏，不能由市令委派，大约系由同行业之人公推或选举出来，这种肆长就是后来"行首"或"行头"的滥觞。唐代工商业者的行都有行首或行头，如何产生，不见记载，不过既非官吏，不能由政府委派，必然是由同行公推，大都是由同行中有地位、有财力的人来充任，凡对内有关本行的一切事务，即由行首领导或代表本行来执行，对外有所交涉或其他共同活动，亦由行首率领同业共同应付。

促使同行工商业者必须组织起来的动力，一是来自内部，一是来自外部。来自内部的动力，是同行业共同参加的社会活动，特别是宗教信仰活动，如后世工商业者所进行的各种赛神活动。前文所引金银行首刘景复"纠合其徒，以绡画美人"献于吴泰伯庙，就是由行首率领同业进行的宗教活动。除金银行外，其他各行无不如此，"每春秋季，市肆皆率其党，合牢醴，祈福于三让王，多图善马采舆女子以献之，非其月亦无虚日"，故各行所献摆满了户牖墙壁，可知各行都有这一类的共同活动。来自外部的动力，是各行必须经常与官府打交道，不是只应官差，就是承受征敛，此外如官府对工商业者推行新的政令，或取缔某种违禁行为，每每责成行头承办，如云对行头"重加科罪"，就是对某一行的惩罚。例如：

> 景龙元年（公元七〇七年）十一月敕：……两京市诸行，自有正铺者，不得于铺前更造偏铺，各听用寻常一样偏厢。诸行以滥物交易者，没官。①
>
> 大历四年（公元七六九年）正月十八日敕：……其百姓有邸店、行铺及炉冶，应准式合加本户二等税者，依此税数，堪责征纳。②
>
> 建中元年（公元七八〇年）七月敕：……自今以后，忽米价贵时，宜量出官米十万石，麦十万石，每日量付市行人，下价粜货。③
>
> 〔元和〕四年（公元八〇九年）闰三月，京城时用钱，每贯头除二十文，陌内欠钱及有铅锡铁等（按《唐会要》等字作准，属下句读）。贞元九年（公元七九三年）三月二十六日敕：陌内欠钱，法当禁断，虑因捉搦，或亦生奸，使人易从，切于不扰。自今已后，有因交关用欠陌钱者，宜但令本行头及居停主人、牙人等，检察送官，如有容隐，兼许卖物领钱人纠告，其行头、主人、牙人，重加科罪。④

政府为了便于对工商业者进行管制，特别是为了便于统治和管理市场，亦有令各行业组织起来的必要，这样，政府如对某行业有所指使、需索，或推行某项政令，便可以责成某行行头来传达、执行，而无须[5]与许多个别户一一打交道了。

此外，关于行的其他方面的组织及活动情形，因文献中无只字记载，无法知晓。宋代的行各有本行的特殊服装，以标志出与他行有别，唐代的行是否也是这样，不得而知，只知唐代诸行各有其专用语言——所谓行话，外行

---

① 《唐会要》卷八十六。
② 《唐会要》卷八十三。
③ 《唐会要》卷八十八。
④ 《旧唐书》卷四十八，《食货志上》。

人无从识解：

> 西市，隋曰利人市，南北尽两坊之地，隶太府寺，市内店肆如
> 东市之制。市署前大衣行，杂糅货卖之所，记言反说，不可解识。[①]

唐代的工商业者虽然都有自己的组织，这个组织也叫作行，但是这个行
却与欧洲中世纪城市中那种基尔特型的行会制度毫无共同之处，因为产生的
根源不同，性质和作用也就完全不同。欧洲的行会制度之所以要实行极端严
格的管制制度，是为了保护同行业者的共同利益，防止起自内部和来自外部
的竞争，以便使每一个同行会员都能在均等的机会下维持适当的生存，因此，
必须以硬性的行规和严格的监督制度，来管制每一个会员的经济行为（包括
社会生活），严格防止会员的经济地位有任何不同的发展，绝对禁止会员间有
不同的生产规模，使用不同的生产工具和生产方法，生产出不同数量的产品，
并以不同的价格出售——如薄利多销。总之，行会绝对不允许在同行会员之
间出现"能者辐凑，不肖者瓦解"的现象。

唐代工商业者的行，除了上述进行一点宗教活动和共同应付官府外，即
别无其他活动，这并不是由于史阙有间，失于记载，而是由于没有重要的制
度或活动值得记载。我们虽然不掌握确切的文献资料，但是可以肯定，中国
古代工商业者的行不可能有欧洲型行会制度的那些作用，因为中国没有欧洲
那种独立自治的城市，当然就不可能产生欧洲那样的行会，也不可能有那样
的性质和作用。简单说，中国工商业者的行不是要监督同行会员的经济行为，
故对会员没有任何约束作用，每一个会员在营业上是完全自由的，各自保守
着自己的家传技术，各根据自己的才能和资力，来经营适合于自己的生产规
模，可以采用任何形式的销售，竞争不但是允许的，而且是惯行的，并已发
展到"同行是冤家"的剧烈程度，结果，出现"能者辐凑，不肖者瓦解"的
现象，就成为司空见惯了。如在"手工业"章中述及的何明远拥有五百张绫
机的织绫工场和奚乐山工作过的已有内部分工和实行计件工资制的大型制车
作坊，在行会控制下的欧洲城市中是不可能出现的，在中国不但是可能的，
并且早在唐以前就已经出现了。

市场中除了行、肆、店等商店以直接经营兴贩货鬻业务外，还设有为商

---

① 韦述：《两京新记》卷三。

业服务的辅助性组织，对商业的发展起了很大的促进作用，这主要是邸店和柜坊。邸店类似后世的货栈，这是商贾由各地运来货物之后，先储存在邸店中，然后再由邸店批发给零售商。《唐律》给邸店下的定义是，"邸店者，居物之处为邸，沽卖之所为店"①，可知邸店一方面联系着贩运商，一方面联系着零售商，是批发商与零售商之间的一个中介人。它除了收储寄存客商货物以进行货栈业务外，还代客经营批发。由于市内是"四方珍异，皆所积集"，可知四方商贾运来的货物是很多的，邸店经手进出的货物数量是很大的，因而它的营业额十分巨大，生意十分兴隆，这就必然有大量的款项收储拨兑，于是这类金融业务也成了邸店的营业项目之一，而且经手的数目动则成千上万，这样一来，邸店除作为货栈外，又是最早的钱庄。

邸店的营业既十分发达，利润自然十分优厚，不仅一般富商大贾在京师和各重要通商口岸以及商业发达的州府城市，纷纷设立邸店，一些官吏特别是各地藩镇，亦侧身其间，与民争利，朝廷为了制止此风的不断增长，以肃官箴，曾屡次颁诏禁止，例如：

〔开元二十九年（公元七四一年）春正月丁丑〕禁九品已下清资官置客舍、邸店、车坊。②

〔大历十四年（公元七七九年）六月己亥〕禁百官置邸货鬻。③

〔大历十四年秋七月〕己卯，诏王公卿士不得与民争利，诸节度观察使于扬州置回[6]易邸，并罢之。④

除了商贾、官吏在各大城市开设邸店外，许多寄居内地的外国商人特别是波斯商人，亦在各大城市开设邸店，经营银钱业务，兼收购珠宝。唐代文献中特别是笔记小说中，此类记载很多，这里仅引二三例：

杜子春……方冬衣破腹空，徒步长安中，日晚未食，仿佛不知所往。于东市西门，饥寒之色可掬，仰天长吁。有一老人策杖于前，问曰："君子何叹？"春言其心，且愤其亲戚之疏薄也……老人曰：

---

① 《唐律疏议》卷四，《名例四·平赃者》。
② 《旧唐书》卷九，《玄宗纪》下。
③ 《新唐书》卷七，《德宗纪》。
④ 《旧唐书》卷十二，《德宗纪上》。

"几缗则丰用？"子春曰："三五万则可以活矣。"老人曰："未也。"
更言之十万，曰："未也。"乃言百万，亦曰："未也。"曰三百万，
乃曰："可矣。"于是袖出一缗，曰："给子今夕，明日午时，候子
于西市波斯邸，慎无后期。"及时子春往，老人果与钱三百万，不告
姓名而去。①

　　昔有卢、李二生，隐居太白山……卢生昔号二舅……二舅又曰：
公所欠官钱多少？曰：二万贯。乃与一拄杖，曰：将此于波斯店取
钱。……才晓，前马至，二舅令李生去，送出门。波斯见拄杖，惊
曰：此卢二舅拄杖，何以得之，依言付钱。②

　　城市中除有邸店外，又设有纯粹的金融机构，名柜坊。柜坊不经营邸店
的货栈业务，专营银行业务，一方面吸收存款，一方面经营贷放，故已具有
后世钱庄的性质。商贾的大宗往来货款，不交由邸店存放，即由柜坊经营，
是中国最早的一种雏形银行，大约出现在六世纪末年到七世纪初叶，这比佛
罗伦萨的麦地西、比鲁齐和阿格斯堡的富格斯金融业的出现要早六百或七百
多年。虽无明确记载，从描述其经营情况，亦可窥知其性质：

　　〔太和七年（公元八三三年）〕三月暮，高品阎从约押赐含桃，
谓余曰：不锁柜坊也。余未喻，曰：自相公入相京师，细婢良马无
价，两市不锁柜坊。③
　　三卫乃入京卖绢，买者闻求二万，莫不嗤骇，以为狂人。后数
日，有白马大夫来买，直还二万，不复踌躇，其钱先已锁在西市。④

　　所谓"不锁柜坊"，意谓天下太平，社会秩序安定，连专营银钱业的两
市柜坊，也可以夜不闭户，柜不上锁。所谓"其钱先已锁在西市"，就是说
钱已存放在西市柜坊，一俟买卖成交，货款可随时支付。
　　牙人是一种经纪人，为买卖双方进行说合，有时为买卖双方磋商交易
条件，成交后，由双方给予若干佣钱，以为报酬。古有驵侩，知这个制度

---

① 《太平广记》卷十六，《杜子春》引《玄怪续录》。
② 《太平广记》卷十七，《卢李二生》引《逸史》。
③ 李德裕：《文武两朝献替记》。
④ 《太平广记》卷三百，《三卫》引《广异记》。

起源很早，至唐又有了新的发展。因唐代商业发达，牙人众多，官府也常常与牙人打交道，牙人亦不得不组织起来，有了所谓牙行。前引元和四年（公元八〇九年）敕"自今已后，有因交关用欠陌钱者，宜但令行头及居停主人、牙人等检察送官"，就是指在官府注籍过的牙人，可知他们是有组织的。这种人经常在买卖双方之间进行说合，久之也经常在买卖双方之间上下其手，从中渔利，有时成为一种讹诈或掠夺，对双方都是有害的，例如：

> 乡村柴货斗斛及卖薪炭等物，多被牙人于城外接贱籴买，到房店增价邀求，遂使贫困之家，常置贵物，称量之际，又周平人。宜令府县及御史台，于诸门严切条流，不得更令违犯。①

以上从几个不同的方面，说明了唐代市的变化，所有这一切都是过去那种日中为市的原始市场所不可能有的，这是唐代商业发展的一个重要方面，因为市场组织形态的变化，标志着商业性质的变化，是在说明唐代商业正在由古代型向近代型转变。当然这个转变还刚刚是一个开端，所以我们说唐代正处在这个变化的过渡阶段。唐代市的内部虽然已经有了许多变化，但是城坊制度没有变，市仍保留了古代型的许多残余，诸如市仍限制在一个固定区域，仍设有围墙和市门，仍按照规定时间启闭，交易仍有一定的时间限制，市的兴废仍完全以朝廷的命令行之。诸如此类，均于后文论述市的制度时详之。

唐代商业发展的另一标志，是社会上把经商看作是人们的一个重要职业，甚至是主要职业，因而从事商业经营的人非常多，稍有一点资力和才能的人，大都去服牛辂马[7]，以周四方，贾郡国无所不至，以贩运有广大销路的远方异域的特殊物品，使"奇怪时来，珍异物聚"。其实这种情况并不是到唐代才开始出现的，早在汉代就有了"用贫求富，农不如工，工不如商"的说法，像韩信青年时那样"家贫无行，不得推择为吏，又不能治生为商贾"，就要为乡党邻里所不齿。这是随着商业的发展和商业在国民经济中的地位日益提高这一事实，在人们意识形态上的反映。唐代的商业比汉代又有了很大程度的发展，一般人对于能迅速发财致富的商业，遂都趋之若鹜，其对经商

---

① 后唐庄宗：《南郊赦文》，《全唐文》卷一百五。

的热中情况，可由下引几首诗中看出：

> 客行野田间，比屋皆闭户。借问屋中人，尽去作商贾。官家不
> 税商，税农服作苦。居人尽东西，道路侵垅亩。采玉上山岭，采宝
> 入水府。①
>
> 金陵向西贾客多，船中生长乐风波。欲发移船近江口，船头祭
> 神各浇酒。停杯共说远行期，入蜀经蛮远别离。金多众中为上客，
> 夜夜算缗眠独迟。……年年逐利西复东，姓名不在县籍中。农夫税
> 多长辛苦，弃业宁为贩宝翁。②

“金多众中为上客，夜夜算缗眠独迟”，对于商人唯利是图的形象，进行
了惟妙惟肖的刻画。这些人当时被称为贾客或估客，是社会上有钱有势的活
跃人物，也是社会经济生活中的一股支配力量。关于他们是怎样经营、怎样
到处贩运，以及他们怎样弄虚作假以赚取奸利的情形，亦可由下引诗中看出：

> 估客无住者，有利身即行。出门求火伴，入户辞父兄。父兄相
> 教示，求利莫求名。求名有所避，求利无不营。火伴相勒缚，卖假
> 莫卖诚。交关但交假，本生（上声，同省）得失轻。自兹相将去，
> 誓死意不更。一解市头语，便无邻里情。鍮[8] 石打臂钏，糯米吹项
> 璎。归来村中卖，敲作金石声。村中田舍娘，贵贱不敢争。所费百
> 钱本，已得十倍赢。颜色转光净，饮食亦甘馨。子本频蓄息，货贩
> 日兼并。求珠驾沧海，采玉上荆衡。北买党项马，西擒吐蕃鹦。炎
> 州布火浣，蜀地锦织成。越婢脂肉滑，奚僮眉眼明。通算衣食费，
> 不计远近程。经营天下遍，却到长安城。城中东西市，闻客次第迎。
> 迎客兼说客，多财为势倾。客心本明黠，闻语心已惊。先问十常侍，
> 次求百公卿。侯家与主第，点缀无不精。归来始安坐，富与王者勍。
> 市卒酒肉臭，县胥家舍成。岂唯绝言语，奔走极使令。大儿贩材木，
> 巧识梁栋形。小儿贩盐卤，不入州县征。一身偓市利，突若截海鲸。
> 钩距不敢下，下则牙齿横。生为估家乐，判尔乐一生。尔又生两子，

---

①　姚合：《庄居野行》，《姚少监诗集》卷六。
②　张籍：《贾客乐》，《张司业诗集》卷一。

钱刀何岁平。①

　　五方之贾，以财相雄，而盐贾尤炽。或曰：贾雄则农伤，予感之作是词：贾客无定游，所游唯利并。眩俗杂良苦，乘时取重轻。心计析秋毫，捶钩侔悬衡。锥刀既无弃，转化日已盈。徼福祷波神，施财游化城。妻约雕金钏，女垂贯珠缨。高赀比封君，奇货通幸卿。趋时鸷鸟思，藏镪盘龙形。大艑浮通川，高楼次旗亭。行止皆有乐，关梁自无征。农夫何为者，辛苦事寒耕。②

　　盐商妇，多金帛，不事田农与蚕绩。南北东西不失家，风水为乡船作宅。本是扬州小家女，嫁得西江大商客。绿鬟富（一作溜）去金钗多，皓腕肥来银钏窄。前呼苍头后叱婢，问尔因何得如此。婿作盐商十五年，不属州县属天子。每年盐利入官时，少入官家多入私。官家利薄私家厚，盐铁尚书远不知。……③

　　从上引诗中可以看出商人是怎样发财致富的，特别是元稹的《估客乐》一诗，更无微不至地描述了商人的各种活动。其中有两点应再着重指出：一是商人到各地贩运时，必须结伴同行，形成一种临时性的商帮。本来商人到全国各地贩运都是独立经营、自负盈亏的，张籍的《贾客乐》中所谓："金多众中为上客，夜夜算缗眠独迟"，就明确地指出了这一点。所以唐代商业的经营方式都是个体主义的，不可能出现欧洲中世纪商人行会式的集体经营，甚至连几个人联合的合伙经营也不容易形成。但是既然贩运要"求珠驾沧海，采玉上荆衡。北买党项马，西擒吐蕃鹦。炎州布火浣，蜀地锦织成"，总之，是必须"经营天下遍"，山南海北，无远弗届。在古代交通不便、道路不安全的情况下，贩运价值连城的珍奇宝货，如系个人独往独来，则是非常危险的，因此，商人在整装待发之前，首先要与同行之人结成伙伴，即结成临时性的商帮，只有这样，才能以团体力量共同抗拒猝发的祸害，以保障本身和商货的安全。所谓"钩距不敢下，下则牙齿横"，就是人多势众的结果，单独个人是办不到的。崔融曾明确指出过这一点："若乃富商大贾，豪宗恶少，轻死重义，结党连群，暗鸣则弯弓，眦睚则挺剑，少有失意，且犹如此。"④

---

① 元稹：《估客乐》，《元氏长庆集》卷二十三。
② 刘禹锡：《贾客词并引》，《刘宾客文集》卷二十一。
③ 白居易：《盐商妇》，《全唐诗》卷四二七。
④ 崔融：《谏税关市疏》，《全唐文》卷二百十九。

其所以能动则弯弓挺剑，睚眦必报，就是由于他们是"结党连群"的团体行动。

其次应当指出的是商人勾结官府。这原是早已存在过的现象，也是早已司空见惯的现象，西汉晁错在论述商人势力时即说："因其富厚，交通王侯，力过吏势，以利相倾，千里游敖，冠盖相望，乘坚策肥，履丝曳缟。"① 在封建社会中，如能与官府相结托，处处有官府势力作后盾，就使自己变成为特权阶级中的一员，就能为自己的商业经营带来意想不到的便利，故一般富商大贾对于权贵豪门不惜以重资行贿，钻营勾结。元稹诗中所谓"先问十常侍，次求百公卿，侯家与主第，点缀无不精"，就是指此而言，只有打通了权贵豪门，才能凭借官府势力进行不等价的甚至是不合法的贸易。有时商人还可以上达宫廷，出入内殿，确是"力过吏势"，横行天下。例如：

> 长安三年（公元七〇三年），为神都留守，兼判天官秋官二尚书事。……时张易之兄弟及武三思皆恃宠用权……尝于内殿赐宴，易之引蜀商宋霸子等数人于前博戏。安石跪奏曰："蜀商等贱类，不合预登此筵。"因顾左右令逐出之，座者皆为失色。则天以安石辞直，深慰勉之。②

> 始，二省符江淮大贾，使主堂厨食利，因是挟赀行天下，所至州镇为右客，富人倚以自高。③

这些声势煊赫的富商巨贾，不仅能与官府相结托，而达官权贵也往往乐于出其门下，确如司马迁所言："渊深而鱼生之，山深而兽往之，人富而仁义附焉，富者得势益彰。"④ 从下引几则故事，可以看出为什么公卿朝贵会奔走于商贾之门：

> 西京怀德坊南门之东，有富商邹凤炽，肩高背曲，有似骆驼，时人号为郭骆驼。其家巨富，金宝不可胜计，常与朝贵游，邸店园宅，遍满海内，四方物尽为所收，虽古之猗白，不是过也。其家男

---

① 《汉书》卷二十四上，《食货志》。
② 《旧唐书》卷九十二，《韦安石传》。
③ 《旧唐书》卷一百八十，《李德裕传》。
④ 《史记》卷一百十九，《货殖列传》。

女婢仆，锦衣玉食，服用器物，皆一时惊异。尝因嫁女，邀请朝士往临，礼席宾客数千，夜拟供帐，备极华丽。及女郎将出，侍婢围绕，罗绮珠翠，垂钗曳履，尤艳丽者至数百人，众皆愕然，不知孰是新妇矣。又尝谒见高宗，请市终南山中树，估绢一匹，自云山树虽尽，臣绢未竭。事虽不行，终为天下所诵。①

工部尚书裴仙先，年十七，为太仆寺丞，伯父相国炎遇害，仙先废为民，迁岭外。……徙北庭，货殖五年，致资财数千万。②

长安富民王元宝、杨崇义、郭万金等，国中巨豪也，各以延纳四方多士，竞于供送，朝之名僚，往往出于门下，每科场文士集于数家，时人目之为豪友。③

王元宝，都中巨豪也，常以金银叠为屋，壁上以红泥泥之。于宅中置一礼贤堂，以沉檀为轩槛，以碱砆碱地面，以锦文石为柱础。又以铜线穿钱，甃于后园花径中，贵其泥雨不滑也。四方宾客，所至如归，故时人呼为王家富窟。④

经商既能如此致富，则平日与商贾相结托的官吏，面对此有利机会，自然亦跃跃欲试，期能与商人分一杯羹，遂直接参与经商活动，或与商人合伙，或在商人帮助下自行经营，于是官吏经商之风遂愈演愈烈，从朝廷中的百官公卿，到地方上的藩镇州府，都在争先恐后地设置行铺邸店，贩鬻求利。这里举一例即可见其梗概：

〔王处存〕京兆万年县胜业里人，世隶神策军，为京师富族，财产数百万。父宗，自军校累至检校司空、金吾大将军、左街使、遥领兴元节度。宗善兴利，乘时贸易，由是富拟王者，仕宦因赀而贵，侯服玉食，僮奴万指。⑤

像王宗这样身为大将军兼节度使的大官而又"乘时贸易"的人绝不是个

---

① 《太平广记》卷四百九十五，《邹风炽》引《西京记》。
② 《太平广记》卷一百四十七，《裴仙先》引《纪闻》。
③ 王仁裕：《开元天宝遗事》卷上。
④ 王仁裕：《开元天宝遗事》卷下。
⑤ 《旧唐书》卷一百八十二，《王处存传》。

别的，如听其自然，则歪风愈炽，终致满朝文武尽成商贾，既有碍体统，也有碍政令。朝廷为了煞止此风，以肃官箴，遂三令五申地颁令禁止，例如：

〔天宝〕九载（公元七五〇年）十月戊辰，诏曰：南北卫百官等，如闻昭应县两市及近场处，广造店铺，出赁于人，干利商贾，莫甚于此。自今已后，其所赁店铺，每间月估不得过五百文，其清资官准法不可置者，容其出卖，如有违犯，具名录奏。①

德宗大历十四年（公元七七九年）五月癸亥即位，六月己亥朔，敕书：……王公百官，既处荣班，宜知廉慎。如闻坊市之内，置邸铺贩鬻，与人争利，并宜禁断，仍委御史台及京兆尹纠察。②

在营利精神支配下，利之所在，虽死不辞。官吏置邸铺贩鬻，是官吏用以发财致富的重要途径，绝不是朝廷的一纸敕令所能禁断的，朝廷也明知官吏经商已举世滔滔，积重难返，事实上已无法改变，遂不得不承认现实，变更法令，改为所有官吏在乡村及坊市开设邸店，经纪求利，一律按照百姓例差科，不得有特殊待遇。这实际上是取消了以前的禁令，默许官吏经商：

诸使、诸军、诸司人在乡村及坊市店舍经纪，准前后敕文，收与百姓一例差科，不得妄有影占，应属官庄宅使司人户在店内及店门外经纪求利，承前不复随百姓例差科者，从今后并宜与诸军、诸使一例，准百姓例供应差科。③

应属诸军、诸使司等在乡村及坊市店铺经纪者，宜与百姓一例差科，更不得妄有影占，如有违越，所司具所属司并其人名闻奏。如闻度支、盐铁、监院等所在影占富商高户庇入院司，不伏州县差科，疲人偏苦，事转不济，如有此色，仰当日勒归。④

宣宗大中五年（公元八五一年）八月庚子，敕曰：应公主家有庄宅邸店，宜依百姓例差役征科。⑤

---

① 《册府元龟》卷一百五十九。
② 《册府元龟》卷一百六十。
③ 武宗：《加尊号后郊天赦文》，《全唐文》卷七十八。
④ 《穆宗即位赦》，《唐大诏令集》卷二。
⑤ 《册府元龟》卷一百四十一。

以上从各个方面说明了商业的发达状况。综合唐代商业的全部情况来看，比前一个历史时期确实有了很大的发展，不止在深度方面有明显的质的变化，而且在广度方面更远远超过了前代，随着商业的普遍发展，把全国的城市和乡村都交织在一个大的商业网中，使国民经济体系有了更充实的内容。这可以由两个方面来看：

一方面，商品构成在发生变化，即由纯粹的奢侈品贩运，变为大量贩运生活必需品。就全部商业来看，贩运性贸易实际上仍占很大比重，上述那些富商大贾其所形成的巨额财富，大都是来自贩运，例如邹凤炽"邸店园宅，遍满海内，四方物尽为所收"，就是一个典型，其他"富窟""豪友"无不如此，因为巨额财富只能从买贱鬻贵的广收四方之物得来，一个"工作贸易者"是不可能发大财的。但是这时贩运的对象，已与过去不完全相同。古代商业因受交通和市场条件的限制，为自给性的经济结构所束缚，只能贩运体积轻便、单位价值较高并有特殊销路的物品，这当然只能是奢侈品。唐代的情况不同，首先是商人很多，富商大贾，周遍天下，从业人数之多几乎达到"比屋皆闭户，尽去作商贾"。这样多的商人不能都去贩运奢侈品。其次，唐代的水陆交通已大量开发，随着交通工具的进步，已能作远程的和大量的运输，当时的商运情况是：

> 且如天下诸津，舟航所聚，旁通蜀汉，前指闽越，七泽十薮，三河五湖，控引河洛，兼包淮海。洪舸巨舰，千舳万艘，交货往还，昧旦永日。[1]

有了这样的交通革命，必然要引起商业革命，这与地理大发现后欧洲商业发生革命性变化有颇多相似之处。在地理大发现以前，欧洲商业之所以长期停滞在原始阶段上，特别是在商业中占重要地位的东方贸易，其所以长期限于贩运奢侈品——香料、珠宝、丝绸等等，就是为交通条件所限制，只能以人背马驮的方式进行，一旦沟通了东印度海上航路，由万水千山的人背马驮，突然变成以吨计的大量运输，即使最初贩运的仍然是奢侈品，而奢侈品的价格亦必陡跌，成为人人可得的平常物，所有香料、珠宝、丝绸等也都失去原来奢侈品的性质。定期往来的海上运输，不能永远限于奢侈品，而不得

---

① 《唐会要》卷八十六；《全唐文》卷二百十九。

不扩大到普通日用品，于是棉布、棉花、瓷器、茶叶、烟草、稻米、马铃薯等等便都取代了香料和珠宝的地位，而成为大宗贸易品。没有这样的商业革命，则后来的工业革命是不可能的。同样，唐代的"洪舸巨舰，千舳万艘"，也不能专贩体积微小、价格昂贵的奢侈品，而必须贩运有大量销路的人生日用品。例如粮食，过去由于体重值微，在交通不便时不能成为贩运对象，但当交通运输条件有所改善，粮食的商品率就会随着各地区丰歉之不同与地区间价格之悬殊而大大提高，商人就会把粮食从丰收的地方运到荒歉的地方，以赚取较大的价格差额。政府为了平定粮价，解救灾荒，亦鼓励商人贩运，以互通有无，故严禁地方政府闭籴：

> 开元二年（公元七一四年）闰二月十八日，敕：年岁不稔，有无须通，所在州县，不得闭籴，各令当处长吏检校。[1]
>
> 上元元年（公元七六〇年）九月，敕：先缘诸道闭籴，频有处分，如闻所在米粟，尚未流通，宜令诸节度观察使各将管内提搦，不得辄令闭籴。[2]
>
> 贞元九年（公元七九三年）正月，诏曰：分灾救患，法有常规，通商惠人，国之令典。自今宜令州府不得辄有闭籴，仍委盐铁使及观察使访察闻奏。[3]
>
> 〔德宗朝〕拜宣歙观察使……时江淮旱，谷踊贵，或请抑其价，坦曰："所部地狭，谷来他州，若直贱，谷不至矣，不如任之。"既而商贾以米垄至，乃多贷兵食，出诸市，估遂平。[4]
>
> 太和三年（公元八二九年）九月，敕：河南河北诸道，频年水患，重加兵役，农耕多废，粒食未丰……今诸道谷尚未减贱，而徐、泗管内，又遭水潦。如闻江淮诸郡，所在丰稔，因于甚贱，不但伤农。州县长吏，苟思自便，潜设条约，不令出界……而商旅不通，米价悬异，致令水旱之处，种植无资。……河南通商之后，淮南诸郡，米价渐起，展转连接之处，直至江西、湖南、荆、襄以东，并

---

① 《唐会要》卷九十。
② 《唐会要》卷九十。
③ 《册府元龟》卷五百二。
④ 《新唐书》卷一百五十，《卢坦传》。

须约勒，依此举勘闻奏。①

〔太和〕八年（公元八三四年）八月戊申，诏曰：岁有歉穰，谷有贵贱，故其轻重，须使流通，非止救灾，亦为利物。同州诸县至河中晋绛京西北丰熟之处，宜令近京诸道，许商兴贩往来，不得止遏。②

除了粮食外，盐一直是大量运销的商品，这与过去历代的情况是相同的，盐在唐代最初并没有成为禁榷物质，但不久就收归官营：

睿宗景云二年（公元七一一年），以蒲州刺史充关内盐池使，盐铁之有使，自此始也。③

天宝至德间，盐每斗十钱。乾元元年（公元七五八年），盐铁铸钱使第五琦初变盐法，就山海井灶近利之地置监院，游民业盐者为亭户，免杂徭，盗鬻者论以法。及琦为诸州榷盐铁使，尽榷天下盐，斗加时价百钱而出之，为钱一百一十。④

可知完全官营是到肃宗朝改变盐法后才开始的，其办法是在产盐之地置盐院，"官置盐院，官吏出粜"，把原来以贩盐为业的人编为亭户，贩盐销售，是盐院乃盐的批发者，亭户乃盐的贩卖者，亭户只能贩卖官盐，盗煮、私市，罪有差。由于盐的需要量极大，即使只贩运官盐，销售量也是很大的，利润之高是惊人的，上引白居易的《盐商妇》一诗中所谓"每年盐利入官时，少入官府多入私"，正概述了盐业的基本情况，盐商在富商大贾中占了一个很大比重。

茶商是唐代新兴的一种商人，见于唐代文献中的所谓贾客、估客，其中很大一部分是茶商，因为茶是在唐代发展起来的一种新商品。饮茶本不始于唐，但至唐而臻极盛：

茶，古不闻食之，近晋宋以降，吴人采其叶煮，是为茗粥，至

---

① 《唐会要》卷九十。
② 《册府元龟》卷五百二。
③ 《册府元龟》卷四百八十三。
④ 《新唐书》卷五十四，《食货志四》。

开元天宝之间稍稍有茶，至德、大历遂多，建中已后盛矣。名系盐铁，管榷存焉。①

茶在唐时已经不是可有可无的便利品，而成为一日不可稍缺的必需品，其需要之切，无异米、盐，于是茶的销售量遂日益增长。各个产茶地方，一到"茶熟之际，四远商人，皆将锦绣缯缬金钗银钏，入山交易"②。茶不仅有广大的国内市场，也有广大的国外市场，而且在与缘边诸少数民族地区的互市中，茶是输出的主要商品：

其后尚茶成风，时回纥入朝，始驱马易茶。③

另一方面，唐代商业正在迅速地向广度发展，发达的商业网点遍布全国。除两京市场显示一派繁荣景象如上文所述者外，各道州府与水陆交通要道上的通商口岸乃至一些县治村镇，也都有相当发达的商业，其中有些都市的繁华程度不下于东西二京，例如扬州，比之东西二京实有过之无不及。把下引几条记载综合起来看，就可以对扬州的繁华兴盛之状得出一个完整概念：

扬州：《禹贡》淮海之域，职方东南之奥，产金三品，射利万室，控荆衡以沿泛，通夷越之货贿，四会五达，此为咽颐。④

至贞元中，洞玄自浙东抵扬州，至陵亭埭，维舟于逆旅主人。于时舳舻万艘，隘于日次，堰开争路，上下众船相轧者移时。⑤

先是诸道节度观察使，以广陵当南北之衡，百货所集，多以军储货贩，例置邸肆，名托军用，实私其利焉。⑥

扬州，胜地也，每重城向夕，倡楼之上，常有绛纱灯万数，辉罗耀[9]列空中，九里三十步街中，珠翠填咽，邈若仙境。⑦

夜市千灯照碧云，高楼红袖客纷纷。如今不似时平日，犹自笙

<hr>

① 杨华：《膳夫经手钞》。
② 杜牧：《上李太尉论江贼书》，《全唐文》卷七百五十一。
③ 《新唐书》卷一百九十六，《隐逸·陆羽传》。
④ 权德舆：《岐公淮南遗爱碑铭》，《唐文粹》卷五十四。
⑤ 《太平广记》卷四十四，《萧洞玄》引《河东记》。
⑥ 《册府元龟》卷一百六十。
⑦ 《太平广记》卷二百七十三，《杜牧》引《唐阙史》。

歌彻晓闻。①

唐世盐铁转运使在扬州，尽斡利权，判官多至数十人，商贾如织，故谚称"扬一益二[10]"，谓天下之盛，扬为一而蜀次之也。②

长安中，累迁扬州大都督府长史。扬州地当冲要，多富商大贾，珠翠珍怪之产。前长史张潜、于辩机皆致之数万，唯〔苏〕环挺身而去。③

文璀以货茗为业，来往于淮浙间。时四方无事，广陵为歌钟之地，富商大贾，动逾百数。璀明敏善酒律，多与群商游。④

扬州雄富冠天下，自〔毕〕师铎、〔杨〕行密、〔孙〕儒迭攻迭守，焚市落，剽民人，兵饥相仍，其地遂空。⑤

其他次于扬州的商业都市所在多有，也都是四方荟萃，商贾如织，舳舻云集，如鄂州市即其一例：

〔广德元年（公元七六三年）十二月〕辛卯，鄂州大风，火发江中，焚船三千艘，焚居人庐舍二千家。⑥

一次火灾即焚烧近岸船只三千余艘，并延烧岸上民居二千余家，说明来鄂州贸易的商旅和泊岸船只是很多的，可知鄂州也是一个很繁华的商业都市。

第二节　国内商业

（一）商业都会与市场制度

上文曾指出，唐代商业系处于由古代型商业向近代型商业转变的过渡阶段，即一方面是古代型商业逐渐摆脱掉原始商业的性质，并逐渐具有近代型

---

① 王建：《夜看扬州市》，《全唐诗》卷十一。
② 《容斋随笔》卷九，《唐扬州之盛》。
③ 《旧唐书》卷八十八，《苏环传》。
④ 《太平广记》卷二百九十，《吕用之》引《祅乱志》。
⑤ 《新唐书》卷二百二十四下，《叛臣·高骈传》。
⑥ 《旧唐书》卷十一，《代宗纪》。

商业的形态，其中最显著的是改变了古代日中为市的偶然性交换，而发展成为店肆林立、货贿山积的常设市场，而这样的市并非两京所独有，各道州府治所也都是大同小异，这说明唐代商业在深度方面和广度方面都有了明显的发展；另一方面也必须看到，这种发展基本上都属于初期阶段，即所有发展都还不够充分，因而在许多方面还保留着古代型商业的大量残余。上节说明了这个问题的前一个方面，本节则主要说明后一个方面。

在国内商业中占主要地位的是城市商业，其发展概况已见上文，城市市场比过去虽然有了很大进步，它已不再是临时一聚、事毕即散的原始市场，而变成一个繁华热闹的商业区，但是市场在外形上并没有多大改变，仍然是一种古代型市场，而且在内容上古代的种种制度仍在发挥着作用，充分表现出它是处于前后交替的过渡阶段，换言之是在旧瓶中装进了一些新酒，旧瓶本身并没有多少改变，其中最主要的有以下几个方面：

1. 市由官设

所有大小市场——不论是两京还是州府县治，市的设立和废止，都是以朝廷的命令行之，即所有的市都是官市，并都是由朝廷设官管理：

> 显庆二年（公元六五七年）十二月十九日，洛州置北市，隶太府寺。①
>
> 垂拱二年（公元六八六年）十二月敕：三辅及四大都督并冲要当路及四万户已上州，市令并赤县录事，并宜省补。②
>
> 天授三年（公元六九二年）四月十六日，神都置西市，寻废，至长安四年（公元七〇四年）十一月二十二日，又置，至开元十三年（公元七二五年）六月二十二日，又废，其口马移入北市。③
>
> 长安元年（公元七〇一年）十一月二十八日，废京中市。天宝八载（公元七四九年）十月五日，西京咸远营置南市，华清宫置北市。④
>
> 长安四年十一月，又置神都西市。⑤

① 《唐会要》卷八十六。
② 《唐会要》卷八十六。
③ 《唐会要》卷八十六。
④ 《唐会要》卷八十六。
⑤ 《册府元龟》卷五百四。

宪宗元和十二年（公元八一七年）四月，命右策军护军中尉第五守世以众二千筑夹城。……又置新市于芳林门南。①

〔太和八年（公元八三四年）六月〕辛巳，徙市。②

〔开成二年（公元八三七年）秋七月〕乙亥，以久旱徙市，闭坊门。③

2. 市必须设在城内的固定地点，成为城内的一个特殊区域

以朝廷命令设立的市，都是设在城内的固定地点，选择这个地点，是自古以来相沿不变的成规，一直遵循着"前朝后市、左祖右社"的城市建设规划和格局。古人所以要作这样安排，特别是把市限制在一个固定地点，并使之成为城内的一个特殊区域，不是为了要对商业活动提供什么方便，使商业更便于发展，正相反，作这样安排是根据封建主义的哲学和由此派生的经济思想和经济政策，要为商业活动制造不方便，以便能遏制住商业的发展，使它失去发展的自由。所以有关市的建置和各种管制制度，无一不是这种思想和政策的反映，其中有的是这种思想和政策的直接表现，有的则披着各种形式的外衣。但是一揭开蒙盖，其真相就全部露出。例如，把市限制在城内的一个固定地点，不管其表面理由是什么，也不管它根据的是一套什么理论，其真实目的仍一望可知，不许商业自由发展，商人不能自由选择一个适于商业发展的地点来进行经营，而且也不许扩大营业范围。政府把市场划定一个地点，并不是允许商人可以在那个区域内自由安排，而是划定一个不大的范围，周围用垣墙圈起，四面各开一门，商人必须进入市门之内才能有交易行为，市外交易是违法的。这无异是画地为牢，商人入市交易，等于是自投牢笼。不管商业有了多大的发展，也不管来交易的人是如何拥挤，只能活动在这个固定区域之内，绝对不允许扩大到市门之外，而这个固定区域的范围是很狭小的：

东京丰都市，东西南北居二坊之地，四面各开三门。④

按东都西市，则隋南市也；南市，则隋东市也。都南市旧两坊

---

① 《册府元龟》卷十四。
② 《旧唐书》卷十七下，《文宗纪下》。
③ 《旧唐书》卷十七下，《文宗纪下》。
④ 《太平御览》卷一百九十一，引《西京记》。

之地，武德中减为坊半焉。中省京南市，开元十年（公元七二二年），又省都西市。①

南东市，南北居二坊之地，东西南北各六百步，四面各开一门，定四面街，各广百步，北街当皇城南之大街，东出春明门，广狭不易于旧，东面及南面三街向内开，壮广于旧。②

西南市，南北尽两坊之地，市内有西市局，隶太府寺。③

从上文所述，可知市在京城中所占的面积是很小的，如隋都洛阳，"洛南有九十六坊，洛北有三十坊，大街小陌，纵横相对。自重津南行尽六坊，有建国门，即罗城南正门也"④。市在全城一百二十六坊之中仅占两坊之地，可知市所占的面积实微乎其微。唐都长安，城市规模又远比东都洛阳为宏大：

京师，秦之咸阳，汉之长安也。隋开皇二年（公元五八二年），自汉长安城东南移二十里置新都，今京师是也。城东西十八里一百五十步，南北十五里一百七十五步……有东西两市。都内，南北十四街，东西十一街，街分一百八坊。坊之广长皆三百余步。皇城之南大街曰朱雀之街，东五十四坊，万年县领之；街西五十四坊，长安县领之，京兆尹总其事。⑤

坊市总一百一十区，万年、长安以朱雀街为界，街东五十四坊及东市，万年领之；街西五十四坊及西市，长安领之。……每坊皆开四门，中有十字街，四出趣门。皇城之南，东西四坊，以象四时，南北九坊，取周礼王城九逵之制。……棋布栉比，街衢绳直，自古以来，未之比也。⑥

可见长安东西两市在全城中所占的面积也同样十分狭小，尽管市内有很多店肆，四方珍异所聚，而营业面积却一直限于方六百步之内的一个狭小范围内，仅这一点就对商业的发展起了严重的束缚作用。

---

① 《白孔六帖》卷八十三。
② 宋敏求：《长安志》卷八。
③ 宋敏求：《长安志》卷十。
④ 杜宝：《大业杂记》。
⑤ 《旧唐书》卷三十八，《地理志一》。
⑥ 宋敏求：《长安图志》卷上。

3. 限制交易时间，以限制商业的自由发展

束缚商业发展的另一制度，是限制交易时间。尽管市内的肆铺邸店是常设的，但是交易时间则有严格限制，仍保持着日中为市的古制，不是全日营业。因市是城中坊制的一部分，坊皆有墙、有门，定时启闭，市亦不能例外。坊市闭门之后和开门之前，有行人，谓之犯夜，是要受法律处分的，市的交易时间，即市门的启闭，亦由法律加以明文规定：

> 凡市，以日中击鼓三百声而众以会，日入前七刻，击钲三百声而众以散。①
> 凡市，日中击鼓三百以会众，日入前七刻，击钲三百而散，有果毅巡逻[11]。②

坊市未开门前，不放人行，有急事，亦须坐等鼓声。下引一则故事，正说明这种情况：

> 〔郑子〕既行，及里门，门扃未发。门旁有胡人鬻饼之舍，方张灯炽炉，郑子憩其帘下，坐以候鼓。③

坊市夜间开门，只有在皇帝特许之下才行，但一年中亦只有三日，这是在神龙年间（公元七〇五年左右）京城于正月望日举行灯会，乃决定于正月十四、十五、十六（后改为十七、十八、十九）三日，特弛夜禁，许人观灯，也就是一年中只有三日于夜间开坊市门，特许夜行：

> 神龙之际，京城正月望日，盛饰灯影之会，金吾弛禁，特许夜行，贵游亲属及下隶工贾，无不夜游。车马骈阗，人不得顾。王主之家，马上作乐，以相夸竞，文士皆赋诗一章，以纪其事。④
> 天宝三载（公元七四四年）十一月癸丑，每岁依旧取正月十四

---

① 《唐六典》卷二十，《太府寺·京都诸市令》。
② 《新唐书》卷四十八，《百官志三》。
③ 沈既济：《任氏传》。
④ 刘肃：《大唐新语》卷八。

日、十五日、十六日开坊市门燃灯，永以为常式。①

重门夜开，以达阳气，郡司朝宴，乐在时和，属此上元，当修斋篆，其于赏会，必备荤膻。比来因循，稍将非便。自今已后，每至正月，改取十七、十八、十九日夜，开坊市门，仍永为常式。②

正月十五日夜，敕金吾弛禁，前后各一日以看灯，光若昼日。③

这个制度后因兵乱停止举行，到五代时才又恢复：

〔开平五年（公元九一一年）正月己卯〕诏曰：近年以来，风俗未泰，兵革且繁，正月燃灯，废停已久。今属创开鸿业，初建洛阳，方在上春，务达阳气，宜以正月十四、十五、十六日夜，开坊市门，一任公私燃灯祈福。④

4. 对商人和市场的各种管制

政府对商人和市场的管制是多方面的，但是不论所管制的具体问题是什么，其基本目的则是相同的，即都是为了限制商业的发展，给商业经营制造障碍。例如，对商人社会地位的贬抑，就是表现这一指导思想的一个方面。古代商贾有市籍，一入市籍，则不得仕宦为吏，这个制度在西汉时即已经确立了，隋唐时代仍继续在实行这个制度：

〔开皇中〕邳公苏威以临道店舍，乃求利之徒，事业污杂，非敦本之义，遂奏高祖，约遣归农，有愿依旧者，所在州县，录附市籍，仍撤毁旧店，并令远道，限以时日。⑤

〔建中四年（公元七八三年）〕下诏募兵，以〔白〕志贞为使，搜补峻切。……神策兵既发殆尽，志贞阴以市人补之。名隶籍而身居市肆。及泾卒溃变，皆戢伏不出，帝遂出奔。⑥

---

① 《旧唐书》卷九，《玄宗纪下》。
② 元宗：《令正月夜开坊门诏》，《全唐文》卷三十二。
③ 《太平御览》卷三十，引《唐两京新记》。
④ 《旧五代史》卷四，《梁太祖纪四》。
⑤ 《隋书》卷六十六，《李谔传》。
⑥ 《新唐书》卷五十，《兵志》。

对市场管制是管制制度的主要方面，而管制的目的也更为明显，即束缚商业不使其自由发展。这个制度并不是由唐代创立的，而是自古以来历久相沿的传统，是古代抑商政策的继续。管制市场主要包括两个方面：一是管制市场本身；二是管制市内工商业者的交易行为。

（1）管制市场本身。市由官立，这本身就是一种管制，因工商业者不能根据自己营业的需要，自由选择一个适宜的地点，由商业的自由发展以自然形成市，市是政府在建城时把它作为城内建筑的一部分而照例设置的。建城设市，根本不考虑商业的需要，完全从统治的需要出发，如果城是建在边远荒僻、人烟稀少地区，尽管商业并没有发展，甚至根本没有商业，因而没有设市的必要，也要根据传统的礼法制度在城内划定一个区域作为市场。所以建立市是建立封建统治体系一个组成部分，而不是商业发展的结果。因此，市的兴废，不是取决于商业的盛衰，而是取决于统治者的意志：他可以任意建立一个市，也可以任意废止一个市或迁徙一个市。下引两例，也属于这一类：

景龙元年（公元七〇七年）十一月敕：诸非州县之所，不得置市。①

〔大中〕七年（公元八五三年）七月二十日，废州县市印。②

（2）管制市内工商业者的交易行为。管制市内工商业者的交易行为，是市场管制的重要方面。管制办法是多方面的，如限制某种人不得入市交易，就是说某些人没有进入市场的自由。被限制的人主要是朝廷命官，这是在抑商思想支配下，市场被认为是一个藏污纳垢的所在，是市井小人的会聚之所，不是有体面、有身份的"士君子"所应涉足的地方，古礼规定市一定要建立在城的北部，就是由于北属阴，是古代行刑的地点，故使商侩聚此，含有儆众之意。不许有官阶的人入市，是表示对商人的贬抑，不许商贾入仕，亦系此意：

贞观元年（公元六二七年）十月敕：五品以上，不得入市。③

① 《唐会要》卷八十六。
② 《册府元龟》卷五百四。
③ 《唐会要》卷八十六。

　　凡官人身及同居大功已上，亲自执工商家，专其业，皆不得入市。①

　　市只能设于城内的固定地点，而且一定要由官家设立，人民不能自行立市，因此，如果不是州县治所，即不是城的所在，不管该处商业多么发达，也不能置市，因为不能在那里设官治理，但是皇帝车驾行幸所到之处，却可以在其附近设立临时市，并派官管理市务：

　　景龙元年……车驾行幸处，即于顿侧立市，官差一人权检市务。②

　　管制市内工商业者的交易行为，是管制已深入到监督商品的生产和销售，即直接在干预商品的生产过程和流通过程。这一种性质的管制和监督，在欧洲中世纪的城市中，完全是由行会制度自己来进行的，行会之所以成为那样一种性质的行会，正是为了要进行这些管制和监督，而其根本目的则是要防止商业的自由发展——特别是要防止向资本主义发展，严格的管制和监督制度，就是要从根本上消灭掉有产生这种倾向的可能。只要是同行营业者，就必须严格遵守行规，不能以不均等的机会和不同的条件进行生产和销售，同行之间绝对禁止竞争，以防止在同行之间出现两极分化。工商业行会都严禁以滥物交易，不允许个别从业者以劣充优、以伪乱真，用欺骗手段谋取奸利。这是由于市场是固定的、狭小的，顾客都是同一城市的居民，在销售者与购买者之间除了交换关系外，还有社会关系，一旦欺骗了顾客，就会使自己的行业失去市场，故非严厉制裁不可，这样做不是由于商人的信用高，而是由客观的经济规律所决定的。正是由于管制和监督是符合工商业者本身的长远利益的，故监督制度非常严格，行会的组织也非常巩固，这一切都是行会的自治作用，是同行会员自己管制自己的。

　　在中国，由于城的性质和作用与欧洲中世纪的城不相同，因而在中国的城市中不可能产生那种欧洲型的行会制度，也就是在中国同行工商业者之间不存在那种自我管制的组织力量，一切的管制和监督都是由政府的官吏以统

---

① 《唐六典》卷二，《吏部·清望官》。
② 《唐会要》卷八十六。

治方式来进行的，换言之，中国工商业者所受的管制是被治，不是自治。自治与被治虽同是管制，但性质不同，作用亦不同。行会管制，目的是保障同行的利益；政府管制，目的是限制工商业者的利益，是在工商业者的经营道路上设置障碍。从下引记载来看，不论表现在什么具体的问题上，其思想根源以及所要达到的目的都是相同的：

> 景龙元年（公元七〇七年）十一月敕：……两京市诸行，自有正铺者，不得于铺前更造偏铺，各听用寻常一样偏厢。[①]

这是不许扩充营业，不管业务有了多大发展，也必须永远在原有的店铺内活动，也就只好永远保持原来的规模。其他方面的管制，也是同样性质：

> 两京诸市署：掌财货交易，度量器物，辨其真伪轻重。市肆皆建标筑土为候，禁榷固及参市自殖者。……平货物为三等之直，十日为簿。[②]

除用行政命令外，又在法律上做了明确规定：

> 诸卖买不和而较固取者（原注：较，谓专略其利；固，谓障固其市），及更出开闭，共限一价（原注：谓卖物以贱为贵，买物以贵为贱）。
> 疏议曰：卖物及买物人，两不和同，而较固取者，谓强执其市，不许外人买，故注云，较谓专略其利，固谓障固其市，及更出开闭，谓贩卖之徒，共为奸计，以贱为贵，买人物者，以贵为贱，更出开闭之言，其物共限一价，望使前人迷谬，以将入己。
> 若参市（原注：谓人有所卖买，在傍高下其价，以相惑乱），而规自入者，杖八十，已得赃，重者计利准盗论。
> 疏议曰：参市，谓负贩之徒，共相表里，参合贵贱，惑乱外人，故注云，谓人有所卖买，在傍高下其价，以相惑乱，而规卖买之利

---

① 《唐会要》卷八十六。
② 《新唐书》卷四十八，《百官志三》。

入己者，并杖八十，已得利物，计赃重于杖八十者，计利准盗论。①

在对市场的各种管制中，管制物价是一个重要项目，因物价波动不定，不仅影响人民生活，而且扰乱社会秩序，政府为了保障消费者的利益，防止商人哄抬物价，以进行不等价交易，遂由诸市令确立了严格管制物价制度，令商人每十日向诸市署呈报一次物价变动情况，把每一种货物按其品质，定出上、中、下三种不同价格，并将十日内物价涨落情况登记呈报，由市令加以监督，以防止物价的暴涨暴落。这种旬价呈报制度是由唐代开始的，到了宋代就组织得更严密，执行得也更严格了，不仅要十天一次向主管物价部门定期呈报，而且由各行行头参加评定。唐时也监督很严，主管官吏如评价不公平，要受到制裁，唐律规定：

> 诸市司评物价不平者，计所贵贱，坐赃论，入己者，以盗论。
> 疏议曰：谓公私市易，若官司遣评物价，或贵或贱，令价不平，计所加减之价，坐赃论，入己者，谓因平物价，令有贵贱，而得财物，入己者，以盗论。②

其他方面的管制，还有以下各种：

> 〔开元〕二十年（公元七三二年）敕曰：绫、罗、绢、布杂货，交易皆通用，如闻市肆必消见钱，深非道理。自今已后，与钱货兼用，不遵者准法罪之。③

限制以兵器与部落博易，是管制市场交易的一个重要方面：

> 边上不许以兵器于部落博易，从前累有制敕，约束非不丁宁，近年因循，却不遵守。自今已后，委所在关津镇铺，切加捉搦，不得辄有透漏，其有犯者，推勘得实，所在便处极法，其所经过州县

---

① 《唐律疏议》卷二十六，《杂律上·卖买不和较固》。
② 《唐律疏议》卷二十六，《杂律上·市司评物价》。
③ 《册府元龟》卷五百四。

关津镇铺，节级痛加惩责，其间或情涉隐欺，准所犯人处分。①

通商之法，自古明规，但使处处流行，自然不烦馈运。委边镇宜切招引商旅，尽使如归，除禁断兵器外，任以他物于部落往来博易。②

为了防止粗制滥造，以保证产品质量，特别是制造发卖弓、矢、刀、枪等兵器，都要经过政府检查，并须在器物上刻上制造者的姓名，以示对产品负责。诸如此类，都是直接干预商人的交易行为：

其造弓、矢、长刀，官为立样，仍题工人姓名，然后听鬻之，诸器亦如之。以伪滥之物交易者，没官，短狭不中量者，还主。③

凡卖买奴婢牛马，用本司本部公验以立券。④

5. 各级市官

市由官立，正是为了要设官管理。市的大小不同，市官亦有等级之分。两京的市官编制，有如下述：

两京诸市署，各令一人，从六品上。隋司农寺统京市令丞，炀帝三年改京市隶太府寺。⑤

京都诸市令，掌百族交易之事，丞为之贰。凡建标立候，陈肆辨物，以二物平市（谓秤以格，斗以概），以三贾均市（精为上贾，次为中贾，粗为下贾）。凡与官交易及悬平赃物，并用中贾。⑥

平准令掌供官市易之物，丞为之贰。凡百司不在用之物，则以时出货，其没官物者亦如之。⑦

州县市官与京师同，只是品秩稍低而已。如州县地处偏僻，人烟稀少，

① 宣宗：《平党项德音》，《全唐文》卷八十一。
② 宣宗：《平党项德音》，《全唐文》卷八十一。
③ 《唐六典》卷二十，《太府寺·京都诸市令》。
④ 《唐六典》卷二十，《太府寺·京都诸市令》。
⑤ 《唐六典》卷二十，《太府寺·两京诸市署》。
⑥ 《唐六典》卷二十，《太府寺·京都诸市令》。
⑦ 《唐六典》卷二十六，《太府寺·平准令》。

户不满三千，则不得置市官，惟县治在州郭下者，仍听置市官：

> 〔大中〕五年（公元八五一年）八月，州县职员令：大都督府市令一人，掌市内交易，禁察非为，通判市事丞一人，掌判市事，佐一人，史一人，师三人（掌分行检察，州县市各令准此）。其月敕：中县户满三千以上，置市令一人，史二人，其不满三千户以上者，并不得置市官，若要路须置，旧来交易繁者，听依三千户法置，仍申省。诸县在州郭下，并置市官。又准户部格式，其市吏璧师之徒，听于当州县供官人市买。①

从京师到州县，市既都有围墙和市门，自必须设官专司市门启闭和稽查出入人等，此门官称"市门监"。从下引一则故事可以看出，州县市亦设有市门监：

> 尚书王公潜，节度淮南时，有京兆吕氏子，以饥寒远谒公，公不为礼，寓逆旅月余，穷乏益甚，遂鬻所乘驴于荆州市。有市门监俞叟者，见吕生往来，有不足色，召而问之……②

6. 市中交易情况

以上说明了市的建立、内部结构和官理制度，至于市中的具体交易情况，文献中很少记载，因而得不出有关市场交易情况的完整概念。唐代两京市中虽然已有众多的行业、店铺、货肆等等，但知其交易方式仍与现在的商店不尽相同。下引两段文献，系描写市场热闹情形的文学作品，对市场的具体活动，可略见一二：

> 货隧分廛，物次骈连，中署肆师，夕咽朝昏。越璞楚琛，蜀贿巴赍，裁绮张绣，纹轴蕉筒。声教之所被，车书之所通，交错杂沓，斯言会同。③
> 由命士以上不入于市，周礼有焉，乃今观之，盖有因也。元和

---

① 《唐会要》卷八十六。
② 薛昭蕴：《幻影传·俞叟》。
③ 李庾：《西都赋》，《唐文粹》卷二。

二年（公元八〇七年），沅南不雨，自季春至于六月，毛泽将尽。郡守有志于民，诚信而云，遂遍山川方社，又不雨，遂迁市于城门之遴，余得自丽谯而俯焉。肇下令之日，布市籍者咸至，夹轨道而分次焉。其左右前后，班间错跱，如在阓之制。其列题区榜，揭价名物，参外夷之货。马牛有纤，私属有闲。在巾笥者，织文及素焉；在几阁者，雕[12]彤及质焉；在筐筥者，白黑俱细焉。业于饔者，列饔饎[13]、陈粑[14]饵而；芯然；业于酒者，举酒旗、涤杯[15]盂而泽然；鼓刀之人，设膏俎、解豕羊而赫然。华实之毛，畋渔之生，交蜃走错，水陆群状，伙名入隧而分。韫藏而待价者，负絷而求沽者，乘射其时者，奇赢以游者，坐贾颙颙，行贾遑遑，利心中惊，贪目不瞬。于是质剂之曹，较估之伦，合彼此而腾跃之。冒良苦之巧言，鞔量衡于愮[16]手。钞忽之差，鼓舌伧伦，诋欺相高，诡态横出，鼓嚣哗，坌尘埃，奋膻腥，叠巾屦，啮而合之，异致同归。鸡鸣而争赴，日中而骈阗，万足一心，恐人我先，交易而退，阳光西徂，幅员不移，径术如初，中无求隙地。……是日倚衡而阅之，感其盈虚之相寻也速，故著于篇云。①

（二）农村市场

如上文所述，所有城市市场都是官市，即由官府命令设立，或由官府核准，并由官家派遣市官管理，故所有市都设在拥有三千户以上的州府县治，这样，所有市都是在政府管制之下的。但是在州府县治城市以外的郊区乡镇地方由人民自然形成的市，政府既不加过问，也不派遣市官，因而农村市场相对而言都是自由的。在这一类农村市场中，等级稍高一点的是草市，大都设在城郊附近、交通要道或驿站以及大的村镇地方，是农村市场中的一种大型市场，市中也有或多或少的常设店铺货肆，也运销全国各地的物产，故同样是四方商贾聚集之所，这由王建《汴路即事》一诗可以看出：

千里河烟直，青槐夹岸长。天涯同此路，人语各殊方。草市迎

---

① 刘禹锡：《观市》，《刘宾客文集》卷二十。

江货，津桥税海商。回看故宫柳，憔悴不成行。①

这是描写在汴州（开封）城外距城不远[17] 的汴水渡口一个草市的繁华景象，市中出售的是由江南各地以及南海诸国商人运来的远方异域物产，所谓"天涯同此路，人语各殊方"，是说市中交易之人都是远道而来的四方商贾，并非都是附近农民，可知这个草市规模是不小的。

为什么把这种农村市场叫作草市，其义不详。按草字原有草率、粗放、低劣之意，盖这种市场设在农村，不如城市市场那样高级，不像京师两市那样"甍宇齐平，重楼延阁，牙相临映，招致商族，珍奇山积"。既然设在农村，市中所售，必多农产品和林牧产品，由下引两诗来看，草市确是比较土气的：

十里山村道，千峰栎树林。霜浓竹枝亚，岁晚荻花深。草市多樵客，渔家足水禽。……②

宝历中，荆州有庐山人常贩桄朴石炭，往来于白洑南草市，时时微露奇迹，人不之测。③

草市并不是到唐代才有的，它起源于何时，不易确定，在东晋南北朝时已见于记载，例如：

肥水又西，分为二水，右即肥之故渎，遏为船官湖。肥水左渎，又西径石桥门，□亦曰草市门。④

古建康县，初置在宣阳门内。晋咸和三年（公元三二八年），苏峻作乱，烧尽，遂移入苑城。咸和六年（公元三三一年），以苑城为宫，乃徙出宣阳门外，御街西，今建初寺门路东。是时有七部尉：江尉在三生渚，西尉在延兴寺后巷北，东尉在吴大帝陵口，今蒋山西门，南尉在草市北，湖宫寺前，北尉在朝沟村，左尉在青溪

---

① 王建：《汴路即事》，《全唐诗》卷十一。
② 李嘉祐：《登楚城驿路十里村竹林次交映》，《中兴间气集》卷上。
③ 段成式：《酉阳杂俎前集》卷二，《壶史》。
④ 郦道元：《水经注》卷三十二，《肥水》。

孤桥，右尉在沙市。①

可知早在东晋成帝时，因苏峻之乱，宫城移往苑城后，在建康城外置七尉，其中南尉系驻在一草市之北，可知此草市即位于建康城外，后来南齐永元三年（公元五○一年）张欣泰之乱，鄱阳王宝寅入台城被拒[18]，乃投奔草市尉：

> ……日已欲暗，城门闭，城上人射之，众弃宝寅逃走。宝寅逃亡三日，戎服诣草市尉，尉驰以启帝，帝迎宝寅入宫。②

这里的草市尉，当是驻在草市附近的南尉，这说明在唐以前，草市多设在州府县治的城外附近，唐代的情况仍基本相同，这由下引记载可以看出：

> 太宁驿在县城东草市，东至昭应驿四十六里，西至秦川驿四里。③

> 蜀东西川之人常互相轻薄，四川人言梓州者，乃我东门之草市也，岂得与我为耦哉。柳仲郢闻之，为幕客曰：吾立朝三十年，清华备历，今日始得与西川作市令，闻者皆笑之。故世言东西两川人多轻薄。④

草市是农村中的常设市场，与定时一聚、事毕即散的农村集市又有所不同，草市中的店铺货肆虽不及城市市场之多，实亦具体而微，其中亦有一些必需的常设店铺，如酒肆、药肆及其他人生不可少缺的必需品商店等。例如：

> 连帅章仇兼琼……具状奏闻，玄宗问张果，果云知之不敢言，请问青城王老。玄宗即诏兼琼求访王老进之。兼琼搜索青城山前后，并无此人，唯草市药肆云：常有二人日来卖药，称王老所使，二人至，兼琼即令衙官随之入山，数里至一草堂，王老皤然鬓发，隐几

---

① 《太平寰宇记》卷九，《升州上元县》。
② 《南齐书》卷五十，《鄱阳王宝寅传》。
③ 宋敏求：《长安志》卷十一，《万年县》。
④ 孙光宪：《北梦琐言逸文》卷三。

危坐。①

酒肆亦大都开设在闹市地方，因市五方杂处，顾客众多，酒的需要量很大，酒肆遂成为市场中店铺的一个重要组成部分，但是在唐代文献中有关记载却很少见。不过由宋代的此类记载较多来看，可推知唐代的情形亦不会两样，例如范成大诗云：

> 恰从秋浦挂篷簟，又泊清溪十里余。愁水愁风吹帽后，作云作雨授衣初。远寻草市沽新酒，牢闭篷窗理旧书。行路阻艰催老病，骚骚落雪满晨梳。②

陆游亦有"草市寒沽酒，江城夜捣衣"③之句，这说明乡间酒肆都是设在草市地方的。其实一些大的草市，其繁华程度并不下于城市，有时超过附近城市，市中所售之物亦种类繁多，甚至连名人诗句亦成为市中交易的商品，例如白居易和元稹的诗，即被人"缮写模勒，炫卖于市井"，或持之以换酒茗：

> 白氏长庆者，太原人白居易之所作。……然而二十年间，禁省观寺邮候墙壁之上无不书，王公妾妇牛童马走之口无不道，至于缮写模勒，炫卖于市井，或持之以交酒茗者，处处皆是（原注：扬越间多作书模勒乐天及予杂诗，卖于市井之中也）。其甚者，有至于盗窃名姓，苟求是售，杂乱间厕，无可奈何。予于平水市中（原注：镜湖旁草市名），见村校诸童竞习诗，召而问之，皆对曰：先生教我乐天微之诗，固亦不知予之为微之也。④

有些人口特别众多、商业非常发达的草市，如果它的地理位置也十分冲要，政府认为有在那里建城设治的必要时，往往把草市提升为州县，但是这只有在政府认为有此必要时，才会有此变更，如果政府不认为必要，则不论

① 《太平广记》卷三十一，《许老翁》引《玄怪录》。
② 范成大：《离池阳十里清溪口复阻风》，《石湖居士诗集》卷十九。
③ 陆游：《村居》，《剑南诗稿》卷二十八。
④ 元稹：《白氏长庆集序》，《元氏长庆集》卷五十一。

该草市如何繁荣，也不会被提升为州县，下引记载，可充分说明此点：

> 开元十三年（公元七二五年），横海军节度使郑权奏：当道管德州安德县，渡黄河南与齐州临邑县邻接，有灌家口草市一所。顷者成德军于市北十里筑城，名福城，割管内安德、平原、平昌三县五都，置都知管勾当。臣今请于此置前件城，缘隔黄河与齐州临邑县对岸。又居安德、平原、平昌三县界，疆境阔远，易动难安，伏请于此置县，为上县，请以归化为名。从之。①
>
> 大历七年（公元七七二年）正月，以张桥行市为县。②

张桥行市，即张桥草市，这个草市提升的原因，史未明言，当亦与灌家口草市的情况相同，由于是政府认为有在那里建城设县的必要，才被提升为县治，绝不是由于商业发达，由工商业者自动把它改变为县治的。城必须由政府建，私人不许建城，在这个问题上是永远不会有例外的。

草市之外，农村市场都是定时一聚的集市，这主要有两种形式：一是集会的时间较长——一般大都为一个月，每年定期举行一次或两次；二是每隔三五日即举行一次，集会的时间很短，仍是古代日中为市的遗制，是附近农民的一种初级农贸市场。

第一种形式极似后世的庙会，会期有长有短，但都是定时举行，一到会期，全国商贾——有时也有外国商贾便从四面八方云集而来，与欧洲中世纪的"fair"颇为相似，这种集市除作为附近农民的农贸市场外，更多的是作为外地、远地乃至外国商人贩卖品类繁多的远方和异域物产的场所，所以这种集市并不是农村的初级市场。在中世纪这是商业的主要渠道，各种大宗交易，都是通过集市进行的。在集市举行时，除了进行商业活动外，还进行各种娱乐活动，如竞技、比赛等，故市内到处是车马杂沓，士女骈阗，大有车毂击、人肩摩之概。唐代蜀中的蚕市，就是这样一种定期市：

> 蜀中每春三月为蚕市，至时货易毕集，阗阓填委，蜀人称其繁盛。③

---

① 《唐会要》卷七十一。
② 《唐会要》卷七十一。
③ 《五国故事》卷上。

类似这样的市决不限于西蜀,必所在多有,但不见记载,无由推知。

第二种形式的定期市,是农村中的集市,岭南人名之曰虚,蜀人名之曰痎,北方各地名之曰集,都是隔日一会或三五日一会,是一种初级的农贸市场。来赶集或趁虚的人,大都是附近一带的农民,卖买的物品,也都是农、林、牧、副、渔等剩余生产品。这种集市不仅与城市市场不同,与有常设店铺的草市也不同。虽然也有集会的固定地点,但是实际上只是临时一聚,保持着日中为市的原始状态:

> 端州已南,三日一市,谓之趁虚。①
> 郡城南下接通津,异服殊音不可亲。青箬裹盐归峒客,绿荷包饭趁虚人。原注引《青缃纪录》:岭南人呼市为虚,盖市之所在,有人则满,无人则虚,而岭南村市,满时少,虚时多,故谓之虚。②
> 公路咸通十年(公元八六九年)往高凉,程次青山镇……后一岁,自潘州回,路历仙虚。原注:潘真人烧丹之处,南人呼市为虚,今三里一虚。③

宋人吴处厚对呼市为虚的原因,做如下解释云:

> 岭南谓村市为虚。柳子厚《童区寄传》云:"之虚所卖之。"又诗云"青箬裹盐归峒客,绿荷包饭趁虚人",即是也。盖市之所在,有人则满,无人则虚。而岭南村市,满时少,虚时多,谓之为虚,不亦宜乎。④

蜀人呼这种定期市曰痎市,江南人恶言痎,因以亥市呼之:

> 又蜀有痎市,而间日一集,如痎疟之一发,则其俗以冷热发歇为市喻。⑤

---

① 钱易:《南部新书》辛。
② 柳宗元:《柳州峒氓》,《柳河东集》卷四十二。
③ 段公路:《北户录》卷一。
④ 吴处厚:《青箱杂记》。
⑤ 吴处厚:《青箱杂记》。

江南人改痎曰亥市，因荆吴俗以寅、申、巳、亥日集于市，唐诗中屡见亥市，例如白居易诗云"亥日饶虾蟹，寅斗足虎躯"[1]，就是指农村集市而言。

其他各处则呼此种集市为"场"或"集"，北方人至今仍称赴市贸易为"赶场"或"赶集"：

> 临汝郡有官渠店，店北半里许李氏庄王乙者，因赴集，从庄门过。……[2]

（三）关津

关津是为了稽查行旅，征收商税，而设在水陆交通孔道上的"过所"，这原是一种古老的交通制度，历代相沿不废，特别是与外境接壤之处，皆于要道设关，以严"夷夏之防"——防止"奸人"闯入闯出，通过关禁以防止若干物品尤其兵器流入外境。内地关津有时为了优惠商旅，遂"开关梁，弛山泽之禁"，使"关讯而不征"，但是稽查往来行人并不因此废止，故历代关津都有一定的稽查制度，唐代亦不例外：

> 天下关二十有六，有上中下之差。度者本司给过所，出塞逾月者，给行牒，猎手所过，给长籍，三月一易，蕃客往来阅其装，重入一关者，余关不议。[3]

唐初曾一度采取放任政策，开关弛禁，不仅不征过往商税，而且连稽查制度也废止了，以便使公私往来，道路无阻。原来边关的各项禁令，这时也一律废止，过去依格不许出关的物资，现在准许自由输出：

> 武德九年（公元六二六年）八月十七，诏：关梁之设，襟要斯在，义止惩奸，无取苛暴。近世拘刻，禁御滋章，因山川之重

---

[1] 白居易：《东南行》，《白氏长庆集》卷十六。
[2] 《太平广记》卷三百三十四，《王乙》引《广异记》。
[3] 《白孔六帖》卷九。

阻，聚珍奇而不出，遂使商旅寝废，行李稽留，上失博厚之恩，下蓄无聊之怨，非所以绥安百姓，怀来万邦者也。其潼关以东缘河诸关，悉宜停废，其金、银、绫、绢等物，依格不得出关者，并不须禁。①

朕君临区宇，情深覆育，率土之内，靡隔幽遐，欲使公私往来，道路无壅，货宝交易，中外匪殊，思改前弊，以清民俗。其潼关以东缘河诸关，悉宜停废。其金、银、绫、绮等杂物，依格不得出关者，并不须禁。②

开元之初，又重严关禁，规定若干物资不得与诸蕃互市，更不许将金铁之物度西北诸关：

开元二年（公元七一四年）闰三月，敕：诸锦绫罗縠绣织成绸[19]绢丝，牦牛尾，真珠，金银，并不得与诸蕃互市，及将入蕃，金铁之物，亦不得将度西北诸关。③

依关市令：锦、绫、罗、縠、绸、绵、绢、丝、布、牦牛尾、真珠、金、银、铁，并不得度西边北边诸关，及至缘边诸州兴易。④

在边关与诸蕃互市时，则由关吏加以严格监视，对此，关市令有明确规定：

关市令云：诸外蕃与缘边互市，皆令五官司检校，其市四面穿堑及立篱垣，遣人守门。市易之日卯后，各将货物畜产，俱赴市所，官司先与蕃人对定物价，然后交易。⑤

武后朝有司曾奏请"税关市"——恢复征收关税，对往来行人不论是否工商，一律征税。时凤阁舍人崔融列举了许多理由，力陈不可，后从之。从

① 《唐会要》卷八十六。
② 高祖：《废潼关以东缘河诸关不禁金银绫绮诏》，《唐大诏令集》卷一百八。
③ 《唐会要》卷八十六。
④ 《唐卫禁律》卷八，《斋禁物私度关条疏议》。
⑤ 《白孔六帖事类集》卷二十四，《市》。

崔融的奏疏中，可以看出关津和商运的大体情况：

　　长安二年（公元七〇二年）正月，有司表请税关市，凤阁舍人崔融上议曰：臣伏见有司税关市事条，不限工商，但是行旅尽税者。臣谨按《周礼》九赋，其七曰关市之赋。窃为市纵繁杂，关通末游，欲令此徒止抑，所以咸增赋税。夫关市之税者，惟敛出入之商贾，不税往来之行人，今若不论商民，通取诸色，事不师古，法乃任情，悠悠末世，于何瞻仰。又四海之广，九州之杂，关必据险路，市必凭要津。若乃富商大贾，豪宗恶少，轻死重气，结党连群，喑呜[20]则弯弓，睚眦则挺剑，小有失意，且犹如此，一旦变法，定是相惊，非惟流逆齐民，亦自扰乱殊俗，求利虽切，为害方深。而有司上言，不识大体，徒欲益帑藏，助军国，殊不知军国益扰，帑藏愈空。且如天下诸津，舟航所聚，洪舸巨舰，千轴万艘，交货往还，昧旦永日。今若江津河口，置铺纳税，税则检覆，覆则迟留，此津才过，彼铺复止，非惟国家税钱，更遭主司僦略。至如关市之税，史籍有文。……关为诘暴之所，市为聚民之地，税市则民散，税关则暴兴，暴兴则起异图，民散则怀不轨。……古人有言，王者藏于天下，诸侯藏于百姓，农夫藏于庾，商贾藏于箧，惟陛下详之。必若兴师有费，国储多窘，即请倍算商贾，加敛平民，如此则国保富强，人免扰惧，天下幸甚，臣知其不可也。①
　　崔融上疏，今江津河浒，列铺率税，检覆稽留，加主司僦略邀丐，则商人废业。有如师兴费广，虽倍算商旅，加敛齐人可也。后纳之。②

　　唐自中叶以后，政局大变，特别是在安史之乱以后，纪纲松弛，制度紊乱，王权削弱，地方割据，广大人民更是陷于水深火热之中，"百姓竭膏血，鬻亲爱，旬输月送，无有休息，是以天下残瘁，荡为浮人，乡居地著者百不四五"③。疮痍未平，接着又是无休止的藩镇叛乱，内忧外患，纷至沓来，使唐王朝的统治地位岌岌可危，代宗朝以后，更是每况愈下。至德宗初，因朱

① 《唐会要》卷八十六。
② 《白孔六帖》卷八十三。
③ 《白孔六帖》卷七十八。

滔、王武俊、田悦合纵而叛，政府以军兴，开支浩大，帑藏枯竭，正常的财赋收入，已不足以应付急需，遂对人民进行了敲骨吸髓的剥削，如建中三年（公元七八二年），"以军兴，庸调不给"，乃实行借商——借京城富商钱，令"京兆尹、长安、万年令，大索京畿富商，刑法严峻，长安令薛萃荷杖乘车，于坊市搜索，人不胜鞭笞，乃至自缢，京师嚣然，如被盗贼"①。尽管进行了如此残酷的搜括，并没有解决财政问题，因搜括所得，为数有限，"总京师豪人田宅奴婢之估，才得八十万缗，又取僦柜纳质钱及粟麦粜于市者，四取其一，长安为罢市"②。接着于建中四年（公元七八三年），初税屋间架、算除陌钱，贞元九年（公元七九三年）正月，又"初税茶"③。在罗掘俱穷之后，"以至郭塞天下山谷径路，禁止行人，以收商税征算"④。所以后来关津之征，就是在这样的情况下实行的。这样一来，正常的商业运输便大部分被阻塞了。商人为了逃避苛税，遂不由官路往来，另绕行小道，躲过关津税卡，以致政府不得不去堵塞私路，禁止商旅穿越，以裕税收：

> 后唐庄宗同光二年（公元九二四年）二月庚午，租庸使孔谦奏：诸道纲运商旅，多于私路苟免商税，不由官道往来。宜令所在关防，严加捉搦，山谷私由道路，仍须郭塞，以戢行人。⑤

即使山谷小道不被堵死，也不适于作大量商货运输。这是唐到中叶以后，商品经济一落千丈的原因之一。

（四）宫市、和籴与平粜

政府与民间交易——向民间购买和向民间出卖，在唐代主要由三种方式来进行：一是政府凭借封建特权，以不等价交易向民间强行索买，这种交易虽名曰市买，实际上无异抢劫，是一种赤裸裸的掠夺。这种强买现象，自京师到州县，普遍存在，由官府预先将市中商贩，选定若干商铺为供应户，官府苟有所需，即向供应户索取，多不付值，或略付一二。这种怪现象大约始

---

① 《旧唐书》卷十二，《德宗纪上》。
② 《新唐书》卷五十二，《食货志二》。
③ 《唐会要》卷八十四。
④ 《白孔六帖》卷七十八。
⑤ 《册府元龟》卷五百四。

于德宗朝，以后即愈演愈烈，宣宗时曾敕令停止，而收效不大，官吏阳奉阴违，掠夺如故：

> 宣宗大中四年（公元八五〇年）五月，御史台奏，所在物产，自有时价，官人买卖，合准时宜。近日相承，皆置供应户，既资影庇，多是富豪，州县科差，尽归贫下，不均害理，为弊颇深。自此以后，委观察使严加觉察，宜并断绝。切虑诸道州府尚有此色，请各牒诸州府勘会，巨细申台，以凭鞫理，从之。①

在这种掠夺性的交易中，以宫市为最狂暴，这是指宫廷令宦官到民间市场上去进行公然抢劫，宦者置白望数百人，于两市要闹坊，阅人所卖物，不持文牒，口传敕令，但称宫中，卖者即敛手不敢与之较，此辈常用一些破旧衣服或不中用的绢帛，高估其值，用以酬价，实际上等于白取，并要卖者用车乘驴辇送至禁中，送到后又要索取入门礼，这是说白送货物仍不能免，真是咄咄怪事，故商贾皆深藏不出，虽沽浆卖饼之家，无不歇业塞门，以伺其去，两市实际上处于罢市状态。唐代文献中对此记载颇多，这里选用下引文献来说明这种情况：

> 贞元以后，京都多中官市物于廛肆，谓之宫市。不持文牒，口含敕命，皆以监估不中衣服，绢帛杂红紫之物，倍高其估，尺寸裂以酬价。市之经商，皆匿名深居，陈列廛闬，惟粗弱苦窳。市后又强驱于禁中，倾车乘，鞿辇驴，已而酬以丈尺帛绢，少不甘，殴致血流者。中人之出，虽沽浆卖饼之家，无不彻业塞门，以伺其去。苍头女奴，轻车名马，惴惴衢巷，得免捕为幸。京师之人嗟愁，叫阍诉阙，则左右前后，皆其人也。②
>
> 贞元十四年（公元七九八年）八月，右金吾将校赵洽、田岩并配流天德军。时屡有中官于京城市肆，强买人间，率用直百钱物，买人数千钱物，仍索脚价，及进奉门户，谓之宫市。是时吴凑为京兆尹，数上言，切为条理。无几，中贵人等奏云：百姓蒙宫市存养，

---

① 《册府元龟》卷一百六十。
② 《唐会要》卷八十六。

颇获厚利，吴凑再论奏者，凑之金吾旧吏赵泣等献计也，故泣等坐焉。凑，代宗元舅，早承恩顾。上即位，复宠遇之，洁廉谨慎，未尝不以公忠之言匡启于上。至是，又以宫市事恳论于上前，事虽不从，时论归美。①

皇帝偏听宦官的蛊惑，敢抗疏进谏者如赵泣、田岩等反都遭到贬斥，吴凑以元舅之亲，虽反复[21]恳论，也拒不采纳，致这种怪现象天天出现在辇毂之下：

〔贞元二十一年（公元八〇五年）二月〕旧事，宫中有要市外物，令官吏主之，与人为市，随给其值。贞元末，以宦者为使，抑买人物，稍不如本估。末年，不复行文书，置白望数百人于两市并要闹坊，阅人所卖物，但称宫中，即敛手付与，真伪不复可辨，无敢问所从来。其论价之高下者，率用百钱物，买人直数千钱物，仍索进奉门户并脚价钱。将物诣市，至有空手而归者。名为宫市，而实夺之。常有农夫，以驴负柴至城卖，遇宦者称宫市取之，才与绢数尺，又就索门户，仍邀以驴送至内。农夫涕泣，以所得绢付之，不肯受，曰：须汝驴送柴至内。农夫曰：我有父母妻子，待此然后食，今以柴与汝，不取直而归，汝尚不肯，我有死而已，遂殴宦者，街吏擒以闻。诏黜此宦者，而赐农夫绢十匹，然宫市亦不为改易，谏官御史数奏疏谏，不听。②

可见皇帝对于宫市之为害并不是不知道，谏官御史以及皇帝之元舅数奏疏谏，可知也并不是受蒙蔽，而仍"不听"，乃"好恶乱其中，而利害夺其外"，居心要占这一点小便宜，而不顾人民的死活，这实充分表现了唐统治者灵魂的丑恶。白居易对此曾进行了有力的讽刺：

卖炭翁，伐薪烧炭南山中。满面尘灰烟火色，两鬓苍苍十指黑。卖炭得钱何所营，身上衣裳口中食。可怜身上衣正单，心忧炭贱愿

① 《唐会要》卷八十六。
② 韩愈：《顺宗实录》卷二。

天寒。夜来城外一尺雪，晓驾炭车辗冰辙。牛困人饥日已高，市南门外泥中歇。翩翩两骑来是谁，黄衣使者白衫儿。手把文书口称敕，回车叱牛牵向北。一车炭，千余斤，宫使驱将惜不得。半匹红绡一丈绫，系向牛头充炭直。①

为害酷烈的宫市，到了顺宗朝才明令禁止："上（顺宗）初即位，禁之，至大赦，又明禁。"② 敕文称："宫掖之中，宜先省约。……应缘宫市，并出正文帖，仍依时价买卖，不得侵扰百姓。"③ 至此，这一段不光彩的历史始基本结束。

官府与民间进行的另一项大宗交易是和籴。和籴不同于宫市，宫市是害民的虐政，和籴一般说是公私两利，并且主要是官家向民间购买，这是在丰收之年，当谷价下跌时，政府按市价"加估而籴"——每斗量加三至五钱，以大量收购粮食。实行这个办法的目的，一是乘谷价低廉之际，收购粮食，以增加国家的粮食储备，特别是充实边防军储，以减轻急需时飞刍挽粟之劳；二是在粮价下跌时，政府加价收购，可以稳定粮食市场，防止谷贱伤农。和买制度古已有之，但作为一种粮食政策，用以调剂供应、稳定市场，则是由唐代开始实行的：

贞观、开元后，边土西举高昌、龟兹、焉耆、小勃律，北抵薛延陀故地，缘边数十州，戍重兵，营田及地租不足以供军，于是初有和籴。牛仙客为相，有彭果者献策，广关辅之籴，京师粮廪益羡，自是玄宗不复幸东都。天宝中，岁以钱六十万缗赋诸道和籴，斗增三钱，每岁短递输京仓者百余万斛。米贱则少府加估而籴，贵则贱价而粜。④

和籴既属公私两利，政府遂一直在贯彻这个政策，并不断颁发诏令，反复申明实行这个政策的原因。政府三令五申地颁发这一类的诏令，说明政府对这个政策是非常重视的，这里仅酌选数例，余不备录：

〔开元〕十六年（公元七二八年）九月，诏曰：如闻天下诸州，

---

① 白居易：《卖炭翁》，《白氏长庆集》卷四。
② 韩愈：《顺宗实录》卷二。
③ 顺宗：《即位赦》，《唐大诏令集》卷二；又《全唐文》卷五十五。
④ 《新唐书》卷五十三，《食货志三》。

今岁普熟，谷价至贱，必恐伤农，加钱收籴，以实仓廪，纵逢水旱，不虑阻饥，公私之间，或亦为便。令所在以常平本钱及当处物，各于时价上量加三、五钱，百姓有籴易者为收籴。事须两和，不得限数，配籴讫，具所用钱物及所收籴物数，具申所司，仍令上佐一人专简较。①

〔开元〕二十五年（公元七三七年）九月戊子敕曰：……今岁秋苗，远近丰熟，时谷既贱，则甚伤农，事须均籴，以利百姓。宜令户部郎中郑昉、殿中侍御史郑章，于都畿据时价外，每斗加三两钱，和籴粟三四百万石，所在贮掌。江淮漕运，固甚烦劳，务在安人，宜令休息。其江淮间今年所运租停。其关辅委度支郎中兼侍御史王翼准此和籴粟三四百万石，应须船运等，即与所司审计料奏闻。②

天宝四载（公元七四五年）五月，诏曰：如闻今岁收麦，倍胜常岁，稍至丰贱，即虑伤农，处置之间，事须通济。宜令河南河北诸郡长官，取当处常平钱于时价外斗别加三五钱，量事收籴大麦贮掌。其义仓亦宜准此。仍委采访使勾当，便勘覆具数，一时录奏。其道有粮储少处，各随土宜，如堪贮积，亦准此处分。③

代宗大历八年（公元七七三年）十一月癸未敕：度支江淮转运三十万石米价并脚价，充关内和籴。时京师大稔，谷价骤贱，大麦斗至八钱，粟斗至二十钱，帝勤恤万姓，思以赡之，以每岁漕挽四十万石米至上郡，乃量远近费减至十万石，三十万石米价充关内近加价和籴，以利关中人权也。④

〔大历〕九年（公元七七四年）五月庚申，以时属年丰，理国之本，莫先兵食，乃诏度支支七十万贯，诸道转运使支五十万贯，充和籴。⑤

兴元元年（公元七八四年）闰十月，诏：江淮之间，连岁丰稔，迫于供赋，颇亦伤农。收其有余，济彼不足，宜令度支于淮南

---

① 《册府元龟》卷五百二。
② 《册府元龟》卷五百二。
③ 《册府元龟》卷五百二。
④ 《册府元龟》卷五百二。
⑤ 《册府元龟》卷五百二。

浙江东西道，加价和籴三五十万石，差官般运，于诸处减价出粜。贵从权便，以利于民。①

贞元二年（公元七八六年）九月，度支奏：京兆、河南、河中、同、华、陕、虢、绛、鄜、坊、丹、延等州府，夏秋两税青苗等钱物，悉折籴粟麦，所在储积，以备军食。京兆府兼给钱收籴，每斗于时估外，更加钱纳于太仓，诏可之。自是每岁行之，以赡军用。②

诸如此类的诏令，不胜枚举，这里从略。

和籴本来是一件好事，对农民而言，在谷价下跌时加价收籴，制止了谷价的继续下跌，不使谷贱伤农；对官家而言，在谷贱时就地收籴，既在价格上得到优惠，又节省了由江淮漕运的运费和转致官仓的车船脚价以及沿途的周转和伤耗。如陆贽作相时，"以关中谷贱，请和籴，可至百余万斛，计诸县船车至太仓，谷价四十有余，米价七十，则一年和籴之数，当转运之二年，一斗转运之资，当和籴之五斗"③。可见和籴之利，是非常明显的。但是不论多么好的政策，一经过封建官僚主义的官吏之手，就会走样，有时竟走到事物的反面。经手官吏在进行和籴时，往往不根据当时的时价，在公开市场上加价和买，而是强制派购，按户搭配额数，限期交纳，迫促鞭挞，甚于赋税，吏胥追呼，闾阎骚然，名为和籴，实系虐政。朝廷亦深知其弊，故屡诏诘责：

宪宗即位之初，有司以岁丰熟，请畿内和籴。当时府县配户督限，有稽违，则迫蹙鞭挞，甚于税赋，号为和籴，其实害民。④

长安旧有配户和市之法，百姓苦之。⑤

先是京畿和籴，多被抑配，或物估逾[22]于时价，或先敛而后给直，追集停拥，百姓苦之。⑥

平粜是政府向人民卖粮。这是在荒歉之年，谷贵人饥，为了救济饥荒，

---

① 《唐会要》卷九十。
② 《册府元龟》卷五百二。
③ 《新唐书》卷五十三，《食货志三》。
④ 《新唐书》卷五十三，《食货志三》。
⑤ 《旧唐书》卷九十八，《裴耀卿传》。
⑥ 《唐会要》卷九十。

政府把储备粮食，拨出若干，以远较市价为低的价格，粜于百姓，以制止粮价的继续狂涨，借[23] 以安定社会，防止饥民转徙流亡。过去历代王朝都实行过类似的办法。唐自中叶以后，灾害频仍，饥馑荐臻，故朝廷每遇谷[24]贵人流，即实行平粜，例如：

> 〔贞元〕十四年（公元七九八年）六月，诏：以米价稍贵，令度支出官米十万石，于两街贱粜。其月，以久旱谷贵人流，出太仓粟，分给京畿诸县。其年七月，诏赈给京畿麦种三万石。其年九月，以岁饥，出太仓米三十万出粜。其年十二月，以河南府谷贵人流，令以含嘉仓七万石出粜。①
>
> 〔贞元〕十五年（公元七九九年）二月，以久旱岁饥，出太仓米十八万石，于诸县贱粜。②
>
> 访闻蒸庶之间，米价稍贵，念兹贫乏，每用忧怀，苟利于人，所宜通济。今令度支出官米十万石，于街市东西各五万石，每斗贱较时价，粜于百姓。③

平粜虽然是一种救灾恤民政策，值得赞许，但是实际上它的作用却并不很大，因为：第一，平粜的范围不广，大都是限于京畿和附近州县，一般只限于京城之内，也就是说被赈济的范围只是一个极小的区域；第二，平粜的粮食是出自政府的储备粮——"出太仓粟分给京畿诸县"，为数有限，多则二三十万石，少则二三万石，因而能够沾到实惠的人实微乎其微。我们在《中国封建社会经济史》前几卷中，都曾评述了历次灾荒对社会经济的强烈破坏作用和所造成的严重后果，几乎每次水、旱、虫、蝗等灾害，只要一发生就是大面积，灾区广阔，灾民众多，而灾情又常常发展到"人相食"，区区一点平价粮，杯水车薪，无济于事。所以平粜政策，实际上只起一点宣传作用——一种象征性的作用，即用以表示朝廷对饥民关怀而已。

---

① 《唐会要》卷八十八。
② 《唐会要》卷八十八。
③ 德宗：《出官米平粜诏》，《全唐文》卷五十三。

第三节　对沿边各少数民族地区和对外贸易

（一）与沿边各少数民族的互市

1. 对西域的贸易

自汉代通西域，与许多少数民族地区以及中亚诸国建立了通商关系之后，便一直在继续之中，就是在十六国混乱割据时期和南北朝的大分裂时期，也从未完全中断，西域诸国和一些少数民族地区的商人，仍不断沿着丝路东来，中国商人亦不断沿着这条古道西去，故六朝时的凉州成为东西通商的一个聚散中心，中外商贾麇[25]集于此，外国商货由此散往内地，内地商货由此转贩西域。隋于统一全国之后，即锐意经营对外贸易，特别是炀帝的好大喜功，他亟欲借此进行对外扩张，即一方面极力招徕外国商贾，借以炫耀中国的富裕昌盛，另一方面，想通过与外商互市，了然各外国的情况，为其扩张政策做准备。隋炀帝在这两方面都做了大量工作，不惜劳民伤财，大肆铺张，例如：

〔炀帝〕又以西域多诸宝物，令裴矩往张掖，监诸商胡互市，啖之以利，劝令入朝。自是西域诸蕃，往来相继，所经州郡，疲于送迎，糜费以万万计。①

作这样的巨大糜费，是有其重大的政治目的的，即除了借以炫耀国力外，主要是打算通过通商，探听边远地区和各国的风土物产与力量之大小强弱，以便在进行扩张时做到心中有数。裴矩在贯彻这一政策时起了很大作用，一切有关事宜，都是由他负责进行的。隋唐两代史籍，对此都做了详细记述：

时（大业初）西域诸蕃多至张掖，与中国交市，帝令矩掌其事。矩知帝方勤远略，诸商胡至者，矩诱令言其国俗，山川险易，撰《西域图记》三卷，入朝奏之。其序曰："……自汉兴基，开拓河右，始称名号者，有三十六国；其后分立，乃五十五王，仍置校

---

① 《隋书》卷二十四，《食货志》。

尉、都护，以存招抚。……于阗之北，葱岭以东，考于前史，三十余国，其后更相屠灭，仅有十存，自余沦没，扫地俱尽，空有丘墟，不可记识。……臣既因抚纳，监知关市，寻讨书传，访采胡人，或有所疑，即详众口，依其本国服饰仪形……即丹青模写，为《西域图记》三卷，合四十四国，仍别造地图，穷其要害。……发自敦煌，至于西海，凡为三道，各有襟带。北道从伊吾经蒲类海、铁勒部、突厥可汗庭，度北流河水，至拂菻国，达于西海。其中道从高昌、焉耆、龟兹、疏勒度葱岭，又经钹[26]汗、苏对、沙那国、康国、曹国、何国、大小安国、穆国至波斯，达于西海。其南道从鄯善、于阗、朱俱波、喝槃陀度葱岭，又经护密、吐火罗、挹怛、忛延、漕国，至北婆罗门，达于西海。其三道诸国，亦各自有路，南北交通。其东女国，南婆罗门国等，并随其所往，诸处得达，故知伊吾、高昌、鄯善，并西域之门户也，总凑敦煌，是其咽喉之地。……但突厥、吐浑分领羌胡之国，为拥遏，故朝贡不通。今并因商人，密送诚款，引领翘首，愿为臣妾。……故皇华遣使，弗动兵车，诸蕃既从，浑厥可灭。……"帝大悦，赐物五百段，每日引矩至御座，亲问西方之事。矩盛言，胡中多诸宝物，吐谷浑易可并吞。帝由是甘心将通西域，四夷经略，咸以委之。……帝复令矩往张掖，引致西蕃，至者十余国。大业三年（公元六〇七年），帝有事于恒岳，咸来助祭。帝将巡河右，复令矩往敦煌，矩遣使说高昌王麹[27]伯雅及伊吾吐屯设等，啖以厚利，导使入朝。及帝西巡，次燕支山，高昌王、伊吾设等及西蕃胡二十七国，谒于道左，皆令佩金玉，被锦罽，焚香奏乐，歌舞喧噪；复令武威、张掖士女盛饰纵观，骑乘填咽，周亘数十里，以示中国之盛。帝见而大悦，竟破吐谷浑，拓地数千里，并遣兵戍之，每岁委输，巨亿万计。诸蕃慑惧，朝贡相续。…… 矩以蛮夷朝贡者多，讽帝令都下大戏，征四方奇技异艺，陈于端门街，衣锦绮，珥金翠者以十万数。又勒百官及民士女列坐栅阁而纵观焉，皆被服鲜丽，终月乃罢。又令三市店肆皆设帷帐，盛列酒食，遣掌蕃率蛮夷与民贸易，所至之处，悉令邀延就坐，醉饱而散。蛮夷嗟叹，谓中国为神仙。①

---

① 《隋书》卷六十七，《裴矩传》。

这是隋炀帝经营西域贸易的全部经过，一切都是在裴矩的导演下进行的。就整个过程来看，这并不是真正贸易，乃进行扩张政策的一种手段，而且是一种不高明的手段。裴矩所搞的那一切，完全是自欺欺人，有如儿戏，明眼人一望而知其虚伪，故《旧唐书》记述此事时称，"夷人有识者，咸私哂其矫饰焉"[1]。可知裴矩并不是在进行真正贸易，而是在导演戏剧。结果自然是劳民伤财，所费以亿万计，不用说在贸易上得不到任何经济效益，并且把商贾与贡使等同起来，又都是"啖之以利，劝令入朝"，故一入境内，即为上宾，款待赏赐，往来迎送，皆所费不赀，遂成为人民的一种沉重负担，且不胜其骚扰：

> 于时（大业中）军国多务，凡是兴师动众，京都留守，及与诸蕃互市，皆令御史监之。宾客附隶，遍于郡国，侵扰百姓，帝弗之知也。[2]

入唐以后，对沿边地区及对外贸易纳入正轨，唐王朝对陆上和海上两方面的贸易皆极为重视，尤留意于与缘边诸少数民族的互市，因通过这种贸易，可以得到内地最缺乏的马匹。马是重要的军用物资，直接与国防军备有关，马之多少，即兵之强弱；牛为耕田动力，缺牛即无以犁耕。中国长期以来，由于农业的畸形发展，一直在倾全力于粮食种植，畜牧业被排斥在若有若无的地位，日日在毁林、毁草，致刍牧无所，牛马等大牲畜因之更为缺乏。可知历代王朝注意发展同少数民族地区间的互市，以丝绸易马或以茶易马，在军事上和经济上都具有战略的重要性，简单说，是一种对国家有利的贸易。关系既如此重大，故唐王朝特设专官，经理其事，其所设之官及其职掌，有如下述：

> 诸互市监，监各一人。汉魏已降，缘边郡国皆有互市，与夷狄交易，致其物产也，并郡县主之，而不别置官吏。至隋，诸缘边州置交易监。……皇朝因置之，各隶所管州府。……光宅中（公元六八四年），改为通市监，后复旧，为互市监。诸互市监各掌诸蕃交易

---

① 《旧唐书》卷六十三，《裴矩传》。
② 《隋书》卷六十七，《裴蕴传》。

之事，丞为之贰。凡互市所得马、驴、牛等，各别其色，具齿岁肤第以言于所隶州府，州府为申闻太仆，差官吏相与受领印记，上马送京师，余量其众寡，并遣使送之，任其在路放牧焉。……其营州管内蕃马出货，选其少壮者，官为市之。①

这样的官制后来一直继续下来，故唐代文献中屡见记载，例如：

公讳燕奇，字燕奇，弘农华阴人也。大父知古，祁州司仓，烈考文诲。天宝中……封弘农郡开国伯。世掌诸蕃互市，恩信著明，夷人慕之。②

从唐初起，即锐意开发与西域诸国之间的往来贸易，故西域贾胡络绎东来，内地商人亦络绎西去，丝绸古道上一直是熙来攘往。如高僧玄奘于"贞观初，随商人往游西域"③，可知内地商贾远赴西域贸易的人是很多的，而且是成群结队的，故玄奘可随商人西游；同时，西域商人亦大批东来，例如康国，"俗习胡书，善商贾，争分铢之利。男子年二十，即远之旁国，来适中夏，利之所在，无所不到"④。

当时高昌适位于东西交通的孔道上，西域来的商贾多被其阻遏，唐王朝遂不得不设法扫除这个障碍，太宗初欲令高昌王麹文泰入朝，为魏徵[28] 劝阻未行：

时〔贞观二年（公元六二八年）〕高昌王麹文泰将入朝，西域诸国咸欲因文泰遣使贡献。太宗令文泰使人厌怛[29]纥干往迎接之。征谏曰："中国始平，疮痍未复，若微有劳役，则不自安。往年文泰入朝，所经州县，犹不能供，况加于此辈。若任其商贾往来，边人则获其利；若为宾客，中国即受其弊矣。……今若许十国入贡，其使不下千人，欲使缘边诸州何以取济？人心万端，后虽悔之，恐无

---

① 《唐六典》卷二十二，《诸互市监》。
② 韩愈：《清边郡王杨燕奇碑文》，《唐韩愈全集》卷二十四。
③ 《旧唐书》卷一百九十一，《方伎·僧玄奘传》。
④ 《旧唐书》卷一百九十八，《西戎·康国传》。

所及。"上善其议。时厌恒纪干已发，遽追止之。①

但是不收复高昌，对西域诸国的贸易即无法沟通，于是太宗遂决定对高昌用兵，派侯君集为交河道行军大总管，率军讨之。文泰初欲顽抗，终于不敌，遂于贞观十四年（公元六四〇年）破之：

> 高昌王麹文泰时，遏绝西域商贾，太宗征文泰入朝，而称疾不至。诏以君集为交河道行军大总管讨之。文泰闻王师将起，谓其国人曰："唐国去此七千里，沙碛阔二千里，地无水草，冬风冻寒，夏风如焚，风之所吹，行人多死，常行百人，不能得至，安能致大军乎？若顿兵于吾城下，二十日，食必尽，自然鱼溃，乃接而掳之，何足忧也。"②
> 〔贞观十四年，破高昌〕时太宗欲以高昌为州县，特进魏徵谏曰："陛下初临天下，高昌夫妇先来朝谒，自后数月，商胡被其遏绝贡献，加之不礼大国，遂使王诛载加。若罪止文泰，斯亦可矣。未若抚其人而立其子，所谓伐罪吊民，威德被于遐外，为国之善者也。"③

从此高昌并入版图，降为州县，通西域的门户为之大开，一时西域贾胡遂蜂拥而来，并散往内地，从通都大邑到偏僻州县，无不有他们的足迹，其所经营的业务亦无所不有：上自搜求珠宝、开设邸店的豪商巨贾，下至卖饼糊口的穷波斯，比比皆是，其具体情况，当于后文详之。由于商贾往来众多，商税成为一项大宗收入：

> 开元七年（公元七一九年）……诏焉耆、龟兹、疏勒、于阗征西域贾，各食其征；由北道者，轮台征之。④

后因来者过多，当局恐有人交通外蕃，滋生事端，玄宗天宝初曾一度下

---

① 《旧唐书》卷七十一，《魏徵传》。
② 《旧唐书》卷六十九，《侯君集传》。
③ 《旧唐书》卷一百九十八，《西戎·高昌传》。
④ 《新唐书》卷一百二十一上，《西域·焉耆传》。

令禁止，企图把正在兴旺发达之中的贸易关系猝然切断：

> 天宝二年（公元七四三年）十月敕：如闻关已西诸国，兴贩往来不绝。虽托以求利，终交通外蕃，因循颇久，殊非稳便。自今已后，一切禁断！仍委四镇节度使及路次所由郡县，严加捉搦，不得更有往来。①

事实上，这个禁令没有生效，也不可能生效，丰厚的经济利益——高额的商业利润，不是一纸敕令所能改变的，结果是贸易仍照常进行，西域贾胡仍蜂拥而来。

2. 沿边互市

唐王朝与缘边诸族的关系，一般说是相当融洽的，不仅经常通使，而且频繁通商，它们的“可汗”，很多是由唐王朝敕封的。由于这些部落大都位于高原或高山地带，在经济上是属于游牧区或半农半牧区，物产主要是牲畜和畜产品，它们即以牲畜——特别是马来换易内地的物品，其中主要是丝绸和茶叶，后因输出过多，开元初曾一度限制，规定：“诸锦、罗、縠、绣、织成绸、绢、丝、牦[30] 牛尾、真珠、金、铁，并不得与诸蕃互市，及将入蕃”②，可知各种丝织品一直是在大宗输出。内地缺马，以手工业制造品易马，既满足了国防需要，又刺激了生产，可知这种贸易是对双方有利的。由于买马是政府的一件大事，故历届王朝对互市无不锐意经营。与唐王朝有较多贸易关系的，主要有以下几个部族：

其一，突厥。突厥是西北缘边一个比较大的游牧部族，约在南北朝时，游牧于金山（阿尔泰山）一带，因金山形似兜鍪，俗称突厥，遂用以名其部落。初属柔然，后到西魏时势力强大，破柔然，建政权于鄂尔浑河流域。疆域辽阔，东起辽海，西达西海（里海，一说咸海），南到阿姆河南，北逾贝加尔湖。曾与北魏通婚，关系良好，至隋初，分裂为东突厥和西突厥。入唐后，仍保持着原来的通使和通商关系，并且从唐王朝建国之初即开始了这种关系：

> 武德二年（公元六一九年）……时大乱之后，中国少马，遇突

---

① 《唐会要》卷八十六。
② 《唐会要》卷八十六。

厥蕃市牛马，以资国用。①

〔突厥可汗〕颉利遣使来，愿款北楼关，请互市，帝（高祖）不能拒。②

先是，遣使诣西域，立叶护可汗；未还，又遣使多赍金银帛，历诸国市马。③

贞观初，献方物。太宗厚慰其使，曰："西突厥已降，商旅可行矣。"诸胡大悦。④

其二，吐谷浑。吐谷原系部落首长名，后即用以名姓氏，是在今青海省境内的一个古代游牧部落，原为鲜卑的一个分支，初游牧于今辽宁锦西一带，西晋末迁往今甘肃青海间。南北朝时，先后属宋、齐和北魏，入唐后，与唐王朝有通婚关系，封青海王，高宗咸亨中（公元六七二年）迁灵州，八世纪中叶时又迁朔方，部族亦逐渐分散，成为西北一个小的游牧部落，虽与中原有互市关系，但往来不多，量亦有限：

〔武德中〕又使于吐谷浑，与敦和好，于是吐谷浑主伏允请与中国互市，安远之功也。⑤

奉使吐谷浑，安远与约和，吐谷浑乃请为互市，边场利之。⑥

〔忠嗣自开元二十九年（公元七四一年）为朔方节度使，天宝五载（公元七四六年），复兼河西陇右节度使〕先是，忠嗣之在朔方也，每至互市时，即高估马价以诱之。诸蕃闻之，竞来求市。来辄买之，故蕃马益少，而汉军益壮。及至河陇，又奏请徙朔方、河东戎马九千匹以实之，其军又壮；迄于天宝末，战马蕃息。⑦

其三，回纥。回纥是在隋唐时期才强大起来的一个游牧部族，原来在鄂尔浑河和色楞格河流域游牧，隋大业初，因反抗突厥压迫，由几个分支联合

---

① 《旧唐书》卷五十七，《刘文静传附赵文恰传》。
② 《新唐书》卷二百一十五上，《突厥颉利可汗传》。
③ 《旧唐书》卷七十一，《魏徵传》。
④ 《新唐书》卷二百二十一下，《西域·康国传》。
⑤ 《旧唐书》卷五十七，《刘文静传附李安远传》。
⑥ 《新唐书》卷八十八，《裴寂传附李安远传》。
⑦ 《旧唐书》卷一百三，《王忠嗣传》。

起来，共称为回纥。唐天宝三载（公元七四四年），破东突厥，兵威大振，遂在今鄂尔浑河流域建立了政权。经济以游牧为主，疆域辽阔，东起兴安岭，西迄鄂尔泰山，最大时曾扩至中亚费尔干盆地，是一个兵力强大的游牧政权，与唐王朝的关系亦相当良好，曾助唐平定了安史之乱。贞元四年（公元七八八年），自请改称回鹘。开成五年（公元八四〇年），为黠戛斯[31] 所破，部族分散，其中一支内迁河西走廊，与汉人杂居。唐朝中叶，正是回鹘的全盛时期，其助平安史之乱，挽救了唐室的覆灭，为唐王朝建立了一大功勋，故唐与回鹘之间的关系较为密切。后因回鹘恃功而骄，所为多不法，也引起不少的纠纷与摩擦。这里选录以下几条记载，以略示其梗概：

> 大历初，持节吊回鹘。时回鹘恃功，廷诘昕曰："禄山、思明之乱，非我无以平定，唐国奈何市马而失信，不时归价？"众皆失色。昕答曰："国家自平寇难，赏功无丝毫之遗，况邻国乎？且仆固怀恩[32] 我之叛臣，乃者尔助为乱，联西戎而犯郊畿，乃吐蕃败走，回纥悔惧，启颡乞和，非大唐存念旧功，则当匹马不得出塞矣。是回纥自绝，非我失信。"回纥惭退，加礼以归。①

> 〔大历〕八年（公元七七三年）十一月，回纥一百四十人还蕃，以信物一千余乘。回纥恃功，自乾元之后，屡遣使以马和市缯帛，仍岁来市，以马一匹易绢四十匹，动至数万马，其使候遣继留于鸿胪寺者非一。蕃得帛无厌，我得马无用，朝廷甚苦之。是时特诏厚赐遣之，示以广恩，且俾知愧也。是月，回纥使使赤心领马一万匹来求市。代宗以马价出于租赋，不欲重困于民，命有司量入计，许市六千匹。②

> 〔大历八年〕回纥赤心卖马一万匹，有司以国计不充，请市千匹。子仪以回纥前后立功，不宜阻意，请自纳一年俸物充回纥马价。虽诏旨不允，内外称之。③

> 大历中，李涵持节送崇徽公主于回纥，署晋判官。回纥恃有功，见使者倨，因问："岁市马，而唐归我贿不足，何也？"涵惧，未及对，数目晋。晋曰："我非无马，而与尔为市，为尔赐者，不已多

---

① 《旧唐书》卷一百四十六，《萧昕传》。
② 《旧唐书》卷一百九十五，《回纥传》。
③ 《旧唐书》卷一百二十，《郭子仪传》。

乎？尔之马，岁五至，而边有司数皮偿赍，天子不忘尔劳，敕吏无得问，尔反用是望我邪？尔父子宁畜马蕃，非我则谁使？"众皆南面拜，不敢有言。①

前来的回纥人数众多，良莠不齐，常常利用唐朝给予他们的优待，干一些违法乱纪的勾当，甚至掳掠妇女，偷运出境。朝廷为了煞止这股歪风，曾予不法群胡以严厉制裁，例如：

> 始回纥至中国，常参以九姓胡，往往留京师，至千人，居赍殖产甚厚。〔建中初〕会酋长突董翳蜜施大小梅录等还国，装橐系道，留振武三月，供拟珍丰，费不赀。军使张光晟阴伺之，皆盛女子以橐，光晟使驿吏刺以长锥，然后知之。已而闻顿莫贺新立，多杀九姓，胡人惧不敢归，往往亡去。突董察视严亟。群胡献计于光晟，请悉斩回纥，光晟许之，即上言，回纥非素强，助之者，九胡尔。今其国乱，兵方相加，而虏利则往，财则合，无财与利，一乱不振，不以此时乘之，复归人与币，是谓借贼兵，资盗粮也。乃使禆校阳不礼，突董果怒，鞭之。光晟因勒兵尽杀回纥群胡，收橐它马数千，缯锦十万。且告曰："回纥扶大将，谋取振武，谨先诛之。"部送女子还长安。②

从此，唐与回纥的关系恶化，互市虽未中断，已完全成为不利贸易：

> 〔建中中，奉使回纥，回纥〕可汗使谓休曰："我国人皆欲杀汝，唯我不然，尔国已杀突董等，吾又杀汝，犹以血洗血，污[33]益甚尔。吾今以水洗血，不亦善乎？所欠吾马直，绢一百八十万匹，当速归之。"遣散支将军康赤心等随休来朝，休竟不得见其可汗。寻遣赤心等归，与之帛十万匹，金银十万两，偿其马直。休履危而还。③

---

① 《新唐书》卷一百五十一，《董晋传》。
② 《新唐书》卷二百一十七上，《回鹘传上》。
③ 《旧唐书》卷一百二十七，《源休传》。

进行这种不利贸易，实是国家财政上一个沉重负担，故历届政府皆有臣下奏陈，主张停止与诸蕃互市，以免"借贼兵，资盗粮"，招致无谓的损失。这里举李德裕的奏状为例：

> 右缘回鹘新得马价绢。访闻塞上军人及诸蕃部落，苟利货财，不惜驼马，必恐充为互市，招诱外蕃，岂惟资助虏兵，实亦减耗边备。望诏刘沔、忠顺义、忠守志等，切加钤键，如有违犯，并按军令，马及互市物纳官。如有人纠告，便以所得物充赏。①

其四，党项。党项是羌族的一支，羌族在东汉时期，是西南边疆一个很强大的游牧部族，南北朝时，党项羌分布在今青海省东南部河曲和四川松潘以西的山谷地带，以畜牧为生。在唐前期时，吐蕃强大，先后征服了青藏高原的诸部落，大部分党项羌人被迫逃离，迁往甘肃、宁夏，少数散往陕北一带。以其与内地接壤，通商往来，自必频繁，政府除严禁兵器不得与蕃人互市外，普通商品则可以自由出入，政府对于通商还给予适当保护——"上频命便安抚之"，故这种通商关系保持的时间最为长久，到五代时仍在继续之中：

> 〔贞元三年（公元七八七年）十一月〕壬申，禁商人不得以口马兵械市于党项。②
> 〔元和〕十五年（公元八二〇年）十一月，命太子中允李寮为宣抚党项使。以部落繁富，时远近商贾，赍缯货入贸羊马。至太和开成之际，其藩镇统领无绪，恣[34] 其贪婪，不顾危亡，或强市其羊马，不酬其直，以是部落苦之，遂相率为盗，灵、盐之路小梗。会昌初，上频命使安抚之，兼命宪臣为使，分三印以统之。③
> 〔天成四年（公元九二九年）夏四月〕诏沿边置场买马，不许蕃部直到阙下。先是，党项诸蕃凡将到马，无驽良，并云上进。国家虽约其价以给之，及计其馆谷锡赉，所费不可胜纪。计司以为耗

---

① 李德裕：《论太原及振武军镇及退浑党项等部落互市牛马骆驼状》，《会昌一品集》卷十三。
② 《旧唐书》卷十二，《德宗纪上》。
③ 《旧唐书》卷一百九十八，《西戎·党项羌传》。

蠹中华，遂止之。①

党项自同光以后，大姓之强者，各自来朝贡。明宗时，诏沿边置场市马，诸夷皆入市，中国有回鹘、党项马最多。明宗招怀远外，马来，无驽壮皆集，而所售过常直；往来馆给，道路倍费。其每至京师，明宗为御殿见之，劳以酒食；既醉，连袂歌呼，道其土风，以为乐。去，又厚以赐赉，岁耗百万计。唐大臣皆患之，数以为言，乃诏吏就边场售马给直，止其来朝。而党项利其所得，来不可止。其在灵、庆之间者，数犯边为盗。自河西回鹘朝贡中国，道其部落，辄邀劫之，执其使者，卖之他族，以易牛马。明宗遣灵、武、康、福、邠州药[35] 彦稠等出兵讨之。……杀数千人，获其牛羊巨万计，及其所劫外国宝玉等，悉以赐军士。由是党项之患稍息。②

其五，吐蕃。吐蕃是公元七至九世纪在青藏高原上建立起来的一个藏族政权，当时正是赞普松赞干布统率这个部族的时候，他统一了青藏高原上的许多部落，定都于拉萨，并创立文字，制订法律，建立官制、军制等等，并与唐文成公主联姻，故唐与吐蕃之间的关系极为融洽。到八世纪后期赞普墀松德赞时，国势最为强盛。因吐蕃不断与唐朝通婚，双方通使频繁，贸易往来、文化交流，都很密切。在通商方面，据记载："〔开元十六年（公元七二八年）〕吐蕃又请交马于赤岭，互市于甘松岭。宰相裴光庭曰：甘松中国阻，不如许赤岭。乃听以赤岭为界，表以大碑，刻约其上。"③ 以后即一直以赤岭为互市地点，彼此均恪守界约，没有发生过重大的纠纷和摩擦。

其他与唐朝有通商关系的，尚有契丹、新罗、高丽等，都在东北缘边，这些地区皆毗邻内地，有的原属中国版图，如契丹，是游牧在辽河上游的一个游牧部族，唐以其地置松漠都督府，并以契丹首领为都督。新罗、百济、高句丽，早已与中国交通，这时仍保持着通使和贸易关系：

〔周显德五年（公元九五八年）〕秋七月乙酉，水部员外郎韩彦卿，市铜于高丽。④

① 《旧五代史》卷四十，《唐明宗纪六》。
② 《旧五代史》卷一百三十八，《党项传》。
③ 《新唐书》卷二百一十六上，《吐蕃传》。
④ 《新五代史》卷十二，《周世宗纪》。

其地产银铜，周世宗时，遣尚书水部员外郎以帛数千匹，市铜于高丽以铸钱。六年，〔其王〕昭遣使者贡黄铜五万斤。[①]

又如："周显德六年（公元九五九年），高丽遣使者贡紫白水晶二千颗。"[②] 说明两国的关系是十分融洽的。新罗名义上也是中国的敕封之国，两国间通使通商，颇为频繁，这由下引记载，可略知梗概：

> 大历初，以新罗王卒，授崇敬仓部郎中、兼御史中丞，赐紫金鱼袋，充吊祭册立新罗使。……故事，使新罗者，至海东，多有所求，或携资帛而往，贸易货物，规以为利。崇敬一皆绝之，东夷称重其德。[③]
>
> 唐邢璹[36] 之使新罗也，还归，泊于炭山，遇贾客百余人，载数船物，皆珍翠沈香象犀之属，直数千万。璹因其无备，尽杀之，投于海中，而取其物……[④]

（二）与南海诸国的海上贸易

唐代与南海诸国的海上贸易，是中国对外贸易史上一个新时代的开端。与南海诸国进行贸易本不自唐始，早在西汉时即已具有相当的规模，以后历代相沿不辍。但是在唐以前，横越印度洋的海上交通还有一定的困难，外国商人的东来是不经常的，虽有明珠、流离、奇石、异物等不时输入，但商舶来者不多，货物有限，在人民生活上和财政收入上都没有多大影响。总之，唐以前的海上贸易也保持着不少古代型。从唐代起，海上商业已逐渐发展为经常性的大宗贩运，唐王朝还特设"市舶使"一官，以专司其事。由唐初至元末，前后历时约七百年、并且是一代胜过一代的对外贸易，一直是在"市舶使"或"市舶司"的管理监督下进行，我们不妨把这一段繁荣发达的南海贸易，称之为市舶贸易。

市舶使一官究竟是在何年设立的，《旧唐书·职官志》、《新唐书·百官

---

① 《新五代史》卷七十四，《四夷附录·高丽传》。
② 《旧五代史》卷一百三十八，《高丽传》。
③ 《旧唐书》卷一百四十九，《归崇敬传》。
④ 《太平广记》卷一百二十六，《报应类》二十五，《邢璹》。

志》和《唐六典》均无明文记载，仅在《新唐书》和《旧唐书》的纪、传中偶尔涉及，时间为开元二年：

〔开元二年（公元七一四年）十二月乙丑〕时右威卫中郎将周庆立为安南市舶使，与波斯僧广造奇器，将以进内。监选使、殿中侍御史柳泽上书谏，上嘉纳之。①

开元中，转殿中侍御史，监岭南选。时市舶使右威卫中郎将周庆立造奇器以进。泽上书曰：……庆立雕制诡物，造作奇器，用浮功为珍玩，以谲怪为异宝，乃治国之巨蠹，明王所宜严罚者也。②

据日人桑原骘藏的考证，把设使之年定为开元二年③，但是顾炎武却说："贞观十七年（公元六四三年），诏三路市舶：番商贩到龙脑、沉香、丁香、白豆蔻四色，并抽解一分。"④ 此说未注明出处，不知何本，细观上引两则记载，显然是右威卫中郎将于开元二年兼任安南市舶使一职，不是市舶使一官初设之年，则市舶使的设立必在开元以前，上推到贞观时期是完全可能的，这是说从唐初起，南海贸易就置于市舶使的管理之下了。

当时由海道来华贸易的国家或地区很多，互市较繁的有日本、新罗、南海诸岛国、印度、斯里兰卡、波斯、大食（阿拉伯）等，其中尤以阿拉伯为最重要，因当时阿拉伯人正崛起海上，继波斯掌握了东方海上的霸权，西自摩洛哥，东至日本、朝鲜，都是他们的贸易范围，几乎处于垄断地位，其他各国均不能与之抗衡。南海及西亚各国来华贸易，都是航海而来的，由波斯湾经印度，绕马来半岛，以抵今之广州，然后再由此分散于岭南之交州、江南之扬州、福建之泉州，此外若福州、明州、温州以及苏州之松江等地，都是当时重要的通商口岸。船舶既大，运载的货物必多，至即呈报官府，郡邑为之喧阗：

南海舶，外国船也，每岁至安南、广州。师子国舶最大，梯而上下数丈，皆积宝货，至则本道奏报，郡邑为之喧阗。有蕃长为主

---

① 《旧唐书》卷八，《玄宗纪上》。
② 《新唐书》卷一百十二，《柳泽传》。
③ 桑原骘藏：《蒲寿庚考》，陈裕青译，中华书局出版，第八页。
④ 顾炎武：《天下郡国利病书》一百二十。

领，市舶使籍其名物，纳舶脚，禁珍异。①

　　蕃长是主管各该国商人到广州后一切行为的首领，外国商人对中国当局有何交涉，即由蕃长代表提出，中国当局对外商有何要求或干涉，亦由蕃长传达，其作用颇似今之领事。广州当局为了外商便于营业和便于管理，特在市内划定一个区域，供外商居住和营业之用，名为"蕃坊"。关于"蕃坊"的情况，唐代文献中缺乏记载，只能由宋人的记载来推知。宋朱彧对此记载颇详："广州蕃坊，海外诸国人聚居，置蕃长一人，管勾蕃坊公事，专切招邀蕃商入贡，用蕃官为之，巾袍履笏如华人。"② 这种情形显然不是从宋代开始的，因唐时的市舶贸易已很发达，故宋时外国商人犹称中国为唐，居留中国为"住唐"。如朱彧在同书另一条记载称："北人过海外，是岁不还者谓之住蕃，诸国人至广州，是岁不归者谓之住唐。"又称："蕃人有罪，诣广州鞫实，送蕃坊行遣。……蕃人衣装与华异，饮食与华同，但不食猪肉而已。"③可知当时留居广州的蕃商大都是阿拉伯、波斯等国回教徒，如在中国犯罪，由蕃长用其本国法律制裁。

　　蕃坊特区的房舍建筑，皆画栏雕槛，霓宇轩昂，蕃商可于其中"列肆而市"，于是蕃坊遂成为一个喧阗热闹的繁华商业区：

　　　　圣恩以臣谨声教，固物情，严为防禁，以尊其生。由是梯山航海，岁来中国。……近得海阳旧馆，前临广江，大槛飞轩，高明式叙，崇其栋宇，辨其名物，陆海珍藏，徇公忘私。……今年波斯、古逻本国二舶，顺风而至，亦云：诸蕃君长，远慕望风，宝舶荐臻，倍于恒数。臣奉宣皇化，临而存之，除供进备物之外，并任蕃商列肆而市，交通夷夏，富庶于人，公私之间，一无所阙。④

　　朝廷之所以特设市舶使专官，以经营此项贸易，其目的之一是给皇帝后妃搜求珍宝，以满足其奢侈需要；其目的之二是抽取"舶脚"——商税，以裕财政收入。由于是公私两利，故最初市舶使多以宦官充任，搜括所得，多

---

① 李肇：《唐国史补》卷下。
② 朱彧：《萍州可谈》卷二。
③ 朱彧：《萍州可谈》卷二。
④ 王虔休：《进岭南王馆市舶使院图表》，《全唐文》卷五百十五。

入皇帝私库，同时又获得一大笔税收，因而后来历届朝廷对于市舶贸易，无不大力奖励扶持，锐意经营，确如韩愈所说：

> 岭之南，其洲七十……其海外杂国若耽浮罗、流求、毛人、夷、亶之洲、林邑、扶南、真腊、干陀利之属，东南际天地以万数，或时候风潮，朝贡蛮胡贾人，舶交海中。若岭南帅得其人，则一边尽治。……外国之货日至，珠、香、象、犀、玳瑁、奇物，溢于中国，不可胜用。①

中唐以后，市舶之利在财政收入上已占极重要地位，几与两税相埒，故对政府来说，已不再是可有可无。试观唐末黄巢进攻广州时，曾上表求为广州节度使，朝廷欲许之，右仆射于综反对，认为"南海有市舶之利，岁贡珠玑，如今妖贼所有，国藏渐当废竭"②。结果，广州被黄巢攻占，成为对唐王朝的一个致命打击：

> 巢陷桂、管，"进寇"广州，诒节度使李迢书，求表为天平节度，又胁崔璆言于朝。宰相郑畋欲许之，卢携、田令孜执不可。巢又丐安南都护、广州节度使。书闻，右仆射于综议，南海市舶利不赀，"贼"得益富，而国用屈。乃拜巢率府率。巢见诏大诟，急攻广州。③

可见市舶之利实联系着朝廷的命运，故不能等闲视之，因此，历届朝廷无不大力招徕，力求"连天浪静长鲸息，映日帆多宝舶来"④，这就不得不严防贪官污吏的过度诛求，如果蕃舶因无利而不来或少来，即引起政府的严重关切，臣下亦纷纷议论，出谋划策，例如陆贽状：

> 远国商贩，惟利是求，绥之斯来，扰之则去。广州地当要会，俗号殷繁，交易之徒，素所奔凑。今忽舍近而趋远，弃中而就偏，

---

① 韩愈：《送郑尚书序》，《唐韩愈全集》卷二十一。
② 《旧唐书》卷一百七十八，《郑畋传》。
③ 《新唐书》卷二百二十五下，《逆臣·黄巢传》。
④ 刘禹锡：《南海马大夫远示著述兼酬拙诗》，《全唐诗》卷十三。

若非侵刻过深，则必招怀失所，曾[37]无内讼之意，更兴出位之忌。
玉毁椟中，是将谁咎；珠飞境外，安可复追。书曰："不贵远物，则
远人格。"今既徇欲如此，宜其殊俗不归。况又将荡上心，请降中
使，示贪风于天下，延贿道于朝廷，黩污清时，亏损圣化，法宜当
责，事固难依。且岭南、安南，莫非王土，中使外使，悉是王臣，
若缘军国所需，皆有令式恒制，人思奉职，孰敢阙供，岂必信岭南
而绝安南，重中使以轻外使，殊失推诚之体，又伤贱货之风，望押
不出。①

南海蕃舶本以慕化而来，固在接以恩仁，使其感悦，如闻比来
长吏，多务征求，嗟怨之声，达于殊俗。况朕方宝勤俭，岂爱遐琛，
深虑远人未安，率税犹重，思有矜恤，以示绥怀。其岭南、福建及
扬州蕃客，宜委节度观察使常加存问，除舶脚收市进奉外，任其来
往，自为交易，不得重加率税。②

广州官吏自古以来以贪墨著闻，到广州做官被认为是难得的肥缺，故一
缄粤符，则举家欢庆，亲朋祝贺，如获金穴，好像金银财宝从此便滚滚而来。
南朝时，官场中即流行着一句话："广州刺史但经城门一过，便可得三千
万。"语虽夸张，颇有深意，这等于是说广州大小官吏几无官不贪。唐于广州
设市舶使，原来的目的就是搜括，以宦官为使，其义自明。宦官多阴狠贪婪
之辈，而又口衔王命，威权专擅，而被敲剥的蕃商皆来自外国，人生地疏，
势孤力单，处于绝对无权地位，上述优惠外商的诏令，对于他们是不起任何
作用的，其唯一抵抗办法是不来或少来。诸如此类的情况，可由下引记载
看出：

广德元年（公元七六三年）十二月甲辰，宦官市舶使吕太一，
逐广南节度使张休，纵下大掠广州。③

〔德宗朝〕迁广州刺史、御史大夫、岭南节度使。广人与夷人
杂处，地征薄而丛求于川市。锷能计居人之业而榷其利，所得与两
税相埒。锷以两税钱上供，时进及供奉外，余皆自入。西南大海中

---

① 陆贽：《论岭南请于安南置市舶中使状》，《陆宣公奏议全集》卷三。
② 文宗：《太和八年疾愈德音》，《唐大诏全集》卷十。
③ 《旧唐书》卷十一，《代宗纪》。

诸国舶至，则尽没其利，由是锷家财富于公藏。日发十余艇，重以犀、象、珠、贝，称商货而出诸境，周以岁时，循环不绝，凡八年。京师权门多富锷之财。①

〔宝历〕二年（公元八二六年），检校兵部尚书、广州刺史、充岭南节度使……广州有海舶之利，货贝狎至。证善蓄积，务华侈，厚自奉养，童奴数百，于京城修行里起第，连亘间巷。岭表奇货，道途不绝，京邑推为富家。②

有压迫，必有反抗。蕃商在备受贪官污吏的剥削与压迫之后，到了忍无可忍的时候，亦起而暴动，例如：

南海岁有昆仑舶市外区琛琲，〔武后朝〕前都督路元叡冒取其货，舶酋不胜忿，杀之。③

〔乾元元年（公元七五八年）九月〕癸巳，广州奏，大食国、波斯国兵众攻城，刺史韦利见弃城而遁。④

乾元元年，波斯与大食同寇广州，劫仓库，焚庐舍，浮海而去。⑤

但是清廉耿介之士也并不是完全没有，虽然屈指可数，却亦是空谷足音[38]。他们身为守土大吏，面对珍异财宝，竟能一尘不染，清风两袖，这当然是难能可贵的，特别是在举世滔滔之际，广州贪官之多，如过江之鲫，他们不仅自己砥砺廉隅，并使一些贪官为之敛迹，对边疆、对贸易都起了很大的积极作用。其中著名的计有：

则天临朝，拜广州都督。广州地际南海，每岁有昆仑乘舶以珍物与中国交市。……方庆在任数载，秋毫不犯。⑥

---

① 《旧唐书》卷一百五十一，《王锷传》。
② 《旧唐书》卷一百六十三，《胡证传》。
③ 《新唐书》卷一百一十六，《王綝传》。
④ 《旧唐书》卷十，《肃宗纪》。
⑤ 《旧唐书》卷一百九十八，《西戎·波斯传》。
⑥ 《旧唐书》卷八十九，《王方庆传》。

〔天宝初〕时南海郡利兼水陆，瑰宝山积，刘巨鳞、彭杲相替为太守，五府节度，皆坐赃巨万而死。乃特授奂为南海太守。遐方之地，贪吏敛迹，人用安之。以为自开元已来四十年，广府节度清白者有四：谓宋璟、裴伷先、李朝隐及奂。中使市舶，亦不干法。①

　　〔大历〕四年（公元七六九年），除广州刺史，兼岭节度观察使。……前后西域舶泛海至者，岁才四五。勉性廉洁，舶来都不检阅，故末年至者四十余。在官累年，器用车服无增饰。及代归，至石门停舟，悉搜家人所贮南货犀、象诸物，投之江中。耆老以为可继前朝宋璟、卢奂、李朝隐之徒。人吏诣阙请立碑，代宗许之。②

　　〔贞元中〕进岭南节度使。……外蕃岁以珠、玳瑁、香、文犀浮海至，申于常贡外，未尝剩[39]索，商贾饶盈。③

　　〔元和〕十二年（公元八一七年），自国子祭酒拜御史大夫、岭南节度等使。……蕃舶之至，泊步有下碇之税（原注：步，水岸渡处；碇，锤舟石，与矴同），始至有阅货之燕，犀、珠磊落，贿及仆隶，公皆罢之。绝海之商有死于吾地者，官藏其货，满三月，无妻子之请者，尽没有之。公曰："海道以年计往复，何月之拘，苟有验者，悉推与之，无算远近。"④

　　其年〔开成元年（公元八三六年）〕冬，代李从易为广州刺史、御史大夫、岭南节度使。南海有蛮舶之利，珍货辐凑。旧帅作法兴利以致富，凡为南海者，靡不捆载而还。钧性仁恕，为政廉洁，请监军领市舶使，己一不干预。⑤

　　先是海外蕃贾赢象、犀、贝、珠而至者，帅与监舶使必楼其伟异，而以比弊抑偿之，至者见欺，来者殆绝。公悉变故态，一无取求，问其所安，交易其物，海客大至。⑥

　　像这样的清官还有一些，这里不一一列举。广州官吏虽有以上这些清官，

---

① 《旧唐书》卷九十八，《卢怀慎传附子奂传》。
② 《旧唐书》卷一百三十一，《李勉传》。
③ 《新唐书》卷一百四十三，《徐申传》。
④ 韩愈：《唐正议大夫尚书左丞孔公（戣）墓志铭》，《昌黎先生集》卷三十三。
⑤ 《旧唐书》卷一百七十七，《卢钧传》。
⑥ 萧邺：《岭南节度使韦公神道碑》，《全唐文》卷七百六十四。

但在"前后刺史，皆多黩货"之中，仍如凤毛麟角，屈指可数，这说明外国商人之备受中国封建官僚之剥削，依然是问题的主要方面，少数个人的洁身自守，并不能改变这个问题的性质。

外国商人在中国通口岸寄居经商，平时要受中国贪官污吏的剥削，一遇战乱，又往往成为抢劫屠杀的对象，如寄居在扬州和广州的蕃商，都曾遭受过大规模的屠杀：

> 邓景山，曹州人也。……至德初……迁扬州长史、淮南节度。……会刘展作乱，引平卢副大使田神功兵马讨贼。神功至扬州，大掠居人资产，鞭笞发掘略尽，商胡大食、波斯等商旅死者数千人。[1]

> 上元元年（公元七六〇年），为平卢节度、都知兵马使、兼鸿胪卿。……寻为邓景山所引，至扬州，大掠百姓商人资产，郡内比屋发掘略遍[40]，商胡波斯被杀者数千人。[2]

> 大历八年（公元七七三年），岭南将哥舒晃杀节度使吕崇贲反，五岭骚扰。诏加嗣恭兼岭南节度观察使。……乃平广州，商舶之徒，多因晃事诛之，嗣恭前后没其财宝数百万贯，尽入私室，不以贡献。代宗甚衔之，故嗣恭虽有平方面功，止转检校兵部尚书，无所酬劳。[3]

（三）寄居内地的"商胡"

由于市舶之利甚厚，不仅可以裕国帑，而且可以饱私囊，上自皇帝，下至广州地方官吏，直到吏胥隶役都是这种贸易的受惠者。因此，外国商人到中国来通商，自为中国当局所欢迎，尽管他们受到如上文所述的种种剥削和压迫，却又受到异乎寻常的优待，在生活上和营业上也得到许多前所未有的方便。例如，他们可以在中国通商口岸和内地城镇自由定居、自由营业，不受任何歧视或限制，并为了适应他们的需要，在城市内划出一个特

---

① 《旧唐书》卷一百十，《邓景山传》。
② 《旧唐书》卷一百二十四，《田神功传》。
③ 《旧唐书》卷一百二十二，《路嗣恭传》。

殊居留区——蕃坊，为他们集中居住和营业，使他们各按照其本国的习俗生活，各信仰其原来的宗教。所以在许多商胡聚居的地点，不仅建造了许多奇形异制的殿堂栋宇，而且建造了不同宗教的教堂，例如：

> 唐河南府立德坊及南市西坊，皆有胡妖神庙，每岁商胡祈福，烹猪杀羊，琵琶鼓笛，酣歌醉舞。……①

蕃坊不仅是外国商人集中居住的地点，而且由于他们在那里"列肆而市"，因而车马填阗，人众杂沓，从而形成一个繁华热闹的商业区，这个商业区不仅有特殊的经济地位，而且有特殊的政治地位，如蕃人犯罪不受中国法律制裁，由蕃长按照其本国法律惩处，这极似后世由不平等条约形成的治外法权，而成为特殊区域的蕃坊，亦颇似后世帝国主义列强在中国都市内划定的租界。所不同的是主权没有丧失。除此以外，另一个显著特点是外国商人可以毫无限制地深入中国内地，他们经常出现在通都大邑，也经常出现在穷乡僻壤，他们足迹遍天下，不管在内地多么偏僻的山村野店，也可以遇到有同行的商胡。这种情形可由下引记载看出：

> 李约尝江行，与一商胡舟楫相次，商胡病，因邀与约相见，以二女托之，皆异色也。又遗一大珠，约悉唯唯。及商胡死，财宝数万，约皆籍送官，而以二女求配。始殓商胡时，自以夜光含之，人莫知之也，后死胡亲属来理资财，约请官司发掘验之，夜光在焉，其密行有如此者。②
>
> 崔枢应进士，客居汴半岁，与海贾同止。其人得疾既笃，谓崔曰：荷君见颜，不以外夷见忽，今疾势不起，番人重土殡，脱没，君能终始之否？崔许之。曰：某有一珠，价万缗，得之能蹈火赴水，实至宝也，敢以奉君。崔受之……伺无人，置于枢中，瘗于阡陌。③
>
> 近世有波斯胡人，至扶风逆旅，见方石在主人门外，盘桓数日，主人问其故，胡云：我欲石捣帛，因以钱二千求买。主人得钱甚悦，

---

① 《太平广记》卷二百八十五，《河南妖主》引《朝野金载》。
② 韦绚：《刘宾[41]客嘉话录》；又见李绰：《尚书故实》。
③ 《唐语林》卷一。

以石与之。胡载石出村外，剖得径寸珠一枚，以刀破臂腋，藏其内，便还本国。①

诸如此类的记载，在唐代文献中特别是笔记小说中，多不胜举，说明商胡的足迹是遍布全国各地，到处可见的。杜工部诗云："滟滪既没孤根深，西来水多愁太阴。……舟人渔子歌回首，估客商胡泪满襟。"②又云："商胡离别下扬州，忆上西陵故驿楼"③；说明商胡实无处不在。

蕃商中有很多是珠宝商人，他们之深入穷乡僻壤，无处不到，是为了搜求珍宝。一旦遇到主人自己不识，也毫不珍惜的奇珍异宝，即不惜出惊人的高价购买，其在都市内开设的邸店——"波斯邸"，除经营银钱业外，也无不兼营珠宝业，并且每一交易都富有浓厚的传奇色彩。这类故事在唐代文献中记载很多，大都见于笔记小说之中，又都夹杂着许多神话成分。这样，每则故事本身不一定真实，但是这一类现象大量存在，用以说明唐代外国商人在内地定居的人很多，生活和营业都很自由，行旅往来不受限制，则是无疑的。下引几例，是从许多同类故事中选录的：

康老子，即长安富家子，落魄不事生计，常与国乐游处，一旦家产荡尽。偶一老妪，持旧锦褥货鬻，乃以半千获之。寻有波斯见，大惊，谓康曰：何处得此？是冰蚕丝所织。若暑月陈于座，可致一室清凉，即酬千万。④

冯翊严生者，家于汉南，尝游岘山，得一物，其状若弹丸，色黑而大，有光，视之，洁彻若轻冰焉。生持以示于人，或曰珠也，生因以弹珠名之，常置于厢中。其后生游长安，晚于春明门逢胡人，叩马而言，衣裳之中有奇宝，愿得一见。生即以弹珠示之，胡人捧之而喜跃曰：此天下之奇宝也，愿以三十万为价。生曰：此宝安所用乎，而君厚其价如是哉？胡人曰：我西国人，此乃吾国之至宝，国人谓之清水珠，若置于浊水，冷然洞彻矣。……生于是以珠

---

①《太平广记》卷四百二，《径寸珠》引《广异记》。
②杜甫：《滟滪》，《分门集注杜工部诗》卷四。
③杜甫：《解闷》十二首之二，《分门集注杜工部诗》卷二十五。
④段安节：《乐府杂录·康老子》。

与胡，获其厚价而归。①

大安国寺，睿宗为相王时旧邸也，即尊位，乃建道场焉。王尝施一宝珠，令镇常住库，云直亿万，僧纳之柜中，殊不为贵也。开元十年（公元七二二年），寺僧造功德，开柜阅宝物，将货之，见函封曰：此珠直亿万。僧共开之，状如片石，赤色，夜则微光，光高数寸。寺僧议曰：此凡物耳，何得直亿万也，试卖之。……月余，有西域胡人，阅寺求宝，见珠大喜，偕顶戴于首。胡人贵者也，使译问曰：珠价直几何？僧曰：一亿万。胡人抚弄迟回而去。明日又至，译谓僧曰：珠价诚直亿万，然胡客久，今有四千万求市可乎？僧喜，与之谒寺主，寺主许诺。明日纳钱四千万贯，市之而去，仍谓僧曰：有亏珠价诚多，不贻责也？僧问胡从何而来，而此珠复何能也。胡人曰：吾大食国人也……②

苏州华亭县，有陆四官庙。元和初，有盐船数十只，于庙前守船者，夜中雨过，忽见庙前光明如火，乃窥之……乃一珠径寸，光耀射目，此人得之，恐光明为人所见，以衣裹之……至扬州胡店卖之，获数千缗。问胡曰：此何珠也？胡人不告而去。③

临川人岑氏，尝游山溪[42]，水中见二白石，大如莲实……捕而获之，归置巾箱中。……盖知二石之异也，恒结于衣带中。后至豫章，有波斯胡人邀而问之：君有宝乎？曰：然！即出二石示之。胡人求以三万为市，岑虽宝之而无用，得钱喜，即以与之，以钱为生资，遂致殷赡，而恨不能问其石，与其所用耳。④

长安平康坊菩提寺，缘李林甫宅在东，故建钟楼于西……寺主元意，多识故事。……又僧广有声口，经数年次当赞佛，因极祝林甫功德，冀获厚衬。毕，帘下出彩箧香罗帊，箧一物如朽钉，长数寸。僧归大失所望，惭惋数日。且意大臣不容欺己，遂携至西市，示于胡商，索价一千。胡见之，大笑曰：未也，更极言之，加至五千。胡人曰：此宝价值一千万，遂与之。僧访其名，曰：此宝

———————————

① 张读：《宣室志》卷六。
② 《太平广记》卷四百二，《水珠》引《纪闻》。
③ 《太平广记》卷四百二，《守船者》引《原化录》。
④ 《太平广记》卷四百四，《岑氏》引《稽神录》。

骨也。①

商胡中除了拥有亿万资本的富商大贾，经营邸店及收购珠宝外，还有一些小本经营的小商小贩，如卖饼鬻浆之类，称为"穷波斯"。上文在论述市门系定时启闭时，曾引沈既济《任氏传》云，郑子早行，因"门扃未发，门旁有胡人鬻饼之舍，方张灯炽炉，郑子憩其帘下，坐以候鼓"，其实这样的卖饼小店，到处皆有，例如：

　　有举人在京城，邻居有鬻饼胡，无妻，数年，胡忽然病，生存问之，遗以汤药。既而不愈，临死告曰：某在本国时大富，因乱遂逃至此，本与一乡人约来相取，故久于此不能别，适遇君哀念，无以奉答，其左臂中有珠，宝惜多年，今死无用矣，特此奉赠，死后乞殡瘗，郎君得此，亦无用处，今人亦无别者，但知市肆之间，有西国胡客至者，即以问之，当大得价。生许之。……②

---

　　① 《太平广记》卷四百三，《宝骨》引《酉阳杂俎》。
　　② 《太平广记》卷四百二，《鬻饼胡》引《原化记》。

第八章　货币与物价

第一节　唐代货币制度的历史性变化

（一）金属货币的复兴

自东汉初年起，当黄金退出流通领域、铜钱亦屡遭贬黜和屡被废止、布帛谷粟等自然物货币逐步取得本位币资格后，历魏、晋、南北朝直到唐初，前后六百年左右一直是货币的主要形态，其间各个王朝虽也铸造过铜钱，但或因钱质恶劣，不便行使，或因久不用钱，人情不愿，而单丝之缣，疏缕之布，始终在发挥着货币的主要职能——交换媒介、价值尺度，甚至当嗜利之徒竞湿谷以要利，织薄绢以为市时，仍然不能动摇布帛谷粟的主币地位。所以历代虽断断续续地铸造铜钱，而铜钱却始终是若有若无，在货币制度中不占重要地位，在五六百年的长时期中，可以说是一种单纯的布帛本位时期。这样的货币制度显然是极端落后的，但历代王朝却有意识地维持这个制度并大力推行这个制度，其目的是贯彻传统的抑商政策，因为布帛谷粟是普通的使用价值，是主要的农产品，废止金属货币而专用布帛谷粟，这一方面奖励了男耕女织，即奖励了农业；另一方面，专用布帛谷粟等农产品为货币，本身就限制了商业发展，因为布帛谷粟等农产品都是单位价值不高、体积又庞大沉重的生活必需品，既不便于流通，也不便于贮藏，更不能作远程贩运，即所谓"千匹为货，事难于怀璧，万斛为市，未易于越乡"。这样，窒息了商品流通，就窒息了货币流通，而货币的各种职能自然就不存在了。

金属货币的复兴，是商品经济发展的结果，是随着商品流通的日益频繁和日益扩大，使货币流通也不得不随之发生相应的变化，因商品流通与货币流通永远是相辅而行的。这种日益在扩大流通范围和不断在加快流通速度的货币，必然是金属货币，由货币流通规律本身决定了布帛谷粟等自然物货币不能适应这个要求，其逐步丧失其本位币资格，并逐步走上自己的衰退没落道路，都是必然的，唐代正是这个历史变化的交替时期。

在唐代前期，约到唐太宗贞观年间，国家经过魏晋南北朝长期的大分裂与大破坏之后，获得了长期未能获得的和平与安定，社会经济得到了恢复与发展，并显示了一定程度的兴旺与繁荣。首先是农业由于连年的风调雨顺，而出现了一片兴旺繁荣景象，例如在贞观八、九年间（公元六三四—六三五年），由于"比岁丰稔"，成为"马牛布野，外户不闭，斗米三四钱，行旅自京师至岭表，自山东至于沧海，皆不赍粮，取给于路。入山东村落，行旅过者，必厚加供待，或发时有赠遗"[①]。这样的繁荣景象，延续的时间还相当长，直到玄宗开元年间（公元七四〇年前后），还是"四方丰稔，百姓殷富，米一斗三四文，路不拾遗，行者不赍粮……人情欣欣然"[②]。所有这些情况，都是商品经济发展的基础。关于唐代工商业发达的具体情况，已在第六、第七两章中进行了全面阐述，上述那些情况的出现，正是货币经济发展的前提，没有那样发达的商品经济的存在，货币经济的发展是完全不可能的，因为不需要有便利的货币流通与之相辅而行。特别是唐代的商业——主要是都市商业，已经发生了历史性的变化，简单说，就是正在由古代型商业向近代型商业转变，改变了自古以来日中为市、定时交易、聚毕即散的临时一聚的定时市，发展为有常设市场的近代型商业都会，如长安的东西市各有二百二十行，都是"四面立邸，四方珍奇，皆所积集"[③]，洛阳虽非首都，而商业亦非常发达，如南市，"其内一百二十行，三千余肆，四壁有四百余店，货贿山集"[④]。市内行业店肆之多，说明商业营运之广和数量之大。在这个现象的另一面，就是金属货币必然是以同等的程度在发展。

唐代的对外贸易也显示了更大程度的繁荣。与西域地区和南海诸国的贸易，隋时即已相当发达，入唐后又继续发展，不仅有大批的中国商人远涉异域，而且有更多的外国商人——"贾胡"来中国贸易，他们除了沿古代的丝绸之路从陆路东来外，更多的是循海道而来，唐人称这些外国贾胡为"昆

---

① 《贞观政要》卷一。
② 郑綮：《开天传信录》。
③ 宋敏求：《长安志》卷八。
④ 徐松：《唐两京城访考》卷五。

仑"，例如"广州地际南海，每岁有昆仑乘舶以珍物与中国交市"①。进行这样的交易，必有一个与之相适应的货币制度来完成商品流通的另一面，"四方珍奇"才能源源而来，这绝不是不值钱而又笨重难致的布帛谷粟所能胜任的。

如前文第五章所指出，茶是从唐代兴起的一种新商品，一时饮茶之风大盛，茶很快就成为人们的生活必需品，在开门七件事中还名列前茅，据当时人李珏说："茶为食物，无异米盐，于人所资，远近同俗。既祛竭乏，难舍斯须，田间之间，嗜好尤切。"② 茶既然成了一般人不可斯须稍缺的必需品，它的需要量自然是日益增大，于是给商业经营增添了一个新的重要内容，它可以大量贩运，又很容易销售，成为最有利的一项商业经营，所以，"茶熟之际，四远商人皆将锦绣缯缬金铰银钏，入山交易"③。又如盛产名茶的祁门，"祁之茗，色黄而香，贾客咸议，愈于诸方。每岁二三月，赍银缗缯素求市，将货他郡者，摩肩接迹而至"④。茶既是一种畅销的大宗货物，遂成为促进商业发展的一个有力因素，所以唐代的大商人（所谓商客、贾客、沽客等），其中很多都是茶商，例如白居易的《琵琶行》："商人重利轻别离，前月浮梁买茶去。"⑤ 说明贩茶的茶商都是周流天下，无远弗届，是一种典型的贩运性商业，他们的经营主要是从产茶区将茶贩运到茶价最高和最容易销售的地方，产地与市场之间的价格差额，就是商人的利润来源，为了能获致最大的价格差额，商人们经常地把商品从一个市场转到另一个市场，所赚得的货币价值——包括成本和利润，也必随之从一个市场转到另一个市场，只有"银缗缯素"和"金钗银钏"等单位价值高的财物，才能在商业远程贩运和商品迅速流通中发挥货币的作用。

（二）铜钱的铸造

在金属货币中，首先得到恢复的是铜钱。铜钱的历史本甚悠久，至秦由国家法令明定与黄金同为无限法偿，秦和西汉是铜钱流通的黄金时代。进入东汉以后，随着整个社会经济的衰落，铜钱不断遭到保守主义者或复古主义者的反对和传统抑商政策的贬黜，其原来的货币职能已为布帛谷粟所取代，

---

① 《旧唐书》卷八十九，《王方庆传》。
② 《旧唐书》卷一百七十三，《李珏传》。
③ 杜牧：《上李太尉论江"贼"书》，《全唐文》卷七百五十一。
④ 张途：《祁门新修阊门溪记》，《全唐文》卷八百二。
⑤ 《白氏长庆集》卷十二。

使整个货币制度从已经发展到高度的货币经济阶段倒退到自然经济时代，以布帛谷粟等普通消费品为货币，实际上是从商品流通和货币流通倒退到物物交换，所以从东汉初年到唐代末年（公元二五至九〇七年），在长达八百余年之中，是国民经济的一个大倒退时期，唐在名义上还是金属货币与实物货币的并用时期，铜钱虽已开始大量铸造和大量流通，而布帛谷粟仍保留着原来的货币资格，铜钱与布帛两者是同样的无限法偿，特别是在唐代前期，无论是大宗的价值支付，还是日常的零星交易，使用布帛和使用铜钱两者是完全相同的。但是事实上铜钱的重要性日益上升，而布帛的重要性则在日益下降，政府为了维持两种货币的同等地位，并为了防止铜钱的需要量增加太快致铜钱短缺，曾屡次进行干预，规定市场交易达到一定数量即须钱帛兼用，或专用布帛，不得使用铜钱。但是法令不能改变经济规律的自然必然性，当商业日益发展，即商品流通和货币流通的速度日益加快和数量日益增多时，实物货币的本身缺点就愈益暴露出来，如体积庞大、单位价值太低、不便携带、不便贮存、不抗水火、容易变质和贬值等等，使它的货币性质不能不随着商业的日益发展而日益消失。

唐从立国之初即开始铸钱，所铸之钱大小轻重适中，质地良好，制度亦比较完善，故唐代铜钱能始终流通无阻：

> 高祖即位，仍用隋之五铢钱。武德四年（公元六二一年）七月，废五铢钱，行开元通宝钱，径八分，重二铢四累，积十文重一两，一千文重六斤四两。仍置钱监于洛、并、幽、益等州，秦王、齐王各赐三炉铸钱，右仆射裴寂赐一炉，敢有盗铸者，身死，家口配没。五年（公元六二二年）五月，又于桂州置监。议者以新钱轻重大小，最为折衷，远近甚便之，后盗铸渐起，而所在用钱滥恶。①
>
> 武德四年七月一日，废五铢钱，行开元通宝钱，径八分，重二铢四累，十文重一两，一千文重六斤四两，以轻重大小最为折衷，远近甚便之。其钱文给事中欧阳询制词及书，时称其工，其字含八分及隶篆三体，其词先上后下、次左后右读之，自上及左回环读之，其义亦通，流俗谓之开元通宝钱。郑虔《会粹》云：询初进蜡样，自文德皇后掐一甲迹，故钱上有掐文。十八日，置钱监于洛、并、

---

① 《旧唐书》卷四十八，《食货志上》。

幽、益等诸州，秦王、齐王赐三炉铸钱，裴寂赐一炉。敢有盗铸者，身死，家口籍没。至五年三月二十四日，桂州置钱监。①

造币权由国家垄断，不许民间私铸，是完全符合货币制度的基本要求的，益非如此，即不足以保证货币的统一和金融的稳定。唐自建国之初直到开元天宝之际，社会经济之能持续稳定发展，是与货币制度的统一和金融状况稳定分不开的。唐代对铸钱设专官督理，除在京师设有钱监外，并在各产铜州郡设置钱官，监督铸造：

> 诸铸钱监：绛州三十炉，扬、宣、鄂、蔚四州各十炉，益、邓、郴三州各五炉，洋州三炉，定州一炉也。诸铸钱监以所在州府都督刺史判之，副监一人，上佐判之。②
>
> 关内道、商州，有洛源监钱官。河东道、绛州、翼城，有铜源、翔皋钱场二。蔚州、飞狐，有钱官。淮南道、扬州，有丹阳监、广陵监钱官二。江南道、宣州、南陵，有梅根、宛陵二监钱官。鄂州有凤山监钱官，饶州，有永平监钱官。信州，有玉山监钱官。郴州，有桂阳监钱官。剑南道、梓州，铜山南可象山、西北私熔山皆有铜，贞观二十三年（公元六四九年）置钱官，调露元年罢。③
>
> 饶州鄱阳县，永平监置在部下，每岁铸钱七千贯。宣州南陵县梅根监在县西一百三十五里，梅根监并宛陵监每岁共铸钱五万贯。郴州桂阳监在城内，每年铸钱五万贯。④
>
> 天下炉九十九，绛州三十，扬、润、宣、鄂、蔚皆十，益、郴皆五，洋州三，定州一。每炉岁铸钱三千三百缗，役丁匠三十，费铜二万一千二百斤，镴三千七百斤，锡五百斤。每千钱费钱七百五十。天下岁铸三十二万七千缗。⑤

上述岁铸总数，系天宝年间统计，为唐代铸钱业的高峰时期，据《通

---

① 《唐会要》卷八十九。
② 《旧唐书》卷四十四，《职官志三》。
③ 《新唐书》卷三十七—四十二，《地理志》。
④ 《元和郡县图志》卷二十八。
⑤ 《新唐书》卷五十四，《食货志四》。

典》记载：

> 按天宝中，诸州凡置九十九炉铸钱，绛州三十炉，扬、润、宣、鄂、蔚各十炉，益、郑、郴各五炉，洋州三炉，定州一炉。约每炉役丁匠三十人。每年除六月、七月停作，余十月作十番。每铸用铜二万一千二百二十斤，白镴三千七百九斤，黑锡五百四十斤。约每贯钱用铜镴锡价约七百五十文，丁匠在外。每炉计铸钱三千三百贯，约一岁计铸钱二十二万七千余贯文。①

在开元天宝年间，政府对诸道州府铸钱十分重视，委派大臣充任诸道铸钱使，其著者如：

> 开元二十五年（公元七三七年）二月，监察御史罗文信，充诸道铸钱使，天宝三载（公元七四四年）九月，杨慎矜除御史中丞，充铸钱使，四载十一月，度支郎中杨钊充诸道铸钱使，上元元年（公元七六〇年）五月，刘晏除户部侍郎，充句当铸钱使，其年五月二十五日，殿中监李辅国，加京畿铸钱使，宝应元年（公元七六二年）六月二十八日，刘晏又除户部侍郎，充句当铸钱使，广德二年（公元七六四年）正月，第五琦除户部侍郎，充诸道铸钱使，其年六月三日，礼部尚书除兼御史大夫李岘，充江南西道句当铸钱使，永泰元年（公元七六五年）正月十三日，刘晏充东都淮南浙东西湖南山南东道铸钱使，第五琦充京畿关内河东剑南山南西道铸钱使，大历四年（公元七六九年）三月，刘晏除吏部尚书，充东都河东淮南山南东道铸钱使，五年三月二十六日停。②

稳定了相当长时间的铜铸币，到了唐高宗时即开始混乱，他突然废开元通宝钱，改铸乾封泉宝钱，不旋踵又废乾封泉宝钱，复行开元通宝钱：

> 〔麟德三年夏四月〕庚寅，改铸乾封泉宝钱。③

---

① 《通典》卷九，《食货九·钱币下》。
② 《唐会要》卷五十九。
③ 《旧唐书》卷五，《高宗纪下》。

　　〔乾封二年（公元六六七年）春正月丁丑〕罢乾封钱，复行开元通宝钱。①

　　他这样突然反复，并不像他自己所说完全是思考不周，轻举妄动："比以伪滥私起，所以采乾封之号，改铸新钱，静而思之，将为未可。高祖拨乱反正，爰创轨模，太宗立极承天，无所改作，今废旧造新，恐乖先旨，其开元通宝宜依旧施行，为万世法。"② 实际上他这次改币，是要通过改铸新币，以降低货币的含金量，实行通货膨胀，以新钱一文当旧钱十文。新钱一出，立刻造成了市场混乱，以"商贾不通，米帛踊贵"，遂不得不停用新钱，复行开元通宝钱：

　　　　乾封元年（公元六六六年），改铸乾封泉宝钱，径寸，重二铢六分，以一当旧钱之十，逾年而旧钱多废。明年，以商贾不通，米帛踊贵，复行开元通宝钱，天下皆铸之，然私钱犯法日蕃，有以舟筏铸江中者，诏所在纳恶钱，而奸亦不息。③
　　　　乾封元年五月二十三日，盗铸转多，遂改铸新文乾封泉宝钱，径寸，重二铢六分……其新钱一文当旧钱之十。周年之后，旧钱并废。其后悟钱文之误，米帛增价，乃议却用旧钱……乾封新铸钱令所司贮纳，更不须铸，仍令天下置铸之处，并铸开元通宝钱。④

　　安史乱后，帑藏空虚，国步艰难，肃宗时又改铸新钱，再次实行通货膨胀，首建此议的是御史中丞第五琦，铸当十大钱，名曰乾元重宝：

　　　　〔乾元元年（公元七五八年）秋七月〕丙戌，初铸新钱，文曰乾元重宝，用一当十，与开元通宝同行用。⑤
　　　　乾元元年七月，诏曰："钱货之兴，其来久矣，代有沿革，时为重轻。周兴九府，实启流泉之利，汉造五铢，亦弘改铸之法。必令

---

①　《旧唐书》卷五，《高宗纪下》。
②　《唐会要》卷八十九。
③　《新唐书》卷五十四，《食货志四》。
④　《唐会要》卷八十九。
⑤　《旧唐书》卷十，《肃宗纪》。

大小兼适，母子相权，事有益于公私，理宜循于通变。但以干戈未息，帑藏犹虚，卜式献助军之诚，弘羊兴富国之算，静言立法，谅在便人。御史中丞第五琦奏请改钱，以一当十，别为新铸，不废旧钱，冀实三官之资，用收十倍之利，所谓于人不扰，从古有经。宜听于诸监别铸一当十钱，文曰乾元重宝，其开元通宝著依旧行用。所请采铸捉搦处置，即条件闻奏。"二年三月，琦入为相，又请更铸重轮乾元钱，一当五十，二十斤成贯，诏可之。于是新钱与乾元、开元通宝钱三品并行。寻而谷价腾贵，米斗至七千，饿死者相枕于道，乃抬旧开元钱，以一当十，减乾元钱以一当三十。缘人厌钱价不足，人间抬加价钱为虚钱。长安城中，竞为盗铸，寺观钟及铜像，多坏为钱；奸人豪族，犯禁者不绝。京兆尹郑叔清擒捕之，少不容纵，数月间榜死者八百余人，人益亡聊矣。上元元年（公元七六〇年）六月，诏曰："因时立制，顷议新钱，且是从权，知非经久。如闻官炉之外，私铸颇多，吞并小钱，逾滥成弊，抵罪虽众，禁奸未绝。况物价益起，人心不安。事借[1]变通，期于折衷。其重棱五十价钱，宜减作三十文行用；其开元旧时钱，宜一当十文行用；其乾元十当钱，宜依前行用。仍令中京及畿县内依此处分，诸州待进止。"七月初，重棱五十价钱，先令畿内减至三十价行，其天下诸州并宜准此。宝应元年（公元七六二年）四月，改行乾元钱，一以当三；乾元重棱小钱，亦以一当二，重棱大钱，亦以一当三。寻又改行乾元大小钱，并以一当一；其私铸重棱大钱，不在行用之限。①

〔乾元三年（公元七六〇年）三月〕泉府之设，其来尚矣，或因时改作，则制有重轻，往以金革是殷，邦储稍缺，属权臣掌赋，变法非良，遂使货物相沿，谷帛腾踊，求之舆诵，弊实由斯。夫易柱调弦，政之要者。今欲仍从旧贯，渐罢新钱，又虑权衡转资限急，如或犹循所务，未塞其源，实恐物价虚腾，黎人失业，静言体要，用借[2]良图。且两汉旧规，典章沿革，必朝廷会议，共体至公。盖明君不独专法，当从众议，庶遵行古之道，俾广无私之论。宜令文武百官九品以上，并于尚书省议讫，委中书门下详择奏闻。②

---

① 《旧唐书》卷四十八，《食货志》。
② 肃宗：《令百官议罢新钱诏》，《唐大诏令集》卷一百十二。

代宗即位，乾元重宝钱以一当二，重轮钱以一当三，凡三日，而大小钱皆以一当一。自第五琦更铸，犯法者日数百，州县不能禁止，至是，人甚便之。其后民间乾元、重棱二钱铸为器，不复出矣。①

从上引各条记载看来，高宗改铸的乾封钱和肃宗改铸的乾元重宝钱和乾元重棱钱，都是为了膨胀通货，贬低钱质，而废旧铸新的。但是两次改铸，不但没有获得充裕帑藏的目的，反而都造成了币制混乱，物价腾踊。加以盗铸者众，犯法者日数百，州县不能禁止，所谓"官铸之外，私铸颇多"，"抵罪者众，禁奸未绝"，人心惶惶，闾阎不安，乃不得不令文武百官会议废止。说明两次改铸都彻底失败了，而开元通宝钱又恢复了固有地位，并且更不易于动摇。

（三）铜钱铸造中的几个问题

1. 盗铸问题

盗铸问题是随着铜钱的产生而产生的一个老问题，有了铜钱，就有了盗铸问题。古人在铸造铜钱时原曾做了一定的预防措施，如汉铸五铢钱，"周郭其质，令不可得磨取熔"，注：孟康曰："周匝为郭，文漫皆有。"但究为一定的技术条件所限制，铜钱的周匝文漫不可能很细致，故铸造铜钱是很简单的一种工艺，容易仿造，把官铸的大铜钱熔化为铜后另铸更多的小钱是很容易的，也是很有利的，在铜中搀入低劣的金属铸为小钱就更有利，这就是西汉贾谊所说的"铸钱之情，非殽杂为巧，则不可得赢，而殽之甚微，为利甚厚"。这是"官铸之外，私铸颇多"，"抵罪者众，禁奸未绝"的原因所在。私铸恶钱一旦投入市场后，不仅仅是在好的铜钱之外增加了一些滥恶小钱和一些铅、锡、铁制的伪造钱币，而是立刻显示格雷欣法则的作用，发生劣币驱逐良币的现象，即优质铜钱迅即退出流通，绝迹市场，而被各自的所有者窖藏起来，市场上全是盗铸的恶钱，这些劣币不但数量巨大，而且流通速度甚快，人们在无法拒绝、不得不收受后，必迅速转手出去，谁也不肯把这种劣币保留在自己手中，这就越发显得市场上是恶钱充斥，于是物价飞涨，民不聊生[3]，对社会经济的各个方面都产生了无穷祸害。币制如此混乱，直接

---

① 《新唐书》卷五十四，《食货志四》。

影响国计民生，政府不得不出面干涉，设法减少恶钱，行使良币，而盗铸不息，恶钱不停地倾入市场，成为一个永远不能根治的痼疾，历届朝廷为之绞尽脑汁。这些情况，可由下引记载知其梗概：

〔武德元年（公元六一八年）秋七月〕东都大饥，私钱滥恶，太半杂以锡镮。隋开皇初，见用之钱，皆须和以锡镴，锡镴既贱，求利者多，私铸之钱，不可禁约，乃诏禁出锡镴之处不得私采，立榜置样钱，不中样者不入于市。大业之季，王纲弛紊，私铸益多，钱转薄恶，初焉每千犹重二斤，渐轻至一斤，或剪铁鍱[4]，裁皮糊纸以为钱，相杂用之，锡镴固宜多矣。其细如线，米斛直钱八九万。①

显庆五年（公元六六一年）九月敕，以恶钱转多，令所在官私为市，取以五恶钱酬一好钱。百姓以恶钱价贱，私自藏之，以候官禁之弛。高宗又令以好钱一文买恶钱两文，弊仍不息。至乾封元年（公元六六六年）封岳之后，又造新钱……既而私铸更多，钱复滥恶。高宗尝临轩谓侍臣曰：钱之为用，行之已久，公私要便，莫甚于斯，比为州县不存检校，私铸过多，如闻荆、潭、宜、衡，犯法尤甚，遂有将船筏[5] 宿于江中，所部官人不能觉察，自今严加禁断，所在追纳恶钱，一二年间使尽。当时虽有约敕，而奸滥不息。②

显庆五年九月，以天下恶钱甚多，令官私以五恶钱酬一好钱赎取，至十月，以好钱一文博恶钱两文。至仪凤四年（公元六七九年）四月，以天下恶钱甚多，令东都出远年糙米及粟，就市粜斗，别纳恶钱百文，其恶钱令少府司农相知，即令铸破，其厚重径合斤两者，任将行用。至先天元年（公元七一二年）九月二十七日，京中用恶钱，货物踊贵，谏议大夫杨虚受上疏曰：伏见市井用钱，不胜滥恶，有加铁锡，即非公铸，亏损正道，惑乱平民，铜锡乱杂，伪钱丰多，正刑渐失于科条，明罚未加于守长，帝京三市，人杂五方，淫巧竞驰，侈伪成俗，至于商贾积滞，富家藏镪，兼并之人，岁增储蓄，贫素之士，日有空虚，公钱未益于时须，禁法不当于世

---

① 《资治通鉴》卷一百八十五，《唐纪一》。
② 《旧唐书》卷四十八，《食货志上》。

要。其恶钱，臣望官为博取纳铸钱州，京城并以好钱为用。书奏，付中书门下详议，以为扰政，不行。至开元六年（公元七一八年）正月十八日，敕禁断恶钱，行三铢四分[6]已上旧钱，更收人间恶钱，熔破复铸，准样式钱。勅禁出之后，百姓喧然，物价摇动，商人不甘交易。宰相宋璟、苏颋奏，请出太府钱五万贯，分于南北两京，平价买百姓间所卖之物，堪贮掌官须者，庶得好钱散行人间，从之。又降敕近断恶钱，恐人少钱行用，其两京文武官夏季防阁庶仆，宜即先给钱，待后季任取所配物货卖，准数还官。①

仪凤中，濒江民多私铸钱为业，诏巡江官督捕，载铜锡镴过百斤者没官。四年（公元六七九年），令东都粜米粟，斗别纳恶钱百，少府司农毁之。是时铸多钱贱，米粟踊贵，乃罢少府铸，寻复旧。永淳元年（公元六八二年），私铸者抵死，邻保、里坊、村正皆从坐。②

武后时，钱非穿穴及铁锡铜液，皆得用之，熟铜排斗沙涩之钱皆售，自是盗铸蜂起，江淮游民依大山陂海以铸，吏莫能捕。先天之际，两京钱益滥，郴、衡钱才有轮郭，锡五铢之属，皆可用之，或熔锡模钱，须臾百千。③

可见在整个唐代前期，盗铸问题始终得不到解决，币制愈来愈乱，市面上恶钱充斥，好钱几已绝迹。开元之初本为唐之盛世，当政者皆一时之选，但对盗铸问题却一筹莫展，虽曾严加取缔，人民为免罪戾，将小恶之钱沉于江湖，而以上青钱充恶钱纳之，反而造成市井不通，物价腾起，自两京以至地方，一片混乱，政府乃不得不退缩让步，以图苟安，其情况可见下文：

开元五年（公元七一七年），车驾往东都，宋璟知政事，奏请一切禁断恶钱。六年正月，又切断天下恶钱，行二铢四絫钱，不堪行用者并销破覆铸。至二月又敕曰："古者聚万方之货，设九府之法，以通天下，以便生人，若轻重得中，则利可知矣；若真伪相杂，

① 《唐会要》卷八十九。
② 《新唐书》卷五十四，《食货志四》。
③ 《新唐书》卷五十四，《食货志四》。

则官失其守。顷者用钱，不论此道，深恐贫窭日困，奸豪岁滋，所以申明旧章，悬设诸样，欲其人安俗阜，禁止令行。"时江淮钱尤滥恶，有官炉、偏炉、棱钱、时钱等数色。璟乃遣监察御史萧隐之充江淮使。隐之乃令率户出钱，务加督责，百姓乃以上青钱充恶钱纳之，其小恶者或沉之于江湖，以免罪戾。于是市井不通，物价腾起，流闻京师，隐之贬官，璟因之罢相，乃以张嘉贞知政事。嘉贞乃弛其禁，人乃安之。①

禁既无效，而且愈禁钱文愈乱，开元九年（公元七二一年）时，玄宗一度打算开放钱禁，仿汉文故事，令民放铸，乃诏公卿百僚集议可否：

敕："布帛不可以尺寸为交易，菽粟不可以抄勺贸有无，故古之为钱，以通货币，盖人所作，非天实生。顷者耕织为资，乃稍贱而伤本，磨铸之物，却以少而致贵，顷虽官铸，所入无几，约工计本，劳费又多，公私之间，给用不赡，永言其弊，岂无变通？往者汉文之时，已有放钱之令，虽见非贾谊，亦无废于贤君。况古往今来，时异事变，反经之义，安有定耶？然终自拘，必无足用。且欲不禁私铸，其理如何，公卿百僚，详议可否，朕将亲览，择善而从。"②

群僚讨论，多持反对意见，放铸未被采纳，盗铸猖獗如故，至开元二十二年（公元七三四年），宰相张九龄又倡放铸之议，令公卿百僚详议可否，赞成和反对双方都详陈了理由：

〔开元〕二十二年三月壬午，欲令不禁私铸钱，遣公卿百僚详议可否，众以为不可，遂止。③

〔开元〕二十二年，宰相张九龄建议：古者以布帛菽粟不可尺寸抄勺而均，乃为钱以通贸易，官铸所入无几，而工费多，宜纵民铸。议下百官，宰相裴耀卿、黄门侍郎李林甫、河南少尹萧炅、秘

---

① 《旧唐书》卷四十八，《食货志上》。
② 玄宗：《议放私铸钱敕》，《唐大诏令集》卷一百十二。
③ 《旧唐书》卷八，《玄宗纪上》。

书监崔沔，皆以为严断恶钱则人知禁，税铜折役则官冶可成，计估度庸，则私钱以利薄而自息。若许私铸，则下皆弃农而竞利矣。左监门卫录事参军刘秩[7]曰：今之钱，古之下币也，若舍之任人，则上无以御下，下无以事上，不可一也。物贱伤农，钱轻伤贾，物重则钱轻，钱轻由于物多，多则作法收之使少，物少则作法布之使轻，奈何假人，不可二也。铸钱不杂铅铁则无利，杂则钱恶，今塞私铸之路，人犹冒死，况设陷阱诱之，不可三也。铸钱无利则人不铸，有利则去南亩者众，不可四也。人富则不可以赏劝，贫则不可以威禁，法不行，人不理，由贫富不齐，若得铸钱，贫者服役于富室，富室乘而益恣，不可五也。夫钱重由人，日滋于前，而炉不加旧，公钱与铜价颇等，故破重钱为轻钱，铜之不赡在采用者众也。铜之为兵不如铁，为器不如漆，禁铜则人无所用，盗铸者少，公钱不破，人不犯死，钱又日增，是一举而四美兼也。是时公卿皆以纵民铸为不便，于是下诏禁恶钱而已。①

这说明在唐代前期，铜钱一直是滥恶的，政府虽采取了各种对策，而盗铸之势不因之稍减，实际上唐代市场上所流通的铜钱，几乎全部是恶钱，上青钱不见于市，格雷欣法则的作用发挥得十分充分。安史之乱以后，唐王朝的统治地位衰颓不振，政教陵替，法制荡然，过去禁之无效的盗铸，这时更无力过问，自两京至各道州府，恶钱充斥如故。这里仅引两例如下，说明唐代盗铸问题是贯彻始终的：

〔建中〕二年（公元七八一年）八月，诸道盐铁使包佶奏：江淮百姓近日市肆交易钱，交下粗恶，拣择纳官者三分才有二分，余并铅锡铜荡，不数斤两，致使绢价腾贵，恶钱渐多。访闻诸州山野地窖，皆有私钱，转相货易，奸滥渐深。今委本道观察使明立赏罚，切加禁断。②

〔太和〕五年（公元八三一年）二月，盐铁使奏，湖南管内诸州百姓，私铸造到钱。伏缘衡、道数州，连接岭南，山洞深邃，百

---

①《新唐书》卷五十四，《食货志四》。
②《唐会要》卷八十九。

姓依模监司钱样，竞铸造到脆恶奸钱，转将贱价博易，与好钱相和行用，其江西鄂、岳、桂、管、岭南等道，应有出铜锡之处，亦虑私铸滥钱，并请委本道观察使条流禁绝。①

2. 严禁铅锡钱

完全禁止盗铸既不能生效，中叶以后，遂把禁令完全集中在取缔铅锡钱上，因为盗铸的钱虽然薄小质劣，但毕竟还是铜钱，而铅锡钱或其他钱——如泥钱，则系伪造，行使这种钱是以伪乱真，罪又大于盗铸，故取缔铅锡等伪钱则以严刑峻法随其后，这都是在唐代后期和五代时期而逐渐加严的，例如：

〔元和〕十四年（公元八一九年）六月敕：应属诸军诸使，更有犯时用钱，每贯除二十文，足陌内欠钱及有铅锡钱者，宜令京兆府枷项收禁，牒报本军本使府司差人，就军及看决二十，如情状难容，复有违拒者，仍令府司闻奏。②

太和三年（公元八二九年）六月，中书门下奏：准元和四年（公元八〇九年）闰三月敕，应有铅锡钱，并合纳官，如有人纠得一钱，赏百钱者。当时敕条，贵在峻切，今详其实，必不可行。只如告一钱赏百钱，则有告一百贯锡钱，须赏一万贯铜钱，执此而行，事无畔际，昨因任清等犯罪，施行不得，遂参酌事理，量情科赏，或恐已后民间更有犯者，宜立节文，令可遵守。臣等商量自今以后，有用铅锡钱交易者，一贯以下，以州府常行杖决脊二十，十贯以下，决六十，徒三年，过十贯以上，所在集众决杀，其受铅锡钱交易者，亦准此处分，其所用铅锡钱仍纳官，其能纠告者，每贯赏钱五千文，不满一贯准此例，累赏至于三百千，仍且取当处官钱给付，其所犯人罪不死者，征纳家资，充填赏钱，其元和四年闰三月敕，便望删去，可之。③

到五代时期，各王朝仍继续执行这个政策，严禁商人挟带，换易好钱，

---

① 《唐会要》卷八十九。
② 《唐会要》卷八十九。
③ 《唐会要》卷八十九。

令京城诸道于坊市行使钱内，点检杂恶铅锡钱，严加禁断，如：

> 帛布之币，杂以铅锡，惟是江湖之外，盗铸尤多，市肆之间，公行无畏，因是纲商挟带，舟楫往来，换易好钱，藏贮富室，实是蠹弊，须有条流，宜令京城诸道于坊市行使钱内，点检杂恶铅锡钱，并宜禁断，沿江州县，每有舟船到岸，严加觉察，不许将杂铅锡恶钱往来换易好钱，如有私载，并行收纳。①

> 〔天成元年（公元九二六年）十二月〕行使铜钱之内，访闻夹带铁镴，若不严设条法，转恐私家铸造，应中外所使铜钱内，铁镴钱即宜毁弃，不得辄行，如违，其所使钱不计多少，并纳入官，仍科深罪。②

> 〔天成〕四年（公元九二九年）四月，禁铁镴钱。时湖南纯使镴钱，青铜一钱，折当一百，商估易换，法不能止。③

钱至铁铅锡等滥恶钱币始终流通不衰，说明唐代铜钱虽已恢复，却始终没有确立起统治地位，不但粗劣小钱和铅锡铁钱可以到处流通，甚至还有泥钱也在蒙混使用，这更是一种损害百姓的犯法行为，例如：

> 长兴元年（公元九三〇年）正月，鸿胪少卿郭在徽奏请铸造新钱，或一当十，或一当三十，或一当五十，兼造钱谱一卷，仍于表内征引故幽州节度使刘仁恭为铁钱泥钱事。敕旨：刘仁恭顷为燕帅，不守藩条，辄造泥钱，号为山库，殊非济物，一向害人，丑状寻除，恶名犹在。……④

这样的事虽不多，却充分说明唐代币制的混乱。

3. 严禁毁钱为器和宣布铜为国有

政府在全国产铜州府设立了九十九炉，尽全力铸造铜钱，而铜钱却日见减少，远不能满足正常的流通需要。造成铜钱减少的原因虽有种种，但把大

---

① 后唐庄宗：《禁铅锡钱诏》，《全唐文》卷一百三。
② 后唐明宗：《禁铁镴钱敕》，《全唐文》卷一百八。
③ 《册府元龟》卷五百一。
④ 《册府元龟》卷五百一。

量官铸上好铜钱熔化销毁，改铸为各种铜器以谋取厚利，是铜钱日见减少的重要原因之一。因官铸的标准铜钱一千文为铜六斤，改铸为铜器后，每斤可售六千文，为利甚厚，于是大量铜钱都被销毁，用以改铸铜器。由于获利甚丰，从业者众，法禁不可能生效：

> 贞元九年（公元七九三年）正月，诸道盐铁使张滂奏：诸州府公私铸造铜器杂物等。伏以国家钱少，损失多门，兴贩之徒，潜将销铸，每销钱一千，为铜六斤，造写器物，则斤直六千余，其利既厚，销铸遂多，江淮之间，钱宝减耗。伏准建中元年（公元七八〇年）六月二十六日敕令，准大历七年（公元七七二年）二月十五日敕文，一切禁断。年月深远，违犯尚多，臣请自今已后，应有铜山，任百姓开采，一依时价，官为收市，除铸镜外，一切不得铸造，及私相买卖。其旧器物先在人家，不可收集，破损者仍许卖入官。所贵铜价渐轻，钱免销毁。伏请委所在观察使与臣属吏会计处置。诏曰可。[①]

旋又放松禁令，不禁止买卖铜器，只压低铜器售价，使销钱者无利可图，销毁可自然停止：

> 〔贞元〕十年（公元七九四年）六月敕：今后天下铸造买卖铜器并不须禁止，其器物约每斤价值不得过一百六十文。委所在长吏及巡院同勾当访察，如有销钱为铜，以盗铸钱罪论。[②]

销毁，以改铸铜器，由于获利甚丰，私铸者众，政府遂开始禁用铜器：

> 大历七年（公元七七二年）十二月，禁天下新铸造铜器，惟镜得铸，其器旧者听用之，不得货鬻，将广钱，资国用也。[③]
>
> 〔元和元年（公元八〇六年）二月〕甲辰，以钱少，禁用

---

① 《册府元龟》卷五百一；张滂：《请禁铸铜器杂物奏》，《全唐文》卷六百十二。
② 《唐会要》卷八十九。
③ 《册府元龟》卷五百一。

铜器。①

〔开成〕三年（公元八三八年）正月，与同列李珏并以本官同平章事，领使如故。……近以币轻钱重，问盐铁使何以去其太甚。嗣复曰：此事累朝制置未得，但且禁铜，未可变法，法变扰人，终亦未能去弊。李珏曰：禁铜之令，朝廷常典，但行之不严，不如无令。今江淮已南，铜器成肆，市井逐利者，销钱一缗，可为数器，售利三四倍，远民不知法令，率以为常，纵国家加炉铸钱，何以供销铸之弊，所以禁铜之令，不得不严。②

〔会昌五年（公元八四五年）〕敕并[8]省天下佛寺……天下废寺、铜像、钟磬，委盐铁使铸钱，其铁像委本州铸为农器，金银鍮[9]石等像销付度支。衣冠士庶之家，所有金银铜铁之像限出敕后一月纳官，如违，委盐铁使依禁铜法处分。③

敬宗宝历元年（公元八二五年）十月，河南尹王起奏，准八月二十一日敕，不准销铸见钱为佛像，仍令京兆河南尹重立科条奏闻。今请犯者以盗铸钱论，制可。④

宝历初，河南尹王起请销钱为佛像者，以盗铸钱论。太和三年（公元八二九年），诏佛像以铅锡土木为之，饰带以金银鍮石乌油蓝铁，唯鉴磬钉镮钮得用铜，余皆禁之，盗铸者死。⑤

〔元和〕七年（公元八一二年）五月诏：自今已后，请州府有请以破钟再铸，宜令所在差人监，颇不得令销钱毁器，别有加添。⑥

进入五代，各王朝都率由旧章，相继颁布相同的诏令：

晋天福二年（公元九三七年），诏禁一切铜器，其铜镜今后官铸造，于东京置场货卖，许人收买，于诸处兴贩去。⑦

晋天福三年（公元九三八年）三月敕：历代铸钱，济时为宝，

---

① 《旧唐书》卷十四，《宪宗纪上》。
② 《旧唐书》卷一百七十六，《杨嗣复传》。
③ 《旧唐书》卷十八上，《武宗纪》。
④ 《册府元龟》卷五百一。
⑤ 《新唐书》卷五十四，《食货志四》。
⑥ 《册府元龟》卷五百一。
⑦ 《旧五代史》卷一百四十六，《食货志》。

久无监务，已绝增添。近来趋利之人，违法甚众，销熔不已，毁蠹日滋，禁制未严，奸弊莫止，须行重法，以息滥源，宜令盐铁使禁止私下行造，铸写铜器。其年十一月诏曰：国家所资，泉货为重，销蠹则甚，添铸无闻，爰降条章，俾臻富庶，宜令三京邺都诸道州府，无问公私，应有铜者，并许铸钱，仍以天福元宝为文，左环读之，委盐铁司铸样，颁下诸道，令每一钱重二铢四素，十钱重一两，或虑诸色人接便，将铅铁铸造，杂乱铜钱，仍令三京邺都诸道州府，依旧禁断。尚虑远处铜数不多，宜令诸道应有久废铜冶处，许百姓取便开炼，永远为主，官中不取课利，其有生熟铜，仍许所在中卖入官，或任自铸钱行用。其余许铸外，不得辄便杂铜器，如有违犯者，并准三年三月敕条处分。……四年（公元九三九年）七月敕：先令天下州府公私铸钱，近闻以铅锡相参，缺薄小弱。有违条制，不可久行，前后只官铸钱，私铸钱下禁依旧法。[①]

五代的最后两个王朝，对于铜禁又加严了法令，条文规定得更为严密：

汉隐帝乾祐初，始使七十七陌钱。是时膳部郎中罗周胤上言曰：钱刀之货，今古通行，从古自来，铸造不息，长无积聚，盖被销熔，若不峻设堤防，何以绝其奸宄。臣请敕三京邺都诸道州府，凡器物服玩鞍辔门户，民间百物旧用铜者，今后禁断，不得用铜。诸郡邑州府廓市已成铜器，乃腰带幞头线及门户饰，许敕出后一月，并令纳官，官中约定铜价支给。候诸道纳毕，请在京置铸钱炉，俾铜尽为钱，以济军用。除钱外，只令铸镜，镜亦官铸，量尺寸定价，其余并不得用铜，如敢固违，请行条法，以杜奸源。[②]

〔显德二年（公元九五五年）九月一日敕〕国家之利，泉货为先，近朝已来，久绝铸造，至于私下，不禁销熔，岁月渐深，奸弊尤甚。今采铜兴冶，立监铸钱，冀便公私，宜行条制。起今后除朝廷法物、军器、官物及镜，并寺观内钟、磬、钹、相轮、火珠、铃铎外，其余铜器一切禁断。应两京诸道州府铜像、器物、诸色装铰

---

① 《五代会要》卷二十七。
② 《册府元龟》卷五百一。

所用铜，限敕到五十日内，并须毁废送官，其私下所纳到铜，据斤两给付价钱，如出限有隐藏及埋窖使用者，一两至一斤，所犯人及知情人徒二年，所由节级四邻杖七十，捉事告事人，赏钱十贯。一斤至五斤，所犯及知情人各徒三年，所由节级四邻杖九十，捉事告事人赏钱二十贯。五斤已上，不计多少，所犯者处死，知情人徒二年，配役一年，所由节级四邻杖一百，捉事告事人赏钱三十贯。其人户若纳到熟铜，每斤官中给钱一百五十，生铜每斤一百。其铜镜令官中铸造，于东京置场货卖，许人收买，于诸处兴贩。其朝廷及诸州见管法物军器官物旧用铜制造并装饰者，候经使用破坏，即时改造，仍今后不得更使铜，内有合使铜者，奏取进止。①

这是用国家法令正式宣布铜为国有，所有生铜、熟铜、用铜铸造的官私铜器和使用铜装饰的物品，除寺观内供神用的钟、磬、钹、相轮、火珠、铃铎外，私人一律不许用铜，连庙中的铜像、器物、诸色装铰所用铜，亦须毁废送官，私藏铜或铜器五斤以上，即处以死刑。宣布铜为国有，是货币史上所少有的，这充分说明唐末五代时铜钱的短缺，达到十分严重的程度。

(四) 铜钱流通中的几个问题

1. 钱重物轻问题

唐代的货币制度，是铜钱与布帛谷粟并用的复本位制度，金属货币与实物货币两者都是同等的法偿币，凡需要使用货币时，使用铜钱与使用布帛谷粟照理应当是没有区别的，但是事实上则是以铜钱为主币，因为随着商业之全国性的发展，布帛谷粟之作为货币，实有其本身不可克服的缺点。首先是它们不可能随着商品的全国性流通，而并驾齐驱地和经常不断地作远程运输。尽管铜钱本身也存在着许多缺点，如上文所指出，但较布帛谷粟等自然物仍有许多优点，故所有货币应当发挥的职能，仍然是争用铜钱，而摈弃实物，特别是大宗的价值支付和价值贮藏（如积累财富），就不能用布帛谷粟充任。这样，客观的经济规律决定了两种货币不可能处于同等地位，不可能作同等使用，于是钱重物轻问题便跟着发生。政府对此试行了各种办法，均无补于问题之解决，朝廷不停地征询群臣的意见，经常令文武百僚集议朝堂，各抒

---

① 周世宗：《令毁铜器铸钱敕》，《全唐文》卷一百二十五。

已见，献计献策，一时议论纷纷，多不胜举，这里仅引韩愈和元稹两人的议论为例，余皆从略：

右臣伏准御史台牒，准中书门下帖奉进止：钱重物轻，为弊颇甚，详求适变，可以便人，所贵缯货通行，里闾宽息，宜令百僚随所见作利害状者。臣愚以为钱重物轻，救之之法有四：一曰在物土贡。夫五谷布帛，农人之所能出也，工人之所能为也。人不能铸钱，而使之卖布帛谷米以输钱于官，是以物愈贱而钱愈贵也。今使出布之乡，租赋悉以布，出绵丝百货之乡，租赋悉以绵丝百货，去京百里，悉出草，三百里以粟，五百里之内及河渭可漕入，愿以草粟租赋，悉以听之，则人益农，钱益轻，谷米布帛益重。二曰在塞其隙，无使之泄。禁人无得以铜为器皿，禁铸铜为浮图佛像钟磬者。蓄铜过若干斤者，铸钱，以为他物者皆罪死不赦。禁钱不得出五岭，买卖一以银，盗以钱出岭及违令以买卖者皆坐死。五岭旧钱听人载出。如此，则钱必轻矣。三曰更其文贵之，使一当五，而新旧兼用之。凡铸钱千，其费亦千，今铸一而得五，是费钱千而得钱五千，可立多也。四曰扶其病，使法必立。凡法始立必有病，今使人各输其土物以为租赋，则州县无见钱，而谷米布帛未重，则用不足，而官吏之禄俸月减其旧三之一，各置钱使新钱一当五者以给之，轻重平乃止。四法用，钱必轻，谷米布帛必重，百姓必均矣。谨录奏闻，伏听敕旨，谨奏①。

奉进止，当今百姓之困，众情所知，减税则国用不充，欲依旧则人困转甚，皆由货轻钱重，征税暗加，宜令百僚，各陈意见，以革其弊。……臣以为当今百姓之困，其弊数十，不独在于钱货征税之谓也，既圣问言之，又以为黎庶之重困不在于赋税之暗加，患在于剥夺之不已，钱货之重轻，不在于议论之不当，患在于法令之不行。今天下赋税一法也，厚薄一概也，然而廉能莅之则生息，贪愚莅之则败伤，盖得人则理之明验也，岂征税暗加之谓乎。自岭已南，以金银为货币，自巴已外，以盐帛为交易，黔巫溪峡大概水银朱砂、缯帛巾帽以相市，然而前人以之理，后人以之扰，东郡以之耗，西

① 韩愈：《钱重物轻状》，《昌黎先生集》卷三十七。

郡以之赢，又得人则理之明验也，岂货重钱轻之谓乎？……至于古
今言钱币之重轻者熟矣，或更大钱，或放私铸，或龟，或贝，或皮，
或刀，或禁埋藏，或禁销毁，或禁器用，或禁滞积，皆可以救一时
之弊也，然而或损或益者，盖法有行不行之谓也。臣不敢远征古证，
窃见元和以来，初有公私器用禁铜之令，次有交易钱帛兼行之法，
近有积钱不得过数之限，每更守尹，则必有用钱不得加除之榜。然
而铜器备列于公私，钱帛不兼于卖鬻，积钱不出于墙垣，欺滥遍行
于市井，亦未闻鞭一夫，黜一吏，赏一告讦，坏一蓄藏。岂法不便
于时耶？盖行之不至也。①

　　臣僚们的建议都或先或后地被采纳过，事实上任何一种建议也不可能彻
底解决钱重物轻的问题，因为这是由货币制度本身的矛盾所造成，不是任何
治标办法所能改变的。但因铜钱短缺日益严重，即钱日益重，货日益轻，朝
廷不得不采取一些救急办法，遂折衷臣僚们的建议，首先管制钱币流通。为
了保证钱帛并用的复本位制能畅行无阻，遂一方面用高价收市布帛，以提高
布帛与铜钱的比价，来抬高布帛的货币地位，同时，两税、榷酒、盐利等悉
以布帛充税，以减少铜钱的用途，使其需要大减，则比价必落，以平衡两者
的轻重关系。下引几例，可分别说明这些情况：

　　〔元和八年（公元八一三年）夏四月〕丙戌，以钱重货轻，出
库钱五十万贯，令两常平仓收市布帛，每段匹于旧估加十之一。②
　　盖自建中定两税，而物轻钱重，民以为患，至是四十年。当时
为绢二匹半者、为八匹，大率加三倍。豪家大商，积钱以逐轻重，
故农人日困，末业日增。帝亦以货轻钱重，民困而用不充，诏百官
议革其弊，而议者多请重挟铜之律。户部尚书杨于陵曰："王者制钱
以权百货，贸迁有无，通变不倦，使物无甚贵甚贱，其术非它，在
上而已。何则？上之所重，人必从之。古者权之于上，今索之于下；
昔散之四方，今藏之公府；昔广铸以资用，今减炉以废功；昔行之
于中原，今泄之于边裔；又有阛阓送终之晗，商贾贷举之积，江湖

① 元稹：《钱货议状》，《元氏长庆集》卷三十四。
② 《旧唐书》卷十五，《宪宗纪下》。

压覆之耗，则钱焉得不重？货焉得不轻？开元中，天下铸钱七十余炉，岁盈百万，今才十数炉，岁入十五万而已。大历以前，淄、青、太原、魏、博杂铅铁以通时用，岭南杂以金、银、丹砂、象齿，今一用钱货，故钱不足。今宜使天下两税、榷酒、盐利、上供及留州、送使钱，悉输以布帛谷粟，则人宽于所求；然后出内府之积，收市廛之滞，广山铸之数，限边裔之出，禁私家之积，则货日重而钱日轻矣。"宰相善其论，由是两税、上供、留州，皆易以布帛丝纩，租庸课调，不计钱而纳布帛。唯盐酒本以榷率计钱，与两税异，不可去钱。①

天下州县应征科两税榷酒钱内，旧额须纳见钱数者，并任百姓随所有匹段及斛斗，依当处时价送纳，不得邀索见钱。度支盐铁户部，应纳茶税及诸色见钱，兼籴盐价中旧额须纳见钱数者，亦与纳时估匹段及斛斗，其轻货即充上供杂物，当处支用，如情愿纳见钱者，亦任稳便，永为常式。京城坊市聚货之地，若物无集处，即弊生其中，宜委度支盐铁使于上都任商人纳榷籴，诸道监令在城匹段，各有所入，即免物价钱，于外州仍委所司具条流闻奏，其公私便换钱物，先已禁断，宜委京兆府及御史台切加觉察。②

除了上述两种办法外，又直接管制市场交易，初令大小交易均须钱帛兼用，继又进一步限定交易价值达一定数量即须专用布帛：

〔开元〕二十年（公元七三二年）九月二十九日敕：绫罗绢布杂货等交易，皆合通用，如闻市肆必须见钱，深非通理，与钱货兼用，违者准法罪之。③

〔开元二十二年（公元七三四年）十月诏〕货币兼通，将以利用，而布帛为本，钱刀是末，贱本贵末，为弊则深，法教之间，宜有变革。自今已后，所有庄宅口马交易，并先用绢布绫罗丝绵等，其余市买至一千以上，亦令钱物兼用，违者科罪。④

---

① 《新唐书》卷五十二，《食货志》。
② 穆宗：《南郊改元德音》，《全唐文》卷六十六。
③ 元宗：《令钱货兼用制》，《全唐文》卷二十五。
④ 元宗：《命钱物兼用制》，《全唐文》卷三十五。

〔贞元〕二十年（公元八〇四年），命市井交易以绫罗绢布杂货与钱兼用。[1]

〔元和〕六年（公元八一一年），贸易钱十缗以上者，参用布帛。[2]

〔元和〕六年二月制：公私交易，十贯已上，即须兼用匹段，委度支盐铁使及京兆尹即具作分数，条流闻奏。[3]

2. 管制铜钱流通

禁止铜钱出境，特别是严禁铜钱过岭，是管制铜钱流通的一个重要方面。铜钱的大量外流，是造成铜钱缺少、金融紧迫的重要原因之一。铜钱泄漏的渠道之一，是周流天下的富商大贾运出大批见钱到各地贸易，禁止出境主要就是为了堵塞这个外流渠道。铜钱泄漏的一个最大渠道，则是对外贸易。从唐代开始发展起来的"市舶"贸易，每年由番舶输入大量珍奇宝货，而中国却没有多少出口货来平衡入超，结果只有用铜钱支付。本来在一般情况下，国际贸易原是物物交换，出现逆差时，只有贵金属——金、银才能补偿，普通货币是不能越出国界的，但是这时期的中国却能用铜钱支付，铜钱遂大量出口，这是因为有不少与中国通商的国家，在其国内流通中国铜钱，所以大部分进口货，中国实际上是用现钱购买的。这样一来，铜钱的外流问题便随着对外贸易的日益发展而日益严重。禁止铜钱过岭，就是要堵塞这个漏洞：

贞元初，骆谷散关禁行人以一钱出者。[4]

〔德宗朝〕代王纬为浙西观察诸道盐铁使。时天下钱少货轻，州县禁钱不出境，商贾不通。若初始奏纵钱以起万货，诏可。[5]

这个政策到五代时仍无所改变，例如后唐庄宗同光二年（公元九二四年）"二月，诏曰：沿边州镇，设法钤辖，勿令商人载钱出境"[6]。禁钱过岭

---

① 《新唐书》卷五十四，《食货志四》。
② 《新唐书》卷五十四，《食货志四》。
③ 《旧唐书》卷四十八，《食货志上》。
④ 《新唐书》卷五十四，《食货志四》。
⑤ 《新唐书》卷一百四十九，《刘晏传附李若初传》。
⑥ 《旧五代史》卷一百四十六，《食货志》。

尤为严格，因钱一过岭，就流往国外了：

　　〔元和四年（公元八〇九年）六月^[10]〕辛丑，禁钱不过岭南。①

　　3. 限制积蓄铜钱

　　铜钱本已缺少，造成钱重物轻，通货紧缩，百业萧条，给人民的生产和生活带来损害，而商贾富室又乘机将大量铜钱积蓄起来，不使之流通，越发加剧了钱重物轻的严重性，政府针对这种情况，采取了限制私人过量存积铜钱的政策。由于政令的不易奏效，故取缔办法亦日益加严：

　　〔元和三年（公元八〇八年）〕六月戊辰，诏以钱少，欲设畜钱之令，先告谕天下商贾畜钱者，并令逐使市易，不得畜钱。②
　　〔宪宗〕命商贾蓄钱者，皆出以市货。③
　　〔元和三年〕六月诏曰：泉货之法，义在通流，若钱有所壅，货当益贱，故藏钱者得乘人之急，居货者必损己之资。今欲著钱令以出滞藏，加鼓铸以资流布，使商旅知禁，农桑获安，义切救时，情非欲利，若革之无渐，恐人或相惊。应天下商贾，先蓄见钱者，委所在长吏，令取市货物，官中不得辄有程限，逼迫商人，任其货易，以求便利，计周岁之后，此法遍行，朕当别立新规，设蓄钱之禁，所以先有告示，详其方圆，意在他时，行法不贷。④

　　其实以上各次告示，都还不是达式禁令，只是一般号召，令商人能自觉响应，不蓄见钱，已蓄之钱，则令取市货物，官中不立程限，不加干预，任其货易，以求便利。但是由于蓄钱者置若罔闻，不采取主动，政府遂不得不加严禁令，限期将存钱处置完毕，如限满后有违犯者，将分别轻重，予以惩处，直到痛杖处死：

　　〔元和十二年（公元八一七年）四月诏曰〕："近日布帛转轻，

---

① 《旧唐书》卷十四，《宪宗纪上》。
② 《旧唐书》卷十四，《宪宗纪上》。
③ 《新唐书》卷五十四，《食货志四》。
④ 《唐会要》卷八十九。

见钱渐少，皆缘所在壅塞，不得通流。宜令京城内文武官僚不问品秩高下，并公郡县主中使等，下至士庶商旅等寺观坊市，所有私贮见钱，并不得过五千贯，如有过此，许从敕出后限一月内任将别物收贮，如钱数较多，处置未了，任便于限内于他界州县陈状更请限，纵有此色，亦不得过两月。若一家内别有宅舍店铺等所贮钱，并须计用此数。其兄弟本来异居，曾经分析者，不在此限，如限满后有违犯者、白身人等，宜付所司痛杖一顿处死，其文武官及公主等，并委有司闻奏，当重科贬，戚属中使亦具名衔闻奏。其剩贮钱不限多少，并勒纳官，数内五分取一分充赏钱数，其赏止于五千贯。此外察获及有人论告，亦重科处，并量给告者。"时京师里闾区肆所积多方镇钱，如王锷、韩宏、李维简，少者不下五十万贯，于是竞买第屋，以变其钱，多者竟里巷佣僦，以归其直，而高赀大贾者，多依倚左右军官钱为名，府县不得穷验，法竟不行。①

后又降低钱数，放宽期限，法仍不行：

〔长庆〕四年（公元八二四年）十一月敕：应私贮见钱家，除合贮数外，一万贯至十万贯，限一周年内处置毕，十万贯至二十万贯以下者，限二周年处置毕，如有不守期限，安然蓄积过本限，即任人纠告及所由觉察，其所犯家钱，准元和十二年（公元八一七年）敕纳官，据数五分取一分充赏，纠告人赏钱数止于五千贯，应犯钱法人色目决断科贬，并准元和十二年敕处分，其所由觉察，亦量赏一半。事竟不行。②

〔太和〕四年（公元八三〇年）诏：积钱以七千缗为率，十万缗者期以一年出之，二十万以二年。凡交易百缗以上者，匹帛米粟居半。河南府、扬州、江陵府，以都会之剧，约束如京师。未几皆罢。③

这个政策也一直继续到五代年间，例如后唐庄宗同光二年（公元九二四

① 宪宗：《禁私贮见钱敕》，《全唐文》卷六十二；《唐会要》卷八十九。
② 《旧唐书》卷四十八，《食货志上》。
③ 《新唐书》卷五十四，《食货志四》。

年）二月诏曰：

> 钱者古之帛布，盖取其流行天下，布散人间。无积滞则交易通，多贮藏则士农困。故西汉兴改弊之制，立告缗之条，所以权蓄贾而防大奸也。宜令所司散下州府，常须检察，不得令富室分外收贮见钱。①

尽管历次禁令都在商贾富室的阻挠破坏下，未能贯彻执行，但对铜钱的无限制贮藏也起了一定的遏止作用，使富人在严刑峻法面前也不得不有所收敛，尽可能把他们的积钱加以处置，但是从这里却又产生了比积钱本身远为严重的后果，其中最严重的是加剧了土地兼并，因为存钱既干厉禁，限令于一定期限内"任将别物收贮"，而实际上又没有什么有利之物可收，于是便在城市内"竞买第屋"，到农村则抢购土地。所以唐代的土地兼并问题非常严重，显然是与迫使大量货币由窖藏而"流行天下、布散人间"一事密切相关的。

4. 除陌

由于铜钱严重短缺，不敷流通之用，而又不愿使用实物货币，唐自中叶以后，民间交易开始实行了一种称为"除陌"的办法，即于每千钱中扣除若干文，仍按千钱行使。最初，政府曾严加禁止，命令各行行头及居停主人牙人等检察送官究治，如有违犯，即重加科罪。例如：

> 〔贞元九年（公元七九三年）三月敕〕陌内欠钱，法当禁断，虑因捉搦，或亦生奸，使人易从，切于不扰。自今已后，有因交关用欠陌钱者，宜但令本行头及居停主人牙人等，检察送官，如有容隐，兼许卖物领钱人纠告，其行头主人牙人，重加科罪，府县所由只承人等，并不须干扰。若非因买卖，自将钱于街衢行者，一切勿问。②

至宪宗元和四年（公元八〇九年），因京师用钱每贯除二十文，又重申

---

① 《旧五代史》卷一百四十六，《食货志》。
② 德宗：《禁欠陌钱敕》，《全唐文》卷五十四。

贞元九年禁令。元和十一年（公元八一六年），"会吴元济、王承宗连衡拒命，以七道兵讨之，经费屈竭。皇甫镈建议，内外用钱每缗垫二十文外，复抽五十送度支以赡军"①。政府用钱已从每贯中扣除七十文，但仍禁民间除陌，例如：

〔元和〕十四年（公元八一九年）六月敕：应属诸军诸使，更有犯时用钱，每贯除二十文，是陌内欠钱及有铅锡钱者，宜令京兆府枷项收禁，牒报本军本使府司差人，就军及看决二十。②

民间垫陌有至七十者，铅锡钱益多，吏捕犯者，多属诸军诸使，呼集市人强夺，殴伤吏卒。京兆尹崔元略请犯者本军本使莅决，帝不能用，诏送本军本使，而京兆府遣人莅决。穆宗即位，京师鬻金银十两，亦垫一两，籴米盐百钱，垫七八。京兆尹柳公绰以严法禁止之。寻以所在用钱垫陌不一，诏从容所宜，内外给用，每缗垫八十。③

可知除陌制度，到穆宗时才被政府承认为合法：

〔长庆元年（公元八二一年）九月敕〕泉货之义，所贵流通，如闻比来用钱，所在除陌不一，与其禁人之必犯，未若从俗之所宜，交易往来，务令可守。其内外公私给用钱，从今以后，宜每贯一例除垫八十，以九百二十文成贯，不得更有加除，及陌内欠少。④

京畿内近日足陌用钱，惟益富室，匹帛苦贱，反害疲人，宜却令依前行垫陌钱，每垫八十文，其公私交关五贯已上，令一半折用匹帛。⑤

后来铜钱供给愈来愈紧张，除陌也愈来愈增多，"昭帝末，京师用钱八百五十为贯，每百才八十五，河南府以八十为百云"⑥。又"天佑元年（公元九

---

① 《新唐书》卷五十四，《食货志四》
② 《唐会要》卷八十九。
③ 《新唐书》卷五十四，《食货志四》。
④ 穆宗：《定钱陌敕》，《全唐文》卷六十五。
⑤ 武宗：《加尊号后郊天赦文》，《全唐文》卷七十八。
⑥ 《新唐书》卷五十四，《食货志四》。

○四年）四月敕：准向来事例，每贯抽除外，以八百五十文为贯，每陌八十五文。如闻坊市之中，多以八十为陌，更有除折。今后委河南府指挥市肆交易，并须以八十五文为陌，不得更有改移"①。进入五代后，情况又进一步恶化，连官定的八十陌钱亦不易维持，政府三令五申限定以八十为陌，民间竟降至七十七为陌，谓之省陌：

　　唐同光二年（公元九二四年），度支请榜示府州县镇，军民商旅，凡有买卖，并须使八十陌钱。②

　　买卖人所使见钱，旧有条流，每陌八十文，近访闻在京及诸道市肆，人户皆将短陌转换长钱。今后凡有买卖，并须使八十陌钱，如有辄将短钱兴贩，仰所在收捉禁治。③

　　〔天成〕二年（公元九二七年）七月十二日，度支奏：三京邺都并诸道州府市肆买卖，所使见钱等，每有条章，每陌八十文。近访闻在京及诸道街坊市肆人户，不顾条章，皆将短陌转换长钱，但恣欺罔，殊无畏忌，若不条约，转启幸门，请更严降指挥及榜示管界州府县镇军人百姓商旅等，凡有买卖，并须使八十陌钱，兼令巡司厢界节级所由，点检觉察，如有无知之辈，依前故违，辄将短钱兴贩，便仰收捉，委逐州府枷项收禁勘责，所犯人准条章处断讫，申奏，其钱尽底没纳入官。奉敕，宜依度支所奏。④

　　但是这个禁令官府自己并未遵守"〔乾祐中〕官府出纳缗钱皆以八十为陌，至是民输者如旧，官给者以七十七为陌，遂为常式"的规定。（《归田录》：用钱之法，自五代以来以七十七为百，谓之省陌，今市井交易又克其五，谓之依除）⑤

　　以上各种措施，都是从节流的角度出发，即都是为了铜钱供应不足和金融紧迫而实行的，这些办法都在不同程度上收到了一定的效果，但是根本解决则是不可能的，因为在商品经济和货币经济日益发展的情况下，这些消极

①《唐会要》卷八十九。
②《旧五代史》卷一百四十六，《食货志》。
③后唐庄宗：《禁短陌敕》，《全唐文》卷一百四。
④《五代会要》卷二十七。
⑤《旧五代史》卷一百七，《王章传》。

措施是不能适应客观需要的。

5. 便换

当铜钱成为主要货币，而国内外商业又在大量发展时，作为流通手段的货币，亦必经常随着商品的大量周转而大量支付，换言之，货币流通的数量和速度必须与商品流通保持着同等程度而齐肩并进。但是铜钱的单位价值不高，而又体积笨重，不能随身携带，频繁不断地往返运送大量钱财，又冒很大风险。为了解决货币远程流通的困难，唐代商人从实践中发明了一种汇兑办法，当时称为"飞钱"，亦叫作"便换"：

> 时商贾至京师，委钱诸道进奏院及诸军诸使富家，以轻装趋四方，合券乃取之，号飞钱。①
>
> 〔元和七年（公元八一二年）王播〕又奏：商人于户部度支盐铁三司飞钱，谓之便换。②

由于诸道进奏院、诸军、诸使，经常要把在各州府征收来的赋税、盐铁和各种收入折合成见钱，解送京师，而京师商贾则需要把大批见钱运往外地去贩运商货，为了避免这种交错运输，商人们把见钱交给诸道进奏院、诸军、诸使的驻京机关，由它们发给文券（等于现在的汇票），然后"轻装趋四方"，到当地衙门支取。这样，既便利了商人，又节省了官家的解送，实是公私两利的一种制度，政府和商人都是欢迎的。有时因商人便换的数量很大，致京师积钱过多，诸军、诸使富人亦乘机积钱谋利，政府曾一度禁止，不许便换见钱，例如：

> 〔元和〕六年（公元八一一年）二月制：茶商等公私便换见钱，并须禁断。③

但不久即行解禁，允许商人任意便换见钱：

> 〔元和〕七年（公元八一二年）五月，兵部尚书判户部事王绍、

---

① 《新唐书》卷五十四，《食货志四》。
② 《旧唐书》卷四十九，《食货志下》。
③ 《旧唐书》卷四十八，《食货志上》。

户部侍郎判度支卢坦、盐铁使王播奏：伏以京都时用，多重见钱，官中支计，近日殊少。盖缘比来不许商人便换，因兹家有滞藏，所以物价转轻，钱多不出。臣等今商量，伏请许令商人于户部、度支、盐铁三司，任便换见钱，一切依旧禁约。伏以比来诸司诸使等，或有使商人钱多留城中，逐时收贮，积藏私室，无复流通。伏请自今以后，严加禁约。从之。①

〔元和七年〕七月，度支、户部、盐铁等使奏：先令差所由，招召商人每贯加饶官中一百文换钱，今并无人情愿。伏请依元和五年例，故贯与商人对换。从之。②

有些地方政府借故推托，于商人赍到文券，不即时支付，颇失信用，亦即时由朝廷敕令禁止。例如：

〔咸通八年（公元八六七年）〕十月丙寅，兵部侍郎判度支崔彦昭奏：当司应收管江淮诸道州府咸通八年已前两税榷酒及支米价并二十文除陌诸色属省钱，准旧例逐年商人投状便换。自南蛮用兵以来，置供军使当司在诸州府场院钱，犹有商人便换，赍省司便换文牒，至本州府请领，皆被诸州府称，准供军使指挥占留，以此商人疑惑，乃致当司支用不充。乞下诸道州府场监院，依限送纳及给还商人，不得托称占留。从之。③

便换见钱，不限于商人，任何人都可以通过这种汇兑办法，把财富转移到外地。例如：

有士子鬻产于外，得钱数百缗，惧川途之难赍也，祈所知纳于公藏，而持牒以归，世所谓便换者，置之衣囊。一日醉，指囊示人曰：莫轻此囊，大有好物。盗在侧，闻之，其夜杀而取其囊，意其有金也。既开，无获，投牒于水，为吏所捕，具状上之。④

---

① 《唐会要》卷八十九。
② 《册府元龟》卷五百一。
③ 《唐会要》卷五十九；《旧唐书》卷十九上，《懿宗纪》。
④ 赵璘：《因话录》卷六。

后来这个制度一直被沿用下来。这种方便的汇兑制度对于唐代商业的发展，起了很大的促进作用。

第二节　布、帛、谷、粟等实物货币

（一）布、帛、谷、粟的各种货币职能

唐代延续着过去历代的传统，继续以布、帛、谷、粟等实物为货币，但却是实物货币由盛转衰的一个过渡时期，在流通中，铜钱的地位在逐渐上升，而实物货币的地位则在逐渐下降。政府为了维持这个传统的复本位制，曾以国家力量来阻止实物货币的衰落，扭转钱重物轻的不平衡局面，遂采取了种种办法，其情况已见上文。在政府的大力支持下，实物货币仍保持了固有的货币职能，仍然是畅行无阻。

布、帛、谷、粟虽然都是法偿币，有同等的货币资格，但是事实上各种货币职能用布帛表现者为多，而谷粟则使用较少。布是麻织品，系广大人民的衣着材料，用途最广，需要量最大，以之兼作货币，自然可以畅行无阻。帛是丝织品的总称，包括绢、帛、缯、锦、绫、罗、绸[11]、缎等等高级织物，本身都是高贵精美的物品，为广大人民特别是财富阶级所欢迎，由于它们都有广阔的市场，交换价值很高，不仅可以之作为交换媒介、价值尺度，而且具有仅次于贵金属的种种优点，如体积轻便，单位价值较高，作一定时间的贮藏，不致变质，而又便于携带，因而具有货币的较多职能，除作交换媒介、价值尺度外，还可以作为大宗的支付手段和贮藏手段，不仅私人可用以积累财富，政府也可以作为赋税收入和国库帑藏，而谷粟则不适于表现这些职能。因谷粟为五谷杂粮，系人生最基本的消费品，又由于体积庞大沉重，不能随身携带，不便作远程运输，单位价值较低，不能换取多少商品，这一切，都限制了谷粟发挥货币的作用，所以在四种实物货币中，事实上只有布帛真正进入了流通领域，而谷粟只能就地作小量的物物交换，名为货币，实际上则是一般的使用价值，可直接用以满足需要，没有进入流通的必要，故用粮食购买物品的记载很少。

布帛的货币职能，主要有以下几种：

第一，作交换媒介和价值尺度，在日常交易中，使用最多：

〔高祖〕时草创之始，倾竭府藏，以赐勋人，而国用不足。义节进计曰："今义师数万，并在京师，樵薪贵而布帛贱，若采街衢及苑中树为樵，以易布帛，岁收数十万匹[12]，立可致也。又藏内缯绢，匹匹轴之使申，截取剩物，以供杂费，动盈十余万段矣。"高祖并从之，大收其利。①

〔贞观〕十一年（公元六三七年），周又上疏曰："……往者贞观之初，率土荒俭，一匹绢才得一斛米，而天下帖然。百姓知陛下甚爱怜之，故人人自安，曾无谤讟[13]。自五六年来，频岁丰稔，一匹绢得粟十余石，而百姓皆以为陛下不忧怜之，咸有怨言。又今所营为者，颇多不急之务故也。"②

郭元振为凉州都督，旧凉州粟斛售数千，至是岁数登，至匹缣易粟十斛。③

长安中争为碑志，若市贾然，大官薨，其门如市，至有喧竞构致，不由丧家者。裴均之子求铭于韦相，许缣万匹。贯之曰：宁饿不苟。④

天宝末，术士钱知征尝至洛，遂榜天津桥表柱卖卜，一卦帛十四，历旬，人皆不诣之。一日，有贵公子，意其必异，命取帛如数卜焉。⑤

柳少游善卜筮，著名于京师。天宝中，有客持一缣诣少游，引入问故，答曰：愿知年命。少游为作卦，成而悲叹，曰：君卦不吉，合尽今日暮。其人伤叹久之。⑥

久之日暮，鼓声四动……生曰：幸接欢笑，不知日之云夕，道里辽阔，城内又无亲戚，将若之何？娃曰：不见责僻陋，方将居之，宿何害焉。生数目姥，姥曰：唯唯。生乃召其家僮持双缣，请以备一宵之馔。⑦

留守裴度辟为判官。度修福先寺，将立碑，求文于白居易。湜

---

① 《新唐书》卷八十八，《裴寂传附刘义节传》。
② 《旧唐书》卷七十四，《马周传》。
③ 《白孔六帖》卷八十一。
④ 王谠：《唐语林》卷一。
⑤ 段成式：《酉阳杂俎前集》卷五，《怪术》。
⑥ 《太平广记》卷三百五十八，《柳少游》引《广异记》。
⑦ 《太平广记》卷四百八十四，《李娃传》引《异闻集》。

怒曰："近舍湜而远取居易，请从此辞。"度谢之。湜即请斗酒，饮酣，援笔立就。度赠以车马缯彩[14] 甚厚。湜大怒曰："自吾为《顾况集序》，未常许人，今碑字三千，字三缣，何遇我薄邪?"度笑曰："不羁之才也!"从而酬之。①

开成元年（公元八三六年）正月一日赦诏：其京兆府附一年所支用钱物斛斗草等，并敕盐铁使以开成元年直进绫绢充还。辛酉，盐铁使左仆射令狐楚请以罢修曲江亭子绢一万三千七百四，回修尚书省。②

以上各条记载中的绢帛，显然都是当作货币使用的，不发挥其本身固有的使用价值作用，而完全是在日常交易中作为交换媒介或价值尺度来使用的，亦即都是货币的最普通职能。如遇零星交易，价值不到一匹时，则剪裁成段，由一丈以上直到半尺，这时绢帛的使用价值已完全失去，不再有任何实际效用，仅仅是一个价值尺度，例如：

半匹红绡一丈绫，系向牛头充炭直。③

开成中，物价至微，村落买鱼肉者，俗人买以胡绢半尺。④

平功庸者，计一人一日为绢三尺，牛马驼骡驴车亦同。⑤

第二，作为馈赠、贿赂、贪污等等大小不等的价值支付。例如：

任之选与张说同时应举，后说为中书令，之选竟不及第，来谒张公，公遗绢一束，以充粮用。之选将归至舍，不经一两日，疾大作，将绢市药，绢尽疾自损，非但此度，余处亦然，何薄命之甚也。⑥

太宗言尚书令史多受赂者，乃密遣左右以物遗之，司门令史果受绢一匹。太宗将杀之，裴矩谏曰：陛下以物试之，遽行极法，诱

---

① 《新唐书》卷一百七十六，《韩愈传附皇甫湜传》。

② 《册府元龟》卷四百八十四。

③ 白居易：《卖炭翁》，《白氏长庆集》卷四。

④ 冯贽：《云仙散录》。

⑤ 《唐律疏议》卷四，《名例篇》。

⑥ 张鷟：《朝野佥载》卷一。

人陷罪，非道德齐礼之义，乃免。①

长孙顺德受人馈绢，唐太宗于殿廷赐绢数十匹以愧其心云：得绢甚于刑戮，如不知愧，一禽兽尔，杀之何益。顺德后为泽州刺史，折节为政，号为明肃。先是，长吏多受馈饷，顺德纠摘，一无所容，称为良牧焉。②

咸亨二年（公元六七一年），崇国夫人卒，则天出内大瑞锦，令敏之（则天姊子贺兰敏之）造佛像追福，敏之自隐用之。③

潘炎侍郎，德宗时为翰林学士，恩渥极异，其妻刘氏，晏相之女也。京尹某有故，伺候累日不得见，乃遗阍者三百缣，夫人知之，谓潘曰：岂有人臣京尹愿一见，遗奴三百匹缣，其危可知也。遽劝潘公避位。④

元相载在中书日，有丈人自宣州所居来投，求一职事。中书度其材不任事，赠河北一函书而遣之。丈人惋怒，不得已持书而去。既至幽州，念破产而来，止公一书，书若恳切犹可望，乃拆而阅之，更无一词，唯署名而已。大悔怒，欲回。心念已行数千里，试谒院寮。问既是相公丈人，岂无缄题，曰：有。判官大惊，立命谒者上白，斯须乃有大校持箱复请书，书既入，馆之上舍，留连数日，乃辞去，奉绢一千匹。⑤

刑律计赃，亦主要以绢帛为准，贪污十五匹以上，即处绞刑，例如：

其年〔太和九年（公元八三五年）〕濮州录事参军崔元武于五县人吏率敛及县官料钱，以私马抬估纳官，计绢一百二十匹。大理寺断三犯俱发，以重者论抵，以中私马为重，止令削三任官，而刑部覆奏，令决杖配流。狱未决。侑奏曰："法官不习法律，三犯不同，即坐其所重。元武所犯，皆枉法取受。准律，枉法十五匹已上绞。律疏云，即以赃致罪频犯者，并累科。据元武所犯，令当入处

① 王谠：《唐语林》卷一。
② 孔平仲：《续世说》卷七。
③ 《旧唐书》卷一百八十三，《外戚·武承嗣传》。
④ 张固：《幽闲鼓吹》。
⑤ 张固：《幽闲鼓吹》。

绞刑。"疏奏，元武依刑部奏，决六十，流贺州。①

第三，作为货币形态的财富。

布帛的货币功能既非常显著，则其货币的贮藏功能亦必随之显著，因而公私财富便皆以积累布帛作为货币形态的财富。前引《太平广记》卷四百九十五《邹凤炽》以绢多表示富有，即是一例。他如：

> 明皇问富人王元宝家财多少？对曰："请以一缣系南山一树，南山树尽，臣缣未穷。"②

国家财政收入主要是布帛，支出自然也主要是布帛，虽然钱重物轻问题并没有因此得到解决，而国库帑藏却已用布帛塞满：

> 杨国忠天宝中为户部侍郎判度支，诇诱以利阴中为己之功。玄宗幸左藏库，赐文武百官缣帛有差。时杨国忠征夫丁租地税，皆变为布帛，用实京库，屡奏帑藏充牣，有逾汉制，帝是以观焉。又贱贸天下义仓，易以布帛，于左藏库别造数百间屋，以示羡余，请与公卿就观之。③
> 〔天宝十四载（公元七五五年）禄山反〕天下承平日久，人不知战，闻其兵起，朝廷震惊。禁卫皆市井商贩之人，乃开左藏库，出锦帛召募。④
> 〔元和十年（公元八一五年）〕十一月戊辰，诏出内库缯绢五十万匹供军。⑤

（二）保证布帛质量以稳定货币价值

自布帛谷粟正式作为货币使用，"竞湿谷以要利，作薄绢以为市"的作

---

① 《旧唐书》卷一百六十九，《殷侑传》。
② 李亢：《独异志》。
③ 《册府元龟》卷五百一十。
④ 《旧唐书》卷二百上，《安禄山传》。
⑤ 《旧唐书》卷十五，《宪宗纪下》。

伪现象即随之出现，嗣后代代如此，于是朝廷禁令亦频繁颁发，以求能保证实物货币的质量，维持货币本身价值的稳定。唐朝也是如此，严禁织造次弱绢帛：

〔元和〕九年（公元八一四年）八月诏：太府奏，建州、泉州、寿州所纳物粗恶短狭。布帛有幅制度所存，近日劝课不精，窳滥方甚，遂使女工都弃，国用空虚，若无所惩，何以知惧。刺史宜各切一月课料，录事参军本县令各罚一季课料，本曹官罚一季课料，仍书下考。①

宣宗以会昌六年（公元八四六年）三月即位，十一月刑部尚书判度支崔元戎奏：准今年七月二日敕，诸道所出次弱绫绢纱等，宜令禁断，若旧织得行使，仍委所在官中收纳，如辄更有织造行使，买卖同罪，须指射出次弱物州府，令户部度支盐铁三司同条流闻奏者，省司先牒左藏库，勘到所出次弱匹帛州府名额。伏以绫绢纱等州府所买机杼织造，并合勘充煮练，既不堪衣着，则虚废织功。今欲委诸道节度观察使刺史差清强官，搜获百姓织造滥恶匹段，狭小机杼焚毁，其恶弱匹段，仍具收纳数闻奏，从之。其向后犯者，亦条流有差。②

后唐明宗天成二年（公元九二七年）十二月，中书舍人程逊上言，以民间机杼，多有假伪，虚费丝缕，不堪为衣，请示禁止，庶归朴素。③

汉隐帝乾祐三年（公元九五〇年），左司员外郎卢振上言：古先哲王之制，布帛不中度不鬻于市。比来组织之物，轻重皆有定规，近年已来，织帛之家过为疏薄，徒劳杼轴，无益公私。臣请三京邺都诸道州府，凡织造之家，所织绫、罗、絁[15]、帛诸物，并须斤两尺度合官定规程，不得辄为疏薄，所在官吏觉察禁止，不得更然。④

周世宗显德三年（公元九五六年）五月诏曰：化民成俗，须务真纯，蠹物害能，莫先浮伪。织纴杼轴之制，素有规程；禅贩贸易

---

① 《册府元龟》卷五百四。
② 《册府元龟》卷五百四。
③ 《册府元龟》卷五百四。
④ 《册府元龟》卷五百四。

之徒，不许违越。久无条理，渐致浇讹，苟所鬻之或精，则酬直之必重，宜从朴厚，用革轻浮。应天下今后公私织造到绢帛绸布绫罗锦绮及诸色匹段，其幅尺斤两，并须合向来制度，不得轻弱假伪，罔冒取价，如有已上物色等，限一百日内并须破货了绝，如限外敢有违犯织造货卖者，即所在节级所由擒捉送官。十月，诏曰：旧制织造絁绸绢布绫罗纱縠等，幅阔二尺五分，不得夹带粉药，宜令诸道州府严切指挥。来年所纳官绢，每匹须及一十二两，河北诸州须及一十两，务要夹密停匀，其长依旧四十二尺。[①]

第三节　白银的兴起与实物货币的衰落

上文曾指出，唐代是金属货币开始恢复和实物货币开始衰落的一个转变时期，这个转变过程到了晚唐及五代时期，又给了实物货币以致命的一击，那就是白银登上了历史舞台，由一般的贵重物品或装饰品而迅速地转变为正式货币，完成了中国货币史上又一次重大的变革——银本位制度的确立，取代了过去黄金曾经发生过的作用，以一种仅低于黄金价值的贵金属，成为金属货币的主体，为商品经济和货币经济的发展提供了新的条件，所以这个变化的历史意义是重大的。

白银大体上是在唐代后期和五代时期进入流通领域而正式成为货币的，当然这时白银还只是在事实上而不是在法律上取得了本位币的资格。在黄金退出流通以后，在长达八百多年的时期中，不再有贵金属货币，其中绝大部分时间，又是布、帛、谷、粟等实物货币的盛行时代，连铜钱也倍受排斥，有时长则一两百年、短则数十年完全不用铜钱，成为"钱货无所周流"，或"钱货不行"，还有不少地方，根本就不用铜钱。所以在很长的一段时间内，商品经济和货币经济都衰落到若有若无的地步。

其实以白银为货币，早在唐以前就开始了，六朝时，交广之域即以金银为货币，到唐代前期时仍然是这样：

> 自岭已南，以金银为货币，自巴已外，以盐帛为交易，黔、巫、

溪、峡大概用水银、朱砂、缯帛、巾帽以相市。①

海国战骑象，蛮州市用银。②

郭外相连排殿阁，市中多半用金银。③

在唐代前期，以白银为货币的只限于岭南，在内地，白银只是当作一种珍贵物品为人们所喜爱，故大都用于制造各种贵重的装饰品、陈列品、珍玩、首饰、器皿如银屏、银瓶等。白居易诗有"珠箔银屏迤逦开"，杜甫诗有"不通姓名粗豪甚，指点银瓶索酒浆"等诗句皆其例。白银既是人人喜爱欲得的贵重物品，故常用于朝廷赏赐、臣僚进献、亲朋馈赠以及行贿、赎罪等等。

赏赐是白银的一项大宗支出，由唐初至五代，朝廷一直是用白银行赏，或是被赏赐物品中的重要一项：

长安末，诸酷吏并诛死，则天悔于枉滥，谓侍臣曰："……自周兴、俊臣死，更不闻有反逆者，然已前就戮者，岂不有冤滥耶？"夏官侍郎姚崇对曰："……圣情发寤，诛灭凶竖，朝廷宴安。今日已后，微躯及一门百口，保见在内外官吏无反逆者。"则天大悦……乃赐银一千两。④

开元九年（公元七二一年）十月癸未，以摄左羽林军陇右防御使薛讷为右羽林大将军……赐物三百段，银五百两，钱三万贯，赏功也。以陇右防御副使云麾将军……介休县公郭知运，进封太原郡公……赐物三百段，钱三十万，银四百两……并赏破吐蕃之功也。⑤

得所进白乌……又览所进放言体物，词藻浏亮，寻择研味，披玩无厌，所谓文苑菁华，词场警策也。今赏卿金五挺，银十挺。⑥

〔神龙〕四年（公元七〇八年）秋，代唐璟为尚书右仆射兼中书令，仍知兵部尚书事，监修国史。未几，元忠请归乡拜扫，特赐

① 元稹：《钱货议状》，《白氏长庆集》卷三十四。
② 张籍：《南迁客》，《张司业诗集》卷二。
③ 张籍：《送邵州林使君》，《张司业诗集》卷四。
④ 刘肃：《大唐新语》卷三。
⑤ 《册府元龟》卷一百二十八。
⑥ 元宗：《答张说进白乌赋诏》，《全唐文》卷二十六。

锦袍一领，银千两，并给千骑四人，充其左右。手敕曰：衣锦昼游，在乎兹日，散金敷惠，谅属斯辰。元忠至乡里，竟自藏其银，无所赈施。①

臣含光言……去载十二月二十五日……伏奉恩敕劳问，臣蒙赐绢百匹，行道道士赐绢二百匹。又奉圣旨，以本命紫纹七十匹，五方纹缯各二十匹，银五百两，令臣依河图内篇奉修斋谢并余功德。②

太和九年（公元八三五年）十二月丙子，赐凤翔军将李叔和庄宅各一区，银三千两，绫绢七十匹，以斩郑注功也。③

〔天祐元年（公元九〇四年）九月〕丙辰敕：朕奉太后慈旨，以两司纲运未来，百官事力多阙，旦夕霜冷，深轸所怀，令于内库方圆银二千一百七十二两，充见任文武常参官救接，委御史台依品秩分俵。④

〔天祐元年九月丙辰〕帝济江……是日入襄城，帝因周视府署，其帑藏悉空，唯于西庑下有一亭，窗户俨然，扃锁甚密，遂令破锁启扉，中有一大柜，缄镝[16]甚至，又令破其柜，内有金银数百锭。帝因叹曰：乱兵既入，公私财物固无孑遗矣，此帑当有阴物主之，……遂以百余锭赐杨师厚。⑤

个人相互之间以白银馈赠，是优厚的一份重礼，作这样的馈赠，大都含有贿赂的作用，例如：

蜀简州刺史安重霸，黩货无厌。部民有油客子者，姓邓能棋，其力粗赡，安辄召与对敌，只令立侍，每落一子，俾其退立于西北牖下，俟我算路，然后进之，终日不下十数子而已。邓生倦立且饥，殆不可堪。次日又召，或有讽邓生曰，此侯好赂，本不为棋，何不献效而自求退？邓生然之，以中金十铤获免，良可笑也。⑥

汉筠性宽厚……复以清白自负。在襄阳，有孽吏，常课外献白

---

① 《旧唐书》卷九十二，《魏元忠传》。
② 李含光：《表奉十三通》，《全唐文》卷九百二十七。
③ 《册府元龟》卷一百二十八。
④ 《旧唐书》卷二十七下，《哀帝纪》。
⑤ 《旧五代史》卷二，《梁太祖纪二》。
⑥ 孙光宪：《北梦琐言》卷一。

金二十镒。汉筠曰：非多纳麸粝，则刻削阛阓，吾有正俸，此何用
焉，因戒其主者不复然，其白金皆以状上进，有诏嘉之。①

庐山书生张璟，乾宁中以所业之桂州。……有巫立仁者罪合族
诛，庙神为其分理，奏于岳神，无人作奏，璟为草之。既奏，蒙允，
神喜，以白金十饼为赠。②

白银的最广泛用途是制造银器，不仅民间富室用以制造装饰品、器皿和
首饰，地方官吏为了邀宠固位，亦大量制造银器向皇帝进献，故朝廷左藏库、
皇室内库中收藏有大量银器：

〔大历二年（公元七六七年）〕七月壬辰，户部侍郎崔元略进
准宣索见在左藏库挺银及银器十万两，金器七千两。旧制户部所管
金银器，悉贮于左藏库，时帝意欲使于赐予，故命尽输内藏。③

〔贞元〕七年（公元七九一年），授御史中丞桂管观察史。……
映常以顷为相辅，无大过而罢，冀复入用，乃倍敛贡奉，及大为金
银器以希旨。先是银瓶高者五尺余，李兼为江西观察使乃进六尺者，
至是因帝诞日端午，映为瓶高八尺者以献。④

除由地方官吏自动向皇帝进献大量银器外，皇帝还经常向地方讨索特种
银器，成为地方政府的一种沉重负担，有时超过地方财政所能负荷的能力，
例如：

昭愍皇帝缵历，颇事奢靡，即位元年七月，诏浙西造银盏[17]
子妆具二十事进内。德裕奏曰："……至于绫纱等物，犹是本州所
出，易于方圆，金银不出当州，皆须外处回市。去年二月中奉宣令
进盏子，计用银九千四百余两，其时贮备，都无三二百两，乃诸州
收市，方获制造上供。昨又奉宣旨，令进妆具二十件，计用银一万
三千两，金一百三十两，寻令并合四节进奏金银，造成两具进纳讫，

---

① 《旧五代史》卷九十四，《高汉筠传》。
② 孙光宪：《北梦琐言》卷十二。
③ 《册府元龟》卷四百八十四。
④ 《旧唐书》卷一百三十六，《齐映传》。

今差人于淮南收买，旋到旋造，星夜不辍，虽力营求，深忧
不逮。"①

〔长庆四年（公元八二四年）九月〕己巳，浙西、淮南各进宣
索银妆奁三具。②

民间银器亦所在多有，形式多样，下引一例，系银造灯具，且使用陈旧，
不易辨认：

> 幽州从事温琏，燕人也，以儒学著称，与瀛王冯道幼相善。曾
> 经兵乱，有卖漆灯㭾于市者，琏以为铁也，遂数钱买之。累日家人
> 用燃膏烛，因拂拭，乃知银也，大小观之，靡非欣喜。惟琏悯然曰：
> 非义之物，安可宝之，遂访其卖主而还之。彼曰：某自不识珍奇，
> 鬻于街肆，郎中厚加酬直，非强买也，不敢复收。琏固还之，乃拜
> 受而去，别卖四五万，将其半以谢之，琏终不纳，遂施于僧寺，用
> 饰佛像，冀祝琏之寿也。③
>
> 〔开运二年（公元九四五年）〕是岁帝每遇四方进献，器皿多
> 以银，于外府易金而入，谓左右曰：金者，贵而且轻，便于人力。④

白银既为人人所珍视，遂日益向货币形态转变，即所有货币应表现的各
种职能，这时除照旧使用布帛铜钱外，又增加了一种更适宜作货币和更受人
们欢迎的新货币。白银的货币作用一经显现，不用说布帛谷粟等自然物货币
迅即处于被淘汰地位，而逐渐退出流通领域，就连铜钱亦相形见绌，退居次
要地位，一切价值授受关系特别是大宗的价值支付，白银已成为事实上的本
位币。特别是由于白银是仅次于黄金的贵金属，单位价值高，便于携带，可
随着商品的全国贩运而在全国流通，使商品流通与货币流通可同步前进，从
而大大促进了商品经济的发展。其次，白银和黄金一样，可无限分割而不损
价值，可长期贮藏而毫不变质，以之作贮藏手段——作货币财富的积累，具
有与黄金相同的作用。故白银一经表现了货币作用，马上即通行全国，大有

---

① 《旧唐书》卷一百七十四，《李德裕传》。
② 《旧唐书》卷十七上，《敬宗纪》。
③ 《太平广记》卷一百六十五，《温琏》引《刘氏耳目记》。
④ 《旧五代史》卷八十四，《晋少帝纪四》。

独占流通领域之势。政府为了维持布帛铜钱的传统地位，也为了阻止人们纷纷采银而妨碍农业，曾一度下令禁止开采银坑：

> 〔元和三年（公元八〇八年）六月诏曰〕天下有银之山必有铜矿，铜者可资于鼓铸，银者无益于生人，权其重轻，使务专一。其天下自五岭以北见采银坑，并宜禁断。恐所在坑户，不免失业，各委本州府长吏劝课，令其采铜，助官中铸作，仍委盐铁使条流闻奏。①
>
> 〔元和三年〕六月戊辰，诏：天下银坑，不得私采。②
>
> 天下有银之山必有铜，唯银无益于人，五岭以北采银一两者流它州，官吏论罪。③
>
> 元和三年十月，禁采银，一两以上者，笞二十，递出本界，州县官吏节级科罚。④

为了保证农业劳动力不致因采银者众多而大量减少，实有禁止内地人民群起采银的必要：

> 银生楚山曲，金生鄱溪滨。南人弃农业，求之多苦辛。披砂复凿石，砣砣无冬麦。手足尽皴胝，爱利不爱身。畲田既慵斫，稻田亦懒耘。相携作游手，皆道求金银。⑤

白银事实上已成为主要货币，全国上下通用，朝廷的禁令，显然是与人民的利益抵触的。并且白银出现后很快就变形为货币，完全为客观经济规律所决定，不是任何人的主观意图以一纸命令所能改变的，禁令颁布[18]后，朝廷自知不可能实行，遂于次年正式取消：

> 元和四年（公元八〇九年），复诏采五岭银坑。⑥

---

① 《旧唐书》卷四十八，《食货志上》。
② 《旧唐书》卷十四，《宪宗纪上》。
③ 《新唐书》卷五十四，《食货志四》。
④ 《唐会要》卷八十四。
⑤ 白居易：《赠友诗》，《全唐诗》卷四二五。
⑥ 《新唐书》卷五十四，《食货志四》。

〔元和四年六月〕辛丑，五岭已北银坑，任人开采。①

从此，扫除了白银流通道路上的一切障碍，它正式变成了货币，可以表现货币的各种职能，首先是当作公私的日常用费，即用于各种支付或购买，这是货币作为货币的最广泛用途：

〔元和十二年（公元八一七年）〕二月壬申，出内库绢布六千九百万段匹，银五千两，付度支供军。②

〔天复元年（公元九〇一年）十月〕辛亥，驻军于滑滨，华帅韩建遣使奉笺[19]纳款，又以银三万两助军。③

〔同光四年（公元九二六年）三月〕西川辇运金银四十万至阙，分给将士有差。④

作为军费和分给将士的白银，显然都是作为货币供将士零用的，而绝不是当作一件贵重物品分给将士，供作珍玩之用，他们得到这些白银之后，也都作为支付手段或购买手段用掉了。

银自唐代中叶成为货币后，其发展非常迅速，到了唐末五代时期[20]已成为事实上的银本位时代，其他货币都变成若有若无了，民间的日常用费，也都是使用白银，例如：

李勉少贫，挟客梁宋，与诸生共逆旅，诸生病且死，出白金，曰：左右无知者，幸君于此为我葬，余则君自取之。勉许之，托葬，密置余金棺下。后其家谒勉，共启墓出金付之。⑤

诸生以白银托李勉埋葬其尸骨，是托李勉用白银购买棺木丧葬之具，银是当作购买手段用的，未用了的"余金"密置棺下，表示李勉的廉洁清白。

---

① 《旧唐书》卷十四，《宪宗纪上》。
② 《旧唐书》卷十五，《宪宗纪下》。
③ 《旧五代史》卷二，《梁太祖纪二》。
④ 《旧五代史》卷三十四，《后唐庄宗纪八》。
⑤ 《白孔六帖》卷八。

时靖恭坊有姬字夜来，稚齿巧笑，歌舞绝伦，贵公子破产迎之。……〔周〕皓与往还……有少年紫袭，骑从数十，大诟其母，母与夜来泣拜。皓时血气方刚，且恃扛鼎……攘臂殴之，踣于拳下，遂突出。时都亭驿有魏贞，有心义，好养私客，皓以情投之，贞乃藏于妻女间，时有司追捉急切，贞恐踪露，乃夜办装具，腰白金数挺，谓皓曰：汴州周简老义士也，复与郎君当家，今可依之。①

初，吕用之遇行密于天长，绐行密曰："用之有白金五千铤，瘗于所居之虎下，寇平之日，愿备将士倡楼一醉之资。"至是，行密阅兵，用之在侧，谓用之曰："仆射许此辈银，何负心也。"遽命斩于三桥之下，夷其族。②

白银既然单位价值高，而又体积轻便，以之行贿、受赂都很方便，这一类的事，在唐初即已见诸记载，例如：

华州刺史萧龄之，粤以常才，累叨非据，人参九列，出总六条，番禺重镇，控摄遐远，心如溪壑，聚敛无厌，不惮典章，唯利是视，豪门富室，必与交通，受纳金银二千余两，乞取奴婢一十九人，赦后之赃，数犹极广，群僚议罪，请处极刑。……可除名配流岭南远处，庶存鉴诫，颁示天下。③

〔贞元十七年（公元八〇一年）三月〕癸酉，衢州刺史郑式瞻，进绢五千匹，银二千两。上曰："式瞻犯赃，已诏御史按问，所进宜付左藏库。"④

到五代时，官场中更以大量白银公然行贿，例如：

及庄宗平河南，继韬惶恐，计无所出，将脱身于契丹，会有诏赦之，乃赍银数十万两，随其母杨氏诣阙，冀以赂免。……及继韬至，厚赂宦官伶人，言事者翕然，称留后本无恶意，奸人惑之故也。

———————————

① 段成式：《酉阳杂俎前集》卷十二。
② 《旧五代史》卷一百三十四，《僭伪·杨行密传》。
③ 高宗：《流萧龄之岭南诏》，《全唐文》卷十一。
④ 《旧唐书》卷十三，《德宗纪下》。

嗣昭亲贤，不可无嗣，杨夫人亦于宫中哀诉刘皇后，后每于庄宗前泣言先人之功，以动圣情，由是原之。①

〔天成四年（公元九二九年）六月〕丙辰，权知荆南军府事高从诲上章首罪，乞修贡职，仍进银三千两赎罪。②

晚唐时期，各地藩镇和州府地方官吏，为了邀宠固位，纷纷向皇帝进献，所献之物除了本地方的一些名贵物产外，主要是进献白银，因白银这时已正式成为货币，进献之银都是作货币用的银锭，而不再进献银器，即使偶有银器，也是按银之重量计算，不论件数了。例如：

长庆二年（公元八二二年）十二月，韩弘、孙绍宗进绢五千匹，银二千锭，及器物刀剑弓箭等。③

元和十四年（公元八一九年）五月，泾原节度使王潜进银三千两，熟绢绫五千匹。七月，宣武军节度使韩弘进绢三十五万匹，絁三万匹，银器二百七十事。④

〔元和十年（公元八一五年）〕是岁王师讨淮蔡，诸侯皆贡财助军。太子宾客于頔进银七千两，金五千两，玉带二，诏不纳，复还。⑤

进入五代后，在江南偏安的几个小王朝，由于兵力薄弱，不能与中原大国抗衡，为了缓和敌对关系，延缓北师压境，遂每年或遇喜庆节日，向北方王朝进献方物，所献之物除各地著名特产和绫罗锦绮等高贵丝织品外，主要是白银，而且数量巨大，少则数千两，多则万两以上，借以讨好北方各王朝，以求苟安。由于是年年进献，故同类记载很多，这里择要选录数例如下：

〔天复元年（公元九〇一年）十月，昭宗罢崔胤知政事〕崔怒，急召帝（梁太祖），请以兵入辅政，故有是行。辛亥，驻军于渭滨，

① 《旧五代史》卷五十二，《李嗣昭传附继韬传》。
② 《旧五代史》卷四十，《唐明宗纪六》。
③ 《册府元龟》卷一百六十九。
④ 《册府元龟》卷一百六十九。
⑤ 《册府元龟》卷一百六十八。

华师韩建遣使奉笺纳款，又以银三万两助费。①

〔汉高祖乾祐〕二年（公元九四九年）九月壬寅，湖南马希广献绢二万匹，银一万五千两。②

〔显德三年（公元九五六年）三月〕丙午，江南国主李璟遣其臣伪司空孙晟、伪礼部尚书王崇质等奉表来上，仍进金一千两，银十万两，罗绮二千匹，又进赏给将士茶绢金银罗帛等。③

世宗显德三年十一月丙辰，吴越王钱俶进银五千两，绫一万匹，又进天清节金花银器千五百两。五年（公元九五八年）四月，吴越王钱俶进绫绢各二万匹，银一万两，称谢恩赐国信。闰七月癸丑，吴越王钱俶遣使朝贡，进银五千两，绢二万匹，银器三千两。八月，进银五千两，绢万匹。十二月，进银五千两，绢三万匹。④

李璟袭其父升伪号，周显德三年，世宗亲征淮南……二月丙午，璟遣其臣孙晟王崇质等奉表来上……上进金一千两，银十万两，罗绮二千匹。……五年三月丙午，璟遣其伪宰相冯延巳、伪给事中田霖奉表进银一十万两，绢一十万匹，钱一十万贯，茶五十万斤，米三十万石。⑤

〔显德五年三月〕丙午，江南李璟遣所署宰相冯延巳献犒军银十万两，绢十万匹，钱十万贯，茶五十万斤，米麦二十万石。⑥

与此相同的记载还有很多，这里不一一列举了。从以上记载已可充分看出，中国在唐末五代时期，已经在事实上而不是在法律上确立了银本位货币制度，这是中国货币史上的一个划时代的变化，从这时起直到近代，中国是世界上少数银本位国家之一。

第四节　物　价

古代史籍中没有系统的物价记载，略可考见的只有粮价、布帛价、马价、

---

① 《册府元龟》卷一百八十七。
② 《册府元龟》卷一百六十九。
③ 《旧五代史》卷一百十六，《周世宗纪三》。
④ 《册府元龟》卷一百六十九。
⑤ 《册府元龟》卷二百三十二。
⑥ 《旧五代史》卷一百十八，《周世宗纪五》。

奴婢身价和偶尔一见的某种贵重物品的惊人高价——这是当作特殊现象来加以记载的。并且史籍中所记载的物品价值，并不是当作一种普通的经济现象，记载物品的正常市场价格，及其经常出现的上涨或下落的日常变动，而是要通过剧烈的价格变动来反映年成的丰歉或猝发的天灾人祸。与此直接有关的当然无过于布、帛、谷、粟的价格变动，因为布、帛、谷、粟是人生最主要的生活资料，是一日不能少缺的养生之物，其价格过高或过低都直接影响人民的生产和生活，史籍是遇变始书，日常的平稳物价就不为人们所注意了，故史书中可考见的首先是过高或过低的粮价，其次是布帛等衣着材料的价格，并详记了它们上涨或下跌的情况。因为这些东西的价格变动，不仅直接影响人们生活，而且直接影响农夫和织妇的生产，其他一般物价就不见记载了。

物价是用货币表现的市场价格，造成物价变动的原因是多方面的。货币的数量和货币本身的价值，是造成物价变动的直接原因。当其他一切情形不变（例如社会的总需求和总供给没有变化），物价是随着货币流通数量或其流通的周转速率成正比例变化的；这是说在其他情形没有变化的情况下，倘货币数量增加或其周转速率加大，则物价上升，反之，则下跌，这种情况在以农业为基础的封建社会中表现得尤为突出，因为农业生产有较长的季节性，在一定的时期内，供需关系保持着一定的平衡，供需两方都不可能有突然的巨大变化，则作为交换媒介和价值尺度的货币，其本身变化就成为物价变动的直接原因。所谓货币本身的变化，包括两个方面：其一，是货币数量的变化，即上文所述，货币数量的增多和周转速率的加快；其二，是货币质量的变化，如改变货币的含金量（例如把大钱改铸为小钱，以原来的一文当十文、当五十文、当百文等等），使货币贬值，实行通货膨胀，如大量流通私人盗铸的滥恶小钱、搀杂行使铅锡铁钱等，使货币本身价值贬低到近于零，这时必然物价飞涨，甚至打断了正常的商品流通，成为"钱货不行"。这是历代都遭遇过的一个无法解决的老大难问题。与之相反的是货币升值所造成的物价下跌，这个问题在唐代最为突出，这就是本章曾经详加论述过的钱重物轻问题。唐代虽然名义上是实行布帛谷粟等实物与铜钱并用的复本位制度，但随着商品经济的不断发展，布帛谷粟等自然物的货币职能在逐渐衰落，其原来在货币制度中的地位即逐渐为金属货币铜钱所取代，但又由于铜钱供需关系不相适应，即铜钱的需要量在迅速增加，而铜钱的铸造能力有限，全国州府虽设有九十九炉，而每炉的产量很小，供不应求。并且铜钱除了作货币流通外，还有多种的流失销毁渠道（如与南海诸国贸易大量流出、销毁铜钱铸造铜器等等），益使铜钱短缺，造成金融紧迫，铜钱遂不断升值，这时必然是货币与物价成反比例变化，即钱日益贵，物日益贱，百业萧条，使社会经济陷入严重的危机之中。这个问题，古人已多所认识，上文在论述钱重物轻问题的讨论中，古人多已指出货币与物价的这种相反的变化。

供需关系的变动，是影响物价的另一个直接因素，这在生产结构简单的农业社会中反映得尤为迅速，因为在农业社会中，一切都是固定的、静止的，正如恩格斯所说，这样的社会"一切都停滞不变，可以说由世袭而停滞不变"①。由于农业的生产力有限，社会的总供给在正常的年月里不可能有突然的巨大增加，同时人口的增殖是渐进的，也就是说社会的总需求不可能有突然的巨大增长，在供需关系基本平衡的状态下，物价也基本上是稳定的。但是，如果两方的任何一方发生突然变化，例如遇到连年的气候正常，风调雨顺，从而造成农业的特大丰收。由于农产品——特别是粮食产量有了巨大的增长，而对粮食的需求并没有同样增长，于是粮食供过于求。由于粮食不可能长期储存，即使有常平仓、义仓[21]等民间的储粮备荒制度和政府的大量和籴，都不能容纳全部的过剩粮食，其结果必然是粮价暴跌，低廉到使人难以置信的程度。历代史官不仅把这种现象记录在《食货志》中，作为国民经济的繁荣兴旺之兆，而且把这类现象记录在《五行志》中，作为反映天象或人事的变异之兆。同样的这种自然变化，也可以造成完全相反的结果：即连年不断的天灾，如长期干旱不雨、虫蝗肆虐、霖雨成灾、洪水泛滥等等天灾频繁发生或交替出现，致使农业严重失收，造成粮食奇缺，粮价飞涨，所有民间的仓储和政府的赈济，都是杯水车薪，无济于事，在这样饥馑遍地的情况下，相随而至的便是人相食啖，白骨委积，一个繁华世界，顿成人间地狱。这时高昂的物价，已经不是正常的价值规律所能制约的了。

唐自太宗贞观之初，直至玄宗天宝之末，在长达一百二十余年之中，气候正常时多，荒歉时少，农业连岁丰稔，故在长时间内，粮价甚贱，人民丰衣足食，成为有唐一代社会经济的最繁荣时期。下引各条记载，都是因丰收而造成的粮食过剩，致粮价异常低廉：

贞观初，户不及三百万，绢一匹易粟一斗。至四年（公元六三

① 《资本论》第三卷，第一〇一九页。

〇年），米斗四五钱，外户不闭者数月。①

于是帝（太宗）即位四年，岁断死二十九，几至刑措，米斗三钱。②

〔贞观〕十一年（公元六三七年），周又上疏曰："……往者贞观之初，率土荒俭，一匹绢才得一斗米，而天下帖然，百姓知陛下甚爱怜之，故人人自安，曾无谤讟。自五六年来，频岁丰稔，一匹绢得粟十余石，而百姓皆以为陛下不忧怜之，咸有怨言。"③

贞观十六年（公元六四二年），太宗以天下粟价率计斗直五钱，其尤贱处，计斗直三钱。④

高宗永徽五年（公元六五四年）……是岁大稔，雒州米斛至两钱半，粳米斗至十一文。⑤

〔麟德二年（公元六六五年）〕是岁大稔，米斗五钱，麸麦不列市。⑥

大足元年（公元七〇一年），迁凉州都督、陇右诸军州大使。……又令刺史李汉通开置屯田，尽其水陆之利。旧凉州粟售至数千，及汉通收率之后，数年丰稔，乃至一匹绢粟数十斛，积军粮至数十年。⑦

凉州位于西北高寒地带，自古以来就是一个著名的畜牧区，所谓"凉州之畜为天下饶"，在这样一个以畜牧为主的大草原中，即使有少量耕地可以种植，粮食产量也是微不足道的，故"旧凉州粟售至数千"。在郭元振任凉州都督时，"令刺史李汉通开置屯田，尽其水陆之利"，亦连年丰稔，粮价大跌，乃至一匹绢易粟数十斛，粮食价格竟低廉到与内地无殊，可见在唐代前期时，不仅内地的广大地区是风调雨顺，连向来干旱的西北边区也不例外。

〔开元十三年（公元七二五年）〕十二月己巳，至东都。时累

① 《新唐书》卷五十一，《食货志》。
② 《新唐书》卷九十七，《魏徵[22]传》。
③ 《旧唐书》卷七十四，《马周传》。
④ 《贞观政要》卷八。
⑤ 《册府元龟》卷二十四。
⑥ 《旧唐书》卷四，《高宗纪上》。
⑦ 《旧唐书》卷九十七，《郭元振传》。

岁丰稔，东都米斗十钱，青、齐米斗五钱。①

是时（开元中）海内富实，米斗之价钱十三，青、齐间斗才三钱，绢一匹钱二百。②

长达百余年的"累岁丰稔""海内富实"，到玄宗开元年间达到了最后顶峰：

开元初，上励精理道，铲革讹弊，不六七年，天下大治，河清海晏，物殷俗阜，四方丰稔，百姓殷富。户计一千余万，米一斗三四文。丁壮之人，不识兵器，路不拾遗，行者不赍粮。……重译麇至，人性欣欣然。③

唐代前期农业经济能维持这样的特殊繁荣竟长达百余年之久，从这个现象中应引起注意的是：其所取得的"累岁丰稔"和粮食的特大丰收，并不是朝廷发挥了一个中央政府应该发挥的作用，大规模地兴修灌溉工程，扩大土地的灌溉面积，以提高粮食产量，换言之，唐代前期的连年丰收，不是政府奖励农耕的结果，如本卷"农业"章所论述，唐王朝对于农田水利是非常不重视的，终有唐一代，没有兴修过大规模的水利灌溉工程，不要求发展农业，不但不兴建新的水利工程，对于前代遗留下来而仍可利用的旧的重要水渠如秦汉时期的郑白渠，到唐时仍基本完好，并未埋塞，仍可以发挥固有的作用，但是唐王朝却不加以利用，听任王公贵戚、宦官权臣在渠上设置碨碾，使宝贵的渠水不用于灌溉农田，而作为碨碾的动力，任其奔流四散，化为乌有，朝廷对于权贵们的碨碾不进行有效的制止，听任渠道埋塞。所以唐代前期的"累年丰稔"，不是朝廷推行了有效的农业政策，更不是主动地改造自然，扩大灌溉面积，力争农业的稳产高产。长时间的"累岁丰稔"，主要是自然的恩赐，是得天独厚，使唐王朝能够很幸运地长期靠天吃饭，并且还是"四方丰稔，百姓殷富"，由于粮食过剩，粮价竟长期保持着低水平。短期内出现这种现象，在过去长期的历史中亦屡见不鲜，但是长时期的连年丰收，则是少

① 《旧唐书》卷八，《玄宗纪上》。
② 《新唐书》卷五十一，《食货志》。
③ 郑綮：《开天传信录》。

有的。

中国本是一个有名的灾荒之国，水旱虫蝗等自然灾害实充满了历代史乘，关于这个问题，作者已多所论述。由于各种天灾频繁发生，并显示了一种不规则的周期性，古人早就把这个问题与天象联系起来，认为水旱天灾与木星（太岁）的运行有关，木星十二年绕行太阳一周，在不同的方位，对地球产生不同的影响。六年为一小周期，十二年为一大周期，故每六年有一次小灾荒，每十二年有一次大灾荒。最早观察到这个现象的是司马迁，他说：

> 岁在金，穰；水，毁；木，饥；火，旱。……六岁穰，六岁旱，十二岁一大饥。①

接着，《淮南子》《盐铁论》亦提出了相同的观点：

> 三岁而一饥，六岁而一衰，十二岁一康（注：王念孙曰：康之为言荒也，康、荒皆虚也。康、荒古字通）。②
>
> 水旱天之所为，饥穰阴阳之运也，非人力故。太岁之数，在阳为旱，在阴为水，六岁一饥，十二岁一荒。③

以天象（木星）的自然运行来解释水旱天灾之周期性的频繁发生，为英国科学家李约瑟（Joseph Needham）所接受，他据此曾进行统计，说：“中国每六年有一次农业失收，每十二年有一次大饥荒。在过去的二千一百多年间，中国共计有一千六百多次大水灾，一千三百多次大旱灾，很多时候旱灾及水灾会在不同地区同时出现。”④ 但在唐代前期由贞观到开元的一百余年，虽然水旱天灾也不时发生，但却没有发生过周期性的严重灾荒，即没有出现过以前经常出现的旱则赤地千里，寸草不生；潦则洪水横流，尽成泽国。由于基本上保持了长时间的“累岁丰稔”，粮食连年丰收，有了大量剩余，故粮价异常低廉，有些地方竟低廉到斗米二三钱，确是物殷俗阜，百姓富实，人情欣欣然。总之，古人总结出来的天象与灾荒的关系，在这一段时间内表现得

① 《史记》卷一百二十九，《货殖列传》。
② 《淮南子·天文训》。
③ 《盐铁论·水旱》。
④ 一九七四年四月二十五日李约瑟在香港中文大学的讲演。

不甚突出，而长时间的气候比较正常，在自然现象中也不是常有的，唐王朝适逢其会，是唐王朝的幸运，赖此保持了百余年的太平，成为民康物阜。

当然这只是相对而言，偶发的水旱天灾并不是没有，不过多数是区域不广，即发生在某一地区，而又时间不长，故为害不烈，但亦同样在该地区造成粮价的剧烈波动。只是由于范围不广，对整个国民经济影响不大，这里可以引下述两例：

〔永淳元年（公元六八二年）六月〕两京平地水深四尺已上，麦一束止得一二斗，米一斗二百二十文，布一端止得一百文，国中大饥，蒲、同等州没徙人家口并逐粮，饥馑相仍，加以疾疫，自陕至洛，死者不可胜数，西京斗米三百已下。①

天宝十三载（公元七五四年），连雨六十余日，宰臣杨国忠恶其不附己，以雨灾归咎京兆尹，乃出为长沙郡太守。时京师米麦踊贵，百姓谣曰："欲得米粟贱，无过追李岘。"其为政得人心如此。②

钱重物轻是造成物价下跌的另一个原因，这是因货币本身价值的变动而造成了物价下跌。关于这个问题的论述已详见上文。自实行两税制后，所有赋税应征的匹帛丝绵皆计价输钱，越发加甚了钱重物轻的严重性，由于铜钱的需要量日益加大而又异常短缺，在货币不断升值的情况下，物价遂日益下跌：

自初定两税，货重钱轻，乃计钱而输绫绢。既而物价愈下，所纳愈多，绢匹为钱三千二百，其后一匹为钱一千六百，输一者过二，虽赋不增旧，而民愈困矣。③

安史之乱是唐王朝由盛转衰的一个分水岭，大乱以前与大乱之后，俨然判若两个世界，所有唐代前期一百多年的长期繁荣，到天宝十三载以后都顿时化为灰烬，从这时起，唐王朝作为一个中央政府，实际上已经名存实亡了。到了肃宗、代宗、德宗时期，王朝虽然恢复，而统治地位已危如累卵，兵燹

① 《旧唐书》卷三十七，《五行志》。
② 《旧唐书》卷一百十二，《李垣传附岘传》。
③ 《新唐书》卷五十二，《食货志》。

遍地，全国骚然，当兵祸连年时，自然灾害亦频繁发生，即人祸引起天灾，天灾又加重人祸，致使生产停顿，民废耕桑，粮食因之奇缺，各地物价遂扶摇直上。社会经济状况既已凋敝不堪，在灾害频仍、饥馑荐臻的情况下，粮价遂一直在上涨之中，直至唐王朝灭亡，迄未有所变改：

自两京陷后，民物耗弊，天下萧然。……而百姓残于兵盗，米斗至七千，鬻粰为粮，民行乞食者属路。乃诏能赈贷之者，宠以爵秩。①

〔肃宗乾元元年（公元七五八年），庆绪败奔邺，郭子仪帅众进围之〕庆绪自十月被围，至二月，城中人相食，米斗钱七万余，鼠一头直数千，马食隤墙麦麸及马粪，濯而饲之。②

〔乾元三年（公元七六○年）〕是岁饥，米斗至一千五百文。③

乾元三年闰四月……史思明再陷东都，京师米斗八百文，人相食，殍骸蔽地。④

上元初，京师旱，米斗值数千，死者甚多。皋[23] 度俸不足养，亟请外官，不允；乃故抵微法，贬温州长史。⑤

〔上元元年（公元七六○年）四月〕是岁饥，米斗至一千五百文。……〔闰四月〕自四月雨至闰月末不止，米价翔贵，人相食，饿死者委骸于路。⑥

〔代宗宝应二年（公元七六三年）〕坐与中官程元振交通，元振得罪，晏罢相，为太子宾客。寻授御史大夫，领东都、河南、江淮、山南等道转运租庸盐铁使如故。时新承兵戈之后，中外艰食，京师米价，斗至一千。宫厨无兼时之积，禁军乏食，畿县百姓，乃接穗以供之。⑦

广德元年（公元七六三年）秋，好蚍食苗，关西尤甚，米斗

---

① 《新唐书》卷五十一，《食货志》。
② 《旧唐书》卷二百上，《安禄山传附子庆绪传》。
③ 《旧唐书》卷十，《肃宗纪》；《新唐书》卷三十五，《五行志》。
④ 《旧唐书》卷三十七，《五行志》。
⑤ 《旧唐书》卷一百三十一，《李皋传》。
⑥ 《旧唐书》卷十，《肃宗纪》。
⑦ 《旧唐书》卷一百二十三，《刘晏传》。

千钱。①

〔广德二年（公元七六四年）〕自七月大雨未止，京城米斗值一千文，蝗食田。又：是秋蝗食田殆尽，关辅尤甚，米斗千钱。②

〔永泰元年（公元七六五年）〕是春大旱，京师米贵，斛至万钱。夏四月己巳，乃雨。③

〔永泰元年三月〕庚子，岁饥，米斗千钱，诸谷皆贵。……是春大旱，京师米贵，斛至万钱。……〔七月庚子〕时久旱，京师米斗一千四百，他谷食称是。④

〔大历四年（公元七六九年）〕八月丙申朔，自夏四月连雨，至此月，京城米斗八百文。官出米二万石，减估而粜，以惠贫民。⑤

〔大历五年（公元七七〇年）秋七月〕是月，京城米斗一千文。⑥

〔大历六年（公元七七一年）〕是岁春旱，米斛至万钱。⑦

贞元元年（公元七八五年）春，大饥，东都、河南、河北，米斗千钱。⑧

〔贞元二年（公元七八六年）〕五月丙申，自癸巳大雨，至于兹日，饥民俟夏麦将登，又此霖澍，人心甚恐，米斗复千钱。⑨

贞元二年，河北蝗旱，米斗一千五百文。复大兵之后，民无蓄积，饿殍相枕。孝忠所食，豆蹄而已，其下皆甘粗粝，人皆服其勤俭。⑩

〔太和〕六年（公元八三二年），检校吏部尚书、河中尹、河中、晋、绛节度使。时属蝗旱，粟价暴踊，豪门闭籴以邀善价。起严戒储蓄之家出粟于市，隐者致之于法，由是民获济焉。⑪

① 《旧唐书》卷三十七，《五行志》。
② 《旧唐书》卷十一，《代宗纪》。
③ 《旧唐书》卷十一，《代宗纪》。
④ 《旧唐书》卷十一，《代宗纪》。
⑤ 《旧唐书》卷十一，《代宗纪》。
⑥ 《旧唐书》卷十一，《代宗纪》。
⑦ 《旧唐书》卷十一，《代宗纪》。
⑧ 《新唐书》卷三十五，《五行志》。
⑨ 《旧唐书》卷十二，《德宗纪上》。
⑩ 《旧唐书》卷一百四十一，《张孝忠传》。
⑪ 《旧唐书》卷一百六十四，《王播传附起传》。

〔太和中〕又言：蜀道米价腾踊，百姓流亡，请以本道阙官职田赈贫民，诏可。①

〔光启二年（公元八八六年）五月〕荆南、襄阳仍岁蝗旱，米斗三十千，人多相食。②

光启二年二月，荆、湘大饥，米斗三千钱，人相食。三年（公元八八七年），扬州大饥，米斗万钱。③

〔光启三年，秦毕据广陵〕行密攻围弥急，城中食尽，米斗四十千，居人相啖略尽。十月，城陷，秦毕走东塘。行密入广陵，辇外寨之粟以食居民，即日米减至三千。④

〔朱〕全忠恨帝无传禅意，乃谋弑以绝人望，因令其属李振谕玄晖……全忠自河中来朝，振曰："晋文帝杀高贵乡公，归罪成济，今宜诛友恭等，解天下谤。"全忠趋西内，临对嗣天子，自言弑逆非本谋，皆友恭等罪，因泣下，请讨罪人。是时洛城旱，米斗直钱六百，军有掠籴者，都人怨，故因以悦众，执友恭、叔琮斩之。⑤

从上引各条记载可以看出，安史之乱以后，国家便一直在战火纷飞之中，而水旱虫蝗等自然灾害亦乘机肆虐，经济形势随着政治形势的江河日下，亦一直是在恶化之中，于是物价——主要是粮价的上涨趋势，由天宝十三载（公元七五四年）起直至五代之初，历时一百五十余年一直在继续之中，没有任何力量可以扭转这种逆势，有时在更为严重的特殊情况下，米价竟高达平时的数百倍、数千倍，甚至万倍以上，其必然的后果就难免是"人相食"了。

富人囤粮不售，以待善价，对于粮价的不断上涨亦起了推波助澜的作用。

拥有大片地产的地主阶级，是囤积粮食的大户，粮价愈不停地波动，他们愈要囤积居奇，以等待价格的更大上涨，来谋取最大的利益，这就更加剧了粮荒的严重性，从而更加快了粮价的上涨速度。但有时也偶有个别能吏，巧妙地运用市场机制和价值规律的作用，调节供需关系，甚至散布虚假的市

① 《新唐书》卷一百六十一，《庾敬休传》。
② 《旧唐书》卷十九下，《僖宗纪》。
③ 《新唐书》卷三十五，《五行志》。
④ 《旧五代史》一百三十四，《僭伪·杨行密传》。
⑤ 《新唐书》卷二百二十三下，《奸臣·柳璨传附蒋玄晖传》。

场信息，引起囤积居奇者的恐慌，估计粮食的供应将有所增加，粮价也将随之大跌，遂赶快将囤粮抛售，从而暂时缓和了缺粮的紧张情况，促使粮价下跌。下引各例，都在不同程度上起了这种作用：

> 〔德宗朝〕拜宣、歙、池观察使。……时江淮旱，谷踊贵，请抑其价。坦曰："所部地狭，谷来他州，若直贱，谷不至矣，不如任之。"既而商以米坌至，乃多贷兵食，出诸市，价遂平。[①]

这样做是完全符合经济的自然规律的。官府对市场机制不进行干预，任其自由发挥作用，这样，供需关系便可以自动调节，使物价能自动稳定在一个均衡点上。

> 令狐文公除守兖州，州境方旱，米价甚高。迓吏至，公首问米价几何，州有几仓，问讫，屈指独语曰：旧价若干，四仓各出米若干，定价出粜，则可以赈救矣。左右听之，流语达郡中，富人竞出其所蓄，物价顿平，民心欣然。得雨，遂成丰年矣。[②]

实际上，官中四仓并没有真正出米于市，平价出粜，只是巧妙地散布了一种市价有变动可能的信息，以引起富人囤粮者的恐慌，以为粮价有迅速下跌的可能，不得不竞出其所蓄，遂促使粮价顿平。当然这样的做法只能偶一用之，乘人不备，可以暂时收效，借以缓和一下粮食的紧张状况，兼借以稳定社会心理，防止人心慌恐，形成动乱，但是却不可能靠这种方法来解决粮价问题。因粮价高是粮食短缺的直接结果，除从根本上讲求农田水利以大量发展农业生产外，是没有任何治标办法的。

[①] 《新唐书》卷一百五十九，《卢坦传》；《白孔六帖》卷七十九。
[②] 《白孔六帖》卷八十二，引《芝田录》。

第九章　隋唐五代时期经济的巨大波动

第一节　隋代的经济波动

（一）隋文帝时期的经济恢复与短暂繁荣

隋王朝是一个运祚[1]短促的王朝，父子两代仅仅三十七年，这短短的三十七年又须分作两半，只有在隋文帝当政的二十三年之中，社会经济基本上是一个安定恢复时期，实际上，从开皇元年（公元五八一年）至开皇十四年（公元五九四年），才是这一恢复的主要时期，并还有了一定程度的繁荣，不过为时仅仅十四年，自开皇十四年以后，水旱天灾即不断发生，从过去三百多年的大分裂、大混乱、大破坏之后刚刚获得喘息机会、俾研丧殆尽的社会元气能缓慢恢复时，天灾人祸又开始肆虐，从而打断了微弱的恢复过程，又重新踏上了旧历史的道路。由于恢复的时期太短，社会经济的发展所取得的成就不可能太大，基础也不可能巩固，但在长期的大动乱、大破坏之后，能够出现这样一个平静安定时期，实属来之不易而难能可贵。如作者在另文中所指出，隋王朝虽是一个短命的王朝，却是一个颇具韬略、颇有能力的王朝，它眼光敏锐地观察出南北朝以后一个重大的历史变化，即北方的经济区由于被彻底破坏，使全国的经济中心南移，而北方的政治中心却不能随之变动，这一个新的历史格局———一个巨大的历史性矛盾，由隋文帝找到了解决办法，就是用运河来把两个业已分离了的经济和政治中心重新联结起来，他于渡江灭陈之前两年（开皇七年），即"于扬州开山阳渎，以通运漕"①。这是把长江与淮河之间的一些错综分散的河道疏通连接起来，使之成为沟通江淮的一条运河。到炀帝时又大大改善了淮河以北的水道，加以扩展疏浚，并完成长

---

① 《隋书》卷一，《高祖纪上》。

江以南至杭州的运河南段，成为南起杭州、北达洛阳的大运河，其历史意义之重大和影响之深远，都是无可估量的。

隋文帝于统一了全国之后，鉴于长期以来，干戈扰攘，生民涂炭，采取了息事宁人的安民政策，使社会秩序从长期的大动乱之中趋于安定，使久经丧乱的人民获得能够重整家园、休养生息的机会，这就给农业生产的恢复提供了条件，朝廷也发挥了作为一个中央政府应当发挥的职能，即兴修水利，发展农业。这一点在《中国封建社会经济史》第三卷中已详为论述。所以隋初的经济恢复，并不是听其自然的，政府的农田水利政策起了很大的促进作用。时海内承平，边境无警，朝廷又历行节约，轻徭薄赋，故户口滋盛，民康物阜，史籍对此，赞不绝口：

〔仁寿四年（公元六〇四年）七月〕丁未，崩于大宝殿，时年六十四。遗诏曰："嗟乎！自昔晋室播迁，天下丧乱，四海不一，以至周、齐，战争相寻，年将三百，故割疆土者非一所，称帝王者非一人，书轨不同，生人涂炭。上天降鉴，爰命于朕，用登大位，岂关人力，故得拨乱反正，偃武修文，天下大同，声教远被……"①

隋文帝既平江表，天下大同，躬先俭约，以事府帑。开皇十七年（公元五九七年），户口滋盛，中外仓库，无不盈积，所有赉给，不逾经费，京司帑屋，既充积于廊庑之下，高祖遂停此年正赋，以赐黎元。②

史臣曰："……七德既敷，九歌已洽，要荒咸暨，尉候无警，于是躬节俭，平徭赋，仓廪[2]实，法令行，君子咸乐其生，小人各安其业，强无陵弱，众不暴寡，人物殷阜，朝野欢娱，二十年间天下无事，区宇之内晏如也。"③

史臣曰："夫以开皇之初，比于大业之盛，度土地之广狭，料户口之众寡，算甲兵之多少，校仓廪之虚实，九鼎之譬，鸿毛未喻轻重，培塿之方，嵩岱曾何等级。"④

---

① 《隋书》卷二，《高祖纪下》。
② 《隋书》卷二十四，《食货志》。
③ 《隋书》卷二，《高祖纪下论》。
④ 《隋书》卷七十，《李密传》。

从隋文帝过江灭陈统一全国到仁寿四年逝世时止，是隋王朝的真正安定和恢复时期，这时才彻底结束了"年将三百"的长期混乱，做到"偃武修文，天下大同"，并能"躬节俭，平徭赋"，终于取得了"户口滋盛，中外仓库，无不盈积"的富裕丰盛结果。但是从开皇十四年起，水旱灾害即连绵不断，虽受灾程度轻重不等，社会经济的上升趋势却因之逆转，其中大范围的灾荒亦有多次，例如：

〔开皇十四年（公元五九四年）〕八月辛未，关中大旱，人饥，上率户口就食于洛阳。①

开皇十六年（公元五九六年），并州蝗。②

其后山东频年霖雨，杞、宋、陈、亳、戴、谯、颍等诸州达于沧海，皆困水灾，所在沉溺。③

天灾与人祸向来是密切相关、互为因果的，即使是在开皇"偃武修文，天下大同"的安定时期，随着水旱天灾的频繁降临，地方性的动乱亦跟着发生，虽然都规模不大，旋起旋灭，未能蔓延起来，但也对在复兴中的社会经济产生了一些消极影响。不过见于记载的实为数不多，其著者有下引一例，这与隋末的农民大起义实不可同日而语：

〔开皇中〕江南人李稜等聚众为乱，大者数万，小者数千，共相影响，杀害长吏。以素为行军总管，帅众讨之。贼朱莫问自称南徐州刺史，以盛兵据京口，素帅舟师入，自扬子津进击，破之。晋陵顾世兴自称太守，与其都督鲍迁等复来拒战，素逆击破之，执迁，虏三千余人。④

这种区域性的小规模动乱，而又为期不长，显然不足以影响全局，故开皇时期安定康复的主流没有因之改变。

---

① 《隋书》卷二，《高祖纪下》。

② 《隋书》卷二十三，《五行志下》。

③ 《隋书》卷二十四，《食货志》。

④ 《隋书》卷四十八，《杨素传》。

（二）隋炀帝时期的天灾人祸与经济崩溃

由东晋、十六国历南北朝直至隋初，历时三百余年的大分裂、大动乱，到隋文帝开皇年间才获一点喘息机会，社会经济从安定恢复之中显示了初步的兴旺景象。但好景不长，疮痍未平，到了炀帝继位后，开皇时期的上升趋势便陡然逆转，转瞬之间，社会经济又陷于全面的大崩溃。这一局面的造成，炀帝个人是主要的罪魁祸首，他毁灭了国家社会，也毁灭了他个人的生命，他自继位到灭亡，为时不过十四年，在如此短促的时间内，他为人民建立了不朽功勋，也为他自己和他的王朝创造了更多的毁灭条件，结果，整个社会经济彻底崩溃，他的王朝也随之倾覆，身死国亡，成为秦以后最短命的一个王朝。

徭役繁重是祸乱的最初起因。

炀帝开凿大运河，诚然是一个有重大历史意义的工程，但对当时人民来说却是一个巨大的苦难。因运河工程的规模之大，耗费的人力物力之多，仅次于秦始皇之修筑长城，河工当然都是征用民力，据《开河记》载称，仅民夫即达五百五十余万人。强制的劳役，沉重的负担，官吏的虐待，造成河工的大量死亡，弄得怨声载道，全国骚然。正在人心动摇，民怨沸腾的时候，炀帝又不停地对外用兵，西征西域，东伐高丽，征发调遣，飞刍挽粟，役烦赋重，人民更不胜其负担。在此人不聊生之际，连年不断的灾荒饥馑，益增加了问题的严重性。就其著者而言，例如：

> 大业四年（公元六〇八年），燕代缘边诸郡旱。[①]
>
> 大业中……山东饥馑，百姓相聚为盗。[②]
>
> 大业七年（公元六一一年），募人讨高丽……时山东大水，人多流散。……是岁山东大饥。[③]
>
> 是时（大业中），百姓废业，屯集城堡，无以自给，然所在仓库，犹大充牣，吏皆惧法，莫肯赈救，由是益困。初皆剥树皮以食之，渐及于叶，皮叶皆尽，乃煮土或捣[3]藁为末而食之，其后人乃

---

① 《隋书》卷二十二，《五行志》。
② 《隋书》卷七十一，《杨善会传》。
③ 《旧唐书》卷五十四，《窦建德传》。

相食。①

〔大业七年（公元六一一年）〕秋大水，山东、河南漂没三十余郡，民相卖为奴婢。②

时河南、山东大水，死者将半，隋帝令饥人就食黎阳，开仓赈给。时政教已紊，仓司不时赈给，死者日数万人。③

刘武周为鹰扬府校尉，见天下已乱，阴有异计，因宣言于众曰：今岁饥，死者骨相枕于野，府君闭仓不恤，岂忧百姓意乎？以市怒，其军皆愤怨。④

隋末荒乱，狂贼朱粲起于襄、邓间，岁饥米斛万钱，亦无得处，人民相食。粲乃驱男女大小，仰一大铜钟，可二百石，煮人肉以喂贼，生灵歼于此矣。⑤

在饥荒如此严重的情况下，濒于死亡边缘的饥饿人民斩竿揭木而起，遂成为必然。故一时烽火遍地，城邑丘墟，所在人烟断绝，成为社会经济彻底崩溃的一个更为直接的因素。有关记载，史籍中连篇累牍，这里选录其声势浩大的若干条，借以看出隋末动乱的严重程度：

王世充等赞：炀帝失德，天丑其为，生人吁辜，群盗乘之，如猬[4]毛而奋，其剧者若李密因黎阳，萧铣始江陵，窦建德连河北，王世充奉东都，皆磨牙摇毒，以相噬螫。⑥

是岁（大业七年），山东大饥，建德谓〔孙〕安祖曰："文皇帝时天下殷盛，发百万之众以伐辽东，尚为高丽所败，今水潦为灾，黎庶穷困，而主上不恤，亲驾临辽，加以往岁西征，疮痍未复，百姓疲弊，累年之役，行者不归，今重发兵，易可摇动，丈夫不死，当立大功，岂可为逃亡之虏也。我知高鸡泊中广大数百里，荒蒲阻深，可以逃难，承间而出，虏掠足以自资，既得聚人，且观时变，

---

① 《隋书》卷二十四，《食货志》。
② 《隋书》卷三，《炀帝纪上》。
③ 《旧唐书》卷六十七，《李勣传》。
④ 《白孔六帖》卷八十二。
⑤ 张鷟：《朝野佥载》卷二。
⑥ 《白孔六帖》卷九十一。

必有大功于天下矣。"安祖然其计，建德招诱逃兵及无产业者，得数百人，令安祖率之，入泊中为群盗。①

〔大业〕九年（公元六一三年）五月，礼部尚书杨玄感于黎阳举兵反。……至七月，宇文述讨平之，其兄弟悉枭首车裂，斩其党与数万人。其年朱燮、管崇亦于吴郡拥众反，此后群盗屯聚，剽略郡县，尸横草野，道路不通，赍诏敕使人皆步涉夜行，不敢遵路。②

〔大业九年春正月〕乙未，平原李德逸聚众数万，称阿舅"贼"，劫掠山东灵武、白榆，妄称奴"贼"，劫掠牧马，北连突厥，陇右多被其患，遣将军范贵讨之，连年不能克。③

〔大业九年〕二月己未，济北人韩进洛聚众数万，为群盗。④

〔大业九年〕三月丙子，济阴人孟海公起兵为"盗"，众至数万。⑤

〔大业九年秋七月〕癸未，余杭人刘元进举兵反，众至数万。⑥

〔大业九年八月〕癸卯，吴人朱燮，晋陵人管崇，拥众十万余，自称将军，寇江左。⑦

〔大业九年〕九月己卯，济阴人吴海流、东海人彭孝才并举兵为"盗"，众数万。庚辰，"贼"帅梁慧尚率众四万陷苍梧郡。⑧

〔大业九年冬十月壬辰〕朱燮、管崇推刘元进为天子，遣将军吐万绪、鱼俱罗讨之，连年不能克。齐人孟让、王簿等众十余万，据长白山，攻剽诸郡。清河"贼"张金称众数万，渤海"贼"帅格谦自号燕王，孙宣雅自号齐王，众各十万，山东苦之。⑨

〔大业九年〕其后复有桑门、向海明，于扶风自称弥勒佛出世，潜谋逆乱，人有归心者，辄获吉梦，由是人皆惑之，三辅之士，翕然称为大圣，因举兵反，众至数万，官军击破之。……自是天下大

① 《旧唐书》卷五十四，《窦建德传》。
② 《隋书》卷二十一，《天文志下》。
③ 《隋书》卷四，《炀帝纪下》。
④ 《隋书》卷四，《炀帝纪下》。
⑤ 《隋书》卷四，《炀帝纪下》。
⑥ 《隋书》卷四，《炀帝纪下》。
⑦ 《隋书》卷四，《炀帝纪下》。
⑧ 《隋书》卷四，《炀帝纪下》。
⑨ 《隋书》卷四，《炀帝纪下》。

乱，路无人行。①

〔大业十一年（公元六一五年）二月〕丙子[5]，上谷人王须拔反，自称漫天王，国号燕，"贼"帅魏刁儿自号历山飞，众各十余万，北连突厥，南寇赵。②

〔大业十一年冬十月〕丁卯，彭城人魏骐骥聚众万余为"盗"，寇鲁郡。壬申，"贼"帅卢明月聚众十余万，寇陈、汝间。东海"贼"帅李子通拥众度淮，自号楚王，建元明政，寇江都。十二月乙卯，贼帅王须拔破高阳郡。③

〔大业十一年十二月〕庚辰，诏民部尚书樊子盖发关中兵讨绛郡"贼"敬盘陀、柴保昌等，经年不能克。谯郡人朱粲拥众数十万，寇荆、襄，僭称楚帝，建元昌达，汉南诸郡，多为所陷焉。④

〔大业十二年（公元六一六年）〕八月乙巳，"贼"帅赵万海众数十万，自恒山寇高阳。⑤

〔大业〕十三年（公元六一七年）春正月壬子，齐郡"贼"杜伏威率众渡淮，攻陷历阳郡。丙辰[6]，勃海"贼"窦建德设坛于河间之乐寿，自称长乐王，建元丁丑。辛巳，"贼"帅徐圆朗率众数千破东平郡，弘化人到企[7]成聚众万余人为盗，傍郡苦之。⑥

〔大业十二年夏四月〕癸亥，魏刁儿所部将甄翟儿复号历山飞，众十万，转寇太原，将军潘长文讨之，反为所败，长文死之。⑦

当是时（大业末），河南、山东大水，隋帝令饥人就食黎阳，仓吏不时发，死者且数万。勣说密曰："天下之乱本于饥，今若取黎阳粟以募兵，大事济矣。"密以麾下兵五千付勣与郝孝德等，济河袭黎阳守之，开仓纵食，旬日胜兵至二十万。⑧

〔义宁二年（公元六一八年）三月〕区宇之内，"盗贼"蜂起，劫掠从官，屠陷城邑，近臣互相掩蔽，隐"贼"数，不以实对。或

---

① 《隋书》卷二十三，《五行志下》。
② 《隋书》卷四，《炀帝纪下》。
③ 《隋书》卷四，《炀帝纪下》。
④ 《隋书》卷四，《炀帝纪下》。
⑤ 《隋书》卷四，《炀帝纪下》。
⑥ 《隋书》卷四，《炀帝纪下》。
⑦ 《隋书》卷四，《炀帝纪下》。
⑧ 《新唐书》卷九十三，《李勣传》。

有言"贼"多者，辄大被诘责，各求苟免，上下相蒙。每出师徒，败亡相继，战士尽力，必不加赏，百姓无辜，咸受屠戮，黎庶愤怨，天下土崩。①

以上所引，只是同类记载中的一部分。在兵祸如此严重的情况下，隋王朝的土崩瓦解和社会经济的彻底崩溃就成为必然。史籍中对这种必然结果亦多所指陈，对当时的混乱状况和造成混乱的原因，都观察得非常清楚。实际上这种简单的因果关系本不难看出，完全如李勣对李密所说，"天下之乱本于饥"，这就是古人早就指出的：国以民为本，民以食为天，一旦农业失收——不管其原因是天灾还是人祸，都是国家动乱之源。因为在一个以农业为基础的经济结构中，人是最主要的生产力，人力的多少，就是生产力的大小。在兵燹遍地、战火纷飞之中，人口首先遭到大量的毁灭，到处是烟火断绝，路无人行，广大农民不是横尸草野，就是四出逃生，而多数丁壮则被征入伍，使之互相砍杀，以进行"井堙木刊"、城邑丘墟的大破坏。土地既无人耕垦，饥馑自相随而至，粮不可得，则上引文所云"百姓废业，屯集城堡，无以自给。……初皆剥树皮以食之，渐及于叶，皮叶皆尽，及煮土或捣藁为末而食之，其后人乃相食"。可见这种人造的饥荒实远远超过天灾，因天灾的发生既有时间的间隔，也有区域的大小，此歉彼丰，还可以移民就食，而一旦天下丧乱，则率土之民，俱遭涂炭。下引记载，都是古人——当时人的中肯之论：

炀帝即位，号年曰大业。……寻而天下丧乱，率土遭荼炭之酷焉。②

〔炀帝时〕六军不息，百役繁兴，行者不归，居者失业，人饥相食，邑落为墟，上不恤也。东西游幸，靡有定居，每以供费不给，逆收数年之赋。③

〔大业三年（公元六〇七年）〕其后筑长城，讨吐谷浑及高丽，兵戎岁驾，略无宁息，水旱饥馑，疾疫土功，相仍而有，群"盗"并起，邑落空虚。④

---

① 《隋书》卷四，《炀帝纪下》。
② 《隋书》卷二十二，《五行志上》。
③ 《隋书》卷四，《炀帝纪下》。
④ 《隋书》卷二十一，《天文志下》。

〔大业七年（公元六一一年）〕时帝兴辽之师，百姓不堪其役，四海怨叛。①

〔大业〕八年（公元六一二年），天下旱。百姓流亡，时发四海兵，帝亲征高丽，六军冻馁，死者十八九。②

〔大业九年（公元六一三年），玄感反〕与樊子盖书曰：……今上纂承宝历，宜固洪基，乃自绝于天，殄民败德。频年肆眚，“盗贼”于是滋多；所在修治，民力为之凋尽。荒淫酒色，子女必被其侵；耽玩鹰犬，禽兽皆离其毒。朋党相扇，货贿公行，纳邪佞之言，杜正直之口。加以转输不息，徭役无期，士卒填沟壑，骸骨蔽原野。黄河之北，千里无烟，江淮之间，则鞠为茂草。③

及〔大业〕中年已后，军国多务，用度不足，于是急令暴赋，责成守宰，百姓不聊生矣。各起而为“盗”，战争不息，尸骸被野。④

史臣曰：炀帝爰在弱龄，早有令闻。……天方肇乱，遂登储两，践峻极之崇基，承丕显之休命。地广三代，威振八纮，单于顿颡，越裳重译。赤仄之泉，流溢于都内；红腐之众，委积于塞下。负其富强之资，思逞无厌之欲。……骄怒之兵屡动，土木之功不息，频出朔方，三驾辽左，旌旗万里，征税百端，猾吏侵渔，人不堪命，乃急令暴条以扰之，严刑峻法以临之，甲兵威武以董之，自是海内骚然无聊生矣。俄而，玄感肇黎阳之乱，匈奴有雁门之围，天子方弃中土，远之扬越，奸宄乘衅，强弱相陵，关梁闭而不通，皇舆往而不返，加之以师旅，因之以饥馑，流离道路，转死沟壑十八九焉。于是相聚萑蒲，猬毛而起，大则跨州连郡，称帝称王，小则千百为群，攻城剽邑，流血成川泽，死人如乱麻，炊者不及析骸，食者不遑易子。茫茫九土，并为麋鹿之场；惨惨黔黎，俱充蛇豕之饵。四方万里，简书相续，犹谓鼠窃狗盗，不足为虞，上下相蒙，莫肯念乱。振蜉蝣之羽，穷长夜之乐，土崩鱼烂，贯盈恶稔，普天之下，莫匪仇雠，左右之人，皆为敌国，终然不悟，同彼望夷。遂以万乘

---

① 《隋书》卷二十三，《五行志下》。
② 《隋书》卷二十二，《五行志上》。
③ 《隋书》卷七十，《杨玄感传》。
④ 《隋书》卷二十二，《五行志上》。

之尊，死于一夫之手，亿兆靡感恩之士，九牧无勤王之师，子弟同就诛夷，骸骨弃而莫掩，社稷颠陨，本枝殄绝，自肇有书契以迄于兹，宇宙崩离，生灵涂炭，丧身灭国，未有若斯之甚也。①

炀皇嗣守鸿基，国家殷富，雅爱宏玩，肆情方骋，初造东都，穷诸巨丽。帝昔居藩翰，亲平江左，兼以梁、陈曲诉，以就规摹。曾雉逾芒，浮桥跨洛，金门象阙，咸竦飞观，颓岩塞川，构成云绮，移岭树以为林薮，包芒山以为苑囿。长城御河，不计于人力，运驴武马，指期于百姓，天下死于役而家伤于财。既而一讨浑庭，三驾辽泽。天子亲伐，师兵大举，飞粮挽秫，水陆交至。疆场之所倾败，劳师之所殂殒，虽复大半不归，而每年兴发，比屋良家之子，多赴于边陲；分离哭泣之声，连响于州县。老弱耕稼，不足以充饥馁；妇功纺绩，不足以赡资装。九区之内，鸢和岁动，从幸宫掖，常十万人，所有供须，皆仰州县。租赋之外，一切征敛，趣以周备，不顾元元。吏用割剥，盗其大半。遐方珍膳，必供庖厨；翔禽毛羽，用为玩饰；买以供官，千倍其价。人愁不堪，离弃室宇。长吏扣扉而达曙，猛犬迎吠而终夕。自燕、赵跨于齐、韩，江淮入于襄、邓，东周洛邑之地，西秦陇山之右，僭伪交侵，"盗贼"充斥。宫观鞠为茂草，乡亭绝其烟火。人相啖食，十而四五。关中疠疫，炎旱伤稼。代王开永丰之粟以赈饥人，去仓数百里，老幼云集，吏在贪残，官无攸次，咸资镪货，动移旬月，顿卧墟野，欲返不能，死人如积，不可胜计。虽复皇王抚运，天禄有终，而隋氏之亡，亦由于此。②

隋军败走，密复下回洛仓而据之，大修营堑，以逼东都，仍作书以移郡县曰："……公田所彻，不过十亩，人力所供，才止三日，是以轻徭薄赋，不夺农时，宁积于人，无藏于府。而科税繁猥，不知纪极，猛火屡烧，漏卮难满，头会箕敛，逆折十年之租，杼轴其空，日损千金之费。父母不保其赤子，夫妻相弃于匡床。万户则城郭空虚，千里则烟火断绝。西蜀王孙之室，翻同原宪之贫；东海糜竺之家，俄成邓通之鬼，其罪五也。……"③

---

① 《隋书》卷四，《炀帝纪下》。
② 《隋书》卷二十四，《食货志》。
③ 《旧唐书》卷五十三，《李密传》。

及大业季年，群"盗"蜂起，郡县沦陷，户口减耗。①

上引各条记载，都是从不同的角度历数了隋末社会动乱、经济崩溃和王朝倾覆的各种原因，所言皆极中要害，当这些毁灭性条件汇集到一起时，就引起了爆炸，而社会经济的全面崩溃和王朝的迅速覆灭，便迅速来临。

李渊父子虽然于大混乱之中，逐步剪灭了群雄割据，取得了最后胜利，并建立了唐王朝，但是对隋末的天下骚动和隋王朝的土崩瓦解，犹心怀余悸，故一再追究其迅速覆亡的原因，并极力改弦更张，与民更始，以求能安定民生，恢复社会秩序和农业生产，以稳定新建立的政权，从高祖、太宗两朝的多次诏令，可以看出这种惶惶不安的心情，同时也表示了新统治者要郑重吸取前朝覆亡教训的决心：

〔武德六年（公元六二三年）二月诏曰〕：自夫隋氏失驭，刑政板荡，豺狼竞起，肆行凶虐，征求无度，侵夺任己，下民困扰，各靡聊生，丧乱之余，百不存一。上天降鉴，爰命朕躬，廓定凶灾，又宁区域。念此黎庶，凋弊日久，新获安堵，衣食未丰。所以每给优复，蠲其徭役，不许差科，辄有劳扰，义存简静，使务农桑。至如大河南北，乱离永久，师旅荐兴，加之饥馑，百姓劳弊，此焉特甚。江淮之间，爰及岭外，涂路悬阻，土旷人稀，流寓者多，尤宜存恤。此等诸处，往隔寇戎，自经开泰，岁月未久，犹恐士民积习，不改前弊，州县官人，未称所委，迎送往来，尚致劳费。其河南、河北、江淮以南及荆州大总管内诸州所司，宜便颁下，自今以后，非有别敕，不得辄差科徭役，及迎送供承，庶其安逸，明加检约，称朕意焉。②

武德六年四月诏曰：隋末丧乱，豺狼竞逐，率土之众，百不存一。干戈未静，桑农咸废，凋弊之余，饥寒重切，永言于此，悼于厥心。今寇贼已平，天下无事，百姓安堵，各务耕织，家给人足，即事可期。所以新附之民，特蠲徭赋，欲其休息，更无烦扰，使获安静，自修产业。犹恐所在州县未称朕怀，道路送迎，廨宇营筑，

① 《旧唐书》卷三十八，《地理志》。
② 高祖：《罢差科徭役诏》，《全唐文》卷二。

率意征求，擅相呼召，诸如此类，悉宜禁断，非有别敕，不得差科，不遵诏者重加推罚，布告天下，咸知此意。①

隋运将尽，群凶鼎沸，干戈不息，饥馑相仍，流血成川，暴骸满野。朕往因军旅，周览川原，每所临视，用伤心虑。自祗膺宝命，义切哀矜，虽道谢姬文，而情深掩骼。诸有骸骨暴露者，宜令所在官司，收敛埋瘗，称朕意焉。②

昔隋末丧乱，百姓凋残，酷法淫刑，役烦赋重，农夫释耒，工女下机，征召百端，寇盗蜂起，人怀怨愤，各不聊生，水火之切，未足为喻。③

贞观元年（公元六二七年），累转邓州刺史。州邑丧乱之后，百姓流离，君宾至才期月，皆来复业。……太宗下诏劳之曰："朕以隋末乱离，毒被海内，率土百姓，零落殆尽。州里萧条，十不存一，寤寐思之，心焉若疚。"④

隋炀帝在位首尾十四年，他继承的本是一个民康物阜的安定社会，太平的时间虽然不长，但基本上都已上轨道，沿着这个轨道前进并逐步恢复其规模，是可以长治久安、运祚绵长的。但由于炀帝的倒行逆施，残民以逞，遂使局势立刻逆转，把全国人民置于水深火热之中，成为"毒被海内"，使"率土百姓，零落殆尽。州里萧条，十不存一"。这样动乱的时间虽然不长，但破坏却极其惨重，从隋代的史籍记载和唐初人的追述中，可知其种种惨状，与过去东晋南北朝时期的大混乱没有什么两样，这是因为在长期的大破坏之后，社会的元气还没有完全恢复，社会经济所受的疮痍还没有平复，正在这时，天灾人祸从四面八方一齐袭来，对于一个刚刚恢复平定的隋王朝和刚刚获得喘息机会的社会经济，其摧毁一切的力量就显得格外强大，因而所造成的破坏也格外惨重。

第二节 唐代前期的经济波动

唐代前期，包括自太宗贞观六、七年（公元六三二、六三三年）以后至

---

① 高祖：《禁止迎送营造差科诏》，《唐大诏令集》卷一百十一。
② 太宗：《收埋骸骨诏》，《全唐文》卷四。
③ 太宗：《存问并州父老玺书》，《全唐文》卷十。
④ 《旧唐书》卷一百八十五上，《良吏传上·陈君宾》。

玄宗天宝十三载（公元七五四年）以前一百二十年左右的一段时间，这一段长时间是唐代社会经济的最繁荣时期。首先是农业从隋末的大破坏之中逐渐恢复起来，尽管农业的生产力——包括生产工具的革新和生产技术的进步等等——没有新的提高，也没有进行大规模的水利建设，以扩大灌溉面积，从而提高土地的单位面积产量，总之，在农业生产中唐代没有进行过有计划、有目的的人为推进，但是在长时间内由于气候比较正常，风调雨顺，遂获得"累岁丰稔"，连年丰收的结果使粮食的产量大增，粮价亦极度低廉，遂出现了历史上少见的长期太平景象。在农业连年丰收、社会秩序安定、人民生活富裕这样一个大环境中，商品经济必然随之兴旺发达起来。首先是唐代的商业有了显著的发展，种种具体情况已详述于本卷第六章中。特别是都市商业的发展，改变了过去长期以来定时一聚的原始形态，而发展成为常设市场，开始向近代型商业转化。在市内常设的铺店行肆中，有不少是"工作贸易者"，即自产自销的一些新型店铺——手工业的作坊店铺，从而使手工业有了比较广大的国内市场，故亦能发展起来。第七章曾详述了唐代手工业的发展情况，虽然没有重大的质的变化，但是一些量的增加却是不可忽视的，并且在个别部门中也出现了资本主义性质的经营。总之，农工商业的这些有限度的发展，共同构成了唐代前期百余年的经济繁荣，其间小的波动虽然也不断发生，但整个社会经济基本上保持着一种上升趋势。

隋末的经济凋敝一直延续到唐王朝建立十余年之后的贞观时期，贞观初期时还是一片荒凉，没有从隋末社会经济的大崩溃中迅速恢复起来，尽管在武德年间极力安抚，蠲免赋役，而经济的恢复仍然十分缓慢，这由下引一些记载可以看出：

> 时（贞观中）公卿大臣并请封禅，惟征以为不可。太宗曰："朕欲卿极言之。岂功不高耶？德不厚耶？诸下未治安耶？远夷不慕义耶？嘉瑞不至耶？年谷不登耶？何为而不可？"对曰："陛下功则高矣，而民未怀惠；德虽厚矣，而泽未旁流；诸夏虽安，未足以供事；远夷慕义，无以供其求；符瑞虽臻，罗罗犹密；积岁丰稔，仓廪尚虚。此臣所以窃谓未可。臣未能远譬，且借喻于人。今有人十年长患，疗治且愈，此人应皮骨仅存，便欲使负米一石，日行百里，必不可得。隋氏之乱，非止十年，陛下为之良医，疾苦虽已乂安，未甚充实，告成天地，臣窃有疑。……今自伊洛以东，暨乎海岱，

灌莽巨泽，苍茫千里，人烟断绝，鸡犬不闻，道路萧条，进退艰阻。……"太宗不能夺。①

〔贞观〕十一年（公元六三七年），周又上疏曰："……今百姓承丧乱之后，比于隋时，才十分之一。"②

贞观四年（公元六三〇年）以后，情况开始好转，由此开始了一个繁荣兴旺时期，历时还相当长，一时盛况空前，成为唐王朝的黄金时代：

> 贞观初，户不及三百万，绢一匹易米一斗。至四年（公元六三〇年），米斗四五钱，外户不闭者数月，马牛被野，人行数千里不赍粮，民物蕃息，四夷降附者百二十万人。是岁天下断狱，死罪者二十九人，号称太平。③
>
> 太宗自即位之始，霜旱为灾，米谷踊贵，突厥侵扰，州县骚然。帝志在忧人，锐精为政，崇尚节俭，大布恩德。是时自京师及河东、河南、陇右，饥馑尤甚，一匹绢才得一斗米，百姓虽东西逐食，未尝嗟怨，莫不自安。自贞观三年（公元六二九年），关中丰熟，咸自归乡，竟无一人逃散，其得人心如此。加以从谏如流，雅好儒术，孜孜求士，务在择官，改革旧弊，兴复制度，每因一事，触类为善。……断决大事，得帝王之体，深恶官吏贪浊，有枉法受财者，必无赦免，在京流外有犯赃者，皆遣执奏，随其所犯，置以重法，由是官吏多自清谨。制驭王公妃主之家，大姓豪猾之伍，皆畏威屏迹，无敢侵欺细人，商旅野次，无复盗贼，囹圄常空，马牛布野，外户不闭。又频致丰稔，斗米三四钱，行旅自京师至于岭表，自山东至于沧海，皆不赍粮，取给于路，入山东村落，行旅经过者，必厚加供待，或发时有赠遗，此皆古昔未有也。④

贞观时期所取得的民康俗阜的太平景象，到高宗继位后，仍能保持不变，

---

① 《旧唐书》卷七十一，《魏徵[8]传》。
② 《旧唐书》卷七十四，《马周传》。
③ 《新唐书》卷五十一，《食货志一》。
④ 《贞观政要》卷一。

直到武后当政后，基本上也还能维持原状，但小的波动已在开始：

贞观以后，太宗励精为理，至八九年，频至丰稔，米斗四五钱，马牛布野，外户动则数月不闭。至十五年（公元六四一年），米每斗值两钱。麟德三年（公元六六六年），米每斗折五文。①

〔麟德二年（公元六六五年）〕是岁大稔，米斗五钱，豭麦不列市。②

高宗承之，海内艾安，太尉长孙无忌等辅政，天下未见失德，数引刺史入阁，问民疾苦。即位之岁，增户十五万。及中书令李义府、侍中许敬宗既用事，役费并起，永淳以后，给用益不足，加以武后之乱，纪纲大坏，民不胜其毒。③

会高宗崩，灵驾将还长安，子昂诣阙上云，盛陈东都形胜，可以安置山陵，关中旱俭，灵驾西行不便。曰："……今则……燕代迫匈奴之侵，巴陇婴吐蕃之患，西蜀疲老，千里赢粮，北国丁男，十五乘塞，岁月奔命，其弊不堪，秦之首尾今为阙矣，即所余者，独三辅之间耳。顷遭荒馑，人被荐饥，自河已西，莫非赤地，循陇已北，罕逢青草，莫不父兄转徙，妻子流离，委家丧业，膏原润莽，此朝廷之所备知也。赖以宗庙神灵，皇天悔祸，去岁薄稔，前秋稍登，使赢饿之余，得保性命，天下幸甚，可谓厚矣。然而流人未返，田野尚芜，白骨纵横，阡陌无主，至于蓄积，尤可哀伤。陛下不料其难，贵从先意，遂欲长驱大驾，按节秦京，千乘万骑，何方取给？况山陵初制，穿复未央，土木工匠，必资徒役。今欲率疲弊之众，兴数万之军，征发近畿，鞭扑赢老，凿山采石，驱以就功，春作无时，秋成绝望，凋瘵遗噍，再罹艰苦，傥不堪弊，必有逋逃，子来之颂，将何以述之？此亦宗庙之大机，不可不审图也。况国无兼岁之储，家鲜匝时之蓄，一旬不两，犹可深忧，忽加水旱，人何以济？陛下不深察始终，独违群议，臣恐三辅之弊，不止如前日矣。……"④

---

① 《通典》卷七，《食货七·历代盛衰户口》。
② 《旧唐书》卷四，《高宗纪上》。
③ 《新唐书》卷五十一，《食货志》。
④ 《旧唐书》卷一百九十中，《文苑·陈子昂传》。

可见到高宗末年时，因外患交侵，水旱频仍，太宗时期的经济上升趋势已经逆转，出现了田野荒芜，白骨纵横，自河已西，赤地千里，循陇已北，罕逢青草，大量饥民，转徙流亡等严重问题。总之，前一时期经济波动的上升曲线，这时陡然向下倾斜了。嗣后又政治混乱，纪纲大紊，皇亲国戚，窃位弄权，恣情奢纵，滥兴土木，以致徭役烦兴，征调百端，对社会经济又起了更大的破坏作用：

永淳元年（公元六八二年），京师大雨，饥荒，米每斗四百钱，加以疾疫，死者甚众。武太后孝和朝，太平公主、武三思，悖逆庶人，恣情奢纵，造罔极寺、太平观、香山寺、昭成寺，遂使农功虚费，府库恐竭矣。睿宗景云初，又造金仙、玉真二观，补阙辛替否上书极谏，不从。①

神龙元年（公元七〇五年）大水，诏文武九品以上官直言极谏，务光上书曰："……又数年以来，公私乏竭，户口减耗，家无接新之储，国乏供荒之蓄，陛下近观朝市，则以为既庶且富，试践间陌，则百姓衣牛马之皮，食犬彘之食，十室而九。丁壮尽于边塞，孀孤转于沟壑，猛吏奋毒，急政破资。马困斯佚，人穷斯诈，起为奸盗，从而刑之，良可叹也。今人贫而奢不息，法设而伪不止，长吏贪冒，选举以私，稼穑之人少，商旅之人众。愿坦然更化，以身先之。凋残之后，缓其力役，久弊之极，训以敦庞，十年之外，生聚方足。……"②

〔神龙二年（公元七〇六年），峤上书曰〕："……又易称何以守位曰仁，何以聚人曰财。今百姓受弊，不安居处，不可以守位；仓储荡耗，财力倾殚，不足以聚人。山东病水潦，江左困输转。国匮于上，人穷于下。如今边场少竦，恐逋亡遂多，盗贼群行，何财召募，何众闲遏乎。又崇作寺观，功费浩广。今山东岁饥，糟糠不厌，而投艰阻之会，收庸调之半，用吁嗟之物，以荣土木，恐怨结三灵，谤蒙四海。……"③

---

① 《通典》卷七，《食货七·历代盛衰户口》。
② 《新唐书》卷一百十八，《宋务光传》。
③ 《新唐书》卷一百二十三，《李峤传》。

经济波动的下降趋势，到了玄宗开元年间，又开始转变为回升，并出现了新的繁荣，较之贞观时期，殆有过之无不及，成为唐王朝的鼎盛时期，其兴旺繁荣的情况，可以从下引记载看出：

开元初，上励精理道，铲革讹弊，不六七年，天下大治，河清海晏，物殷俗阜。安西诸国，悉平为郡县，自开远门西行，亘地万余里，入河湟之赋税，左右藏库，财物山积，不可胜较。四方丰稔，百姓殷富。户计一千余万，米一斗三四文。丁壮之人，不识兵器。路不拾遗，行者不赍粮。……重译麇[9] 至，人情欣欣然。①

时〔开元十三年（公元七二五年）十二月〕累岁丰稔，东都米斗十钱，青、齐米斗五钱。②

至（开元）十三年，封泰山。米斗至十三文，青、齐谷斗至五文。自后天下无贵物，两京米斗不至二十文，面三十二文，绢一匹二百一十文。东至宋、汴，西至岐州，夹路列店肆待客，酒馔丰溢，每店皆有驴赁客乘，倏忽数十里，谓之驿驴。南诣荆、襄，北至太原、范阳，西至蜀川、凉府，皆有店肆，以供商旅，远适数千里，不持寸刃。③

〔开元二十八年（公元七四〇年）〕其时频岁丰稔，京师米斛不满二百，天下乂安，虽行万里，不持兵刃。④

〔天宝五载（公元七四六年）〕是时海内富实，米斗之价钱十三，青、齐间斗才三钱，绢一匹钱二百，道路列肆，具酒食以待行人，店有驿驴，行千里不持尺[10] 兵。⑤

〔天宝中〕时海内丰炽，州县粟帛举巨万。国忠因言：古者二十七年耕，余九年食。今天置太平，请在所在滞积变轻赍，内富京师。又悉天下义仓及丁租地课易布帛，以充天子禁藏。明年，帝诏百官观库，物积如丘山。⑥

---

① 郑綮：《开天传信录》。
② 《旧唐书》卷八，《玄宗纪上》。
③ 《通典》卷七，《食货七·历代盛衰户口》。
④ 《旧唐书》卷九，《玄宗纪下》。
⑤ 《新唐书》卷五十一，《食货志一》。
⑥ 《新唐书》卷二百六，《外戚·杨国忠传》。

长达百余年的经济上升趋势，到此达到了顶点。正当天下太平无事，社会经济欣欣向荣，成为"河清海晏"和"物殷俗阜"的空前繁荣之际，天宝十四载（公元七五五年），忽然"渔阳鼙鼓动地来"，一场毁灭性的战争突然爆发了，转瞬之间即席卷了整个华北，不久，战火又蔓延到江淮，烽火遍地，久久不息，一个"人情欣欣然"的繁华世界，顿时变成了人间地狱，到处是"荒草千里""积尸如山""城邑为墟""烟火断绝"，社会经济被破坏到荡然无存。唐代文献中对这种惨状记载甚多，这里酌引数则，以见一斑：

> 禄山未至长安，士人皆逃入山谷，东西骆驿二百里，宫嫔散匿行哭，将相第家委宝货不赀，群不逞争取之，累日不能尽。又剽左藏大盈库，百司帑藏竭，乃火其余。禄山至，怒，乃大索三日，民间财货尽掠之，府县因株根牵连，句剥苛急，百姓愈骚。禄山怨庆宗死，乃取帝近属，自霍国长公主、诸王妃妾子孙姻婿等百余人，害之以祭庆宗。群臣从天子者，诛灭其宗。虏性得所欲，则肆为残害，人益不附……城邑墟矣。①
>
> 〔安禄山之乱〕南阳遭大乱之后，距邓州二百里，人烟断绝，遗骸委积墙壍[11] 间。②
>
> 胡兵夺长安，宫殿生野草。……胡雏尚未灭，诸将恳征讨。昨闻咸阳败，杀戮净如扫。积尸若丘山，流血涨丰镐。…… 村落皆无人，萧然空桑枣……③

第三节 唐中叶以后的长期经济波动

天宝以后，唐王朝陷于长期的大混乱之中，肃宗、代宗时期，是大乱的高潮时期，这时不仅是兵燹遍地，而且天灾疾疫亦纷至沓来，一时天灾人祸，搅作一团，互相促进，故为害益烈。首先，来看一下这时灾荒饥馑的严重情况。由于此类记载是连篇累牍，不能备举，这里仅选录若干条，作为例证：

---

① 《新唐书》卷二百二十五上，《逆臣上·安禄山传》。
② 《旧唐书》卷一百十四，《鲁炅传》。
③ 岑参：《行军》，《岑嘉州集》卷一。

〔至德中〕时所在寇夺，甫家寓鄜弥年，饘窭孺弱至饿死。因许甫自德省视，从还京师。出为华州司功参军。关辅饥，辄弃官去，客秦州，负薪采橡实自给。①

乾元三年（公元七六〇年），自四月雨，至闰月末不止，米价翔贵，人相食，饿死者委骸于路。②

〔上元元年（公元七六〇年）四月〕是月大饥。③

广德元年（公元七六三年）九月，大雨水，平地数尺。吐蕃寇京畿，以水自溃去。④

广德元年秋，蚄蚅食苗，关西尤甚，米斗千钱。⑤

〔广德二年（公元七六四年）〕是秋，蝗食田殆尽，关辅尤甚，米斗千钱。⑥

永泰元年，春夏旱。⑦

〔永泰元年（公元七六五年）〕岁饥，米斗千钱，诸谷皆贵。⑧

〔永泰元年秋七月〕时久旱，京师米斗一千四百，他谷食称是。⑨

永泰元年，先旱后水，九月大雨，平地水数尺，沟河涨溢。时吐蕃寇京畿，以水自溃而去。二年夏，洛阳大雨水，坏二十余坊，及寺观廨舍；河南数十州大水。⑩

是年〔永泰二年（公元七六六年）〕大水。⑪

〔宝应元年（公元七六二年）〕是岁江东大疫，死者过半。⑫

〔宝应元年十月乙卯〕诏：浙江水旱，百姓重困，州县勿辄利率，民疫死不能葬者，为瘗之。⑬

---

① 《新唐书》卷二百一，《文艺上·杜审[12]言附甫传》。
② 《旧唐书》卷十，《肃宗纪》。
③ 《新唐书》卷六，《肃宗纪》。
④ 《新唐书》卷三十六，《五行志》。
⑤ 《旧唐书》卷三十七，《五行志》。
⑥ 《旧唐书》卷十一，《代宗纪》。
⑦ 《新唐书》卷三十五，《五行志》。
⑧ 《旧唐书》卷十一，《代宗纪》。
⑨ 《旧唐书》卷十一，《代宗纪》。
⑩ 《旧唐书》卷三十七，《五行志》。
⑪ 《旧唐书》卷三十六，《天文志》。
⑫ 《旧唐书》卷十一，《代宗纪》。
⑬ 《新唐书》卷六，《代宗纪》。

〔大历〕三年（公元七六八年）秋，湖南及河东、河南、淮南、浙东西、福建等道州五十五水灾。[1]

大历四年（公元七六九年）秋，大雨。是岁，自四月霖澍至九月，京师米斗八百文，官出太仓米贱粜以救饥人。五年（公元七七〇年）夏，复大雨，京城饥，出太仓米，减价以救人。[2]

〔大历〕十二年（公元七七七年）秋，大雨。是岁春夏旱，至秋八月雨，河南尤甚，平地深五尺，河决，漂溺田稼。[3]

以上系部分灾害记录，如孤立地只就其本身来看，灾情并不十分严重，但是连年不断的灾荒系发生在战争年月，这时正是两京失守，乱兵纵横的时候，所至焚烧屠杀，"杀戮净如扫"，一切都荡然无存，完全如岑参所云，"积尸若丘山，流血涨丰镐，村落皆无人，萧然空桑枣"。在这种救死不遑的时候，再加上水旱虫蝗天灾频繁袭来，就显得灾情格外严重。

安史之乱爆发以后，造成社会经济彻底崩溃的主要破坏力量是战争，简单说，是人祸，不是天灾。在一个以小农制经济为基础的农业社会中，由于生产力不高，经济结构简单，它经受不住任何一点外力的扰乱，而战争又恰恰是一种最强烈的震撼和最巨大的破坏力量，只要战乱一起，则玉石俱焚，它可以把社会经济的多年积累毁之于一旦，完全如马克思所说，"在亚洲，一次毁灭性的战争，就能够使一个国家在几百年内人烟萧条，并且使它失去自己的全部文明"[4]。安史之乱，不仅战争的规模很大，窜扰的范围很广，历时亦相当长，苦战七年，始被剿灭，中间又有吐蕃的内侵，内忧外患，天下骚然。唐自中叶以后，关于兵祸的记载更是充满史乘，这里酌引一部分，尽量用原始记载来充分反映唐代中期和晚期兵祸的严重和酷烈：

自两京陷后，民物耗弊，天下萧然。……而百姓残于兵盗，米斗至钱七千，鬻粞为粮，民行乞食者属路，乃诏能赈贫乏者宠以

---

① 《新唐书》卷三十六，《五行志》。
② 《旧唐书》卷三十七，《五行志》。
③ 《旧唐书》卷三十七，《五行志》。
④ 马克思：《不列颠在印度的统治》，《马克思恩格斯选集》第二卷第六四页。

爵秩。①

〔至德二年（公元七五七年）〕出甫为华州司功参军。时关畿乱离，谷食踊贵，甫寓居成州同谷县，自负薪采梠，儿女饿殍者数人。②

自西蕃入寇，车驾东幸，天下皆咎程元振。东宫屡论之。元振惧，又以子仪复立功，不欲天子还京，劝帝且都洛阳，以避蕃寇，代宗然之，下诏有日。子仪闻之，因兵部侍郎张重光宣慰回，附章论奏曰："……今道路云云，不知信否，咸谓陛下已有成命，将幸洛都。臣熟思其端，未见其利。夫以东周之地，久陷贼中，宫室焚烧，十不存一，百曹荒废，曾无尺椽。中间畿内，不满千户。井邑榛棘，豺狼所嗥。既乏军储，又鲜人力。东至郑、汴，达于徐方，北自覃、怀，经于相土，人烟断绝，千里萧条，将何以奉万乘之牲饩，供百官之次舍。矧其土地狭厄，才数百里，间东有成皋[13]，南有二室，险不足恃，适为战场。陛下奈何弃久安之势，从至危之策，忽社稷之计，生天下之心。臣虽至愚，窃为陛下不取。且圣旨所虑，岂不以京畿新遭剽掠，田野空虚，恐粮食不充，国用有阙，以臣所见，深谓不然。……③

乾元三年（公元七六〇年）闰四月，大雾大雨月余。是月，史思明再陷东都，京师米斗八百文，人相食，殍骸蔽地。④

〔乾元三年〕右方城县旧万余户，今二百户巳下，其南阳向城等县，更破碎于方城，每县正员官及摄官共有六十人。以前件如前。自经逆乱，州县残破，唐、邓两州，实为尤甚。荒草千里，是其疆畎；万室空虚，是其井邑；乱骨相枕，是其百姓；孤老寡弱，是其遗人。衰而恤之，尚恐冤怨，肆其侵暴，实恐流亡。方今贼寇凭凌，镇兵资其给养；今河路阻绝，邮驿在其供承。若不触事救之，无以劳免其苦。为是计者，在先省官。其方城、湖阳等县正官及摄官并户口多少，见状如前，每县伏望量留令并佐官一人，余并望勒停。

---

①　《新唐书》卷五十一，《食货志》。
②　《旧唐书》卷一百九十下，《文苑·杜甫传》。
③　《旧唐书》卷一百二十，《郭子仪传》。
④　《旧唐书》卷三十七，《五行志》。

谨录状上。①

乾元己亥〔乾元二年（公元七五九年）〕，赞善大夫左振，出为黄州刺史，下车，黄人歌曰："我欲逃乡里，我欲去坟墓。左公今既来，谁忍弃之去。"於戏！天下兵兴，今七年矣，河淮之北，千里荒草，自关巳东，海滨之南，屯兵百万，不胜征税，岂独黄人能使其人忍不去者，谁曰不可颂乎。②

明年〔上元二年（公元七六一年）〕正月，阅精兵欲决死。承嗣谓朝义不如身将骁锐还幽州，因怀仙悉兵五万还战，声势外张，胜可万全，臣请坚守，虽场之强不遽下。朝义然纳，以骑五千夜出。比行，握承嗣手，以存亡为托。承嗣顿首流涕。将行，复曰："阖门百口，母老子稚，今付公矣。"承嗣听命，少选集诸将，曰："吾与公等事燕，下河北百五十余城，发人冢墓，焚人室庐，掠人玉帛，壮者死锋刃，弱者填沟壑，公门华胄，为我厮隶，齐姜宋子，为我扫除，今天降鉴，吾等安所归命？自古祸福，亦不常改，改往修今，是转危即安矣。旦日且出降，公等谓何？"众咸曰："善！"③

上元二年，朝义便僭伪位……伪留守张通儒觉之，战于城中数日，死者数千人，始斩之。时洛阳四面数百里，人相食，州县为墟。④

王师部伍静严，贼有惧色。朝义以师十万距横水，战大败，俘馘凡六万，委牛马器甲不可计。朝义烧明堂，东奔汴州，伪节度使张献诚不纳，自濮北趣幽州东部再更乱，英义、朝思等不能戢军，与回纥纵掠，延及郑、汝，阖井至无烟。方冽寒，人皆连纸褫书为裳褕。⑤

代宗即位……雍王率诸将讨贼洛阳，留英义于陕。东都平，权知留守。无检御才，其麾下与朔方回纥遂大掠，都城及汝、邓，环千里无居人。⑥

---

① 元结：《请省官状》，《元次山集》卷十。
② 元结：《左黄州表》，《元次山集》卷九。
③ 《新唐书》卷二百二十五上，《逆臣上·史思明传附子朝义传》。
④ 《旧唐书》卷二百，《史思明传附子朝义传》。
⑤ 《新唐书》卷二百二十五上，《逆臣上·史思明传附子朝义传》。
⑥ 《新唐书》卷一百三十三，《郭知运传附英义传》。

带有极大毁灭性的安史之乱，经过七年血战，虽然终于被扑灭，但是战争并没有从此结束，接着便开始了愈演愈烈的藩镇之乱，由于各地藩镇皆拥重兵，而又任意截留地方赋税，有充足财源，故每一个藩镇都是一个小的独立王国。随着唐王朝统治力量的削弱，他们（藩镇节度使）[14] 不仅反抗中央，觊觎王位，而且各藩镇之间也日在互争雄长，经常兵戎相见，因而毁灭性的战争一次接一次地此伏彼起，干戈扰攘，岁无宁日，破坏的范围遂愈来愈广，大片国土，人烟断绝，室无居人，白骨蔽野，其为祸之烈，不下于安史之乱。此数记载，史籍中更是多不胜举，这里亦择要举例：

> 时〔大历二年（公元七六七年）〕淮西节度使李忠臣入觐，次潼关。闻智光阻兵，驻所部将往御之。及智光死，忠臣进兵入华州大掠，自赤水至潼关，二百里间，畜产财物殆尽，官吏至有着纸衣，或数日不食者。①
>
> 〔大历十年（公元七七五年）〕四月，诏曰："……朝廷俯念遗黎，久罹兵革。自禄山召祸，赢、博流离，思明继衅，赵、魏埋厄，以至农桑井邑，靡获安居，骨肉家室，不能相保，念其凋瘵，思用抚宁。……"②
>
> 〔德宗〕兴元元年（公元七八四年）十月乙亥诏曰："顷戎役繁兴，两河尤剧，农桑俱废，井邑为墟，丁壮服其干戈，疲羸委于沟壑。历河朔而至太原，自淮沂而被雒汭，虫螟为害，雨泽愆时，然犹征赋未息，征役未宁，冻馁流离，寄命无所。……"③
>
> 兴元元年正月，帝在奉天，诏曰："……朕以不敏不明，肆于人上，抚育失道，诚信未孚。寇盗繁兴，阻兵拒命，哀我臣庶，陷于匪人。顾兹田畴，鞠为茂草，不念柔服，遂命徂征，征发甲兵，暴露营垒，冒于锋刃，继以死伤。农工废其生业，商贾咨嗟于道路。军戎日益，闾巷日空，凋瘵愈穷，费用愈众，以财力之有限，供求取之无涯，怨气上腾，咎征斯应，疫疠荐至，水旱相乘，人罹于灾，谁任其责？朕自嗣位，殆今六年，连兵不解，已逾四稔，虽本非获己，义在济人，而有重劳，良深罪己，皆以朕之寡昧，居安忘危，

① 《旧唐书》卷一百十四，《周智光传》。
② 《旧唐书》卷一百四十一，《田承嗣传》。
③ 《册府元龟》卷一百六。

致寇之由，实在于此。"①

皇帝下诏罪己，都是在山穷水尽、形势危殆而又苦无良策之际，始不得已而为之，企图用皇帝自作检讨的形式来平抑怨愤，安定人心，以稍获喘息机会。但是实际上却用处不大，因唐王朝的统治基础本不雄厚，没有为自己的政权确立下长治久安之策，特别是不重视农田水利，不去发展农业，不在经济上谋求自力更生，也不为自己的政权创造富国强兵的条件，而一味仰赖岁漕东南之粟以为活命之源，没有想到一旦中原有事，这个活命之源就会立即断绝。所以安史之乱一起，这一危局就立即表面化。当干戈扰攘，兵燹遍地，漕运完全不通时，而关东、关西又连年荒歉，欲求畿甸人民接穗以供，也不可得，以致军食匮乏，宫厨断粮，唐王朝这时已经虚弱到不堪一击，而不良的政治制度又造成方镇坐大，尾大不掉，益使唐王朝的统治力量进一步削弱，这绝不是一纸罪己之诏，便可以感动冥顽，使之放下屠刀。总之，安史之乱以后，大势已去，唐王朝除一步一步走向崩溃外，实已无法挽回，这种形势，到德宗朝已成定局，下引各例都是这一总形势的部分反映：

> 贞元二年（公元七八六年）[15] 四月，李希烈平，诏曰："叛臣希烈，窃据淮沂，师旅一兴，绵联莫解，劳服者从役不暇，受污者无路自新。通邑化为丘墟，遗骸遍于原野，每念及此，心伤涕流。"②
>
> 史臣曰："……明皇之失驭也，则禄山暴起于幽陵；至德之失驭也，则思明再陷于河洛；大历之失驭也，则怀恩乡导于犬戎。自三盗合纵，九州羹沸，军士膏于原野，民力殚于转输，室家相吊，人不聊生。……"③
>
> 始帝（德宗）苍卒变故，每自克责。赞曰："陛下引怨，尧舜意也。然致寇者，乃群臣罪。"赞意指卢杞等，帝护杞曰："卿不忍归过朕，有是言哉！然自古兴衰，其亦有天命乎，今之厄运，恐不在人也。"赞退而上书曰："自安史之乱，朝廷因循函养，而诸方自擅壤地，未尝会朝，陛下将一区宇，乃命将兴师，以讨四方。一人

---

① 《册府元龟》卷一百六十二。
② 《册府元龟》卷一百三十一。
③ 《旧唐书》卷十一，《代宗纪》。

征行，十室资奉，居者疲馈转，行者苦锋镝，去留骚然，而间里不宁矣。聚兵日众，供费日博，常赋不给，乃议蠲限而加敛焉，加敛既殚，乃别配之，别配不足，于是榷算之科设，率贷之法兴。禁防滋章，吏不堪命。农桑废于追呼，膏血竭于笞捶。兆庶嗷然，而郡邑不宁矣。边陲之戍以保封疆，禁卫之旅以备巡警，邦之大防也。陛下悉而东征，边备空屈，又搜私牧，责家将以出兵籍马。夫私牧者，元勋贵戚之门也，将家者，统帅岳牧之后也。其复除征徭旧矣，今夺其畜牧，事其子孙，丐假以给资装，破产以营卒乘，元臣贵位，孰不解体，方且税侯王之庐，算缗贩之缯，贵不见优，近不见异，群情嚣然，而关畿不宁矣。"①

陆贽是德宗时期一个有识见的政治家，他这次上书，所论虽然不是战争本身的破坏，但却深入地分析了战争潜伏着更大的祸乱根源。首先指出，藩镇之所以能称兵倡乱，是朝廷因循函养的结果，使其擅地不臣。今于国力不充，兵力有限之际，要命将出师，以讨四方，姑不论能否克敌制胜，首先就加重了人民的苦难，因"一人征行"，须"十室资奉"，从而使"居者疲馈转，行者苦锋镝"，造成"去留骚然，间里不宁"，这样，便为社会的动乱创造了条件。国家用兵，而财力不足，不得已而横征暴敛，结果使"农桑废于追呼，膏血竭于笞捶"，使"兆庶嗷然，郡邑不宁"，待人求生不得时，整个社会便将成为一个随时可以爆炸的火药库，举国离心，人人思乱，局势就无法收拾了。但唐王朝为救燃眉之急，已不思改弦更张之计，也不知从何下手重订长远的战略规划，而不惜饮鸩止渴，得过且过，而一步一步地走向毁灭，在前面等待着的当然是更大的动乱。

德宗以后，朝廷的统治地位更为削弱，政令已不出都门，作为一个中央政府必须具有的威慑力量已丧失殆尽，皇帝只是名义上的国家元首，而跋扈不臣的藩镇犹日在觊觎，时思篡夺。结果，由方镇之连年称兵倡乱，终于引起更大的一场毁灭性战乱：

〔元和九年（公元八一四年）九月〕时贼阴计已成，群众四出，狂悍而不可遏，屠舞阳，禁叶县，攻掠鲁山、襄城、汝川、许州及

---

① 《新唐书》卷一百五十七，《陆贽传》。

阳翟，人多逃伏山谷荆棘间，为其杀伤驱剽者千里，关东大恐。①

文宗即位，李同捷叛。而王廷凑阴为唇齿，兵久不解。……同捷平，以侑尝为沧州行军司马，遂拜义昌军节度使。于时瘵荒之余，骸骨蔽野，墟里生荆棘，侑单身之官，安足粗淡，与下共劳苦，以仁惠为治，岁中流户襁属而还。②

穆宗初，两河底定，侇与段文昌当国，谓四方无虞，遂议太平事，以为武不可黩，劝帝偃革尚文，乃密诏天下，镇兵十之，岁限一为逃死不补，谓之销兵。既而籍卒逋亡无生业，曹聚山林间为盗贼，会朱克融、王廷凑乱燕、赵，一日悉收用之，朝廷调兵不克，乃召募市人乌合，战则北，遂复失河朔矣。赞曰：侇议销兵，宁不野哉。当此时河朔虽挈地还天子，而悍卒顽夫开口仰食者故在彼，皆不能自返于本业者也。又朱克融等客长安，饿且死，不得一官，而侇未有以措置，便欲去兵，使群臣失职，一日叫呼，其从如市，幽、魏相挺，复为贼渊，可谓见毫末而不察舆薪矣，宰相非其人，祸可既乎。③

　　唐自僖宗乾符年间起，便开始了自己的死亡过程。连年不断的战争破坏和连年不断的灾荒饥馑，造成了社会经济的彻底崩溃，大动乱的条件已日臻于成熟，一点星星之火，可立成燎原之势。当时全国早已成为一个待爆炸的火药库，虽一点小小火星，也可引起爆炸。王仙芝在长垣起兵，乃黄巢起义的前奏，由此迅速扩大，成为中国历史上最大的一次农民暴动。唐朝统治者对起义军进行大规模的血腥镇压和屠杀，战火蔓延到全国，其破坏之大，杀戮之多，都是前所未闻的，所到之处，一切都化为灰烬，所谓"鱼烂鸟散，人烟断绝，荆棘蔽野"。由于大乱引起饥馑，军中乏食，遂啖人为粮，军士四出，则盐尸以从，闻之令人毛骨悚然，这是唐末人民的一次空前浩劫。结果，唐王朝便随着经济的总崩溃而完全失去了存在的条件。

---

① 《旧唐书》卷一百十四，《吴少诚传附子元济传》。
② 《新唐书》卷一百六十四，《殷侑传》。
③ 《新唐书》卷一百一，《萧瑀传附侇传赞》。

第四节　五代时期的经济波动

随着唐王朝的灭亡，燃遍全国的战争烈火始逐渐平息下来，尽管余烬仍有待于扑灭。由于毁灭性的战争未再继续爆发，所以五代时期可以说是一个相对稳定时期，但是经过长期战乱之后，社会经济所遭受的打击破坏十分严重，特别是社会元气已被斫丧殆尽，到处都是人烟断绝，荆棘蔽野，往往数百里内，郡邑无长吏，闾里无居民，绝非短时间内所能改变，而五代十国又恰恰都是短命王朝，总共历时不过五十三年，每一个王朝长则十数年，短则四五年，走马灯式地此伏彼起，比之唐末的大屠杀、大混乱虽略胜一筹，但却仍然是一个大分裂时期，是一个动荡不安的时期。加以这时又是灾荒连年，水旱虫蝗等自然灾害接连不断。这本是人祸造成的必然后果之一，在土地荒芜、河渠堙塞、堤堰倾圮之后，水旱天灾遂格外频繁，所以这时的孑遗之民，仍然是在水深火热之中。现将几个主要王朝的凋敝情况，略述如下：

（一）梁王朝

朱全忠于弑杀了皇帝，篡夺了政权之后，乃定都于汴，建立了以梁为国号的梁王朝，但是唐朝末年的混战，仍然在继续之中，不过这时都已成为强弩之末，他们自己造成的灾荒饥馑，粮无来源，掠人为食，势不可久，又自己削弱了力量，故都已不再是朱全忠难于克服的劲敌，历时不久，便都一一被消灭。不过这些战役所造成的破坏，仍都十分严重，其著者如：

> 方立倚全忠为助，故克用击邢、洛、磁无虚岁。地为斗场，人不能稼。[①]
>
> 朱全忠怨，自是连岁略徐、泗，师不弛甲。全忠自将及其郊，未得志，引去。溥穷，乞师于李克用，克用为攻砀山，朱友裕救之，各亡其大将。友裕进攻宿州，不能拔，时大顺元年（公元八九〇年）也。明年，丁会筑堤阏汴水，灌宿郭，三月拔之，使刘瓒守，而溥将刘知俊引兵二千降全忠，军益不振，民失田作，又大水荐饥，

[①] 《新唐书》卷一百八十七，《孟立方传》。

死丧十七以上，乃请和于全忠。①

淮南乱，朝廷以全忠遥领淮南节度，以平孙儒行密之乱。汴人应援，路出徐方，溥阻之。全忠怒，出师攻徐。自光启至大顺六七年间，汴军四出，徐、泗三郡，民无耕稼，频岁水灾，人丧十六七。②

及庞师古攻徐州，瑄出师来援，太祖深衔之。徐既平，太祖并兵以攻郓，自景福[16] 元年冬，遣朱友裕领军渡济，至乾宁三年（公元八九六年）宿军齐郓间，大小凡数十战。……自是野无人耕，属城悉为我有。瑄乃遣人求于太原。③

梁祖以丁会守河阳，全义复为河南尹检校司空。全义感梁祖援助之恩，自是依附，皆从其制。初蔡贼孙儒、诸葛爽争据洛阳，迭相攻伐，七八年间，都城灰烬，满目荆榛。全义初至，唯与部下聚居故市，井邑穷民，不满百户。全义善于抚纳，课部人披榛种艺，且耕且战，以粟易牛，岁滋垦辟，招复流散，待之如子。每农祥劝耕之始，全义必自立畎亩，饷以酒食。政宽事简，吏不敢欺，数年之间，京畿无闲田，编户五六万，乃筑垒于故市，建置府署，以防外寇。④

这时灾荒亦屡屡发生，例如：

〔开平二年（公元九〇八年）五月〕己丑[17]，令下诸州，去年有蝗虫下子处，盖前冬无雪，至今春亢阳，致为灾沴，实伤陇亩，必虑今秋重困稼穑。自知多在荒陂榛[18] 芜之内，所在长吏，各须分配地界，精加翦扑，以绝根本。⑤

〔开平四年（公元九一〇年）十二月〕己巳，诏曰："滑、宋、辉、亳等州，涝水败伤，人户愁叹，朕为民父母，良用痛心。其令本州分等级赈贷，所在长史监临周给，务令存济。壬辰，赈贷东都

---

① 《新唐书》卷一百八十八，《时溥传》。
② 《旧五代史》卷十三，《时溥传》注。
③ 《旧五代史》卷十三，《朱瑄传》。
④ 《旧五代史》卷六十三，《张全义传》。
⑤ 《旧五代史》卷四，《梁太祖纪》。

畿内，如宋、滑制。①

（二）后唐王朝

后唐王朝历四世十五年，除明宗天成、长兴之间五六年，稍获丰稔外，其余十年左右，几乎年年在灾荒饥馑之中，非大水则大旱，尤其是庄宗同光时期，几乎年年有灾：

> 同光三年（公元九二五年）秋，天下大水，国计不充。庄宗诏百寮许上封事，陈经国之要。②
>
> 同光初，以装为给事中，从幸洛阳。时连年大水，百官多窘。③
>
> 唐同光二年（公元九二四年）七月，汴州雍丘县大雨，风拔树伤稼。曹州大水，平地三尺。八月，江南大雨溢漫，流入郓州界。十一月，中书门下奏，今年秋天下州府多有水灾，百姓所纳秋税，特请放加耗，从之。④
>
> 〔同光二年八月〕宋州大水。郓、曹等州大风雨，损稼。⑤
>
> 〔同光二年八月〕汴州奏大水，损稼。⑥
>
> 〔同光二年十月〕己卯，汴、郓二州奏大水。⑦
>
> 〔同光三年（公元九二五年）四月〕辛巳，以旱甚，诏河南府徙市，造五方龙，集巫祷祭。⑧
>
> 〔同光三年六月〕壬申，京师雨足，自是大雨，至于九月，昼夜阴晦，未尝澄霁。江河漂溢，堤防坏决，天下皆诉水灾。⑨
>
> 〔同光〕三年六月至九月大雨，江河崩决，坏民田。七月，洛水泛涨，坏天津桥，漂近河庐舍，舣舟为渡，覆没者日有之。邺都

---

① 《旧五代史》卷六，《梁太祖纪》。
② 《旧五代史》卷五十八，《李琪传》。
③ 《旧五代史》卷六十九，《胡装传》。
④ 《旧五代史》卷一百四十一，《五行志》。
⑤ 《旧五代史》卷三十二，《唐庄宗纪六》。
⑥ 《旧五代史》卷三十二，《唐庄宗纪六》。
⑦ 《旧五代史》卷三十二，《唐庄宗纪六》。
⑧ 《旧五代史》卷三十二，《唐庄宗纪六》。
⑨ 《旧五代史》卷三十二，《唐庄宗纪六》。

奏御河涨，于石灰窑口开故河道以分水势。巩县河堤破，坏廒仓。①

同光三年夏，霖雨不止，大水，害民田，民多流死。②

〔同光三年秋七月〕滑州上言黄河决。③

〔同光三年秋七月〕许州、滑州奏大水。④

〔同光三年八月〕邺都大水。凤翔奏大水，青州大水，蝗。⑤

〔同光三年〕是时两河大水，户口流亡者十四五，都下供馈不充，军士乏食，乃有鬻子去妻，老弱采拾于野，殍踣于行路者。州郡飞挽，旋给京师，租庸使孔谦日于上东门外伫望其来，算而给之。加以所在泥潦，辇运艰难，愁叹之声，盈于道路。⑥

同光三年秋，天下大水，京师乏食尤甚。⑦

同光三年秋大水。两河之民，流徙道路。京师赋调不充，六军之士，往往殍踣。乃预借明年夏秋租税，百姓愁苦，号泣于路。庄宗方与后荒于畋游。十二月己卯，猎畋于白沙，后率皇子后宫毕从，历伊阙，宿龛涧，癸未乃还。是时大雪，军士寒冻，金枪卫兵万骑，所至责民供给，坏什器，彻庐舍而焚之，县吏畏恐，亡窜山谷。明年三月，客星犯天库，有星流于天棓，占星者言，御前当有急兵，宜散积聚以禳之。宰相请出库物以给军，庄宗许之。后不肯，曰："吾夫妇得天下，虽因武功，盖亦有天命，命既在天，人如我何？"宰相论于延英，后于屏间耳属之，因取妆奁及皇幼子满喜置帝前，曰："诸侯所贡，给赐已尽，宫中所有惟此耳，请鬻以给军。"宰相惶恐而退，及赵在礼作乱，出兵讨魏，始出物以赍军。军士负而诟曰："吾妻子已饿死，得此何为！"庄宗东幸汴州，从驾兵二万五千，及至万胜不得进而还，军士离散，所失大半。至罂子谷，道路隘狭，庄宗见从官执兵杖者，皆以好言劳之，曰："适报魏王平蜀，得蜀金银五十万，当悉给尔等。"对曰："陛下与之太晚，得者亦不

---

① 《旧五代史》卷一百四十一，《五行志》。
② 《新五代史》卷二十四，《郭崇韬》。
③ 《旧五代史》卷三十三，《唐庄宗纪七》。
④ 《旧五代史》卷三十三，《唐庄宗纪七》。
⑤ 《旧五代史》卷三十三，《唐庄宗纪七》。
⑥ 《旧五代史》卷三十三，《唐庄宗纪七》。
⑦ 《新五代史》卷五十四，《李琪传》。

感恩。"庄宗泣下。①

〔同光四年（公元九二六年）〕是岁大水，四方地连震，流民殍死者数万人。军士妻子，皆采稆以食。②

到明宗天成、长兴之间，灾情始有所缓和，四五年间连岁丰稔，兵革粗息，国家无事，久遭苦难的人民，始稍获喘息机会。但是好景不长，转瞬又重罹灾难：

天成、长兴之间，岁屡丰熟，中国无事。……明宗问曰："天下虽丰，百姓济否？"道曰："谷贵饿农，谷贱伤农。"因诵文士聂夷中田家诗，其言近而易晓，明宗使左右录其诗，常以自诵。③

天成、长兴中，天下屡稔，朝廷无事。④

帝（明宗）在位十年，于五代之君，最为长世。兵革粗息，年屡丰登，生民实赖以休息。⑤

长兴元年（公元九三〇年）夏，鄜州上言大水入城，居人溺死。⑥

〔长兴二年（公元九三一年）夏四月〕乙卯，以旱，赦流罪以下囚。⑦

〔长兴〕二年四月，棣州上言，水坏其城。是月己巳，郓州上言黄河水溢岸，阔三十里东流。五月丁亥，申州奏大水，平地深七尺。是月戊申，襄州上言汉水溢入城，坏民庐舍，又坏均州郭郭，水深三丈，居民登山避水，仍画图以进。是月甲子，洛水溢，坏民庐舍。六月壬戌，汴州上言大雨，雷震文宣王庙讲堂。十一月壬子，郓州上言黄河暴涨，漂溺四千余户。⑧

〔长兴三年（公元九三二年）六月〕金、徐、安、颍等州大水，

---

① 《新五代史》卷十四，《唐家人传》。
② 《新五代史》卷二十八，《豆卢革传》。
③ 《新五代史》卷五十四，《冯道传》。
④ 《旧五代史》卷一百二十六，《冯道传》。
⑤ 《新五代史》卷六，《唐明宗纪》。
⑥ 《旧五代史》卷一百四十一，《五行志》。
⑦ 《新五代史》卷六，《唐明宗》。
⑧ 《旧五代史》卷一百四十一，《五行志》。

镇州旱，诏应水旱州郡，各遣使人存问。[1]

〔长兴三年七月〕秦、凤、兖、宋、亳、颍、邓大水，漂邑屋，损苗稼。[2]

〔长兴〕三年七月，诸州大水，宋、亳、颍尤甚。宰臣奏曰："今秋宋州管界水灾最盛，人户流亡，粟价暴贵。臣等商量，请于本州仓出斛斗，依时出粜，以救贫民。"从之。是月，秦州大水，溺死窖谷内居民三十六人。夔州赤甲山崩，大水，漂溺居人。[3]

是月〔清泰二年（公元九三五年）六月〕北面转运副使刘福配镇州百姓车子一千五百乘，运粮至代州。时水旱民饥，河北诸州困于飞挽，逃溃者甚众，军前使者继至，督促粮运，由是生灵咨怨。[4]

（三）后晋王朝

石敬瑭是在外力的支持下，以丧权辱国为代价换取了王位，从而建立了一个基础脆弱的后晋小王朝，当政期间很短促，勉强支撑，再传而亡，首尾不过十一年，在这样一个短短的时间内，天灾人祸、内忧外患，纷至沓来，使喘息未定的孑遗之民再陷入苦难的深渊，成为五代时期社会经济的又一次巨大波动，结果，使基础不固的后晋王朝日日在摇摇欲坠之中，其危殆情况，可由下引记载略见其梗概：

〔天福二年（公元九三七年）四月〕庚子，北京、邺都、徐兖二州并奏旱。[5]

〔开运三年（公元九四六年）〕九月，河决澶、滑、怀州。[6]

晋天福四年（公元九三九年）七月，山东、河南、关西诸郡蝗，害稼。至八年（公元九四三年）四月，天下诸州飞蝗害田，食草木叶皆尽。诏州县长吏捕蝗。华州节度使杨彦询、雍州节度使赵

---

① 《旧五代史》卷四十三，《唐明宗纪九》。
② 《旧五代史》卷四十三，《唐明宗纪九》。
③ 《旧五代史》卷一百四十一，《五行志》。
④ 《旧五代史》卷四十七，《唐末帝纪中》。
⑤ 《旧五代史》卷七十六，《晋高祖纪二》。
⑥ 《旧五代史》卷九，《晋高帝纪》。

莹命百姓捕蝗一斗，以禄粟一斗偿之。时蝗旱相继，人民流移，饥者盈路，关西饿殍尤甚，死者十七八。朝廷以军食不充，分命使臣诸道括粟麦，晋祚自兹衰矣。①

〔天福四年〕八月己亥朔，河决，博平、甘陵大水。②

〔天福六年（公元九四一年）九月〕辛酉，滑州河决，一概东流，乡村户民，携老幼登丘冢，为水所隔，饿死者甚众。③

〔天福六年九月〕丙戌，兖州上言，水自西来，漂没秋稼。冬十月丁亥朔，遣鸿胪少卿魏玭等四人，分往滑、濮、郓、澶视水害苗稼。④

〔天福〕六年九月，河决于滑州，一概东流，居民登丘冢，为水所隔，诏所在发舟楫以救之。兖州、濮州界皆为水所漂溺。命鸿胪少卿魏玭、将作少监郭廷让、右金吾卫将军安溶、右骁卫将军田峻于滑、濮、澶、郓四州检河水所害稼，并抚问遭水百姓。兖州又奏河水东流，阔七十里。至七年（公元九四二年）三月，命宋州节度使安彦威率丁夫塞之。⑤

是岁（天福六年）镇州大旱蝗。重荣聚饥民数万，驱以向邺，声言入觐。⑥

〔天福七年〕是春邺都、凤翔、兖、陕、汝、恒、陈等州旱，郓、曹、澶、博、相、洺诸州蝗。⑦

〔天福七年四月〕是月，州郡十六处蝗。⑧

〔天福七年五月〕是月州郡五奏大水，十八奏旱蝗。⑨

〔天福七年六月〕是时，河南、河北、关西并奏蝗害稼。⑩

〔天福七年秋七月〕是月州郡十七蝗。⑪

---

① 《旧五代史》卷一百四十一，《五行志》。
② 《旧五代史》卷七十八，《晋高祖纪四》。
③ 《旧五代史》卷八十，《晋高祖纪六》。
④ 《旧五代史》卷八十，《晋高祖纪六》。
⑤ 《旧五代史》卷一百四十一，《五行志》。
⑥ 《新五代史》卷五十一，《安重荣传》。
⑦ 《旧五代史》卷八十，《晋高祖纪六》。
⑧ 《旧五代史》卷八十，《晋高祖纪六》。
⑨ 《旧五代史》卷八十，《晋高祖纪六》。
⑩ 《旧五代史》卷八十一，《晋少帝纪一》。
⑪ 《旧五代史》卷八十一，《晋少帝纪一》。

〔天福七年八月〕是月河中、河东、河西、徐、晋、商、汝等州蝗。①

〔天福八年（公元九四三年）二月丁丑〕是时天下饥，谷价翔踊，人多饿殍。②

〔天福八年〕夏四月，供奏官张福率威顺军捕蝗于陈州。五月，泰宁军节度使安审信捕蝗于中都。……甲辰，以旱蝗，大赦。六月庚戌，祭蝗于皋门。癸亥，供奉官七人，帅奉国军捕蝗于京畿。③

〔天福八年五月〕癸巳，命宰臣等分诣寺观祷雨。乙亥，飞蝗自北翳天而南。④

〔天福八年六月戊午〕开封府界飞蝗自死。庚申，河南府奏，飞蝗大下，遍满山野，草苗禾叶，食之皆尽，人多饿死。⑤

〔天福八年六月〕是月诸州郡大蝗，所至草木皆尽。⑥

〔天福八年〕是冬大饥，河南诸州饿死者二万六千余口。⑦

〔开运元年（公元九四四年）六月〕丙辰，滑州河决，漂注曹、单、濮、郓等州之境，环梁山合于汶、济。⑧

〔开运元年〕是岁天下饿死者数十万人，诏逐处长吏瘗之。⑨

〔开运二年（公元九四五年）六月〕是月两京及州郡十五并奏旱。⑩

〔开运二年〕契丹南掠邢、洺、磁至于安阳河，千里之内，焚剽殆尽。⑪

〔开运三年（公元九四六年）七月〕杨刘口河决，西岸水阔四十里。……辛亥，宋州谷熟县河水雨水一概东流，漂没秋稼。⑫

① 《旧五代史》卷八十一，《晋少帝纪一》。
② 《旧五代史》卷八十一，《晋少帝纪一》。
③ 《新五代史》卷九，《晋出帝纪》。
④ 《旧五代史》卷八十一，《晋少帝纪一》。
⑤ 《旧五代史》卷八十一，《晋少帝纪一》。
⑥ 《旧五代史》卷八十一，《晋少帝纪一》。
⑦ 《旧五代史》卷八十二，《晋少帝纪二》。
⑧ 《旧五代史》卷八十二，《晋少帝纪二》。
⑨ 《旧五代史》卷八十二，《晋少帝纪二》。
⑩ 《旧五代史》卷八十四，《晋少帝纪四》。
⑪ 《新五代史》卷七十二，《四夷附录·契丹》。
⑫ 《旧五代史》卷八十四，《晋少帝纪四》。

〔开运三年〕秋七月，大雨水，河决杨刘、朝城、武德。八月辛酉，河溢历亭。九月，河决澶、滑、怀州。……大雨霖，河决临黄。冬十月，河决卫州。丙寅，河决原武。①

〔开运三年〕是秋，天下大水，霖雨六十余日。饥殍盈路，居民折屋木以供爨，剑蒿席以秣马牛。②

乾祐元年正月乙卯，制曰：……乃者有晋失驭，羯"贼"乱常，蛇虺肆毒于寰区，豺狼暂穴于宫阙，虔刘我生聚，俘掠我吏民。戎马所经，人烟殆绝，海内无主，天下骚然。③

短短十年左右的后晋王朝是一个力量微弱的偏安小王朝，而水旱虫蝗等天灾竟如此频繁、如此严重，较之大动乱的唐朝末年实有过之，全国各州郡竟连年上报，非大旱，则大水，特别是黄河这时竟连年决口，溃决的洪水有时宽达七十里，浩浩荡荡，坏山襄陵，成为巨大灾难。其次，蝗灾的严重也是罕见的，常常是翳天盖地，遍满山野，"草苗禾叶，食之皆尽"，故人多饿死。这时契丹又连年内侵，动则"千里之内，焚剽殆尽"。这样多的天灾人祸、内忧外患一齐袭来，一个偏安的小朝廷实无力承受，晋祚随之消灭，遂成为必然：

天福十二年（公元九四七年）春正月丁亥朔，契丹主入东京。癸巳，晋少帝蒙尘于封禅寺。癸卯，少帝北迁。二月丁巳朔，契丹主具汉法服，御崇元殿，受朝制。改晋国为大辽国。大赦天下，号会同十年。是月帝遣牙将王峻奉表于契丹，契丹主赐诏褒美，呼帝为儿，又赐木拐一，蕃法贵重大臣方得此赐，亦犹汉仪赐几杖之比也。④

（四）后汉王朝

后汉王朝是五代时最短命的一个王朝，由后汉高祖刘暠夺取了政权，建

---

① 《新五代史》卷九，《晋出帝纪》。
② 《册府元龟》卷九十五。
③ 《册府元龟》卷九十五。
④ 《旧五代史》卷九十九，《汉高祖纪上》。

立了后汉王国，仅一传到隐帝时灭亡，当政时间首尾仅四年，也是一个灾难深重的小王朝，所有后晋时期的水旱虫蝗等严重天灾，都应有尽有地延续到短促的后汉王朝时期，其要者如：

〔乾祐元年（公元九四八年）四月〕河决原武。五月……河决滑州鱼池。旱，蝗。①

是月（乾祐元年六月）河北旱，青州蝗。②

汉乾祐元年七月，青、郓、兖、齐、濮、沂、密、邢、曹，皆言蝝生。开封府奏，阳武、雍丘、襄邑等县蝗。③

〔隐帝即位〕时天下旱蝗，黄河决溢。京师大风，拔木，坏城门。④

〔乾祐二年（公元九四九年）六月〕己卯，滑、濮、澶、曹、兖、淄、青、齐、宿、怀、相、卫、博、陈等州奏蝗，分命中使致祭于所在川泽山林之神。开封府、滑、曹等州蝗甚，遣使捕之。⑤

是月（乾祐二年六月）邠、宁、泽、潞、泾、延、鄜、坊、晋、绛等州旱。⑥

〔乾祐二年六月〕蝗。⑦

〔乾祐二年秋七月丙寅〕兖州奏，捕蝗四万斛。⑧

〔乾祐三年六月〕郑州奏，河决原武县界。⑨

（五）后周王朝

后周王朝是五代最后的一个短命王朝，由后周太祖郭威取得政权，登上皇帝宝座，到恭帝柴宗训被赵匡胤推翻，首尾仅十年，在这短短的十年中，水

---

① 《新五代史》卷十，《汉高祖纪》。
② 《旧五代史》卷一百一，《汉隐帝纪上》。
③ 《旧五代史》卷一百四十一，《五行志》。
④ 《新五代史》卷三十，《李业传》。
⑤ 《旧五代史》卷一百二，《汉隐帝纪中》。
⑥ 《旧五代史》卷一百二，《汉隐帝纪中》。
⑦ 《新五代史》卷十，《汉高祖纪》。
⑧ 《旧五代史》卷一百二，《汉隐帝纪中》。
⑨ 《旧五代史》卷一百三，《汉隐帝纪下》。

旱虫蝗等自然灾害却接连不断地频繁发生，情况与前朝相同，社会经济同样是凋敝不堪，终于在天灾人祸的交相煎迫下，最后结束了五代的全部灾难历史：

〔广顺二年（公元九五二年）〕秋七月，襄州大水。①

周广顺二年七月，暴风雨，京师水深二尺，坏墙屋不可胜计。诸州皆奏大雨，所在河渠泛溢，害稼。②

〔广顺二年冬十月〕丁未，沧州奏：自十月已前，蕃归汉户万九千八百户。是时北境饥馑，人民转徙，襁负而归中土者，散居河北州县凡数十万口。③

〔广顺二年〕言乃遣牙将张崇嗣奉表于周太祖，且言潭州兵戈之后，焚烧殆尽，乞移使府于朗州。从之。④

周广顺三年六月，诸州大水，襄州汉江涨溢入城，城内水深五尺，仓库漂尽，居人溺死者甚众。⑤

〔广顺三年（公元九五三年）六月〕是月，河南、河北诸州大水，霖雨不止，川陂涨溢。襄州汉水溢入城，深一丈五尺，居民皆乘筏登树。群乌集潞州，河南无乌。秋七月，戊寅朔，徐州……澍雨，漂没城邑。⑥

〔广顺三年八月〕丁卯，河决河阴。⑦

是月（广顺三年八月）所在州郡奏霖雨连绵，漂没田稼，损坏城郭庐舍。⑧

〔显德二年（公元九五五年）十一月〕己亥，谕淮南州县，诏曰："……蠢尔淮甸，敢拒大邦，因唐室之陵迟，接黄'寇'之纷乱，飞扬跋扈，垂六十年，盗据一方，僭称伪号。……以至我朝启运，东鲁不庭，发兵而应接叛臣，观衅而凭陵徐部。沭阳之役，曲直可知，尚示包荒，犹稽问罪，迄后维扬一境，连发阻饥。我国家

① 《旧五代史》卷一百十二，《周太祖纪三》。
② 《旧五代史》卷一百四十一，《五行志》。
③ 《旧五代史》卷一百十二，《周太祖纪三》。
④ 《旧五代史》卷一百三十三，《马殷传附刘言传》。
⑤ 《旧五代史》卷一百四十一，《五行志》。
⑥ 《旧五代史》卷一百十三，《周太祖纪四》。
⑦ 《旧五代史》卷一百十三，《周太祖纪四》。
⑧ 《旧五代史》卷一百十三，《周太祖纪四》。

念彼灾荒，大许籴易，前后擒获将士，皆遣放还，自来禁戢边兵，不令侵挠，我无所负，彼实多奸……"①

是月〔显德六年（公元九五九年）七月〕诸道相继奏大雨，所在川渠涨溢，漂溺庐舍，损害苗稼。②

以上所述，由隋初起，历唐而至五代末年，共历时约三百八十年，这样一段长的历史时期，是社会经济的一个巨大波动时期，形成一个大的循环：由经济崩溃的深渊，经过缓慢的复苏而逐渐臻于兴旺和繁荣，然后又陡然降落，再堕入经济崩溃的深渊。这样一个大的循环，是从隋开始的。隋初开皇时期，本是一个由长期的大动乱和社会经济彻底崩溃之后的一个喘息休养时期，社会经济虽然没有大的发展，但于全国统一之后，兵戈平息[19]，闾里安定，人们可以重整家园，使百孔千疮、残破不堪的社会经济获得了复苏机会，并且确已缓慢地开始了复兴过程，发展虽不大，但已显示了明显的上升趋势。惜继任非人，炀帝失政，兵戈四起，生民涂炭，在整个大业年间，全国鼎沸，使刚刚有复兴之兆的社会经济，又一落千丈地堕入深渊。由这一次大动乱、大破坏所造成的经济崩溃，一直继续到唐代贞观初年。这样，整个隋代是经济波动的向下倾斜时期，也就是说，这次长时间的巨大经济波动是由萧条阶段开始的。

经过贞观时期的安定休息，社会经济从极度凋敝之中开始回升，并迅速繁荣兴旺起来，成为这一巨大波动之中唯一的一段经济高涨时期，社会经济的各个生产部门，都表现出上升趋势，成为一派欣欣向荣的景象，后人把唐朝誉为盛世，认为可与西汉媲美，而并称汉唐，主要就是指这一段，除了它在政治、文化方面的成就这里不论外，这时确是五谷丰登，民殷俗阜，"天下欣欣然"。而且这个繁荣期还相当长，由太宗贞观四、五年（公元六三○年、六三一年）开始，直至玄宗天宝十三载以前（公元七五四年以前），历时约一百二十年，除了中间短时期有所衰退外，其余时间一直是一种繁荣兴旺景象。这种长时间的繁荣，是唐王朝被称为盛世的主要原因。

但是仔细加以分析，又马上可以发现，这一段繁荣时期并没有多少实际内容，它的表面价值实远远超过了它的真实价值，具体说，这时期各个经济

① 《旧五代史》卷一百十五，《周世宗纪二》。
② 《旧五代史》卷一百二十，《周恭帝纪》。

部门都有所发展，但是发展都不大，量的增加有限，质的变化更微不足道，所有各个生产部门，无论在生产技术上、经济结构上、经营规模上，都没有什么重要的创新或变革，更没有划分历史时代的重大突破，如以上各章所论述，所有农、工、商各个主要经济部门，比过去都有所发展，但都没有重大成就，都不足以对后代的经济发展产生重大的特别是决定性的深远影响。

首先来看农业。关于农业发展的具体情况，已详述于本卷第五章中，这里只评论其发展所取得的成就和所达到的水平。

唐代农业发展所显示的繁荣，主要是由于"累岁丰稔"造成了粮食的大量过剩，以致粮价非常低廉，低廉到斗粟只值三四文，有的地方仅两文。但是这一结果的取得，不是由于大力发展农田水利，从而使烧埆斥卤皆变为亩产一钟[20] 的良田，提高了土地的单位面积产量，使粮食连年增产，而完全是自然的恩赐。如本卷有关章节所指出，唐王朝是根本不重视农田水利的开发和利用的，它与秦汉两代大兴水利的情况完全不同，甚至相反。我们知道，秦汉两代帝国都大兴水利，从而国富兵强，为两代帝国奠立下雄厚的经济基础。在以农业为基础的封建社会中，发达的农业是决定一切的力量，古人早就指出，"田野之辟，仓廪之实"，是立国的根本大计，因地辟则粟多，粟多则兵强，兵强则战胜，战胜则地广，把这一系列的连锁作用反过来便是：地不辟、粮不多、食不足、兵不强、战不胜，而国危矣。

唐王朝的统治者对于古人治国的经验，置若罔闻，对于农田水利的开发，漠不关心，没有为自己政权奠立巩固经济基础的宏伟规划，完全不理解没有独立的经济，就没有独立的政治，不就近在关中开发水利，发展农业，力求在经济上自力更生，而将自己的立国基础完全放在不可靠的江淮漕运上。明知大运河漕运不能直达，而黄河波涛汹涌，沉溺相系，三门之险，不能飞越，致漕粮代价高昂，损耗惊人，运抵京师，已所余无几，不用说富国强兵，连朝廷的起码生存也不能保证，常因运河中断，漕粮不至，致六军乏食，宫厨断粮，连帝王后妃也将成饿殍，即使到了如此危险地步，也不思改弦易辙，速谋自救之策。其实就近兴修一点水利，自行生产一点救命食粮，并非难事，而唐王朝却不此之图，而一味坐等漕粮来自数千里之外。奇怪的是，唐王朝不自兴水利，连秦汉时代所遗留而仍可利用的溉渠如郑白渠，也不加以利用，而听任王公权贵恣意加以破坏，与秦汉时代兴修水利的炽热情况，适成反比。关中土地诚然肥沃，但却是一个干旱少雨地区，因而水成为发展农业的命脉，秦汉两代王朝抓住了问题的关键，而倾全力以赴，从而奠立下雄厚的经济基础，都成为名副其实的大一统帝国。唐王朝没有走这一条路，也不准备走这一条成功之路，所以唐朝的农业发展是没有基础的，不论在生产工具上、生产技术上、经营管理上还是在生产结构上都没有新变化，而"累岁丰稔"，完全是由于气候正常，灾害不多，风调雨顺，从而显示了农业的特殊繁荣，主要是粮食有大量剩余，粮价过度低廉，但这不是农业的真正发展。

并且粮食大量过剩和粮价过度低廉，对于农业发展所起的作用是消极的而不是积极的，因为谷贱伤农，是古人早就总结出来的经验，斗米只有三四钱甚至只有二钱，则农民无利，故过度低廉的粮价，必大大降低农民生产的积极性，这样，农业生产不但不会发展，反而降低精耕细作的要求，而逐步向粗耕倒退，所以在唐代前期的农业兴旺时期，我们也看不到农业中有什么新的改进或提高。其次，粮价过度低廉而又容易获得，结果会改变消费与积累的关系。本来"田野之辟"与"仓廪之实"是农业生产必须达到的两大目标，"田野之辟"是要求提高土地的产量，"仓廪之实"是要求保持充分的积累。积累与生产同等重要或更重要，古人早就总结出："国无九年之蓄曰不足，无六年之蓄曰急，无三年之积，曰国非其国也。三年耕必有一年之食，九年耕必有三年之食，以三十年之通，虽有凶旱水溢，民无菜色。"[1] 汉朝人说得更直截了当："夫积贮者，天下之大命也。苟粟多而财有余，何为而不成？以攻则取，以守则固，以战则胜，怀敌附远，何招而不至？"[2] 大量的粮食过剩和过低的粮食价格，使人们放松了贮积粮食的紧迫感，粮食伸手可得，又没有多大代价，使人们觉得不必要去亟亟建造社仓或常平仓，不必忙着去贮积粮食。一旦天灾人祸猝发，荒歉不收，饥馑随之，所谓农业繁荣，即顿然消逝，加以东南漕运中断，就地无可征收，这时不仅民有菜色，朝廷亦处于饥饿状态。政府瘫痪，于是攻不取、守不固、战不胜就成为必然，这时中央政府不仅丧失了威慑力量，也丧失了存在基础，中叶以后，藩镇飞扬跋扈，不停地称兵倡乱，威胁朝廷，皇帝屡次"蒙尘"外逃，贫乏虚弱到不堪一击。最后一个皇帝虽被弑而亡，实际上唐王朝是饿死的，然而这一悲惨的结果却又是不可避免的。

唐代农业中存在的另一消极因素，是水土资源开发和利用的不合理，从而对农业发展产生了严重的破坏作用。这个问题在本卷第五章中已进行了详

---

① 《礼记·王制》。
② 《汉书》卷二十四上，《食货志》引贾谊语。

细阐述，这里只评论其后果。

中国古代很早就出现了人口问题，由于人口多，而又增长快，使人地关系一直成为一种不相适应的状态，原有的耕地——已经开辟出来的耕地，常随着人口的迅速增加，使耕地不足的矛盾因之日益尖锐，从而使粮食的供给经常落后于需要，这就成为水旱天灾所造成的饥馑特别严重的原因所在。所以，中国历代一直在进行着扩展耕地的运动。开辟耕地，当然首先是开辟平地，但是平地容易开发，而且很快就被开发净尽，再进一步的开发，便是开发过去不备利用的贫瘠次等土地，所以早在战国时期就出现了"山农"与"泽农"，就是向山要田和向水要田。向山要田，就是在丘陵、山区地带开发丘陵的缓坡和山中的零星小块土地；向水要田，就是开发江河滩涂和沼泽沮洳近水之地；山间硗埆之土和水边斥卤之壤，原来都不适于耕种，只有在耕地不足的压力下才加以开发利用。唐代正是扩地运动发展到向山要田和向水要田的一个重要阶段。有人认为这是唐代农业发展的一个标志，从表面上看，确实增加了一点耕地，把过去无人利用的荒坡野岭利用起来，也都获得了一点收成，但是在实际上，与表面的现象恰恰相反，这正是对农业造成破坏，而不是造成发展。因为向山要田，就是把不适宜作耕地的土地变为耕地。不论是山坡还是山间的零星土地，都是长满森林、荆棘、草莽的荒野，本是适于畜牧的天然牧场，而且植被良好，维持着大自然的生态平衡，调节了气候，增加了降雨量，对广大地区的农业生产极为有利。现在要改为耕地，首先要清除草木，而清除的唯一简便方法是放火焚烧，把林莽之区烧为平地后，始能播种。唐代把这种田法叫作"畲田"或"烧畲"，其具体情况，已详于本卷第五章中。开辟坡田或山田，当然都是先从低处开始，而逐步上升，坡是愈辟愈陡，山则愈开愈高，而雨水冲刷亦愈来愈快，辛苦开出的山田坡田不出三五年即被冲刷完了，不得已又须再向陡坡高山发展，成为如元结所说，"四海之内，高山绝壑，耒耜亦满"。这几句话原是描述唐代农业发达的盛况，殊不知正是在这一盛况背后潜伏着大的隐患，因为在高山陡坡上所开之田，转瞬即被雨水冲刷尽净，剩下的是怪石嶙峋。雨水冲坏了山上之田，同时就淤塞[21]了山下之田，结果，山上山下之田同归于尽。

向水要田的最彻底办法是"决湖以为田"，这在南北朝时已在进行，至唐而益为盛行。其办法是将湖水排干，以湖底为田。如湖水太深，不能排干，就在湖中筑堤，将湖的一部分圈围成田，一般是将堤的两端与湖岸相连，将堤伸入湖中，把湖的一部分圈起，然后将圈围起来的湖水排出，从而造成一部分耕地，唐时对这种圈起的土地叫"围田"或"圩田"。在湖中所造之田当然都是水田，用以种植高产作物水稻，确能获得不少收益，但同时即埋伏下一个巨大隐患，因湖泊本是一种天然水库，对江河水流起着重要的调节作用。现在人们纷纷向水要田，或将湖泊消灭，或将湖面缩小，平时因湖中有堤，水流已不畅通，一遇洪涝，不再有湖泊容纳，以分水势，于是洪水泛滥，不仅湖中圩岸尽被冲垮，而大片田土亦尽被淹没，其对农业所造成的危害是无法估量的。总之，这种不合理的土地开发，不但不会促进农业的发展，反而给农业造成极大的危害。

农业是国民经济的基础，农业既没有真正发展，则商品经济就不可能越出国民经济发展所达到的水平而一枝独秀，特别是过度低廉的粮价，使农民收入有限，谷贱伤农，所得无几，反而不足以为商品经济的发展开拓国内市场，因斗米只售得三四文，农民没有增加多少购买力，不管怎样累岁丰稔，而广大农民依然不是市场上的有效需要。

本卷第六、第七两章，详细阐述了工商业各个部门的情况，一般说，唐代的商品经济虽比过去有所发展，但是发展都不大，都只是程度之差，没有重大的质的变化。首先就手工业生产来看，基本上还保持着传统的结构形式和生产方法，除官手工业的规模比过去有所扩大、部门有所增加外，在私营手工业方面，占统治地位的仍然是家庭手工业和作坊手工业，生产技术还是父子相传的家庭秘密，故作坊手工业实际上也是家庭手工业，而不是工场手工业，即所谓作坊店铺，其产品系在手工业者的家庭后院制造，而在门前铺内出售，生产的组织和指导者是家长，家长同时也是师傅。在个别地区的个别部门中，偶尔也出现了大型作坊，在本卷第六章中曾指出，如定州何明远，家有绫机五百张，是一个拥有五百织绫机的大型作坊手工业，可以说是一种工场手工业，既有五百张织机，必雇有众多的织绫工人，而所进行的显然是含有资本主义性质的商品生产，也就是说何明远所织造出来的大批丝织品绫，是为了出卖，是为了营利，而不是供自己消费的生活资料，可知这是资本主义萌芽在唐代有所发展的一种标志。但在唐代文献中仅此一例，不足以证明唐代商品经济发展的全貌。另一例可以说明生产结构有所变化的，是奚乐山工作过的一个制车作坊，作坊规模虽不大，却实行了简单的技术分工，有众多的雇佣工人，并实行了计件工资制度，根据各个工人的手艺技巧和产量的多少，而分别付与大相悬殊的计件工资。从生产结构的性质来看，显然这也是一种资本主义性质的企业。在唐代文献中可考见的仅此两例，这一点微小的变化，不足以影响整个国民经济，更不会促成生产方式的变革，其他旧式的小手工业仍是汪洋大海，其中没有任何显著的革新，更没有任何突破。总之，唐代的手工业不论在结构形式上还是在生产方法上都没有任何显著变化。

唐代的商业比过去有较大程度的发展，不论是国内商业还是对外贸易，都显示了特殊繁荣，但是究其实际，仍然主要是数量的变化，或者说主要是形式上的变化，并没有从根本上改变商业的性质，以带动起整个商品经济向新的阶段迈进。总之，商业的发展没有使商品经济从旧的躯壳中蜕化出来。

唐代商业之发展，首先表现在从业人数之众多上，因经商是最容易发财致富的一种职业，早在汉代就有了"用贫求富，农不如工，工不如商"的说法。道理很简单，因为中国区域辽阔，各地区之间经常出现巨大的价格差额，这个差额，正是商业利润的来源，故富商大贾不停地周流天下，买贱鬻贵，以赚取高额利润。唐代商业比汉代又有了更大程度的发展，一般人对于能迅速发财致富的商业，遂都趋之若鹜，其炽热情形完全如姚合诗句所云："客行野田间，比居皆闭户，借问室中人，尽去作商贾。"特别是茶成为唐代的一种新商品，是最好的一种贩运对象，故足迹遍天下的商贾，十九都是茶商。

唐代都市商业的特殊繁荣，是商业发达的一个重要方面，它改变了城市市场的面貌。如在本卷第六章中所阐述，由唐代上推到周、秦时代，市场一直是城内的一个特殊区域和临时一聚的地点，而且交易有定时，不到交易时间，市内空无一人，市门紧闭，不许人进入，交易时间一到，买者卖者便从四面八方蜂拥而来，攘臂夺门而入，交易时间一过，即停止交易，击鼓而散，市内不许任何人停留，这还是古代日中为市，交易而退，各得其所的遗制，说明在唐以前，商业一直没有摆脱偶然交换的性质，这种情况本身就是对商业的一种束缚。到了唐代，随着商业的发展，城市市场制度发生了变化，改变了定时一聚的偶然交换，而变为略具近代型的常设市场，与近代大城市内的商业区相仿佛。尽管市仍限制在城内的固定地点，仍有围墙和市门，但市内已不是空无所有，而是铺店行肆林立，并有邸店、柜坊等辅助性的商业组织，是一种存放货款、调拨资金的金融机构，这与过去的市已经完全不同了，特别是市内店铺都是常设的，不再是定时一聚，聚毕即散了。如洛阳东市，"其内一百二十行，三千余肆，四壁有四百余店，招致商旅，珍奇山积"；长安东西两市，更是盛况空前，"街市内财货二百二十行，四面立邸，四方珍奇，皆所积集"。可见市内店铺出售的主要是"珍奇"之物，完全是为少数富人服务的。这还是长期以来的传统，是商业落后的一面。

但是随着交通运输条件的改善，唐代商业开始有了向大规模商业转变的可能，这是指水上交通便利，商人可以作远程的大量运输，如本卷第六章中曾引记载说，"且如天下诸津，舟航所聚，旁通蜀汉，前指闽越，七泽十薮，三河五湖，控引河洛，兼包淮海，洪舸巨舰，千舳万艘，交货往还，昧旦永日"。我们认为这已初步具备了商业革命的前提条件，因"洪舸巨舰，千舳万艘"，不能专贩运体积微小、价格高昂的奢侈品，而必须贩运有大量销路的人生日用品，如粮食、盐、茶等等。因为这些物品都容易发生地区性的价格差额，使商人有利可图，而不停地"交货往还，昧旦永日"。把这一现象说成是商业革命的开端，也未尝不可。这是商业发展中值得指出的一个进步面。但是由于整个社会结构没有变，自给自足的小农制经济仍占支配地位，国内市场根本不可能扩大，这种新发展起来的水上运输，没有多少商品可以贩运，所以它的发展前景是不大的。

就市场结构的形式来看，唐代仍原封不动地保持着自古以来一脉相承的市坊制度，城内划分成若干方形的坊，每坊皆用围墙圈起，四面各开一门，定时启闭，开门之前和关门之后，有行人，谓之犯夜，应受法律处分。市场限于固定地点，只占两坊之地，东西南北各六百步，四面各开一门，定四面街，各广百步，商人在市内的活动范围，仅限于此，不能随着商业的发展而有所扩大，政府亦严禁商人自行扩大营业铺面，如景龙二年（公元七〇八年）敕："两京市诸行，自有正铺者，不得于铺前更造偏铺，各听用寻常一样偏厢。"

唐代对边境地区的贸易和对外贸易也非常活跃[22]，首先是与沿边各少数民族地区的互市非常发达，进口大量牲畜和畜产品。由于中国的农业以粮食种植为主，内地畜牧业不发达，所有大牲畜如牛马，均须从沿边畜牧区输入。其中马是重要的交通工具和军用物资，牛是重要的耕田动力，没有牛，就无法耕，故不得不由内地输出丝、茶及其他物品，来与牛马交换，成为边境贸易的一个大宗。唐代与西域的贸易亦有了显著的发展，每年有大批西域"商胡"沿古代丝绸之路东来，他们不仅聚集在通都大邑，而且深入内地，虽偏远小县或穷乡僻壤，亦时有其足迹。同时与南海诸国的海上贸易，更是盛况空前，所有南海诸岛国以及阿拉伯、波斯等国商人，乘海舶出波斯湾，越印度洋，航海东来，散居在交州、广州、扬州等通商口岸，尤其是广州，成为当时世界上最大的一个商港，寄居有成千上万的外国商人，唐朝政府特设市舶使一官以专司其事，从唐开元时起直到元末止，历时约七百年，这种由

"市舶使"或"市舶司"管理监督的所谓"市舶贸易"，一直是一代胜过一代地在继续发展。

总之，就唐代的整个商业而言，的确有显著的发展，但发展又是有限的，是一个新旧交替的过渡时期。一方面显示了向近代型商业的转变过程；另一方面，商业经营仍旧停留在古代贩运性商业的阶段上，特别是都市商业的性质没有变化。都市商业本是唐代商业的一个重要方面，唐代十分发达的两京商业，既没有改变商业的性质，也没有改变市场的传统结构，特别是商业的性质没有变化，不仅限制着商业本身的发展，而且对整个社会经济产生不利的影响。长期以来，由于市场狭小和交通运输条件的限制，使商业成为一种单纯的贩运性商业，即商人周流天下，到远方异域去贩运专供少数富人享用的奢侈品，而这些东西都是体积轻便、单位价值很高的贵重物品，不可能成为人民大众普遍日用的生活必需品，亦即不可能大量运销。这样，市场的狭小规定了商业的性质，商业的性质反过来又限制了市场的扩大，于是商业经营便长期停留在贩运性商业的阶段上，不能成为供应广大市场的大规模商业。没有大规模的商业，就不可能有大规模的工业。流通永远是一个独立的过程，即流通不与生产结合，生产过程也不把流通过程吸收进来，商业活动便永远限于贩运各地方的特殊物产，不管这些物产是天然生产品还是人工制造品，总之，都是业已存在的现成物，即使没有商人来贩运，还是要照旧生产，这就是说，商业使生产物变成了商品，不是商品以其自身的运动形成商业。商业使生产物变成商品，当然都是各地方所独有而为别处所无的产品，而商业的作用便必然是"奇怪时来，珍异物聚"，因为只有珍奇之物才值得商人来远程贩运，故早在春秋时期，管子就为商业下了上述的明确定义。到了唐时，商品构成依然如故，充满两京东西二市的三千余肆、四百余店的货架上，依然是"珍奇山积"，"四方珍奇，皆所积集"。可知唐时的商业，还是典型的贩运性商业。这样，商业资本所具有的二重性，只能发挥消极作用的一面，即贩运性商业的突出发展，与一般社会经济的发展，适成反比例，即贩运性商业越发展，则一般社会经济就越不发展。

从以上的分析来看，唐代前期虽然有过长达一百二十年左右的经济兴旺时期，但造成繁荣的原因，主要是由于自然条件的偶然适合，得以累岁丰稔，从而出现了长时间的粮食过剩和粮价低廉，使整个国民经济呈现出一派上升趋势，并持续了相当长的时间，中间虽不断有短暂的波动，使经济出现下降趋势，但大都时间不长，影响不大，故总的趋势还是上升的。总之，唐代前期——大体上从贞观初年到开元末年，是唐代国民经济的最发达时期。但是一究其实际，便马上可以看出，这一段的经济发展，内容是空虚的，势头是不大的，因而名与实是不完全符合的。首先是农业并没有真正的发展。农业是国民经济的基础，是决定一切的力量，是富国强兵、国治民安的基础，唐王朝对于发展农业，完全听其自然，无所作为，没有发挥一个中央政府应该发挥的作用，没有为农业的进一步发展创造任何条件。中国古代的农业区主要是在干旱地带，由于雨量严重不足，故修建灌溉水利工程就成为中央政府的一个重要职责，而唐王朝则完全忽视了这一职责，使农业失去发展的条件，暂时的累岁丰稔，不是农业的真正发展，是可遇而不可求的偶然幸运，但是天气的变化是人力不能控制的，一有变化，则没有基础的繁荣会立即幻灭，人们又会回到灾荒饥馑之中，涕饥号寒。

农业没有发展，则工商业的发展就不可能很大，唐代的工商业表面上也显示了一定的繁荣，但在实际上，所有生产结构、生产技术、经营方法等等都没有具有历史意义的重大成就，没有为商品经济的进一步发展创造出有利条件。总之，在唐代经济的繁荣兴旺时期，工商业的基础是脆弱的，力量是微小的，完全不足以支撑一个疆域辽阔的大帝国。如上文所指出，工商业的发展各有其本身的局限性，唐王朝对于工商业虽没有实行抑末政策，对工商业进行过多的干涉，但也没有推行有效的鼓励政策，以促进其发展。总之，唐代的农工商业各部门都是发展不大的。虽然表面上有过一段兴旺时期，但内容是空虚的。奇怪的是，唐王朝不为自己政权的长治久安之计奠立一个雄厚的经济基础，不求足食足兵为保障自己的统治地位，充实防御力量，一个在经济上没有实力的政权，统治地位是不可能巩固的，所以安史之乱一起，就立刻土崩瓦解，乱兵纵横驰骋，如在无人之境，转瞬即席卷了大半个中国，虚弱不堪的社会经济遂完全陷入崩溃，从此便一蹶不振，一直陷溺在天灾人祸的深重灾难之中，再也没有翻过身来。因为不再有自行翻身的力量，并且是每况愈下，祸患是愈来愈烈，在历时一百五十余年之中，中间虽也偶有短暂的平静时期，形势略有缓和，但转瞬又陷入更大的混乱，短暂的间歇不足以扭转凋敝崩溃的总形势。所以到了唐末僖宗、昭宗时代，唐王朝的统治事实上已经不存在，连一个虚名也难以保持了，即使没有朱全忠的篡弑，唐王朝也是要在饥饿中、在混乱中灭亡的。

校勘记

校勘说明

1. 本书以傅筑夫著《中国封建社会经济史（第四卷）》（人民出版社
1986 年 6 月第一版）（以下称"原书"）为底本，重新加以编校整理。对原
书开本、版式进行了调整，并按照现今标点符号使用规则和习惯，对原书的
标点符号做了修改。

2. 对于原书中一些具有当时时代特点的用词、数字用法和表述方式，不
属错误且不影响文义理解的（比如，原书公元纪年的书写采取汉字而非阿拉
伯数字方式；页下注中所引用图书页码的标注采用汉字而非阿拉伯数字方式；
等等），均不做修改，以尽可能保留原书风貌。

3. 对于原书中个别用字按照今天的使用习惯进行了修改，如将"象"
"那"等改为"像""哪"，"做""作"的用法按照今习惯用法做了调整等。
因上述修改不影响原文意思，凡属此情况均直接加以修改，不再特别说明。

4. 对于原书中将"它"或"它们"误用为"他"或"他们"等不规范
之处，直接做了修改，一般不再加以标注说明。

5. 对于原书中的少数表述，如加上"了""的""是"等字，或是简单
调整词语在句子中的位置，或是做一些简单修改即可使表述更为顺畅且不影
响文义时，直接做了修改，不再特别加以说明。对于较多改动或改动处需要
加以说明的，则在全书最后的校勘记中加以说明。

6. 原书中所引大量古代文献，大多数未注明具体版本，编校中以保留原
书引文文字原貌为主，对于未标注引书版本的页下注，保留原貌；少数引文
存疑处，依照所引文献的现今通行版本进行核对和修改，并以校勘记的形式
加以说明。

7. 对于原书中的古今地名对照，未按照今行政区划和名称做修改，均保

留原书文字。

8. 上述情况之外对原书文字所做的修改需要说明的，以校勘记的形式加以说明。

校勘记

第一章

［1］原书作"踰"，为"逾"的异体字，今改为"逾"。

［2］原书作"绅"，为"紳"的不规范简化字，今改为"紳"。本章后文此种情况均如此修改，不再一一说明。

［3］原书少"忻"字。据四库全书本王应麟《通鉴地理通释》卷三加。

［4］原书作"恆"，为"恒"的异体字，今改为"恒"。本章后文此种情况均如此修改，不再一一说明。

［5］原书作"碁"，为"棋"的异体字，今改为"棋"。本章后文此种情况均如此修改，不再一一说明。

［6］原书作"练"，为"練"的不规范简化字，今改为"練"。本章后文此种情况均如此修改，不再一一说明。

［7］原书作"犛"，为"牦"的异体字，今改为"牦"。本章后文此种情况均如此修改，不再一一说明。

［8］原书作"驊"，为"骅"的繁体字，今改为"骅"。本章后文此种情况均如此修改，不再一一说明。

［9］原书少"陆"字。据四库全书本王应麟《通鉴地理通释》卷三加。

［10］原书作"大宗"，当误，依文义改为"太宗"。

［11］原书作"泰陇"，当误，依中华书局1975年版《旧唐书》卷一百九十八《西戎·高昌传》改为"秦陇"。

［12］原书无"建立的"三字，文句不通顺，依文义加。

［13］原书作"姚合"，查此诗作者应为张祜，不知作者所据为何。今改为"张祜"。

［14］原书作"隋"，疑误，今改为"随"。

［15］原书作"頟"，为"额"的繁体字，今改为"额"。

［16］原书作"敥"，为"散"的不规范简化字，今改为"散"。

［17］原书作"长庆之年"，误，依中华书局1975年版《旧唐书》卷一

百六十二《郑权传》改为“长庆元年”。

［18］原书作“寑”，依中华书局1975年版《新唐书》卷一百八十五《郑畋》改为“寖”。

［19］原书作“檝”，为“楫”的异体字，今改为“楫”。

［20］原书作“⿰革华”，为“鞾”的不规范简化字，“鞾”为“靴”的异体字，今改为“靴”。本章后文此种情况均如此修改，不再一一说明。

［21］原书作“鵰”，为“雕”的异体字，今改为“雕”。本章后文此种情况均如此修改，不再一一说明。

［22］原书作“娗”，依中华书局1975年版《新唐书》卷三十七《地理志一》改为“⿰犭予”。

［23］原书作“骛”，误，依中华书局1975年版《新唐书》卷三十八《地理志二》改为“鶩”。

［24］原书作“紬”，为“绸”的异体字，今改为“绸”。本章后文此种情况均如此修改，不再一一说明。

［25］原书作“麹扇”，疑误，依中华书局1975年版《新唐书》卷三十九《地理志三》改为“麴扇”。

［26］原书作“葠”，为“参”的异体字，今改为“参”。本章后文此种情况均如此修改，不再一一说明。

［27］原书作“⿰鱼差”，为“⿰魚差”的不规范简化字，今改为“⿰魚差”。

［28］原书作“锺”，为“钟”的繁体字，今改为简化字“钟”。

［29］原书作“麯”，为简化字“曲”的异体字，今改为“曲”。

［30］原书作“⿰鱼束”，为“⿰魚束”的不规范简化字，今改为“⿰魚束”。

［31］原书作“⿱艹勞”，为“⿱艹劳”的繁体字，今改为“⿱艹劳”。本章后文此种情况均如此修改，不再一一说明。

［32］原书作“紫筍、茶”，依中华书局1975年版《新唐书》卷四十一《地理志五》改为“紫笋茶”（“筍”为“笋”的异体字）。

［33］原书作“鞵”，为“鞋”的异体字，今改为“鞋”。

［34］原书作“⿰鱼及⿰鱼昔”，“⿰鱼及”和“⿰鱼昔”分别为“魥”和“⿰魚昔”的不规范简化字，今改为“魥⿰魚昔”。

［35］原书作“杬子”，依中华书局1975年版《新唐书》卷四十一《地理志五》改为“杭子”。

［36］原书作“乾姜”，疑“乾”字为“干”字的异体字。因为物品名，

为防止误改，此处保留原文。本章后文此种情况均如此修改，不再一一说明。

[37] 原书作“芑”，依中华书局 1975 年版《新唐书》卷四十一《地理志五》改为“芑”。

[38] 原书作“乾”，为“干”的异体字，今改为“干”。

[39] 原书作“餹”，为“糖”的异体字，今改为“糖”。

[40] 原书作“鹜”，为“鷔”的不规范简化字，今改为“鷔”。

[41] 原书作“而元宗解鲜终”，误，依《十七史商榷》改为“而元宗鲜终”。

[42] 原书作“鸟罗护”，疑误，依四库全书本《全唐诗》卷八改为“乌罗护”。

第二章

[1] 原书作“阼”，误，依文义改为“祚”。本章后文此种情况均如此修改，不再一一说明。

[2] 原书作“敭”，为“扬”的异体字，因原书此处为人名，故保留原字。

[3] 原书作“刴”，为不规范用字，今改为“劚”。本章后文此种情况均如此修改，不再一一说明。

[4] 原书作“犛”，为“牦”的异体字，今改为“牦”。本章后文此种情况均如此修改，不再一一说明。

[5] 原书作“替普”，误，改为“赞普”。

[6] 原书作“激”，为“瀔”的不规范简化字，今改为“瀔”。

[7] 原书作“箇”，为“个”的异体字，今改为“个”。

[8] 原书作“驩”，为“骦”的繁体字，今改为“骦”。本章后文此种情况均如此修改，不再一一说明。

[9] 原书作“篡”，依中华书局 1975 年版《新唐书》卷四十三下《地理志七下》改为“算”。

[10] 原书作“会萃”，依今习惯用法改为“荟萃”。

[11] 原书作“急待”，依今习惯用法改为“亟待”。

[12] 原书作“澣”，为“浣”的异体字，今改为“浣”。本章后文此种情况均如此修改，不再一一说明。

[13] 原书作“疎”，为“疏”的异体字，今改为“疏”。

[14] 原书作“镤”。依四库全书本《开天传信记》改为“鍱”。

［15］原书作"濬"，为"浚"的异体字，今改为"浚"。

［16］原书作"二二三年"，当误，依四库全书本《册府元龟》卷四百九十七改为"二三年"。

［17］原书作"乾"，为"干"的异体字，今改为"干"。

［18］原书作"宂"，依四库全书本《封氏见闻录》卷八《鱼龙畏铁》改为"穴"。

［19］原书作"昇"，为"升"的异体字，今改为"升"。本章后文此种情况均如此修改，不再一一说明。

［20］原书作"栿"，为"筏"的异体字，今改为"筏"。

［21］原书作"璿"，为"玳"的异体字，今改为"玳"。

［22］原书作"幹"，为"干"的繁体字，今改为"干"。本章后文此种情况均如此修改，不再一一说明。

［23］原书作"干度开漕渠渠"，多"渠"字，依中华书局1975年版《新唐书》卷一百四十五《王缙传附黎干传》改为"干度开漕渠"。

［24］原书作"己"，误，依中华书局1975年版《新唐书》卷二百二《文艺·萧颖士传》改为"已"。

［25］原书作"溝"，为"沟"的繁体字，今改为"沟"。

［26］原书作"钚"，为"鈲"的不规范简化字，今改为"鈲"。

［27］原书作"轗"，为"辄"的异体字，今改为"辄"。

［28］原书作"逄"，误，依四库全书本《全唐文》卷二百九十七改为"逢"。

［29］原书作"臂"，误，依文义改为"擘"。

［30］原书作"輓"，为"挽"的异体字，今改为"挽"。

［31］原书作"輹"，为"輹"的不规范简化字，今改为"輹"。

［32］原书作"雕石"，依1973年中华书局版《隋书》卷三十《地理志中》改为"离石"。

［33］原书作"紬"，为"绸"的异体字，今改为"绸"。

［34］原书作"糺"，为"纠"的异体字，今改为"纠"。

［35］原书作"疋"，为"匹"的异体字，今改为"匹"。本章后文此种情况均如此修改，不再一一说明。

［36］原书作"募"，误，依中华书局1975年版《新唐书》卷一百二十七《裴耀卿传》改为"寡"。

［37］原书作“堦”，为“阶”的异体字，今改为“阶”。

［38］原书作“魏征”，依《辞海》改为“魏徵”。

［39］原书作“藉”，为“借”的异体字，今改为“借”。

第三章

［1］原书作“臯”，为“皋”的异体字，今改为“皋”。本章后文此种情况均如此修改，不再一一说明。

［2］原书作“剉”，为“锉”的异体字，今改为“锉”。

［3］原书作“擣”，为“捣”的异体字，今改为“捣”。

［4］原书作“女子绩，不足衣服”，漏字，据中华书局1962年版《汉书》卷二十四上《食货志上》改为“女子纺绩，不足衣服”。

［5］原书作“燐”，为“磷”的异体字，今改为“磷”。本章后文此种情况均如此修改，不再一一说明。

［6］原书作“阜”，为“皂”的异体字，今改为“皂”。

［7］原书作“载胄”，误，今改为“戴胄”。

［8］原书作“谘”，为“譮”的不规范简化字，今改为“譮”。

［9］原书作“缋”，为“繢”的不规范简化字，今改为“繢”。

［10］原书作“傑”，为“杰”的异体字，今改为“杰”。本章后文此种情况均如此修改，不再一一说明。

［11］原书作“对奴隶的待遇上”，依文义改为“对待奴隶的方式上”。

［12］原书作“锺”，为“钟”的繁体字，今改为简化字“钟”。

［13］原书作“上引《唐六典》所谓”，查前文注释为“《新唐书》卷四十六《百官志·刑部·都官郎中》”，非《唐六典》，不知孰是。此处保留原文。

［14］原书作“诂”，误，依四库全书本《唐会要》卷八十六改为“诱”。

［15］原书作“河诸”，当误，依文义改为“河渚”。

［16］原书作“壻”，为“婿”的异体字，今改为“婿”。

［17］原书作“昇”，误，依中华书局1975年版《新唐书》卷二百一十九《北狄·契丹传》改为“畀”。

［18］原书作“趀”，为“趫”的不规范简化字，今改为“趫”。

［19］原书作“麴”，为简化字“曲”的异体字，今改为“曲”。

［20］原书作“卷”，误，依四库全书本《唐会要》卷八十六改为“券”。

［21］原书作“谿”，为“溪”的异体字，今改为“溪”。

［22］原书作“踰”，为“逾”的异体字，今改为“逾”。

［23］原书作"鶏"，为"鸦"的异体字，今改为"鸦"。

［24］原书作"頓"，为"顿"的繁体字，今改为"顿"。本章后文此种情况均如此修改，不再一一说明。

［25］原书作"儅"，为"償"的不规范简化字，"償"为"偿"的繁体字，今改为"偿"。

第四章

［1］原书作"者"，误，依 1973 年中华书局版《隋书》卷二《高祖记下》改为"省"。

［2］原书作"抑"，误，依中华书局 1975 年版《新唐书》卷五十五《食货志五》改为"折"。

［3］原书作"乾"，为"干"的异体字，今改为"干"。本章后文此种情况均如此修改，不再一一说明。

［4］原书少"元"字，今据文义补。

［5］原书作"清"，疑为"请"字之误，今改为"请"。

［6］原书作"雀"，疑为"萑"字之误，今改为"萑"。

［7］原书作"之"，误，依前文改为"三"。

［8］原书作"鍾"，为"钟"的繁体字，今改为简化字"钟"。

［9］原书作"旷"，为"曬"的不规范简化字，今改为"曬"。本章后文此种情况均如此修改，不再一一说明。

［10］原书作"卻"，为"却"的异体字，今改为"却"。

［11］原书作"万居其中"，不知何意，似为"自居其中"，今保留原文。

［12］原书作"碁"，为"棋"的异体字，今改为"棋"。

［13］原书作"畋"，误，依四库全书本《太平广记》卷四百五十五《张直方》改为"畋"。

［14］原书作"蕡"，误，依四库全书本《太平广记》卷三百三《刘大可》改为"宾"。

［15］原书作"礎"，为"础"的繁体字，今改为"础"。

［16］原书作"蔡"，误，依 1974 年中华书局版《新五代史》卷四十七《杂传·刘景岩传》改为"察"。

［17］原书作"糺"，为"纠"的异体字，今改为"纠"。

［18］原书作"恪"，误，依四库全书本《白孔六帖》卷八十改为"洛"。

［19］原书作"坯"，当误，依四库全书本《金石萃编》卷八十三《记石

浮屠后》改为“垘”。“垘”字疑为“垡”字的另一种写法。

［20］原书作“阼”，误，依文义改为“祚”。

［21］原书作“恆”，为“恒”的异体字，今改为“恒”。

［22］原书无“事”字，依文义加。

［23］原书作“朞”，为“期”的异体字，今改为“期”。

第五章

［1］原书作“榦”，为“干”的繁体字，今改为“干”。

［2］原书作“迳”，为“逕”的简化字。“逕”为“径”的异体字，今改为“径”。

［3］原书作“其迟早要受到大自然的惩罚乃是必然的”，文义不够通顺，改为“其迟早要受到大自然的严厉惩罚”。

［4］原书作“鍾”，为“钟”的繁体字，今改为简化字“钟”。本章后文此种情况均如此修改，不再一一说明。

［5］原书作“炌”，为“熂”的不规范简化字，今改为“熂”。本章后文此种情况均如此修改，不再一一说明。

［6］原书作“瀰”，今改为简化字“弥”。本章后文此种情况均如此修改，不再一一说明。

［7］原书作“后十天岁”，误，依四库全书本《元和郡县志》卷一改为“后十六岁”。

［8］原书作“驶”，为“駚”的不规范简化字，今改为“駚”。

［9］原书作“现瞻”，误，依文义改为“观瞻”。

［10］原书作“黄坡”，当误，改为“黄陂”。

［11］原书作“頔”，为“顿”的繁体字，今改为“顿”。

［12］原书作“廞”，为“廞”的繁体字，今改为“廞”。

［13］原书作“拾”，误，依文义改为“舍”。

［14］原书如此。此处保留原文。

［15］原书作“遣”，误，依四库全书本《全唐文》卷八百二《祁门县新修阊门溪记》改为“遗”。

［16］原书作“逄”，疑误，依文义改为“逢”。

［17］原书作“转瞬之间，就把这一点刚刚萌生出来的一点资本主义蘖芽被连根拔掉”，句子不够通顺，改为“转瞬之间，就把这一点刚刚萌生出来的资本主义蘖芽连根拔掉了”。

［18］原书作"到了唐代，茶是一种最有利、最可能进行大规模生产和销售的一个新的生产部门"，句子不够通顺，改为"到了唐代，制茶业是最有利、最可能进行大规模生产和销售的一个新的生产部门"。

［19］原书无"大多数唐代帝王"七个字，句子无主语，根据文义加。

［20］原书作"寝"，为"寖"的通假字，"寖"为"浸"的异体字，今改为"浸"。

［21］原书作"听"，当误，依文义改为"所"。

［22］原书作"铸定"，依文义改为今用法"注定"。

［23］原书作"不绝扣缕"，疑误，依文义改为"不绝如缕"。

第六章

［1］原书作"锄"，为"鉏"的不规范简化字，今改为"鉏"。

［2］原书作"耗"，为"牦"的异体字，今改为"牦"。

［3］原书作"紬"，为"绸"的异体字，今改为"绸"。本章后文此种情况均如此修改，不再一一说明。

［4］原书作"绖"，为"絰"的不规范简化字，今改为"絰"。本章后文此种情况均如此修改，不再一一说明。

［5］原书作"绚"，为"絢"的不规范简化字，今改为"絢"。

［6］原书作"缤"，为"繽"的不规范简化字，今改为"繽"。

［7］原书作"鹙"，为"鶖"的不规范简化字，今改为"鶖"。本章后文此种情况均如此修改，不再一一说明。

［8］原书作"绡"，误，依中华书局1975年版《新唐书》卷四十八《百官志》改为"稍"。

［9］原书作"缓"，为"綬"的不规范简化字，今改为"綬"。

［10］原书作"錞"，为"镎"的繁体字，今改为"镎"。

［11］原书作"鸒鶒"，为不规范简化字，今改为"鸂鶒"。

［12］原书作"骐"，疑误，依四库全书本《唐六典》卷十六《卫尉寺·武库令》改为"麒"。

［13］原书作"驮"，为"馱"的不规范简化字，今改为"馱"。

［14］原书作"骦骦"，为"驦驦"的不规范简化字，今改为"驦驦"。

［15］原书作"锺"，为"钟"的繁体字，今改为简化字"钟"。本章后文此种情况均如此修改，不再一一说明。

［16］原书作"宫庭"，误，改为"宫廷"。本章后文此种情况均如此修

改，不再一一说明。

[17] 原书作"瑃"，为"璹"的不规范简化字，今改为"璹"。

[18] 原书作"饧"，依中华书局 1975 年版《新唐书》卷四十八《百官志》改为"餳"。

[19] 原书作"瀋"，为"沈"的繁体字，今改为"沈"。

[20] 原书作"觲"，为"觶"的繁体字，今改为"觶"。

[21] 原书作"乘驿"，当为"乘译"之误。

[22] 原书作"节度史"，误，依四库全书本《册府元龟》卷一百六十改为"节度使"。

[23] 原书作"盉"，依文义改为"盠"。本章后文此种情况均如此修改，不再一一说明。

[24] 原书作"涼"，为"凉"的异体字，今改为"凉"。

[25] 原书作"鷄鶋"，为"鸡鶋"的繁体字，今改为"鸡鶋"。

[26] 原书作"皇甫询"，误，改为"皇甫恂"。

[27] 原书作"頥"，为"颐"的繁体字，今改为"颐"。

[28] 原书作"骨梗"，误，改为"骨鲠"。

[29] 原书作"绡"，为"繝"的不规范简化字，今改为"繝"。

[30] 原书作"澁"，为"涩"的异体字，今改为"涩"。

[31] 原书作"乾"，为"干"的异体字，今改为"干"。

[32] 原书作"轮蕃"，依今用法改为"轮番"。

[33] 原书漏"五"字，依四库全书本《唐六典》卷六《刑部·都官郎中员外郎》补。

[34] 原书作"馳"，为"駞"的不规范简化字，"駞"为"驼"的异体字，今改为"驼"。本章后文此种情况均如此修改，不再一一说明。

[35] 原书作"魏征"，依《辞海》改为"魏徵"。

[36] 原书作"翚"，为"翬"的不规范简化字，今改为"翬"。

[37] 原书作"巧者述之守之世，谓之工"，标点错误，改为"巧者述之守之，世谓之工"。

[38] 原书作"婣"，为"媾"的不规范简化字。"媾"为"姻"的异体字，今改为"姻"。

[39] 原书作"韦公幹"。"幹"为"干"的繁体字，因是人名，参照《辞海》"韩幹"条用法，保留原字。本章后文此种情况均如此处理，不再一

一说明。

　　［40］原书有"所谓"两字，为使句子表述更加流畅，删"所谓"二字。

　　［41］原书作"斲"，为"斫"的异体字，今改为"斫"。

　　［42］原书作"疋"，为"匹"的异体字，今改为"匹"。

　　［43］原书作"鸂鶒"，为"鸂鶒"的不规范简化字，今改为"鸂鶒"。

　　［44］原书作"鷔"，为"鷔"的不规范简化字，今改为"鷔"。

　　［45］原书作"大历六月四日"，误，依四库全书本《唐大诏令集》卷一百九《禁大花绫锦等敕》改为"大历六年四月"。

　　［46］原书作"透背"，依四库全书本《唐大诏令集》卷一百九《禁大花绫锦等敕》改为"透背文"。

　　［47］原书作"绡"，为"繝"的不规范简化字，今改为"繝"。

　　［48］原书作"嫋嫋"。"嫋"为"袅"的异体字，今改为"袅袅"。

　　［49］原书作"谿"。"谿"为"溪"的异体字，因此处是地名，为避免引起歧义，此处保留原字。

　　［50］原书作"孟"，误，依四库丛刊初编《陈伯玉集》卷八改为"益"。

　　［51］原书作"櫂"，为"棹"的异体字，今改为"棹"。

　　［52］原书作"钣"，为"鈑"的不规范简化字，今改为"鈑"。

　　［53］原书作"玛碯"，依四库全书本《朝野佥载》卷三改为"玛瑙"。

　　［54］原书作"瑠"，"瑠"为"琉"的异体字，今改为"琉"。

　　［55］原书作"珲瑛"，今习惯写为"砗磲"。此处依照原文，改为规范写法"珲瑛"。

　　［56］原书作"巧恩"，误，依四库全书本《太平广记》卷二百二十六《杨务廉》改为"巧思"。

　　［57］原书作"椀"，"椀"为"碗"的异体字，今改为"碗"。

　　第七章

　　［1］原书作"蜂踊而来"，依今习惯用法改为"蜂拥而来"。

　　［2］原书作"寖"，为"浸"的异体字，今改为"浸"。

　　［3］原书作"墳"，为"坟"的异体字，今改为"坟"。

　　［4］原书作"糺"，为"纠"的异体字，今改为"纠"。本章后文此种情况均如此处理，不再一一说明。

　　［5］原书作"毋需"，依今用法改为"无须"。

　　［6］原书作"迴"，为"回"的异体字，今改为"回"。

[7] 原书作"服牛骆马"，依文义改为"服牛辂马"。

[8] 原书作"鍮"，为"鎓"的不规范简化字，今改为"鎓"。

[9] 原书作"燿"，为"耀"的异体字，今改为"耀"。

[10] 原书作"扬一益三"，误，依四库全书本《容斋随笔》卷九《唐扬州之盛》改为"扬一益二"。

[11] 原书作"迣"，误，依中华书局 1975 年版《新唐书》卷四十八《百官志三》改为"迤"。

[12] 原书作"彫"，为"雕"的异体字，今改为"雕"。

[13] 原书作"饎"，为"饎"的不规范简化字，今改为"饎"。

[14] 原书作"耕"，为"餅"的不规范简化字，今改为"餅"。

[15] 原书作"栖"，为"杯"的异体字，今改为"杯"。

[16] 原书作"恰"，为"憸"的不规范简化字，今改为"憸"。

[17] 原书作"不运"，误，依文义改为"不远"。

[18] 原书作"后来南齐鄱阳王宝寅永元三年（公元五〇一年）张欣泰之乱，宝寅入台城被拒"，句子表达重复且不够通顺，改为"后来南齐永元三年（公元五〇一年）张欣泰之乱，鄱阳王宝寅入台城被拒"。

[19] 原书作"紬"，为"绸"的异体字，今改为"绸"。本章后文此种情况均如此修改，不再一一说明。

[20] 原书作"鸣"，误，依四库全书本《唐会要》卷八十六改为"呜"。

[21] 原书作"反覆"，依今用法改为"反复"。本章后文此种情况均如此修改，不再一一说明。

[22] 原书作"踰"，为"逾"的异体字，今改为"逾"。

[23] 原书作"藉"，为"借"的异体字，今改为"借"。

[24] 原书作"后"，误，依文义改为"谷"。

[25] 原书作"廪"，为"廩"的异体字，今改为"廩"。

[26] 原书作"镢"，为"鐴"的不规范简化字，今改为"鐴"。

[27] 原书作"麴"，为"麯"的繁体字，今改为"麯"。本章后文此种情况均如此修改，不再一一说明。

[28] 原书作"魏征"，依《辞海》改为"魏徵"。本章后文此种情况均如此修改，不再一一说明。

[29] 原书作"怚"，误，依中华书局 1975 年版《旧唐书》卷七十一《魏徵传》改为"怛"。

［30］原书作"犛"，为"牦"的异体字，今改为"牦"。

［31］原书作"默戛斯"，误，改为"黠戛斯"。

［32］原书作"仆固怀思"，误，改为"仆固怀恩"。

［33］原书作"汙"，为"污"的异体字，今改为"污"。

［34］原书作"姿"，误，依中华书局 1975 年版《旧唐书》卷一百九十八《西戎·党项羌传》改为"恣"。

［35］原书作"藥"，为"药"的繁体字，今改为"药"。

［36］原书作"璹"，为"璹"的不规范简化字，今改为"璹"。本章后文此种情况均如此修改，不再一一说明。

［37］原书作"兽"，误，依十万卷楼丛书《陆宣公奏议注》卷七《论岭南请于安南置市舶中使状》改为"曾"。

［38］原书作"空谷定音"，误，改为"空谷足音"。

［39］原书作"賸"，为"剩"的异体字，今改为"剩"。

［40］原书作"徧"，为"遍"的异体字，今改为"遍"。

［41］原书作"賓"，为"賓"的不规范简化字，"賓"为"宾"的繁体字，今改为"宾"。

［42］原书作"谿"，为"溪"的异体字，今改为"溪"。

第八章

［1］原书作"籍"，误，依中华书局 1975 年版《旧唐书》卷四十八《食货志》，应为"藉"字。"藉"为"借"的异体字，今改为"借"。

［2］原书作"藉"，为"借"的异体字，今改为"借"。

［3］原书作"人不聊生"，依今习惯用法改为"民不聊生"。

［4］原书作"鍱"，为"鍱"的不规范简化字，今改为"鍱"。

［5］原书作"栿"，为"筏"的异体字，今改为"筏"。

［6］原书作"絫"，依四库全书本《唐会要》卷八十九改为"分"。

［7］原书作"袟"，为"帙"的异体字，今改为"帙"。

［8］原书作"倂"，为"并"的异体字，今改为"并"。

［9］原书作"鋙"，为"鋙"的不规范简化字，今改为"鋙"。本章后文此种情况均如此修改，不再一一说明。

［10］原书作"元和四月初六日"，误，依中华书局 1975 年版《旧唐书》卷十四《宪宗上》改为"元和四年六月"。

［11］原书作"紬"，为"绸"的异体字，今改为"绸"。本章后文此种

情况均如此修改，不再一一说明。

［12］原书作"疋"，为"匹"的异体字，今改为"匹"。

［13］原书作"蘺"，为"蠶"的不规范简化字，今改为"蠶"。本章后文此种情况均如此修改，不再一一说明。

［14］原书作"綵"，为"彩"的异体字，今改为"彩"。

［15］原书作"绳"，为"絁"的不规范简化字，今改为"絁"。本章后文此种情况均如此修改，不再一一说明。

［16］原书作"鑲"，为"镶"的繁体字，今改为"镶"。

［17］原书作"盏"，按今写法改为"盏"。本章后文此种情况均如此修改，不再一一说明。

［18］原书作"颂布"，误，依文义改为"颁布"。

［19］原书作"牋"，为"笺"的异体字，今改为"笺"。

［20］原书作"唐代五代时期"，依文义改为"唐末五代时期"。

［21］原书作"义食"，依文义改为"义仓"。

［22］原书作"魏征"，依《辞海》改为"魏徵"。

［23］原书作"皋"，为"皋"的异体字，今改为"皋"。本章后文此种情况均如此修改，不再一一说明。

第九章

［1］原书作"阼"，误，依文义改为"祚"。本章后文此种情况均如此修改，不再一一说明。

［2］原书作"廩"，为"廪"的异体字，今改为"廪"。本章后文此种情况均如此修改，不再一一说明。

［3］原书作"擣"，为"捣"的异体字，今改为"捣"。本章后文此种情况均如此修改，不再一一说明。

［4］原书作"蝟"，为"猬"的异体字，今改为"猬"。

［5］原书作"景子"，误，依1973年中华书局版《隋书》卷四《炀帝纪下》改为"丙子"。

［6］原书作"景辰"，误，依1973年中华书局版《隋书》卷四《炀帝纪下》改为"丙辰"。

［7］原书作"仚"，依1973年中华书局版《隋书》卷四《炀帝纪下》改为"企"。

［8］原书作"魏征"，依《辞海》改为"魏徵"。

[9] 原书作"麤",为"麇"的异体字,今改为"麇"。

[10] 原书作"天",误,依中华书局 1975 年版《新唐书》卷五十一《食货志一》改为"尺"。

[11] 原书作"壂",为"壐"的不规范简化字,今改为"壐"。

[12] 原书作"審",为"审"的繁体字,今改为"审"。

[13] 原书作"臯",为"皋"的异体字,今改为"皋"。

[14] 为使意思表达更加准确,加"(藩镇节度使)"这一括注。

[15] 原书作"兴元二年",误,李希烈伏诛在"贞元二年",故改为"贞元二年"。

[16] 原书作"景复",误,改为"景福"。

[17] 原书作"乙丑",误,依 1976 年中华书局版《旧五代史》卷四《梁太祖纪》改为"己丑"。

[18] 原书作"棒",误,依 1976 年中华书局版《旧五代史》卷四《梁太祖纪》改为"榛"。

[19] 原书作"兵戈平熄",改为"兵戈平息"。

[20] 原书作"鍾",为"钟"的繁体字,今改为简化字"钟"。

[21] 原书作"游塞",误,依文义改为"淤塞"。

[22] 原书作"唐代对边境地区和对外贸易也非常活跃",不够通顺,改为"唐代对边境地区的贸易和对外贸易也非常活跃"。